现代学校教育生态学

王钰城 著

文汇出版社

图书在版编目(CIP)数据

现代学校教育生态学 / 王钰城著.—上海：文汇
出版社,2023.10
ISBN 978-7-5496-4184-0

Ⅰ.①现…　Ⅱ.①王…　Ⅲ.①中小学教育－教育研究
Ⅳ.①G632.0

中国国家版本馆 CIP 数据核字(2023)第 246565 号

现代学校教育生态学

著　　者 / 王钰城

责任编辑 / 熊　勇
封面设计 / 王　铉

出版发行 / 文汇出版社
　　　　　上海市威海路 755 号
　　　　　(邮政编码 200041)
经　　销 / 全国新华书店
排　　版 / 南京展望文化发展有限公司
印刷装订 / 启东市人民印刷有限公司
版　　次 / 2023 年 10 月第 1 版
印　　次 / 2023 年 10 月第 1 次印刷
开　　本 / 720×1000　1/16
字　　数 / 560 千字
印　　张 / 34

ISBN 978-7-5496-4184-0
定　　价 / 80.00 元

前　言

探索学校教育生态理论与实践之路

——兼述"教育中介—融合论"

一、"教育中介—融合论"

"教育生态兴,则教育发展昌;学校生态盛,则学生成长优。"这是笔者长期以来一直对教育秉持的观念与践行。教育学是研究教育本质的问题,即教育、社会、人三者关系问题,主要关乎三大问题:为什么要教育、教育成为怎样的人与怎样教育人。教育至今一直在探索与回答这些问题,但是随着社会与科学技术的发展,教育学与教育实践正受到越来越多的挑战,人的生命周期的变化、人脑与人工智能的交互等历史性的变化给教育将带来巨大的不确定性,教育与人自身、与人工智能以及这三者融为一体的生态,必将是教育思考的基点。

教育需要深邃的哲学思考,哲学思考的第一条准则是未经考察的信念一律不接受。真正的哲学是教人们怎么思考、怎么提问,具备哲学思维。"为学日益、为道日损",真正的教育思考在于是否把教育的底层思考清楚。《易经》云,"取法乎上,仅得其中;取法乎中,仅得其下。"这告诫我们要遵循规律,向深邃的学问学习,师其上。苏格拉底也指出,让青年们能够独立思考,建立真正的认知。我真正知道的是我一无所知。你没有经过严密的逻辑论证,就去相信任何信念,一般是靠不住的。有道必生术,在教育实践与研究上用自己的头脑去思考,基于教育哲学思考的学术性实践与实践性学术成了笔者一生六十余年的教育追求,明事理,循学理,说真话,我为自己尽到作为一名教育者的良心而欣慰。

我国先哲的"天人合一"思想,给了我深刻的影响,为在教育中继承与发扬中国传统文化的宝贵精神财富,我秉持"四和合":"天人合一、保合大和、身心和合、和而不同",成了笔者基本的教育哲理。融合贯通地理解古希腊哲学家、教育家普罗泰戈拉的观点"人是万物的尺度",以辩论为长,强调自主学习、对话和讨论、实践和经验的教学方式。杜威《民主主义与教育》以及他的哲学思想蕴含着民主开放精神、实验的态度、多元的世界观。作为一个教育家首先是哲学家、心理学家,这对于真正从事教育工作的人们是一个典范。他指出,"一种新文化,在这种文化里,西方思想的精华必须被自由地吸取过来,但它必须适应中国的状况,作为建立再生的中国文化的工具来使用"。融会贯通这些中外古今教育家的思想促成了笔者对教育的研究与实践的思索,主张"教育中介—融合论"。

笔者对古今中外有关理论的学习与研究,加之现代生态学的发展,使笔者对教育生态学有了浓厚兴趣,倾注精力。从教育主体思想与民主思想逐步发展到教育的系统观,以生态思维考量学校教育与家庭教育、社区教育融合,并逐步树立了教育的生态观,形成了学校教育生态学的自己认识,主张"教育中介—融合论",认为教育通过中介及其转化,实现系统性融合,促进教育与人的发展。从学校办学与教育要素出发,运用生态学原理建构学校教育生态学的基本框架。笔者认为教育生态学应该突破单纯的普通生态学,同时也要避免成为教育学的翻版,用生态学词语而实际上仍然停留在教育学的阐述上。教育生态学需要在真正意义上建构,使得教育生态学名实相符。以教育生态结构作为逻辑框架建构教育生态学,从教育整体生态,例如区域、学校等整体生态,或者其相关领域的生态,例如课程、课堂、德育、管理、文化生态上阐述,也需要对一些教育生态中的基本概念进行探讨,例如生态教育与教育生态,教育生态三要素中的能量、信息是什么等基本概念与问题需要深入研究。教育生态学中要厘清教育生态与生态教育、生态化教育等概念,但是这些概念却经常被误用与混淆,导致教育生态的营造被替代或忽视。

笔者在 20 世纪 90 年代提出了"教育融合"观念,提出"实施融合,教育就能繁荣、学校就能进步、师生就能发展"。从教育学、生态学、社会学与文化学视角,指出"融合"是教育的很高境界,"融"是指教育的深度,要调动一切教育手段,促进学生的发展。"合"是指教育的广度,要对学生进行全面的整合的教育。在融合之中培养与自然融合、与社会融合、与自我融合的健康的下一代,这就是我们的教育价值取向。融合是完整的教育思想和方法,也是完美的教育理想和目标。笔者指导学校开展"融合教育的实践研究",在前后三轮学校发展规划实施中,分别对"融合"教育的内容、"融合"教育的实施途径与载体、"融合"教育的过程优化,开展"立足班级与课堂的融合教育过程优化研究",明确提出了学校要培养具有人文精神和科学精神融合的富有责任感的小学生。

教育融合促进实现教育均衡发展,笔者提出了"均衡教育",2004 年指导学校开展了"基于和谐思想的学校均衡教育的实践研究",提出了"让学校成为师生和谐发展的乐土"的办学理念。通过"自主均衡发展",建构高效的立体"教育场",产生学校教育系统效应,使师生处于最佳精神状态,以达到最佳的教育效果。笔者在一所学校指导推进以"学习共同体:每个孩子都重要"为办学理念的教育改革,强调"每个孩子都重要"是教育均衡发展的必然逻辑,也是人们追求的公平教育。"每个孩子都重要"是从主体性上,显现真正的"重要",是对儿童,以及人的生存价值和生命意义的充分肯定。"学习共同体：每个孩子都重要"的内核是"归属"，更要求每一个教育工作者对弱势学生群体和个体要特别予以关心，研究有关弱势学生群体的教育问题。强调"学习共同体"应该是一种多元、民主、平等而安全开放的广义上的学习环境。

秉持"教育中介—融合论"的教育哲学，笔者认为教育生态系统的一切教育活动都是通过中介，在学校系统层面上推进教育融合。教育融合思想不仅在办学层面上，而且应在教育层面上落实。有的学校以"广博教育"为特色，培养具有人文精神和科学精神融合的发展全面的学生；有的研究与实施"推进可持续发展教育，努力创建'让每个学生得到充分发展'的学校"；也有"努力创建以学生健康和谐发展为本的素质教育实验性小学"。这些学校都以教育融合为办学导向，以学校发展规划的顶层设计开展系统实施，开展了营造学校教育生态的研究与实践。

笔者的教育观念来自教育实践的认识深化，经常提醒自己"走进班级、与教师对话、与学生交流"，做一名扎根于学校的教师与学者。理论转化为实践，关注学校教育的实践形态，这是学者的价值所在。笔者认为在教育生态学上，强调教育生态健康的标志是儿童与学校教育的可持续发展。教育要摒弃规模型、追求形式光鲜、功利主义的办学，也要摒弃催熟式、强负担的教育方式，应以学生成长规律与学习规律来保障学生的可持续发展，使办学与教育有健康的教育生态支持，教育要坚定地以学生可持续发展为目标。

二、倡导学生发展模式的研究，推进教育生态化

在普遍注重教育模式的背景下，笔者基于学生自身发展要素的发展模式的研究与实践，提出了"IPA""MPA""新健康"等学生发展模式，从学生自身要素出发考量发展，更有利于学生主体性成长，强调营造健康的教育生态，在教育肥沃的土壤上，充满温暖的阳光、新鲜的空气与充沛的雨露，让儿童像一棵大树一样成长。教育应该让"每个学生都有角色的最佳表现"，并以"双重关心与支持、表现性学习"，激发学生发展的内动力，促进学生可持续发展。学生发展模式的实验在上海、浙江等地的中小学与职业学校开展，也曾在上海初中强校工程学校推广。

学生发展模式的意义"在于倡导了研究学生发展，在教育发展史上留下精彩的一笔"。文献资料表明，在学生发展模式上缺少研究。要突破普遍关注教育模式，忽视学生发展模式研究与实践，造成"学生是怎么学"被"有效教学"所替代的局面。学生发展模式的研究体现了教育发展的重要趋势——关注学生培养模式。笔者强调学生的发展有着其自身的发展规律，尊重学生的发展规律，才能实现学生的发展。尊重学生的身心规律，为每个学生提供适合的学习与成长的支持，从过度追求现实功利转向追求教育对人的发展的价值。以教师的教代替学生的学这个现象就是忽视学生发展规律的典型表现。教育必须站在学生发展的立场上，为学生的发展服务,实现对学生学习与成长的支持,必须真正回归以学生发展为中心,这样才能完成教育本义上的任务。"学生发展"不应该成为空头口号,学生发展模式提供了一个有价值的路径。把握学生的发展规律,才能真正实施合乎规律的教育。

基于"教育中介—融合"论,笔者在教育生态营造上强调融合、实践方式的多元化,教育生态营造模式与方式不是唯一性,教育生态营造的模式或者方式必须具有适切性、合理性。强调在生态型学校创建的实践形态中,根据不同学校的生态适宜性分析与教育生态位分析,分别确立生态型学校建设的方案与模式,指导开展儿童友好生态型学校、"支持 & 关心"为特征的生态型学校、新健康生态型学校、"和合"生态型学校等。生态型学校的抓手与突破口可以不同,但是万变不离其宗,生态型学校应该是生态特征明显的可持续发展的学校,学校具有健康的教育生态滋润与支持学校教育,学生的发展是健康的。

笔者在教育生态营造上注重"中介"作用,提出了"双向建构"与"二次生态化",这是对教育生态实践形态的探索与概括。生态化的"双向建构"是指某一生态中生态因子与其他生态因子结构之间的双向作用与反作用,共时发展,强调的是生态要素间的双向交互作用。"双向建构"有三个层面:教育生态与教育的双向建构、教育生态主体与生态环境的双向建构、教育主体间性的双向建构。基于教育生态的营造本质上就是不断生态化,生态化就是让生态特征日益明显与增强的过程。教育生态营造的"二次生态化",强调生态系统可以从某一领域(方面)的生态化,发展到系统整体的生态化,整个二次生态化过程是以生态发展目标统领与观照全局,实现全要素系统建构。这个实践形态具有普遍的实践价值。

关注教育生态中的主体学生,研究不同时期学生、不同群体学生的发展,提出教育对策。对学生的研究,尤其关注困难学生的生存与教育,一直是笔者在不同社会时期研究的关注点,曾撰写《新时期的特殊家庭子女的教育问题》(1991 年)、《返沪知青子女的心理特点及教育对策》(1992 年)等一系列文章,以引起社会对当时返沪学生这一特殊群体学生教育的关注。1992 年 3 月,上海市科学技术协会的内参《科技工作者建议》第 350 期以《关于返沪知青子女问题建议》专题报告报送中央,该文指出知青子女按政策返沪后闲散社会数量之多,引发犯罪比例之高令人不安,建议有关部门尽快采取措施,并提出加强落实安置工作、学校要加强教育和保护、知青返沪子女应列为青保工作的重点对象等三方面的具体建议。在之后关注弱智儿童的教育,先后撰写《人性的呼唤——弱智儿童心理辅导的实践探索与理论思考》专著,"普通小学弱智学生教育对策研究——弱智学生'双向融通模式'的实践""问题行为的成因与检测"等论文。

在 21 世纪之初过重的学业负担致使学生习得性无助感出现;外来务工子女

学生的学习不适应严重,所谓的"民工学校"成了低质量学校的代名词。针对这些情况,笔者主持与指导了"基于积极学习的活力课堂建构的实践研究",把"民工子女"一词改为了"随迁学生",这不仅是一个学生称呼的改变,对于纠正对这部分学生的歧视起到了倡导作用,并提出了"我们的儿童都能成长好"的学校教育理念,解决如何使"学生要学"的问题,为当时日益凸现的随迁学生问题作出主动的应对。在该课题的研究成果《让我们的学生都成长好》专著中,在教育生态学、学习心理学、脑生理学等理论基础上,提出了"多策略、多方法、高整合"与"三层面的系统结构"的实践形态:理念层面,"我们的儿童都能成长好";内容层面,在学生个体层面上建构"积极学习";操作层面,在教学上建构群体的"活力课堂"。强调给学生一根"杠杆",激发他们巨大的潜能,多给学生一些满足学生积极学习的"杠杆与支点":多一些靠近、多一些发现——接近学生,发现学生的积极因素;多一些民主、多一些鼓励——为学生主体学习创设激励的环境;多一些空间、多一些时间——为学生创设选择自主学习的条件;多一些开放、多一些舞台——为学生提供表现才能的发展空间。笔者先后研究与指导,并撰写"农村城镇小学弱势群体子女心理问题矫治""农村小学留守儿童隔代教养的指导策略""农村小学随迁子女群体特征与教育策略研究"等研究报告。

三、关注教育均衡,倾力于教育生态研究

教育均衡既是深受穷困之苦的孩子的愿望,也是深受平民教育思想影响的教育工作者,对均衡、民主教育的情有独钟,更是笔者六十余年一直坚持在教育第一线的缘故。1995年,笔者提出的《关于缩小重点学校和普通学校之间差距的提案》被评为上海市政协优秀提案。另外,笔者还提出了《关于停办面向中小学学生的业余学校,减轻学生过重课业负担的建设》《关于加强中小学师资建设,办好每一所学校的建议》《关于加强本市托儿所(学前)教育改革和发展的建议》《关于加强本市社区教育工作的管理和领导的建议》等多项提案,受到广泛重视,这些提案至今都显示了其前瞻性。

在教育均衡发展中,笔者关注教育体制的连续性上的均衡,认为义务教育要从小学阶段向两端延伸,不能忽视学前教育。在"'幼托一体化'教育和管理的实践和研究"中,笔者指出幼托一体化的产生和发展是社会发展的必然产物,也是教育改革和发展的必然需要。笔者基于广泛的调查与研究,提出了《关于本市托儿所(学前)教育改革和发展的建议》提案,指出,学前教育中的托儿所教育长期受到忽视,已显现出消极的后果,并提出应该理顺托儿所的管理体制,归属教育部门主管,保证其教育经费,提高托儿所保教成员的质量,提高3岁以下儿童的教养质量,这是全社会的事业。笔者指出由于我国实现计划生育的人口政策,人们对孩子的需求降低,而对孩子的素质的要求越来越高。这种关系的高水平发展必然是由孩子接受高质量教育来实现。社会学的孩子价值研究和社会动机模式认为社会越是发展,人们对孩子的需求表现在质量上。人口的质量的提高必然是教育的结果。在这样的社会发展背景下,推进高质量的现代化教育的一个途径是提高受教育者的接受教育的年限。这是国际上通用的教育现代化的标志之一。传统的做法是受教育者的教育向上延伸来增加受教育的年限,但是忽略了另一种有效而可能的途径,即教育向下延伸,正规教育实施向孩子零岁靠近。在人生发展过程中及早实现正规的早期教育,是提高人口质量的有效途径。因此在儿童婴儿期的中后期开始正规的学前教育是社会发展的迫切需要。为此笔者在一些幼儿园、托儿所开展教育研究,发表《关于当前幼儿心理卫生的思考》等文章,还主持与指导"适应幼儿第一反抗期的教育方法研究"课题研究、"关于幼儿合群心理研究""让孩子在探索中聪明起来——主题游戏中发展2—6岁幼儿的探索能力""混合班幼儿关爱行为的调查研究""3—4岁幼儿上呼吸道感染的制度性预防""幼儿教育创新之路"等研究。

关注农村地区的教育发展,为农村教育均衡发展做出努力。笔者先后20年从事农村地区的教育实践指导与研究,涉足浙江、江苏、河北等不少省的地区与乡镇学校,举办教育教学指导与校长培训。2007年后在农村地区直接参与学校委托管理12年之久,长期潜心农村学校工作。本人曾带领上海三知教育咨询中心的专家团队赴上海崇明两所中、小学进行学校委托管理,以软托管方式实施"生态型托管",促进了学校高成长性发展。在长期实践基础上,对"生态型管理"进行学术与实践研究,回答了什么是生态型托管,如何进行生态型托管这两大问题,并以《学校委托管理的思与行》专著作了托管全过程案例报告,"透过一所学校的托管,把握托管的规律性认识",被鉴定专家组评价为"具有高水准的学术与经验价值"。

四、尊重学校教育特质,倡导多样式创建生态型学校

生态型学校的创建应该根据学校所处的区位结构与学校的校情,以适切学校生态位的方式营造学校教育生态,推进生态型学校创建实践。笔者在农村一所小学开展创建以"平安:可持续发展在这里奠基"为核心理念,建设"高品质、有特色、现代化"的生态型优质学校,并明确生态型学校从全纳与平等、适切的教与学、安全健康与保护、参与与和谐四个维度,以及学校德育生态、课程生态、课堂生态与管理生态四个方面着力建构,从而实现学校成为师生的生命乐园、智慧学园和幸福校园。在另一所学校推进"儿童友好生态型学校",通过友好的顶层设计、友好的管理、友好的教育、友好的班级、友好的家校合作构建充满对儿童尊重与关爱,体现人性化的,充满活力,为儿童快乐、安全、全面成长营造健康生态的学校。运用了"学校管理:回归儿童立场;课堂教学:激发儿童参与;学校教育:沟通儿童生活;家校牵手:共促儿童成长;顶层设计:让合作更美好"五条主要策略实施儿童友好生态型学校建设。

在 20 世纪末,提出并主持"新视野下的学校健康教育的实践研究和理论探索"课题研究形成专著,推进新健康生态型学校建设。提出"新健康教育,呼唤幸福的童年,让儿童的生命更灿烂",提倡"4E"(everybody、everything、everywhere、every time):人人健康、事事健康、处处健康、时时健康。新视野下学校健康教育从新健康的四个方面和学校德育、智育、体育、心育等的关系上着手,在德育上是提升生命的价值,在道德教育上重点抓责任感教育和健康行为,让学生懂得生命力的提升源于真、善、美;在智育上是增强生命的能量,在学习上,重点抓学习健康保健和珍惜生命,让学生懂得生命力的质量基石是心智健康;在体育上是激发生命的活力,在体育锻炼上重点抓保健体育技能,让学生懂得生命力的物质基础是强健的体魄;在心育上是开发生命的潜能,在心理健康教育上重点抓积极的情绪,让学生懂得生命力的精神源泉是健康的心理。在绿色生态中让学生学会大爱与大智,强调新健康教育的实践形态:以珍爱生命为中心、以培育健康生活方式为重点,并从结构—功能出发,着重研究三个关系与结构,提升教育功能:主体—环境结构、班级中介结构、学校—学生结构,通过双线并进——在新健康教育中科学态度和人文精神融合,强调人格精神的健康。三方互联——在新健康教育中,学校、家庭、社区三方的教育要同步协调,形成合力。四项整合——在新健康教育中,生理健康、心理健康、道德健康和社会适应良好在教育活动中融合。五育交融——新健康教育中不能是在某一范围内开展,应该成为学校的行为,在学校的五育中融合实施。

在生态型德育的理论与实践上,笔者提出德育的五个观点:在德育目的观上,认为德育让学生幸福,促进学生自我实现,过有道德的生活,做一个现世幸福的真人;在内容观上,德育崇尚人性的教育,扬善抑恶,注重人性、人道、人格;在能力观上,让学生有角色的最佳表现,言行一致,注重道德能力,注重道德践行;在德育方法观上,以美滋养学生心田,以理性纯洁学生心灵,只有真善美,才能培育高尚的灵魂。在德育生态观上,让通过德育最优化整合,营造健康的德育生态,滋养学生的心灵。笔者提出德育最优化整合,注重德育生态化,强调"德育在学校教育中重要地位和作用的真正实现,不在于它能'孤军奋战',而在于它能合符规律地融合于学校教育整体机体之中,实实在在地发挥着自己应有的能量,供给着不可少的营养"。德育最优化整合是指把德育的各因子及其与学校教育中其他相关因子之间适合特定学校发展的特点和基础,尽可能科学、合理、有效地整合,从而达到德育的"最优化",产生最大的效益。德育最优化整合不仅是德育方法论,也是一种德育的实践形态,是使德育的整合向最优化方向发展的过程,也是整合的操作方法的最佳适切选择。

　　吸收古今中外合理的德育观念，融通转化为实践形态，笔者强调道德教育，在德育上主张"善为先、真为重、美为贵"，培养学生真善美；注重道德践行，培养学生道德能力；还强调从抽象德育走向实在德育、道德的德育；从工具德育走向人道德育、人性的德育；从前现代德育走向生态德育、整合的德育。笔者先后主持与指导开展学校圣贤教育，"法先圣，育今贤"，传承与发扬中华优秀传统美德，培养学生具有圣贤品质与才能。通过伦理对学生晓之以理，通过民族公认的圣贤（道德榜样）动之以情，通过社会生活实践付之以情。圣贤闪烁着传统美德光辉，是一种民族文化，表征着民族的社会理想、道德追求。笔者强调人格教育，曾开展"3A5E"品格教育，让我们的孩子信仰和平与非暴力、诚实与真实、关爱与责任感；开展"三元素"（仁·礼·博）品格教育；提出与开展"主体性德育"，注重德育最优化整合，培养具有大爱的心灵、睿智的眼光、勤劳的双手、自主的头脑、健壮的体魄的青少年一代。笔者认为要重视道德教育，不注重道德教育、行为规范教育，是缺乏灵魂的教育，会培养出伪君子；指出有的人貌似规范的行为，不一定符合道德，强调道德行为的培育，要培养正直的人。

　　笔者曾主持一系列德育课题研究，注重学生现代人的品质培养，造就现代人。在21世纪初指导了"做一个现代中国人奠基教育的实践研究"。民族振兴需要民族现代化，现代化的关键是人的现代化，"先化人后化物"。物质生活现代化不等于精神现代化。没有文化的民族是没有希望的民族。儿童是民族的希望、国家的未来。笔者提出现代中国人的二维结构：一是民族性，民族意识（民族认同、民族归属）、民族情感（民族自豪感、民族责任感）、民族气节（民族骨气、民族志气）、民族文化（价值观、道德、文化传统）；二是现代性，主体维度（人本取向）、价值维度（工具取向）、时间维度（未来取向）、规则维度（普遍取向）。现代中国人应该具备热爱祖国、崇尚开放；爱好和平、崇尚公正；立志勤奋、崇尚科学；自强勇敢、崇尚创新。笔者主持的"六维度规则教育"研究，在学生的学习、交际、生活、活动、创新、担当上因循规则，"成为一个崇尚规则、幸福的人"，强调摒弃规则教育目的论的功利化、规则教育决定论的异化、规则教育机械论的泛化。21世纪初笔者设计的国家教育部重点课题《青少年政治文明奠基教育的实践与理论研究》。课题强调青少年的早期经历对其一生的政治文明的提升有着重要的影响。政治文明奠基教育应该融合在学校的整个教育之中，不能游离于教育教学之外，成为外加的一种形式化的"教育"。政治文明奠基教育应有层次性、连续性和阶段性。小学期间的政治文明奠基教育是启蒙阶段，中学期间的政治文明奠基教育是发展阶段，大学期间的政治文明奠基教育是基本完成阶段。学生的个人政治文明意识和能力的形成不是孤立实现的，群体的政治文明对学生个体的政治文明有着重要影响。必须实现开放式教育，不能封闭在学校里进行。笔者还指导区域性研究课题《社会转型时期学校生活德育的实践研究》，提出生活德育，形成专著《走向生活的德育》，提出了"为了、关于、通过"生活德育范式（即 WGT 模式，以拼音首字母缩写），这是为了让学生过有道德的生活，成为有道德的人，学生学习生活所需要的道德的要求、道德的规范，并通过过有道德的生活，培养学生做人的能力、形成良好的道德品质的一种生活德育模式。这个模式强调德育目的回归：培养"有道德的人"。德育内容综合：全人的教育。德育过程真实：从虚假的转到过有道德的生活。德育思维系统：整体思考。德育主体明确：生活的主体是生活德育的主体，重在自我教育。笔者在《走向生活的德育》中写下了"德育应该是最有魅力的，对美好生活的向往，对美丽人生的追求，成为有道德的人，过有道德的生活"。

笔者主持的"小学高年级学生道德价值取向选择教育研究"的课题，针对由于没有把道德价值观作为行为规范教育价值核心，导致青少年中间出现了学生行为规范背得滚瓜烂熟，但在行为表现上非道德现象屡见不鲜，这说明德育不仅是外控的规范性教育，更应该是自主性发展性教育。笔者强调现代的价值取向是基于民主、平等，重视人的价值，个体既能发扬独立自主的精神选择适合自身发展的道德生活，又能在社会中给自己以正确定位，遵循着社会的需要充分施展个人的聪明才智。基于这样的认识构建小学高年级学生的道德价值教育模式。提出了"道德价值取向选择教育"的两个模式，一是"三化模式"：问题情景化、讨论真实化、行动情感化，侧重于从道德认知的构建着手，形成良好的道德行为。二是"三化模式"：模拟活动针对性、社会实践体验性、伙伴讨论经常性，侧重于从心理学行为主义理论出发，从良好的道德行为培养着手，提高道德认知水平。关注从道德心理上开展德育，笔者提出与指导"小学生'五恩'体验—践行教育模式的实践研究"，形成了专著《孩子，让世界充满感恩》，被评为上海市德育优秀项目。强调从"识恩、知恩、感恩、报恩、施恩"五个维度上展开感恩教育活动，"在生活中学会感恩，在感恩中学会生活"，提出从他律走向自律，提高感恩的水准（滴水之恩，当涌泉相报）；从有形走向无形，提高感恩的层次（施恩不图报）；从物质走向精神，提高感恩的品格（知恩图报）；从直接走向间接，提高感恩的动机（以恩报德），强调了"只有感恩才能感到幸福"。笔者主持与指导"学校'三元素品格教育'建构与实施的研究"，以民族文化滋养学生品格，突出"仁礼博"民族文化价值，并对践行层面活动上进行了系统设计与践行，着力解决学生、教师中对于民族文化传统道德，尤其是民族文化核心价值把握不足，表层性活动居多，缺少深层价值对学生品格滋养的问题。

研究学校德育的领导，强调学校的道德领导、价值领导，笔者曾撰写"增强道德领导力，提升学校德育领导"，注重学校德育的顶层设计。2012 年指导与撰写《江五小学德育工作行动指南》与《江五小学"融的德育"校本课程大纲》。从德育内容的融合上；曾开展"心理健康融合模式"，还组织与指导开展"以班级为主的心理健康教育研究与实践""学校戏剧教育活动的思考与实践""小学生精神健康教育的实践和理论探索"，从德育的生态系统视角，提出德育的融合性，营造健康的德育生态，增强德育生态化，使德育的适宜性、丰富性、开放性、整体性、共生性等生态特征凸显出来，建构生态型德育。以"融合"理念开展幼儿园依托社区进行家庭心理辅导研究、辅读学校心理辅导的理论与实践等多项市级规划课题，还开展以班级为主的家庭教育指导模式的项目研究。通过德育内容与形式的中介，实现德育目标。

针对学校中班级文化建设的缺失，在班级文化作为学校文化实现的基础、凸显学生文化促进学校文化发展这两方面，笔者提出必须重视加强学校班级文化建设与领导。基于学校对班级文化建设领导的价值认识，强调从班级的管理走向班级的领导，揭示班级文化的领导与建设的三个发展阶段，从而提出了学校对班级文化建设领导的主流文化培育促进策略等五项基本策略，关注班级文化中的文化冲突与文化适应，加强文化心理表现的调适。

班主任工作的理论体系需要积极建构，笔者长期从事班主任工作，培养出上海市优秀班集体、优秀学生等，在班主任工作理论方面也着力研究，撰写《当代班主任工作新论》。笔者认为，班主任在学校教育教学中所担当的角色越来越丰富，已从过去传统的单一型向多元型转换，通过班主任这个"关键人物"完成与协调教育活动。笔者从班主任自身的素养品质与班主任工作专业能力两个维度上开展了不少有关班主任工作的课题研究，"班主任工作心理优化研究""班主任德育能力提升的实践与研究""班主任综合教育能力的提升的实践研究"，主持与指导《基于工作坊的优秀班主任核心能力培养的群体案例研究》，并主编《人人都能成为优秀班主任》专著，与王鋐一起撰写全部理论部分。笔者强调"人人都能成为优秀班主任"，提出优秀班主任的核心能力是指促使班主任脱颖而出的自觉发展能力（主体内驱能力、自主发展能力）与工作发展创新能力（班级工作领导能力、班级生态营造能力、班级文化建构能力），着力厘清优秀班主任核心能力的概念，形成了原创性的"优秀班主任核心能力"发展模式和操作体系，以及测试的工具和分析方法，从而纠正了原先学校的"优秀班主任核心能力只是优秀班主任才具有"的误识。笔者强调提升优秀班主任核心能力在本质上是班主任高成长性发展的生态营造，还提出了"优秀班主任群体培养模式"的"双向建构"实践形态，应提高班主任工作的"探究的学术""整合的学术""应用的学术""育人的学术"四方面水平，从学术角度研究班主任工作。

班主任工作是一项十分美妙的工作，一位教师如果没有当过班主任是难以深刻体验到教师意蕴的。笔者曾撰写"班级集体建设的历史发展与研究思考""以美

育人 丰富学生精神世界""新生的第一堂班会课：聆听《命运交响曲》——论美育在德育过程中的作用"，创作与导演了反映"上海市优秀班集体"班级生活的《旋转的迪斯科》，这部话剧演出长达四十分钟，反映了学生德智体美等方面的全面发展，正如剧本尾声："同学们，跳起来吧！让我们的迪斯科转起来吧！让我们的生活旋转起来吧！"该话剧获得1985年上海市虹口区学生文艺演出一等奖，并作为区文化局主办的戏剧调演节目。笔者认为班主任应该丰富自己的素养，才能与学生心灵上相呼应，为学生的成长给予不断的支持。

以"教育中介—融合论"推进课程教学整合，课程教学生态化。研究学生的学，从以教为主转向以学为主，转变学生学习方式，倡导"表现性学习"，并作出理论阐述与践行。在2000年开展"培养小学生学会表现的实践研究"，提出"表现性学习"，回应"教育，你鼓励冒尖吗？"旨在探索在学习和社会实践中，通过相应的教育策略、途径、方法，培养学生敢于表现、乐于表现、善于表现的心理品质，锻炼表善、表真、表美、表新的基本能力，形成一定角色上的出色表现，发展成长为具有一定能力、个性张扬、善于自我实现、充满自信的儿童，也提出了"表现性学习"的教育策略：托起表现信心，激发表现欲望；创造表现氛围，搭建表现舞台；丰富表现活动，拓展表现渠道；探索表现课程，张扬健康个性。笔者认为在早期培养儿童学会表现具有迫切性，学生中存在退缩而不敢表现、不善于表现的问题，导致学生进取精神和独立人格的泯灭，因此让学生学会角色最佳表现有助于人生的发展。笔者之后继续在职业学校、中小学中组织这方面的课题研究。表现性学习的价值指向在于能力的培养，改变学校教育、教学中能力培养口号大于行动的弊端，强调"学习—表现"的过程，让学生的潜能转化为现实能力。

改变以"学生机械式学习导致学生学习体验消极"为特征的非生态课堂教学，增强教与学过程的生命活力，回归学习的本意，这是课程教学中的一个重要问题，笔者关注了当时在学校中常被忽视的"学生学习经历"的问题，组织与主持了一系列研究。在2010年开展了"基于丰富学生学习经历的睿智课堂建构的行动研究"，突破了关于"五种经历"的提法，指出这种方法本质上是参照多元智能进行经历涉及的范围分类，应该更好地从学生学习的角度提出"学习经历"，提出了"两质三分法"："两质"，是"学习经历"按其功能分为形成性学习经历、验证性学习经历两大类；"三分法"，是"学习经历"按其承受的内容分为获得知识、能力与价值观念的学习经历；运用知识、能力与观念的学习经历；学习本身的经历。学习经历具有丰富性、痕迹性、多层性、过程性。笔者进一步在一些学校开展了丰富学生有意义学习经历的研究，"支持学生有意义学习经历获得的环中介课堂教学策略群的研究"，形成专著《学会学习：从经历向经验转化》；"在教与学的互动中激发自主学习的策略研究"，形成专著《走向"学会学习"》；"基于有意义学习的双环交互课堂教学研究",形成专著《课堂教学：向有意义学习转型》;"农村小学转变课堂教学方式、丰富学生学习经历的策略研究"并形成专著等。笔者认为有意义学习经历与学生的学习过程具有非人为的实质性联系,不仅对已有知识结构、行为以及潜能产生积极的变化,而且获得学习过程的经历与经验,会对学生的个性、态度与人格产生积极的影响,为学生终身发展奠基。在研究中关注学生获得的有意义学习经历转化为有意义学习经验这个关键问题,提出有意义学习经历的价值判断原则、经历的连续性原则、经历的交互作用这三项转化原则,并在行动研究中予以验证,强调其理路是学生学习环、教师教学环(结构要素)交互与建构(功能要素),形成"环中介"结构,实现"环中介"转化功能。"环中介"的本质在于"交互、建构、转化",并提出有意义学习经历的四个层次与四个进阶,及其内容质量、形式质量。这些研究丰富了关于学生学习这个领域的研究,促进教学向关注学生的学转向。

为了建构生态课堂与支持性教学,促进生态化教学,笔者提出了"支持性教学"。这是通过设计与实施生态化的支持性作业,激发学生学习兴趣,提供学生学习条件,让学生在良好的师生关系以及学习环境中,在一定情境中主动表现获取知识发展能力,促进人格品质发展,增强基础素养的一种教学。"教学性支持"关注学科学习能力,关注学习行动能力与关键能力,旨在让学生学会表现,学生在知识层面上学习,能力层面上发展,个性层面上健全,进而深化到人格层面。明确了支持性教学的要素：主体学生要素、目标能力要素、动力兴趣要素、载体作业要素、过程表现要素,以及基本过程：确定(能力)目标—设计作业—激发兴趣—充分表现—能力发展,也出了一系列基本的支持性策略。笔者曾在学校开展了"基于生态课堂的交互性教学过程的策略研究",形成专著《"融进去"与绿色亲近》,也开展"一项基于个别化教学的新探索"并形成专著;研究多种方式开展支持性教学,促进学生学习方式生态化转变,开展"基于小班化教与学的生态课堂建构的行动研究""基于学习共同体的共享教学实践研究"等。

课程生态强调系统性与整体性,课程教学生态化的重要方式是课程教学的整合,课程教学是观念系统化、实践结构化。学校的课程体系应该有新的构架,以满足学生健康成长需要,营造促进学生发展的教育生态。课程主体的开放,教育者应该先受教育,学校应该着力建构学生课程、家长课程与教师课程三位一体的课程体系。笔者认为,课程统整在于将两种或两种以上的教与学主体、内容、经验或活动,结合成一种有意义的、具有内在联系的学习内容、经验或活动的课程教学行为与过程,连结所有知识形式与学习经验的实践历程,也是一个学习系统。课程教学统整不只是一种课程的组织形态,更是一种教育哲学思想,是对如何设计与实施课程教学的深刻的关系思考,也是一种实践形态。"课程教学统整"是在素养培养的导向下,为落实课程教学目标,对学校各层次课程、各类型课程作为统一体进行系统整合,并统领教学,整合各课程与教学的要素与因子,实现课程教学的整体教育功能。笔者提出"统整,课程走向学生学习的中介",它是以"系统、统领、整合、和谐",通过五要素(目标、内容、形式、过程、评价)、五整合(学科内整合、学科间整合、育内整合、育间整合、课程与文化整合)、"三个度量"(目标清晰度、学生可接受度、整合充分度)为特征的课程教学整合模式,强调课程组织具有纵向的和横向的联系性和连续性,根据学科不同特点和学生各发展阶段从纵向与横向两个维度实施,从课程内容维度、课程形式维度与课程生态维度上对不同学科、不同课程类型进行统合。笔者还具体提出"三个层次八统合",课程本身的统合、课程间的统合、学校课程体系的统合,旨在解决每门课程的课程与儿童统合、课程与社会生活的统合、人文素养与科学素养统合;解决课程教学的目标间的统合、课程教学要素间的统合、教学设计与实施之间的统合、师生的教与学间的统合、课程与学校教育生态之间的统合,即"八统合",并在学理上认为,"八统合"是教师、学生、教材、环境四个因素动态交互作用的"生态系统"功能。课程只有在和其他因素统合起来,成为课程"生态系统"时,课程才能发挥应有的作用。这个统合观点充分把握"统合"的概念内涵与课程品质,丰富了课程理论。笔者曾先后设计与指导上海市级、区级课题"基于 4R 理论的农村小学科学人文素养培养的统合课程建设的实践研究""统整:走向现代教学——三维目标统整教学的实践研究""教师教学统整能力形成与发展的实践研究""基于 4R 课程理论的课堂教学多元整合的行动研究"等,撰写"'实践性、研究性学校课程'的课程管理研究"。

课程的丰富性、开放性是课程生态的重要特征,笔者关注适应学生学习方式转变的广域课程的建设,开展广域课程的研究,明晰了一些基本认识,认为广域课程是指为了特定的学习目标,将相关领域的学习内容联系生活,依据学科与学生经验加以组织与排列,内在关联地整合,进行有系统的教与学,而形成的一种开放型弱度框架课程。广域课程是培养学生综合素养的有效课程方式。广域课程建设有利于课程学习领域拓展、横向整合,将零散的、分化的学科领域聚集起来,利用同一学段内不同学科对于各素养不同作用,彼此融合、共同促进该学习阶段任务达成。通过广域课程促进"跨学科"整合、"多学科"融合,课程内容由单一学科专业化知识向生活应用综合能力转变,在多元场域中促进学生对知识的深度理解和广度迁移,从而更好地培养学生综合素养。笔者指导校外教育机构运用与开发广域课程,开展"区域青少年活动中心建构广域课程体系的实践研究"课题研究,形成《校外教育机构广域课程建设的理论与实践》专著。笔者认为校外教育机构以往较多是以科技等活动为主要载体,缺少课程意识,活动内容常过于单一,缺少课程要素与框架。同时校外教育较之于学校教育,不是以学科课程为主,课程设置上具有很大的灵活性与社会适应性,又兼具学生个体选择性,又具有适应广域课程所需的丰富课程资源,运用广域课程正好可以弥补学校教育这一不足。

　　课程教学研究中,本着适宜性、开放性、系统性等教育生态化要求,笔者对一些教育中存在的问题也开展了一系列研究。同样在思维这个教育中的基本问题上,经过调研,发现学生思维培养大多停留在教案上,很多教师对于思维具体是什么与如何发展学生思维缺乏经验,这是长期进行知识灌输教学必然的结果。在2000年指导与形成了《小学数学以通用概念发展学生思维能力的教学方法研究》专著,建构了"少一点,好一点"教学法。"少一点"即针对教学内容过多过滥,许多知识点如蜻蜓点水式接触一下,真正理解、把握的却不多,造成"全面的肤浅性",学生思维"交通阻塞",学生不堪重负。"好一点"是指引导学生把握普适性强的通用概念来掌握数学基本知识,提高知识学习的迁移能力,引导学生建构以数学思维能力为核心的数学能力结构,引导学生提高探究性学习习惯和能力。这个研究提出的教学方法具有各学科的普适性,对于转变教师引导学生的学具有方法论意义。笔者针对现实存在的教学变革口号式而缺乏实质的现象,针对教学中的无指向能力泛化、贴标签现象,于2006年主持与指导了"关注学生学科学习能力的培养"课题研究,形成了《教学的走向与改革》专著。这项研究从一般的学习能力研究与实践深化到关注学科学习能力,从不同学科的特质出发,按照学科学习的规律,开展教与学,让学生抓住学科的特质进行学习,对改变分数教育评价标准影响下教师的短期教学行为,改变忽视学生学习能力的培养有着积极的实践意义。由于当前教师普遍缺乏学科学习能力培养方面的教学能力,也缺乏这方面的经验的积累,这项研究对促进教学转型发展以及促进教师发展学生能力的专业素养有着实践价值。对如何培养学生的学科学习能力进行了系统的开拓性研究,研究了学科学习能力结构、内容维度、水平层次;建构了小学九门学科的学科学习能力体系;提出了"能力表现"这个概念作为能力发展的基点,并提出了学科学习能力表现的五条标准以及学科学习能力表现的三个关键;提出了学科学习能力培养的四条原则、五项策略;提出了如何进行学科学习能力培养的教学实施,从学科学习能力的分析把握与目标确立、不同学科的学科学习能力的培养方法的提炼、相关能力的表现性作业的类型以及设计与实施的操作要点等作了系统的研究,以独特的研究丰富了学习理论。

　　同时对遵循学科教学规律进行教学,通过课题研究进行引领。在长江二中设计与主持了"和易以思:学生成长性思维的培育"课题,并撰写了《为思维而教》专著的理论部分,指导每一篇案例与主编了全书。笔者强调真正的人的培养,完善人格的养成,都包含着一个前提,就是思维能力的发展。一个真正的、完整的人,一个有人格的人,首先必须是一个有健全思维的人。笔者倡导了新成长性思维,在对德韦克"成长性思维"价值认同基础上,认为成长性思维还应该关注思维本身要素与思维品质的成长性,丰富与发展原先的局限于思维态度的成长性思维,提出了"以积极的思维态度,通过思维方式、思维方法与思维过程的培养与优化,实现思维品质的不断成长的一种思维模式"的新成长性思维,并形成了两个维度、四个方面的成长性思维发展内容,以及用三个维度八个方面思维品质发展水平来界定与评估成长性思维,从而建构了系统的成长性思维培养与评估的基本框架。同时挖掘与发扬我国"和易以思,可谓善喻"优秀教育思想,并与现代思维研究成果相融合,提出以"培养学生新成长性思维的'和易以思'课堂教学",促进为思维而教,促进学生的高品质思维的发展。

教学生态化最基本的要求是教学的适切性,符合规律,但是由于功利的诱惑,这个问题最容易产生偏差。例如小学英语教学中出现过一阵让学生英语单词练读四声调(按汉语)、二声调,小学低年级要求英语学习探究式,双语教学时出现用英语教母语(汉语)等奇怪现象。外语课程教学普遍存在缺少学科特质、教学方法的提法泛化。笔者从最初提出语量、语境、语用("三语")发展完善,从语言学与英语教学特点形成了英语"四语"教学法(简称"CQPS"教学法),"在一定的语境下调增语量,增强语感,发展语用能力。""四语"教学法的基本理念是——在英语语言环境中学习英语,而不是在教学环境下学习英语。从英语教学思想与方法上突破,倡导为学生提供语言学习条件,创设多种功能性语言环境,展开语境性英语交际学习,避免以教育学的一般话语代替外语教学思维的培训方式,克服口号式的、非学科肤浅的教学方法思维,笔者在沪东外国语学校、鹿鸣学校等主持"四语教学法"项目验证性实践,撰写与形成了《英语四语教学法》《基于英语"三化"特色课程的"CQSP"教学法》。这些试点学校的实践证明了笔者提出的"四语"教学法的合理性,强调英语教师的教学应该遵循英语语言规律与英语教育规律。笔者开展了长达 30 年的外语课程教学研究,曾负责"上海市小学英语教学质量监控的理论与实践研究""中小学英语教学衔接的研究及对策建议",撰写研究结题报告、"中职学校外语课程改革策略"的研究成果,以及基于《上海市中小学英语学科课程标准》的研究报告《比较分析 创新突破 指导引领——让〈英语课程标准〉真正走进学科教学》。开展英语课程教学研究,指导与形成一套专著《与英语新课程同行》,曾主持与指导上海、江苏与安徽的 9 所中小学开展双语教学项目,撰写与形成 9 本双语专著。这些研究主要为了促进外语教学监控发展。

面临学校心理健康教育的专业化程度低、简单地以教育方式替代心理卫生方式,笔者坚持医学心理学的基本原理与方式与教育融合,20 世纪 90 年代撰写《关于当前幼儿心理卫生工作的思考》,当时在中小学心理辅导非专业化,思想教育化倾向比较普遍,也有小学声称通过心理辅导教育好了人格障碍学生多名的文章。为此笔者提出"学校心理卫生"问题,强调心理卫生是心理教育、心理咨询等心理卫生措施的上位概念,而心理辅导是其下位概念,不能覆盖心理卫生的全部目标和内容,强调学校心理健康工作必须与医学、生态学等相结合,提出心理卫生工作的融合化,并进一步从儿童心理健康的生态环境上开展研究与实践。20世纪90年代,主持了上海市教育重点课题"儿童青少年心理健康的班级教育生态环境优化研究"以及"儿童青少年心理健康的学校教育生态环境优化研究""心理卫生的班级融合"模式的研究等。针对当时学生心理健康教育研究宏观层面和教育层面研究较多,缺少学校心理健康工作的中介层面的研究,探索如何依托强有力的教育实体班级,整合教育心理学、医学心理学与教育生态学,整合学校、家庭和社区的教育,融合各种相关因素,改变少数人员搞心理健康教育的局面,突破学生心理健康教育孤军奋战、单兵种独进,游离于整体之外,导致弱势的局面。把学生的心理健康工作融合于学校的整体工作之中,提高学生的心理健康工作的综合性,通过各种途径、各种形式整合,在主体与环境的互动中产生整体影响,面向全体学生,形成学生心理健康的新工作机制,提出了"以融合为理念,以整合为措施,以班级为载体,优化班级心理健康教育生态环境,促进儿童青少年心理健康发展"。笔者认为,儿童心理健康是在一定的生态环境里主体和环境的互动下发展的;儿童心理健康工作是系统工程,需要多元因素综合作用产生系统影响;班级是儿童心理健康工作的多层次、多元化因子融合的关键结合点,以班级为中心的相关因子融合,有利于构建学生心理健康发展的工作机制。这在儿童青少年心理健康教育的理论上和工作的机制上有创新意义。笔者提出并践行"托儿所、幼儿园、中小学与高等学校连续的心理健康与卫生工作体系",开展"提高教师素质,推进幼儿心理健康教育"研究,在托儿所开展区级课题研究"基于3M的幼儿亲社会行为培养的行动研究"等。

学校管理的融合是适应学校管理的生态化,笔者提出SQC集成管理。这是指运用集成原理,通过管理要素集成将战略管理、质量管理、文化管理融于一体,整合为一个管理集成体,产生综合功能的一种管理范式。学校"SQC学校集成管理"本质属性是生态型管理,突出管理体现人文精神和科学精神的统一,体现教育专业性特点,实现专业管理。充分体现师生的生命性、学校的生命性、教育的生命性的管理意识,形成以学校文化引领的学校领导机制,形成学校发展的内动力不断增强的机制,运用科学、合理、有效的学校管理方式,形成适应学校可持续发展的管理机制。为了改变集权式的学校管理,对所谓的"三力",即"校长是领导力、教研员是指导力、教师是执行力"提出了质疑,组织与指导"教师课程领导力提升的研究""基于学校分布式领导力的学科特色建设""区域课程领导力建设"研究,强调学校领导力不只局限于学校领导者,而是每一位学校成员都具有领导力,领导力分布于学校各个岗位上,包括学生也有领导力。而且应该培养学生领导者与领导品质。这些研究与践行推动了教育领导力的科学建构。

在学校文化中，倡导"学校精神"，在理论上对学校精神的概念、内涵、特征、功能、发展阶段与践行作了阐述，并主编了专著《学校精神建设的实践与理论》。笔者指出学校精神能够反映学校的本质特征，是学校的教育理念、办学特色、校园文化、学生的人格和教师品格的凝聚，是学校的活灵魂。笔者强调学校的精神是"自己选择自己"的结果，是用金钱买不到的，也是引不进的，它是扎根在自己学校的，学校全体师生共同努力播种、精心培育，在自己校园里开花结果。学校精神的孕育是学校自我发现的机制问题，强调"学校精神须要学校自主选择，价值判断，坚持数年必有成效"。学校精神越是符合教育规律和学校实际，并为师生普遍认同，其统领作用越强，能够整合学校的教育、教学和管理，推动学校沿着所预设的目标前进。

五、秉持"教育融合"，倡导区域教育生态圈营造

依据"教育中介—融合"理论，基于"中介"的联系与转化的哲学思考，笔者在教育融合发展中开展了区域教育生态的研究。认为学生处在家庭、学校、社区与社会不同关系所构成的多元系统结构中，而通过其中的中介结构系统的联结与转化，对个体产生重要作用，并进一步提出了 O-T 结构，在家庭、学校与学生间形成不同层次的异质结构，通过中介结构使三者联结质量越高，产生的教育合力越大。笔者长期参加社区教育研究与实践工作，深感区域教育生态的重要性。20世纪 90 年代参加国家社区教育课题研究，研究学习化社区与教育小区，注重社区教育与教育一体化、终身教育的结合。笔者曾主持上海市教育规划课题"'街道—学校'教育小区模式的发展研究"，主编了专著《教育小区简论》，中国教育学会副会长在序中指出"这是我国第一本关于教育小区的专著，以新的视野和思路，运用多学科的理论，努力从理论上阐述教育小区建设中的一些基本问题，本书为构建我国区域性教育发展的理论作了探索和努力"。笔者认为教育小区是在一定区域内，在教育行政部门和属地政府机构指导下，组织协调学校（包括其他教育机构）间内部和外部的相互服务，实现教育社会化、社会教育化，提高小区的教育水平和办学效益，促进地区社会和教育协调发展的地域性教育中介结构。该课题着重从"教育生态与教育"的关系出发研究，并以专门的一章阐述。

2014 年笔者主持与崇明区教育局合作开展的"建构区域教育生态圈 营造生态型学校群的实践与理论研究"，带领八所中小学与幼儿园开展研究与实践。该课题是在区域教育综合改革重要时期提出的全局性的重要改革举措，是教育均衡发展战略实施中的一项创新实践，是集团化、社区化办学的一个实践新亮点，是基础教育实施绿色教育的教育改革的新探索，是区域教育内涵发展，把握教育发展方向，以教育生态发展促进区域教育品质提升的有力举措，具有强烈的教育改革创新价值。本课题提出了关于教育生态的新理论,建立了有关区域教育生态的概念体系,例如,区域教育生态、教育生态的二次生态化、双向建构,也厘清了教育生态与生态教育等一些基本问题上的认识,这些提法不仅丰富了教育生态理论,而且在实验学校的实践证明性质是有效的。课题对教育生态的一系列概念、内涵、特征作了认真研究,形成了符合教育实际、学校实践的概念界定,有利于教师们的认识与把握,提出了区域教育生态圈的理论,从区域教育生态圈的基本认识、模式建构逻辑,到区域教育生态 3S 模式研究与实践,是一种教育理论探索。项目实践研究的过程,是不断创新的过程,如项目组提出了生态适宜性分析方法,为学校教育生态提供了诊断工具。研究生态型学校的评估体系,形成了评估方案,并且进行了生态型学校的创建评估。在全国教育学会基础教育专业委员会年会上作了大会学术报告。在课题验收专家组论证报告中指出,"本项目研究成果丰富,在理论上、实践上都有创新价值,研究成果具有先进性、首创性。"

家庭教育生态是区域教育生态的重要组成部分。但是家庭教育普遍存在着偏失,家庭教育指导工作也存在着误区。笔者从多学科视角厘清家庭教育及其指导上的一些基本问题。在一段时间里,甚至至今在有的学校,仍在文章中写学校要搞好家庭教育,不少学校都把家庭教育当成学校教育来指导。不少学校教师在与父母进行有关学生教育问题讨论时,往往只看到学生的学习或者品行的具体问题,而忽视问题背后的家庭生态上的深层缘由,缺乏从家庭整体来考量家长与孩子间的关系与状态,以及对孩子成长与接受教育的关联。为此笔者提出家庭教育是以家庭生活为基础,以亲子关系(包括法律上的关系)为纽带,家庭中的长者对下代进行影响的过程。这厘清了家庭学的最基本概念,从教育学角度,强调家庭教育有别于学校教育,学校教育与家庭教育互相不能错位,而应该根据学校与家庭各自的教育特点与功能,和合一致开展对学生和孩子进行教育。从社会学角度提出家庭教育取决于家庭质量,家庭的结构健全、家庭人际关系和谐、家风良好、家庭生活丰富健康,那么就会有一个高质量的家庭教育。从心理学角度提出亲子关系,强调富有感情与思想交流的家庭教育,才会产生有生机的教育。孩子和父母之间的沟通是亲子间人格互动过程需要的协调、情感的共鸣、性格的相容、精神的交汇。从数学角度研究,提出家庭关系的数学模型,以获得实证性的家庭问题证据,例如曾提出亲子关系的数学模型研究设想。笔者提出从多学科研究家庭教育与家庭教育指导工作,倡导与研究家庭教育指导学,认为家庭教育指导学是运用教育学、心理学、生态学、社会学、社区教育理论研究家庭教育指导以促进家庭教育的一门学科。笔者曾主持了"家庭教育指导社会化的理论认识和实践探索""学习化家庭指导的理论与实践""开展以班级为主的家庭教育指导,提高学校综合教育能力""家庭生态视域下的教师家庭教育指导能力提升的行动研究"。20

世纪 80 年代晚婚的父母处在更年期,他们与高中学生的孩子(青春期)间亲子关系的紧张,给了笔者思考,不同人生阶段的父母子女在亲子关系上的心理契合与调适。以此从生态学角度提出了家庭作为一个系统,孩子的成长必然是家庭整体影响的结果,孩子与父母日常持久地交互,互为影响。要提高家庭教育品质首要的是提高家长的品德。曾撰写"开展家庭教育工作 优化儿童成长的教育生态环境",开展"优化教育生态环境 促进学生主动发展""儿童心理障碍与危机的家庭因素及干预对策的研究"等课题研究。基于提高儿童健康发展,必须先提高家长的素养与心理健康水平,把心理卫生知识和家庭心理健康教育引进家庭,使家长具有健全的心态和人格,努力营造温馨和谐的家庭生态环境,防止儿童心理行为偏差,为孩子健康成长提供温馨的"港湾"。同时对问题家庭给予必要的帮助,增强这类父母矫治心理问题的意识,积极调适家庭关系,优化家庭结构,促进父母改善家庭心理卫生状况。基于这样的思考,我们探索儿童心理障碍与危机的家庭因素及干预对策,提出了"心理障碍儿童分布态势与筛选的研究报告"。在 20 世纪90 年代率先开展"家庭教育指导中家庭心理治疗的应用""家庭心理辅导的理论和实践"的研究,撰写《家庭心理辅导实施的研究》等。主持"实施 KCF 模式家庭心理辅导,构建学习化家庭"课题研究。这些研究旨在通过运用多学科理论,探索依托社区,运用家庭心理辅导,构建学习化家庭,提高家庭及其成员素质的规律和操作模式,优化幼儿成长的环境,提高学前教育的质量。笔者认为学习化家庭的构建,仅靠道理灌输是苍白无力的,应该对家庭成员心理等方面加以指导,才能有效构建学习化家庭。笔者认为,家庭和社区在互动中对儿童产生影响;家庭系统中成员的心理问题或问题行为都会削弱家庭功能的发挥,家庭质量直接影响家庭教育的作用。有学者在学术论文中认为,"综上所述,国内对家校合作开展心理健康教育的研究历史不长,成果也不多。但就国内家校合作开展心理健康教育的认识方面的研究而言,上海王钰城有关'家庭心理辅导'的研究具有一定的代表性"。笔者还重视家庭教育指导工作的领导问题,早在 20 世纪 90 年代,曾研究与撰写"家庭教育指导法制的演变和建设""强化政府行为,推进家庭教育工作""关于加强学校家庭教育指导工作的若干意见"。笔者基于家庭教育指导工作管理实践,曾对这一方面作了研究,曾撰写《家庭教育指导工作的管理和评估》,并率先编制《家庭教育工作评估体系》,并获得广泛应用。笔者还指出,家庭是社区的细胞,学校是社区的基本单位,学校是家庭、社区的重要结合点,教师也是学生、家长、社会的重要结合点。对学校、社区、家庭进行教育整合,营造区域生态,优化学生成长环境,这一研究在当时有着倡导意义。

回顾自己六十余年的教育生涯,充满着教育的欢愉,也体验着过程的艰辛;充满着探究的意蕴感悟,也体验着不理解的痛苦;充满着追求真善美的崇敬,也体验着宵小人性的丑恶。

笔者创办的上海三知教育研究所,Shanghai Sanzhi Education Theory Institute(SSETI),后发展更名为上海三知教育信息咨询中心,旨在体现教育研究的价值。"三知"出自论语"知者乐水、知者动、知者乐",孔子曰,"知命、知礼、知言"。我们研究所奉行的精神:人性(热爱人类)、笃信(坚持真理)、创新(不断追求)。后又举办上海远甫教育科技公司,"远甫"意为理想中的慧人、贤者,为我们所追求,也为永远纪念我敬爱的父亲王云甫。

笔者的教育思想有着不断演进的历程,早期的教育哲学观念启蒙于父亲留给笔者唯一的财物扫叶山房藏版的《四书集注》《增批古文观止》两套书中。正是父亲这深深的用意使我有了人生的轨迹,有了自己的精神世界。广泛研读我国古典优秀文化经典,不仅养成文言文阅读习惯,也涵养了文人气质。从早期学习论语接受孔子教育思想,到 20 世纪 50 年代后期接触马卡连柯教育思想,到后来亚米契斯的"爱的教育",继之学习杜威的民主主义教育思想与其教育心理学理论。一生坚持不懈学习,历经外语专业学习、教育学、教学论与教育管理学习、心理学专业学习,自学众多教育分支学科,从事医学英语翻译,热爱文史哲、喜欢艺术体育,这些都为自己从事广泛的教育研究奠定了良好的基础,也为从事教育教学、管理、科研工作,创立研究机构夯实了坚实的根底。这是曲折之路,需要坚忍不屈的精神。尽管历经生活磨难,在非常时期,遭受迫害打击,我始终保持了作为一名教师与学者的精神与风骨。就这样我在教育的第一线从事教育工作三十年,之后三十年从事教育研究,创办研究所,从事课题研究、英俄语翻译、著书立说,欣慰著作已能等身,我秉持着广博学习的精神,努力在教坛耕耘,幸运的是我虽已八十余高龄,还能得到同仁们关注,常诚邀参与教育研究与实践活动。作为一个教育工作者,只有矢志不渝,才有成功喜悦;作为一个教育界的学者,一生以道术兼治、秉持正义、坚信真理、百折不挠而欣慰。

我们工作的对象是充满生命活力的儿童,我们研究的教育是富有生命意义的事业,我们为生命而工作、为生命而发展,让我们的教育工作在释放天性、高扬人性、发展个性、富有创造激情中升华,让我们的孩子在生命的成长中幸福。

王钰城

2023 年 11 月于上海书斋

目　　录

二、生态文明：社会进步的范式

生态文明是人类遵循人、自然、社会和谐发展这一客观规律而取得的文明成果的总和。生态文明是以人与自然、人与人、人与社会和谐共生、良性循环、全面发展、持续繁荣为基本宗旨，关系到人类繁衍生息的根本问题，是社会和谐与文明昌盛的支撑点，关系到人类的根本利益，反映了一个社会的文明进步状态。

作为人类社会发展的一种文明范式，生态文明是在对工业文明进行反思和超越的意义上出现的，具有其特定的发展模式、制度理念和价值观念等基本预设。生态文明具有强烈的实践理性。实践理性对自然本能、物质欲望、自我利益的约束与超越，正是生态文明所追求的精神性、联系性、他在性、整体性、公共性、生态性等价值理念得以形成的关键。生态文明的发展只有在实践理性和生态逻辑的主导下才能得以进行，实践理性和生态逻辑也只有在对工具理性、资本逻辑、工业文明的现实反思和扬弃中才会愈益强大。生态文明不是不要工具理性、科学技术和物质基础，但后者只是工具，不是目的，它们要受到实践理性的约束和范导，为人与自然的生态和谐这一目的服务。"生态文明和实践理性的共同发展，是人作为文化存在展示自身无限超越潜能的新阶段，是文明范式实现生态转型的内在逻辑和现实需要。"（杜明娥、杨英姿，2012）

生态文明具有发展的特征：一是生态文明发展的历时性。生态文明是继农业文明、工业文明之后一种新的文明形态，有着发展过程与历程。二是生态文明发展的共时性，即生态文明与物质文明、精神文明以及政治文明等同时发展。从人类社会发展的历时性角度出发，把生态文明可以看作是继工业文明之后的一种新的、更高级的文明形态。对于中国这样的发展中国家来说，农业文明尚有遗留，工业文明尚未成熟发展，生态文明初露端倪，在时空中生态文明的历时性和共时性特点同时显现，文明发展的过程性和文明系统结构更显复杂。

生态文明是可持续发展的文明。人类的可持续发展和自然的可持续发展，兼顾后代人的利益。必须维护包括人类在内的整个生态系统的多样性稳定，只有在多样性稳定中才能实现可持续发展。生态文明应是一种自觉的文明形态。如果说原始文明、农业文明中包含着某些生态文明的元素，那只是自发的生态文明，而非自为的生态文明，未来的生态文明应是自觉的、自为的生态文明。人们必须以科学技术的发展为基础，自觉地转变生产方式、生活方式，不仅要有哲学上的自觉，还必须有科学上的自觉，自觉运用生态科学的共生整体性原理维护生态健康。当人类文明进程发展到从价值观念到生产方式、从科学技术到文化教育、从制度管理到日常行为都在发生深刻变革时候，标志着文明形态开始发生转变。从农业文明经过工业文明而走向生态文明，这将是人类社会文明发展的必然趋势。

从人类文明系统的结构性来看,生态文明只是人类文明系统中的一个方面,但具有基础地位,与物质文明、精神文明、政治文明之间存在交融作用。生态文明推动着物质文明向生态经济协调方向发展,把人与自然的和谐提升为精神文明的重要内容。生态文明推动政治文明扩大视野,拓宽了公众参与公共决策的途径,生态文明建设与精神文明建设具有一致性,使人在与自然、与社会的和谐中得到全面发展。

三、国际共识:可持续的发展

可持续发展是人类社会发展的产物,也是人类生态发展的核心目标。20 世纪 70 年代初,美国学者巴巴拉·沃德和雷内·杜博斯享誉全球的著作《只有一个地球》问世,使得人们对人类生存与环境的认识走向一个新境界——可持续发展的境界。同年,国际著名学术团体即罗马俱乐部发表了有名的研究报告《增长的极限》(*Limits to Growth*),明确提出"持续增长"和"合理的持久的均衡发展"的概念。1972 年,联合国在斯德哥尔摩召开了有史以来第一次"人类环境会议",讨论并通过了著名的《联合国人类环境宣言》,向全世界明确宣布"保护和改善人类环境是关系到全世界各国人民的幸福和经济发展的重要问题,也是全世界各国人民的迫切愿望和各国政府的责任"。1981 年,美国经济学家莱斯特·R. 布朗出版了《建立一个可持续发展的社会》一书,首次提出了可持续发展问题。1987 年,联合国环境与发展委员会发布了研究报告《我们共同的未来》,正式提出可持续发展概念,受到世界各国政府组织和舆论的极大重视,形成了人类建构生态文明的纲领性文件。1987 年《布伦特兰报告》中对"可持续发展"提出了"既满足当代人需求,又不损害后代人满足其自身需求的能力"的概念,从人类需求和价值观展开,强调未来,并具有时间依存性。

1992 年联合国环境与发展大会提出了全球性可持续发展战略,可持续发展要领得到与会者的共识与承认,真正拉开了人类自觉改变生产和生活方式、建设生态文明的序幕。来自世界 178 个国家和地区的领导人通过了以可持续发展为核心的《里约环境与发展宣言》《21 世纪议程》等文件,把发展与环境密切联系在一起,响亮地提出了可持续发展战略,并将之付诸为全球的行动。

可持续发展的思想体现着对人类自身进步与自然环境关系的反思。这种反思反映了人类对自身以前走过的发展道路的怀疑和抛弃,也反映了人类对今后选择的发展道路和发展目标的憧憬和向往。唯一可供选择的道路是走可持续发展之路。人类的这一次反思所得的结论具有划时代的意义。这正是可持续发展的思想在全世界不同经济水平和不同文化背景的国家能够得到普遍共识认同与践行的根本原因。"可持续发展"思想的形成是人类在 20 世纪,对自身前途、未来命运与所赖以生存的环境之间最深刻的一次警醒。

可持续发展是人类社会发展的重要标志。人的现代化是人的素养现代化,适应现代实践发展需要的人的主体能力现代化。人类的可持续发展越来越体现其重要性,学者英克尔斯等人把人分成两种:一种是停滞在原有水平上,不思变革,缺乏自信,这种人被称为"传统人";另一种则是告别过去,不断追求新的变化,自信通过自己的努力,可以改变环境和改善自己的处境,这种人被称为"现代人"。前者是现代化的阻力,后者则是现代化的关键。"人类不要过分陶醉于对自然界的胜利,对于每一次这样的胜利,自然界都会报复我们。"这句话如今已是一语成谶。面临着这些严重的环境危机,提升人类的生态素养,正确处理人类与环境的关系成为当务之急。人类必须从现实生活的人及其能动的现实社会生活出发,来把握人的现代化的终极目标、基本标准和现实取向,从社会发展历程中寻找共同的代表社会进步和人类发展的本质特征,从而成为真正现代人的客观规定性。可持续发展观念对于人类的重要价值越来凸显出来。

可持续发展涉及可持续经济、可持续生态和可持续社会三方面的协调统一,要求人类在发展中讲究经济效率、关注生态和谐和追求社会公平,最终达到人的全面发展。这表明可持续发展虽缘起于环境保护问题,但作为一个指导人类走向21世纪的发展理论,已经超越了单纯的环境保护。它将环境问题与发展问题有机地结合起来,已经成为一个有关社会经济发展的全面性战略。在社会可持续发展方面,强调社会公平是环境保护得以实现的机制和目标。可持续发展的本质应包括改善人类生活质量,提高人类健康水平,创造一个保障人们平等、自由、教育、人权和免受暴力的社会环境。这就是说,在人类可持续发展系统中,生态可持续是基础,经济可持续是条件,社会可持续才是目的。人类应共同追求的是以人为本位的自然—经济—社会复合系统的持续、稳定、健康发展。随着向生态社会发展转型,人们认识到"发展教育是走向可持续发展的根本大计"。与此相适应的社会发展评估不再仅以 GDP 为唯一标准,国际上也采用适应生态社会发展的评价,如联合国的人文发展指数(HDI, Human Development Index)即是以"预期寿命、教育水准和生活质量"三项基础变量,按照一定的计算方法,得出的综合指标,用以评价世界各国的社会发展水平,是对传统 GDP 指标的超越。

四、中国智慧：生态文明建设

生态文明思想在我国渊源久远,与中国的历史、文化同样悠久和灿烂。中国的先哲们在论述宇宙的存在特别是社会理想时,无不把"和谐"当作条件和最高的理想。在论述宇宙存在条件时,认为是天与地、日与月、阴与阳、山与河、冬与夏等矛盾事物互为存在条件的和谐统一,如果它们的关系发生倒错或不和谐,宇宙就会发生灾难。古代先哲们早就指出："百姓昭明,协和万邦。"(《尚书·尧典》)和谐社会思想最早出现在《国语·郑语》上,史伯曰:"虞幕能听协风,以成乐物生者也。夏禹能单平水土,以品处庶类者也。商契能和合五教,以保于百姓者也。周弃能播殖百谷蔬,以衣食民者也。"意思是说,虞、夏、商、周各朝代与大地一样长久的赫赫功业,根本原因就在于统治者能够在大地和人事之间创造和合关系,提出了"和合"的概念。

中国古代伟大思想家和教育家孔子一生都在研究人的关系,提出了"和为贵"的价值取向:"礼之用,和为贵。先王之道,斯为美。"孔子的和谐思想主要体现在三个方面:一是崇尚人类自身的和谐,并把这种和谐落实到礼治秩序上;二是崇尚人与自然的和谐,并把这种和谐提升到"天人合一"的高度;三是崇尚"中庸之道"。论语中有着"中庸之为德也,其至美乎! 民鲜久矣"(《论语·雍也》)、"不得中行而舆之,必也狂狷乎!"(《论语·子路》)、"君子和而不同,小人同而不和"(《论语·子路》)等论述,强调做人处事要讲究适合、刚柔适度。儒学中的"和实生物"思想就是和谐社会的根据,"万物各得其所"是和谐社会的要求,适度是达到和谐的条件,法、德、礼是和谐社会的杠杆。

"和合"是我国独具的一种哲学观念。"和"是古哲学术语,与"同"相对,指要在矛盾对立的诸因素的相互作用下实现真正的和谐、统一。早在先秦时期,《尚书·尧典》即提出了"和合"的理想模式:"克明俊德,以亲九族。九族既睦,平章百姓,百姓昭明,协和万邦。"《左传·昭公二十年》中也有这样的论述:"晏子对曰:'据亦同也,焉得为和?'公曰:'和与同异乎?'对曰:'异。'"古代先哲早就有了辩证的和谐观念。以后,儒家、道家都采用这一观念,以概括各自的思想宗旨。"和",同质因素的共处;"合",异质因素的融会贯通。和合论的基本精神,就是在处理事物内部或外部的关系时,必须保持和谐。这些先哲关于和谐的生态思想对于我们是有价值的思想启迪。

我国古代文献中,还有着不少生态文明的启蒙思想。"尊重生命"的思想,《易经》云:"生生之谓易。"又云:"天地之大德曰生。"老子曰:"生之畜之,生而不有;为而不恃,长而不宰。"(《老子·第十章》)意谓繁殖生长万物而不据为己有,助万物生长而不自恃有功,引领万物而不宰制它们。孟子曰:"亲亲而仁民,仁民而爱物。"(《孟子·尽心上》)就是说人类不仅要爱护自己,而且要扩展到爱护自然环境、珍惜自然资源。"造福子孙的可持续发展"的思想,管仲曰:"江海虽广,池泽虽博,鱼鳖虽多,网罟必有正,船网不可一财而成也。"(《管子·人观》)曾子曰:"林木以时伐焉,禽兽以时杀焉。"(《大戴礼记·曾子大孝》)《吕氏春秋·义赏》云:"竭泽而渔,岂不获得? 而明年无鱼。焚林而猎,岂不获得? 而明年无兽。"《易传》提出天人和谐有着一系列精辟的思想。《周易·说卦》云:"立天之道曰阴与阳,立地之道曰柔与刚,立人之道曰仁与义。"指出天有天之道,地有地之道,人有人之道,自然界有普遍规律,人也要服从普遍规律。《易传》主张天人和谐,人既要遵循自然法则,又要自强不息有所作为,以达到天人和谐的境界。中国古代哲学家庄子阐发了"天地与我并生,而万物与我为一"(《庄子·齐物论》)重要的生态哲学思想,以老子和庄子为代表的道家学派也对人与自然的关系进行了深入探讨。

中国古代的生态思想是可贵的。天人和谐思想对于解决当代环境污染、道德污染等诸多生态失衡与破坏问题,具有重要的现实意义。正如美国世界观察研究所的一位高级研究员所指出的:"数千年来,中国文化和哲学有两个对当今思想产生重大影响的主题:与自然和谐发展以及对家庭的承诺。中国的传统和哲学与可持续发展社会的现代化观念是一致的,即在不损害子孙后代可能的选择和自然环境健康的情况下满足现代人的需要。"中国古代传统文化中蕴含着许多现代生态文化观的宝贵思想萌芽,人们可以从中去寻找解决人与自然、人与社会关系的启示。天人合一的和谐思想使中国人崇尚兼容并蓄、百川入海的境界,崇尚不偏不倚、和而不同的思维方式。中国文化思想中的和谐精神,造就了中国人所特有的崇尚和谐的民族心理。正是在这样的历史文化下,1987年,我国生态学家叶谦吉首先使用了生态文明的概念。1988年,生态经济学家刘思华指出:"人无论作为自然的人,还是作为社会的人,都不是消极适应自然,而是在适应中不断认识自然与能动利用自然,创造符合自己需要的物质文明、精神文明和生态文明,推动人类社会不断向前发展。"①继承和弘扬我国天人和谐思想的合理内核,整合各类生态观,建立新的科学生态观,以提高人类的生态自觉。"面对生态恶化的现状,人类积极寻找与自然和谐相处的新的生产方式和发展模式,我国提出的生态文明建设正是生态观念向自为、自觉的一种理性回归。实现生态文明光靠科学技术、经济手段是不够的,更需要从认识上树立科学生态观,弘扬生态文明理念,提升生态自觉意识。"②

建设生态文明是关系人民福祉、关乎民族未来的长远大计。生态文明建设贵在创新与持久,生态文明理念及建设实践具有鲜明的特征:在价值观念目标追求与实现路径上走好生态文明的路,在全社会树立和弘扬生态文明理念。建设生态文明昭示着人与自然、人与社会的和谐相处,意味着生产方式、生活方式、治理方式的根本改变。建设生态文明是应天道、合国情、顺民心的世纪伟业,理应融入经济建设、政治建设、文化建设和社会建设,也应贯穿教育事业的各方面和全过程。教育工作应围绕生态文明建设目标进行必要调整,做好教育生态营造的整体设

---

① 刘思华:刘思华选集,广西人民出版社,2000.
② 冯之浚:生态文明和生态自觉,中国软科学,2013.2.

Education and the Transition to a Postmodern World》和卡普拉的《The web of life, a new scientific understanding of living systems》书中提出的概念为主线。国外关于"生态素养"的研究开始得比较早,比较注重依据生态系统本身特征,注重哲学性阐述,强调整体性、人类与自然生态系统的有机关联性,并主张通过整体性的教育来提高社会成员的生态素养。国内关于"生态素养"的把握注重从操作性上阐述,基本上从生态素养心理过程的知情意行角度理解概念。

基于概念具有严格规定性,如果我们能正确地把握"生态素养"这个概念,其"区分的图像越彻底,就越有利于我们进入一个精细无限的领域,否则总是把一个事物归结为另一个事物"。从哲学层面把握"生态素养"有利于真正理解什么是生态素养,而不至于在教育实践中只见树木不见森林,或者简单地理解为环境素养,导致只是环保活动。一些文章的作者从我国教育工作者习惯了的从知情意行心理过程视角与从部分出发看问题,可能有利于操作,但是容易造成对生态观念的整体把握的削弱,而整体性,这正是生态素养的本质所在。关于"生态素养"的界定,应该依据紧扣"生态",从"素养"的本意出发,把握生态素养的基本内涵,便于整合国内外关于"生态素养"的不同见解。

PISA 将"素养"(Literacy)定义为:"学生运用所学知识和技能,有效进行分析、推论、交流,在各种情境中解决和解释问题的能力。"[①]这表明"素养"十分关注学生从已学到的知识推断新知识的能力或将知识应用于新情境的能力。生态素养的界定有三个方面的内核:一是基于生态科学的原理与生态意识,二是突出生态伦理与品格,三是强调不同情境下的生态问题的解决能力。在关于生态素养的界定中,我们必须弥补上一个重要问题,即在一定的真实情境下以符合生态价值取向解决生活中的问题。这里的问题不仅指生态环境问题,更广泛地指一切生活,包括学习、工作中的问题。

据此,生态素养是指人们基于生态意识、生态伦理,运用关于生态的系统知识和技能,在不同情境中提出、解释和解决生态问题以及以生态原理解决问题的能力与品格的综合素养。

(三) 生态素养:素养核心组成部分

学生的可持续发展必须是基于核心素养的全面发展,生态素养是人的素养核心组成部分。核心素养包含着全人类最重要的智慧,核心素养的核心在于突出"关键少数"素养,生态素养正是具备了"关键的少数"这样的特质。

在国际教育界对核心素养问题是从关键能力起始。在职业教育中较早地开展了与核心素养有关联的关键能力的研究。1974 年德国梅腾斯提出了"关键能

---

① 国际学生评估项目中国上海项目组:质量与公平[M],上海教育出版社,2010.12.

力"这个概念。关键能力的概念基于这样的设想,即存在这样的能力,它们对人生历程的各个方面如职业生涯、个性发展和社会存在起着关键性的作用。一般地,关键能力可以理解为跨专业的知识技能和能力,它们由于其普遍适用性而不易因科学技术进步而过时或淘汰。① 梅腾斯在《为在现代化社会中生存所进行的培训》中提出作为教育目标的关键能力有以下一些要素:基础能力、职业拓展性要素、信息获取和加工能力、时代关联性要素。它具有基础性、开发性和结构性特征而不易被淘汰。关键能力理论现在已成为世界职业教育界的共识。雷茨的"行动能力"观点认为,关键能力理论的中心是人的行动能力,人的行动能力由三方面内容组成,并对应了三个能力范围:事项意义上的行动能力、社会意义上的行动能力、价值意义上的行动能力。

自 1997 年以来国际上开展了关于核心素养的研究。OECD 的"素养的界定与遴选:理论和概念基础"项目,确定三个维度九项素养。1. 能互动地使用工具,包括三项素养:互动地使用语言、符号和文本,互动地使用知识和信息,互动地使用(新)技术。2. 能在异质群体中进行互动,包括三项素养:了解所处的外部环境,预料自己的行动后果,能在复杂的大环境中确定自己的具体行动;形成并执行个人计划或生活规划;知道自己的权利和义务,能保护及维护权利、利益,也知道自己的局限与不足。3. 能自律自主地行动,包括三项素养:与他人建立良好的关系、团队合作、管理与解决冲突。② 这个框架对许多国家和地区开发核心素养框架产生重要影响。2006 年欧盟关于核心素养建议案中的核心素养包括母语、外语、数学与科学技术素养、信息素养、学习能力、公民与社会素养、创业精神以及艺术素养共计八个领域,每个领域均由知识、技能和态度三个维度构成。这些核心素养作为统领欧盟教育和培训系统的总体目标体系,其核心理念是使全体欧盟公民具备终身学习能力,从而在全球化浪潮和知识经济挑战中能够实现个人成功与社会经济发展的理想。2007 年美国的《"21 世纪素养"框架》以核心学科为载体,确立了三项技能领域,每项技能领域下包含若干素养要求:1. 学习与创新技能。包括批判性思维和问题解决能力、创造性和创新能力、交流与合作能力。2. 信息、媒体与技术技能。包括信息素养、媒体素养、信息交流和科技素养。3. 生活与职业技能。包括灵活性和适应性、主动性和自我指导、社会和跨文化技能、工作效率和

① 徐朔:"关键能力"培养理念在德国的起源和发展,外国教育研究,2006.6.
② OECD. Definition and Selection of Competencies (DeSeCo): Theoretical and Conceptual Foundations Strategy Paper[EB/OL]. http://www.oecd.org/education/skills-beyond-school/Definition and selection of competencies deseco.htm.

胜任工作的能力、领导能力和责任能力。① 美国的学生核心素养框架明显突出了语言信息的交流与运用。透过这些关于核心素养的论述，我们可以清楚认识到核心素养是使人们可持续发展的素养。因此为了要让学生可持续发展，必须培养他们的核心素养。如何培养核心素养，从生态视角出发的思考与实践就凸显出来了。

核心素养一般是适应个人终身发展和社会发展所需要的"必备"品格与"关键"能力，能够把知识转化为在一定情境下解决问题能力的综合体。这是所有人们应具有的最关键、最必要的共同素养。"关键"是指个体在21世纪生存、生活、工作、就业最关键的素养。"共同"是指教育，包括课程所面对的某一群体所需要的共同素养。核心素养是个体在面对复杂的、不确定性的现实情境时，运用所学的知识、观念、思想、方法，解决真实的问题所表现出来的关键能力与必备品格。这不是我们通常所说的解题能力，也不是指能做某一件生活小事，而是个体在未来面对不确定的情境中所表现出来的真实问题解决能力与必备品格。当前，核心素养受到广泛的重视，对核心素养的理解很多，但是有一个总的倾向就是核心素养不是所有的素养，只是其中最具普适性的、最基础的素养。核心素养指向儿童未来成长与终身可持续发展的素养。

自20世纪90年代以来，"核心素养"就成为全球范围内教育政策、教育实践、教育研究领域的重要议题。核心素养成为一个统领各国教育改革的上位概念，引领并拉动课程教材改革、教学方式变革、教师专业发展、教学质量评价等关键教育活动。学生的核心素养是建立教育质量标准的基础与核心。在三维目标基础上提出核心素养，这是对当前课程目标的发展和深化。将课程目标定位在核心素养上，一是从关注"教什么"转向到关注学生学会什么。二是如何从关注知识点的落实转向到学生素养的养成，更多地思考如何让知识成为素养，让知识变成智慧。只有能成为素养的知识才有力量。核心素养直指教育的真实目的，那就是育人。培养学生学习的能力，培养能够把知识加以综合化、解决问题的能力，实现从把知识作为目的到把知识作为一种工具的转变。

把握"生态素养"的内涵有利于为我们的教育实践提供正确的导向。国外对生态素养的内涵思考较多，也有一些值得我们关注的内容。奥尔认为，"生态素养是一个强有力的概念，应包括阅读能力、使用数字的能力（但必须了解数字的限制）、系统思考的能力，更应包括以内省的心态来观察自然的能力"。他强调了生态素养是多元能力，特别是系统思考，这是生态学的基本原理。同时我们还要关注奥尔提出的"内省的心态来观察自然的能力"就是针对现实中的人类对赖以生

---

① 张义兵. 美国的"21世纪技能"内涵解读——兼析对我国基础教育改革的启示. 比较教育研究,2012(5).

存的自然大破坏而提出的人类与自然关系的自我反省能力。奥尔指出,"和环境素养相比,生态素养更突出人的内心和自然的互动"。

美国 Draft Global Issues Pilot 对"生态素养"提出"下列是生态素养的核心方面:1. 生命系统的原理;2. 赋予自然灵感的谋划;3. 系统思考;4. 生态范式与向可持续能力转变;5. 合作、共同体建设与公民品德表现"①。从上述对"生态素养"核心内容的表述中可以看出,"生态素养"应该包括有关生态的知识、生态情感、生态思维、生态能力与生态道德。

2005 年由剑桥大学出版的《环境教育与环保倡议:改变生态与教育的视角》一书认为,环境教育涉及两种类型的素养——生态素养和公民素养。生态素养被定义为"能运用合理的生态思维理解关键的生态系统,同时了解生态科学的本质及其与社会的关联",而公民素养指的是"能运用批判性思考的技能,理解关键的社会、经济、文化和政治体系"。但有素养的人并不意味着一定会做有素养的事。因此该书认为需要另一个术语"环境公民意识"来作为环境教育的整体目标。环境公民意识指的是"具有将个人的生态素养和公民素养付诸实践的动机、自信、价值观意识以及实践的智慧与能力"。基于上述认识,该书提出了一个更新的生态素养的概念框架,包含三个维度:关键的生态系统、生态思维、生态科学的本质及其与社会的关联。具体如下图所示。②

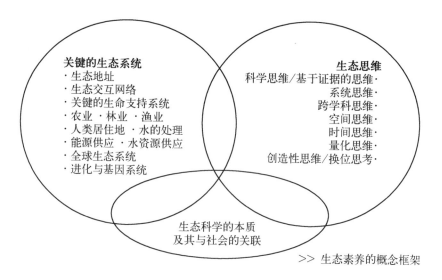

>> 生态素养的概念框架

---

① Ecological Literacy, Draft Global Issues Pilot, August 2011 [EB/OL] http://wenku.baidu.com/.

② 徐星:生态素养:可持续发展社会环境教育的新课题[J].基础教育论坛,2015.

该书的作者对生态素养的内涵把握是从生态学出发,特别强调"生态系统",不停留在不破坏的保护层次上,而更关注人与生态的系统共生关系,还突出了生态思维的多样性、丰富性、整体性、科学性与关联性。这是我们在把握生态素养内涵时值得借鉴的地方。国内学者主要是依据操作性定义来确定生态素养的内涵,有学者认为"生态素养"主要包括:生态知识素养、生态伦理素养、生态情感素养、生态审美素养、生态行为素养、绿色生活方式六个方面。

生态素养可以从素养的知识、能力与品格三维上建构其基本结构:

1. 知识上:掌握有关生态知识,理解生态的基本概念与内涵,把握生态学理论,具有良好的生态意识,能够从哲学、历史、文化和社会等多个层面来理解生态,分析与反思事物的合生态性。

2. 能力上:能够把所学的有关生态方面的知识、技能运用到相关的情境中,与实际生活相联系分析、处理与交流生态问题,具有收集和评价关于生态环境的信息,并采取行动和措施解决生态问题的能力;运用生态观念与行动对待与处理生活与学习中的问题,使之生态化。

3. 品格上:能主动地融入环境,具有人与自然、社会和谐共生情感与态度,具有尊重自然环境、社会环境,承担责任,与自然、社会共享、共生的道德品质。

当前"生态素养"对于中小学来说还比较生疏,或者套用"生态素养"词语。正如完芳所指出的:"目前中国的生态教育大多是环境知识的教育,以传授学生一些自然生态知识为主,生态意识的培育相对匮乏,且大多局限于课堂授课。这种意义上的生态教育只能说是生态素养培育的一部分,远非全部。"①出现这种情况,主要是我国中小学生态素养的培养还在起步之始,缺乏应有的认识上的准备,对生态素养的概念与内涵,或者说"是什么"把握上还有困难,导致行动欠当。

值得关注的是生态素养培育的内容与形式上的正确把握。正如利奥波德早在1949年就注意到,传统的环境教育大多是纸面上的虔诚和说教,极少能带来人们普遍期望的实际行动,它的收效不是十分明显。利奥波德指出,环境教育只需要量上的增加吗?在内容上它是不是也缺少些什么呢?生态素养正好弥补了这种缺失,它不仅要求在量上增加生态教育,而且教育的内容也不再滞留于"纸面上的虔诚和传统的说教",更要求人深入自然,与自然互动,并采取相应的行动。② 生态素养应该强调整体性、人类与自然生态系统的有机关联性,不应该就事论事,要从生态关系上去把握生态素养的培养。同时,我们必须关注"生态素养"培育的体验性与实践性,少些灌输与说教,在生态践行中发展学生的生态素养。生态素养

---

① 完芳:培育生态素养建设生态文明[J].社科纵横(新理论版),2010,04.

② ibid.

第一章 生态文明与教育发展的共生

○ 第一节　生态文明的时代发展

○ 第二节　生态文明呼唤教育生态

○ 第三节　生态素养与生态人

○ 第四节　教育生态：高品质教育的基础

第一节　生态文明的时代发展

一、生态与人类的文明发展

（一）人类的生存与发展离不开生态

生态（ecological）一词源于古希腊语，意思是指家（house）或者人们生活的环境。"生"表示是活着的、有生命的，表示可以发育的物体在一定的条件下发展、长大；"态"是指姿态、情况、形状、样子。生态一词，通常指生物的生活状态，指生物在一定的自然环境下生存和发展的状态，也指生物的生理特性和生活习性。生态即生命体或可以发育的物体在一定的条件下或活动环境中发展、成长的情况、状态。"生态"是指生物与环境及共同生活于环境中的各个个体间或种群间的种种关系，即生物的生存状态。生态揭示了生命体之间以及生命体与无机世界之间存在着极其复杂的关联。只要有生物存在，就必然有其活动的环境，必然组成一个相对的生态系统。生态系统（ecosystem）是指在一定的空间和时间范围内，在各种生物之间以及生物群落与其无机环境之间，通过能量流动、信息传递和物质循环而相互作用的一个统一整体。生态系统是生物（生态系统的主体）与其环境之间进行物质循环、能量转换和信息传递的基本功能单位。人类社会在不同的生态系统中得以生存与发展。人类既是生活在地球生态系统中，并受其制约，同时又对这个生态系统产生巨大影响。地球生物圈就是人类赖以生存和繁衍的最基本、最重要的生态系统。

（二）生态文明是人类必须做出的理智选择

任何一种文明的存在与其特定模式都是其所处的自然环境与社会环境互相选择的结果。社会生态系统不同，地理、气候的多样性加上生物多样性，必然带来文明的多样性和复杂性，但是世界文明发展有共同规律可循。以生产方式为核心划分人类文明形态的发展历程，可分为前文明、农业文明、工业文明、生态文明这些形态。前三种文明形态是人类已经历或正在经历的文明形态，生态文明将是工业文明之后新的人类文明形态。文明的发展水平标志着人类社会生存方式的发展变化。任何一种社会发展都在于追求人类社会更高级生存方式，实现更高层次的文明状态。1995 年莫里森在《生态民主》一书中提出了"生态文明"的概念。他认为"生态文明"应该成为"工业文明"之后的一种新的文明形式。^① 对工业文明社会生产方式和价值观的反思，以及对解决生态环境问题的展望，向我们揭示工业文明因面临多重全球性问题必将发生转型，走向新的文明形态。

从 20 世纪中叶以来，伴随着第三次工业技术革命的发展和世界经济工业化、市场化进程的加快，造成了从局部到整体、从区域到全球的生态危机，已严重影响人类的生存发展，对人类文明的延续构成了严重威胁。随着科学技术水平的迅速发展，向自然索取的能力和对自然生态干预的能力也日益增强，以及人的欲望的非理性的膨胀，致使生态危机越来越严重，生态破坏正在逐步以公开或隐蔽的方式威胁着人类自身的生存。这些是由于人类不合理的生产、生活方式，对自然资源与环境破坏性开发和利用产生的人类与环境关系恶化的结果。一旦地球的生态系统遭到严重的破坏，以至于不能通过自我调节而修复，人类将像其他生物物种那样从地球上消失，最终陷于灭顶之灾。人与自然矛盾尖锐化，过度的工业化不仅严重破坏了人类赖以生存的自然环境，也使人类自身的社会环境受到了伤害和冲击。这种异化现象的产生，深刻暴露出了以工业为主体的社会发展模式与人类环境要求之间的矛盾，以一种后现代的方式将人与环境的关系问题尖锐地提交给了全人类，即人类文明要想继续发展，就需要改变人对自然作用的生产方式，向寻求人与自然和谐的生态化方向发展。正是在人类社会面临生态环境危机和发展困境的现实条件下，新的生态文明萌生于工业文明的母体中。

生态文明是人类文明发展的一个新的阶段。蕾切尔·卡逊于 1962 年出版的《寂静的春天》中描述人类可能将面临一个没有鸟、蜜蜂和蝴蝶的世界。这本书第一次对人类意识的绝对正确性提出了质疑。尽管卡逊遭受空前的诋毁攻击，但她所坚持的思想终于为人类环境意识的启蒙点燃了一盏明灯，引发了一场环境意识的革命，促使环境保护问题提到了各国政府与社会公众面前，从而促使联合国于 1972 年 6 月在斯德哥尔摩召开了"人类环境大会"，并由各国签署了《联合国人类环境宣言》，开始了环境保护事业。"20 世纪后半叶世界各国生态及地理学家在考证世界各大文明的兴衰时也发现：人类活动如果不在生态环境承受能力以内进行，即使可以把当时的文明水平推向一个暂时的高峰，但最终也必将因受到自然的报复而使文明丧失。"^②明智的人们呼吁加强生态文明建设，拯救正在遭到空前破坏的地球生态系统，解救威胁着全人类生存和发展的具有全球性质的生态危机。正是这种清醒，推动着人类文明进行着一场深刻的变革，人与自然和谐相处成为全球性的时代潮流。它预示着人类进入一个新的文明时代——生态文明时代。

---

① Roy Morrison. Ecological Democracy. Boston: South End Press, 1995.
② 温远光：世界生态教育趋势及中国生态教育理念，高教论坛，2004(2).

计、综合运筹、分类实施,促进教育生态化、生态教育普及化。教育应该促进人的社会价值与自我价值的协调发展。教育生态出了问题,会在几代人中开出恶之花、结出恶之果。教育生态化是教育可持续发展的必然要求,也是时代的强音。

第二节　生态文明呼唤教育生态

一、教育生态：生态文明建设的基础

建设生态文明,是实现人类文明永续发展的必然选择。教育是培养人的事业,它必然应该是可持续发展的。教育,无论是教育的目的、内容、形式与过程都应该是可持续的,受教育者应该获得能使他们健康成长的教育、对其终身发展具有可持续发展作用的教育。这样的教育只能存在于健康的教育生态里。生态文明需要符合生态文明的教育。符合生态文明的教育包含着两个方面:一是教育要以生态取向,推进教育生态化,使教育更符合规律。为实施符合规律的教育,教育必须根植于教育生态之中,更需要建设健康的教育生态。教育生态化是社会生态化发展的应然结果。教育生态化取向要求伴随着社会中出现的生态问题,教育必须及时调整自己的发展路径与方式,逐步走向生态化,建立起符合生态规律的新型教育系统。二是要开展生态教育。学校开展生态教育,更注重生态教育的系统性,不仅是生态文明的价值教育,而且是全面的关于生态的价值以及生态知识、能力、情感态度等,形成生态素养的综合性的生态教育。生态教育和教育生态化是人类为了实现可持续发展和创建生态文明社会的需要,将生态学思想、理念、原理、原则与方法融入现代教育之中。

教育生态发展观将教育看作一个不断变化发展的动态过程,强调发展来自教育与环境的相互作用。教育的主体——学生的发展也是一个动态的过程,他们会同时受到各种因素的影响。这些因素之间并不是相互独立的,而是相互联系、相互作用的,它们共同构成一个生态系统。自然界生态影响的是人的生存环境,而作为人的成长摇篮的教育,其所处的教育生态影响的则是人本身的发展。理想的教育应是具有适宜性、差异性的教育,而不是淘汰教育。教育生态犹如阳光、空气、雨露与肥沃的土壤,为儿童成长提供适合其成长的环境。只有良好的教育生态,才能构建起发达与健康的教育。生态文明建设不仅要从治理和保护环境出发,更重要和迫切的是要实现教育生态化。通过教育生态化,使教育为受教育者的健康成长提供坚实的支持,为儿童可持续发展提供健康的教育生态。在全社会深入开展生态文明教育,大

力普及和提升生态文明理念,加强生态文明道德教育,夯实生态文明建设的基础,共同营造良好的教育生态环境,培养健康发展的下一代。

教育生态化是社会生态化发展的必然要求。教育生态化要求在进行教育的时候,采用生态学的系统、联系观点对教育进行考察,消除非生态式的教育方式观念,建立起一种平衡、系统、可持续发展的教育模式,以实现人与教育和谐发展。也就是说,教育生态化的关键是崇尚和谐、尊重生命、重视教育的本真价值。

二、生态教育:回应生态文明建设

世界生态教育的兴起归因于全球范围的生态觉醒。生态教育为解决当代生态危机、实现可持续发展提供精神资源。20世纪60年代以前的报纸或书刊中,几乎找不到"环境保护"这个词,更不用说生态保护。环境保护在那个时代不是一个存在于社会意识和科学讨论中的概念,长期流行着这样的口号——"向大自然宣战""征服大自然"。大自然仅仅是人们征服与控制的对象,而非保护并与之和谐相处的对象。没有人怀疑它的正确性,因为人类文明的许多进展是基于此意识而获得的,不少经济与社会发展计划也是基于此意识而制定的。

1970年联合国教科文组织决定设立《人与生物圈计划》和1973年成立联合国环境规划署(UNEP),这是人类与生态环境关系发生变革的两个里程碑。对于生态文明建设最具意义的是,1980年UNEP等发表的《世界自然保护大纲》中,"可持续发展"(Sustainable development)概念的明确提出。1987年世界环境与发展委员会(WCED)发表了报告《我们共同的未来》,正式使用了可持续发展概念与比较系统的阐述,产生了广泛的影响。1992年在巴西里约热内卢召开的由178个国家和地区以及70多个国际组织参加的联合国环境与发展大会通过的一系列决议文件,特别是《21世纪议程》使可持续发展逐步由概念的规范走向实际的操作。可持续发展已成为世界发展的潮流和趋势,成为世界各国的共识,上升为全人类共同的发展战略。在全球生态危机日益加剧和可持续发展理念日益成为全人类共识的背景下,生态教育应运而生。自1972年以来,UNEP和联合国教科文组织在生态及环境保护、教育方面召开了一系列国际会议,从而为全球生态教育起到极大推动作用。近几十年来,国际上兴起的生态经济、生态科学、生态政治、生态法律、生态文化、生态伦理等,是这种努力的具体形式和实际措施。与此同时,伴随着生态危机的蔓延和加深,世界上也兴起了一场生态教育运动,又称绿色教育运动。

1975年UNEP分别发表了《贝尔格莱德宪章》和《第比利斯宣言》。这两个文件是世界生态教育的重要纲领性文件,后者对生态教育的目的、任务、对象、内容甚至教材、教具、教学原则和教学方法等均作了一定规范。欧洲诸国、美国以及其他发达国家对生态教育十分重视,在综合性大学中的本科教育中普遍开设了有关生态学方面的普及课程,在中小学、职业技术学校、高等院校中展开了广泛深入的生态教育热潮。有些国家还颁布了环境教育法,使生态教育成为法定的教育。1992 年召开的联合国环境与发展大会上通过的《21 世纪议程》中专门论述环境及生态教育问题,生态教育首次登上世界政府首脑会议,这标志着生态教育在国际上已进入大发展的重要时期。

1973 年 3 月中国召开了第一次全国环境保护会议。会议确立了我国环境保护工作的方针:"全面规划,合理布局,综合利用,化害为利,依靠群众,大家动手,保护环境,造福人民。"会议制定了我国环境保护的第一个法规,即《关于保护和改善环境的若干规定》。1991 年国家教委开始将"人口、资源、环境"作为大学生国情教育的部分内容,我国高等院校逐渐对大学生的生态教育重视起来。把生态教育列为教学改革的重要内容,这对我国公共生态教育具有里程碑的意义。中小学也逐步开展生态环境教育,绿色学校、生态教育基地等不断涌现。2003 年国家教育部颁布了《中小学环境教育实施指南(试行)》这一重要文件,指明:"环境教育是学校教育的重要组成部分,在引导学生全面看待环境问题,培养他们的社会责任感和解决实际问题的能力,提高环境素养等方面有着不可替代的作用。"并指出环境教育的基本要义,"生态环境的各组成要素之间、全球生态环境与区域生态环境之间不是孤立的,它们相互作用,共同构成相互依存的整个自然生态系统""引导学生珍视生物多样性,关注不同文化对环境的影响。生物多样性是自然生态环境的活力和潜能的重要表征,文化多样性是人类文明进步的基石。生物多样性与文化多样性之间具有相互依存、相互促进的关系""引导学生理解可持续发展的内涵。引导学生主动参与解决环境问题,培养学生的环境责任感"。生态教育已经成为学校教育的重要内容。随着人类对生态危机的广泛体认,生态教育逐渐走出生态学专业界的圈囿,置身公众舞台,走进了学校。人们越来越清醒地意识到,生态问题的背后所隐藏的是人的价值取向问题,生态教育不仅仅能使人们获得对生态系统知识的认知,而且更具有突破"知识本位",引导和帮助人们树立正确生态价值观和塑造美好的生态情感的功能。

世界生态教育正朝着全民教育、全程教育和终身教育发展。生态教育是以生态学为依据,传播生态知识和生态文化、提高人们的生态意识及生态素养、提升生态文明的教育。当我们面对教育的功利性和社会道德伦理的悖论,生态教育唤起人们教育价值观的改变。通过生态教育使全社会形成一种新的生态世界观、生态伦理观和生态价值观,实现人类、社会、自然的新和谐。保护和建设好生态环境,走可持续发展的道路,既要科学技术手段的支持和法规制度的保障,更离不开人们生态意识的强化和生态文明的完善。全面地强化公民生态意识和提升生态文明,最行之有效的途径是实现从"物的开发"向"心的开发"转换,建立全面的、全民的生态教育体系,加强青少年的生态教育。生态教育的目标是解决人与环境之间的矛盾,调整人们的行为,建立生态伦理规范和生态道德观念,引导人们正确认识生态环境的规律及其价值,为每个人提供机会获得保护和促进生态环境的知识、态度、价值观、责任感和技能,创造个人、群体和整个社会的生态化行为新模式。我们必须认识到:一个没有生态教育的民族是可悲的,也是可怕的。

第三节 生态素养与生态人

一、人的发展的生态向度

在人类思想文化史中,人与万物的关系问题一直是恒久而弥新的话题,是以人为中心还是以自然为中心,或者这两者融合,这就是关于这个问题的价值取向。我国战国时期惠施曾提出"泛爱万物,天地一体也"。庄子在《田子方》篇中说:"夫天下也者,万物之所一也。"这些哲人都强调了天人合一思想,强调了人与自然的和谐关系。我国古籍《中庸》第二十二章还说:"唯天下至诚,为能尽其性;能尽其性,则能尽其人之性;能尽人性,则能尽物之性;能尽物之性,则可以赞天地之化育;可以赞天地之化育,则可以与天地参矣。"这是说,唯有天下至诚的人,才能发挥天性,然后才能发挥万物的本性,然后才能帮助天地化育万物,能与天地合为一体。[1] 这是关于人的发展的生态向度的朴素思想。

人类社会进入 19 世纪以来,随着工业文明的迅猛发展,出现了一系列与人的环境紧密相连的环境和生态问题。在此生态危机的历史背景下,生态运动、生态伦理与可持续发展理论应运而生。旧的发展观把"增长"等同于"发展",把发展理解为单纯的国民经济总量的增加,忽略了发展作为一个系统的整体性,也忽略了发展对社会结构的变革作用。这不仅没有增加人们的幸福,反而产生了社会贫富分化,教育、住房、医疗等生存问题。生态失衡等环境问题,不仅影响了人类社会的当下生存,也影响到人类社会的长远利益。20 世纪 70 年代,生态运动有了蓬勃发展,具有了更广泛的群众基础,生态伦理思想也有了进一步的发展。[2] 作为一种哲学伦理学思潮,明确地主张自然具有道德地位以及人与自然之间存在道德关

① 冯友兰:《中国哲学简史》,民主与建设出版社,2017 年 8 月.
② 何先月:生态伦理——可持续发展的生态向度[D].广西师范大学,2003.

系,发端于现实中的环境与生态危机。美国环境伦理学家罗尔斯顿作为环境伦理学的奠基者,主张自然具有内在价值,尊重自然的内在价值是人的道德应该,开辟伦理道德的生态向度。罗尔斯顿认为,"环境伦理学使西方伦理学走到了一个转折点",这一伦理转向的标志性概念就是"内在价值"和"整体主义",通过强调道德的关系性和整体性而赋予了伦理道德以涵容更广的生态性。"现代性"道德在物化、异化了自然的同时,也把人自身以及人与自然的关系物化、异化了。罗尔斯顿所开创的"伦理的生态向度"主要有三个重要含义:一是人的安身之处的生态性,人不仅生活于文化环境中,同时栖息于自然环境中,人然是独立的文化存在,但不能把自己看作是"逃离"了自然的存在。二是作为人的本质规定和存在方式的道德的生态性,即同时置身于自然与文化这一生态性背景下的人须践行道德的自我他在性、关系性和整体性,约束个体自我和人类自我的自利性,坚持共同体利益的逻辑优先性,把自我利益和个体利益融于整体利益。三是道德须统摄人类生活的自然与文化两大领域,以环境伦理与人际伦理共同构成完整的伦理学。罗尔斯顿环境伦理学的理论贡献和现实意义在于开辟了伦理新的生态向度,期望人与自然和谐共存。①

生态向度体现的不仅仅是生态环境的保护,它是一场新的道德启蒙,是思维方式、哲学范式、学术范式的全新变革,是价值观、世界观、宇宙观的全新变革,它意味着一种全新的文明。从系统和整体的角度来建构可持续发展的教育,这是可持续发展本身的要求,这意味着教育的生态化。在生态价值取向下,修复、建构与优化教育生态系统,使教育与社会、与儿童和谐相处,实现人类整体利益和长远利益。

二、生态素养:教育的价值追求

(一)"生态素养"提出与发展

"时至今日,鉴于环境问题的严重性和全球性,环境素养已被公认为是世界公民必备的一种素养。不过,与之相关的另一个更新的、更符合社会发展方向的概念尚未引起我们的充分关注和研究,那便是'生态素养'。"②从70年代起出现了后现代主义教育生态观,对生态课程与生态课堂有了研究与实践,到90年代开始引入与使用"生态素养",把生态关注点落到人本的发展,这是一个国际教育的重要发展,近一时期生态素养观在我国开始传播。我国在教育的生态问题上,也从译

① 杨英姿:伦理的生态向度——论罗尔斯顿环境伦理学的价值理念,复旦大学博士电子期刊2007年第6期.
② 徐星:生态素养:可持续发展社会环境教育的新课题[J].基础教育论坛,2015.10.

介这方面理论逐步开始教育实践,教育生态学也从形似走向神似。

美国教育家奥尔1992年在《生态素养:教育与后现代社会的过渡》一书中首次提出"生态素养"这个概念,主张生态素养作为整体论、系统思维、可持续性和复杂性中的一种新的教育范式。他认为人类对自然的行为之所以产生日益严重的生态危机,在于人们缺乏对人类与自然生态系统全面关系的认识,包括对自然科学知识,尤其是人文科学知识,因此,他主张要进行新的生态教育,培养每一个社会成员必需的生态教养,以便引导人类顺利过渡到人与自然和谐共存的后现代社会。和环境素养相比较,生态素养更突出人的内心和自然的互动。^①奥尔进一步提出了生态素养的观念,并指出,20世纪错误的环境管理,就是因为大多数人误以为环境问题可以用科技手段去解决,而不知道科技带来的副作用更严重;而且大多数人也不了解自己的行为会对地球造成何种伤害。生态素养概念的提出让人们对环境问题有了新的认识:保护生态系统不仅仅是环保人士的信仰,而是人类要持续生存下去的必经之路。

国际著名物理学家、生态素养研究方面标杆性人物卡普拉在《生命之网》一书中指出:"在未来的几十年,人类的生存将依赖于生态素养——认识生态系统的基本原则和规律,并据此生活的能力。这意味着生态素养必须成为政治家、商业领袖和一切领域专业人士的必备技能,因此也应该成为各级各类教育的重要组成部分。"并强调社会中每一个成员具有基本的生态教养对于人类重建生命之网的普遍联系,从而保障人类后代长期生存具有重大意义。^②他还创办了一家非政府组织"生态素养中心",发表多本相关著作,积极从事生态素养方面的研究。其他一些学者也重申了在人们面临着诸如气候变化、资源消耗以及与环境有关的疾病等等的环境挑战日益增强的当今,生态素养的紧迫性和重要性。高夫(Gough)国际知名课程学家,提出了转变课程范式的生态理论,呼吁加强"生态素养"。在高夫的转变课程范式的生态理念中强调知觉的生态理论。生态素养观是近20年在国外发展起来。迈克尔·斯通指出在我们这代人中,迫切地需要培养更多的具有生态意识、能够理解人类和自然系统之间的内在联系、有决心和勇气并且敢于挑战的领导者和公民。随着对生态素养理解和感知不断深入,保护生态系统不仅仅简单地由环保主义者所提倡,而应成为全人类共同责任,这种价值观将会成为一个基本原则和指导思想来指导维持社会可持续发展行动。^③

---

① David W. Orr. Ecological Literacy: Education and the Transition to a Postmodern World[M]. Albany State University of New York Press, 1992.

② Friti of Capra. The web of life, a new scientific understanding of living systems[M]. New York: Anchor Books Doubleday, 1996.

③ 翟金德,王国聘:现代公民生态素养研究综述,山东农业管理干部学院学报,2010,6.

从 20 世纪 70 年代起在我国教育的生态问题也得到了关注,从译介教育生态方面理论逐步走向开始教育实践。钟启全教授等一批学者在这方面做了不少研究,在钟启全等主编的《多维视角下的教育理论与思潮》、汪霞的《课程研究:现代与后现代》的著作中有所反映。在应用性理论与实践上,王钰城主编的《教育小区简论》,周培植的《走进高品质教育生态》,邵春安、王钰城的《基于生态课堂的交互性教学过程的策略研究》等从不同侧面开展了教育生态领域的探索与实践。当前,"生态素养"也受到了我国教育工作者的关注,在一些文章中出现了"生态素养"这个词语,把生态问题的关注点落到了人的培养上。

(二) 生态素养的界定

生态教育的实施与教育生态的营造都需要正确把握生态素养的概念与内涵。

美国教育家奥尔(David W. Orr)提出"生态素养"(Ecoliteracy)为的是把关于地球与它的生态系统的价值与本质引入教育实践。他认为:"生态素养是一种依据世界是自然和人类系统相互依存的思考方法,包括与自然关联的人类行为相互作用的后果的思考。生态素养让学生用综合方式应对复杂和紧迫环境问题所必需的知识与能力做好准备,让他们有助于形成一个不削弱其所依赖的生态系统的可持续社会。"[①]根据奥尔的描述,"具备生态素养的人需要有理解互相关联所需要的知识以及关爱的态度,同时还要拥有依照知识和感觉采取行动的实践能力""至少对生态、人类生态、可持续发展的概念,以及解决问题的必要能力有一个基本的理解",从而"使年轻人注意到被遗忘的人、环境和自然之间的联系"[②]。中国科技大学完芳认为:"生态素养是人们在学习和生活中逐渐学习积累而形成的关于生态知识、生态意识和生态行为能力的综合素养。它除了包括个体对生态知识与生态方法的理解和掌握,以及生态思维与行为能力,还包括个体的生态价值观、生态态度、生态良知等精神因素,是一种具备生态知识、生态行为与生态精神为一体的综合素养。"[③]也有学者文章关于"生态素养"的表述使用了类似内容,认为:"生态素养是指人们通过后天的学习及与环境的交互作用而形成的关于生态知识、生态伦理、生态情感、生态审美、生态行为的综合素养。"[④]这个定义主要是操作性定义,从"做什么"表述生态素养"是什么"。

综上所述,"生态素养"的概念国内外基本上以奥尔的《Ecological Literacy:

① Ecological Literacy, Draft Global Issues Pilot, August 2011, Page 1, [EB/OL]http://wenku. baidu.com/.
② David W. Orr. Foreword to EcologicalLiteracy [EB/OL]. http://www. ecoliteracy. org / publications/ pdf/ CEL-David-Orr-Forward. pdf.
③ 完芳: 培育生态素养建设生态文明[J].社科纵横(新理论版),2010.4.
④ 李进良,李志德: 当代青少年社会化的重要内容: 生态素养培育[J].教学与管理,2014.

培育中必须警惕偏重于环保的倾向,而忽视素养的关键是"运用而解决问题"以及素养的整体性。

生态素养是核心素养的重要组成部分,是教育价值的重要取向。在核心素养中极具价值的内容必然有着生态素养的内容,在学习者关键能力上也必然具备生态能力。依托生态素养获得与运用核心素养,也依托核心素养深化生态素养的掌握与运用。这是两者在内容与形式上、目标与结果上的统一。教育必须承担起培养学生生态素养的责任,这是教育的价值追求。生态素养是人们在学习与生活中逐渐学习积累而形成的关于生态知识、生态能力和生态伦理的综合素养。生态素养不仅是纯粹的生态科学知识,而且发展到了综合所有知识、技巧、情感和行为,也不仅只是处理环境问题,而且是应用于一切事物与事务。具有生态素养的人,必须在实践中以生态学基本规律为指导,凭借生态价值观评估所面对的事物与问题,并具有利用生态思维方式思考和解决个人和社会问题的能力,从而实现既满足当代人类生存与发展的各种需求,又能保障人类及其子孙后代的可持续发展。只有把握生态素养与核心素养的内在联系,才能使我们在实施核心素养教育时融入生态素养,并以生态素养的观念与方式推进核心素养的养成。

三、培育生态人:教育的时代使命

生态向度下的教育以培养生态人为指向。生态人需要从小培养,生态人的特征应该贯穿人生。教育发展的价值在于人的全面发展,人的全面发展和生态向度一致。生态文明建设通过合理有序的生态运行机制以及良好的生态环境来推动教育的融合发展,而教育生态化发展的最终价值目标是实现人的全面发展。只有从根本上将教育生态建设置于人的全面发展这一价值指归下加以展开,才不致迷失目标方向和运行基础。生态文明是人的全面发展的必然向度,两者具有内在同一性,生态文明建设应以人的全面发展为价值诉求。教育生态向度强调教育主体与客体的共生关系,体现出教育的系统性、整体性、层次性和发展性等基本特征,是教育发展的一个重要趋向。当前教育生态向度面临着共识不足、系统不全和力量不强等诸多挑战,要确立教育生态向度目标、健全教育生态机制、探索教育生态向度实践形态,营造健康的教育生态系统,有效推进教育改革与发展。

生态人(Eco-man)是指善于处理与自然、人及其自身关系,保持良好生命存在状态的人。"生态人"与"经济人"相比,它是一种更加符合人类本质的理论设定。一部人类文明发展的历史,也是人的存在类型不断深化、丰富和演变的历史。与人类采猎文明、农耕文明、工业文明发展形态演进历史相对应,不同文明形态的主体承担者也经历了"自然人""宗法人"和"经济人"三种不同发展阶段。原始采猎文明时代自主意识不强、个人总体臣服于自然界的"自然人",农耕文明时代自给自足、重义轻利、依靠自然血缘和封建宗法等级观念维系的"宗法人",都随着时代的进步而远去了。

人类文明发展是进化与分化的统一,任何一种新文明都不是完全否定和消灭旧文明,而是对之加以改造,并使之成为新文明的要素、因子。特别是由于社会的复杂性和发展的不平衡性,今天,在我们实现和提升工业化的进程中,工业文明仍会在很大时空中发展,需要大力发挥"经济人"乃至"道德人"的积极作用;与此同时,要弃其弊端,积极培养造就新型的"生态人"。今天,我们要摆脱人类生存困境,建设一个人与自然、人与人、人与自身协调和谐的生态文明社会,培育作为人类的根本利益所在的生态人,无疑是高尚的有道德的事业。

"经济人"假设只具有相对的客观合理性。这一假设在高度强调人类经济自利行为的同时,却又极力地剥离人类其他行为和关系,割裂了人存在的现实性和历史性,不可避免地存在严重的内在缺陷和历史局限性。首先,片面思维,以人类中心主义和个人主义为世界观和方法论。"经济人"假设以笛卡儿"人是自然的主人和所有人"为主要哲学基础,把"人"置身于自然界之外,认为"人"才是"自然界的主人和立法者",将人与自然的关系片面地归结为"利用与被利用、征服与被征服的关系"。在这样的世界观和方法论支配下,毫不考虑自己行为的后果,蔑视自然规律,违背自然规律,最终将人类推向了生态危机的困境中。其次,单一取向,以最小成本获取物质利益最大化为价值观。在人类中心主义和个人主义的世界观下,以最小的成本获取最大化的物质利益,成为"经济人"假设的灵魂。"经济人"思考和追求的只是物质利益、财富和利润,割裂人的经济利益、社会利益和生态利益的内在必然联系,导致了人性泯灭、感情丧失,引起人类价值世界的分化和迷失,人成了纯粹的"工具人""单面人"。再次,线性追求,以片面追求物质利益无限扩张为行为模式特征。"经济人"的世界观和价值观,必然使"经济人"成为一个完全的经济动物,一个精于算计的逐利机器,毫不顾及他人、社会、子孙后代利益。"经济人"假设的内在缺陷及其所造成的生态危机和人类生存困境都表明,工业文明及其人性标准都已不合时代的发展,历史呼唤着新的生态文明时代的到来,呼唤着新的生态人格模式的确立。①

当前人类文明发展形态正由工业文明向生态文明加速转型,人的存在类型也由"经济人"加快向"生态人"转变。与"经济人"相比,"生态人"是一种更加符合人类本质的理论设定,蕴含着十分重大的社会意义与教育意义。"生态人"是人类特性的一个根本性变化和新发展,"生态人"假设是人类对其自身特性最新发展的时代认知和把握。它不是从纯粹的功利角度来阐述人对社会、人对自然的依赖性,而是更加强调从人的本质内涵来诠释。我们将"生态人"定义为具备生态理性,在自觉尊重生态

---

① 张兵生,生态人假设:理论价值与实践意义,山西日报,2009.11.2,C03.

规律的前提下追求生态、经济和社会综合效益的个人或群体。广义的"生态人"不仅追求人与自然的共生,还追求个人与他人、人类自身的完善,这实际上是一种理想中的人,是"理性和谐人"的代名词。在"生态人"的观念中,人的需求是全面的,不仅包括物质需要和精神需要,而且包括生态需要和社会需要,一定要从人与自然、人与社会整体互动关系中来解决生态问题、社会问题。世界,包括自然、人、人类社会是一个有机生命体,存在着客观运行逻辑和规则。"生态人"正是从当代人生存困境中对这种运行逻辑和规则逐渐体悟、澄明,并用于规范和优化自身,努力达到外部自然生态与内部精神生态的平衡,形成良好的生命存在状态。

"生态人"的基本特征可以概括为:

第一,整体思维,以生态优先的系统论为世界观和方法论。"生态人"秉持以生态优先的整体论世界观。"生态人"的思维方式注重有机整体思维,将整个世界都看成有机的生命体,看成由"人—社会—自然"多种因素构成的复合生态系统整体,看到人的社会与自然是相互依赖和相互作用的。"生态人"的思维反对极端人类中心主义,极端利己主义、强权主义所以不合时宜,就在于违背了生态系统整体性原则。"生态人"抛弃了近代以来机械论世界观和思维模式,反对分析还原、机械拼凑思维。"生态人"的思维是均衡协调思维,注重事物内部各要素、事物之间各种有机内在联系的关系相匹配、相协调,反对一维独进思维,强调经济、政治、文化、社会协调发展。"生态人"的生活方式是"生态人"思维方式、生产方式在人的生活领域的映射和延伸,强调绿色的生活方式,崇尚"取之有节,用之有度"。在"生态人"的观念中,生态问题的解决不是一种人类生存的某一特定阶段上用来应付特殊生存境遇的权宜之计,而是一种根本的生存原则。"生态人"关注人类生命的维持与发展要依赖于整个生态系统的良性运行,人与自然之间不是简单的因果关系,而是存在着复杂的、非线性的相互作用。

第二,综合取向,以追求经济、社会和生态综合效益最大化为价值观。"生态人"首先表现在其生态价值观上。"生态人"不仅应该具有关爱自然、生态平衡等生态意识,还应具有生态世界观,拥有生态善恶观,主张环境公平、正义观与推崇经济、社会和生态三者相协调的发展观。"生态人"并不是从纯粹的功利角度来看待人对自然的依赖性,而是更加强调从人的本质内涵来诠释。与传统的"经济人"片面追求物质利益最大化不同,"生态人"从人与自然、人与社会整体互动关系的维度去把握生命活动的价值取向,以全面的、整体的价值视角来审视问题,坚持人与自然、人与社会和谐有机统一,追求包括经济持续发展、自然生态平衡、社会和谐有序在内的综合效益最大化,在价值取向上开辟了一条有利于人的解放和自然解放的正确道路。"生态人"关注追求更高的精神需求、社会需求和生态需求在内的生活质量,追求代内与代际生态、经济和社会和谐。

第三,全面发展,以整体协调可持续发展为发展模式特征。"生态人"的整体性的世界观和价值观,以生态向度支配和调节自身活动,从而使自身的生存与发展活动建立在人与自然、人与社会协调平衡、良性互动基础之上,有利于生态系统的协调平衡。这必然使"生态人"成为一个自觉理性地维护生态平衡、生态安全、生态公平和生态正义的高尚的人。这样的"生态人",已经从"经济人"片面追求物质利益无限扩张的行为模式中解放出来,而以推进生态、经济和社会全面协调可持续发展作为行为范式和理想人格。教育的培养取向应该是人的自由而全面发展,这必然包含人的发展的生态向度——"生态人"。"生态人"——人的发展的生态向度是人的全面发展进程中的一个新的维度,即在人和人、人和自然构成的复合系统和谐运行过程中实现人的发展。从根本上说,它体现的是合目的性和合规律性的辩证统一、自然主义和人道主义的辩证统一。"生态人"通过其特有的思维方式、生产方式、生活方式体现其基本内涵。

第四,共生开放,具有丰富性、多样性与差异性为行为心理。一些学者认为"今后 10 年所能带来的技术变革要超过整个 20 世纪的总和",由此给世界带来的变化可谓"天翻地覆"。在这样的世界中要求得生存和发展,不落伍、不颓废,必须开放思维,开阔视野,面向世界、立足现在、着眼未来,在实践中能动地对待世界,创造和谐的外部生态;同时改造自身,形成良好的内在精神生态。这是生态人的特点,也是其基本的存在状态。"地势坤,君子以厚德载物",人就应该像博大的大地一样,能容纳万事万物。合理性通常存在于不同主体、不同文化的交流、碰撞、吸纳、融合中,随意以一种制度、文化否定、排斥另一种制度、文化,不是霸权主义,就是狭隘的民族主义。

我们在讲"生态人"时,不仅指人的个体与群体,也指法人,政府、企业等组织机构。"生态人"是指具备生态意识,并在经济与社会活动中能够做到尊重自然生态规律,约束个人、群体与组织行为,实现人与自然共生、经济和社会可持续发展的个人或群体。因此,教育范畴的生态人,不仅指师生应该成为"生态人",也是指学校、教育主管部门等也应该成为"生态人"。

教育的生态向度促进人的社会价值与自我价值的协调发展。单一的教育出了问题,或许是一代人的问题;教育的生态出了问题,影响深远。在教育过程中,学生经历着由潜在的人性特征到现实的人格品质呈现过程。"生态文明时代形塑的生态道德人格是在自觉觉悟人与自然和谐共生关系认知的价值追寻中,涵育生成具有知情意行有机统一的稳定生态道德人格品质特征,在现实生态实践中锤炼社会公民的生态德性素养。"①全球生态环境问题倒逼着教育重新审视教育与生态

---

① 王继创:人性生态化与生态道德人格的生成,晋中学院学报,2021.6.

的关系,走出现代性物化人格观下办学的价值迷惘,探索从小培养学生成为"生态人"的教育。"生态人"的观念有利于推进生态型学校的创建。学校成了"生态人"主体,树立生态文明意识,推进教育生态化,建立生态型学校管理,将教育生态营造和生态文明成为学校发展水平的标识。

第四节　教育生态:高品质教育的基础

一、教育生态化:高品质教育发展之路

要实现人类文明的可持续发展,依赖于教育生态体系的建立和生态教育的全面开展。当今世界正在昭示着世界现代教育发展的生态化趋势。

"生态兴则教育强。"充满活力与生机的教育生态,是教育自身发展的内在逻辑和必然境界,也是教育的重要基础和支撑。教育是用来培养人的,而人是什么?是千差万别的、有思维有感情有不同需求的生命个体。如何让每个来到世上的人拥有一个快乐、幸福的人生,这才是教育的宗旨和最重要的功能。给孩子什么样的教育,实际上就是为其准备什么样的人生。

理想的学校教育应是个性化教育而不是淘汰教育,应尊重个体生命的差异,为每个人提供适合其发展的人格教育、能力培养,发掘其潜能,维护其尊严,注重其内心的发展需求。这样的高品质教育,需要积极的教育生态支撑。只有强调教育要素内在联系,调动教育发展主体积极性,推进各级各类教育发展良性互动,形成新的教育要素和教育力的教育生态,才能建构高品质教育。也只有强调教育发展的持续性,以未来的教育引领现在的教育,实施教育的开放性,注意教育的多样性与差异性,营造满足儿童成长的需要的教育生态,才能孕育高品质的教育。

人类进入 21 世纪,人们的生活享受着科学技术迅猛发展的成果的同时,也出现了人们的灵性危机、主体地位的消解,于是不断追问,我在哪里? 我的彼岸在哪里? 古代希腊哲学家普罗泰戈拉在《论真理》中认为"人是万物的尺度",柏拉图却提出了"理念是万物的尺度",也有哲学家提出"上帝是万物的尺度"。这些思想观点表明人类的思想总是在碰撞中发展与进步。人类的教育思想也是不断发展与进步的。教育是人类文化自我持续更新的过程,卢梭曾指出:"在所有一切有益人类的事业中,首要的一种,即教育人的事业。"[1]皮亚杰指出:"人们没有意识到教育

---

① 卢梭:爱弥儿,人民教育出版社,2001.5.

事业的复杂性,不知道教育学是一门可与其他科学相比较的科学,而且由于它涉及的各种因素的复杂性,这门科学甚至是一门研究起来十分困难的科学。"①这些教育家的思想观点表明教育是复杂的。正是教育的复杂性需要我们把握学生成长与发展所依赖的教育生态系统,以教育生态学视角考察教育生态的结构和功能,才能主动地调适教育外部和内部的生态平衡,从而确保教育的可持续性发展;运用教育生态的原理和规律,才能深入洞察教育的本质及其运行机制,更好地发挥出教育的多维效益;以教育生态学为指导,规划与营造学校教育生态系统,促进受教育者内心环境的构建和协调发展;将生态意识整合到教育的全过程中去,促进教育与社会以及教育内部的关系转变。

以人为本位的高品质教育必然是教育生态化的过程中,消除教育中非生态现象,增强教育生态力。在以"规模生产"方式的学校教育中非生态现象不容忽视。对于学校,学生想说爱你不容易;课堂学习,学生不是身受压抑,就是一学就懂、一考就蒙;师生关系,常常就像"警察抓小偷"。学校中"师源性心理伤害"较为普遍,例如教师变相体罚、侮辱性的批评或嘲讽,缺乏民主平等,对学生不公正、歧视和偏见。例如,有一名老师对一名平时成绩不佳的学生在上课时间道:"为什么最近精力不集中,经常开小差?"这名学生回答:"祖母去世了。"老师不假思索地说:"祖母去世了,你思想不集中有什么用? 难道你思想不集中她就能活了?"这个从小由祖母抚养长大的单亲家庭学生,被这名充满偏见和冷漠的老师彻底地击倒了。师源性心理伤害对学生身心发展造成不可低估的危害,甚至终身的负面影响。教师应该是作为学生学习的引导者、潜能的开发者、创造性的激发者、生命活力的调节者、健康的生态营造者起到应有作用。教师的非生态行为损害与异化了师生之间、生生之间的关系。

在学校中非生态现象也表现在教学上。中小学课程教学内容过多,超越他们生理、心理可以健康承受的范围是常见的。例如曾出现过小学语文课程在一年级要求学生掌握千把字、大量长篇幅阅读的要求。结果大部分低年级学生对此精疲力尽也难以胜任这样的学习,从语文学习一开始他们就强烈地体验到学习失败,一段时期里他们会形成习得性无助感,认为自己笨,读书读不好。尽管现在不断降低要求,但是这种课程教学的不适宜性令人忧虑。课堂教学中许多教师在很大程度上是在"克隆"学生,课堂教学基本遵守着"赶鸭子""填鸭子""考鸭子",最后学生都变成了无个性、无特长、无活力的唯书、唯教师、唯标准答案的"板鸭子"。传统的课堂教学以一个模子把原本千姿百态、生动活泼的学生加工成"标准件",课堂教学方法的工具性

---

① 皮亚杰:教育科学与儿童心理学,1970 年,转引自赵祥麟,外国教育家评传,上海教育出版社,2003.

和机械性不仅湮灭了教与学过程的生命活力,也异化了教育的意义。课堂中存在的这些问题足以令人警醒,教学超载、关系失衡、无视人性、权力控制、缺少和谐的课堂必须进行彻底的改造,使之成为学生健康成长的生态课堂。

在非生态教育环境中,学校生态结构遭到破坏。有的学校变式"智育第一"层出不穷,学校中育人生态结构遭到严重破坏,道德教育被替代,美育被忽视,体育被轻视,劳育被颠覆。从本质上说,传统教育表现出典型的非生态特征,学生的学习成了受外界压力而不得不产生的一种消极适应。实施积极的生态化教育,促进学生健康发展是当前高品质教育的必然。

高品质教育是良好教育生态的必然成果,在教育生态的滋养下,不仅教育内部得以平衡,教育外部环境也得以优化,使教育机构打破了社会系统间的封闭性,提高教育的社会融合度,实现资源共享,形成高健康的区域教育生态体系,在生态教育、教育生态化,师生生态素养养成三者之间构成一个互动、共生、协同发展的教育发展范式。同时,实现人与教育的持续发展、协调发展和整体发展,体现可持续发展教育追求人与社会、自然环境和谐共进的目标。

二、生态型学校:儿童友好学校的践行

生态型学校是生态文明对教育的必然逻辑。只有学校生态化了,才可能培养出健康的学生。生态型学校是以教育生态学为理论基础,将学校看作一个具有生命力的生态系统,通过全面整合学校内外资源,增进学校内部之间以及学校与外部之间的协调,维护学校系统内诸要素的良性互动,使学校各育融合,最终成为学生健康成长的学校。

在良好的教育生态中才能涌现出生态型学校。生态型学校最大的特点就是以儿童为本,儿童友好。高品质的学校,或者说优质学校,必然对儿童友好。"儿童友好"是对儿童的卫生、营养、健康、教育、环境、权益、参与等在内的一切行为,均应以儿童的最大利益为首要考虑因素,共同推动健康、教育、福利、法律保护、空间环境等涉及儿童的领域不断取得长足发展。"儿童友好"是生态型学校的具象化,生态型学校是"儿童友好"目标的实现路径。以"儿童优先、儿童平等、儿童参与"为理念,贯彻"无歧视原则、儿童利益最大化原则、尊重权利与尊严原则、尊重儿童观点原则",重视"儿童生存权、发展权、受保护权、参与权",全面保障教育供给,优化儿童环境,确保儿童安全,保护儿童身心健康,保障儿童的合法权益,创设儿童友好的校园环境,促进儿童健康成长、全面而有个性地发展,既是儿童友好学校的基本要求,也是学校具有良好教育生态的表征。

通过学校教育生态化创建生态型学校,实现学校儿童友好。儿童友好学校是以儿童发展为中心,师生、家长、社会民主参与学校管理,倡导儿童优先、儿童平等

和儿童参与的理念,儿童发展环境良好,儿童权益依法保护,儿童观点充分表达,儿童安全有效保障,促进儿童健康、全面发展的学校。在生态化的学校里,教师关注学生的身心发展特点,为学生营造民主和谐的教育环境,不以分数或是升学率压抑学生学习,注重对学生评价多元化,不但注重学习结果,也关注学生的学习过程,善于发现学生学习过程中的长处,学生的人格健全发展。

通过生态型学校的创建促进学校与教师从研究学生、服务学生出发,寻找适合学生的教育,从而促进一大批不挑生源、没有特别资源的学校整体提高育人质量,使"平民教育"更加落到实处,走"非名校"而办优质教育的道路,筑高学校教育的底部,打造教育均衡的教育新品质,涌现一所所儿童友好学校。

三、区域教育生态:学校教育均衡发展的基石

学校教育生态建设需要区域教育生态的支持与共生,区域教育生态系统的不断优化是学校教育均衡发展的基石。一个良好的区域教育生态是系统的教育工程,需要全方位加以谋划。近年来,有的地区,例如上海崇明区教育局 2016 年初与上海三知教育信息咨询中心合作开展了"建构区域教育生态圈,营造生态型学校群的实践与理论研究",通过打造 3S 区域教育生态圈,建设良好的区域教育生态,实现教育优质、均衡、全面、开放和可持续发展。

区域教育圈内有着不同类型、不同办学水平、不同区位结构差异的学校,城乡学校之间教育质量也会有明显落差。区域教育如何实现均衡发展,需要从构建教育生态的视角进行设计与实践。提升教育质量可以有多种方式,但本质只有一个,那就是关注与优化教育赖以生存与发展的教育生态。营造良好的区域教育生态,建构起区域内办学要素的积极关系与合理运行状态,整合区域教育资源,促进区域内教育的物质流动、能量交换、信息传递更合理,办好每一所学校。

区位理论告诉我们,不同社区之间存在着差异,有的甚至差异较大,优化区位状态,教育是重要的手段。不同社区由于其社会文化背景差异,应采取区域性发展教育的策略,营造良好教育生态成为合理的选择。区域教育的建设也应该适应区位的状况,多元化发展,不搞一刀切。区域教育系统是中观教育生态系统,我们运用教育生态学研究区域教育的目的,是以一定区域的教育生态系统的结构和功能作为出发点探索实现最佳区域教育的推进和方法。我们不能用静止的观点、孤立的观点、单因子的观点来对待区域教育,要用动态平衡的观点来看待区域教育内部诸要素之间的关系及其与周围环境之间的关系,研究其动态相关性。从教育生态学的角度研究区域教育可以使我们对区域教育均衡发展有更好的理解。

教育的发展必须有良好的教育生态环境。著名教育人类学家布尔诺教授认为"教育并非建立在一无所有的空间里,或只为某一个人,而是建立在生活的体系

之中,教育并非抽象的命题,而必须是相互关联的把握。因此,教育最重要的论题应该是教育必须有为生活而服务的功能"。教育的发展离不开其赖以发展的教育生态系统的优化。区域教育系统以教育机构,尤其是作为生命体的师生作为主体,以育人出人才为中心,围绕着生态环境的圈层,形成多因子综合影响和相互作用。区域教育系统基本上是人工生态系统,不仅有层次结构,而且有其纵向和横向结构,通过教育活动这个载体,其主体与环境反应。正是教育与外部生态环境的这种互动,才使教育生态系统保持着一定的有序状态。各种生态因子相互联系,对教育产生综合影响。教育的生态环境,是教育得以存在和发展的前提和条件。优化教育生态系统,必须按照教育生态规律稳定有序地向前发展。只有保持教育生态系统稳定地有序化,才能达到预期的目标。使教育生态协同发展的系统动力是由系统的结构、功能以及系统内外部综合因素决定的。优化教育生态环境,建构高品质的区域教育体系是发展教育的重要策略。

第二章　学校教育生态学发展与视域

第一节　教育生态学的研究与发展

一、生态学研究的发展

（一）我国生态思想的渊源

教育生态问题可以溯源于生态思想的产生与发展。在我国古代思想中有不少生态思想论述,并常与人、教育相融合。在中国古代传统文化中,儒家的"天人合一",肯定人与自然的统一;道家的"道法自然",通过敬畏万物来完善自我生命。通过参悟万物的本真来认知生命,无不蕴含着"生态智慧"之光和"遵从生命"之规则,深深地关切人的精神生活的生态平衡、关切人与自然整体的和谐,秉承"天人合一"的生态理念。

我国古人很早就仰观天文、俯察地理,逐渐形成了天人合一的宇宙观,天人合一的有机宇宙观铸造了中国文化的深层结构,形成我国历史悠久的"观乎天文以察时变,观乎人文以化天下"的"天人合一"生态文化。先秦时期儒家提出的"天人合一"蕴含着生态理念,主张遵循自然规律,尊重自然,与自然和谐相处,实现协调发展。孔子提出"君子知天而畏天命"的观点,保持对自然的敬畏之心。"知天命"是对发现自然规律、运用自然规律的科学理念。而"畏天命"则承认自然的客观性,因为自然还未被人完全认识,所以要强调自然的伟大和神秘。孟子则主张"顺天者存,逆天者亡",人类的所有行为都要以顺应自然规律为前提,否则就要受到惩罚。同时,孟子还认为,只要人类在农业方面的活动符合自然发展的规律,那么人们就会资源丰足。孟子曰:"不违农时,谷不可胜食也;数罟不入洿池,鱼鳖不可胜食也;斧斤以时入山林,林木不可胜用也。"荀子在有关治国的学说中,提到了关于自然的规律的问题。他认为自然的运行是有规律的,而且这个规律是客观存在的,人们应该正确地运用自然规律,维持宇宙世界运转的规则,而不是人定胜天,也要用合理的方法治理社会和国家,才能获得美好的生存环境。儒家"天人合一"的生态理念,有助于人们树立尊重自然的意识,改变人类中心主义的错误观点。《周易·大传》说:"夫大人者,与天地合其德,与日月合其明,与四时合其序,与鬼神合其吉凶。先天而天弗违,后天而奉天时。"这就是说人类要顺应自然,适应自然,达到天地人三者之间的和谐,这是人的崇高的品德。道家崇尚的"道",就是自然界自身的规律。《老子》指出:"人法地,地法天,天法道,道法自然。"人既然是天地的产物,就遵循天地之道行事。违背天地之道,难以正常行事,甚至危及自身的生存和发展;人既是天地的产物,就应效法天地,顺应和适应天地,使天地人更为和谐。

儒家"天人合一"思想里,天道和人道相通,即自然和人为相协调、相统一。当代学者张岱年认为,"天人合一"思想它发端于三千年前的周王朝,经过战国时期孟子的"性天相通"观点,与西汉时期董仲舒的"人副天数说"的发挥与创新,并在宋代张载、程颢、程颐时期,进入到更高的理论境界。[①] "天人合一"思想具有丰富的生态文明与生态道德价值,这主要体现在两方面:一是认为人和人类社会不是独立存在的,而是与大自然共生共存的,或者说人和人类社会是大自然的组成部分。《周易·序卦》中特别强调,包括人类在内的万事万物都是因天地产生的。宋代张载在其著作《西铭》里也谈到了人类是天地的产物,人类不可独立存在,必须与自然合二为一。二是认为人和人类社会在大自然面前并不是无所不能的。这其实针对的是中国古代的"勘天"思想,也就是那种征服自然、改造自然的观点。儒家自然观认为,人类社会在发展过程中应当遵循或服从自然界不可逆转也不可违背的规律,并在与自然的融合与统一中获得和谐与安宁。《礼记·中庸》里所谈及的"与天地参",其实就是赋予自然界以绝对价值,并认为人和人类社会需要服从这一绝对价值。这种把人和人类社会视为大自然的组成部分,并强调人类应当遵守自然规律的自然观是积极的、正面的。[②]

道家自然观主要强调"道法自然"和"人性自然"的基本观点。所谓"道法自然",是指宇宙间万事万物都存在着遵循自然法则并独立运行的自身规律,它超脱或独立于人的主观意志之外,因而人类不仅无法改变并且必须依照自然界的规律来从事活动。《老子》第四十八章"取天下常以无事"意为遵循万事万物之规律,在七十九章又说"天道无亲,常与善人",意为上天不分亲疏,经常眷顾善于顺应天道的人。这些左右事物变化的法则,老子称之为"常"。《道德经》第十六章说:"知常曰明。"并警告"不知常,妄作,凶"。老子指出:"知常容,容乃公,公乃王,王乃天,天乃道,道乃久,没身不殆。"这明确地说知道事物变化的常理,人就明智,思想就全面,得见真理的人将持续不败。

我国古代思想中彰显了关于"天地人中和合"的生态性,蕴含天地人"中、和、合"的生态化的途径和目标。《系辞下》说"天地之大德曰生",意为天地的最大恩德,是为宇宙和人类提供了生生不息的环境,让各类生命各得其所,安身立命。《中庸》第三十章说:"万物并育而不相害,道并行而不相悖……此天地之所以为大

---

① 张岱年:张岱年文集第 6 卷,清华大学出版社,1995 年.
② 唐鹏:理性之辨:古代生态思想的教育价值,教育评论,2012.6.

也。"这种和谐,不仅是指人类社会,它也渗透全宇宙,构成所谓"太和"。《易·乾卦》说:"大哉乾元……保合太和,乃利贞。"乾的生发能力多么浩瀚……联成一起,保有至高的和谐,这就是大吉大利。[①]

《礼记·中庸》说:"喜怒哀乐之未发谓之中,发而皆中节谓之和。中也者,天下之大本也;和也者,天下之达道也。致中和,天地位焉,万物育焉。"意为喜怒哀乐的情感还没有发动之时,心是平静而无所偏倚的,这叫作中;如果情感发出来都合乎节度,没有过与不及,就叫作和。中是天下万事万物的大本,和是天下共行的大道。人心如果能把中和的道理推而及之,那么天地一切都各得其所,万物也都各随其生了。这就是儒家追求的理想境界。"中"强调的是既不为过,又无不及,恰到好处,在个人行为和社会关系中总有些适中之处。"和"是调和不同以达到和谐的统一,是"中"作用的结果。在世界上天地人都有其适当的位置,发挥适当的作用,没有冲突,和谐共生。"万物并育而不相害,道并行而不相悖。……此天地之所以为大也",做事要有个"度","过犹不及""无可无不可",天人和谐,社会才能和谐,这是孔子追求的社会治理目标。[②]

"天地之大德曰生",强调世间万物生而又生,生生不息。世界万物内在律动持续不断地创生、化育万物,并使其成为一个有机和谐的生命整体,生命和万物在循环创造中不断繁荣进化。"天命之谓性,率性之谓道,修道之谓教",意思是:天所赋予人的东西就是性,遵循天性就是道,遵循道来修养自身就是教。这个道,片刻不能离开我的身心;如果可以离开,那就不是正道了。只有坚持生态化的发展道路,赋予文明物质与精神的属性,生态文明的社会才能真正到来。

(二)现代生态学的兴起

古人在长期农牧渔猎生产中积累了朴素的生态学知识,诸如作物生长与季节气候及土壤水分的关系、常见动物的物候习性等。如我国的二十四节气划分,再如公元前4世纪亚里士多德曾粗略描述动物的不同类型的栖居地,还按动物活动的环境类型将其分为陆栖和水栖两类,按其食性分为肉食、草食、杂食和特殊食性等类,这些也蕴含着生态学知识。15世纪以后,许多科学家通过科学考察积累了不少宏观生态学资料。18世纪初叶,现代生态学的轮廓开始出现。"生态学"一词最早是由博物学家索罗于1858年提出的。[③]"生态学"(Ökologie)一词是1865年由勒特(Reiter)合并两个希腊词logos(意即:研究)和oikos(意即:房屋、住所)构成,其本意是"研究住所"的学问。但是,它的内涵一直不确定,直到1866年德

① 冯友兰:中国哲学简史,民主与建设出版社,2017.8.
② 蔡海生等:中国古代生态思想对当代生态化发展的启示,生态经济(学术版),2012.5.
③ Levine, N. D, et al, Human Ecology, 1975.

国生物学家赫克尔(Haeckel)初次把生态学定义为:"By ecology we mean the whole science of the relations of the organism to its surrounding outside world, which we may consider in a broader sense to mean all 'conditions of existence'. These are partly of an organic nature and partly of an inorganic nature."即生态学指有机体与外部世界的环境之间相互关系的所有科学,这在广义上指生存条件,一部分是有机性质的,另一部分是无机性质的。从此,揭开了生态学发展的序幕。现在,学术界对生态学较普遍的解释是:"研究有机体或有机群体与其周围环境的关系的科学。"①1935 年英国生态学家坦斯利(Tansley)最先提出了生态学研究中的一个核心概念"生态系统"之后,生态学逐步进入发展期。1968 年 Margalef 将生态学定义为"生态系统的生物学"。1971 年 Odum 提出"研究生态系统(或广义的自然)的结构或功能的科学","生态系统"是一种有边界、有范围、有层次的系统。任何一个被研究的系统都可以和周围环境组成一个更大的系统,成为较高一级系统的组成部分,而且,它本身又可以由许多子系统或亚系统构成,它们相互依存、互为因果,各子系统或亚系统之间以及子系统与母系统之间也同样有着密切的联系。1973 年 Clark 提出"研究的生态系统,也就是生物与其物理环境之间相应交互作用的整体"。在这之后,生态学进一步由定性研究趋向定量研究,由静态描述趋向动态分析;逐渐向多层次的综合研究发展;与其他某些学科的交叉研究日益显著。在 20 世纪 60 年代,生态学进一步从生态的形态、功能等方面加强了基础研究,1967 年 Misra 提出生态学是"研究类型、功能和因子相互作用的科学",Lewis 和 Taylorti 认为生态学是"研究个体、一些物种的种群和种群形成的群落对其变化响应方式的科学"。1977 年 Smith 指出生态学是"一门多学科的科学,研究生物体及其生活场所,重点关注生态系统"。1992 年 Likens 指出"研究影响生物分布和丰度的过程、生物之间的相互作用,以及生物与能量和物质转换与流动之间相互作用的科学"。生态学成了多学科共同发展出来的研究体系。

当代,生态学更是长足的发展,形成了不少交叉学科,应用的范围越来越广泛,例如 1986 年 Netting 的文化生态学(Cultural ecology)、1989 年 Hannan 和 Freeman 的组织生态学(Organizational ecology)、1992 年 Packham 等的功能生态学(Functional ecology)、1996 年 Friedman 和 Carterette 的认知生态学(Cognitive Ecology)、1997 年 Krebs 和 Davies 的行为生态学(Behavioral ecology)等,生态学越来越精细化,应用性也越来越强。

生态不仅仅是一个生物学术语,从学术上讲,从笛卡儿、牛顿世界观到生态世界观的转变,是一种理论提升、哲学转向,更是人类可持续发展的需要。作为一种

---

① Hawley, A.B., Human Ecology: A Theory of Community Structure, 1950, p.3.

新的世界观,它用生态学整体性观点去观察现实事物和解释现实世界。作为一种新的方法论,它以生态学方式思考,"在所有与生命有关的领域,应用生态观点,主要是生态系统各种因素相互联系和相互作用的整体观点、生态系统物质不断循环和转化的观点、生态系统物质输入和输出平衡的观点,说明与生命有关的现象及其发展变化,提示各种的相互关系和规律性,认识和解决与生命有关的问题"。作为一种科学的思维,它是科学认识的生态学途径,用生态学观点思考、认识和解决问题。科学的生态思维既表现出对人的目的、人的作用和人的未来的关切,也表现出对生态系统、生命多样性和生命体活动环境的关切。

20世纪中后期,严重的环境污染与破坏,进一步推动了生态学的研究,又出现了人类生态学、社会生态学、污染生态学、城市生态学、生态经济学乃至教育生态学等生态学的分支学科。联合国教科文组织也把"人与生物圈"的研究列为全球性课题,强调从宏观上研究人与环境的生态学规律。

二、现代教育生态学的发展

(一)教育生态学的提出

随着科学技术进步、工业发展、人口增长,教育事业也得到了进一步发展。同时,种种社会问题也给教育事业发展带来深刻影响,教育的生存与发展不断受到教育非生态问题威胁。西方对教育生态学的研究较早,可以追溯到20世纪30年代。沃勒在其著作《教学社会学》提出了"课堂生态学"(ecology of classroom),这是"生态学"一词第一次在教育研究中正式运用。到60年代,英国学者阿什比比较英国、印度和非洲大学后,提出"高等教育生态学"(ecology of higher education)。从60年代开始,"教育危机"成为许多教育研究者和教师们所共同关注的问题。但是这些问题的研究与探讨本身并不如此简单,需要一种新的研究视角来进行探讨,生态学的原理与方法在教育研究中的运用,成为人们的有价值的选择之一。自20世纪六七十年代以来,教育的生态学研究由产生而发展,人们在这一领域里进行了许多有益的尝试和努力,理论纷呈,成就可观。以生态学的基本理论为指导,开展教育生态学研究,对教育现象以生态视角对教育生态要素进行观察、分析,并力图解释教育系统外部生态环境与内部生态环境及其对作为教育生态主体的教育生态系统的诸多问题。

1976年美国哥伦比亚大学师范学院教育史家、教育评论家劳伦斯·克雷明在其《公共教育》(*Public Education*)一书中首次提出"教育生态学"这个学术概念,用了一章篇幅来进行论述,并将其运用于美国教育史研究,开辟了教育史研究的新时代。集中了克雷明"教育生态学"思想的《公共教育》一书曾经被西方教育界评价为可以与杜威的《民主主义与教育》一书相媲美的教育理论著作。克雷明"教育生态学"理论成因于 20 世纪六七十年代。克雷明敏锐地觉察到当时社会发生的种种变化，认为不能把教育失败所有的责任都归咎于学校，必须看到学校以外的种种教育现象，对教育问题应当有新的思考。克雷明认为，电视文化不可避免地发挥着教育的作用——不仅仅是专门地贴着教育标签的频道，而是通过全部的公共和商业节目。"这场变革已经戏剧性地改变了家庭教育，并且从根本上改变了公共教育，也根本性地改变了学校教育的环境。"①在新教育史学浪潮的影响下，克雷明尝试将生态学方法运用于教育研究，着重考察各种教育机构之间及其与整个社会之间的关系，创造性地提出"教育生态学"理论。克雷明认为，校外教育机构的丰富多样性，将这些教育资源有效地加以整合。这些机构和人们集合在一起，彼此之间以及与更大的社会之间互相影响，形成了一个"教育结构"。这种教育结构通常是由相互影响的教育机构群组成，学校只是诸多教育机构中的一种。20 世纪 60 年代，教育领域发生了巨大的变革：一方面是学校教育的稳步扩张和延伸，另一方面是校外大众传媒的革命性影响以及它们对美国家庭生活所带来的转变。克雷明走了一条新的路线尝试将生态学理论运用于教育研究。

　　克雷明将由各种不同教育机构组成的有机体也看作一个生态系统，并运用生态学的系统观和联系观，对此生态系统中各种教育机构之间的相互关系，及其与整个社会之间的关系进行分析。克雷明指出，教育生态系统中的各个不同的教育机构之间是相互联系、相互影响的，同时，它又与其赖以生存的整个社会之间相互联系、相互影响着。所以，教育生态学理论"是不同的教育影响和教育机构之间及其与整个社会之间的相互关系的理论"②。在克雷明看来，"将生态学方法运用于教育研究是有益的，即把各种教育机构与结构置于彼此联系，以及与维持它们并受它们影响的更广泛的社会之间的联系中加以审视"③。在这样一个理论架构下，各型各类教育机构之间相互联系、相互影响，成为一个有机的整体。克雷明认为，教育的生态环境已经起了变化，学校教育必须去适应这种变化。根据"教育生态学"的观点，克雷明对教育下了这样的定义："教育是通过周密、系统和持久的努力来传播、激发或获取知识、态度、价值、技能或情感，也是这种努力的所有结果。"根据教育生态学观点考虑公共教育问题时，克雷明认为可以采取三种方式。1. 综合考虑。公立学校从来不是单独或孤立地起作用的，而是作为教育结构(包括家庭、学校、教堂、图书馆、博物馆等)的一部分起作用的。2. 有联系地考虑。有关部门既要注意财政和人力资源的分配与教育成效的关系，又要注意学校与其他教育机

---

① L. A. Cremin, Public Eduction, Basic Books, Iris. Publishers, New York, 1976.

② ibid.

③ ibid.

构的联系。3. 公开考虑。有关部门必须公开考虑不同的水平(当地、州、地区、联邦和国际水平)和不同的地点(法院、行政机构以及私人和私营公用事业组织)为教育制定的公共政策。克雷明从生态学角度考察美国教育时,不仅关注学校教育,还关注学校教育以外的种种教育现象;不仅关注教育机构,还关注个体生活;同时还坚持有联系地分析它们之间的关系,大大拓宽了教育研究的范围,在教育学界堪称一场伟大的革命。运用教育生态思想促进教育高位、公平均衡发展,是教育生态学的现实意义。

近现代以来,生态与人的不平衡发展等使得生态危机四伏。人类中心主义是导致目前生态危机的思想根源,生态启蒙运动是解决人类生存方式的重要运动,而决定人类存在的方式只有两种,一种是文化,另一种是生态。教育是文化得以延续和传承的重要形式,也是人类生态得以完善和优化的重要路径。运用生态智慧解决人类社会发展问题、解决教育发展问题日渐成为人类的共识。[①] 国际上近来教育生态学的研究在教育的不同层面展开。以生态学的眼光来看,教育的不同层面可以被视为不同的"层级"(hierachy),使生态学能够对部分和全体做层次研究(hierachy study)的基本概念是层级,把一种事物放在有级别空间的安排方式。不同层级之间存在相互关联,但是运行机制却不相同。

(二)教育生态学的主要发展

生态学作为一门新的科学,是包括人在内的生物与环境间关系的一门系统科学,是一门既古老又年轻的自然科学与社会科学的交叉科学。这是教育生态学的理论基础,应该用生态学的基本思想与原理来思考与实践教育生态。教育生态学是将教育及其生态环境相联系,并以其相互关系及其机理为研究对象的一门新兴学科。教育生态学是教育学和生态学相互渗透的结果。教育学是研究教育现象及其规律的一门社会科学,在国内外都有比较漫长的历史,随着科学技术飞速发展,近几十年才加速了学科的分化和发展。生态学则是研究生物与其生存环境之间相互关系的科学。目前生态学已经超出了生物学的范围,扩大到其他领域。除生物学中的植物生态学、动物生态学外,在地学中也建立了海洋生态学、土壤生态学、地理生态学、气象生态学,乃至教育学中的教育生态学等生态学的分支学科。

教育生态学作为一门新兴的教育学分支学科,它是生态学原理与方法在教育学中融合与应用的产物。生态学是研究生命系统和环境系统之间相互作用的规律和机理的;教育学则是研究教育发展的规律,以及社会对教育的影响和教育在社会发展中的地位和作用;而教育生态学是依据生态学原理,特别是生态系统、自然平衡、协调进化等原理与机制,研究教育与其周围生态环境之间相互作用的规

---

① 乔清举:《儒家生态思想通论》,北京大学出版社,2013.

律和机理的科学,它把教育与生态环境联系起来,并以其相互关系及其作用机理作为其研究的对象,研究各种教育现象与成因,进而掌握教育发展的规律,揭示教育发展的趋势和方向。教育生态学是研究教育与其周围生态环境(包括自然的、社会的、规范的、生理心理的)之间相互作用的规律和机理。教育生态学是对教育生态系统的交互影响的关系进行研究,从这个新的角度探索教育发展的规律,其目的是为创造一个最优化的教育生态结构提供理论依据,达到不断提高教育效益,促进各类人才的健康成长。

教育生态也涉及区域教育生态。区域生态发展理论是一种新的区域发展理论,与传统的区域发展理论以单纯的经济增长为发展目标的模式相比,它更强调具有特殊空间结构特征的区域本身的政治、经济、文化等各子系统的整体协调发展。它将区域本身看成是一个复杂的多维的生态系统,强调社会生态、自然生态和价值生态三方面的关系协调以及社会经济与生态目标之间的均衡。在这种理论指导下的区域发展理论,就不仅仅关注区域的经济增长价值,还必须考虑区域的政治、社会、文化等多方面的价值,从而更好地发挥区域教育生态的功能。区域教育发展在区域生态发展理论的指导下,不仅要考虑教育自身内在发展的规律,协调好教育内部的各种关系;还要处理好教育系统与区域之间的关系,通过实现区域教育发展来推动区域有机体的整体和谐发展。区域教育是中观教育生态系统,运用教育生态学研究区域教育的目的,是以一定社会的教育生态系统的结构和功能作为出发点探索实现最佳教育生态结构的推进和方法。我们不能用静止的观点、孤立的观点、单因子的观点来对待区域教育,要用动态平衡的观点来看待区域教育内部诸要素之间的关系及其与周围环境之间的关系,研究其动态相关性。从教育生态学的角度研究区域教育可以使我们对区域教育的意义有更好的理解。

教育生态关乎师生的内生态。瑞士教育家、"慈爱的儿童之父"裴斯泰洛齐将教育适应自然作为最基本的教育原则。他指出:"教育必须提高到科学水平,教学科学应该是起源于并建立在对人类天性最深入的认识的基础上。"①教育生态主体的内生态很重要的是师生的心理。他首次提出了教育心理学化,在 1800 年发表的《方法》一文中说:"我试图将人类的教学过程心理化",教育者要适应儿童的心理时机,让儿童成为他们自己的教育者教育中的动因,是教育心理学化的一个重要方面。

当代更是出现了生态心理学,在研究与实践教育生态建设中我们应该运用生态心理学来观察与处理教育生态中的心理现象与问题。生态心理学(Ecological Psychology)是心理学的一个分支,是应用生态学观点研究个体行为原因的一门学科。20 世纪中后期在美国出现了一种心理学改造运动,近 20 年来,这一运动对

---

① 裴斯泰洛齐:裴斯泰洛齐教育论著选,人民教育出版社,2001.

当代心理学的方法论和研究思路都产生了深刻的影响。心理学研究多集中于单个个体对单个刺激的反应,也承认社会变量对理解行为的重要作用,而心理学的生态观则进一步强调个体行为与其环境条件(人际的、社会的、自然的)是不可分割的。生态心理学研究是当代心理学的一个新课题。"生态心理学"这一术语多指产生于20世纪40—70年代,由勒温、巴克、吉布森、奈瑟、布伦瑞克等人开创的生态学取向的心理学研究,即将生态学的理论和方法引入心理学研究中来,用生态学的理论和方法来改造传统心理学。它是从主流心理学内部发起的对主流心理学的批判和改造,针对主流心理学实验方法的"人为性"缺陷,将生态学的观点引入心理学研究领域,倡导心理学研究的生态化。生态心理学有广义和狭义之分,我们通常所说的是指狭义生态心理学。可以把狭义生态心理学初步界定为:生态心理学是一种强调研究人—环境的动态交互过程,尤其倾向于研究生态环境中的具有功能意义的心理现象的取向。

教育学的发展与心理学密切相关,生态心理学以生态哲学作为新的基础,以交互作用原则为中心原则,以生态效度的实验研究法和自然主义研究法等为主要方法,通过揭示人和环境的交互关系来研究、解释和预测现实生活中的行为和心理现象。与传统主流心理学相比,它更加符合社会生活对心理学研究的迫切需要并且也更加符合人的心理的真实情况。当前它在心理学的各种分支领域中都有广泛的研究和应用。生态心理学所强调的人作为主体与环境的交互所产生的变化与现象,对于教育生态中人与教育的关系的研究有理论解释意义与实践指导意义。

教育生态的建构需要理论的支撑,符合科学的实践应该有理论上的依据,把我们对教育生态的感性认识提高到理性认识,有利于进一步增强实践的自觉性。教育生态建构必须在科学原理指导下开展。教育生态建构具有综合性的特点。对教育生态的研究与实践,应该从多学科、多角度出发,进行综合研究。教育生态的理论基础,涉及许多学科,主要有教育学、社会学、生态学、哲学、经济学、管理学及其相关学科如教育经济学、教育管理学等。多学科、多角度的综合研究,已成为当代教育生态研究的重要特点。

第二节 现代教育生态思想的实践

一、教育生态多方面的研究与实践

教育生态思想的基础源于以相互联系、动态平衡、共荣共生、可持续发展为核心观点的生态思想,包含着一切将生态学的原理与方法运用于教育教学的研究与实践所形成的思想观念,也包含了以中国古代生态智慧为思想来源指导教育研究与实践所形成的思想观念。教育生态思想将教育及其生态环境相联系,以其相互关系及其机理为指向的系统思想,既是一种指导教育的思想理念,也是一种教育实施的策略方法论。

教育生态思想的基本主张强调以人为本,全面、协调、可持续发展的人与自然、人与社会、人与人的和谐共生、良性循环的人类文明;适应人的天性、遵从人的生命规律、发展人的自由个性、促进人的全面发展的学校的、社会的、家庭的、自然的一切教育健康发展。教育生态思想的基本内容包括将生态思想运用于育人活动中,形成的区域教育生态系统、学校教育生态体系,也包括追求和体现生态观念的教育研究和实践活动,以及以生态理念为指导形成的全民教育、全纳教育、终身教育等相关理念。

20世纪80年代末,我国学者开始陆续关注教育生态问题的研究。在我国较早介绍教育生态学,据NKI文献资料检索,显示出现于1986年的《现代外国哲学社会科学文摘》第一期上蒋晓摘译克雷明的《公共教育》,题为"教育生态学的趋向"一文。1988年第3期《南京师大学报》(社会科学版)刊登吴鼎福先生的《教育生态学刍议》,从克雷明的《公共教育》的教育生态学起,尝试对教育的生态环境,教育的个体生态、群体生态与教育的生态系统和生态平衡问题做了一些初步的探讨,之后吴鼎福与诸文蔚于1990年出版了《教育生态学》。当时学者主要是对教育生态学的介绍与引入。

1995年以后兴起了教育生态学应用性理论研究与实践。1995年第6期《家庭教育指导》发表了王钰城的《家庭教育指导误区的理论认识》一文,文中指出:"通过运用这些学科知识,分析家庭及家庭生态环境中各种因素的作用特点、作用形式、作用大小认识家庭教育中的现象、问题的形式和变化的规律,使家庭教育指导工作建立在更坚实更科学的基础上。"并在《家庭教育指导社会化的理论认识和实践探索》一文中再次提出以教育生态理论看待家庭教育及其指导,1995年8月在上海市教委德育处等举办的家庭教育指导工作研讨会上做了学术交流,同年6月的《上海教育情报》上发表了《社区教育的中介结构理论与实践研究》进一步用教育生态理论研究社区教育,继而开展了市教育科学规划课题"实施KCF模式家庭心理辅导 构建'学习化家庭'",通过幼儿园、社区、家庭的协同,营造良好的幼儿成长环境。儿童的发展离不开教育生态系统的优化。幼儿园是教育生态系统中学前教育子系统的支柱,对社区学龄前儿童的教育起着重要的导向作用。通过教育活动,使教育对生态环境做出反应,产生积极的影响,优化幼儿的社会环境,使儿童从自然的、社会的、规范的良好环境中接受教育。在1994年初,笔者设计和主持了一项实验研究——"家庭教育巡访员制"试点工作,强调了营造良好的家庭教育生态。家庭教育巡访员工作的理论基础是心理学、社会学、生态学、家庭教育指导学,通过运用这些科学理论,分析家庭及家庭生态环境中各种因素的作用点、作用形式、作用大小,认识家庭中的现象、问题的形成和变化的可能,来更好地进行家庭教育指导工作。同时,以生态心理学视角,推进学校开展家庭心理辅导工作,撰写了《家庭心理辅导的理论和实践》等论文,其中《家庭心理辅导实施的研究》发表于《学校心理辅导研究》一书中。笔者从 90 年代初开始了区域教育生态系统的研究,1994 年 9 月在上海市社区教育理论研讨会大会上交流发表了《社区教育的中介结构理论》,继而在 1998 年立项上海市教育科学研究规划课题"街道—学校教育小区模式研究",并于 1999 年年中结题,获得上海市教育科研成果奖。2000 年 1 月出版《教育小区简论》。该课题以教育生态系统理论阐述教育小区与教育生态关系等基本问题,阐述了教育小区的生态系统、生态环境特征等。2002 年组织开展了"中学生社区意识与社区责任感教育的研究",该课题研究旨在基于学生参加社会实践和社区服务的根本价值,建立课堂、学校与生活、社会的联系,营造育人的良好生态环境,提高学生社会参与意识、社会责任感和社会适应能力,形成和提升学生的良好的现代公民素质。这些研究主要在学校与家庭、社区共同建构良好的教育生态方面。

　　进入 21 世纪后,我国关于教育生态的研究开始引起关注,也有一些实践。2008 年,由时任中国教科院院长袁振国教授领衔、周培植为课题负责人,开展了"以教育生态理论促进区域教育现代化的实践研究"的课题研究。2011 年范国睿等出版《共生与和谐　生态学视野下的学校发展》。2012 年以来,浙江大学教育学院组建浙江大学教育学院教育生态研究所推动教育生态思想的传播,并将其与实践结合,形成了"好的教育"模式,它是"以多样、自主、协同、共生为基本特征的向优、向美、向善的教育"的一种朴素直观表达。近年来,在国际上"全人教育""全纳教育"思潮和中国"加快推进生态文明建设"的大背景下,全国各地催生出一些关注教育生态的学者、教育工作者和教育生态实践活动。这都体现和验证了教育生态思想对现代学校发展的方向引领、激励创新的重要价值,为推进现代学校生态化发展、促进教育公平、提升教育质量发挥了重要作用。

二、学校教育生态学的凸显

　　教育生态学主要研究是以教育生命系统和环境系统之间相互作用规律的科学。教育是一个大领域,随着教育生态学的理论研究与实践的深入,教育生态学分支学科开始涌现。学校教育生态学在这样的背景下产生与发展。以往在学校教育局部生态上展开研究与实践,例如课堂生态、教学生态化等,也有从学校环境方面展开研究与实践,例如学校与社区、学校与家庭,是从教育合力的角度考量。当今学校的发展与教育生态的研究迫切需要从整体上,即学校教育生态系统上研究与实践,同时也要以生态发展规律与教育生态学理论建立关于学校生态与学校教育生态化的概念体系,以及学校教育生态学的基本框架,避免用教育学阐述学校教育生态学,或者借用生态学名实不符讲述学校教育生态问题。

学校教育生态学是基于从生态学的理论出发,以学校整体作为对象,研究学校与其环境之间相互关系与状态,并揭示学校教育生态形成、发展的一般规律的生态学与教育学交叉的学科。学校教育生态学以生态学原理与方法对学校及其教育中要素、结构与功能;学校教育生态中的物质、能量与信息在学校生态系统中的作用;学校中教育、教学与管理活动的生态化过程,以及上述这些在学校主体与学校环境所构成的生态系统进行研究的学科。

学校教育生态学以学术性实践与实践性学术相结合的研究凸显于 20 世纪末。1999 年笔者主持的"儿童青少年心理健康的班级教育生态环境优化研究"课题被列为上海市教育科学研究重点课题。本课题研究的主要目标是运用系统论和生态学、教育学和心理学的有关理论,探索通过以中小学、幼儿园和托儿所班级教育生态系统中的儿童心理健康相关的因子融合为策略和措施,以班级全体学生(幼儿)为主体,整合和优化学校、社区、家庭的物质环境、规范环境和社会环境,优化儿童青少年心理健康教育生态环境,构建班级开展学生心理健康教育工作的机制,实施心理健康教育工作,促进儿童心理健康的研究。2008 年上海三知教育信息咨询中心(原名上海三知教育理论研究所)与浙江温州平阳第二职业学校合作开展了"基于职业教育创新的'表现教育'理论与实践"课题研究,明确提出"表现教育模式是一个教育生态系统,应该运用系统论的结构与功能观点来研究。表现教育系统的组成部分是指系统内部所包含的各种相互联系的要素",强调在良好的教育生态环境里"每个学生都能表现好"。2009 年上海三知教育信息咨询中心与上海市静安区江苏路五小合作开展了"基于生态课堂的交互性教学过程的策略研究",并出版了《"融进去"与绿色亲近》专著。2010 年我们开展了"教育小班化的教与学的生态课堂建构的行动研究",通过本课题的实施,以"生态课堂建构"为研究取向,为小班化教学提供良好的教学环境,以推进"小班化教与学"为行动策略,探索利用小班化的优势,转变教师的教学方式,推进课堂教学改革深入发展,真正落实学生学习方式多样化与优化,提供学生充分发展需要的学习环境,形成小班化生态课堂建构的策略,以及在小班化生态课堂条件下促进学生学习方式转变的三大路径。2015 年因学校委托管理,上海三知教育信息咨询中心在农村的一所小学开展了"基于'关心·支持'的生态型学校创建的行动研究""以'关心'为特征的学校生态型德育的实践研究",明确提出了"生态型托管",以"平安:可持续发展在这里奠基"为理念,让"平安(小学),像一棵大树一样成长"成为师生共同的追求。这些项目使教育生态营造的实践更进一步走向学校、班级教育生态的微观层面。

2016年6月上海市崇明区教育局与三知教育信息咨询中心合作开展了为期两年的"建构区域教育生态圈　营造生态型学校群的实践与理论研究",以崇明区陈家镇为区域,以域内八所幼儿园、中小学为主开展了生态学校的创建,以上海市教育评估院原常务副院长、中国教育学会基础教育评价专业委员会副主任陈效民先生为组长,上海市教育科学院普教所所长汤林春先生等为成员的课题结题评审专家组的意见确认:"本项目所形成的一套丛书十册,有项目组的理论著作2册与实验学校(幼儿园)专著8册、研究结题报告集1册,文字达到200万,不仅涉及内容广泛,而且立足实践,对区域教育生态圈、生态型学校创建有着深刻认识,提出了不少新见解、新观点,形成了本课题的概念体系。本项目研究成果丰富,在理论上实践上都有创新价值,研究成果具有先进性、首创性。"这个项目是教育生态与区域教育放在一起思考,并将"教育生态圈"走向了教育实践。2017年上海三知教育咨询中心与金山小学教育集团合作开展新优质学校推进项目,以教育生态圈的方式优化学校教育生态,其中一所学校从教育生态切入创建儿童友好学校,形成了该校的教育特色——"友好:让学校更生态——生态课堂与生态型德育的实施"。正如该项目出版的《学校新优质集约发展文丛》序中所说:"金山小学教育集团的发展在教育理念上贯穿教育均衡思想,以'儿童友好'为特征。'儿童友好'强调儿童享有一个人的全部权利,儿童优先。我们教育集团的各所学校从不同的教育实践角度践行以学生发展作为学校发展的表征,以营造健康的集团教育生态圈为实现形式,'儿童友好,金色童年,绿色心灵'成了我们集团的行动呼唤,亲儿童以达亲众生,建构健康的区域集团教育生态成了我们的努力。'构建教育的生态'本质上就是以生态文明指导学校自身变革。学校的改革与发展在于生态关系的构建,在学校教育观念上、制度上与学校行为方式上,推进学校整体生态化,为儿童健康成长营造一个良好的区域教育生态圈,使学校具有可持续发展的能力。我们追求的教育生态是儿童友好的学校生态,这样的生态支持与关爱着儿童的健康成长,努力把学校建设成为儿童友好型学校。这样的学校对儿童的关照应当是无微不至的,有着有利于儿童成长的环境、丰富多彩的儿童精神文化环境、良好的学校儿童保护与服务、对儿童参与权利的保障等多方面的目标与举措。'儿童友好'融入课程文化,实现'以生为本'的教育教学,促进每一个儿童的成长和发展。'儿童友好'融入各类课程,培育儿童健康的学习方式,催生儿童民主意识,构建儿童主体道德。当今教育发展的趋势,以生态文明引导社会发展,以生态文明引导教育发展,以教育生态滋润教育,以教育反哺教育生态,形成教育发展与教育生态营造的双向建构。"

第三节 学校教育生态学的理论视域

一、可持续发展理论视野

1987年联合国环境与发展委员会(WCED)在给联合国的报告《我们共同的未来》(*Our Common Future*)中提出了"可持续发展"的概念:可持续发展指既满足当代人需求,又不影响后代人的发展能力。可持续发展理论是指既满足当代人的需要,又不对后代人满足其需要的能力构成危害的发展,以公平性、持续性、共同性为三大基本原则。可持续发展强调共同发展、协调发展、公平发展、高效发展与多维发展。可持续发展思想蕴含着丰富的生态学思想。

可持续发展的生态学理论强调根据生态系统的可持续性要求,人类的经济社会发展要遵循生态学的三个定律:一是高效原理,即能源的高效利用和废弃物的循环再生产;二是和谐原理,即系统中各个组成部分之间的和睦共生,协同进化;三是自我调节原理,即协同的演化着眼于其内部各组织的自我调节功能的完善和持续性,而非外部的控制或结构的单纯增长。可持续发展是多学科综合形成的,它包含的原理中无疑以来自生态学的最丰富,而且不管是从何种角度或何种背景下理解或实施可持续发展,都离不开生态学原理和生态思想。可持续发展理论的基本特征可以简单地归纳为经济可持续发展(基础)、生态(环境)可持续发展(条件)和社会可持续发展(目的)。可持续发展的观念认为,世界各国的发展阶段和发展目标会不同,但发展的本质应当包括改善人类生活质量,提高人类健康水平,创造一个保障人们平等、自由、教育和免受暴力的社会环境。在人类可持续发展系统中,经济发展是基础,自然生态(环境)保护是条件,社会进步才是目的,这三者又是一个相互影响的综合体。人类共同追求的目标,是以人为本的自然—经济—社会复合系统的持续、稳定、健康的发展。

可持续发展:人类的教育理想。为了可持续发展的教育并不仅为了保护生态环境,它强调人类的发展应尊重自然发展的规律,与自然和谐共处,促进人类社会与生态系统的兼容,使现在和未来世代的人类能更好地生存与发展。另一方面,可持续发展教育以人为核心,以人的全面发展为目标,是"为一切人的发展和人的全面发展"(F.佩鲁,1983),使社会得以全面的进步和不断更新,与可持续发展相适应,发展人类共同的、整体的长远利益。简而言之,可持续发展教育乃是寻求通过教育达到可持续发展目标的一种主张,也是未来教育的新形态。在这种意义上,完全可以把可持续发展教育视为教育的未来理想,或是理想的教育。

1992年巴西里约热内卢联合国环境发展大会的重要文件《21世纪议程》中提出可持续发展教育理念——面向可持续发展而重建教育。1994年联合国教科文组织提出了"可持续性教育"(Education for Sustainability)。之后在塞萨洛尼基会议上提出了"为了环境和可持续性的教育"。可持续发展教育在UNEP-UK的专题报告中定为:"善待地球:教育、培训和公众意识为可持续未来服务",并阐述了主要内涵:

1. 使人们认识到地球上生命之间的相互依存关系,认识到人类自身的活动与决策在现在和将来对资源、对当地社区及全球,以至对整个环境所造成的影响。

2. 提高人们对各种促成或阻碍可持续发展的政治、经济、社会、文化、技术和环境等影响力的认识。

3. 培养人们的意识、能力、态度和价值观,使他们有效地参与当地、国家及全球的可持续发展,帮助人们为更平等的、可持续的未来而努力。更重要的是,使人们能够将环境决策和经济决策结合起来。

4. 肯定环境教育和发展教育所采取的不同教学方法的有效性,并认识到在这些方法及其他相关跨学科的教学方法中,以及在传统学科中,进一步发展和融入可持续观念的必要性。

教育的终极目标:人的可持续全面发展。社会要持续发展,作为发展主体的人首先必须是可持续的全面发展的人。人是社会可持续发展实践活动的主体,离开人的可持续发展,可持续发展事业就失去了起始源泉、根本动力。

可持续发展的社会,需要的不是仅仅掌握了一定知识或技能的工具化了的人,而是具有求知能力和发展智慧的可持续发展的人。可持续发展的人,必定是全面发展的人。以可持续发展为特征的生态文明与其说是对社会发展的挑战,倒不如说是对人的科学素质和人文素质的挑战。促进人类全面发展、驱动社会全面进步是教育的使命。只有依靠良性发展的教育,才能不断培养出可持续、全面发展的人。离开教育的强有力支持,离开可持续发展主体的全面发展,人类憧憬已久的可持续发展就难以实现。

用不同的范式来看待教育,看待可持续发展教育,就会比较清楚地看到,教育在人类社会生活中占据更具影响力的主导地位。我们的教育应当从政策、价值观、内容和评价标准等方面重新定位,向提高人的基本素质,尤其是关注可持续发展价值观和可持续发展生活方式教育,培养面向可持续发展需要的新人转变。Sterling(2001)认为我们应该用生态的观点来看待教育,她总结了可持续发展教育在传统的机械的范式和后现代的、整体论为哲学基础的生态观范式下的不同。

要从"关于可持续发展的教育"(Education about Sustainable Development)向"为了可持续发展的教育"(Education for Sustainable Development)和"作为可持续发展的教育"(Education as Sustainable Development)方向转变。[1]

教育的本质功能：培养可持续发展的下一代。以可持续发展为特征的生态文明不仅对传统的发展观提出了严峻挑战，而且将从价值观念、思维方式等方面对人类产生深刻的影响。新的可持续发展模式要求人类摒弃传统的发展理念，转而树立可持续发展理念。可持续发展理念是实现可持续发展的思想基础，是支撑可持续发展的无形基石。怎样才能培育起人们的可持续发展理念并使这一发展理念植根于人们的思想？教育，也只有教育，才能从根本上培育起人类的可持续发展理念与能力。一个人可持续发展理念与能力的形成是长期教育的结果。只有依靠可持续发展取向的教育，才能使人类自身真正意识到可持续发展是人类唯一科学的发展模式，才能使可持续发展的概念转换为人类的信念，才能使可持续发展他律选择转化成人类自律的自觉追求，才能不断造就出一代代具有可持续发展理念和能力的下一代。

应对教育的发展：可持续发展的向度决定学校发展。学校教育面临着社会政治、经济、文化等的改革和发展，教育现代化也面临着改革和发展。学校发展面临着挑战与机遇，就是如何在新的时代背景和社会发展条件下，不断提高学校教育的现代化程度，不断提高教育质量，为社会提供优质的教育服务。应对教育的发展，学校必须实现可持续发展，实施可持续教育。人类社会的可持续发展向度在极大程度上取决于教育的可持续向度，教育在某种意义上成了发展之源，成了可持续发展第一位的推动力。同时学校的可持续发展向度决定了学校发展的高度。学校培养目标的高度直接制约学校的教育行动，为追求片面升学率办学还是培养可持续的全面发展的学生，必然会影响学校的整个教育内容和教育方式。从培养促进可持续全面发展的人的角度来探讨学校教育的可持续问题，就成了学校的办学逻辑出发点和归宿。学校只有把教育纳入可持续发展的轨道，才能不断培养出可持续发展的学生。

教育生态化发展的核心理念：可持续发展。可持续发展教育站在可持续发展教育的高度上，使教育内容与教育方式更符合健康的生态特征，来建立在科学基础上的人文素质教育，更具教育价值。只有依靠可持续发展的教育，才能培养出可持续发展的人。也只有良好的教育生态系统，才能实施可持续发展教育。

二、生态哲学的理论视域

(一)生态哲学的审视

生态哲学是用生态系统观点和方法研究人类社会与自然环境之间的相互关

---

[1]　王永胜：可持续发展教育理念下的学校课程发展研究[D].东北师范大学，2015.5.

系及其普遍规律的科学,是对人类社会和自然界相互作用进行社会哲学研究的综合。

起初,生态哲学以"新唯灵论"为理论根据,它宣扬人和宇宙的精神统一性,确认自然界的和谐性和完整性。人的道德问题在生态哲学中占有重要地位。"生命哲学"也对生态哲学有很大的影响。生态哲学的拥护者反对不加节制的工业发展、技术统治的理性主义、大都市主义。现今的生态哲学已从一种狭隘的唯心主义哲学演变成一种新的哲学范式,是生态学世界观,它以人与自然的关系为哲学基本问题,追求人与自然和谐发展的人类目标,因而为可持续发展提供理论支持,是可持续发展的一种哲学基础。

生态价值是哲学层面的回归。生态价值是生态哲学的一个基础概念,是人对生态环境的哲学认识。它包括三个价值判断:一是对生态环境客体满足其需要和发展过程的经济判断,二是人类在处理与生态环境主客体关系上的伦理判断,三是自然生态系统作为独立于人类主体而独立存在的系统功能判断。生态价值这三个价值判断有三个方面的意义:第一,任何生物个体,对其他物种和个体的生存都具有积极的意义(意义价值);第二,任何一个物种及其个体的存在,对于整个生态系统的稳定和平衡都发挥着作用(作用价值);第三,自然界系统整体的稳定平衡对人类社会的生存具有"环境价值"(生态价值)。

生态哲学对人们思维方式的转变产生影响。可持续发展明确提出并引起人们普遍重视的一个综合性、全球性的问题,它首先似乎是针对经济社会发展中越来越严重的生态被破坏、环境被污染以及能源减少、资源匮乏等危机而提出来的对策,但实际上已涉及人类文化、人文价值等深层问题。很明显,这些危机的出现,是人类所面临的最严峻的挑战,已直接威胁到人类的生存与发展;从哲学上说,则是人与自然的关系问题。运用哲学思维必然引起人们思考生态问题方式的转变。

环境问题的日益严重,环境危机引发人内心深处的恐惧与不安,在这样的背景下,生态运动的热潮不断高涨,呼吁爱护环境,尊重自然。同时,教育的非生态现象也反复地警醒着人们,人们不能再简单粗暴地对待教育,不能再肆意对待受教育者。在教育产生的巨大威力的面前,我们不得不转换一种新的思维方式和认识世界的方式——生态哲学。顺应时代发展的潮流,遵循和谐发展的必然规律,生态哲学把对自然与社会的认识升华到与人类息息相关的哲学高度,人类要正确地认识自己、尊重自然与社会规律,应该不断发展自己的生态智慧。

生态哲学认为,生态系统是一个有机整体。"人—社会—自然"构成了一个有机复杂的生态系统,自然、人、环境不仅构成了一个完整的整体,它们又分别是生态系统的重要组成部分。因此,生态系统就是一种整体性存在。坚持生态整体性的观点,就必须要承认整体和部分的关系,承认整体大于部分之和。整体固然十分重要,但部分亦不可忽视,各部分之间可能存在各种各样的复杂性,但正是由于这份复杂性才使各组成部分之间相互联系、相互作用、相互依赖、相互制约,使整体充满活力,能够调节各部分之间的关系,使其成为一个圆满的整体。在生态局域网中存在着牵一发而动全身的观念,这也是整体与部分关系的一个写照。同时,整体性非常注重有序性。生态系统有自己的组织结构、自身的功能及作用,以维系整体运行。更重要的是,整体性还强调生态系统的动态性,所谓动态即时空的统一性,这在很大程度上说明了生态系统具有开放性。与封闭性不同,动态性注重物质与信息的双向涌动,不断地输入与输出,滋养着生态系统。生态哲学还强调,相融共生、共在的观念,认为共生其实是一种生态智慧,它包容,它尊重,它提供发展的每一次机会。

生态哲学与教育生态系统具有很大的契合性。生态哲学整体性观点必然为重新认识教育共同体的研究提供了一个新的理论视角,它消解了当前认识的局限,成为超越现有认识误区的理论导航。学校共同体主要在以下三个方面吻合了生态哲学的理念:第一,两者具有统一性。在理念上,两者都或多或少地带有整体观,都强调和谐、统一、联系。生态哲学坚持生态整体性思维,清醒地认识到事物的复杂性,寻求过程与结果、整体与部分的统一;学校共同体是一个由类生命体的学校及各种环境相互作用形成的,要处理好各部分间的关系,理应坚持生态整体性原则,协调和推进不同主客体或主体之间的相互作用。第二,两者相互促进。生态哲学是一种有关整体哲学的理论,学校共同体是能够践行整体观的实践环境,用生态哲学的相关理念给予学校共同体以创建指导,不仅有助于更为全面透彻地理解生态理论,践行生态思维方式,推动生态哲学在社会生活中广泛应用,也有助于帮助学校共同体改变工具特性,形成充满生命价值的生态系统,促进其健康发展。第三,生态哲学有助于消解学校共同体在关系认识上、在结果偏重上、在权利分配上存在的偏失。生态哲学以生态平衡与发展为价值追求,这在一定程度上帮助学校共同体摆正对目标价值的定位,寻求长久可持续地发展,弥补了学校共同体价值目标简单化的缺陷,同时,生态哲学把整体观、过程观摆在至关重要的位置上,进而填补了学校共同体只关注一部分的缺陷。

从生态哲学考量教育本质,教育不仅是人与自然、人与社会、人与人的关系问题,更是人自身发展的内在问题。教育关乎社会进步和人类的可持续发展,除了满足人本能的需求与知识水平的提升,教育更加肩负起人与自身生存环境协调共存的重任。要运用生态哲学的思维,把握教育的发展给人类带来的现实影响,促进人们积极反思人类行为与自然环境的联系,以解决人类可持续发展的现实问题。"教育的生态性具有应然性。新技术应用的结果,一方面方便了生活生产,另一方面也影响改变了环境,因此可知人类的教育与自然环境两者间存在内在的必然联系：人与自然是协同进化的,教育具有生态性便是教育的本质。"①

合理性论域的哲学审视是十分重要的思想方法论。合理性标准是科学哲学术语,指判定合理性的依据。合理性是一个元理论的概念,它指科学哲学所说的活动目标、价值取向或偏好命题的恰当性、基础性、效果性或规范性。如果该命题具备了这些或其中一部分特性,它就具有合理性。合理性(Rationality)是一个复杂的、无公度性的问题。劳丹认为,"20世纪哲学最棘手的问题之一是合理性问题。"②哈贝马斯说:"哲学在其形而上学和黑格尔以后的潮流中,正向一种合理性理论集中。"生态文化观实质不只是对人与自然关系的反省,而且更深刻的是对世界的合理秩序、对人的行为合理性的反省和对人文精神的觉悟。作为一种生态价值观,它有自己的方法论原则,从根本上说就是生命的观点、有机性的观点、内在关联的观点。生态合理性本质上是一种整体合理性的价值观。生态所追求和实现的价值合理性,是生态中诸因子健康互动所形成的合理性。

生态的理念能否成为现代教育的价值合理性的理念呢,这就要看现代教育是否具有生态的本性,生态理念是否体现了现代教育的本质特性、现代教育的生态本性及其合理性根据。生态生生不息,具有不断发展的活力与内在可能性。它是有机联系所形成的主体生命力的外在表现,突显的是主体内部以及主体与环境要素之间的有机联系对主体生命的意义。关注个体的生命存在价值是我们追求的教育现代性的本质所在。教育的意义,在于关注人的生命价值和生命意义以及培养人的实现这种价值和意义的实践能力。现代教育的本质所体现的生命也是一个有机体,这种有机性同时也构成它的合理性根据。有机性既是现代教育的生态本性的表现形式,也是它的根源。现代教育的价值合理性从对生态的本质中去追寻,更能体现现代教育价值的现实性和合理性。现代教育的价值合理性,是生态合理性。准确地说,是整合的生态合理性。这种合理性并不仅仅取决于生态,也不仅仅取决于教育,生态理念在现代教育中功能发挥的程度以及由此形成的现代教育的合理性程度,是判断生态的价值现实性和合理性的重要依据,同时也是现代教育自身的合理性获得的重要依据。

有机联系与整体发展所确证的生态合理性,是共生互动的合理性。生态是一种关系平衡与和谐的状态。当系统中各要素达到有效平衡和健康互动,生态是一种自我发展、良性循环的生命状态。自我生长、健康互动、良性循环的有机联系是生态关系的最本质特征。现代教育是教育各因子之间的有机关联和健康互动。

---

① 郭丽丽：教育生态性解析——基于教育起源和发展维度的研究[D].沈阳：沈阳工业大学, 2010.

② [美]劳丹. 进步及其问题[M]. 北京：华夏出版社,1990.

形成系统自我发展的有机状态时,就可以说这个系统是一个良性生态。价值及其合理性,存在于多样性的价值主体的共生互动的生态之中。共生互动赋予生命有机体以自我生长的内在动力。共生互动,就是生态因子之间既相互对立,又互依互补的对立统一关系。共生互动与自我生长所形成的生态合理性包含的原理:一是互补互动,对立统一,成为整体发展的内在动力。通过互补以及由此实现的互动,殊异的和对立的价值达到统一,从而实现整体价值的生态合理性。二是自组织性,不平衡与平衡之间的动态状态,以适应生态发展。现代教育的合理性是生态合理性。所谓生态合理性,就是生命有机性、整体和谐性、共生互动性。现代教育的生态合理性,是扬弃了科技合理性的更高形式的合理性,是教育规律、教育伦理和教育艺术相统一的合理性,是工具合理性与价值合理性相统一的合理性,是科技和人文相统一的合理性,是整合和整体的合理性,是普遍统领的合理性。

教育生态作为滋养人性、呵护心灵、"促使灵魂转向"的精神活动场所,其合理性追求理应与人的生长方式及现时文明发展同走向,即合生命性、合现实性与合生态性的统一。教育的现时合理性建构就是合理的教育生态建构,教育的现时合理性,就是生态合理性。从教育合理性追求考察,分裂式的工具合理性与价值合理性已难以应对生态文明下互动—整合的文化现实,整体性、适应性、实践的"最优化"才是教育现时代合理性的论证方式。生态合理性并非完全放弃工具合理性与价值合理性的内涵,它兼具了工具合理性的社会现实性原则及价值合理性的人文关怀,同时又增添了生命智慧、整体理解系统观照等方法。概括起来,教育的生态合理性原则表现为:有机性和内在关联性、系统的整体性、共生互动与自我生长。生态合理性要求教育的价值理解与现实活动相符合,生命观与人的生理机制相适应,更重要的是在互动中与文化、经济、社会环境形成一个有机的生态系统。割裂的、碎片化的、抽象的教育价值观或教育方式是对其生态合理性的违背,也有悖于教育走向可持续发展。

教育的生态特性不仅表现在其系统内部生态因子间的共生与互动,也表现在它是社会生态系统中一个生态位,遵从社会生态环境的生长机制。社会生态环境是一个人工生态环境,由经济、政治、文化等因子组合而成,道德教育是社会生态环境中的一个生态位。它与经济生态环境、政治生态环境、文化生态环境等构成了一个生态网络,也可以说经济生态环境、政治生态环境、文化生态环境等构成了教育的外部生态环境。教育是文化生态中的一个因子,所以教育也是一个文化过程,教育的有效性需要不断变换的外部环境支撑:在文化生态上,需要与教育理念、伦理精神适应与吻合;在社会生态环境中,需要与经济生态环境、政治生态环境间不断进行信息、精神的沟通与良性互动。教育的生态位使命就是通过教育活动,有选择地把政治、经济及文化中合理的价值观吸纳到教育中来,扬弃现存的教育非生态方式,把"现实"的教育提升为"合理"的教育;同时,将教育主体的教育需求传送给外部生态环境,在良性的生态适应中实现其文化因子的生态位功能。学校办学应符合生态个体的生态需求。学校作为一个独立的生态系统,其办学的合理性直接影响每一个在其中的个体的生存活动。学校应该能给生态中的主体营造有利于发展的生态系统,使之具有生态上的合理性。

（二）生态伦理学的审视

"生态伦理学的兴起,是人们对生态危机进行伦理分析的开始,它试图用伦理信念调节人类行为。"[1]生态伦理学思想在价值诉求上,从二元对峙到共生共荣,达到一种人与自然、人与社会休戚与共的生存状态。在教育活动中关注生态伦理价值信念的养成,一方面要遵循自然,防止理性的"滥用";另一方面要敬畏生命,警惕盲目的"崇高"。

教育生态危机的背后是一种价值危机,是教育中的关系误置。当前教育伦理生态的问题,主要是伦理精神缺失的问题,教育中缺乏深切的人文关怀,把受教育者视为工具——谋取利益的工具,而忽视了受教育者本身的目的性存在。伦理精神缺失乃是教育中存在的最大弊病,它直接关系到教育过程的合理性,进而影响到整个社会的发展和进步。学校教育存在着忽视教育本身的意义、忽视社会责任的情况,主要表现为对各种考查评估数据指标的注重超过了对受教育者本身的注重。片面追求升学率、就业率等数据指标,导致教育教学中出现了一些怪现象。一些中小学减轻学生的学业负担一直得不到很好落实,教学强度非常之大,主要是通过不胜繁多的书面作业和考试次数,强迫学生一刻不停地耗用自己的能量,使学生的成绩达到一定的程度。片面追求纸上的成绩造成了学生负担过重的恶果。在数据指标的指挥棒下,教育者往往忽视了学生身心的健康、人格的健全,而只是注重冷冰冰的数字,无情的数字背后是教育者的无情,冷冰冰的指标背后隐藏的是教育者的冷漠。杜威曾经指出:"各种成就都在表明设计良好的机器比人类更能干,教育的主要作用,即获得意义丰富的人生,任何时候都不能被弃之一旁。"[2]一所关心自己的所谓的名誉超过关心学生本身的学校,是本末倒置,背离了教育的初衷。努斯鲍姆曾指出:"我们似乎忘记了灵魂;我们似乎忘记了应当解放灵魂,以丰富、细腻、复杂的方式,将个人与世界联系起来;我们似乎忘记了应将他人看作有灵魂的人,而不应仅仅看作有用的工具,不应看作实现我们计划的障碍。"[3]为什么我们现实中的教育实践与以人为本的宗旨出现背离？背后的实质乃

---

① 胡金木:生态伦理学思想及其教育意蕴,教育导报,2010 年 8 月上半月.
② 杜威:民主主义与教育,人民教育出版社,2001.5.
③ 玛莎·努斯鲍姆:告别功利:人文教育忧思录,新华出版社,2010.

是伦理精神缺失,教育者对利益的屈从与追逐。在追逐利益的过程中,学校往往把教育对象工具化,学校必须超越单纯的功利性。①

"教育的伦理内涵,从总的结构来看是一种关涉人之成长的人道伦理内涵。它的表现形态是一种教育—伦理的生态,我们只有完整地理解了这个生态,才能真正把握教育的伦理内涵。教育本身是一个与人类实践活动的各个领域同体共生、相互依存、密不可分的人类活动领域。它与社会的、政治的、经济的、文化的、科学技术的等人类生活世界的实践领域处于一种相互依存、相互促进、相互融合、共同发展的生态结构之中。我们如果从生态论的视界着眼,就会看到,教育理想、教育目的和教育使命通过'人之成长'与教育的'共生同构'的'生态',恰恰映现出了'教育—伦理'的生态。"②这些论述表明了教育需要共生的生态支持,需要以生态伦理来引导人们的教育价值观念。"人的成长"与教育的"共生同构"关系清晰地映射出教育伦理生态系统。教育价值生态和教育实践生态是教育伦理内涵的充分展开。这对于把握教育伦理生态系统,深刻理解教育实质,加大教育体制改革力度,优化教育资源结构,提高办学效益和水平,都有重要的理论意义和深远的历史意义。

教育是一种"双向共时"的活动。教育活动由师生的交互主体性构成,因此是一种主体间的活生生的活动。通过师生双方共同参与,教与学虽然由不同的主体承担,但双方处于同一教育活动之中,两类活动在时间上具有共时性,而且其作用方式具有多样性:不仅有师生之间的相互作用,而且有学生个体之间或群体之间的相互作用。教育的这一特性并不会因为计算机辅助教学或各种网上教学而削弱,相反由于知识和技能的传授将来大部分可由机器完成,教育的重点则会转向人格、道德情操、审美、责任等方面的教育。教育—伦理生态是当代教育发展和社会发展的大趋势。社会的发展应该避免"教育—伦理"生态的恶化,而保护和完善这个直接影响人之成长和人类社会健康稳定全面发展的教育—伦理生态是每一个"教育人"的职责所在。"在未来的学校教育中,教育—伦理生态是当代教育发展和社会发展的内在要求,将知识的传授、能力的培养和人格、情感、意志、责任、人生智慧、生活境界等结合在一起,形成一种教育—伦理生态将是教育现代化的大势所趋。"③

"教育伦理生态必然贯彻于教育实践生态中。教育实践生态的'综合渗透'性是指教育实践活动性质和影响并非单一的,具有丰富性和综合渗透性,对人的作

---

① 孙长虹:当前我国教育伦理生态问题之探讨,教育导刊,2016.9 上半月.
② 马玉娟:教育伦理生态刍议,宁波大学学报(科学教育版)第 22 卷第 1 期,2000.2.
③ ibid.

用方式既有直接显性特点,又有间接、长期、隐性特点。"①教育伦理生态学对于我们如何生态文明地发展教育,为教育的健康发展提供了伦理认识的路向,也为我们教育生态的建构明确了实践的路径。

(三) 后现代生态主义视野

在全球现代化过程中,特别是工业的高度发展以及由于愚昧导致的人为对生态系统的破坏触目惊心,已经对人类的生存与发展造成严重威胁,在对现代主义的批判中出现了后现代主义,也涌现了后现代主义的教育生态观念。生态后现代主义是建设性后现代主义的一个重要组成部分。生态后现代主义教育观念是当代新的教育思想,已有一些国内外著名学者进行介绍和评论。

后现代主义作为一种新的思想、方法论和思维方式,相对于现代性下的封闭性,后现代主义强调多元性、差异性和开放性、和谐性,必然会丰富人们对教育的认识。叶澜教授指出:"20世纪70年代以来,在关于当代人类社会特征的描述中,'全球化''信息化''后现代'属最多见的一类。'全球化''信息化'是对当代人类社会显著特征的概括,而'后现代'则是对时代变化性质的总体性概括。"②

生态后现代主义是在20世纪90年代提出的。后现代主义思想家斯普瑞奈克指出,真正的后现代主义应该拒斥人与自然、肉体与精神、自我与他人等诸多的二元对立,应该是以一种联系的、整体的"生态的"观点看问题。③ 奥尔在探索现代教育观点与生态危机关系的基础上,呼吁加强"生态素养";雷尼尔批判了教育上的形而上学和缺少对整体的相互联系的重视,提出"神圣循环"的方法,它象征着和谐以及对生命形成于一系列循环运动中的信念,这些循环运动对人们与环境的关系起着支配作用,身体、情感、精神、智力是一个人发展的四个维度,通过循环发展的方式,学习者将成为一个具有自决力的全面发展的完整的人;鲍尔斯等倡导将以生态为重点的、全局性问题融入后现代的教育、教学中去,以"反映性教学"贯穿整体性生态理念。

生态观引入教育是当代教育发展趋势。后现代主义教育理论在我国起初只是教育理论界的推介和课程专家,例如钟启泉教授在新课程设计中引进后现代主义教育观念。南京大学汪霞教授在她的《课程研究:现代与后现代》专著中对"生态后现代主义课程研究"做了专题介绍与论述,认为生态后现代主义反对机械论世界观、静态地解析对象的结构,排除偶然性和随机性,追求决定论的精确轨迹,强化绝对外在于研究者的纯粹客观性本质。她指出:"生态后现代主义坚持开放性和创造性的取

---

① 李阳华:教育伦理生态系统探析,昆明理工大学学报(社科版)第1卷第2期,2001.6.
② 叶澜:"新基础教育"论——关于当代中国学校变革的探索与认识,教育科学出版社,2006.9.
③ Spretnak C:The Recovery of Meaning in the Postmodern Age, Collins Publishers, 1991.

向,积极寻求推进差异、主体性、整体与部分、部分与部分的联系,倡导多元化的价值观念,认为宇宙中每一个显示出来的主体性都是真实可爱的,与此同时,它们在更大体系、更广背景中的广泛参与也同样是真实可爱的。""生态后现代主义是极富启发性的,它不仅是对现代世界观的一种挑战,也是一种开放性、探索性的认知方式和存在方式的实践,为我们解决人类的生存和发展问题提供了新的可能性。"余正荣教授指出:"主张生态世界观,即世界是由关系网络组成的有机整体,现实中的一切单位都是内在地联系着的,所有单位或个体都是由关系构成的。在这个整体中,作为关系者的事物和事物间的关系都是真实存在着的,任何一物的变化必然引起这些复杂关系网络的变化。这种相互包含的关系是一种内在的有机联系,而不是实体与实体之间机械地外在相互联系。生态世界观认为,世界是动态有序的整体,这个整体具有永恒变动的特性,以过程导向为特征,而过程的相互作用则可以导致开放的结构进化。生态世界观还认为,人类生命的价值和意义不仅存在于社会之中,也存在于与自然总体进化过程的关联之中。"①

国内外教育界 20 世纪 90 年代以后关注后现代生态主义研究教育,后现代这一变革潮流对教育的影响从引入课程理论研究,关注构建一种新的课程、新的课堂以摆脱传统教育所带来的弊端开始,发展到当今后现代教育生态观念在教育领域已经获得普遍重视与运用。

三、教育科学的理论审视

(一) 教育学的理论考量

从教育规律考量教育生态,教育规律是教育内部诸因素、教育系统与其环境在其运动发展过程中的具有本质性的联系,以及教育发展变化的必然趋势。教育的基本规律表明教育不仅涉及教育内外部要素之间的关系,而且也涉及教育主体自身的内外部关系,这与生态规律是一致的。人是教育活动的主体和客体。教育的发展离不开其生态环境,彼此之间存在着协同进化的关系。教育生态系统是以教育为中心,随教育的产生、存在和发展起着制约和调控作用的多维空间和多元的环境系统。我们大致可以从三个层次来考察:一是以教育为中心,结合教育外部的自然环境、社会环境和规范环境,组成单个的或复合的教育生态系统;二是以某个学校、某一教育层次或类型为中轴所构成的教育系统,它反映了教育体系内部的相互关系;三是以人的个体发展为主线,研究外部环境,包括教育在内的自然、社会和精神的因素组成的系统。

从教育学角度考量客观存在的教育生态,作为教育主体的学生的发展需要其

---

① 余正荣:生态世界观与现代科学的发展,科学技术与自然辩证法,1996.6.

环境支持,并与环境互动中发展。教育的内容、方式、过程等都是主体的环境,这两者构成了一个教育生态系统。教育规律所指向的教育受社会制约、儿童身心制约本身就体现了生态系统的基本原理。教育受社会发展影响与制约,即受经济政治制度决定的,同时儿童的身心发展与年龄特征也是进行教育和教学的依据,而教育又能促进儿童的身心发展,这也是教育规律的表现。这些规律是教育本身固有的,是不以人的意志为转移的。只有符合教育的规律的活动才能取得合理的教育实效,这正是体现了教育要素的符合生态规律的运动。

教育社会化与社会教育化是人类教育发展史上的第二次飞跃。人类的社会的发展推动了教育的发展,教育的发展又促进了人类社会的发展。没有教育的发展,也就没有人类社会的进步。随着社会生产力的提高,有可能使社会中一部分人脱离生产去专门从事教育工作,于是产生了学校。这是教育史上第一次飞跃,学校的出现,为知识的传播、保存和积累创设了良好的条件,造就了世界文明。到了近代,工业社会那种标准化模式移用到教育工作中来,学校的封闭性、保守性、划一性日趋明显。学校与社会的隔离、学校的封闭性和学校的社会功能要求教育开放性之间的矛盾日益尖锐,已明显不适应现代经济、社会的发展。正如联合国教科文组织国际教育发展委员会编著的《学会生存——教育的今天和明天》中指出的:“教育正在日益向着包括整个社会和个人终身的方向发展。”现代社会的发展,要求教育必须超越自身原有的纯教育体系的概念,把教育的功能扩展到整个社会的各个方面。同时,把学校教育置于整个社会的大背景下,使全社会自觉地与教育界一起共同担负起教育下一代的任务。教育社会化、社会教育化已成为教育发展史上的一个新的转折点——教育发展史上的第二次飞跃,也就是教育发展的第三个历史阶段。教育的这三个发展阶段与人类的农业文明、工业文明、生态文明三个相一致,每一次人类的社会文明的进步,都伴随着教育的一次阶段性发展。随着人们越来越清楚认识到工业社会显露的弊端,后现代主义对工业主义的批评,生态文明凸显出来了。社会的发展呼唤着健康的教育生态,支撑教育的社会化与社会的教育化的统一,促进人们在良好的社会教育生态中获得全面发展,真正实现“以人为本”的教育与社会协同发展、人与自然和谐发展。

(二)知识生态学的理论考量

知识生态学由美国社区智能实验室的创始人珀尔率先提出,将生态学理念引入到知识管理领域。他认为知识生态学是一门交叉学科,它研究能够同时创造、整合、共享和使用知识的关系、工具和方法。知识生态学是研究知识体系的生长发育、动力机制、形态结构、演化机理及其与环境关系的一门新学科,关注个人和组织知识生态系统的学习、设计和改进。知识生态是将生态学的概念和特征引入知识管理研究而产生的概念,提供了研究知识系统的发展演化、运行机制、关系结构全新的研究视角和框架。知识生态学由于知识转移过程涉及知识的创造、分配、交换、应用等,与自然生态系统中物质交换与能量传递过程具有高度的匹配性,通过构建知识生态系统可以让人们更直观地理解知识在系统中的发展与演化机理,从而采取适宜的管理措施提升系统效能。知识生态学其内容的广泛性和理论的系统性,将有助于人类进一步认识知识的本质,认识知识对其他各种文化形式以及由它们组成的文化大系统的作用。知识生态学主要以知识生态系统、知识生态因子、知识生态链等相关概念展开研究。

知识生态学以生态系统论为研究手段,首先把知识本身看成是由主观知识、客观知识、以往知识和未来知识组成的系统,具有结构上的层次性。知识是知识生态系统中的一个要素,这个要素和另一个要素——知识主体一起构成了一个更大的系统,称之为知识系统。知识系统和产品一起构成了文化系统。文化系统通过产品和知识两个环节和自然界紧密相连。在这样一个镶嵌的系统网络中,知识生态学始终以知识为线索,研究知识系统本身的性质、结构和功能,研究它在其他大系统中的地位和功能以及与其关联系统的相互关系。

大多数研究将知识生态系统由知识、知识主体和知识环境构成。[①] 知识生态因子对知识生态系统整体及系统内各组成要素产生重要影响,不仅对系统产生作用,还会相互发生作用。知识生态链是指在特定知识生态系统中,以知识主体间的知识关系为纽带而形成的,具备知识流转功能的链式结构。知识生态链的主体结构关系如图所示。[②]

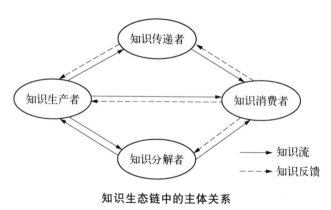

知识生态链中的主体关系

知识主体是知识生态链的核心组成部分,不同角色的知识主体对知识的流转起着不同作用。知识是知识生态链中知识主体间的纽带,知识主体间通过知识的

① 孙振领. 国内外知识生态学研究综述. 情报科学,2011.3.
② 薛佳敏：基于知识生态理论的工程项目合作团队知识转移研究[D],北京交通大学,2020.6.

传递产生关系。此外,知识生态系统中的内外环境也影响着知识生态链的存在和发展,为生态链内的知识主体进行知识生产、传递、消费和分解等活动提供环境保障。知识、知识主体和知识环境是知识生态链的三个重要部分,任何一个部分的缺失都会使知识流转中断。① 由知识和其他要素组成的知识系统是一个动态系统。它把低级的物质能量变成高级的智慧能量,又把智慧能量变成人本身的能量和理性行为的能力,使人类的组织和行为方式越来越趋向有序化。这个系统在规模、复杂程度和要素容量诸方面都不断增长,由此产生要素间越来越大的独立性和系统高度内聚与分化。这个系统内含一种进化机制。它强迫人类向更为人类性的方向发展,其标志是更强的理性、意识和责任性,更大的处理问题的能力,更大的创造性和更为和谐的人际关系。这些都将导致人类更为紧密的联系与协同。

知识生态学是关于研究和增进知识发生系统各部分与其整体彼此关联的途径和方法的学科,它为人们提供不断更新的信息技术和有效合作的学习环境以获取更为优质的信息并有效地转化为学习者的知识、能力和智慧。也就是说知识生态学研究的重点是探讨如何设计和支撑一个自行组合的知识生态系统,并形成一个使信息、知识、思想和灵感得以自由流动相辅相成求得共生、共为、共享、共成的基础结构和环境条件。知识生态成了一个动态的、有差异的、相互依赖的、部分自组织的、适应的而又开放的复杂系统。

"知识生态学的中心议题是研究知识形态的变化和知识管理,并探讨怎样促使知识向更有价值的形态转变。根据知识生态学的观点,知识有不同形态,从低价值到高价值的知识形态,有作为数据资料形态的知识、作为信息形态的知识、作为知识形态的知识和作为智能形态的知识。作为数据资料形态的知识一般把知识作为客观对象来看待,认为知识是客观的、事实性、可以看到的、显性的世界,持这种观点的人往往更重视数据资料的生产和分配。作为信息形态的知识一般比较重视对信息的主观解释,重视知识获得的情境学习者通过对自然世界和社会现实观察、感受逐渐形成自己的解释。作为知识形态的知识是重视关系的知识,它把知识看作是内在世界与外部世界的联系,注重内容与学习者之间的关联,通过各种途径(尤其是现在的网络世界)关注知识与学习者主体之间建立和保持联系。作为智能形态的知识一般注重各种形态知识的动态过程,关注知识的学习、组织、整合、管理、利用,最后转化、组合生成新的知识,并通过运用知识而发展能力。"②

"由于知识转移过程涉及知识的创造、分配、交换、应用等,与自然生态系统中

---

① 薛佳敏:基于知识生态理论的工程项目合作团队知识转移研究[D],北京交通大学,2020.6.
② 李志厚,马丽:学案式教学的知识生态学分析,当代教育与文化,2009.5.

物质交换与能量传递过程具有高度的匹配性。"①知识生态学如自然生态系统原理一样,知识系统多样性越丰富、适宜性越高、开放性越强,知识系统越稳定、知识结构有序度越高,更容易顺应与同化外部知识,并转变为有意义学习。我们应该运用知识生态学的原理,不断丰富学生获得信息的方式和有效合作的学习环境,以获取更为优质的信息,并有效地转化为他们的知识、能力和智慧。

(三)教育经济学的理论考量

长期以来,人类对生态与经济、社会发展的知识和重要性普遍认识不足,缺乏相应的措施,导致自然资源破坏、生态环境恶化,严重影响在地球上的人类的生存与发展。教育作为阶级斗争的工具,在十年动乱中遭到了空前的破坏。教育受"唯 GDP"式的"发展"与无视教育规律与教育经济科学,导致教育失衡。科学理性的极度张扬在很大程度上影响了传统教育的内容与方式,甚至制约着教育的成效。当依赖科学技术来改造自然的时候,我们得到了迅速积聚的物质财富。这种状况无疑使教育具有明显的功利色彩,教育的内容和结果却与生态和可持续无关。然而,自然界的报复来得非常及时。人们在反思之后,形成了可持续发展思想,提出了可持续发展战略。要有效地实施可持续发展战略,生态教育是一条可行的途径。我国作为发展中大国,更应该从国内外发展历史中吸取经验教训,加强生态文明建设,树立生态意识,坚持并贯彻科学发展观,自觉规避经济与社会发展过程中出现的人与自然、人与人的关系破坏的结果,真正实现可持续发展。优化教育生态,提高教育品质,培育时代新人,这是提高教育效益的最优化路径。实施生态教育,纯净教育生态,就要放下对生态的破坏,放下以爱的名义对学生生命的伤害,放下对教育"土壤、空气、水质"的无视和破坏。真正发挥健康的教育生态功能,为实现教育与社会的可持续发展做出贡献。

教育经济学强调从教育在区域经济和社会发展中的作用、教育投资的有效利用考量区域生态。例如上海崇明区从积极开展生态教育以及广泛开展教育生态的营造,适应与回应崇明打造世界级生态岛的地区发展总目标,并以高品质的教育生态所营造的崇明教育生态圈,来为世界级崇明生态岛奠定坚实的教育基础——起着社会发展的先导性、基础性的教育。

以高品质的教育生态提升教育投资价效。相对于工业文明,生态文明在教育思维方式和价值观方面有着根本的区别,其对工业文明中片面强调"多"与"快"的竞争而不是平等关系,以及产品标准化而忽视多样性的深刻批判达到了前所未有的高度。教育生态思想反映在教育价值导向中,表现为对受教育者多样性的尊重,对教育丰富性的尊重,更加强调平等与合作,更加尊重人的同时,也维护了人与自然、社

① 薛佳敏:基于知识生态理论的工程项目合作团队知识转移研究[D],北京交通大学,2020.6.

会的和谐共生。在学校生态层面上,一方面包括学校之间的多样性的平等与尊重、互补与合作、主体个性与创造性等,当下"千校一面"的标准化、同构性的恶性竞争,贴标签式的"特色学校",翻牌式的校名更改,口号式的教育话语以及学校与社区相互隔离等现象,都是缺乏学校生态化的表现;另一方面更是指学校内部的生态,例如课程的生态、教学的生态、管理的生态中的非生态现象消耗着学校教育资源。从学校生态关系的构建着手,营造一个学校内部的高品质教育生态,从而培养出富有个性、尊重、平等、合作、创新的学生。如果教育生态遭受破坏,教育生态的修复不仅难度大,而且需要一个长期的过程,这对于年轻的一代,是无可挽回的生命的伤害。

我们应该从教育生态学角度考量教育经济学中的教育规模问题,这就是一个值得关注的问题。现在似乎学校规模越大越好,追求规模效应。办学规模不是越大越好,正如生态学范式研究所提示:"缀块动态观点和等级理论的结合,使尺度与空间异质性明确地联系在一起,从而正在形成一个新的生态学范式,并导致了关于生态学系统时空动态的新观点。""迄今为止,等级理论对生态学的最大贡献之一就是大大地增强了生态学家的'尺度感',并且为许多领域研究多尺度或不同尺度问题提供了新观点。"①这提示了教育规模要注意"生态的尺度",并进一步指出,"与传统的平衡范式不同,新范式强调而不是忽视干扰、异质性和尺度多重性在管理和自然保护中的作用""缀块动态范式表明,小尺度过程往往是高频率、快节奏,因此小的种群和其他生态学系统容易被生物反馈作用或随机因素毁灭"。因此,把大量资源投入到个别学校,违背了生态的尺度感。生态学的等级缀块动态范式认为,空间格局与生态学过程的关系是生态学中的核心问题之一。过程产生格局,格局作用于过程。若要正确理解格局与过程的关系,就必须认识到其依赖于尺度的特点。无论是时空上还是结构与功能上的格局,都与观察尺度密切相关。因此,寻求格局时应注意对过程的理解,研究过程时不应忽略格局的影响,而在研究格局和过程或二者的关系时,则应考虑尺度效应。因此高品质的教育生态中,生物多样性越丰富,则生态系统越稳定,也就是越"生态";但这种多样性并不是简单的数量庞大,而是相互关系选择性较多,并且各生态位不同的学校之间主要是一种依存与合作关系,而不是片面强调竞争与淘汰关系。

四、系统科学与社会科学的生态视角

(一) 生态系统生态学的践行

生态系统生态学(ecosystem ecology)是指研究生态系统的组成要素、结构与功能、发展与演替、系统内和系统间的能流和物质循环以及人为影响与调控机制

---

① 邬建国:生态学范式变迁综述,生态学报,1996.10.

的学科。生态系统是人类生存、发展的基础。人类赖以生存的地球生态系统包含着大大小小各类生态系统。生态系统是自然界独立的功能单元,社会科学和自然科学各学科都可以以它为舞台。①

生态系统是英国植物生态学家 Tansley 于 1935 年首先指出:"更基本的概念是整个系统(具有物理学的概念),它不仅包括生物复合体,而且还包括了人们称为环境的各种自然因素的复合体。……我们不能把生物与其特定的自然环境分开,生物与环境形成一个自然系统。正是这种系统构成了地球表面上具有大小和类型的基本单位,这就是生态系统。"Tansley 提出生态系统概念时,强调了生物和环境是不可分割的整体,强调了生态系统内生物成分和非生物成分在功能上的统一,把生物成分和非生物成分当作一个统一的自然实体,这个自然实体——生态系统就是生态学上的功能单位。生态系统生态学的研究内容:自然生态系统的保护和利用,生态系统调控机制的研究,生态系统退化的机制、恢复及其修复研究,全球性生态问题的研究,生态系统可持续发展的研究。生态系统生态学的发展有三个特点:一是提出了生态服务以创建生态系统健康为特点,二是加强以结构与功能为主的基础性研究,三是采用建模与实验相结合的方法。

生态系统生态学对生态系统的演化和管理强调了生态系统的发育、演替、进化,以及生态系统管理的原理和方法,把生态设计和生态规划结合起来,加强生态系统管理(ecosystem management)、保持生态系统健康(ecosystem health)和维持生态系统服务功能(ecosystem service)。生态系统生态学无论在创建生态型学校,还是营造区域教育生态圈研究与实践中都起着指导作用,应该清醒地把学校与区域学校群看作是一个教育生态系统,而且是不可分割的整体。营造健康的教育生态要把握生态系统生态学的基本方向,以要素—结构—功能为线索开展教育生态的建构,关注生态系统的服务功能,优化、改善与修复生态。生态系统生态学对生态功能从生态系统的物种流动、能量交换、物质循环、信息传递以及生态系统中的价值流等方面的理论对德育生态、课程生态、管理生态、文化生态的营造起着理论上的支持与实践上的导向作用。

（二）生态社会学的践行

生态社会学是在生态世界观指导下研究人类社会生态化和生态性科学,即人类社会生态化变迁规律的科学。生态社会学的指导思想是生态世界观,把生态世界观作为自己的世界观和方法论,它包含着生态社会学的理论境界、思维方式和研究视域,是生态社会学的基本思想方法和生态社会学研究的逻辑起点。同时生态社会学着重研究人类社会的生态化和生态性的问题。这主要基于对当代人类

---

① 蔡晓明：生态系统生态学,科学出版社,2000.9.

可持续发展形势和人类文明变迁趋势的考察和把握,基于对当代人类所处的由工业文明转向生态文明的历史性转变。生态社会学关注生态化变迁规律的问题,也就是生态文明社会如何实现。这是生态社会学研究的目的与归宿。学校、教育属于社会范畴,应该从生态社会学角度研究。生态社会学强调社会的生态性,即社会符合生态特征的充分性。社会的生态性,是指向生态文明转型的程度和生态文明社会建设的水平,是某个时期生态文明建设和生态社会结构的状况,同时也强调社会生态化,人类社会由工业文明向生态文明转向的过程和生态文明社会建设的过程,是社会生态化的变迁。

生态文明社会是一个新型的社会形态,它既在现有工业社会发展的基础上产生,又是对工业文明的全面反思和超越。它在价值观念、生产方式、生活方式、社会权力结构等领域都与现有的工业文明形态有着本质区别。生态文明社会建设"需要从树立和普及生态文明理念开始,用生态文明理念统领科技发展,实现科技发展的生态转向,统领生产方式的转变,发展生态经济和生态产业,统领社会生活方式的转变,倡导和普及生态化消费,从而最后实现社会制度的生态化变迁,达到全面实现生态文明社会"①。我们在创建生态型学校时突出生态文明理念,以生态观念引领学校教育实践,以生态性标准评价办学。例如有一所学校积极营造学校文化生态,就是基于生态社会学的基本观点,用生态文明理念统领教师的教育方式、学生的学习方式与学校的生活方式,并最后形成制度、机制,明确学校以滋润为特征的"春雨文化",从而实现学校文化的生态转向。

生态社会学思维是一种新的思维范式,是以生态规律与生态学原理思考社会学问题的思维方式。这是一种新的生态世界观与方法论,把人类社会系统置于自然与社会的大生态系统之中来考察,强调不能把生命体简单地作为各个单独存在体来认识,而是把生命体与环境作为一个系统来考察。生物体不可能与环境分离,生命在它赖以生存的环境中相互联系和相互作用,并在这一过程中生存与发展。生态社会学就是把这种系统性和共生性思维方式作为研究与把握社会生态及其规律的一种思维范式。这种思维范式可以使我们正视教育中的"唯知识论""唯分数论",超越以经济思维对待教育、增强教育决策的生态导向,实施教育生态化,营造良好的教育生态,促进学生可持续发展。

(三) 组织生态学的视角

组织生态学(Organizational ecology)是在组织种群生态理论基础上发展起来的一门新兴交叉学科。它借鉴生物学、生态学、社会学等学科的知识,结合新制度经济学和产业经济学等学科的理论来研究组织个体的发展以及组织之间、组织与

① 秦谱德等:生态社会学,社会科学文献出版社,2013.7.

环境之间的相互关系。

组织生态学起源于 20 世纪 70 年代中期,现在已成为组织理论的一个重要分支。以帕克和伯吉斯等人为代表的芝加哥学派的学者们最早将生态学的原理与方法运用于人类社会问题研究。完整的组织生态学理论体系包括组织个体生态学、组织种群生态学、组织群落生态学和组织生态系统生态学等不同的层次。当前的研究重点集中在组织种群生态学,组织环境是组织生态学研究的重要方面之一。

组织生态学研究建立在两个基本的理论假设基础之上。其一,组织生态学是运用生态学原理与方法研究组织生态主体与各种环境要素之间关系的一门学科,它尤其侧重于考察各种组织生态环境及其构成要素对组织生态系统和组织生态系统中作为生态主体的人的影响;其二,组织生态系统是一个由人、组织(活动)、环境共同构成的复合系统。

基于以上对组织生态学的概念和基本理论假设的具体考察,一方面,我们可以在思想观念上得到某些启示,那就是对人、组织、环境之间的关系应有一个全新的认识,而在目前,确立和强化组织生态意识显得尤为重要;另一方面,在实践中,优化组织生态系统的内外部环境,提高组织生态系适应环境的能力,成为组织改革与发展的重要方面。而在理论层次上抽象出能够基本反映组织生态系统与各种生态环境之间、不同组织生态主体之间复杂关系的范畴,更是今后组织改革与发展应当承担的重要研究任务之一。

组织生态学的主要理论观点:一是组织设立理论。组织生态学将组织设立理解为生态化过程和制度化过程两个基本的方面,并认为这两个过程具有不同的空间效应。二是组织成长理论。基于组织生态的经典组织成长理论是吉布莱特定律(Gibrat's law)。吉布莱特(1931)认为,一个企业的规模在每个时期预期的增长值与该企业当前的规模成比例,在同一行业中的企业,无论其规模大小,在相同的时期内,其成长的概率是相同的,即企业的成长率是独立于其规模的变量。三是组织死亡理论。组织生态学将个体组织的死亡视为组织种群的自发调节的结果,当组织数量低于最小能生存种群水平时,现存的组织都将死亡,个体组织的死亡是组织种群的一种自我保护机制和进化机制。

生态型学校创建应该借鉴组织生态学关于类和种群的边界、结构惰性与组织变革、竞争与生态位等理论观点,在制定生态型学校创建方案时,运用生态位理论来分析与把握学校当前生态状况,突破原有的行政性分析,为学校发展确立合理的分析框架。我们也应该运用组织生态学的组织多样性理论,对学校生态系统内部与区域教育生态圈内的组织的多样性增加与减少的原因、组织形式的变革等依据选择理论、适应性理论与随机变换理论进行分析与把握。我们还应该依据组织生态学的种群视角、生态链建构与组织结构演化,来思考与组织师资培训与教研活动,借鉴吉布莱特定律思考学校规模非生态性扩容的误区。

　　Hannan 和 Freeman(1977)运用生态学理论解释组织变革时,就已经提出组织结构变革的多种约束条件。他们认为:"众多种类的组织都承受着非常强大的惰性压力,主要缘于内部结构(如内部制度)和外部环境(如组织行为的公共合法性)。如果要避开这些问题不谈,就相当于忽视组织生命中的最明显特征。"①来自组织内部的约束条件,主要是资源掌控、决策信息与内部制度。这些条件都会影响结构惰性的层级、强度、选择过程。具有较高结构惰性的组织种群是组织生态演化和选择过程交互作用的产物。因此生态型学校创建,特别是区域教育生态圈要打破结构惰性,激发学校组织生态活力。

　　组织生态学认为,当组织生存的环境以及竞争条件发生变化时,组织也许不会改变,进而表现出结构惯性(structural inertia),即组织保持现有结构状态不变的特性。结构惯性是组织过去运行的结果。但是,绝大多数组织面对竞争和环境变化,会做出相应的选择,即为了保证在变化了的环境中得以继续生存,甚至获得进一步的发展,组织往往会选择不同程度的(结构)变革方案,以期保持或提高组织的运行绩效。组织进行选择的基本准则和目的是提高环境适应性和组织生存能力。由于不同组织自身条件的差异,其在适应环境变化的过程中,会选择不同的方案,从而产生了多样化(diversification)的组织形态,表现出同构(isomorphic)的特性。组织生态学指出,组织种群是由在特定边界内具有共同形态的全部组织所构成,也就是说在特定的系统中组织种群是现实存在的。种群生态组织的进化过程大体上可以分为三个阶段:变种、选择和保留。变种(variation)是在组织的种群中新的组织形式不断地出现;选择(selection)是生存与发展的必然需要,有些变种比其他的更能适合外部的环境,有些被证实是有益的,因此能够找到自己的领地或缝隙,并且从其生存的环境中获得资源;保留(retention)是对所选择的组织形式的保存和形式化或制度化。

　　基于对组织生态学的概念和基本理论的具体考察,一方面,我们可以在思想观念上得到某些启示,那就是对人、组织、环境之间的关系应有一个全新的认识,确立和强化组织生态意识显得尤为重要;另一方面,在实践中,优化组织生态系统的内外部环境,提高组织生态系统适应环境的能力,成为组织改革与发展的重要方面。把握反映组织生态系统与各种生态环境之间、不同组织生态主体之间复杂关系的范畴,更是优化组织功能的重要方面。学校作为一类组织,组织生态学的一些理论对学校的变革与发展及学校生态营造提供了思考的路径。

① Michael T. Hannan, Freeman. J:组织生态学,科学出版社,2014.10.

第三章 学校教育生态的概述

第一节 教育生态的概念、原理与法则

一、教育生态概念与内涵

教育以一个生态系统而存在与发展,这个系统就是教育生态系统。教育生态是指一定的教育时空中,教育主体与外部环境之间的群落、物质、能量和信息的互动关系所形成的一种特定生态。教育生态是教育主体的存在与发展的状态,也就是教育主体与其环境之间的关系,这就是教育与教育外部的关系状态。人是教育活动的主体和客体。教育生态系统的主体是生命主体,一般泛指师生、管理人员,也可包括其他处于教育的人员,例如家长等。如果以学生为主体的教育生态,那么教师等也是教育环境。教育生态系统中的环境是指该生态特定中心的生物有机体生存空间内各种条件的总和,即指除生命主体外的部分。教育系统内部主体与环境之间的交互作用及其与外部环境之间的物质、能量和信息的互动关系所形成的关系与状态,就是教育生态。

教育生态是由教育要素建构的具有一定的范围与范畴的特定的生态,例如班级教育生态、德育生态。教育生态也是复合多维人工生态,有着多样的主体群落、群体,各种自然的、社会的与规范的环境,还是动态的开放系统,在主体与环境交互中不断演变。在系统内在的"自组织"机制的驱动下,自行从简单向复杂、从单一向多元、从封闭向开放、从机械向活跃方向发展,不断地提高自身的丰富性、开放性和复杂度、精细度的过程。自组织隐含着对人的内在力量的信念,相信每个人身上都存在着一种重要的为其发展提供目的和指向的力量。他们与环境相互作用,为生命体的成长、发展开拓新的、开放的途径。对自组织的认识就形成了教育系统全新场景,在学校教育中,学生并不处于特定的零状态。

教育总是依赖其教育生态,并以生态系统而存在与发展。自然界生态影响的是人的生存环境,作为人们成长摇篮的教育,其生态影响的则是人本身!教育发展离不开教育的生态环境,彼此之间存在着协同进化的关系。

新生态范式(New Ecological Paradigm),秉持反人类中心主义(Anti-Anthropocentric)观点,强调人类与世界和谐相处,建立人类和自然之间和谐相处的可持续发展模式。新生态范式量表(NEP Scale)是反映人类与自然间关系的新观点,是测量环境意识、环境态度的有效工具。"新生态范式量表是对'亲生态'世

界观认可的衡量标准,新生态范式量表是对'亲生态'世界观认可的衡量标准。它广泛应用于环境教育、户外休闲和其他领域,在这些领域中,行为或态度的差异被认为是通过潜在的价值观、世界观或范式来解释的。该量表是根据个人对十五个衡量同意或分歧的陈述的反应而构建的。"①有研究表明,受教育程度越高,NEP得分越高。"Marquart-Pyatt 将原因归纳为教育系统传达了一种原则,这种原则能够直接或间接地促进人们的生态危机意识,教育系统承担着个体社会化、教谕规范和价值观(如生态危机意识)的责任。此外,教育会影响到个体的心理品质,特别是使个体对新的观念和价值观(如环保主义)更为开放。"②将抽象化的环境意识通过度量工具量化,可以为学校开展生态教育与教育生态营造提供重要的依据。

二、教育生态的基本原理

教育生态学有两条重要的原理:生态系统原理、生态平衡原理。

(一)生态系统原理

生态系统是指在自然界的一定的空间内,由生物群落与环境组成的一个整体,各组成要素间借助物种流动、能量流动、物质循环、信息传递,而相互联系、相互制约,并形成具有自调节功能的复合体。生态系统是主体与其环境之间进行能量转换和物质循环的基本功能单位。生态系统中的环境是指特定中心的生物有机体生存空间内各种条件的总和。它是中心有机体外部可以进入有机体的反应系统,直接影响到生命活动的物质、能量和信息的总和。宏观上最大的生态环境是生物圈,人类赖以生存与发展的生命圈;微观上较小的生态环境是栖所、课堂等。人们根据实践与研究的需要确定生态系统的范围。最大的是生物圈,包括地球上的一切生物及其生存条件;小的如一片森林、一块草地、一个池塘都可以看作是一个生态系统。生态系统是生态学领域的一个主要结构和功能单位,属于生态学研究的较高层次。

生态学的重要原理之一:生态系统原理。这条原理强调生态系统是生物系统与环境系统互相依赖和相互作用构成的整体。所有有机体与其所生存的环境间都存在着互为依存、互为因果的相互关系。人类必须遵循这一原理从根本上把握地球上各种生态系统的变化规律,合理开发和保护生态系统。生物群落由存在于自然界一定范围或区域内并互相依存的一定种类的动物、植物、微生物组成。生物群落内不同生物种群的生存环境包括非生物环境和生物环境。非生物环境又

① Mark W. Anderson. New Ecological Paradigm (NEP) Scale, THE BERKSHIRE Encyclopedia of Sustainability: Measurements, Indicators, and Research Methods for Sustainability, 2012.
② 吴建平等:新生态范式的测量:NEP 量表在中国的修订及应用,北京林业大学学报(社会科学版),2012.12.

称无机环境、物理环境,如各种化学物质、气候因素等;生物环境又称有机环境,如不同种群的生物。生物群落同其生存环境间以及生物群落内不同种群生物间不断进行着物质交换和能量流动,并处于互相作用的动态平衡之中。

生态系统原理同样也是教育生态学的基本原理。教育生态系统是主体(生命主体师生、作为主体的学校等)系统与环境系统互相依赖和相互作用,互为因果的相互关系。教育生态系统是在一定空间范围内,教育主体与其环境相互作用的具有能量转换、物质代谢和信息传递功能的生态系统。学校教育生态系统的基点在于强调教育系统内各因子支持学生健康学习与成长,即学生个体成长上的"繁荣"。为了保证教育的发展,需要根据这一原理从根本上把握教育系统中各种生态要素的变化规律,包括教育的物质要素、社会要素、人文要素等,掌握它们的发展趋势,提出合理开发、保护与修复教育生态系统的措施。但在实际中缺乏教育生态系统思想还是较多可见,例如重知识教学而忽视道德教育、重灌输式教育而忽视智慧培养的自主学习、课程教学中把三维目标割裂、小学零起点教学等都是缺乏教育生态系统思想,孤立地看待教育要素的关系所导致。

生态系统原理强调教育生态系统是开放系统,为了维系自身的稳定,生态系统需要不断输入能量,否则就有崩溃的危险。教育生态系统中的物质、能量、信息通过教育活动进行循环、交换、流动,形成相互作用的机制,通过"营养结构"来实现集聚作用于师生,实现教育生态的动态平衡。教育生态系统还有价值流、知识流、能力流的富集递增,从而使教育生态系统在整体上实现"育才"的目的。教育生态系统主要有三个功能要素:

1. 物质要素。教育生态中的物质要素一般包括教育的建筑物、设施、校园、实验设备、图书馆等硬件。从生态学的基本原理出发。物质是提供的营养物,课程应该是教育生态中的重要的物质,它提供了教育生态中的师生成长发展的"营养物质"。从课程等中可以直接获得知识与技能等——"营养物质",从而实现教育生态的基本功能。

2. 能量要素。"生态系统中能量主要有两种存在的状态,即动能和潜能。""能量在生态系统中,是把较多低质量能转化为另一种较少的高质量能。"[①]能的质量在提高。犹如自然生态系统中的具有光合作用的阳光、具有呼吸作用的空气这些能量一样,教育生态系统中有两个重要的能量,一是文化能量,通过文化的输入与输出产生教育能量。文化能量中课程通过教与学产生的课程能量是教育生态中的基本能量。二是心理能量,例如爱、恨等,这些都具有很强的能量。心理能量是促使人意识到自己的需求和主体性,驱使人采取适当行为的冲动、勇气、意志力

---

① 戈峰:现代生态学(第二版),科学出版社,2008.3.

及各种特征的情绪、感情等心理力量的展现。在教育生态中心理能量通过释放、固结、转化这些基本形式产生作用。在教育生态中心理能量存在于每个人的身边和周围,在不同人群中,有不同的场能。生活环境和人际关系网,纵横交错,在一定空间范围内通过心理场影响我们的教育生态。在教育生态系统中的能量流动是指能量输入、能量传递、能量散失的过程。生态系统中能量流动的渠道主要是课程链和教育网,通过育(教)与学活动进行能量流动。教育生态系统中能量流动通过育(教)与学的活动实现能量的传递。

3. 信息要素。信息传递是重要的生态系统的功能。维纳认为,信息就是信息,不是物质,也不是能量,信息来源与物质,与能量有密切关系。[1] 教育生态中信息的本义就是"信息是不肯定程度减小的量"[2],这体现了教育教学目的。教育生态系统中的信息要素包括语言文字,也包括物理信息、化学信息、营养信息、行为信息等。教育生态通过丰富信息的多样性、增强信息的传递,提高教育生态的功能。通过教育活动中的信息传递,增强教育生态中的要素互动,减少教育系统中的负熵,为学生成长提供支持。

作为一个教育生态系统,要具备使生态育人功能得以发挥的良好环境,以及驱使物质流、能量流、信息流长流不息的内部运行机制。教育生态系统原理对教育活动的积极展开和受损生态系统的恢复重建具有重要的意义。从生态演替的原理看教育生态,学校教育聚落的发生、发展、组合、分布及兴衰是一种复杂的人工生态演替现象,生态演替是教育生态学所关注的热点之一。我们应该研究教育生态演替的过程与机制,对区域学校教育状况的发生、发展;教育生态景观与生态尺度,学校生态位势与变迁。这些问题需要运用生态学做出合理性解释,教育生态系统时空的缀块性和多尺度特征,提供一个能将教育生态系统异质性、尺度和多层次关联作用整合为一体的概念框架,阐述教育生态演替现象。运用等级缀块动态范式对教育生态演替动力机制、演替的模式、演替的稳定性机制、演替的途径和方向等基本问题进行系统分析。

教育生态系统是一个不可分割的复杂综合体。如果我们运用传统的方法把复杂的教育系统人为地分割成孤立的若干部分来对待,是不能从根本上揭示其内在规律性的。学校教育是中观的教育生态系统,以师生作为主体,以出人才为中心,围绕着生态环境的圈层,形成多因子综合影响和相互作用。教育与生态环境之间组成多维的复合网络。在网络系统中,通过物质流、能量流和知识流,促进教育的整体发

[1] Wiener N: The human use of human being: cybernetics and society, Hougton Mifflin, 1950.

[2] Shnnon C, Weaver W: The mathematical theory of communication. Urbana, Unuversity of Illinois Press. 1949.

展。学校教育系统基本上是人工生态系统,系统中的生命主体要素与自然的、社会的、规范的环境要素,通过互动形成多元结构,以能量、信息与物质运动,增强了教育生态系统的功能,使教育生态系统保持着一定的有序状态,各种生态对教育产生整体影响。教育的生态环境,是教育得以存在和发展的前提和条件。

(二)生态平衡原理

生态平衡(Ecological Balance)是英国植物生态学家谭斯利于1935年首次提出来的。平衡,亦称均衡,指矛盾的暂时的相对的统一,平衡是和运动分不开的,在绝对的、永恒的物质运动中存在着相对的、暂时的静止和平衡。系统的稳定性绝非绝对意义上的稳定性。自组织系统总是处于演化之中的,在稳定之中存在着不稳定,即使系统在整体上是稳定的,系统之中也可能存在局部的不稳定性。正是因为系统中存在不稳定的因素,在一定的条件下得以放大,超出了系统保持自身稳定原先的条件,系统保持自身稳定的能力遭到破坏,才得以使系统整体上失稳,从而进入新的稳定态。系统中的不稳定因素,可以成为系统演化发展的积极因素。由此可见,平衡与失衡是辩证统一的,是相互对立而又联系的。教育生态系统是基于系统内教育发展不平衡,通过生态系统的机制,进行教育资源流动达到相对均衡。这种均衡在发展中被打破,出现新的失衡,通过一定的机制,使不稳定因素成为发展的积极因素。教育生态系统是在平衡与失衡运动中发展。

生态平衡原理认为生态系统的发展,由生态系统中物质、能量和信息交换维持,在一定时期内处于相对稳定的动态平衡状态。生态系统是开放的,物质、能量和信息在不断地输入和输出,如果输入和输出在较长时间趋于相等,那么生态系统的结构和功能就会长期处于稳定状态。生态系统具有在一定的时间和空间范围内,生物群落与非生物环境通过物质、能量、信息循环所形成的一个相互影响、相互作用的自调节功能,在外来干扰下,能够提供自我调节(或人工控制)恢复到原本的稳定状态。生态系统的这种状态叫作生态系统的平衡,即生态平衡。生态系统是由生物群落及其生存环境共同组成的动态平衡系统。生物群落同其生存环境之间以及生物群落内不同种群生物之间不断进行着物质交换、能量转换、信息传递,并处于互相作用和互相影响的动态平衡之中。许多基础物质在生态系统中不断循环,其中碳循环与全球温室效应密切相关。

生态平衡原理认为教育生态系统的生存与发展,是由教育生态系统中物质、能量和信息的交换来维持与促进的。教育生态系统是开放的,物质交换、能量转换与信息传递,在教育生态系统的内部以及内外部间都在不断地运动。如果这些运动趋于稳定,那么生态系统的结构和功能就会处于稳定态。在外来干扰下,能够提供自我调节(或人工控制)恢复到原本的稳定状态。教育生态系统的这种状态叫作生态系统的平衡,即生态平衡。生态平衡是动态的、相对的,总是处在既平衡又不平衡这样一种不断运动、变化和发展的过程中。教育生态平衡的破坏与建立新的平衡，是其系统本身运动发展的两个方面。

生态系统的稳定并非绝对，而发展变化的绝对性，也并非不可捉摸的绝对性，是寓于无数相对稳定之中的绝对性，是依赖于无数相对稳定而存在，在无数相对稳定之中得以表现的发展变化。发展变化以稳定存在作为自己的基础，稳定存在以发展变化作为自己的前提。在教育生态营造时，我们应该注意两种可能出现的认识倾向，一种是认为先要搞好自己学校内部工作，教育生态系统的事要等有了时间再考虑。这在本质上是一种把稳定绝对化的反映，把学校的稳定设定在孤立状态中，忽视了在现代社会中教育是不能脱离社会环境的，忽视了学校的发展必须有教育生态环境的支持。另一种是过多要求外部支持来急于打破平衡求得学校发展。这种急于求成的做法，实际上是把发展绝对化的反映。学校的发展要在相对稳定的情况下才能实现。例如，教师的流动问题。学校为了提高办学质量，引进有一定质量的教师，不能搞大起大落，而更重要的是在短时间内引进大量教师必然一下破坏原来的学校教育、教学生态，会造成教育、教学和管理上的失衡，反而导致教育质量下降。平衡与失衡原理表明，一味地为稳定而稳定，教育就无法发展；而不顾稳定，一味强调发展，最后也只会制约发展、破坏发展。在稳定中求发展，在发展中求稳定，这才是我们营造教育生态系统所追求的稳定和发展。

现代系统论的奠基人贝塔朗菲指出，生命有机体开放系统具有在动态之中保持稳定，是生命有机体的根本奥秘所在。没有脱离稳定的发展，也没有脱离发展的稳定，系统的稳定和发展具有同一性，这也是系统稳定性原理的基本内容。系统之所以是稳定的，就在于系统内部存在着某种内稳定的机制——负反馈机制。通过负反馈机制，系统得以消除偏离系统稳定状态的失衡因素，使得系统可以存在。教育生态系统的一个重要的功能——调节功能，就是教育生态要保持稳定和发展的需要。因此教育生态系统如何发挥调节功能就成为教育生态系统是否良好发展的关键。

系统的稳定性，正是系统在非平衡状态下保持自身的有序性这样一个特征。教育生态系统中各要素发展是不平衡的，教育生态系统正是要在不平衡的基础上使系统达到有序性。这就是说教育生态系统要努力促进学校的自组织能力的发展，以提高组织有序性的水平。一般地说，"自组织"是指系统的要素（或部分）之间由于目标同一性和相互关联性的运动，使之按照某种关系或规则而形成一定的结构和功能，能够有意识或无意识地自动进行自我定向、自我组织，进而在运动中彼此协调、合作、同步、互补，促使各要素（或部分）功能增殖，产生整体功能大于各孤立部分功能之和的系统效应。自组织是系统从无序演化为有序的内在动力，自组织内含了系统的进化和优化的意义。从自组织意义上讲，教育生态系统不是以行政指令,也就是特定的外来干预,而是以教育生态系统的子系统(例如学校)内部及其与环境的交互作用的结果,来促进系统的自组织发展。

教育生态系统的生态平衡可从两个维度上来考量,一是生态系统结构的分析。教育生态结构应适应教育发展。由于历史原因,有的学校的生态要素发展不均衡,例如课程或者教学相对薄弱,有的学校德育相对强,这就形成了不同学校教育生态结构不同。二是生态系统功能的分析。教育生态的功能均衡与失调,突出地表现在教育的效能上。教育的供给与需求之间的均衡:第一种均衡——自然均衡,是低水平的均衡。但是随着社会的发展,低水平的均衡已不能满足人们的教育需求。第二种均衡——目标均衡,教育的供给无论在数量和质量上都相对充分,学生获得的教育相对充分,教育比较发达。目标均衡要通过良好的教育生态的服务功能的发挥才能达到,也就是只有目标均衡才能保证教育的需求得到满足。第一种均衡是低水平教育供给,呈现教育不发达相;第二种均衡是较高水平上的教育供给,基本满足教育需求,呈现教育相对发达相。教育生态系统在一定程度上要实施教育供给和需求的均衡,也就是要规划目标均衡,使教育供给满足教育需求。

教育均衡发展本质上是实现教育生态的动态平衡。教育的生态平衡是指教育系统保持一种高度有序状态,在这种状态下系统的组成、结构相对稳定,功能得到有效发挥,物质与能量的流入和流出协调一致,学校、师生与环境和谐统一。在教育生态系统中要保持系统的平衡,就必须协调好教育及其结构、功能之间,以及能量流、物质流、信息流和价值流之间相互关系和影响,保证能量的持续有效供给,改革现行的教育结构,保障教育生态系统的动态平衡和良性循环。只有保持教育生态系统动态有序化,从无序到有序是推进教育的生态决策思想。使教育生态协同发展的系统动力是系统的结构、功能以及系统内外部综合因素决定的。优化教育生态环境,建设良好的教育生态是发展教育的重要策略。

生态平衡原理认为生态系统的发展由生态系统中物质、能量和信息交换来维持。教育生态的生态平衡是动态的、相对的,总是处在既平衡又不平衡这样一种不断运动、变化和发展的过程中。生态平衡的破坏与建立新的平衡,是生态系统本身运动发展的两个方面。教育生态是在一定的时间内和相对稳定的条件下,系统中的各教育生态因子、结构和功能处于相互适应和协调的动态之中。在教育教学中,如果教师输入过多的信息,会引起课堂生态的失衡,为了达到新的平衡,就得要求师生调整教与学,以促成新的均衡。

在教育生态中,主体与环境之间、主体各个群集之间,通过能量流动、物质循环和信息传递,使它们互相间达到高度适应、协调和统一的状态。当教育生态系统中各因子受外界环境因子的作用与影响超过本生态系统自身适应与调节的能力时,就会引起其生态系统结构和功能的变化,达到一定程度时整个生态系统就会处于失衡状态。学校教育生态系统中的自然生态环境、社会生态环境和规范生态环境三种环境因子内部以及它们之间的关系,教育生态主体——师生、师师和生生之间的关系等这一系列生态关系链能否良好运转是教育生态系统平衡与否的关键所在。平衡与失衡是生态运动过程互相作用、彼此联系的运动状态。在教育生态系统中保持良好的可持续性,就要实现教育生态系统中三种环境的动态平衡。

三、教育生态的基本法则

(一) 限制因子定律(law of limiting factor)

这是指限制因子决定生物生理过程的速度或强度的定律。英国植物生理学家勃拉克曼于 1905 年在研究环境因子对光合作用的影响时提出的,认为当一个过程的速率被若干个不同的独立因子所影响时,这个过程的具体速率受其最低量的因子所限制,最低量的因子称为限制因子。

环境中对生物个体或群体的生活或分布有影响作用的因素,称为生态因子(ecological factor)。生物的生长发育依赖于各种生态因子的综合作用。在众多的生态因子中任何接近或者超过某种生物的耐受极限而阻止其生存、生长、繁殖或扩散的因子,称为限制因子(limiting factor)。利比希提出最小因子定律(law of minimum),通过研究各种生态因子对植物生长的影响,提出植物的生长取决于那些处于最少量状态的营养成分。即每一种植物都需要一定种类和一定数量的营养物质,如果环境中缺少其中的一种,植物就会死亡;如果这种营养物质处于最少量状态,植物的生长就会受到阻碍。尽管这条法则的提出来自植物,但对动物的生长发育也同样适用。[①]从教育的生态因子角度看,这就是为什么教育要德育、智育、体育、美育、劳育与心育等并举的生态原理的解释,如果教育中某一方面的教育缺失,又无法得到替代,必然会影响学生的健康成长。

生态中的所有的生态因子都可以成为限制因子,而不只是某些因子,其前提是某个因子达到或超过生物耐受限度。限制作用不仅仅是因为某些因子的量太少或者低于临界线,而过多,或者高于临界线都会产生限制作用。当某一教育生态因子缺乏、低于临界线,或超过最大忍受度时,会起到限制作用,例如儿童餐食中缺少微量元素,会导致他们出现某些疾病。教育生态系统中,主要的限制因子常在能量流与信息流方面,例如教学中的题海战、低质量缺乏思维含量的课堂提问等。长期缺少必要的睡眠时间会导致学生身心健康受损,或者过重的学业负担,学生的这种睡眠、学业状况就成了一个限制因子。当教育中有些因子超过教

---

① 戈峰: 现代生态学(第二版),科学出版社,2008.3.

育主体耐受限度时就变成了限制因子。同时,教育生态中生命主体不仅对限制因子的作用具有适应机制,而且能主动地创造条件,积极地反馈调节,变限制因子为非限制因子。

（二）耐受性定律（law of tolerance）

一个生物能够出现,并且能够成功地生存下来,必然要依赖各种复杂的条件合理存在。生物对一种生态因子的忍耐范围是有限度的,"过"和"不及"都是有害的。教育生态中的个体、群体、系统在自身发展的一定阶段上,对周围生态环境的各种生态因子都有自己适应范围的上限和下限,在此范围内主体能很好发展,当超过了耐受范围就会走向反面。谢尔福德进一步发展了利比希的最小因子定律,1913 年提出耐受性定律（law of tolerance）,认为任何一个生态因子在数量上或质量上不足或过多,即当其接近或达到某种生物的耐受限度时,这种生物就会衰退或无法生存。不仅生态因子处于最小量时可成为限制因子,因子过量（如过高温度、光强、水分）也有可能成为限制因子,即每一种生物对每一环境因素都有一个耐受范围,包括有一个生态上的最低点和一个最高点,在这个最低点和最高点（或称耐受性下限和上限）之间的范围形成了生态幅（ecological amplitude）或生态价（ecological valence）。耐受性法则有三个基本观点:不只考虑因子量的过少,也考虑因子量的过多;不仅估计环境因子量的变化方面,也估计生物本身的耐受性问题,即生物耐受性随着种间不同,同种不同个体之间以及同一个体在不同的年龄和发育时期等表现出差异;可以允许生态因子之间的相互作用,每种生物对每个生态因子才有一定的耐受性范围,这个范围称为生态幅。生态幅广的生物称为广生性生物,反之就是狭生性生物。

教育生态也受耐受性定律影响,任何一个教育生态因子在数量上或质量上的不足或过多,即当其接近或达到某种生物的耐受限度时会使该教育衰退或不能生存。这不仅估计了环境因素,还估计了师生本身的耐受限度。教育生态也涉及教育生态因子的三种状态:最小量、最大量、最适度。最适度的"度"是生态因子质和量的统一。例如教学中的学生作业问题,如果作业量过多或者过少,都会影响学生的学业,同时作业的质量不高,缺乏学生思维的培养、缺乏学生探索创新能力的发展,也不利于学生的发展。因此教学中的作业必须遵循耐受性法则,确定一个适宜的作业生态幅。

（三）阿利氏定律（Allee principle of aggregation）

阿利氏定律是指生物有一个最适宜的种群密度,种群过密或过疏都可能对自身产生限制作用,产生不利影响。在某些种群增长中,有的种群小时存活率高,另一些种群当其中等大小时最有利。生物种群的疏密程度随生物的种类和环境条件的变化而变化,过疏或过密都会起限制作用,所以,每种生物都应有自己的最适密度。教育生态中同样也存在着群聚密度问题,即有自己最适宜的群聚度,不当的群聚度会影响教育群聚的活动和效能。到底是大规模学校有利还是小规模学校有利,是一个值得运用生态学原理对不同年龄段学生的学校进行研究的问题。这也是对于班额问题有一个不得超过一定数量的规定的教育生态学思考,涉及对学生教育关照度引发的学生发展的生态幅。从阿利氏定律思考学生的差异性,会让教育更具有最适度性。根据学生身心各方面的差异,把握学生对一些教育、教学方式的耐受性,确定最适宜的教育方式。

(四)生态适应法则(Law of ecological adaptation)

生物有机体或它的各部分,在环境的长期相互作用中,形成了一些具有生存意义的特征。依靠这些特征,生物能免受各种环境因素的不利影响和伤害,同时还能有效地从生境获取所需的物质、能量,以确保个体发育的正常进行。自然界的这种现象称为"生态适应"(ecological adaptation),适应(adaptation)是指生物对其环境压力的调整过程。生物为了能够在某一环境更好地生存繁衍,不断地从形态、生理、发育或行为各个方面进行调整,以适应特定环境中的生态因子及其变化。生物对环境的生态适应概括为:① 进化适应(evolutionary adaptation):生物通过漫长的过程,调整其遗传组成以适应于改变的环境条件;② 生理适应(physiological adaptation),生物个体通过生理过程,调整以适应于气候条件、食物质量等环境条件改变;③ 学习适应(adaptation by learning),生物通过学习、行为以适应于多种多样的环境改变。

生态适应有两个基本类型。一是生态型(ecotype):是生物适应外界环境的一种重要类型。同种生物的不同个体,由于长期生活在不同的自然生态条件和人为培育条件下,会发生趋异适应;经过自然选择和人工选择分化形成的形态、生理、生态特性不同的可以遗传的类群。例如气候生态型、土壤生态型、生物生态型。二是生活型(life form):由于环境的限制作用,不同种的生物长期生活在相同的自然生态条件和人为培育条件下,会发生趋同适应;经过自然选择和人工选择形成具有类似的形态、生理、生态特性的物种类群。如水生动物,鲸、海豚、海狮、海豹均属哺乳动物,但它们长期生活在水中,整个身躯均显纺锤状。[①]

从教育生态学看,适应是生态主体达到和环境保持和谐关系的过程和结果。适应良好的主体对所处环境怀有满意和有效能的状态。教育生态主体具有一种积极的、健康的适应性。适应既是目的,也是过程。从目的角度看,适应是教育主体与环境相和谐,例如,学生的心理状况与实际情境相吻合,能对实际情境做出合理反应。学生的适应,除了顺应环境,更主要的是面对变化多端的学习与生活环

---

① 戈峰:现代生态学(第二版),科学出版社,2008.3.

境,恰当地调整自己的行为,学会处理问题,以求达到一种与之融洽的关系。适应作为主体满足需要的、积极解决问题的过程,不仅要顺应他所处的环境改变自己的行为;而且要认识所处的环境,学会在可能的情况下,改变某些外部条件。教育生态的适应,从主体的学生角度,还有一个适应自己的身心成长的问题。例如,幼儿时期的第一反抗期,幼儿的自我意识增强显著,幼儿需要通过自主与合作的教育引导与帮助其适应这样的自身变化。再如青少年的青春期,是他们性意识觉醒、自我意识迅猛发展、情绪很不稳定的时期,同时又面临着人生重要的学业负担期与人际交往多元化拓展时期。这种冲突会引起学生内生态的失调,学生适应这样的人生发展阶段,需要有良好的教育生态的支持。

　　教育的生态适应是渐进的过程,是教育生态主体与环境的一种双向互动动态的过程,是与环境和谐关系的持续或由不和谐到和谐中实现的。在这个过程中,也许是修正自己的行为,也许是改变环境,也许两者都加以改变。教育的生态主体的适应过程实际上也是其不断成长、不断社会化的过程。教育工作者的任务不仅要引导他们善于适应环境,还要教会他们通过改变环境创造条件提高自己的适应能力,让他们成长为积极适应者。教育生态要关注预防学生适应不良,正确对待与帮助适应不良的学生。同时教育作为相对主体时,也应该主动适应社会与人的发展进行改革。

　　(五) 生态位法则(principle of niche cological)
　　生态位(ecological niche)是指在一个群落中每个物种都有不同于其他物种时间、空间位置及其与相关种群之间的功能关系与作用。一个物种所利用的各种资源的总和的幅度,称为生态位的宽度。一个稳定的群落中,由于各种群在群落中具有各自的生态位,种群间能避免直接的竞争,从而保证了群落的稳定。格乌司原理最初是用于研究生物物种间竞争关系中产生的,该原理的内容主要指在生物群落或生态系统中,每一个物种都拥有自己的角色和地位,即占据一定的空间,发挥一定的功能。自然生态系统中的物种或种群首先只有生活在适宜的微环境中才能得以延续,随着有机体的发育,它们能改变生态位。生态位现象对所有生命现象都具有普适性,不仅适用于生物界(包括动物、植物、微生物),也适用于人(包括由人组成的集团、社会、国家)。

　　生态位现象对所有生命现象具有普遍性的一般原理,同样适用于人类。每个人都必须找到适合自己的生态位,即根据自己的爱好、特长、经验、行业趋势、社会资源等,确定自己的位置。人们在总结成功与失败的经验时,往往喜欢从资金、产品、市场来寻找原因,很少有老板是从生态位的角度来寻找原因的。这里所说的"生态位",包括两个方面,一是自己所处的生态环境,二是自己所需要的生态环境。所谓"生态位环境",即自然环境和社会环境。自然环境为气候、食物、土壤和地形等,社会环境为文化、观念、道德、政策等。生态环境影响着一个人的性格,性格又对人的创业有直接影响。生态位问题也存在于整个教育生态中。每个学生个体在班级这个生态环境中都处于相应的位置,都有自己的生态位。这种生态位的形成既有其主观原因,也有其客观原因。大自然给每一个或每一群人提供了一个适应其生长的特殊环境——生态位,且每一个生态位都具备一定的优势,也就是说要发现自己的生态位,这也是哲学探究的最高目标——认识自我。

每所学校教育生态都有自己独有的生态位,因此要把握自己学校所处的生态位。学校师生可以看作是一个教育群落,包含着教师、学生等群体(类似生态学意义上的"物种")。同一所学校的学生群体可以认为是集合种群。教育生态中的群体与个体都有自己的生态位。同一所学校,不同的教研组、不同班级,可以视作局域种群。由不同的教研组形成学校的教师集合种群(异质物种群)。优势学科的教师种群就有点类似"优势物种"。教育生态要关注物种的多样性,即不同类型师生的共存、共生,不能排斥困难学生。教育生态的物种应该从丰富度、密度、频度、平均资源占有、产出质量等方面指标衡量其特征。要善于用生态位理论解释如何促进学生发展、教师发展以及师生关系的优化。

"生态位宽度"(niche breadth)是指被一个生物所利用的各种不同资源的总和。在没有任何竞争或其他敌害情况下,被利用的整组资源称为"原始"生态位(fundamnental niche)。因种间竞争,一种生物不可能利用其全部原始生态位,所占据的只是现实生态位(realized niche)。在教育生态中,有的学校仅能利用其中一小部分资源,则是狭生态位学校,而能利用较大部分的,则是广生态位学校。在现实中,不同学校对于某种资源会有狭生态位或者广生态位取向,如果学校资源缺乏时可扩大资源取向泛化,生态位加宽,以期丰富资源。

学校教育生态有一个空间生态位与功能生态位的问题。1917 年,J.格林内尔从生物分布的角度解释生态位概念,强调其空间概念和区域上的意义,称之为空间生态位。1927 年 C.埃尔顿把生态位概念的重点转到生物群落上来。他认为,"一个动物的生态位是指它在生物环境中的地位,指它与食物和天敌的关系。"埃尔顿强调的是功能生态位。这启示教育生态应该为师生提供较为宽大的生态空间,也要具有一定的功能生态,为师生创设既有数量,又有质量的生态位所提供的师生赖以生存与发展的"营养"。生态学上的局部生境效应是在一个半人工半自然的小生境中,生物对生态因子的适应阈值在下降,生态幅变窄,生态位下降。教育生态中同样也存在局部生境效应,影响学生的健康发展,他们一旦离开精心照料,就会变得无从适应。

作为一所学校要关注学校的基本生态位与实际的生态位。实际生态位往往是基本生态位的一部分。学校的基本生态位往往是受建校时的区位、投资规模以及学习定位所制约的,而实际生态位是由学校的办学和适应能力决定的。从教育生态学角度考量,形成自身生态位的过程中应遵循下述原则:趋适原则、竞争原则、开拓原则和平衡原则,尽力减小生态位势,使理想生态位与现实生态位之间的差距向缩小的方向演替。

一个学校成败的原因有很多,"生态位"应该是主要的原因之一,因为它要求的是教育与人、教育与社会的和谐发展。那些百年不衰的学校往往都是选准了自己生态位。这些学校既是强者又是适者。强者与适者的结合,是对自己"生态位"的高度发挥。对于一所学校来说,选准了"生态位",干什么都容易成功;偏离了"生态位",干什么都容易失败。纵观成千上万的学校成功与失败的案例,虽然原因不尽相同,但有一点是非常明确的,那就是"生态位"的得失制约着结果。同样的教师或者学生,为什么在此地能成功,到彼地不能成功?同样的一个课堂,为什么有的学生学得很好,有的人却不理想?同样的一个人,为什么前期能成功,后期不能成功?"生态位"应该是主要原因之一。

第二节 学校教育生态概念与内涵

一、学校教育生态的概念

学校教育生态是学生直接学习于斯、成长于斯,犹如在阳光与雨露沐浴下的沃土滋养着学生们的成长。但是,我们也可以发现不少学校教育生态还存在着问题,教学知识化严重、教育完整性不足、学生学业负担过重、师生关系不和谐、学生心理健康令人担忧、学生不同程度地厌学、教师职业倦怠较多、学校片面追求升学率仍然严重,学生创新精神与能力培养严重存在问题。学校教育面临挑战,需要变革。如何变革?面对学校教育生态问题的盘根错节的复杂性,那种以线性的、单打一的、头痛医头脚痛医脚的变革思路,仍然习惯地以还原论(Reductionism)来认识与分析学校的复杂问题,并以此分解为简单问题,把问题的整体分解为单独的部分,把问题的动态发展变为静态的"写生画"。由此,我们获得的想当然的学校变革见解和局部实践的代价,只能是忽视教育的整体性,把教育实践导入"舍本逐末""饮鸩止渴"迷途,加重原有问题程度或者扩大既有问题范围,削弱学校可持续发展的可能。

学校教育变革从景观生态学的尺度概念分析是一个新的视角。教育生态是有尺度性的,教育生态尺度大小依次是国家教育生态、地区教育生态、区域教育生态、学校教育生态、课堂教育生态、个体教育生态。一般教育变革较多在国家和课堂尺度上展开。这两个教育生态尺度改革为学校生态尺度改革提供了基础、前提和必要条件。把学校作为解决教育问题的主要尺度，是教育变革实践脉络的继承和发展。学校变革在教育改革内的地位和价值，我们可以引入景观生态学（landscape ecology）的尺度概念。景观生态学是"研究景观单元的类型组成、空间配置及其与生态过程相互作用的综合性学科"。景观生态学的核心概念是格局、过程和尺度。尺度是指某一现象或过程在空间和时间上所涉及的范围和发生的频率。尺度分为时间尺度、空间尺度与组织尺度，尺度本质上是生态所固有的特征或规律。组织尺度（organizntional scale）是指在由生态学组织层次，如个体、种群、群落、生态系统和景观等组成的等级系统中的相对位置，如种群尺度等。景观生态学将原先的个体生态、种群生态、群落生态、生态系统生态视为生态的不同组织尺度，并认为不同研究尺度之间生态格局和生态过程虽然相互联系，但有本质区别。生态格局是构成学校景观的基本结构与功能单位的斑块在学校生态系统中的配置，是学校生态景观异质性的具体表现。例如完全中学的初中部与高中部、教学区域与行政办公区域、实验综合区域等可以看作学校的不同景观的"斑块"，这些学校生态中斑块间的关系与状态形成了学习生态的格局，是学校生态过程作用的结果。学校生态过程的动态性表现之一每年的招生与毕业，这是学校生态群体的规律性的迁入、迁出，是学校教育生态系统基本的动态结构，也是学校教育生态过程结果的反映。

我们可以依据景观生态学的原理对学校生态系统所形成的功能整体的结构与动态过程把握学校的教育及其改革。每所学校都有着其独有的学校教育生态要素异质性，表现在这些要素间的物质流、能量流、群落的组织格局、生态过程关系、状态与动态变化上。学校变革的复杂首先源自学校教育生态的复杂性。学校教育生态的复杂源自学校教育生态是不同生态尺度（如学校类型、规模、空间范围）、不同生态格局（如师生群落结构与关系、课程设置等）的关系以及学校生态景观与不同生态过程中的生态因子、生态要素间的动态交互的不断生成与变化。

德斯姆认为美国教育改革的最终走向是以学校为变革单位的"综合的学校变革"（comprehensive schoolwide reform or comprehensive school reform）。重建学校与家庭、社区的关系，需要教育研究者引入系统论与生态论的眼光，系统论与生态论取向已经成为指导学校变革的范式基础。生态论者将学校假设为一个生态系统，学校变革则考验着改革者的系统性思维。生态论者认为，学校变革应该从与学校变革密切相关的各类群体、各项活动和各种组织入手，把学校置放于生态系统的视野之中，并把学校的整体性的、综合性的改进视为最高目标。生态论的学校变革取向产生了重要影响，它使得那些非传统性变革力量参与到学校改进运动之中。当前，"学校变革的研究，正经历着由学校内部到整个教育生态系统的视野转向。在此背景下,需要关注新的未被充分利用的变革力量,即家长和社区的力量"[1]。从生态论的眼光,学校是一个与外部环境时刻处于互动状态的生态系统,它们的交互作用是实现学校变革的根本路径。在生态论取向下,学校变革活动被视为是一个系统而又复杂的过程,它涉及以学校为核心主体的系统内其他主体的互动。学校、家庭与社区交织在了一起,进行物质、能量与信息交换,相互作用。学校变革的生态论取向作为一种改革理念,已成为学校改革实施过程的基本原则和方法论。"为了回应既往变革的失败,同时也由于重新认识到学校重组在培育教学改革方面的重要作用,美国已经开始致力于第三次浪潮的改革——'综合的学校变革'。"[2]综合的学校变革将学校整体而不是学校外部或内部的某一或某些特定部分作为变革对象。"综合的学校变革聚焦于整个学校的改进而不是学校内部特定学生人群,而且它也不局限于特定学科、项目和教学方法。"[3]教育改革的经验表明学校逐渐成为教育改革的主体,学校变革研究逐渐成为教育改革研究的重点,在于学校变革的特性以及学校变革在教育改革中的地位。景观生态学的研究表明,不同尺度的教育生态的内部运作机理不同,也是不能相互取代的。教育体制改革与学校教育改革密切相关,但不能相互代替。宏观教育体制改革的目标、改革方式、改革内容,与学校教育改革有着明显的差异。宏观教育体制改革的效应也不会自动转换为学校教育的发展和中小学生素质的提高。而且,提高学生素质的教育主战场只能在一所所中小学……在今天,素质教育要成功实施,必须把重心下降到以学校为单位的综合、整体改革,不能停留于自上而下地推行教育的单项改革。只有激发学校教育改革的活力,素质教育才会出现新局面。[4] 美国著名教育研究者古得莱得指出:"教育变革最理想的单位是由学生、教师和校长——每天都生活在这里的人——作为主要参与者组成的单独学校。"[5]

基于生态学的基本认识,学校教育生态是指以学校为生态尺度,师生群落与其环境之间的物质、能量和信息的互动关系与状态所形成的生态格局与生态过程的一种人工生态。教育生态是一种耗散结构系统。学校教育生态表征以师生为

① 武云斐. 走向共生的家长、社区与学校合作——美国的实践及其启示[J]. 教育发展研究,2010(4).
② Laura Desimone. How Can Comprehensive School Reform Models Be Successfully Implemeated? Review of Educational Researoh. Vol.72. No.3(2002).
③ ibid.
④ 华东师范大学基础教育改革与发展研究所:推进素质教育:转换思路才能打开新局面,人民教育 2005 年第 21 期.
⑤ John L Goodlad. The Dynamics of Educational Change: Toward Responsive Schools. New York: McGraw-Hill, 1975.

群落的教育主体的存在与发展的状态,也就是学校教育主体与其环境之间的内部关系,同时,学校教育与其外部环境之间的互动所形成的状态,这是学校教育的外部关系状态。不同的学校都有其自己的学校教育生态,正是学校的教育生态的尺度不同、生态格局不同以及生态过程的差异,形成了不同学校的生态面貌,即学校的特征,如学校的校风、教育质量可以反映出学校的生态面貌。这种生态面貌借用景观生态学术语就是景观——"在生态学中,景观是一定空间范围内,由不同生态学系统所组成的,具有重复性格局的异质地域单元"还提出了生态的"斑块—廊道—基质"的景观模式。(Forman,1986)正是这种异质性可以表征学校教育生态系统的状态,也可以表达学校的特色。

学校教育生态系统功能区别于学校教育功能,但又与教育功能有许多重叠。教育生态系统是一种有目的的人工系统,有系统内的生态功能和系统外的生态功能。其内在功能为育人,其外在功能主要为其社会功能——传递文化、促进个人社会化。简而言之,学校教育生态系统是支持学校教育进行,是学校办学的基础。良好的教育需要健康的学校教育生态支持与滋养。学校教育就像树林生长在学校教育生态的土壤之上沐浴着阳光、雨露,呼吸着空气。学校教育的课程、教学、教育依托教育物质、能量与信息在师生间流动产生功能——育人。

二、学校教育生态的内涵

学校教育生态作为一个社会性生态系统,具有丰富的内涵:

1. 教育生态是以人的教育为特定属性的生态

在同一地域范围可以从教育要素建构教育生态,也可以从经济等角度建构经济生态,因此教育生态是一种特定的生态,具有教育属性。教育的发展离不开教育的生态环境,彼此之间存在着协同进化的关系。简而言之,教育生态是由教育主体与教育环境组成的一个生态系统。教育生态是一个丰富的、复杂的、具有生命活力的生态系统。教育是依靠教育系统内部诸要素之间的交互作用及其与外部环境之间的物质、能量和信息的交换而运动的。教育生态环境是多维复合生态环境。教育的生态环境是自然因素和社会因素相互渗透交织、物质因素与精神因素相互结合融通的多元、多维的复合生态环境,由教育的自然环境、结构环境(也称社会环境)、规范环境(又称精神环境)和教育对象的生理心理环境等诸多生态因素组成。

2. 学校教育生态是特定教育群落的生态

学校教育生态是由师生等特定人群与环境所构成生态,这个生态的群落特指以从事教育与辅助教育工作的人员和学生所构成的教育关系为纽带组织起来的群落。教育群落是学校教育生态系统的主体,是教与学的关系的承担者。一所学校如果没有教育群落,就不能称之为学校生态系统。根据学校教育生态系统中发挥的作用与地位,可把教师视为生态系统中的"生产者",教师具有"自养性",至少起着两个作用:一是环境的强大改造者,以多种方式改造环境;二是促进物质循环、能量转换、信息传递。教师将知识加工成具有个人认知的教育资源储备,才能为教育生态系统源源不断地输入能量与信息,实现教育生态繁荣,起着重要的育人功能。学生是学校教育生态系统中的"消费者",他们直接或间接地依据"生产者"教师所制造的"营养",具有"异养性"。学生作为生态系统中的消费者,不仅对初级生产物起着加工、再生产的作用,对教育生态系统中的信息传递、能量交换等也起着十分重要的作用。根据生态学中对"分解者"的解释,"分解者"主要起着分解与还原作用,并以一定形式将分解物回归到环境中,成为自养生物的营养物,又称还原者(reductor)。分解者主要为生产者起到分解与还原,提供营养物的服务作用。作为人工的社会性学校教育生态系统中的管理者可以看作为"分解者",他们具有供生产者再利用外部资源的能力与作用,起到为生产者、消费者提供教育物质、能量与信息,并促进学校育人功能的作用。

3. 学校教育生态系统具有特定的生态位

学校教育生态系统是作为区域教育生态圈的一个组成部分,每一所学校的教育生态的发展,除了自身的内部生态因素外,也受到其外部区域教育生态圈经济、社会发展水平和历史文化传统的生活方式的影响,也受到这所学校所处的区域教育生态系统的影响。这些内外部教育生态必然影响这所学校的生态位,即这所学校在区域教育生态的群落中,所占据的位置及其与相关学校之间的功能关系与作用。有的学校生态位较宽,能够获得多种丰富资源,即"生态位宽度"(niche breadth)较大,也有的学校具有优势的现实生态位(realized niche)。学校教育生态位可以表现在人们对学校办学在感情上和心理上的认同感和归属感,也就是通常的学校声誉在一定程度上反映了学校生态位,会影响到学校的招生、毕业以及教育资源的获得。

4. 学校教育生态系统具有一定的生态尺度

学校教育生态系统的范围是指学校从事教育活动的有一定界限的范围。学校教育生态是具有一定的范围体系的生态,例如,学校教育生态、班级教育生态,还有课程生态、德育生态等。这意味着教育生态的时空可以从范围或系统中考量。学校教育生态系统的生态环境会影响学校教育生态系统中成员活动的特点,也会在很大程度上制约学校教育生态系统的发展。不同尺度的教育生态有着不同的生态格局与生态过程。学校教育生态的尺度必须适宜,不是学校规模越大越好,教育是育人,不可能用流水线规模式"生产"来培育生来具有差异的人。越是年龄段低的学校其规模越是不宜大,幼儿的身心特征不适宜大规模的人群聚集而造成的教育关照度降低。教育关照度公式如下:

$$教育关照度 = \frac{周上课时数 \times 课时单位时间}{班级学生数} \div 60$$

这公式表明,班额越大学生获得的教育关照度越低。从生态学视角看,关照度降低就是学生群体获得的教育生态提供的教育物质、能量与信息不仅不足,而且交换与流动更是不足,导致学校教育生态中物质流、能量流与信息流的降衰,而不能富集。同时,"格拉斯—史密斯曲线"表明,随着班级规模的缩小,学生的成绩也随之提高。而当班级规模缩小到约 15 人以下时,其效果迅速提高。

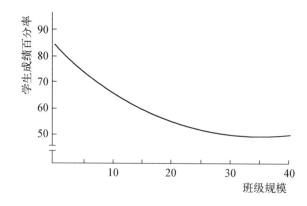

现代教育关注学生个性发展与创新人才的培养,需要生态化的教育方式,不应是适应低成本批量生产的模具型方式。因此学校教育生态必须有一个合适的生态尺度,学校应该摒弃盲目扩大规模,采取办学规模中小型化,实行小班化教学等方式。

学校教育生态系统的尺度并不意味着系统的封闭,而是开放,具有相当的延展,学生的家长、学校周围的社区是区域教育生态系统的组成部分。如果没有这些以学校为主体的周围环境,也就不是完整意义上的学校教育生态,学校教育活动将受到严重阻碍。

5. 学校教育生态系统具有其特定的教育生态力

生态力指生物与环境之间物流、能流和信息流的驱动力。生态力是生态系统为人类提供服务的能力。学校教育生态具有支持学校教育的生态力。通过学校教育生态力把从学校教育环境中获取的物质、能量与信息转化为师生主体的成长需要的物质、能量与信息,并将部分内在的能量、智慧等向外部输出,显示了师生主体本身的生命活力。学校教育生态力通过其生态的代谢能力表现出其育人功能。

学校教育生态力主要表现在生态服务功能上,为学校育人提供条件与效用。学校教育系统不仅要具有一定的教育服务设施,为师生教与学以及相关活动提供必要条件,满足成员的物质生活和精神生活的需要;同时,学校教育生态系统具有一整套相对完善的制度和管理机制,调节学校生态群落与其成员的行为,为师生教与学建立各种关系和确立各种联系,形成一定的教育规范,增强学校凝聚力。

6. 学校教育生态是一个人工生态系统、一个自组织的动态开放系统

从系统论的观点来说,教育生态在内在机制的驱动下,自行从简单向复杂、从单一向多元、从封闭向开放不断发展的过程。学校教育生态自组织功能越强,其保持和产生新功能的能力也越强。未来从现在和过去之中演变而来,依赖于已经发生与仍在继续发生的交互作用。自组织隐含着对人的内在力量的信念,相信每个人身上都存在着一种重要的为其发展提供目的和指向的力量。它们与机遇(情况)相互作用,为生命体的成长、发展开拓新的、开放的途径。对自组织的认识就形成了教育系统全新场景,在学校教育中,学生并不处于特定的零状态。

教育生态与生态教育是一对容易混淆的概念。教育生态强调的是教育主体与其环境的关系与状态,表明教育生态是支持教育发展的条件。教育生态是指一定范围、范畴的生态,例如还有政治生态、经济生态、文化生态等,教育是教育范畴方面的生态。生态教育是一个内容方面的教育,主要是实施关于生态方面的教育,与心理健康教育、法制教育等具体内容教育并列。教育生态与生态教育有联系,又有区别,互为依托,通过生态教育提高人的生态素养,自觉营造教育生态。教育生态支撑各类教育与教育活动健康地展开,包括生态教育。生态化教育需要有良好的教育生态的支持才能实施,由此,我们可以清晰地理解教育生态与生态教育的区别与联系,生态教育是健康教育生态实现的一种方式,即借助提高人们的生态意识、生态能力等来营造教育生态,是一种实现教育生态建构的手段、途径。健康的教育生态实现是一种目的,即人们努力追求的和谐的教育关系、教育健康发展状态。没有健康的教育生态,就不会有高品质的教育。

第三节　学校教育生态特征与结构

一、学校教育生态系统的特征

学校教育生态系统具有生态主体的整体性、生态因子的多样性、生态环境的综合性、生态结构的层次性、生态发展的阶段性、生态系统的开放性等特征。

(一) 生命性

在教育生态系统中,师生是自己意志的主体,其生命性体现在人与自然、人与

社会、人与自身的三重关系之中。这里的"生命"既是生物向度的生命,也是精神向度的生命。生物学告诉我们,生命是生物体的活动能力;哲学告诉我们,人的生命是意志和精神的体现。我们所说的生命是物化和文化的有机统一。

生长和发展是生命的权利,是生命的目标,是生命发展意义的自觉,是对生命的虔诚和负责。教育生态应该成为生命发展的良性生态,以生态观念考量与生命有关的教育领域,应用生态系统观点与生态系统平衡观点,阐述与生命有关的教学现象及其发展变化,提示各种的相互关系和规律性,认识和解决生命有关的问题。"生命"和"发展"各具意义。这里的生命是一个双构式存在,正如负载生命密码的双螺旋结构,既承载着本原的自然生命,又承载着超自然的意义生命。这里的发展是师生双方的共同发展,是彼此生命发展意义的自觉,是对生命的虔诚和负责。教育生态中的"生命发展"意指生命的天性就是生长发展,生命发展是生命在良好教育生态中的生生不息和蓬勃向上。

我们以生态系统主体的良好发展为终极目标,以符合生态发展的规律与原理,积极营造师生生命发展的良性生态环境,促进处于教育生态中的师生获得健康的发展。教育生态强调学生是生命体,更是能思想的生命体,应该把教师、学生看作是在教育这个特殊环境中相互作用的两个主体,用更符合生态原理的方式来营造教育生态。基于教育生态的生命性才可能实现学生由"容器"向"人"的转变,师生由此在生命与生命的互动和对话中激发情感、达成共识,提升生命智慧。生命性意味着生命的丰富性,没有生命的充沛,生态的主体必然会受限制,甚至萎缩、消亡。因此在教育生态中让每一个学生都发展得好才是生态多样性的表征,偏爱部分学生是反生态的。健康的教育生态的重要特征是生命体的繁荣,具有生命意义的教育活动的丰富。

(二)精神性

学校教育生态系统是人工的生态系统,不同于自然生态,其本质属性具有社会性。教育生态的主体是作为人的师生,人的重要特征是精神性。学校教育生态最重要的特征是精神性,这是与任何以动植物等为生命主体的生态根本不同之处。同时,教育生态的精神性又是教育生态中的主体师生通过环境中的文化能量、心理能量与知识信息、技能信息等传递与交换实现的。没有精神性的能量与信息,其育人功能无法实现,教育生态也就不存在。

教育生态中文化能量、心理能量可以统称为精神能量,这决定了教育生态的最基本的生态过程。教育生态的精神性主要表现在主体与环境中核心要素——观念文化。学校生态中民主平等的观念、真善美的道德标准、科学精神与知识等文化能量、心理能量滋润师生的心灵,促进师生健康成长。罗杰斯强调,只有让学生处在一种无拘无束、自由畅达的空间,学生才会尽情地"自由参与"与"自由表

达"。只有学校培育崇尚代表人类先进的文化,富人性、通人道、讲人格、重人权的
人文环境,学生健康成长的实现才有真正可能。

　　学校的教育生态过程应该满足学生精神生活的需求,满足他们精神世界丰富
和发展的需要,让学生把学习活动和精神追求相融合,在学校的生活中产生愉悦
和信心,在校园里,有一种学校、同学、教师一体的感觉,心中充满希望,身心和谐。
学校生态应该为学生提供健康成长的道德环境,让他们在这样的环境中受到熏
陶,在道德践行中学会尊重和负责,学会自律讲道德,成为一个有美丽心灵的学
生。学校生活中充满着关爱,在学生的心中涌动着真善美的高尚的审美情操。学
校教育生态应该满足学生心理健康发展的需要。学生应该生活在获得尊重的学
校里,学生有安全感和归属感,对学校生活认同,在学校生活中能得到接纳,能够
享受学习,而不是因为学业成绩而受到歧视或冷淡。在学校生活中感受友谊和关
怀,没有焦虑、烦躁、恐惧等不良情绪。学生的个性能得到良好的发展。学校教育
生态应该成为师生共同的精神家园,有着丰富精神生活。学校教育生态应该浸润
着"让校园生活更人性化"的理念:让我们的课堂挥洒激情,让我们的校园荡漾人
文,让我们的师生充满爱意,让我们的学习绽放智慧,让我们的生命洋溢活力。

　　学校教育生态要为学生提供充分的精神营养,促进学生现实精神世界、理想
精神世界和虚拟精神世界丰满健康,有一个完整的精神世界,提高学校生活质量。
改变培养"工具人"的教育行为,改变教学标准化控制下的教学行为,防止学校教
育生态的污染与精神营养沙漠化。学校教育生态的精神性也表现在教师文化中,
教师有着丰富的精神生活、高尚的精神世界,教师成为学生精神生活的引导者。
在学校精神家园中师生们在丰富的精神生活中,体验生活的美好,有着积极的情
绪、高尚的情感;在道德生活中,以真善美来对待生活和与人友善;在知识生活中
热爱知识,增长智慧,拓宽视野;在文化生活中热爱文学艺术,有高尚的审美情操。
从而通过潜移默化丰富他们的精神世界,人性得到张扬,人道得以彰显。

　　学校教育生态是以人,即师生为本的系统,在其上形成与发展养育人的学校,
并作为"人的学校"展开教育活动。这种生态型学校强调人的潜能的发展;强调理
解自己与他人,并同他人和谐相处;强调满足人的基本需要,强调向自我实现发
展。富有精神健康的教育生态上的教育将帮助学生尽其所能成为最好的人。正
如法国作家孔巴滋所言:"未来的学生应该培育灵魂,锻炼精神,优化情感,使学生
成为热爱世界的主人。"教育的基本功能是把人类所创造的一切优秀文明"内化"
为个体的精神财富,发展、提高他们的主体性,造就未来社会的文明主体。健康的
教育生态培养的人必然是富有主体性的人,只有这样的人才能主动、积极地参与
社会生活,并为社会进步做出贡献,才能表征学校教育生态的健康。

　　学校教育生态的精神性更是体现在各种关系上的平等与民主,这才可能使教育

生态中多重关系和谐与共生。民主平等的师生关系、生生关系以及由这种关系营造的一种活泼和谐的教育氛围,是学生主体性发展的基本条件和前提。教育过程中,应建立一个民主、平等的师生关系,营造宽松、和谐的班级环境,并以这样的社会心理,对学生个体产生积极的影响。陶行知指出,"只有民主才能解放最大多数人的创造力",并使之"发挥到最高峰"。在教育中真正实现师生的主体作用,需要创造民主的教育生态环境,尊重师生的人格与权利,解放师生的主体性与创造性。把民主看成一种生活方式,尊重师生的主体地位,让师生得以生动活泼、自由地发展。

(三) 整体性

生态整体性是生态系统最基本和最突出的一个特征。整体性意味着教育生态有其子系统与要素组成,这些由不同部分组成的有序系统,相互联系、相互制约,整体协调、生态平衡。学校教育生态系统的结构是一个统一的有机体,各组成教育单元是它的一部分。它的整体功能大于组成教育的单元功能之和,可用数学式子表达为: $S>\sum s_i$ 这个式子中 S 表示学校教育生态系统整体功能,s_i 表示各教育单元。学校教育生态系统总体功能大于个体功能之和的特点,取决于它的结构。教育生态是一个完整的生命共同体,通过教育生态要素构成丰富的关联,使教育生态的主体间、主体与环境间、教育要素间等建构成生态结构,显现出与其结构相应的功能。学校教育生态系统的要素不能代替由它们组成的结构,任何一个层次上的子系统的问题,都可能导致整个学校教育生态系统功能的减退和紊乱。因此,我们在学校教育生态系统建设和管理工作中应关注学校各子系统的现状,使之能够在整体互动中发展。同时,学校教育生态系统的运行要合理组织、统筹规划、统一布局,不断寻找各教育单元间的最佳结合,使学校各子系统的运作在学校教育生态系统的整体之中,发挥学校教育生态系统的整体功能。组成多维复合的教育生态环境的生态因子是多样的、相互交叉的,这样才能满足育人所需要的生物的、社会的和精神的条件。在学校教育生态系统的时空范围内,这三种环境及其生态因子在教育过程中相互作用,形成平衡失调、竞争协同等复杂的态势和关系。任何一个生态因子都不可能单独存在不与其外部发生联系的,必然相互联系、相互制约的。从生态学观点看,各种教育生态因子有机地组合形成教育生态系统,体现了综合性。这就要求我们建立生态系统观,树立大教育观念。

学校教育生态系统的生态因子对育人的作用和影响,具有多方面性,从而构成学校教育生态系统的综合作用。学校教育生态系统的不同生态因子对学校教育有着不同的影响,从不同角度、不同侧面制约着教育的发展,影响育人的过程。显然,多维镶嵌的生态环境、多种生态因子必然对教育产生综合的影响。

(四) 多样性

学校教育生态系统的生态环境是由多样的生态因子(factor,也称因素)构成的,由于学校各个部分存在的差异性和差异的多样性,以及各部分广泛的相互作用和相互作用的多样性,从而获得互补性、整体的密不可分性和部分之间的非线性关联性,从而形成生态系统的丰富性。多样性是维持生态系统稳定性的重要因素。

教育生态因子是由具有质的多样性的多种教育生态因子构成的,包括生命性的与非生物性的、单因子与复合因子、敏感因子与非敏感因子、稳定与变动因子。例如,社会生态环境有家庭生态因子、学校生态因子、社区生态因子等。而在家庭生态因子中还有一般家庭和特殊家庭之分。在这些生态因子中集合着许多生态因子的不同结构。如,特殊家庭,它有着随迁家庭、离异家庭、缺损型家庭、残疾子女家庭中的不同生态因子,对儿童的教育都会有直接的或间接的影响,影响的大小也不一样。学校有着课程、教学、课堂、德育、管理等这些生态因子。根据生态因子的性质和作用的不同,美国行政生态学家雷格斯(Fred W. Riggs)把生态环境中的因子分为无感因子和敏感因子两种。敏感因子与教育有直接的交互作用的关系,例如,课程教学就是敏感因子,直接对学校教育生态系统的教育结构起影响。在敏感因子中,又可以分成独立因子、附属因素和交互因子。独立因子往往是单独对教育产生作用的因子,如教学因子。交互因子在性质上具有两重性或多重性,如招生因子,既具有人口的自然属性,又具有招生政策的社会属性;既是教育的外部条件,又是教育的内部结构成分。生态学家麦恰德斯基把生态因子的作用和性质结合起来划分,分为稳定因子和变动因子,例如,校舍相对稳定,而入学人数是变动因素。教育生态因子的这些分类,为我们研究学校教育生态系统中各种生态因子对教育的作用和影响,提供了思路和方法。我们应该对学校教育生态系统中敏感的不稳定因子根据其作用的性质做出干预,如果是具有积极意义的敏感不稳定因子应该采取措施使它稳定起来。

尊重生命多样性构成了教育生态的基础,教育生态也是丰富多彩的。首先是主体的丰富性,师生都是各具特点与差异的生命体,也有自己的发展需要与权利,学校生态中不同学生、教师的多样性保证了教育、教学活动的稳定性。学生不断成长的过程,本身就意味着多样性和丰富性的增长。教育生态的多样性也表现在教育生态环境的丰富性上,作为教育生态环境的教育活动的内容、形式的丰富性,教育内容与方式不能单一,失去多样性也就失去教育生态发展的良好条件。生态要素的丰富促进教育生态系统功能增强、主体链均衡发展,从而加强信息传递、能量流动和物质交换。

(五)层次性

学校教育生态系统有着系统结构,这种结构的层次性是生态结构有序性的反映,制约着生态系统的功能。首先是学校教育生态系统的结构规定性。系统的结构不同,系统的质的规定性不同,系统就有质的区别。表面上看起来各类学校的结构大致相同,例如小学上海五年制、初中四年制等,其实每所学校的教育生态结构是不同的,例如学校的管理生态、课堂生态等生态要素—结构—功能千姿万态,学校的教育面貌就在于它的结构上的差异。随着教育改革的深化,学校教育生态系统内教育单元的丰富性,会增强学校教育生态系统的功能。学校教育生态系统的因素不强,例如师资或者课程不足,会产生学校教育生态系统的功能不全。

学校教育生态系统结构具有动态性。生态系统结构的相对稳定性并不意味着系统的结构是静止的、僵化不变的,仅仅是一种平衡结构。其实,系统的稳定性是在系统各个要素的运动变化之中表现出来的动态稳定性,是变化发展之中的稳定性,是相对的。现实的生态系统都是非平衡的开放系统,学校教育生态系统也是如此。例如,学校教育生态系统的结构会依据地区学龄儿童的变化而变化,有的地区随着学龄儿童减少招生数额会变动,形成各年级班级数与班额的变化,从而影响教研组、学科教师结构上的变动,导致学校教育生态系统的结构变化,有的情况下会使学校生态中的不足凸显出来,有的也会因此弥补了不足。

学校教育生态系统结构有着一个重要特点就是关键性结构。生态系统中众多要素的质和量并不均匀,它们所处的地位也并非在同一水平上,它们之间的结构距离也不相等,因此结构形成的相互作用就不同,从而显示出生态体系中有的联系是本质的联系,而有的联系是非本质的联系。这就是系统结构具有不同的类型和层次,具有关键结构部分和非关键结构部分,具有实质性结构部分和非实质性结构部分。不同学校的教育所以会呈现出不同于其他学校的教育面貌,例如学校的教育特色、教育强项等就是因为这些学校教育生态系统的关键结构不同。一所学校的教育特色,并不是只是一群人干某一项独特的教育项目干得出色就能成为教育特色的。学校特色是建立在学校文化—教育—课程—教学—管理生态系统的基础上的,是学校教育生态系统关键结构功能的表征。在建设学校教育生态系统时,认真分析生态系统的关键要素对于制订学校教育发展规划和行动计划是十分重要的。如果不能把握学校教育生态系统中的关键结构与要素,工作就会忙和乱。如果不能确定学校生态系统的生态过程,学校教育就无法实现优势互补;如果错误确定学校某种教育特色,或者学校生态还不能支持学校教育特色形成,勉为其难,会导致学校生态的失衡或者遭受破坏。

把握学校教育生态系统的结构性,是为了更好地把握学校生态的层次性,关注系统的要素及其联系,使学校生态系统的功能发挥有结构上的保证。

(六) 阶段性

学校教育生态发展的阶段性是指学校教育生态作为一个人工的生态系统有着形成、发展与成熟的发展过程,这些过程呈现出阶段的特征。学校教育生态的发展过程是有着规律的,新创建的学校、历史悠久的学校、有一定办学时间积累的学校、经历一次或者多次撤并的学校的教育生态形成、修复、优化过程都不同,会呈现其生态发展状况与特征,即发展的阶段性。学校教育生态发展的阶段性主要取决于其生态因子的发展水平、生态结构与生态过程的综合功能所表征的生态阶段性,也是教育生态对教育作用所呈现的阶段特征。

学校教育生态的主体是师生,师生群落与教师群体、学生群体本身有着发展的过程,同样,学校教育生态环境中的生态因子也有着发展过程。这些发展过程的整体面貌就呈现了学校教育生态发展的阶段性。学校教育生态的主体与环境的发展阶段性对学校教育生态过程整体产生影响,这两者相互联系在一起必然使学校教育生态系统中的生态因子对教育的作用显示出阶段性。

学校教育生态系统的主体是生命体师生。由于儿童生理和心理发展呈现阶段性,从教育内部的系统结构看,教阶层次就是层次性的表现。许多相关的生态因子例如课程、教学方法、教育形式等对学生的作用也表现出阶段性。在不同阶段上,教育生态因子作用的具体内容和方式、作用的方向和强度也会不同。另一方面,学生的教育过程有周期性,呈现节律性,但这种周期性很长,显示出教育生态因子的阶段性。教师的成长也有着发展周期,从初入职教师、成熟型教师发展到专家型教师不仅对学校教师发展生态有着重要影响,而且对整个学校的教育生态结构与功能起着深远影响。学校教育生态系统的生态因子的阶段性决定了学校教育生态系统发展必然具有阶段特征,也会出现不同学校的教育生态系统间的发展不平衡和差异性。学校教育生态系统的生态因子与生态结构、生态过程的发展不平衡,会导致其生态功能倾向性,形成不同的学校教育生态特征的差异。

学校教育生态系统的阶段性,表明学校教育生态系统的建设是在连续发展中呈现阶段性,因此我们在建设学校教育生态系统时不能操之过急,不顾学校教育生态系统发展的阶段性,既不能冒进,也不能无视由于阶段性表现出来的不平衡,搞一刀切,应该根据学校教育生态发展的阶段特征差异性、多样性发展。

(七) 开放性

健康的生态系统都是开放系统,不断地从外界输入能量和物质,经过变换而成为输出,从而维持系统的有序状态。"生态系统开放性是一切自然生态系统的共同特征。自然界中不存在孤立的生态系统(与外界环境既无能量又无物质的交换),而封闭的生态系统(与外界环境只有能量的交换)也属罕见。"[1]开放性的教育生态系统具有不断地与外界环境进行物质、能量、信息交换的性质和功能。学校教育生态系统通过开放与环境之间建立了紧密的联系,即使一个班级也在多方面

---

[1] 蔡晓明:生态系统生态学,科学出版社,2000.9.

与外部关联的。学校教育生态系统通过不断地摄入能量、信息等,并将代谢过程中所产生的"熵"排向环境。当教育系统与外界环境发生能量和物质交换而产生的"熵"变化远小于零时,系统从外部环境不断获得能量和物质,吸收负熵流,教育生态系统的总熵值将减小,有序性增加,信息量增加。正因为这种开放性的存在,使教育生态系统各要素间的不断交流,促使系统内各要素始终处于动态之中,如教育生态系统内师生个体活动和适应性对策的变动、群体(物种)间交流和大小的变化、群体间关系的改变等都是在开放环境中得到改善。正由于开放性,使得学校教育生态系统本身的结构和功能得到不断发生和发展。例如,教师的流动常常决定着学校教师群落的分布和外貌,也影响到教师群体的结构和功能。无论从长期还是短期的角度看,教师流动会成为生态系统演替的诱发因素。生态系统的开放性决定了系统的动态和变化,给生态系统提供了不断发展的可能。

学校教育生态系统结构具有开放性。学校教育生态系统处在社会系统之中,也是区域教育系统的一个子系统。它必然向较宏观的系统和上一层大系统开放,同时也需要向平行的子系统开放。学校教育生态系统的开放,在本质上则是以观念的解放和体系的开放为标志。学校教育生态系统必须充分开放,使得主体与环境的充分交换成为可能,使得系统自组织成为可能,才能使得系统保持充满活力。学校需要通过教育生态系统的支持,使学校能与外界的物质、能量和信息交换正常进行,从而不断提高学校的办学质量。不同层次的学校之间也应该开放。同时,学校内系统层次间开放,即本层次向其他层次的开放,促进系统内部活力,增强学校自组织能力。学校教育生态系统如果处于封闭状态,与外界全然没有任何交换,或者学校内部的各部门自我封闭,那么其只能自行走向混乱无序的混沌状态,或迟或早总会走向衰亡。

教育生态系统的开放是系统的适度开放。一个系统之所以成为活系统,有其相对独立自主性。学校教育生态系统的适度开放主要是靠系统自身的自我调节机制来保证的。学校教育生态系统的自组织性使得系统有条件地、有选择地、有过滤地向环境开放成为可能,它要使学校教育生态系统保持自主性,具有应付环境变化的灵活性。贝塔朗菲在《关于一般系统论》中指出,"开放系统的特征正是有机体具有不断做功能力的根据所在"。学校教育生态系统为什么需要实现资源共享、优势互补、示范辐射? 这是为保持学校教育生态系统开放性发展的需要。

以开放、动态的思维来把握教育生态系统,关注开放的形式和内容,不能把开放性局限在某个点上。同时要分清主次,对众多的外界环境因素应重点关注对教育生态系统的运动产生实质性影响的因素。当外界环境发生变化,生态系统会作出相应的改变,这是生态系统能够发生演替的原因。开放性意味着系统中的因子与众多其他因子的联系性,具有一损俱损、一荣俱荣的关系。例如在确定学校规模时,应考虑学校教育生态系统的学生招生摄取量,分析其承受力,保证教育生态系统承载的正常运作。学校教育生态不是线性的、封闭的。强调教育的不可重复性,重视个体差异性,关注学生个体的价值和体验,关注多元理解,关注个体的解释性。教育生态中的教与学是师生社会的、精神的、生理的、心理的因素和环境因素相互依存的动态生成性的生命过程,而非线性,非预先设定的。教育生态是在不断适应中变化发展的,形成生态主体集群生命的多样性,处于不断突破平衡后获得再平衡的创生过程中。

（八）差异性

教育生态普遍存在着差异性,正是这些差异构成了教育生态的丰富性、多样性。教育生态表现出来的差异性,正是生态主体的差异与环境的差异,以及它们之间相互作用的差异。在教育生态中每一个学生都是重要的,“重要”是心灵对生命的允诺。每一个学生又都是独特的,教育中谁也不能代替谁或取代谁,他们对自己的需求有着深刻的理解,对周围的世界有着自己与众不同的解读。每个生命的个体都是平等而有尊严的,每一个生命都有着自己的天赋以及不可估量的潜能。差异意味着学生个体都蕴含着一份独一无二的特质,独特的心灵、独特的能力、独特的个性,以及独特的生活经验。差异也表现在各个教育生态因子的差异以及这些因子结构的差异,从而产生教育生态功能整体上的差异。教育生态要满足不同层次、不同学生的学习上的差异,关注学生发展的情境性,这是教育走向现代的重要标志。

教育生态系统中的生态因子具有差异性,形成了不同学校、班级的教育生态的差异,造成了教育生态中的生命的、非生物的生态因子对教育活动有着直接或者间接的影响。因此必须把握教育生态系统中敏感因子与非敏感因子,稳定因子与变动因子,独立因子、附属因子与交互因子,这些不同的有着差异的教育生态因子会对整体产生不同的作用。同时不同教育生态因子也有着其自身的发展阶段性上的差异,从而表现出其影响力的强弱。在教育生态中学生的差异是关键。这不仅是目的,不是培养“同一”的学生,违背“生物多样性原则”,而且也是方法论,即应该通过具有差异的方式培养不同的学生。歌德曾经说过,世界上没有两片完全相同的树叶,更不可能有个性特征完全相同的人。传统的课堂教学视学生为毫无生机的容器,教师则是操作工,他们把书本知识,甚至是应试知识,顽强地灌入“容器”,使学生的主体意识削弱,创新精神与实践能力丧失。教育生态观强调“单数”的“多种”,“唯一”的“复数”,让学生在健康的教育生态中个性化地成长。个体与情境的差异性才能使同一教育更富有教育价值,才能摆脱标准化工厂式教育“生产”。

（九）适宜性

生态学有着基本的最适度法则：一个生物能够出现，并且能够成功地生存下来，必然要依赖各种复杂的条件合理存在。生物对一种生态因子的忍耐范围是有限度的，"过"和"不及"都是有害的。教育生态也涉及其生态因子的三种状态：最小量、最大量、最适度。最适度的"度"是生态因子质和量的统一。教育生态中的群体也都有自己最适宜的群聚度，不当的群聚度会影响教育群聚的活动和效能。教育生态中的各因子应该互为适宜，教育要适合学生的可接受性，学生的可接受性也制约于教育的水平。

健康的教育生态的基本属性就是适宜性，即适者生存。课堂所提供的生态环境要适应学生成长的身心规律，尤其是适宜学生学习。教育生态需要保护，也就是需要合理地对待生态系统。如果教育方法不合理，则学生成长必遭损害。例如，传统教学中许多教师在很大程度上是在"克隆"学生，课堂教学方法的工具性和机械性不仅湮灭了教与学过程的智慧活力，而且也偏离了教育的目的，异化了教育的意义。传统的教育被深深地打上了应试教育的烙印，教学变成了一种具有背离人性的强控制性质的活动，学生感到压抑而无学习的自由和自主活动的可能性。工具理性的应试教育完全忽视了教育的生命特性，致力于塑造考试的机器、分数的奴隶、谋生的工具，而不是把学生培养成具有人格魅力、心智健全、个性鲜明、能力全面的人。教育生态的适宜性首要的是教育的合目的性，教育内容、教育方法与教育过程要适宜于学生的发展，有利于促进学生健康成长，必须改变制造以一个模具、一种方式把原本千姿百态、生动活泼的孩子都加工成"标准件""通用件"那种"加工场"思维模式。健康的教育生态是学生健康学习与成长的生态，以期实现学生生命的价值。

（十）共生性

生态学认为，生物生活在一起，一方的存在以另一方的存在为条件而长期共生，同时又直接或间接地发生着联系。生态学的基本观点之一，即是尊重生命的多样性和促进生命的共生性。在一个生态系统中各种生物体共生是生态多样性的集中表现。教育生态的一个重要特征是共生。共生是不同教育生态主体之间的积极关系。共生是指主体间、环境中的要素间存在的共同相处，享有共同的生存生活空间，包括所有各种形式的互相作用，甚至是竞争。共生也存在于教育生态系统中，互相作用和影响。教育生态中的共生表现为，一是不同系统的教育生态系统之间的共生，产生于生态环境之间和生态主体之间；二是同一教育生态系统之间的共生。无论是不同教育生态系统，还是同一教育生态系统之间的共生，都必然要运用创造性思维进行创造性的存在与进化。

教育生态中师生关系是互利共生的生态关系。生态学认为，一个物种的进化必然引起另一物种及相关物种发生协同变化,这种相互适应、作用的共同进化即协变性。在教育生态中,则表现为各个因子间的协同变化。学校中师生的情绪、情感等交织形成的心理场的生态性水平,会直接影响师生教与学的心态与行为。生态学认为,生物生活在一起,一方的存在以另一方的存在为条件而长期共生;同时又直接或间接地发生着联系,师生之间的关系也是一种互利共生的生态关系。教师的教为的是学生的学,学生的学需要教师的教,互相依赖"教学相长"。学生与学生之间也是如此,正如《学记》中提到的"独学而无友,则孤陋寡闻"。在教育、教学中,协变必然要求共生,表现为各个要素间的协同变化。

二、学校教育生态系统的结构

(一)教育生态系统的层级

学校教育生态系统是由各种教育因子组成微观的教育生态系统。教育生态系统由两大部分组成,一是教育主体,二是与其相对应的环境。教育生态结构不健全会产生运行无序的教育,会呈现一片混乱状态。研究以教育为中心的各种环境系统,分析其功能以及与教育和人类的交互作用关系,以寻求教育发展的方向、教育应有的体制以及应采取的各种对策。教育的宏观生态较大范围的是区域教育生态大系统。把握教育生态的四个环节:1. 生态环境;2. 输入(人力、物力、财力、信息);3. 转换过程(教育活动、办学活动);4. 输出,出人才,出成果。教育的微观生态主要涉及学校及其教育,例如,学校的要素及其时空,包括师生、课程、教育、教学、管理等,也涉及学生家庭等。这些微观的教育生态对学校教育、家庭教育产生影响。

贝塔朗菲指出:"在现代观念中,实在是有组织实体的庞大的层次序列;从物理系统、化学系统到生物系统、社会系统,高踞于梯级的高层。科学的统一性,不是把所有的科学虚幻地还原为物理与化学,而是来自实在的不同层次的一致性。"系统的层次性是由于组成系统的诸要素的种种差异包括结合方式上的差异,从而使系统组织在地位与作用、结构与功能上表现出层级秩序性,形成了具有质的差异的系统层级。

一个系统被称为系统,实际上只是相对于它的子系统而言。高层级系统是低层级系统构成的,高层级和低层级之间的关系,首先是一种整体和部分、系统和要素之间的关系,高层级作为整体制约着低层级,又具有低层级所不具有的性质,但也有自己的一定的独立性。学校教育生态系统作为一种生态系统,同样也具有层次性。层次性是教育生态系统的一种基本特征。教育生态系统的层次结构,例如,教育系统的教阶结构,从幼儿园到小学、中学、大学,这种谱系结构本身反映了不同的教育层次。

学校教育生态系统基本分为三个层级：

1. 学校教育生态层级。这是学校教育生态研究的主要指向。学校生态系统由多个不同层次子系统组成,由学校德育生态、课程教学生态、管理生态、学校文化生态等组成。学校教育生态系统的各个组成部分应该协调发展,这才能发挥学校生态系统的整体功能。如果学校教育生态系统中的各生态因子完全丧失了独立性,那么学校生态在实际上已经失去了存在的意义。

2. 学校教育生态子系统层级。这是学校教育功能性单元的系统,从学生维度有班级生态子系统、年级生态子系统,从教师育人维度有教师备课组生态、教研组生态等。各个子系统存在着纵向与横向的关联,协同发展,实现系统功能。这些子系统是以生态主体存在与发展为前提,影响了学校生态系统的整体发展。

3. 区域教育生态大系统。这是相对于学校而言上位层级的教育生态系统,简单地区分为社区教育生态系统、区域教育生态系统。社区教育生态系统发挥教育功能的最直接的层面。在这个层级里有着不同学段的教育机构组成的学校链:0~3岁教育机构—幼儿园—小学—初中—高中—高等学校等,也有着横向的教育机构组成的青少年活动中心、乡村少年宫、成人学校等,还有非行政性的教育结构,例如片区学科联盟、片区学科教研中心组等。随着各地区教育均衡化多元化发展,原先的以乡镇、街道为主的教育生态之外,也出现了学区、教育集团的教育生态系统。这个层级是人们直接感受到的教育服务,既包括教育均衡水平,也包括学校办学质量。从现实教育生态来看,社区(乡镇、街道)—学校结构是区域教育生态圈的敏感结构之一。同时以乡镇、街道为范围的社区在社会结构中十分稳定,社区文化一般积淀深厚,有着重要的影响力,地区的成员基于自身人口素养,并通过教育价值的选择直接影响地区教育的改革与发展。因此以乡镇、街道为地域的教育生态系统呈现着自己的特征。区(县)教育生态层级。这个层级是以行政区划形成的。这个层级上的教育生态系统包括区域境内的所有与教育有关的,影响教育的各种因子。其中关键因子是政府及其主管教育的职能部门,包括教育督导室、教师进修学院等。这个层级在区域教育政策、教育经费、教育人力资源配置中起着主导作用,直接影响区域教育生态的发展。

学校教育生态系统不仅要优化学校生态子系统,而且要依托区域教育生态大系统。这三个层级的教育生态系统各有各的功能,都有着不可替代的作用。

（二）学校教育生态系统的结构

学校教育生态系统的结构是指学校教育系统内部各要素之间的稳定联系形式以及与外部环境之间的关系形式。在学校生态系统中,学校主要是依靠个体—群体—学校系统运作的,即学校依靠各个子系统运行的。关注学校各个子系统的生态结构与功能,才能保障学校办学的整体性正常。其结构图如下：

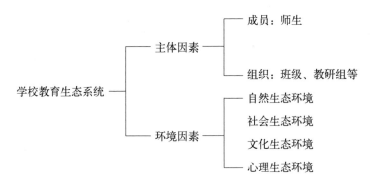

1. 教育的个体生态：以学生、教师等的个体为主体与外部教育环境,包括与教育有关的自然、社会和精神的因素组成的系统。

2. 教育的群体生态：以一定的教育群聚所构成的教育子系统,学校内教育层次或组织,它反映了教育体系内部的相互关系。

3. 教育生态系统：以教育的主体与教育外部的环境组成复合的教育生态系统。学校教育生态系统结构还表现为由子系统构成,例如学校课程系统、教学系统、德育系统、管理系统,这些子系统是相对独立,但是互相关联。

学校是微观教育生态系统,以师生为主体,形成教育与生态环境之间组成多维的复合体系。在这教育系统中,通过物质流、能量流和知识流,促进教育的整体发展。学校教育生态基本上是人工生态系统,不仅有层次结构,而且有其纵向和横向连接,从环境中获得能量、物质和信息,然后通过办学活动,对学校生态环境作出积极的影响。学校教育生态系统以外界环境向其输入必要的资金、设备、图书、人员以及各项方针、政策,而教育向社会输出各种人才。正是学校与外部生态环境的这种互动,才使教育生态系统保持着一定的有序状态。各种生态因子相互联系,对教育产生综合影响。教育的生态环境,是教育得以存在和发展的前提和条件。使学校教育生态协同发展的系统动力是系统的结构、功能以及系统内外部综合因素决定的,优化教育生态环境是发展教育的重要策略。

（三）学校教育生态的主体要素

教育生态的主体是生命主体师生构成的教育群落。学校教育生态系统中的群落是世界上具有最高生命形态的人成长与培育而呈现得十分复杂。

生物群落(biomes)指在特定空间或特定生境下,具有一定的生物各类组成及其与环境之间彼此影响、相互应用,具有一定的外貌及结构,包括形态结构与营养结构,并具特定的功能的生物集合体。生态系统中具生命部分即生物群落。一般生物群落具有物种多样性、物种功能的差异、多种结构与动态变化的特征。

学校教育生态系统的主体是由特定的生命体组成的师生群落,这群落由一定的群体(生态学中称之为种群)组成的,例如,学生群体、教师群体、管理者群体等。学校教育生态系统由于其群落的不同,而呈现不同的群落面貌,呈现出学校群落的多样性。学校教育生态系统中的群落不仅有生命体的群体,还有一种生命体的组织,具有生命体的特征,可以称之为"类群体",例如教研组、备课组等。学校教育生态系统的群落由群体(种群)与类群体(组织)构成。一个教育群落中包含着许多群体(物种),即生态学中的物种。不同的教育群体——教师、学生乃至教育管理者都是教育生态中的"物种"。同一教育群体又可以分为不同的亚群体(亚种),例如小学生、初中生、高中生、大学生、研究生等。教育群落中的每个教育群体的个体数量不同,有常见教育群体(common species),主要为学生群体、教师群体和稀有教育群体(rare species)例如博士研究生等。我们还可以细分学校生态中的群体为组群,例如学生的班级、学生的社团等,这是人工生态特有的,这些组群与自然界生物亚种有不同之处,从教育实践看也不能简单称之为同一物种。学校教育生态系统的群落不仅在数量上有若干的群体,而且在种类上有着不同类型的群体与类群体。同一类型群体是指生活在一定空间内、同属一个类型的群体成员(类似于普通生态学中的物种)的个体的集合,即群体(种群)是由占据一定空间的同一类型群体成员(物种)的多个个体所组成,具有数量特征、空间特征、社会角色特征与系统特征。

学校群落具有一定的外貌(physiognomy)和内部结构(structure),包括群落形态结构,例如教师、学生与管理者不同比例组成的群落结构,群落性别结构,教师群体的年龄结构、资历结构等,群落的分布结构,学生群体的年级、班级规模结构,师生活动空间分布格局等。学校教育生态系统群落的基本结构一般是紧密型的,例如班级、年级、教研组,单元结构清晰,也有一些群体组织,例如学生社团、教师项目组,这类组织的结构称之为松散结构。群体有边界(boundaries)特征,有的群体具有明显的边界,有的则不明显,而处于连续的变化之中。由于学校教育生态系统共性较多,常使人们忽视不同学校教育生态系统的各自特征,从而导致对自己所处的学校教育生态系统失去自我清醒认识。学校教育生态系统的群落具有形成群落环境的功能,对环境因子进行改造。群落对其所处环境产生重大影响,并形成群落环境。同时还具有一定的动态(dynamic)特征,群落的构成是动态变化的,而且其群体内部也是处在变化之中的,例如教师年龄的老化、生源的减少或增加等。

学校群落中不同类型群体之间的相互影响,使群落中的不同类型群体及其个体和谐地共处,即在有序状态下生存。学校教育生态系统中不同群体有着一定的分布(distribution)范围。任一群体都分布在特定范围或特定生境上,不同群体的生境和分布范围不同。学校教育生态系统群落应该具有群体类型的多样性,即生命主体与类生命主体的多样化和适应性。在一个学校教育生态系统中应该呈现群体的丰富度（species richness），即一个群落或生境中群体类型数目的多少，还应该是群落中各个种群体有着合理的均匀度（species evenness or equitability）。义务教育学校招生强调划片，就是为了保障一定范围内的入学学生群体的均匀度。在一个群落中教师群体中如果老中青三类不同个体失调，会造成教师生态链的缺损。这就是生态学上的物种密度（density）：单位面积上群体的个体数。这提示教育生态系统要通过一定生态要素交换机制，使教师年龄结构趋向合理结构，保持不同类型教师密度合理。

学校教育生态中群体种类的组成是影响教育群落发展水平的一个重要因素。教育群落组成中的每个成分在决定整个群落的性状和功能上并不具有相同的地位和作用，把握群落中群体类型的适宜度是十分重要的。在任何一个学校教育生态系统中都存在着异质群体类型（即异质种群，metapopulation）。Levins 于 1969 年首次提出异质种群，将其定义为"一组种群构成的种群"。它指生活在斑块生境中、彼此间通过个体扩散相互联系在一起的许多小的或局部种群的集合种群，也称集合种群。学校教师常参加区域学科教研活动，从生态学解释，这是运用异质种群原理，把来自不同学校的同学科教师组合起来实现物质、信息、能量交换，提高异质群体的教育生态效益。很显然，由传统意义上一群个体组成的局域群体（物种），其生态系统的开放程度就低于一组局域群体构成的集合群体。

一般来说，学校群落中常有一个或几个群体大量控制或善于运转能量流、信息流等，其生态位中的地位强烈影响着其他群体发展，对教育群落的结构和群落环境形成有明显影响，这样的教育群体称为群落的优势群体，即生态学上的优势种（dominant species）。异质群体生态功能发挥的很重要的条件是优势性群体（dominant species），对群落的结构和群落环境的形成有明显控制作用。优势群体通常在群落中不仅占有较广泛的生境范围，利用较多的资源，具有较高的教育或者学习能力，而且具有较大容量的能量等方面的特点，教育或学习成效明显，影响力大，即优势度较大的群体，例如学校中的骨干教师群体、高成长性学生群体等。对于这种优势性群体要利用学校教育生态系统的功能与机制，充分发挥其作用，积极推动亚优势性群体成员（subdominant species）的发展，在群落的功能和群落环境方面起更多作用。更要关注学校教育生态系统中那些偶见性群体或稀见性群体（rare species），尽管这些群体在群落中出现频率很低，但或是有着很大潜在价值的，或是处境困难，对于发展学校教育可能会起到意想不到的影响。

学校生态系统中群落应该保持多样性与均衡性。教育生态中群体多样性是不同群落间相互区别的首要特征，一个群落中群体与群组的多少、各种群体大小和数量比例是度量生命主体多样性的基础。群体功能差异协调，教育群落中各教育群体成员之间相互适应,在有序状态下共生,但是在决定群落的结构上和生态功能上的作用不同,有优势度和群体数量相对多度的差异。例如有的学校的科创社团是优势群体,学生、教师人才不断涌现。学校教育群落具有一定的结构,包括形态结构、营养结构、时空格局。学校教育群落中的教研组(组群)结构均衡、教师年龄段与教龄段结构合理、教师学历与进修充分、教学与教研活动融合等,表现出了教师群体的结构支持了功能的发挥。教育群落应该是生态系统中有生命的部分,处于不断运动之中,群落的结构能随需要而变化、适应与演替。教育群落的创新性适应尤为重要,具有创新精神的教师培养具有创新能力的学生。

教育群体在群落中的地位不同,存在着关键群体。这是一种重要的、特有的,对其他群体具有与人数不成比例影响的群体,它们在维护师生多样性和生态系统稳定方面起着重要作用。关键群体消失或削弱,整个生态系统可能发生根本性变化,这样的群体称为关键群体(key-stone species)。关键群体数目可能是稀少的。在学校教育群落中管理群体就是一种关键群体,人数比例很小,但是其作用却十分重要。群落的改变可能是由于关键群体对其他群体直接或者间接起到作用。关键群体具有能影响群落结构的强烈作用,比群落中其他群体相比是十分显著的。

(四) 教育生态的多重环境

教育生态系统中的环境这个概念从静态分析意义上指直接或间接地对教育主体施加影响的各种因素的总和。教育生态环境是相对于教育主体而言的,不同的教育主体有不同的环境,以满足教育主体生理的、社会的和精神的需要,并融合交织与相互作用而组成生态环境系统。教育生态环境是以教育为中心,对教育产生、存在和发展起着制约和调控作用的多维空间和多元环境系统。可以从外部自然的、社会的和精神的因素组成的系统,以及个体的生理和心理等的内在环境因素,对教育生态环境因子进行分析,研究影响教育生态环境类型,把握各种生态环境与教育的相互关系和其作用机制。

1. 自然环境。学校教育生态中的自然环境包括生物环境、非生物环境,如校园的树木花草、小动物、湿地等,也有校园中的小河、校旁的山川以及校舍等。自然环境不仅是师生学习和工作的条件,也是丰富的教育资源,例如有的学校运用"小湿地"自然的或半自然的生态环境,为学校开展生态教育提供丰富的资源。学校校园绿树成荫,优美的环境,熏陶了学生的情操。校园内外美丽的自然环境,能培育学生对大自然的美感和对生活的热爱。环境教育人、造就人,美好而又净化的环境,对学生的德、智、体、美的健康发展,起到潜移默化的积极作用。自然环境也可以从另一个角度来考察,自然环境,其中包括地理空间、各种自然资源的系统与循环,乃至各种污染。地理环境影响着教育内容、教育方式等,例如有的学校利用其所处的湿地,开展爱鸟、知鸟的生态教育。

　　一定系统中的教育与自然生态之间的关系是一种动态平衡关系,自然生态系统的发展,会影响教育布局、教育内容、教育结构和教育方式等的变化,而这种变化反过来又会使自然环境,尤其是人为环境的不断发展。作为教育的对象,人口对教育事业的发展提出了一系列要求,如根据人口分布的态势,规划区域教育结构,即各类学校、幼儿园的数量和分布、学校的招生数,决定教育的规模和措施。我们应该在一定的区域内优化自然环境,包括地理环境和人口,适应教育的发展,促进教育的可持续发展。

　　2. 社会环境。教育生态中的社会环境包括政治环境、经济环境以及家庭环境、社区环境等。教育的发展要适应社会发展,这是教育的基本规律。教育生态的发展同样受到政治和经济发展的制约。一是表现在经济为教育的发展提供了一定的物质条件,二是表现在社会状况会影响教育的发展。社会环境与精神文明建设都会影响学生的社会德育环境,也会影响学生成长的校内环境。协调社区与学校的关系,优化社会德育环境,成为教育的一项重要工作。学校要融入社区,使社区各界有机会参与学校教育管理工作,对学校办学方向、办学质量发挥参议、监督和反馈功能,从而有利于学校从小教育观念转变为大教育的观念。

　　法国教育家福楼拜曾说过:“国家的命运与其说是操纵在掌权者手中,倒不如说是掌握在父母手里。”可见,家庭对国家的影响之大。从中我们也可以看到家庭教育的重要性以及家庭对社会的影响。家庭教育是学校教育的基础。家庭教育几乎覆盖每个家庭。一定地区的家庭环境会影响该地区的教育发展。因此学校开展家庭教育指导工作已成为学校的一项很重要的工作。要发挥教育系统整体优势,实施家庭教育指导工作,对区域中的家长分阶段实施指导,提高指导工作的效益。家庭环境对教育的影响还表现在对区域教育结构的影响。家长不是教师,对孩子影响常胜过教师;不在学校,却影响学校发展;不办学校,却占据教育对象的教育起点,决定学生价值观的原始取向。家长对孩子的入学影响很大,尤其表现在择校、转学、借读上,而当一定量的择校或借读等发生,就会影响某些学校的生存和发展,从而影响学校的设置和规模。这些显示了学校的发展受到家庭的制约,进而影响到区域教育的发展。

　　3. 规范环境。规范环境(Normative enviroment),又称精神环境,包括文化艺术、科学技术、思想观念、道德法治、社会风气、信息载体等。这些对教育都会产生促进或妨碍的作用和影响。文化是教育生态的主要规范环境。每一教育生态系统都有同它相应的文化,其语言、传统以及生活方式等文化现象具有地域性。一定范围的教育生态是建立在一定的地域之上,同一定地域里的文化密切相关。学校教育生态不仅是一个具体的环境,更是体现社区的次级文化。社区次级文化在个体社会化构成中起着直接的、重要的作用而且是无形的影响。教育生态作为一个具体的文化情境,在文化普遍化过程和地方化过程中起到独特作用,不是一所学校所能代替的。不少学校制度化地经常参与社区活动,丰富社区文化,为学生社会实践拓展了条件。道德与法治是重要的规范环境,对于学生健康成长有着重要的意义。仅靠学校是难以形成社会道德环境的。区域教育生态系统的优势正在这里,它动员、组织、协调区域里学校与社区一起来建设道德法治环境。学校教育生态建设是在社区次级文化上更有意识、更主动发挥学校的教化作用。

4. 心理环境。教育生态环境的主体是师生,一切活动都环绕着师生的教育活动而展开。区域教育生态成了学生、教师和教育管理者心理生活的空间(Psychological life space),同时他们的心理活动和心理品质又构成了教育生态的心理环境,影响着教育生态。在教育生态环境中,心理场对学生成长具有重要影响,因为心理场为学生提供了构建良好的知情意行心理过程和培养健康的个性心理的条件。在教育生态的营造中不仅要注意物质环境的构建,也要重视心理环境的营造。在心理环境中,社区公众心理对教育生态建设有着很大影响。社区公众对社区生活有着很高的物质和精神上的需求。那些望子成龙望女成凤的心愿,必然对社区里的学校教育质量表现出十分关心,学校应该在树立公众形象过程中提高教育质量。在教育生态建设中,重视社区公众对教育的需求,引导他们从素质教育角度对学校作出社会性评价。

学校教育生态系统中,学校成员相互交往过程中会发生相互影响,从而形成连锁性反应,成为广泛性的社会心理。学校或者教师在办学活动中会出现模仿、流行、舆论等一些心理现象,对教育生态营造有着影响。这就是为什么要提出学校个性化办学策略,就是为了避免办学的同质化。学生对校内师生的行为方式是很敏感的,容易产生榜样性模仿。这种非控制的榜样性模仿方式对学校教育生态有着积极作用。价值舆论更是直接影响学校的办学,对学校的生存与发展起着制约作用,营造学校生态系统过程中充分关注教育舆论导向。

第四节　学校教育生态的内生态与外生态

一、学校教育生态系统的共生态

(一) 共生态思想源远流长

共生态思想在中国源远流长,"天人合一"就是共生思想的光辉典范。在中国古代哲学家已有不少论述。"天人合一"这个观念滥觞于我国最古老的一部文化典籍——《周易》,其基本思想是,天道与人道必须和谐统一。它认为大自然的规律是和谐协调的,如天地运转、日月并明、四时循环等都呈现有序状态;还认为人是大自然系统的一个组成部分,所以人道应当服从"天道";最后,它认为既然天道是和谐协调的,所以人道也就必须和谐协调。

天人合一,或称天人合德、"天人相应",是人类生理、伦理、政治等社会现象的直接反映。最早起源于春秋战国孔子,《论语》是儒家学派经典之作,其中也蕴含着很多生态保护的思想。《论语·阳货》曰:"天何言哉? 四时行焉,百物生焉,天何言哉?"孔子重视"天人合一"的思想,意思是指四季万物都按照一定的规律运行,强调了顺应自然的思想。"天人合一"的哲学思想体系,并由此构建了中华传统文化的主体。我国传统文化注重和谐还表现在强调人和物之间的融合,人与人之间的"和合"。《礼记·中庸》:"发而皆中节,谓之和。中者天下之大本也,和者,天下之达道也。致中和,天下位焉,万物育焉。"这强调了万事万物要关注一个"度"的把握,这样天下和谐。宇宙自然是大天地,人则是一个小天地。人和自然在本质上是相通的,一切人事均应顺乎自然规律,达到人与自然和谐。老子说:"人法地,地法天,天法道,道法自然。""天"代表"道""真理""法则","天人合一"就是与先天本性相合,回归大道,归根复命。天人合一不仅仅是一种思想,而且是一种状态。"天人合一"思想的实质是主张将天、地、人作为一个统一、和谐的整体来考虑,既要发挥人的主观能动性,充分改造自然和利用自然,又要尊重自然界的客观规律,在保护自然资源和生态环境的基础上进行生产活动,切勿一味索取,片面地利用自然和征服自然。主张建立一种人与自然和谐发展的关系,即达到"和"的境界。《论语》对人的关系,则提出了忠、孝、诚、信、敬、爱、仁义、道德等准则,认为只要人人能做到和坚持这些行为规范,社会就会和谐,国家就会得到好的治理。孔子的和谐思想主要体现在三个方面:一是崇尚人类自身的和谐,并把这种和谐落实到礼治秩序上;二是崇尚人与自然的和谐,并把这种和谐提升到"天人合一"的高度;三是崇尚"中庸之道"。论语曰:"中庸之为德也,其至美乎! 民鲜久矣"(《论语·雍也》)、"不得中行而舆之,必也狂狷乎!"(《论语·子路》)、"君子和而不同,小人同而不和"(《论语·子路》)等论述,强调做人处事讲究适合、刚柔适度。儒学中的"和实生物"思想就是和谐社会的根据,"万物各得其所"是和谐社会的要求,适度是达到和谐的条件,德、礼、法是和谐社会的保障。

近代在国际上,从生态学角度首先涉及共生的是著名真菌学家 Debary 在 1897年提出的生物广义共生概念,他明确指出,"共生是不同生物密切生活在一起",后来他又论述了共生、寄生、腐生的问题,并且描绘了许多生物间这样那样的共生方式。"现代生态学把整个地球看成一个大的生态系统——生物圈。生物圈内,各种各类生物间以及与外界环境之间通过能量转换和物质循环密切联系起来。生物间的能量转换存在于食物链和食物网之中,它们在生态系统的关系表现为生产者、消耗者和分解者。能量总是来自太阳,自然无所谓循环,而物质则不是这样。物质是通过生态循环保持着生物圈的继往开来生生不息。这也可以说是广义的共生。狭义的共生即是上述所指的生物之间的组合状况和利害程度的关系。"随着人们对生态问题认识的发展,产生了社会共生论。所谓社会共生论,乃是借用生物共生论某些基本观点研究社会共生现象,所建立的一种社会哲学。社会共生论认为:人之间的关系既有互斥性,又有互补性,共生是可能的;人人平等是共生的前提,人人平等,大家共生;社会发展是共生关系的改善,社会的发展主要在人的互相关系之中;合法公平的竞争,人人机会均等,也是共生态。"时下人类与自然、与文化、与他人,乃至与自身内部的'非共生关系',本质上是人类文化生态的失衡造成的,是人性危机的反映。""当下,教育的'非共生态'促使人们关注共生教育。共生系统具有目的性、整体性、开放性、自组织性。在教育过程中,个体与自然、与文化、与社会,以及与自身的共处,自然地协调了各种关系,共生是教育旨归达成的充要条件。"①"当学校向着某种工具职能处倾斜时,事实上就是造就政治动物或经验动物,或其他形式的片面发展的人,学校教育忘记了它的对象。"②"一旦学校'忘记了'它的对象,它的对象也就'忘记了'学校,从而出现'学校繁荣、教育衰败'的现象"③

(二)"共生态"是学校发展的基石

共生态,是指生态系统中的主体在合理的度之下分享资源所形成的和谐关系。学校教育生态系统应该具有共生态,包括学校主体与环境共生态、师生共生态、课程教学共生态等共生态。教育共生态,是借用生态学名词,用以概括一定社会条件下,各类教育与教育要素相互联系、相互制约而形成的教育活动状态。学校教育生态系统可以把主体需求与资源按照某种机制相互依存和相互作用整合到一起,形成共同生存、相互受益、协同发展的共生系统。尽管学校教育生态系统之中,有的是主导的要素,有的是辅助的要素,但是共生存、争发展的状态是恒定的。旧的共生态被打破,新的共生态又会出现。

学校教育共生态是学校教育发展的基石。学校教育均衡高成长性发展都涉及要素流动问题,在开放条件下,每个系统都要与外部物质交换、信息交流、能量流动,形成系统内部及系统间的动态平衡。一个孤立系统,无论其初始状态如何,最终都将成为一个单一、均匀状态,有序结构将被破坏。只有开放的系统,才能形

---

① 吴晓蓉:共生理论观照下的教育范式,教育研究 2011 年第 1 期.
② 陈桂生:教育原理. 上海:华东师范大学出版社,1993.
③ ibid.

成共生态。教育生态系统应以学校教育共生态为基础,在学校内、学校与学校间按照教育规律与生态开放原则,消除封闭,改变现有的学校固有格局,实现教育生态要素流动,通过协同发展实现学校教育可持续发展。学校教育生态系统的各子系统要淡化以各自为中心,加强互补性,根据各自的教育资源优势和发展潜力,通过横向联合和纵向一体化,形成良好的学校教育生态系统。学校教育生态系统要克服体制上的障碍,按照学校统筹,各部门职权清晰,各单元(子系统)自主发展,通过一定的机制和制度,调节学校生态关系和状态,实现紧密合作。一方面需要学校系统性规划与领导;另一方面,在具体工作上,教育、教学、课程等子系统要协调,实现合作、共生良性循环。学校教育生态中,关键问题要解决学校教育自身发展同其外部环境形成一种"共生态"的交互系统。

二、学校教育生态系统的内生态

学校教育健康发展必须营造好自己的生态环境,使学校教育发展形成良性体系。从优化教育生态角度考量,首先应该从学校教育内生态着手。学校教育生态系统的内生态是指学校教育生态系统内部各要素之间的稳定联系形式,也是生态主体与其环境之间的关系与状态,具体而言是学校内部的教育系统结构。

从宏观角度研究学校教育生态系统内生态,从学校整体角度考量学校教育生态系统中各生态要素—结构—功能,即学校内教育主体与学校内部环境之间的关系与状态。学校教育生态系统的内生态具有整体结构体系和子系统结构体系,也具有纵向结构体系和横向结构体系,形成一个整体局部相整合、纵向横向相交错、动态静态相结合的网状结构。从学校教育生态系统的横向结构看,包括学校子系统间的关系,学校的教育、教学、课程之间的关系,五育之间的关系。学校教育生态系统本身有着纵向的建构,例如小学的低年级、高年级,中学的初中与高中,乃至大学各学段。作为学校生态系统中的生命主体师生本身,更是有一个内生态。夸美纽斯曾经说过:"人的本身,里外都是一种和谐。"人在身心各方面都存在着和谐发展的因素。教育就是要使人的各种因素真正得到和谐发展,从而实现个体与社会的和谐。学校教育生态系统内生态作为学校教育生态系统的内因,决定着学校教育生态系统的状况和发展。研究和制定学校教育生态系统的发展目标,首先要研究学校教育生态系统的内生态总体结构和层次结构状态。从微观角度研究学校教育生态系统内生态,就是研究学校教育生态系统中的各子系统内部的关系与状态,主要是学校内部各组成部分的关系与功能,着重解决学校单元或要素内部的教育生态。学校德育、课程教学、学校管理、学校文化以及班级、年级、考研组等都有着其内部的关系与状态,有着其自身的要素与结构,独有的物质、信息、能量的交换与传递的方式与过程,从而形成其自身的生态功能、独特的教育功能。

学校教育生态系统内生态是一个不可分割的整体,各类各级教育是相互关联的,产生学校教育生态系统的功能。学校教育生态系统内生态是一个多层次的网状结构形态。学校教育生态系统的内生态内部各要素的配置状态与外部环境协调适应关系的统一,是学校教育生态系统生态结构和功能一致性的体现。学校教育生态系统的内生态作为一个现实系统,是有着一定的内部结构的,一定的结构具有一定的功能,功能不能脱离结构而存在。因此学校系统生态的内生态决定着其功能。当我们分析学校教育生态系统的教育发展状态时,应该从系统的结构与系统的功能相联系出发,并把这两者联系起来,才能深入认识具体学校教育生态的现实功能为什么是如此的,而非人为地随意解释。

三、学校教育生态系统的外生态

哈曼和罗森堡在《教育未来学的方法论》中指出:"教育只是一个更大的社会体系的一部分。只有在这样的背景中,我们才能满意地理解和探讨许多教育问题。这些教育问题不能单靠教育体系的策略去求得解决。我们还需要教育涉及社会先后作用的各个部门的那些广泛的、综合的策略。"教育离不开社会的发展,只有建立教育内外部的广泛联系,教育才可能有效发展。学校教育生态系统的建设和发展是离不开社会发展的这个基础的。

学校教育生态系统的外生态是指学校教育生态系统与其外部环境之间的关系与状态的综合。学校教育生态系统的外生态,其实是把具体的学校教育生态作为系统的类主体,而其外部环境作为这个类主体的环境,也就是把具体学校教育生态系统在社会大系统中的运动状态所构成的一个更大的系统,称之为外生态。外生态是相对的,学校教育生态系统外生态有两大类:

1. 学校教育生态系统外部所属的区域教育生态圈

区域教育生态圈是学校教育生态系统的外生态,这个外生态有着不同层级,例如学校—学区(乡镇)—区县—省市教育生态系统。区域教育生态圈内学校等教育机构同属教育系统,有着纵向的关联,也有着横向并列的其他区域教育生态系统,例如与A学区并列的B学区、C学区等。

2. 以学校教育生态系统为主体的同一区域其他生态系统构成的外生态

例如,A学校教育生态系统的外生

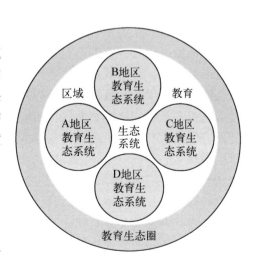

态,包括 A 学校所处地区的社会生态系统、经济生态系统、文化生态系统与其他生态系统。

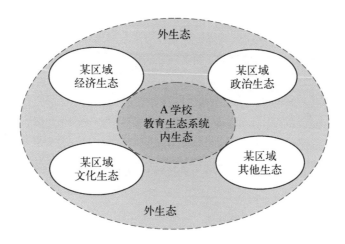

随着社会管理体制改革深化,社区建设和管理的发展,以及基础教育地方负责属地化,基础教育与地区发展关系更为紧密,区域教育生态系统作为教育生态圈和学校生态系统之间的中介作用更为凸显。学校教育生态系统的外生态,涉及区域教育与区域的政治、经济、文化等关系,区域内教育机构之间的关系,以及由这些关系所引发的教育状态。学校系统与社会教育机构系统和家庭系统等,通过社区教育、家庭教育、成人教育等,对教育发展和学生成长产生重大影响。

第四章　教育生态服务功能与实践形态

第一节　教育生态的服务功能

一、教育生态的系统服务功能

生态系统服务的概念是随着生态系统结构、功能及其生态过程深入研究而提出并不断发展的。生态系统功能是生态系统所体现的各种功效或作用,主要表现在生物生产、能量流动、物质循环方面,它们是通过生态系统的核心——生物群落来实现的。生物生产是生态系统的功能之一。生物生产就是把太阳能转变为化学能,生产有机物,经过动物的生命活动转化为动物能的过程。生物生产经历了两个过程:植物性生产和动物性生产。两种生产彼此联系,进行着能量和物质交换,同时,两者又各自独立进行。能量流动是生态系统中能量输入、传递、转化和散失的过程。能量流动是生态系统的重要功能,在生态系统中,生物与环境、生物与生物间的密切联系,可以通过能量流动来实现。

生态系统服务是指生态系统与生态过程所形成及所维持的人类赖以生存的自然效用。生态系统服务功能的分类方法很多,有代表性的分类主要有以下几种:"Daily(1997)提出生态系统服务功能可以划分为生态系统产品(ecosystem goods)和生命支持功能(life-support function)两大类。"[①]产品功能包括食物、饲料、木材、天然纤维、医药和工业原料。生命支持功能包括空气和水净化、水旱灾减缓、废弃物降解、土壤及肥力形成和恢复、病虫害控制、生物多样性维持、太阳紫外线辐射防护、局部气候调节、文化多样性维持、提供美学和知识等人类精神源泉。Costanza 等(1997)、Lobo(2001)、De Groot(2002)也分别对生态系统服务功能进行了研究。最新的并且得到国际广泛认可的生态系统服务功能分类系统是由千年生态系统评估工作组提出的分类方法。将生态服务功能类型归纳为提供产品、调节、文化和支持四个大的功能组。产品提供功能是指生态系统生产或提供的产品;调节功能是指调节人类生态环境的生态系统服务功能;文化功能是指人们通过精神感受、知识获取、主观映像、消遣娱乐和美学体验从生态系统中获得的非物质利益;支持功能是保证其他所有生态系统服务功能提供所必需的基础功能,支持功能对人类的影响区别于产品提供功能、调节功能和文化服务功能,是间接的

---

① 戈峰:现代生态学,科学出版社,2008 年.

或者通过较长时间才能发生的,而其他类型的服务则是相对直接的和短期影响于人类。一些服务类型,如侵蚀控制,根据其时间尺度和影响的直接程度,可以分别归类于支持功能和调节功能。

教育生态系统服务功能是指生态系统在能量流、物质流、信息流的生态过程中,对外部显示的重要作用。例如,改善教育环境、教育育人、培养人才等。教育生态系统不仅给人类提供生存与发展必需的教育、人才等产品,而且维持了人类赖以生存和发展的文化保障系统。教育生态系统服务是人类从教育生态系统中直接或者间接获得的所有惠益。教育生态系统服务以长期教育服务流的形式出现,能够带来这些服务流的生态系统是教育的本源。教育的生存与发展所需要的资源归根结底都来源于教育生态系统。它不仅为教育提供物质、能量和信息,还创造与维持了教育的支持系统,形成教育生存与发展所必需的环境条件。

教育生态系统服务功能是教育生态系统与其生态过程所形成及所维持的教育赖以生存的环境条件与效用。从生态的结构与功能出发提出生态服务,通过优化、改善与修复生态,营造健康的教育生态。简单地可以分为两大类:一类是教育生态系统产品,如人才、师资、教育科学等;另一类是对人类教育生存及发展质量有贡献的生态系统功能,如调节办学规模及教育结构、开发课程、改进教学方式、支持教育发展的环境条件等。从教育生态系统给人类提供各种效益上考量,也可以分为供给功能(如提供各类教育等)、调节功能(如控制招生和升学等)、文化功能(如人格熏陶、心理滋养等)以及支持功能(教育设备设施等)。

二、学校教育生态的五大服务功能

(一) 优化育人滋养功能

良好的教育生态引起一系列教育观念、教育模式的变革,它更注重教育的可持续发展、注重教育的整体均衡性,从而更有利于学生的全面发展。学校教育生态调节学校各种生态因子,使之朝着可持续发展的方向运行。学校生态是一个富有弹性和代谢性的有机体,它能不断地调节自我运行机制,不断调节同环境的关系,并保持着一种动态的相对的平衡。构成学校教育的每一个因素都不是孤立的,教育者、学习者和管理者同处在一个系统中,他们之间存在相互依赖、相互作用的动态平衡关系,从而增强育人的功能。

教育生态起着课程教学育人、活动育人、文化育人、环境育人的支持功能。良好的育人生态在育人上起着整体功能,促进学生生命个体获得滋养,在智力、道德、心理、身体、社会适应各方面得到系统发展。良好的教育生态能为学生提供适宜的、丰富的、开放的生态化的课程教学,以知识系统的科学(真)、人文(善)与艺术(美)三位一体育人,让学生学得更好、学得充满智慧。良好的教育生态为学生营造积极向上的文化氛围,滋养学生的心灵成长。

学校的学风、教风与校风是学校规范环境的动态体现,也是学校精神、价值观和办学理念的动态反映。学校结合自身独特的历史文化、人文景观、办学精神和文化传统,形成良好的文化生态,发挥文化浸润的育人环境,以春风化雨般滋润学生的心田,让学生在"肥沃的土壤"中健康成长。生态化的校园环境中,宜人的校园布局、建筑风格、自然景观以及环境中蕴含的人文气息,都是无声的育人生态因子,对陶冶师生情操、启迪智慧、积淀高雅的校园文化,有着潜移默化的作用。校园环境塑造出来的文化色彩和教育意境,赋予校园生命活力、精神力量,体现学校的个性与精神,让校园每个角落都散发出育人气息,时时展现出现代学校的科学、文明与进步。一个环境优美、格调高雅、人文与自然和谐、传统与现代交融的现代化学校,必然以教育生态支撑,同时也以生态化的校园环境营造健康的教育生态。

教育生态为构建教育大格局创建了条件,为校际的交流与合作创造了条件,可以打破以往各层次、各类学校间以及学校间缺乏联系的非生态状态。教育生态的建设为打破学校之间封闭办学的局面实现开放式办学创造了条件,为学校与其他教育机构,在纵向和横向上架起了沟通和联系的桥梁。教育生态不仅使原先纵向的教育体制变得更为顺畅,同时又促进了教育横向体制互动,实现全员、全过程、全方位育人,充分发挥多元主体的育人功能,使学生有良好成长的环境。政府、学校、家庭、社会构成立体多元的责任主体,他们承担各自的角色责任,保证了育人系统稳态运作,相互依存、监督与制衡,形成一体化的良好育人生态系统。学校教育生态支持整体性育人,为学生生命个体在智力、心理、体力、社会交往、道德、伦理等方面得到全方位系统发展提供支持,以教育生态服务功能的发挥,建构学生可持续发展的支持体系,创设有利于全人教育实施的环境与机制。

(二) 提升组织协调功能

学校教育生态具有组织协调功能,主要体现在学校教育系统内部和教育与教育外部的关系上。教育生态在教育内部,通过自组织能力促进系统内部的物质、能量与信息的流动,起到系统的协调功能。学校生态系统内部具有自我调节能力。其结构越复杂,物种数越多,自我调节能力越强。教育生态系统的自组织性表现在系统内存在复杂的负反馈过程,能够利用外界物质和能量输入,减少系统内部的熵增,维持系统的有序性。教育系统自组织过程由外界的涨落形成,并不断发展演化。教育生态系统不仅能够通过摄取外界能量维持自身的结构和发展,而且能够随着环境的改变突变出新的结构、发展新的功能。教育生态系统是一种复杂的自组织系统,是耗散结构,能够自动从外界获取能量是形成自组织结构的必要条件,是系统开放性的体现,负反馈过程是自组织结构的重要特征,是减小系统内部熵增的唯一途径。教育生态系统的自组织能力可以看作能量获取能力和负反馈强度的综合体现。

教育系统内部结构也起着调节功能。校际的交流与合作,使得中、小、幼教从单打独斗的关门办学转化为合作办学。通过学校生态的组织协调功能,为课程生态、教学生态、德育生态、管理生态等子系统间的交互与协调提供了生态支持。依据学校教育生态建设规划,各部门按照学校顶层设计制订职能部门工作计划,形成学校办学合力,避免短板效应。通过学校生态的组织协调功能,使学校物质流动、能量交换与信息传递流畅,促进学校的均衡、健康与可持续发展。

在教育与其外部的关系上,通过教育法规、政策协调与社会、经济、文化等方面的关系。2021年从"双减"的目的出发,深化校外培训机构治理,严禁资本化运作,保护群众利益,减轻家长负担。这就是构建良好教育生态,减少"资本"对于教育环境的侵蚀和破坏,扭转教育的乱象,让教育回归教育,回归学生智慧的生长与精神的成长。防止校外机构无序扩张,严查各类违规行为和侵害群众利益的行为,为学生全面健康成长创造有利环境。充分发挥学校育人主渠道作用,统筹校内校外教育资源,统筹课内课后两个时段,对学校教育教学安排进行整体规划,让学生学习回归正途,充分发挥了教育生态协调功能。

教育生态的组织协调功能还表现在学校不再是分散的个体,而是作为一个系统的整体,学校与社区共同营造区域教育生态,发挥各自优势,共同办学,共同建设社区。教育生态使学校与社区的关系变得更为密切,一方面将社区作为学生的第二课堂,为学生的健康成长营造了一个良好的大环境;另一方面,可以强化学校师生的社区主人翁意识,使他们关心、参与社区建设,使学校回归社会共同育人。依托教育生态系统完善家校协同机制,密切家校沟通,给予科学实用、可操作性强的家庭教育指导,明晰教育理念,让家长成为学校教育的合作者。

(三)合理资源配置功能

社会的极大部分的资源是有限的,地球真的在变"小"。教育资源更是有限,如何最充分地、最合理地、最有效地使用这些宝贵的教育资源,为我们的教育服务,是一个摆在我们面前的严肃问题,我们不能只讲投入不讲效果,也不能只讲效果不讲投入。教育生态的资源开发更需要运用生态学、系统论、经济学等科学理论作为我们的理论支撑来思考。

1. 富集与降衰原理

板滕和魏勒1974年根据生物放大作用揭示了生态系统中的富集现象。在他们绘制的DDT在生态系统中富集过程图里,可以看到,起初DDT在海水中含量很低,只有0.000 05 ppm,被浮游植物吸收富集后,放大800倍,增加到0.04 ppm,后被螺类所食,又一次吸收富集,再放大6.5倍,浓缩成0.26 ppm。再通过几个食物链环节,到银鸥就富集到 75.5 ppm,又放大了 290 倍。这样就比海水中 DDT 含量增加 151 万倍。在自然生态系统中,生物对物质的富集,给人以启示如何在诸多领域里利用富集来为人类谋益。

在教育生态系统中,也有物质、能量、信息的富集过程。但是当学校处在封闭或半封闭状态下,能量流、物质流渠道单一,呈单向流动,信息流堵塞,这种信息缺乏活力,缺少生机,处于贫营养状态,发展缓慢。在教育资源有限的条件下,可以多元化、多渠道富集物质和能量,从而使学校办学条件不断得到改善,促进学校的发展。按照一定规模(范围)优化教育生态系统,改善和提高学校的办学条件,集群学校共享,走一条"集中投资,校际共享"的富集道路,获得了较高教育投资效益。资源富集,是改善办学困难学校的一种形式,如果不采取办学资源倾斜,会导致这类学校继续"贫营养"状态,难以走出办学困境。

富集也有个"度"的问题,这是辩证的关系。在一定的条件下,也不是富集得越多越好,当事物超过一定的度,就会走向其反面。在教育生态环境中,无论是物质、能量和信息都是这样。在一定的规模和时间内,物质富集得太多,就会造成浪费。超过适宜的办学规模,就是一种富集过度的表现。

降衰是富集的反面,是物质流、能量流和信息流的减少。这是一个问题的两个方面。降衰有两种,一种可称为原发性的降衰,即事物自行降衰,引起某种流的减少;另一种是调节性的降衰,是富集过度时的反馈形式。教育经费拨入学校后,按经费类别横向切块分割,或按纵向层次逐级下拨,经费量越来越小,表现出逐级递减的降衰过程。系统在降衰过程中"流"会耗散,因此需要输入新的"流",以保证教育生态系统内部机制的正常运转。在教育均衡化过程中,新优质学校的创建、初中强校工程以及学校委托管理就是运用教育经费降衰原理,降衰到薄弱学校,优质教育资源向办学困难学校流动,使这些学校在资源上一定程度富集。教育生态营造中应该合理运用富集和降衰原理,避免偏废与过度。

2. 协同与竞争的原理

协同和竞争是世界的普遍规律,反映着这个世界的一种基本关系。系统内外部的要素之间既存在整体同一性又存在个体差异性。整体同一性表现为协同因素,个体差异性表现出竞争因素。通过竞争和协同的相互对立、相互转化,推动系统的演化发展,这就是竞争协同。

"协同"作为科学理论的一个基本概念,是由德国科学家赫尔曼·哈肯(Herman Haken)在 20 世纪 70 年代创立的"协同论"中提出来的。协同反映的是事物、系统或要素之间保持整体性的状态和趋势,这与竞争反映的是事物、系统或要素保持的个体性的状态和趋势正好相反。协同论认为,千差万别的系统,尽管其属性不同,但在整个环境中,各个系统间存在着相互影响而又相互合作的关系。

当系统的子系统之间相互依赖、相互资源的关联能量大于各子系统独立运动能量时,表现出相变是具有共同的关联和特征。对其要素进行组织和协调,产生协同效应,形成充分发挥各要素(或部分)最大功能的"自组织"能力,使系统在时间结构和空间结构或时空结构上,从无序状态走向有序状态。协同理论对于解决当前教育中存在的各种"分离"弊端,正确处理教育系统内外各种关系,具有现实的指导意义。教育生态在本质上是一个共同体,它的运行是自组织性的,生态系统的要素间关系是协同关系。教育生态系统中要关注一系列关系的协同:(1)正确处理教育系统和地区行政部门的关系;(2)正确处理教育系统和社区的关系;(3)正确处理学校、社会和家庭的关系;(4)正确处理区域里学校间的关系;(5)正确处理学校教育与社区教育的关系;(6)正确处理学校工作与区域教育工作的关系;(7)正确处理区域教育内外关系。

协同和竞争是普遍的存在,是相互依赖的。协同论应用于生物群体关系,可将物种间的关系分成三种情况:竞争关系、捕食关系、共生关系。每种关系都必须使各种生物因子保持协调消长和动态平衡,才能适应环境而生存。协同和竞争是表现在系统和环境交换的耗散结构中。竞争是相互联系的个体之间的一种基本关系。这种关系不是由外来力量强加于个体的,而是个体之间固有的。没有差异,就没有竞争。竞争是在过程中实现的,是事物、系统各要素间具有差异性的必然表现结果。学校教育生态系统是在一定空间中历史形成的,需要经历一个长期的过程,并形成各自生态系统的特点。建立在不同的社区基础上的教育生态系统,必然表现出差异。一定的差异发展就会形成系统或个体的明显特征。特征的发展实际上意味着竞争。学校教育生态系统成为推进教育发展的必然是建立在生态竞争基础上的。学校也应该实现差异性发展,即通过竞争实现适宜性发展。

耗散结构理论把竞争和系统作为系统自组织演化的动力和源泉。教育生态系统是耗散结构,是建立在耗散基础之上的结构,其子系统之间通过竞争而协同。在对待教育生态的协同和竞争关系上,有时过于强调协同,只注意到系统因子间的相互关联,并夸大为仅仅存在协同和合作,结果在行动上就等待合作,等待别人的主动,导致自己的无所作为;有时也会出现另一种情况,强调竞争的绝对性,只看到竞争的一面,忽视协同对于系统的发展意义,就容易游离于系统活动之外,处于对立面。这两种情况都不符合耗散结构理论。学校教育生态营造应该注意生态系统的整体性和其子系统自主性的辩证统一,才能产生整体大于部分之和的效应。

教育生态系统是非线性系统,非线性关系在数学上表现为曲线,而不是直线。在非线性系统中,整体不等于部分的简单加和。描述非线性系统的方程不服从迭加原理,这种方程被称为非可积。数学家研究的结果表明,不可积系统是普遍存在的现象,而且是本质上的。非线性相互作用的总和不等于每一份作用相加的代数和,由于非线性相互作用导致了系统的整体行为,非线性相互作用构成了竞争和协同辩证关系,系统才有整体行为。认识教育生态结构是非线性的,可以使我们对学校教育生态的营造不会采取简单的办法,不会期待一一对应的结果,看到教育生态系统的复杂性,才会认真思考,认真对待。

3. 整体效应和边际效应

钱学森指出:"什么叫系统? 系统就是许多部分所组成的整体,所以系统的概念就是要强调整体,强调整体是由相互关联、相互制约的各个部分所组成的。系统工程就是从系统的认识出发,设计和实施一个整体,以求达到我们所希望得到的效果。"从这不难看出系统整体性的重要性及其实践意义。

整体性是系统的最为鲜明、最为基本的特征之一,教育生态之所以成为系统,首先就表现要有整体性。系统整体性原理指的是实现实体由若干要素组成的具有一定新功能的有机整体,各个作为系统的要素一旦组成系统整体,就具有独立要素所不具有的性质和功能,形成了新的系统的质的规定性,从而表现出整体的性质和功能不等于各个要素的性质和功能的简单相加之和。学校生态系统具有的教育功能与资源已不是学校各个部分的功能与资源简单加法之和,而是系统的新的功能与具有的资源系统。这表明营造学校教育生态系统是充分开发教育资源有效形式。从事物存在的方面看,学校具有的生态系统整体性是区别于其他学校的一种确定性特征。有了这样的整体性,才有相对的差别性,才具有质的多样性。从事物演化的过程来看,学校系统具有整体性成为其能在运行中得以保持相应确定性。学校只有保持系统整体性,才有学校系统的演化。如果在演化中这一系统的整体性消失了,也就意味着在演化之中走向消亡。从相互作用来看,学校系统中的非线性相互作用使得系统具有整体性。非线性相互作用不再是部分相互作用的简单叠加,各个部分处于有机的复杂的联系之中,相互影响与制约。学校在各要素和各部分与整体的互动中,从其生态系统中获得更大的效益。每所学校都是以其赖以生存与发展的教育生态系统而存在。

学校生态整体性还表现在其功能上。学校生态系统中,因其生态要素相互作用下形成的复杂结构,在功能上呈现整体性。系统中各组成部分的参数及其变量,彼此间具有互相调节和制约的作用,从而产生整体效应的应变量,"牵一发而动全身"。学校生态结构是复杂的,有的是单链式的,有的是并链式或环链式等。学校生态系统中一个环节的变化,会打破原来的平衡,引起系统上其他环节的变化。混沌理论的奠基人之一洛仑兹提出的"对初始条件的敏感依赖性",即输入的微小差别可以很快地在输出上表现出极大的差别。这一现象又称为"蝴蝶效应",意思是今天在某城上空一只小蝴蝶飞翔时搅动了空气,下一个月在相隔遥远的另一个城市可以变为狂风暴雨。有这么一首民谣形象生动地描述了"蝴蝶效应":

缺掉一枚钉,坏了一个蹄铁;

缺少一个蹄铁,跌翻了一匹马;

翻了一匹马,死了一个骑马的武士;

死了这位骑马的武士,失去这场战争的胜利;

失去了这个胜利,亡掉了这一个帝国。

在学校生态系统中类似的例子不少,例如,某校一位教师在英语教学中训练学生用汉语四声调读英语单词(显然是错误的),结果引起同校的教师介入,然后其他学校的教师学生也模仿,再接着更大范围的教师学生卷入参与,掀起一次流行。一个教师的行为就可以在一个区域引起一次波动,引起多方面的影响。从混沌理论中,基于教育生态系统的整体性,必须增强系统各因子整体性优化的自觉性。

在学校教育生态营造时,我们还需要研究边际效应。边际效应在本质上是反映整体与部分之间的关系。边际效应(Marginal Effect)是经济学中广为使用的概念。如果当一个消费者消费某种商品的数量达到了某一点的时候,全部效用就达到了饱和点。在达到饱点之前,随着消费商品数量的增加,边际效用逐渐变小,这种现象叫作边际效用递减律。这里的边际效用可以规定为在每一时期消费者在消费某种商品时,由于消费量的变化而引起的全部效用量的变化。在增加消费时,边际效用一般反映为从增加消费量中得到的满足量;在减少消费时,边际效用一般反映为从减少消费量中失去的满足量。当边际效用为零时,全部效用量达到了极大值。

现以边际效用来分析学校教育生态系统对学校的效用。这里的效用是指学校从学校教育生态系统中所得到的利益的满足程度。全部效用是指学校在一定时间内一定量行动所得到的总满足,用 TU 表示。边际效用是指学校增加行动所引起的总效用的增加,用 MU 表示。

学校教育生态系统对学校的效用量

学校行动单位量(D)	全部效用量(TU)	边际效用(MU)	学校行动单位量(D)	全部效用量(TU)	边际效用(MU)
0			5	150	14
1	46	46	6	156	6
2	84	38	7	154	−2
3	114	30	8	144	−10
4	136	22			

从上表中可以看到,当学校在学校生态系统中没有采取行动时,其得到的全部效用量为零;采取第一个单位量行动时,它得到的效用为46;第二个单位量行动时,它总共得到效用量为84;以此类推,直至采取六个单位量的行动时,它总共得到的效用量为最大,即156,这一点可称之为饱和点。过了此点,全部效用量就开始下降,行动过多,则所得的全部效用就越少。这是一个例子,是假定某一个学校的效用函数为 $TU=50D-4DD$ 而得出的效用函数。由于学校的类型、层次和条件不同,影响效用函数的变量很多,很难用一个简单的数学式子表示出来。事实上,从上表中我们可以看出,全部效用先升后降,表现出效用增加缓慢和边际效用递减的情况,说明对于一个学校来说,虽然理论上可以无限制采取行动,但是客观上是不可能的,学校的行动到了一定程度,它的全部效用到了最大时,也就是它的边际效用到了最小,这时,再增加行动量反而适得其反。在实际工作中,一个学校的行动能力是有限的,过多的行动还导致超负载,而损害学校的功能和结构。通过边际效应的研究,我们应该在工作中关注在哪一个量上可以获得最大的效用。在学校教育生态系统工作安排上,要注意边际效用递减律。

在研究整体与部分关系时,我们也需要重视边缘效应。边缘效应(edge effect)这一科学概念是1942年由贝切尔提出来的。他发现在两个或多个不同的生物群落交界处,往往结构复杂,呈现不同生物的种类较多,而且特别活跃,由于种群密度变化较大,生产力相应地比较高。边缘效应可以归纳为在不同的生态系统交互处,由于某些生态因子(物质、能量、信息、地域等)或系统属性的差异和协合作用,而引起协同某些组分及行为的较大变化。边缘效应以强烈的竞争开始,以和谐的共生结束。边缘效应普遍存在于教育生态系统中。学校师资队应该进行合理的人才流动,并且通过教育经验交流和知识更新形成一个动态的边缘。封闭型的师资培养模式是无法利用边际效应的。学校生态系统应为师资流动与师资竞争创造实在的"边缘",从而引发边缘效应,打破师资的学校封闭性,使"近亲繁殖"引起的"同质系统"受到冲击,促进不利于人才培养的环境得以改变。基于学校生态系统的协调,不同水平、不同层次和不同流派的教师经常在教育观念、教学理论认识、教学风格上互相学习、相互碰撞,使教师充分发挥自己的特长,为完善他们的教育经验创造自由竞争的生态环境,形成"异质系统"。要求教师在异质环境中去竞争和协同,教育管理者要有事业心,懂得人才造就的规律,自己学有所长,有真才实学,不妒忌,才会让教师走出去,在新的异质的学术环境中去锻炼,在动态的"边缘"发展。可是在师资动态边缘培养上阻力不少,有的是认识上的问题,有的是品德问题。

教育生态的资源开发是整体大于部分之和。学校依托教育生态系统,充分利用学校内外优质资源,形成一个以学校为主、区域有关单位参与的区域教育资源共享,整体的系统教育资源作用会大于分散的教育资源。

(四)增强教育能量功能

教育生态系统的服务功能是物质、能量与信息交互运行建构起来的。生态中能量是生物与其环境间以传导和对流形式相互传递的,例如热辐射。阳光是一种重要的能量。生态系统中的一切能量最终都是来自太阳。自然界中植物以光合作用吸收阳光,以呼吸作用吸收有用气体,转换与利用能量。教育生态系统的功能依靠能量的流动与传递,教育生态中"能量"主要有两大类。

1. 文化能量

教育生态中文化能量在文化的选择、文化重组、文化更新与文化融合中得到增强或者消减。人类文化学家怀特在 1943 年发表的《能量和文化进化》中指出:"文化是使人类的生命过程得以延续的手段,它是向人提供维持生计、保护、攻防、社会调节、外界适应和休养生息等需要的机制。"①并认为,"当其他因素是常数时,则文化跟每人每年所摄取的'能'的数量增加而演进;或者因运用'能'来从事工作的效能不断增进而进化。"文化其实就是通过其所包含的技术手段将多元的能量纳入社会系统,使其按照设定的社会规则在结构复杂的社会管道中流动。在教育生态系统中,文化作为一种重要的能量直接作用于师生,或者潜移默化犹如春风化雨般地熏陶着他们心智成长。在这些过程中就是文化能量的传递与转换。文化使人类的生命过程得以延续,它向人们提供生计、保护、攻防、社会调节、休养生息等需要的机制。这些并存的文化系统之间,就犹如宇宙中并存的天体一样,彼此间存在着复杂的"力学"关系。马林诺斯基认为,文化动力可以分为两类:一类为基本的文化迫力,即人类生理上的基本需求。另一类为派生的文化迫力——文化促发力,即人类为满足基本需求而必须解决的社会需求。②在教育生态中文化的功能性本质是能量的转化器,促发教育的发生、发展。

2. 心理能量

教育生态中的心理能量极为重要。我们最常感觉到的就是爱或者恨这个心理能量。教师向学生传递爱,会使学生愉悦,教育也顺利得多。心理能量的产生有两种形式:一种是在适当的心理状态下,心理能量自发产生;另一种是在激发了某种本能时,会激发与这种本能有关的心理能量。心理能量激发后,由潜在的能量变为现实的能量,就有了基本的形式。被激发的心理能量,可以

---

① 夏建中. 文化人类学理论学派——文化研究的历史:中国人民大学出版社,1997.
② 陈国强:文化人类学词典,浙江人民出版社,1990.8.

表现为多种形态,比如表现为一种兴奋、激动、唤起,一种内驱力或动机,很重要的一种形态是表现为情绪。心理能量表现于情绪时,情绪的量就是这个心理能量大小的表征。心理能量不可以被凭空消灭,我们所能做的,就是根据它的规律来转化它、利用它,而让我们有更幸福的生活。心理精神能量在日常生活中每天都在消耗,同时又在不断补充与增强。心理精神能量的过度消耗和透支,导致各种心理障碍。心理精神能量的消耗到透支的速度越快,呈现的心理障碍越严重。

(五)增强教育信息服务功能

"信息传递是生态系统的功能之一,没有信息也就不存在生态系统了。""对于生态系统而言,信息就是生态系统中生物与生物、生物与环境之间普遍联系的信号,通过信号带来可利用的消息,就是信息。"[1]创建一切宇宙万物的最基本单位是信息。知识是由信息形成的。信息指音讯、消息、通信系统传输和处理的对象,泛指人类社会传播的一切内容。信息反映事物内部属性、状态、结构、相互联系以及与外部环境的互动关系,减少事物的不确定性。人们通过获得、识别自然界和社会的不同信息来区别不同事物,得以认识和生存于世界。在一切运作系统中,信息是一种普遍联系的形式。1948年数学家香农在题为"通信的数学理论"论文中指出:"信息是用来消除随机不定性的东西。"控制论创始人维纳认为"信息是人们在适应外部世界,并使这种适应反作用于外部世界的过程中,同外部世界进行互相交换的内容和名称",它也被作为经典性定义加以引用。信息是对客观世界中各种事物的运动状态和变化的反映,是客观事物之间相互联系和相互作用的表征,表现的是客观事物运动状态和变化的实质内容。这正是生态的"事物关系与状态"的本义。在近现代中信息传递方式还是较为单一,主要以文字语言图像传递,但是信息传递速度在增快,例如电报、电话传递信息。当代出现信息技术与网络,传递的信息量大、信息多样化,传递速度极快、不受地域阻碍,这表明现代生态的信息功能越来增强。"信息传递是生态系统的功能之一,没有信息也就不存在生态系统了。"[2]教育生态中的文化能量、心理能量往往与信息密切相关。维纳认为,信息就是信息,不是物质,也不是能量,信息来源于物质,与能量有密切关系。信息的实质是负熵。[3]

教育生态系统中生命主体活动离不开信息的作用,信息在生态系统中的作用主要表现在:教育活动的正常进行、教育人群的发展、调节教育群体间关系,以维

---

① 戈峰:现代生态学,科学出版社,2008.3.

② ibid.

③ Wiener N:the human use of human beings:Cyberneticsand society, Hougton Mifflin, 1950.

持教育生态系统稳定。教育信息主要以课程与活动形式为载体传递,这些载体一般通过物理信息、化学信息、行为信息形成。这些信息按照反映的形式可以有:数字信息、文字信息、图像信息、声音信息。在学校教学生态的优化中,提出改变灌输式教学方法,就是为了增强学生获取丰富的信息。

教育生态中的信息按照加工顺序可以分为零次信息、一次信息、二次信息、三次信息等。零次信息即未经加工的零散的不系统的信息;一次信息即根据零次信息创造而成的初加工信息;二次信息则是在一次信息的基础上加工整理而形成的引导使用一次信息的信息,是信息组织的结果;三次信息是根据二次信息提供的途径获取并使用一次信息,结合其他零次信息,分析综合形成的高层次有序信息。这就是从具有很大不确定性的信息到结构化的知识,再到效用选择组织的课程,还可以发展为课程拓展的课程群或者跨学科、综合课程等。以此不同加工的信息传递实现教育生态的信息服务功能。

作为教育生态中的消费者——学生,是不能以零次信息作为"营养"的,而是直接或者间接地依赖于生产者——教师所制造的课程与活动,类似于异养生物(heterotroph),根据学生学段与学习需求,可以分为不同级别的消费者,即幼儿园儿童、小学生、中学生等。学生在教育生态中不仅对初级生产物起着加工、再生产的作用,而且许多学生对其他学生群体起着重要的调控作用。在教育生态系统中的消费者学生在生态系统的物质循环、能量交换、信息传递中起着基本的作用。教育能量流动影响着教育生态的功能,我们以生态效率来表示。生态效率(ecological efficiency)是指生态系统中能量从一个营养阶层流转到另一个营养阶层,在不同阶层上能量各参数的比值。生态效率反映不同营养阶层、不同群体(物种)的组成、发展以及环境条件的变化,相当于生态效率:同化效率、生长效率与消费效率的乘积。提高教育生态效率是营造教育生态的重要课题。

作为教育生态中生产者的教师将能量、信息与物质向作为消费者的学生传递,发挥着教育生态服务功能。教师除了信息的产生、加工与传递之外,还是环境的强大的改变者,增强教育能量有利于学生(消费者)的成长,有力地促进物质循环与传递速度,为信息传递提供更适宜的条件。教师在教育中的地位是由其在教育生态中的生产者地位所决定的。办好教育的重要因素是师资质量。学校间存在着师资力量上的差距,学校间的竞争实质是师资竞争。能否使教师在教育生态系统中发挥最佳效应,这是学校教育生态建设的要点。信息传递促进教育生态系统中课程教学与活动的活力增强,同时学生与教师群体的成长与发展都离不开信息传递的作用,起到调节师生关系,维持生态系统的稳定与发展。

第二节　实践形态：教育生态化

一、教育生态化的要义

（一）教育生态化的必然

人类社会经历农业文明、工业文明而走向生态文明,这将是人类社会文明发展的必然趋势。"在 21 世纪,人类文明发展将进入生态化时代,生态化将全面渗透到物质文明、精神文明、政治文明之中,发展循环经济将引导物质文明的成长,人与自然的和谐将成为精神文明的重要内容,推动环境友好将成为政治文明的重要策略。自然生态与经济、政治、文化的互动共存与和谐发展,表明生态文明作为社会文明的一个方面在现代文明系统中具有基础性地位。"[①]有研究认为"生态化"的意义是把生态学原则渗透到人类的全部活动范围内,用人和自然协调发展的观点去思考和认识问题,并根据社会和自然的具体可能性,最优地处理人和自然的关系。"[②]生态化目标是建设生态文明,以尊重和维护自然为前提,以人与人、人与自然、人与社会和谐共生为宗旨,以建立可持续的生产方式和消费方式为内涵,以引导人类社会走上持续、和谐的发展道路为着眼点,实现人、自然、社会的和谐和全面发展。生态文明就是要求人们在改造客观物质世界的同时,克服改造过程中的负面效应;站在世界观的高度,树立生态化意识,树立全球性视野,认识改善和优化人与自然、人与人的关系,建立有序的生态化运行机制和良好的生态化社会机理。[③]

教育生态化是实现教育的复合生态系统整体协调而达到一种稳定、有序状态的演进过程。这里"生态化"已不是单纯生物学的含义,而是综合、整体的概念,蕴含教育生态系统所关联的各方面,强调教育的可持续协调发展和整体生态化,即实现人与自然、社会共同演进、和谐发展、共生共荣,它是可持续发展模式。教育走生态化发展之路标志着教育由传统的唯知识模式向复合生态开发模式转变,这意味着一场破旧立新的教育变革,因为它不仅涉及教育的生态建设、生态恢复,还涉及价值观念、生活方式、政策法规等方面的根本性转变。

教育生态化的提出是基于教育中存在着非生态化现象和问题。近代以来,教育发展中呈现的生产性与生态性的矛盾严重阻碍教育的生存和发展,教育教学出

---

①　徐春：生态文明在人类文明中的地位,中国人民大学学报,2010 年第 2 期.
②　欧阳志远：生态化——第三次产业革命的实质与方向. 中国人民大学出版社,1994 年版.
③　邓欣：生态文明与生态化是时代诉求. 生态经济,2010.7.

现令人担忧的"水土流失"、营养不良、生态失调、压抑个性、失去灵性、远离生活这些非生态的教育现象。教育内容超常、教育方法机械呆板,用一个模具加工学生成"标准件";教育脱离学生的现实生活,学生适应社会的能力减弱;教师的非生态教育行为,对学生造成了"师源性心理伤害",这类背离教育规律事件经常发生。教育的不均衡性矛盾正推动着当代教育向生态化方向发展。

教育生态化是我国教育改革与发展的路向。基础教育是一个宏大的生态系统,其改革和发展应该符合生态科学的思维方式,具有生态适宜性。构建绿色、和谐、可持续的教育生态环境,为学生健康成长提供"绿色生态",实现"绿色"教育,为素质教育提供切实的保障。这是我国教育改革与发展的重要目标与方向。关注宏观教育生态化,关注人的发展与生态的"相互依存",关注教育生态的"多样性""开放性""整体性",同时关注微观教育生态系统的建构,将教育生态观念贯穿教育之中,使之成为具有积极意义的教育生态。教育生态化是人类为改善人与自然、人与社会这些关系而做出的不断努力之一。教育生态化是教育改革与发展的重要方向与共同选择,转变当前我国基础教育均衡发展中存在的教育供给和需求的结构性失衡、教育资源配置重点和教育质量优化方向的失衡。

(二)学校教育生态化

生态化发展是学校发展的核心思想,学校须重新定义发展模式,从封闭的学校链转向开放的价值网,不断创新学校文化、学校教育和改革开放,培育适应未来的新人才,实现学校从知识生态位到人才生态位乃至范式生态位的战略跃迁;深刻洞察赖以生存的生态系统,正确定义学校的生态角色,通过生态化战略构件的创新性组合,创造全新的生态办学模式。"正如哈默先生所言,源自工业化时代的管理作为一项成熟的技术,进化的速度如同缓慢爬行的蜗牛,已经来到了 S 曲线的尾端,传统管理走向终结,未来企业的管理范式正扑面而来。"[①]当传统管理模式走向终结,生态成为新管理范式的重要隐喻,生态化发展成为未来学校的唯一选择。从传统学校向未来学校进化,传统学校教育的边界在不断地模糊。今天的学校都需要用生态思维来思考如何生而为新,以生态思维升级战略认识能力,不断提升学校的可持续发展。

生态化战略是根据现代生态学原理,运用符合生态规律的方法和手段进行的旨在促进生态系统健康、协调和可持续发展的战略。思想影响战略,战略决定组织。在充满高度不确定性的今天,学校要生存和发展,必须不断进行组织变革与

---

① 吴声:新场景·新物种·新生态,载周文艺:生态战略:设计未来企业新模式,机械工业出版社,2017.

进化,跨越不连续性的鸿沟。从生态思维进化、生态战略构建和生态组织变革三个角度出发,实施学校生态化的进化之路。

学校生态系统为学校教育合规律发展提供可能,即实现的条件。学校教育的生态化是教育获得发展的环境支持的过程。学校教育生态化是运用生态学的思想与原理,使学校教育的各因子及其运动符合教育规律运作,使教育的生态特征更明显的过程。学校教育生态化含义如下:

1. 教育生态化是在某一教育生态存在一定非生态现象或者是需要不断优化时,才会出现生态化。

2. 教育生态化过程要符合生态规律,使教育生态健康,即生态性更明显。

3. 教育生态化是一个发展过程,或者说是逐步走向生态化。

4. 教育生态化是促进教育合规律性发展,包括教育目的、教育内容、教育形式与教育过程等要符合教育规律,使教育健康发展。

学校教育生态化,一方面意味着学校教育价值追求符合生态学的价值取向,追求人与自然的和谐、平衡,关怀人与自然的生命本质;另一方面,它更意味着整个教育发展的过程均符合生态学的基本原则,将教育发展视为一个能够自我调节、相互协调、共生发展的生态系统而不是一个封闭、割裂和强调控制的机械系统。因此,教育生态化必须贯穿于整个教育发展的全过程之中,体现在教育的价值取向、目标、内容选择与组织、教育实施、教育评价等方面。

学校教育生态化关注适应与发展之间的和谐性。生态学中的适应与发展是生态化过程中相互联系与影响的两个方面。"适应"指的是教育生态主体,即教师与学生对教育系统的自然生态环境、社会生态环境和规范生态环境的适应程度,包括生态主体通过改变环境,使环境有利于自身存在的层面,也包括生态主体通过提高自身的学习能力、文化涵养、心理调适等,使自身适应特定的教育生态环境。教育生态系统中的"发展"是针对生态主体——教师、学生在与三种生态环境的互动作用过程中自身发生改变的过程。各种生态主体的适应与发展应处于和谐状态。教师和学生应该适应其所处的教育生态环境,在适应这生态环境基础上提升主体的生命力。学校教育生态化的目的是促进学校教育生态健康,建构生态性稳定的教育,营造生态型学校,培育具有生态素养的全面发展的人。学校教育生态化必然是教育从生产性到生态性,向人的教育的根本性变革。

(三) 生态性与生态型的区别

与生态化关联的生态性与生态型这两个概念有着区别。生态性是生态特征呈现程度的描述。某一系统生态特征总体良性突出,应该说这个教育生态系统总体健康。如某一系统的个别生态特征不具备,或者说负性明显,例如教育方式不适宜性明显、学校教育活动碎片化等负性特征明显,这个教育生态系统就处在不健康、亚健康或者症状性、病理性状态。生态性是生态系统状态的一种表示方式。

生态型是生态系统性质的表述,是生态化过程的结果性表述。例如经过生态化努力,某一学校的教育生态健康,学校教育发展良好,可以把这类学校称之为生态型学校。相反的学校,就是非生态型学校。由于生态系统的多元性,出现各种各样的教育生态,因此就产生了生态型课程、生态型德育、生态型管理等。生态型是一个总体标准,符合生态特征才能称之为生态型。生态型课程等是一种静态的描述,而"课程生态化"是一个动态过程的表述。"生态型德育"与"生态德育"也是容易混淆的概念,应予以区分,以避免实践的方向偏差。生态型德育是指德育整体及其所有方面都达到生态特征要求,而生态德育是指称德育内容中的一种类型,即关于生态知识、生态能力与生态价值观念等一系列的特定教育。

二、学校教育生态化的要点

第一,教育生态化的关键是导向问题,旨在教育发展的合生态性思想,包括利益多元的主体观、教育生态差异发展的本质观、和谐共生的结构观、价值平等的伦理观四个方面。"实现教育的合生态性发展,就是要促进教育生态主体充分地差异地发展,实现'人'的存在方式的多样化。利益多元是人类需要的多元表现,教育生态差异发展则是人类的'类'的存在方式的最高追求,和谐共生是人类的'类'的存在方式的最高境界,价值平等是不同的'人'的存在方式的最佳平衡。"①

第二,教育生态化的重点是使学校生态特征凸显与优化。生态特征是生态化的标准,使学校各个方面达到符合健康生态的标准。抓住教育生态的特征,以适宜性、整体性、共生性等为导向,推进教育整体生态化。运用生态思想和原理,使教育目标、教育价值、教育方法、教育实施、教育评价等因子生态化,并使教育众多因子获得其依赖的教育生态支持。

第三,学校生态的生态化难点是教育过程的生态化。学校系统生态化发生在教育过程中,没有过程,也就不会产生生态化过程。教育生态化应该依据生态原理和法则,使教育内部良性生态关系确立,教育外部的生态环境优化,合理的教育开放结构形成,教育生态功能获得增强,实现最大限度育人效益。生态化必须贯穿于整个学校运行全过程之中。

---

① 罗玉莲,习萍,匡仁伟:教育发展合生态性思想探源,教育探索,2007 年第 7 期.

三、学生学习生态的建构

(一) 以学生为中心的学习生态

学习生态是以学习者为主体与其学习环境的关系与状态的一种生态。学习生态系统的结构与功能具体包括一定学习环境中学习因子的类型、数量,学习者主体的学习活动历程及其空间分布;学习环境中技术、物质条件等非主体性因素的质量和分布;各种环境或情境因素对学习者的影响;学习生态系统中数据、资料、信息、知识、思想等因子的传递、交换、分布、生成及其循环流动;学习环境对学习者的调节(如互联网对学习者的影响)和学习者对环境的调节(如个体学习者参与学习共同体的积极性所产生的影响)等。学习生态关注学习环境对学习者学习活动的存在、进化、衰退、再构或迁移以及学习者由此所获得发展的意义。学生的生命活力主要来自良好的学习生态环境和群落的多样性、复杂的动力关系、成长与支持的交融点,学习环境状态下学生的成长,更来自他们所在的学习生态环境能够提供获取信息、能量,使他们把外在的知识转化为认知、智慧,把知识转化能力,把经历转化经验,把记忆转化为创新,并实现学生发展力的提升。学生学习生态强调学生为发展的主体,学生为了发展的学习必须以学生的学为主。学生怎样学、学生的学习过程必须成为我们的重心。

学生的学习生态系统,也称之为学生学习生态圈,是指一定空间范围内,学习者与学习环境相互作用的具有能量转换、物质环境代谢和信息传递功能的生态系统。其基本点在于强调学习系统中各因子支持学生的健康学习,即学生个体在学习上成长"繁荣"。学生学习生态圈是具有结构性、层次性的。学生学习生态圈涉及一定范围的学校、家庭与社区等。学生学校学习生态圈是学生学习生态圈的一个子系统,指以学校为其范围的学生学习生态圈,是以学生为主体的,以班级、年级、其他学习共同体为学生群落的,以学校为主为学生提供学习生态化的学习环境为特征的一个学习生态系统。学生学校学习生态圈是以学校为相对的单元,并以此适当关联其他的范围。关注学校为主的学生学习生态圈,并不忽视家庭、社区、社会与学校生态圈的关联。学生学习生态是学校生态的一个组成部分,但学习生态的外延更大,包括家庭的、社会的学习生态。

学习生态的主体在学校里是其一切成员,学校成员都应该成为终身学习者,一般主要指学生。学习生态是相对于教育生态,两者有着区别与联系。在学校里,这两者的区别在于主体不同,学习生态中学生是主体,而教师是为学习主体提供支持的环境。教育生态中作为教育的主体主要是教师,还包括作为发展主体的学生。在校外学习生态与教育生态有着显著不同,因不同的教育形态与学习形态,有着不同生态主体结构及其生态位。在理论上可以从不同主体分析教育生态与学习生态,但是在实际中教育生态与学习生态是交融的,是一个事物两个不同方面的统一,但是教师生态与学生生态是不等同的。为了更好地确立学校生态中的学生生态位,学校以儿童(学生)为中心,以及以教为中心向以学习为中心的转变,营造、修复与优化学校生态服务功能,为学生的发展提供支持,我们有必要研究与践行学生的学习生态。传统学校总是以教师教育为中心,各种教育模式虽层出不穷,但注意力基本集中在关注教育如何实施。问题在于教育并不是线性的,教育期望与学生发展也不是等量转换,学生生活在其赖以生存与发展的生态中,也就说学生在其自身的内生态,包括先天的生理因素、生活环境等与外生态,包括家庭生态、学校生态、社会生态的育与学的交互中得以成长发展。学生成长要素与教育要素不同,教育要素主要有教育目的、教育内容、教育方法、教育过程等,而学生的发展的要素有动机、兴趣、表现、能力、认知等。学生发展受到其自身的要素制约,这些要素不是教育要素能替代的。学生主要通过其学习(广义)成长的,这些成长是通过各种学生成长要素的发展而发展,有意义的学习经历促进了学生自身的动机、兴趣、能力、表现等这些学生自身要素的成长实现自身的发展。因此关注学校中学生学习中的各种关系与状态,学生的学习环境对学生的影响,即学生生态成为必然。

学校的学生学习生态的内涵:

1. 学生学校学习生态作为一个学习系统有着基本的结构,即学生主体与环境所组成。环境中有着学生学习的自然环境、物质环境、社会环境、规范环境(又称精神环境)、心理环境等。这些环境以课程、教学、教育活动、教育资源等为学生提供学习的内容、形式、时空等条件,特别是网络环境下的学习生态,以支持学生学习展开。

2. 学生学校学习生态具有以学生学习与发展为中心、师生学习过程中交互、学习资源丰富开放、学习获得技术支撑的要素。当今科技环境下,学习生态中网络学习生态环境、智慧学习生态系统越来越显得重要。

3. 学生的学习是处在一个学习生态中,不能孤立地看待学生个体的学习。课堂内外、学校内外的学习与生活是学生学习不可缺失的生态环境。学生的学习处在群体动力影响下,支持性的学生学习生态有利于促进学生学习的共生,达到"繁荣"。

4. 依据生态学原理,学生的学习也是一种生态现象,是以学生的学习发展为目的的生态进化过程。学校为学生的学习发展提供符合生态要求的学习环境(包括课程、教学等)是学生可持续发展学习的必要条件。学生的学习要符合生态绿色的要求。

学生学校学习生态具有要素健全、层次清晰、功能明确的"圈结构",由学生学习生态要素与家庭、社区、社会的生态关联性结构形成。把握学生学校学习生态圈的特征、结构以及其功能,为学生的绿色学习创设良好的生态环境。从学习生态内容要素上,为学生科学学习、道德学习、生活学习提供丰富性与选择性的学习课程,完善、丰富学生学习经历的多元课堂,包括小课堂、大课堂、电子课堂、社会课堂等。拓展学生学习渠道,提供学习获取知识的多样性,提供多种兴趣小组、项目活动,丰富学生学习经历。在学生学习生态形式要素的运作上,以课堂教学的生态化保障学生学习生态化,强化良好的学生班级学习生态的营造,将自主学习与合作学习、小组学习整合,使学生自主学习与热爱学习的风气浓厚。学生之间、师生之间在学习上激励、宽容,讨论、质疑、探索、创新蔚然成风,学生学习共同体充分成长,为学生绿色学习提供学校制度支持。同时,学校学习生态应该充分与信息技术与人工智能,支持学生在网络环境下学习方式,推进虚拟学习社区,线上与线下学习融合,推进泛在学习。学校各类学习资源开发与开放,推进图书馆、实验室、专用教室,尤其开发创新体验专用室,提供更为丰富而有力的学习资源支持。推进学生学习环境的硬件与软件建设,以支持性的学校行为,从师资培养、学校文化、学校管理等方面推进强化学习生态的营造。

学生学习生态的营造也要注重外关联的多圈运作。学校与家庭、社区合力营造学生良好的学习生态,学校要组织与指导家长对学习生态的重视。家庭为孩子(学生)提供学习的基本条件,注重家庭学习风气的营造,推进学习型家庭建设,推进家庭学习基地建设,以有专长家长为主形成的校外学生学习共同体。学校要依托社区为学生创设良好的社区学习生态环境,挖掘与利用社区中学生学习资源,社会学习资源的运用,让学生广泛、深入地参与社会实践与服务。

(二)学生学习生态化

学生学习存在着两种基本类型,一是生态化的学习,二是非生态化的学习。生态化的学习的主要特征是学习符合生态的基本特征,学习的内容、方式、过程与目的等具有丰富性、适切性、开放性、系统性等。学生的学业负担过重、学习上死记硬背等就是非生态化学习的表现。学生的学习更符合生态要求,学习的生态特征更明显的过程就是学习生态化。学习生态化的本质上是转变与优化学生学习方式。学生学习生态化是从研究学生的成长,以及学生的学习,转变教育观念,以生态学的基本原理科学地对待学生的学习,确立以学生的可持续发展为中心的生态教育思想。

良好的学生学习生态是学生成长的摇篮、学习的沃土。学生的学习生态形态是多样的,学生的发展模式是多元的,学生的学习生态与学生发展模式是双向促进的,是共生的。2002年1月,笔者在上海广灵路第四小学主持了"培养学生学会表现的设计研究",提出了"学会表现:是指个体在一定角色上,通过培养敢表、乐表的心理品质,锻炼表真、表好、表新的基本能力,使学生达到在一定角色上敢于表现,显现出色行为或状态"。2006 年,笔者在愚园路第一小学开展了"促进学生学科学习能力的研究与实践"的项目,着力研究学生的学习与学习能力。2008 年,在温州平阳第二职业学校,进一步推进"兴趣、表现能力"学生发展模式,实施"表真、表美、表善、表新、敢表、乐表、善表"的"每个学生都能表现好"的"表现性学习"。在这基础上,上海三知教育信息信息咨询中心(上海三知教育理论研究所)2012 年 8 月在金山小学开展"表现性学习的理论与实践研究",进一步研究学生发展模式。2012 年 10 月,在高境三中进行推广、主持了基于"三要素"的"IPA 学生发展模式的研究",在呼玛中学开展"三要素学生发展模式的实践研究"(MPA 三要素:动机、表现、能力)。这一系列研究抓住了学生自身学习与发展的要素,通过优化与修复学生学习生态,提供学生学习与发展的支持,即营造学习主体增强与环境支持的学习生态,由此提出多种"学生发展模式"以及生态化的"表现性学习"。学生发展模式从学生学习与发展的立场与视角,突破传统教育模式,具有教育生态学意义。

学习生态化的前提就是良好的学习生态支持,这是万变不离其本,但是学生学习生态化的路径是多元的,也是多开端的。依据生态的本质是生命主体与环境的互动形成的关系,因此学习生态化可以从学习主体与学习环境的互动方式上来探讨学习生态化的路径方向。学习的生态化的基本路径:学习生态系统中的学生在与环境(教师、课程教学等)的互动、整合中形成了学生良好的学习关系与状态。

第一种路径方向是基于学习主体与环境交互人文性的,即软性的方式。"自主-交互式"学习生态化就是一例。这个路径是从学习生态主体的自主出发,强化与学习环境的交互,达到学习生态化的目的。"自主—交互式"学习生态化强调学习主体的自主性,通过"自主、平等",呈现充分性、共生性的主体学习与发展;强调学习环境的支持性。通过"交互、对话",呈现民主性、适宜性的支持环境;强调师生在教与学的交互过程中,物质、能量、信息交换的增强,达到学习生态支持学生知识、经验、能力、人格的学习与发展。

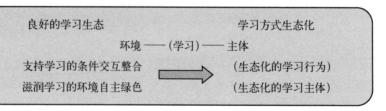

学习生态化路径的核心是"优化学习环境、健全学习主体",也就是学生在与

环境的交互中自主学习。学习生态化是强调以符合生态特征的交互与自主展开学习活动,通过不断与学习环境交互,实现学习主体自主发展的一种生态型学习方式与过程。在这样的学习生态中"交互"中教学相长,"共生"中个性发展。学习生态化过程中,一要注意学习因素多元性,关系的丰富引起状态的动态发展,体现生态的基本特征:生态因子的多样性与适宜性。二要注意学习交互关联性,学习内容不确定的严密性,体现生态的内涵:整体性与动态性。三要注意学习方式适宜性,学习形态与方法的差异性优化整合,体现生态的服务功能:选择性与发展性。四要注意学习过程多变性,学习中能量和信息交换维持动态平衡,体现生态的本质:开放性与共生性。

促进学生学习生态化的基本原则:营造民主和谐的学习生态环境。一是学习中学生自主地位的确立,发展学生自主学习的意识、自主学习的情意、自主学习的方法。二是自主学习中教师的角色转变。教师应该成为学生学习的合作者、促进者、指导者、鼓励者,学生学习的研究者。三是提供学生自主学习的支持载体,提供适宜的作业、创设表现机会等。四是优化学生自主学习环境,这样的环境允许学生选择,提供自主选择的可能;强化沟通,形成深度合作的方式;积极激励,建立公平激励的机制。

生态化学习,对于教师而言在于教学生态化,在师生、生生之间形成互动的合作关系,使学生完成由乐学、好学到学会的转变。教师支持学生学习生态化策略有三个方面:

1. 强化师生互动增。在民主氛围中消除师道尊严,消除教育中的专制性,增强人性化,增强人文关怀;通过"交互、自主",增强师生、生生互动的密度、强度和效度,建立良好的师生合作共生关系;注重学习上的互动,不仅分数上,更是学习过程中的互动,注意情感上的交流。运用多种形式展开互动:鼓励学生讨论、交流;鼓励学生置疑与质疑、鼓励学生的独立思考与批判性思维;对不同生态位的学生给予一视同仁的关心,对弱势群体的学生了解有深度,情况摸得准,教育措施有力,学生能够获得及时的帮助。

2. 增强有效学习充分。通过教师的引领,创设支持性环境,在学习生态化与有效学习间双向建构。有效学习充分化表现在:学生在课堂上参与活动、表演、讨论、操作、实验等机会增多;学生的学习时空扩大,学习资源充沛;学生综合能力增强,学生的学习能力、动手能力、交往能力和创造能力的发展机遇增大。

3. 促进个性发展健康。四个"关注":关注学生的差异、关注学生的权利、关注学生潜能的开发,关注学生个性特长的充分发展。对学生的"关注质量"上更精细化:扩大对学生的关注面,关注每一个学生的发展,面向全体;增加师生间、生生间交往的频率;近距离接触学生,了解与分析学生的个性特点,作个别辅导;与学生进行深度沟通与交流;关注学习活动成功体验,增强学生的积极情绪,促进良好个性发展。

第二种路径方向是基于现代技术强化学习环境作用于学习主体的学习,即硬件性的方式。随着人工智能与信息技术发展,这种路径发展势头强劲。较有代表性的是西蒙斯(George Siemens)在《Connectivism: A Learning Theory for the Digital Age》一文中系统提出了联通主义的思想。"Connectivism: Creating a learning ecology in distributed environments."(意为"联通主义:在分布式环境中创建学习生态")他指出学习不再是一个人的活动,学习是连接专门节点和信息源的过程。联通主义表述了一种适应当前变化的学习模式。学习不再是内化的个人活动。当新的学习工具被使用时,人们的学习方式与学习目的也发生了变化。[1] 学习是一个过程,这种过程发生在模糊不清的环境中,学习(被定义为动态的知识)可存在于我们自身之外(在一种组织或数据库的范围内)。我们可将学习集中在将专业知识系列的连接方面。这种连接能够使我们学到比现有的知识体系更多、更重要的东西。联通主义表达了一种"关系中学(learning by relationships)"和"分布式认知(distributed cognition)"的观念。联通主义的起点是个人,个人的知识组成了一个网络,这种网络被编入各种组织与机构,反过来各组织与机构的知识又被回馈给个人网络,提供个人的继续学习。联通主义继承了认知科学的新联结主义的某些特性——把学习看作一个网络形成过程,关注形成过程和创建有意义的网络,其中也包括以技术为中介的学习,认为当我们与别人对话的过程中学习发生。联通主义强烈地关注外部知识源的联结,而不仅仅设法去解释知识如何在我们的头脑中的形成。

技术不仅改变了学习的体验,也带来了学习文化、教学方法、评价标准等方面的新挑战。例如以世界银行在线学习平台为例,讨论了关于学习生态的框架和结构,将学习和商业需求、内容和战略相结合,将学习分为多种类别,包括正式学习、非正式学习、体验式学习、社会性学习和移动学习。学习生态系统将多种技术整合到基础设施当中,利用基础设施开展培训和支持,促进学习者参与,推动合作,追踪学习者表现,进行学习者评价。推进教育数字化转型,旨在通过数字技术将师生与物理校园、线上环境有机连接,从而构建一个新型数字学习环境,形成由灵活的空间、技术和教学等组成的智慧学习生态系统,为学习者提供灵活、互动、协作和个性化的学习体验。智慧教育是新一代信息技术与教育教学深度融合、创新

---

① George Siemens: Connectivism: Creating A Learningecology in distributed environments. From: Theo Hug(Ed): Didactics of Microlearning, Waxmann, 2007, p.53.

发展的教育新形态,为尊重个体价值、追求人的全面发展的个性化教学提供了可能。以云计算、大数据、人工智能和物联网为代表的新一代信息技术正在让教育教学方式发生重大改变,数字化转型下的智慧学习生态系统也迎来了新的机遇。

四、学校生态的二次生态化

二次生态化是教育生态系统如何实现生态化的重要实践形态。

(一) 二次生态化的实施

所谓"二次生态化"是指教育生态系统在生态化过程中,依据总体生态化思路与规划,根据具体条件,可以先选择某子系统(某领域)着手实施生态化,并在这基础上推进整体生态化,实现特定教育生态系统的全面生态化。

"二次生态化"的要义是整体生态化,在生态系统观念观照下统整学校教育生态的规划与营造。学校健康生态的营造由于生态的复杂性与有限条件不可能一蹴而就,同步实现各方面生态化,毕其功于一役。因此在整体观照下分步实施,逐步推进的二次生态化是一种有效实现生态化的策略。"二次生态化"简而言之,第一次是生态整体观照下的局部生态化,第二次是系统生态化,其意蕴为生态化是一个系统而逐步的过程,即系统规划,逐步实施,整体达标。

"二次生态化"的操作要点:

1. 教育生态化必须以生态文明理念与生态科学为导向,教育生态化是运用生态思想、方法、态度观察、思考、解释和解决教育中发生的问题。

2. 教育生态化必须把握主体是人,即教师与学生。课程是物,是人们创造与运用课程。有了师生与课程教学关系的误解,才会在教学活动中存在只看分数不见人的现象。

3. 教育生态化要关注适宜性。教育生态化首先要关注教育内容、教育方式、教育过程是否适宜学生,这是教育生态化最基本的要求。环境要适宜生态主体的发展,不能倒过来,课程教学等生态环境伤害学生的发展。

4. 教育生态化结果应该是共生。首先,师生的共生。师生是主体间性关系,教师的作用是"平等中的首席",教师的威信转入情境之中,教师是情境的领导者,而不是外在的专制者。其次,各种生态环境要与主体共生。

5. 教育生态化要关注过程的开放。教育是开放的、动态的、过程性的,学生发展目标既不是精确的,也不是预先设定的,而是一般性的、形成性的、创造性的、转变性的。教育生态本身也是动态发展的过程。

6. 教育生态化过程是一种对话的过程,其本质上是生命的对话。在生态化过程中师生内心情感真切的呼应、彼此见解与智慧的展现,同时生态化过程中也是教与学的对话,在认知的融通中思想碰撞、智慧共鸣。

7. 坚持生态系统观,先有整体设计,制定生态型学校创建规划。学校教育生态化是生态型学校创建的主要任务,做好顶层设计,根据校情选择生态化突破口。

8. 正确对待局部生态化与整体生态化关系。局部生态化不是终极目标,而是在生态化不平衡中求发展。整体生态化,不仅是还没有生态化的局部要生态化,而且更要注重在整体上的,例如学校文化、制度、机制上的生态化。

YA 幼儿园的"亲青家园"幼儿发展教育
生态建构的二次生态化

该园基于"以生态视野促进幼儿自然发展"的观念,通过二次生态化营造"亲青家园"幼儿发展教育生态。

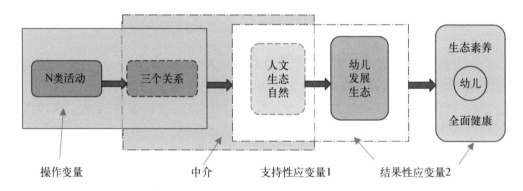

- 第一版块:第一次生态化——促进教育活动的生态化

1. N 类活动:生活活动、游戏活动、音乐活动(并不排除其他活动)。

2. 生态的三个关系,我与自然(居住环境)、我与他人(同伴)、我与群体(班级与家庭),具体为幼儿活动中的"情境、角色、关系"——教育生态因子。

- 第二版块:第二次生态化——幼儿教育发展生态优化、功能增强

1. 以 N 类活动全面生态化完善"亲青家园",整体上营造人文与自然融合的教育生态

2. 幼儿园的课程生态、管理生态等生态优化,发展幼儿教育生态系统。

- 第三版块:结果——教育生态作用于幼儿,实现教育生态的幼儿发展目标

教育生态实现促进幼儿的生态素养启蒙与全面健康成长。

第三节 学校生态的双向建构

教育生态化的机制是双向建构,这是生态系统整体性与要素间交互作用的必然。生态化的双向建构是生态系统中生态因子与其他生态因子之间的双向作用与反作用,共时发展。如学校德育生态的发展支持学校德育发展;反过来,学校德育的发展也会促进学校德育生态进一步营造。双向建构强调生态化不是单向运动,必然是相互作用、互为影响的过程。良好的教育生态有三个层次的双向建构。

一、教育生态与教育的双向建构

这个层次上教育生态与教育双向建构有两个方面。一方面,优良的学校教育生态发挥着滋养学校教育的作用。教育生态是软实力,健康的学校教育生态,可以让教师符合生态规律地教,让学生符合生态方式地学。良好的教育生态以其健康的物质、能量与信息的流动与转换,增强教育生态的服务功能,从而达到支持学校教育的发展。另一方面,充满活力的教育反哺教育生态的健康。生态型学校以其教育的适宜性、开放性、丰富性反哺滋养其教育生态,增强了教育生态的导向功能与调适功能,滋养教育生态可持续发展。

学校教育的生态化有一个产生、发展的过程,具体表现在两个方面:从学校教育的低层次和形态向高层次和形态的发展过程,更有从非生态化的教育向生态型教育转变与发展的过程。这个过程就是学校教育生态化的表现,也是对教育发展的选择、更新与积累的过程。教育生态化的双向建构包含了两个方向运动:

方向一,学校营造良好教师发展生态与学生发展生态,教育生态的多元性、适宜性、开放性等日益明显,生态不断修复与优化,对师生发展的支持与滋润作用不断增强,促进了学校教育品质提升。

方向二,学校教育、教学、管理的提升,师生生态素养明显增强,对学校教育环境起到生态化作用,学校教育生态持续优化。学校的教育生态变得更健康、更有活力与影响力,这时产生了相向而行的(即反作用)教育环境的生态化。

二、学校生态主体与生态环境的双向建构

教育生态"双向建构"重要形式是生态主体与环境的双向作用。教育主体——师生是与其环境互动中发展。教育生态环境对于师生的影响是润物细无声的这种滋养作用是学校教育调适功能的体现。无论是校园自然环境还是人文环境,还是学校课程教学都反映一所学校所特有的文化氛围,让师生得到熏陶,起到教育环境的作用。同时,作为教育生态主体的师生的观念、情感与行为和思维方式也会作用于学校的教育生态环境,对学校的课程、教学与管理等产生影响与制约,例如学校的生源会影响学校教育教学的决策与实施。这种教育生态主体与环境的双向建构作用,正是"一方土地养育一方人",每一所学校师生都有其自己的面貌,这是在特定的教育生态上形成的群体精神特征。师生的精神特征也会汇聚融入学校生态"血脉"之中,成为学校生态特征。教育生态的"导向力"表现在共同愿景下群体的耳濡目染、潜移默化,对个体的心理和精神领域产生影响,学校的教育理念内化成师生个体的言行,从而使教育生态更健康。

三、学校生态主体间性的双向建构

教育生态系统中主体以系统存在,例如学校生态中生命主体一般以学生、教师、管理者等组成,形成一个主体系统。学校生态中的主体系统主要由主体结构构成。主体结构一般有三个层次:即学校、各层级部门、全体师生。生态学中生命主体常以物种、种群、群落来表述。教育生态系统中,存在着学生群体、教师群体与管理者群体,而且同一所学校中还可以细分为不同学段学生群体、年段学生群体。群体类似于自然界中生物的种群,学校中的学生、教师、管理者所组成的生命系统类似于自然界中生物群落。这些不同群体构成学校这个空间范围中的群落,即由各种群体依据规定组合而成的种群集合。学校内不同的种群的核心关键点为密度、学段、入校数、离校数(毕业率)和性别比例,而学校群落的核心关键点为不同群体关系、群落架构和迭代更替。学校每一类群体中都发生着教师群体与学生群体、师生群体与师生个体、师生个体与个体之间的双向作用。

学校生态主体的群体与个体间互动产生双向建构作用,相互依存、相互支撑、相互融合,是学校成员个体的发展机制,从而形成学校与其成员发展的双向建构形态。学校中的各类组织是个体教与学活动、自身发展外部环境,个体是这些组织发展的基础。

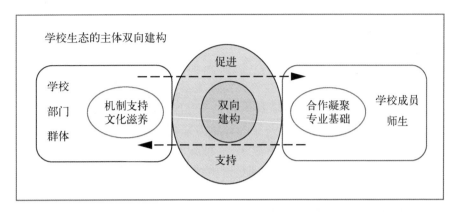

学生在班级、社团等群体中得到滋养而成长,教师在教研组等群体中获得支持得以发展,师生个体在其生存的群体支持下获取滋养。师生个体学习、工作的成长也增强了群体生态要素结构与功能,成为学校各类师生群体发展的基础与集聚,成为一个共同体。"双向建构"使学校群体与成员个体在学校生态中共生发展。

教育生态系统具有相对性,一个教育生态系统可以作为其关联的更大教育系统的主体,与其环境双向建构,例如学校教育生态系统与区域教育生态系统存在着双向建构的问题。因此教育生态的"双向建构"作为创建生态型学校的实践形态具有普遍价值。

第四节 教育生态营造的基本形式

一、教育生态健康的基本要求

生态系统健康(ecosystem health)是教育生态学中很重要的基本问题。

以 Constanza 和 Rapport 为代表的生态学家认为人类对生态系统的过度开发利用、物理重建、外来种的引入、自然干扰的改变等导致世界上的生态系统结构发生变化,已不能像过去一样为人类服务,对人类产生了潜在威胁。(戈峰,2008)Schaeffer 等认为当生态系统的功能阈限没有超过时,生态系统是健康的,这里的阈限定义为"当超过后可使危及生态系统持续发展的不利因素增加的任何条件,包括内部的和外部的"[1]。国际生态系统健康学会主席 Rapport 博士认为健康生态

---

[1] Schaeffer D J, COX D K. Establishing ecosystem thresholdcriteria. In: Costanza R, Norton B, Haskell B. Ecosystemhealth-newgoodsforenvironmentalmanagement. Washington DC: Island Press, 1992.

系统指生态系统随时间的推移有活力并且能维持其组织及自主性,在外界胁迫下容易恢复。[1] 1991 年 2 月国际环境伦理学会召开了"从科学、经济学和伦理学定义生态系统健康"讨论会。国际生态系统健康学会(International Society for Ecosystem Health,简称 ISEH)将生态系统健康学定义为:研究生态系统管理的预防性的、诊断性的和预兆的特征,以及生态系统健康与人类健康之间关系的一门科学[2],其主要任务是研究生态系统健康的评价方法、生态系统健康与人类健康的关系、环境变化与人类健康的关系以及各种尺度生态系统健康的管理方法。Constanza 认为健康的生态系统稳定而且可持续,具有活力,能维持其组织且保持自我运作能力,对外界压力有一定弹性[3]。

生态系统健康主要研究内容概要图如下[4]:

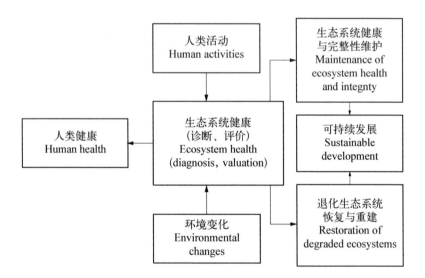

教育生态系统的健康是指教育生态系统稳定及可持续性,能维持其组织的结构和自组织,并维持对一定干扰后的恢复力,其功能能具有完整性、弹性、有效性以及使生命主体保持发展活力。这样的教育生态系统中能量流动、信息传递和物质循环运行正常,能够维持自身的组织结构长期稳定,具有自我运作能力,对干扰具有抵抗力

① Rapport D J, Costanza R, Mcmichael. Assessingecosystem health. Trends in Ecology & Evolution, 1998.
② McMichael A J, Bolin B and Constanza R. Globalization and the sustainability of human health: an ecological perspectives[J]. Bioscience, 1999.
③ Constanza R. Toward an operational definition of health[A]. In: Costanza R, Norton B, Haskell B. Ecosystem Health: New Goals for Environmental Management[C]. Washington DC: Island Press, 1992.
④ 引自曾德慧等: 生态系统健康与人类可持续发展,应用生态学报,1999.12.第 6 期.

和恢复力。健康的教育生态系统不仅在生态学意义上是健康的,有利于教育发展,而且有利于社会经济与文化的发展,并能维持人类群体的健康。

教育生态系统是很复杂的系统,很难建立统一的指标体系来评价所有的教育生态系统。不同的教育生态系统,例如幼儿园生态系统与大学生态系统所处的社会、经济、文化状态不同以及系统生命主体不同,而且同一类型的教育生态系统发展的不同阶段所具有的特点也不同,需要由不同的指标来监测。但是教育生态系统的健康具有共性,因此,教育生态系统是否健康可以从活力(vigor)、组织结构(organization)和恢复力(resilience)三个主要特征来考量。活力表示生态系统功能,可根据其物质循环、信息传递与能量转换以及生态服务功能等来考量;组织结构根据系统群体分布适宜、区组分间相互作用多样性、最佳生态管理来考量;恢复力可以根据系统在干扰出现时维持系统结构和功能的能力来考量。我们可以运用COSTANZA 提出的整体生态系统健康指数公示来考量学校教育生态健康指数:

$$HI = V \times O \times R$$

式中:HI——健康指数,V—系统活力,O—系统组织指数,系统组织的相对程度,用 0~1 的数值表示;R—恢复力指标,系统恢复力的相对程度,用 0~1 的数值表示。[①] 当系统变化超过它的恢复力时,系统立即"跳跃"到另一个状态。健康的教育生态系统能够在维持它们的复杂性的同时满足教育发展的需求。

我们也要关注教育生态系统健康的反面,即生态的非健康状态,呈现出生态功能紊乱。这些功能紊乱与其他的功能紊乱后会引发教育生态的退化或者恶化,并更容易遭受到不同程度、不同类型的外部干扰。功能紊乱、结构退化的生态系统必定造成恢复力弱、负荷能力小的结果。教育生态系统不健康的表现有:学生学业负担过大、学生健康不达标比例过多、学校课程体系结构不合理、学校生源非正常减少、学校教育质量退化等,这些现象与特征的出现反映出教育生态系统功能的紊乱,即不健康的表征。如果一个教育生态系统同时或相继出现一系列功能紊乱,即生态系统危困综合征(ecosystem distresssyndrome)。这是生态管理所面临的主要问题,它直接制约着教育的可持续发展。运用恢复生态学(Restorationecology)保护和发展良好的教育生态,综合整治与恢复已退化的教育生态系统,以及维护教育生态系统的健康,已成为教育发展的重要课题。

二、健康的教育生态演替

健康的教育生态的营造其实质就是生态的积极演替。生态演替(ecological

---

① Costanza R, Norton B G, Hashell B D. Ecosystem health: New goals for environmental management[C]. Wasington DC: Island Press, 1992.

succession)是指在一定区域内,群落随着时间而变化,由一种类型转变为另一种类型的生态过程。生态演替理论认为,群落的发展是有顺序的过程,是有规律地向一定方向发展;演替是由群落引起物理环境改变的结果;演替以形成稳定的生态系统(顶级群落形成)为其发展顶点。从演替的主导原因划分,教育生态可分为内因性演替(endogenetic succession)和外因性演替(cxogencticsuccession)。教育生态在外部条件稳定情况下,其演替原因在其生态内部,这样的演替是内因性演替。其显著特点是教育生态中师生活动的结果首先使其生境得到改善,然后被改造了的环境反作用于师生本身,如此相互促进,使演替不断向前发展。由外界环境因素作用所引起师生变化称为外因性演替。如由于教育经费投入、招生区划改变、教育均衡发展政策的影响等原因引起的演替。事实上,这两种演替划分是相对的。生态演替大多在外界条件的影响下进行,由外因启动,由内因生态演替来实现。内因性生态演替是生态演替的最基本和最普遍形式。

正常的生态系统随着生态演替过程而发展,随着师生群落的演替而变化,与社会发展处于一种动态平衡状态下的可持续发展。教育生态的退化则是指一定的教育生态系统的正常状态在干扰的作用下失衡,生态系统的结构发生负向变化,相应功能低于原正常生态系统。退化的教育生态系统是受损的生态系统(damaged ecosystem),可以从生态系统的风貌、结构特征、功能过程、师生身心生态特征等方面表现出退化特征。由于演替作用使得退化的教育生态系统能够向减轻干扰而向积极方向发展,恢复其原有的生态结构与功能,生态系统的能流、物流和信息流得以正常运转,生命主体发展显出应有活力。

教育生态的营造主要有三种情况:一是正常的教育生态,还需要不断优化,保持赖以生存的教育可持续发展。二是受损了的教育生态,这需要"生态恢复",使生态系统原貌或其原先功能再现。三是教育生态的完善。这是指原先的教育生态有着一定的欠缺,需要完善其结构与功能。

三、健康教育生态的优化

教育生态的优化是对正常的教育生态进行规划与管理,使原先的生态结构更合理,生态功能发挥得更好,赖以生存与发展的教育得以可持续发展的行动过程。

教育生态优化的前提是对目标教育生态有一个正确的判断,即当前的教育生态是否健康,在确认目标教育生态是健康的条件下,则需要在保护其生态现状下进行进一步优化。教育生态的优化先要进行生态适宜性分析来确定生态状况,对学校教育结构与教育功能的生态特性作出判断。学校生态适宜性分析是通过对以学校作为范围的生态系统整体关系与状态以及学校系统中的课程生态、课堂生态、德育生态、管理生态等的现实生态与理想生态之间的状况做出事实分析与价值判断,以判断学校生态力发展水平,以及生态系统的健康状态。这样的分析是对学校进行生态调查的基础上,对办学要素的生态现状及开发利用条件进行定性和定量的评价,并对开发利用后可能产生的影响进行科学的预测,以期直观反映出学校生态利用可能性及教育发展潜能。

在对学校教育生态做分析时,我们主要是从学校内部横向上的分析,即组成学校教育生态的主体生态因子与环境生态因子两大部分着手进行分析,并对课程生态、德育生态、课堂生态、管理生态等进行分析。对这些生态因子分析时要把握其性质与数量,可以分为稳定的生态因子、变动的生态因子,把握这些生态因子的作用,积极的还是消极的。稳定因子不一定是健康的生态因子,变动因子不一定是消极的,并非绝对。我们更要关注对其他因子产生影响的限制性生态因子。生态因子的作用可以表现在量上、质上,以及持续时间上,还应该关注次生环境因子的分析,例如班级德育生态。"次生环境因素"的延续繁衍是建立在"原生环境因素"的基础之上的。而"次生环境因素"良好状态的最主要的标志则是"物种多样性"。为此,要通过保护好各种"原生环境因素"不受污染和破坏,来实现"次生环境因素"的丰富多样,生机蓬勃。

在对学校生态适宜性进行分析时,应该从学校生态位的一个理论视角——学校教育生态链进行纵向角度分析。教育生态链是教育生态系统中,教育物质、信息、能量传递中增强、消减、转化所形成的互相制约的系列关系。学校教育生态链是多样而复杂,要不断完善课程学习链:课程—教学—学习(信息生态链),师生关系链:教师群体—教师—学生群体—学生(生态主体链),教师结构链:高级教师—中级教师—初级教师,或者从教龄、年龄上也有种种教师链等教育生态链。教育生态链并非简单的线状链,大多情况下是网状的、交叉的,例如师生关系链中教师与学生个体存在着网状关联。

教育生态优化在生态分析基础上需要做出教育生态优化的整体规划,明确在整体优化下的优化的关节点及其优化的策略与具体措施,着重在教育生态的结构与功能上的优化,明确达成的目标,并建立生态可持续发展的管理机制。学校教育生态优化的重点是保护与发展已有的健康生态,并在此基础上促进教育继续可持续发展。

四、教育生态的整体完善

大多数学校都面临着教育生态完善的问题。在教育面临着世纪大变化之际,现代信息技术与人工智能深度与教育整合、脑科学与生命科学对教育科学影响日益凸显以及社会对下一代期盼的理性回归,学校教育出现不适应性是必然的,改革与发展教育从完善教育生态着手也是必然的选择。

教育生态完善主要在于生态整合性的提升。生态完善的关键是系统结构与功能正常、更合理，减少教育生态中的熵，教育群体的多样性活力增强，教育可持续发展。就一所学校而言，其教育生态中的各因子发展不会平衡，因子之间的关系链接状态也存在差异，从而表现出功能水平的差异，这就需要进行生态完善，对一些存在结构欠缺的生态因子加以调整，对功能发挥不足的促使增强，从而达到整体生态服务功能健全。例如有的学校课程体系基本符合课程设置要求，但还存在着探究课程相较于拓展课程薄弱的情况，这就需要加强探究课程的建设，完善学校课程设置。也有一种生态完善是"再建"，这是在不可能或不需要再现教育生态系统原貌的情况下营造一个不完全雷同于过去的甚至是全新的生态系统，例如校舍搬迁重建、学校合并等情况下原先生态并非受损，需要健全学校生态要素，调整生态结构，增强学校教育生态服务功能，这是一种再构性的完善。

五、退化的教育生态恢复

生态恢复是避免地球生物圈生态功能崩溃的重要的挽救手段。关于生态恢复，学术界主要有三方面观点：一种观点强调恢复的最终状态；恢复的生态学过程；恢复的生态整合性。国际恢复生态学会曾先后提出三个定义：生态恢复是修复被人类损害的原生生态系统的多样性及动态的过程；生态恢复是维持生态系统健康及更新的过程（renewal）；生态恢复是研究生态整合性的恢复和管理过程的科学，生态整合性包括生物多样性、生态过程和结构、区域及历史情况、可持续的社会实践等广泛的范围。第三个定义是该学会的最终定义（Jackson等，1995）。

教育生态也面临着功利性严重挑战，教育工具性引发的人格扭曲、胁迫性干扰下自身内生态失衡等现象，反映了基于生态文明需要的教育生态修复的必要性。以恢复生态学原理，运用生态恢复的技术与方法，使退化了的教育生态系统，使其重新有益于利用，并恢复其生态力。教育生态恢复是针对受损的教育生态系统而言，受损可以理解为由于人为或自然因素影响，引起教育生态系统要素结构发生变化、系统内各组分间的关系受到破坏、造成系统资源短缺和某些教育生态过程或生态链的断裂，系统功能退化或丧失。教育生态恢复是通过一定的教育、社会、生态方式，人为地改变和阻止教育生态系统退化的主导因子或过程，调整、配置和优化系统内部及其与外界的物质、能量和信息的流动过程及其时空秩序，使教育生态系统恢复到合理的结构、高效的功能和协调的关系。教育生态恢复是对其生态系统停止人为干扰，以减轻负荷压力，依靠其生态系统的自组织能力使其向有序的方向进行演替，或利用生态系统自我恢复能力，辅以外部措施，使遭到损害的教育生态系统逐步恢复或使其向良性循环方向发展的过程。

生态恢复常用物种框架方法和最大多样性方法。物种框架方法是建立一个或一群物种，作为恢复生态系统的基本框架，生态系统的演替和维持依赖于当地的种源来增加物种和生命,并实现生物多样性。应用物种框架方法的物种应该具有抗逆性强、再生能力强、能够以提供快速和稳定的食物吸引其他相应物种。这个方法的关键就是以优势物种作为恢复的突破口。最大多样性方法是尽可能地按照该生态系统退化以前的物种组成及多样性水平种植物种进行恢复,需要大量种植演替成熟阶段的物种。这种方法适合于小区域高强度人工管理的地区,例如城市地区和农业区的人口聚集区。这种方法要求高强度的人工管理和维护,因为很多演替成熟阶段的物种生长慢,而且经常需要补植大量植物,因此需要的人工比较多。教育生态恢复是通过人为方法提供适宜的条件,让其合乎规律地演化,恢复正常的教育生态系统结构与功能。教育生态的恢复可以借用上述两种方法,以学生群体多样性的发展、教师群体专业差异性发展来恢复学校教育生态相应结构与功能。有时我们把为了加速被损害了的生态系统的恢复,以辅助的外部措施,为生态系统健康运转服务,而加快恢复称为生态修复。当受损教育生态系统恢复时有两种模式:一是不超负荷的,并且是在可逆的情况下,压力和干扰被移去后,恢复可在自然过程中发生。二是当教育生态系统的受害是超负荷的,并发生不可逆变化,只依靠自然过程并不能使系统恢复到初始状,必须依靠外部的帮助,必要时还须用非常特殊的方法,至少要使受损状态得到控制。例如学生学业负担过重的问题是一个超负荷的,显然得运用学校外部的行政力量干预解决。

Hobbs 和 Mooney(1993)指出,退化生态系统恢复可能发展方向包括:退化前状态、持续退化、保持原状、恢复到一定状态后退化、恢复到介于退化与人们可接受状态间的替代状态或恢复到理想状态。退化或者受损的教育生态恢复,由于生态恢复的方式与努力程度的不同有着多种可能性,而且教育生态恢复不一定是线性的,并不总是沿着一个方向,也可能是在几个方向间摇摆成曲线进行,并达到某种状态,教育生态恢复的结果呈现多元可能性。

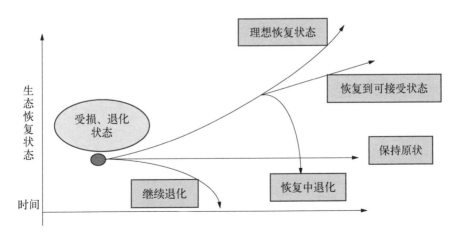

　　教育生态恢复需要评估以判断生态恢复是否成功。Bradshaw(1987)提出五个标准判断生态恢复是否成功：一是可持续性(sustainability)(可自然更新)，二是不可入侵性(invisibility)(像自然群落一样能抵制入侵)，三是生产力(productivity)(与自然群落一样高)，四是营养保持力(nutrient retention)，五是具有生物间相互作用(biotic interaction)。① 恢复退化或者受损教育生态的目标包括建立生态系统中合理的群体组成(师生群体多元度、丰富度)、生态结构(各生态因子的关系)、格局(各生态因子的水平)、异质性(各生态因子的互补性、共生性、差异性)、功能(教育物质、能量、信息运行等基本生态过程的实现)。退化的教育生态恢复的指标是多方面的，但最主要的是该生态系统学生培养能力的恢复和师生群体多样性的恢复，亦即是教育生态生产力——学生成长的可持续发展。因此生态恢复的目标是创造良好的条件，促进教育系统中师生群体发展成为由他们组成的完整生态系统，或者说目标是为教育生态系统中的各种师生群体提供相应的教育与学习的发展环境。

---

① 戈峰：现代生态学，科学出版社，2008.3.

第五章 生态型学校的认识与实践

第一节 生态型学校的基本认识

一、生态型学校的概念与内涵

（一）生态型学校的概念

生态型学校的提出是深刻的思想变革与社会进入到生态文明的一种教育发展的回应。学校从历经了不同时代，到近现代学校作为工业时代的产物主要是以培养"标准件"与灌输教育为主要特征，注重规模"生产"，比"前学校"更讲究效率。这缘于笛卡尔学说的兴起和启蒙运动客观理性及其方法论。随着社会的不断进步，教育思想也发生重大的转变，以人为本的教育思想正在成为主流教育思想。后现代主义的生态教育观也对学校产生了重大影响。"后现代主义提出的问题是尖锐的，是有新思想的。它至少让我们意识到过去被忽视的方面，意识到可以怀疑未曾怀疑过的东西，是一种对自己精神世界的冲击和开启。这种对封闭的冲击和对开放的热望，追求超越和为此作出努力，对生活在当代变革时期的中国知识分子而言，有特殊的激荡精神的价值。"[①]"生态型学校"对现代主义的"有效学校"提法提出了质疑。随着生态文明重要性凸显，生态型社会建设越来越重要，学校作为社会的一个重要组成部分，生态型学校建设成为当前生态社会建设的必要任务，也是今后学校发展建设的必然趋势。学校应当遵循教育生态规律，选择符合生态文明的方法及途径积极建设生态型学校。

揭示生态与教育的关系，是教育学和生态学相互融合的结果。生态型学校运用生态学原理，强调以一种生态的眼光、态度、方法和思想来观照、思考、理解、解释复杂的学校教育问题，并以生态的方式来开展学校教育实践活动。生态型学校既是一种教育思想，也是一种教育策略，它是一种系统观、整体观、联系观、和谐观、均衡观下的教育，是一种充分体现和不断运用生态智慧的教育。建设生态型学校综合运用教育学和生态学的基本原理和规律，以教育生态系统和教育生态平衡的全新视角，来认识和思考学校发展中所面临的问题。

生态型学校是以教育生态学为理论基础，将学校作为一个具有生命活力的生态系统，通过全面整合学校内外生态要素，增强学校各系统的生态功能，促进学校内部以及学校与外部之间的良性互动，使学校教育全面融合，可持续发展，实现学生健康成长的

① 叶澜：新基础教育——关于当代中国学校变革的探究与认识，教育科学出版社，2006.9.

学校。生态型学校促进学校成员健康互动,学校教育生态的物质、能量与信息积极流动,实现师生全面和谐、可持续的发展,学校成为师生的生命乐园、快乐的学园和幸福的校园。生态型学校为学生的成长提供"肥沃的土壤、充足的阳光、滋润的雨露",让学生在良好的环境下成长,为每个学生提供适合他们发展的教育,达到促进学生真正的发展。生态型学校是优质的学校,学生在学校学习,犹如一棵小树苗壮成长为一棵大树,学校就像一片茂盛的森林,从生态型学校苗壮成长的学生成长为人类需要的人才。

对于生态型学校也有着不断深化认识的过程,初期有的组织与实践者从环境保护的视角界定生态型学校,把从事环境保护与环境教育作为生态型学校基本要义。例如,国际生态学校项目(Eco-School, ES)是国际环境教育基金会(FEE)在全球推展的五个环境教育项目之一,是当今世界上面向青少年的最大的环境教育项目,旨在帮助学校改善当地环境,节约资源并减少他们的碳足迹。该项目也是生态环境部宣教中心作为中国代表机构加入国际环境教育基金会后,首次在中国启动的全球性环境与可持续发展教育项目。

"生态型学校"强调以教育生态规律来办好学校,不是以环境教育为特色的学校。环境教育只是学校教育的一个部分,但不是全部的教育,更不是学生发展的全部内容。"生态型学校"重在以生态学原理办学校办教育,使学校各育融合,学校可持续发展,实现学生健康成长的学校,也就是说生态型学校是为学生的全面发展营造良好的学校教育生态,而不仅是生态教育。生态型学校简述之就是"生态＋"与"＋生态"的学校。从操作上定义"生态型学校",这是以教育生态学为指导,从学校的德育生态、课程生态、课堂生态、管理生态、文化生态等五个方面,将教师、学生、家长和社区成员联合起来,着力构建促进学生可持续发展的学校。生态型学校是一个对儿童充满友好的学校,尊重儿童、认同儿童价值的学校;倾听儿童的声音,向儿童学习的学校;所有儿童都有机会、充满希望的学校。

(二) 生态型学校的内涵

面对复杂而又开放、倡导和谐而又存在矛盾的世界,后现代主义反对理性主义,反对人类中心主义,倡导重建人与自然、人与人之间的和谐交往关系。生态型学校的理论在于以反思与批判的精神转化为考量当下教育的眼光,并努力去创建比现代更好的、可能的学校,使学校师生有一个更自觉地可以自己解释的学校。生态型学校有着丰富的内涵:

1. 生态型学校是以教育生态规律为指导,以教育生态学为基础开展办学活动,将学校看作一个具有生命活力的生态系统。

2. 生态型学校以可持续发展为学校教育理念。可持续发展的向度决定了生态型学校的发展,具有导向性。学校办学理念的高度直接制约学校的教育行动,为追求片面升学率办学还是培养可持续的全面发展的学生,必然会影响学校的教育内容和教育方式。这是生态型学校与否的分水岭。

3. 生态型学校的终极目标——学生可持续发展。这样的学校不急功近利、不违背教育规律进行教育教学活动。学校一切教育都为了所有的学生,为学生终身负责。把培养可持续、全面发展的人作为学校的办学逻辑出发点和归宿。

4. 生态型学校应该具有学校教育生态的有序结构。学校具有良好的德育生态、课程生态、课堂生态、管理生态,学校各方面工作联系紧密,学校教育教学活动有序充满活力,成为教育整体可持续发展的学校。

5. 生态型学校的服务功能健全。生态型学校具有以师生生命与智慧和谐、可持续发展的目标要素,以真正的核心素养为价值取向的内容要素,以丰富性、情境性、建构性为特征的形式要素,以开放、生成、互动展开的过程要素,具有全纳的、温暖的、支持性的学习与成长的环境要素。

6. 生态型学校具有良好的学生成长的教育生态,为学生健康成长提供教育支持。从全纳与平等、适宜的教与学、安全与健康、参与与和谐四个维度促进学校生态化。

7. 生态型学校是对儿童充满友好的学校,尊重儿童、认可儿童价值的学校;倾听儿童声音,向儿童学习的学校;所有儿童都有机会、充满希望的学校。

8. 生态型学校将教师、学生、家长和社区成员联合起来,共创一个温暖的、有感染力和较强发展力的学习环境。通过全面整合学校系统内外资源,增进学校内部各组成部分之间以及学校与外部之间的协调,学校有一个良好的校内、校外的育人生态,形成一个整体功能强有力的学校教育生态。

二、生态型学校与学校教育生态

生态型学校与学校教育生态有着天然的联系。学校教育生态是客观存在的,只是有的学校生态是良好的、健康的,而有的学校生态存在问题,或是生态功能不足,或是功能障碍,也就是学校教育生态的不健康状态。只有在良好的教育生态上才能把学校教育搞好,学校教育才能健康开展。《晏子使楚》中记载:"婴闻之,橘生淮南则为橘,生于淮北则为枳,叶徒相似,其实味不同。所以然者何? 水土异也。"同类型学校会办出不同水平,就像"橘"在不同的生态中会有不同结果的道理一样。学校教育生态为生存其间的学校提供多元教育支持,这两者是支持关系。教育生态是办好学校的最基本的基础,也是最基本的条件。同时学校办学对其所在的教育生态产生影响,其影响大小与其生态位有关,也与学校作用力有关,这是反哺关系。

生态型学校本质上就是学校教育生态化了的学校,学校的生态特征明显,生态良好。生态型学校的创建与发展依赖良好的学校教育生态,学校教育生态也离不开学校的办学与学校生态化过程。

生态型学校与学校教育生态可以从三个方面加深理解:

1. 学校教育生态功能定位是让学生健康、全面地成长。学生的成长是教育生态系统中的自然与社会现象。这是现实的存在，更是鲜活的存在、动态的存在，学生的健康成长需要教育生态的滋润。教育要从管制学生中超越出来，回归到教师、学生、家长同为生态系统主体，共同营造、呵护教育生态的共生状态。

2. 生态型学校强调学校的基本职责是维护、改善、优化学校生态。学校要提供学生成长的良好生态，"肥沃的土壤、新鲜的空气、充足的阳光"，教育生态的物质、能量、信息，是学生成长的基础和保障。任何先进的教育理念、高超的教学艺术、宏伟的教育目标，都离不开良好的学校教育生态。生态型学校强调把握教育回归人的生命本质，展现卓越的生态，让学生在学校里呈现健康的体态、开放的心态，树立规范的形态、丰富的个态，感受民主的教态、自主的学态、人文的情态、发展的姿态实现理想的状态。

3. 生态价值是生态型学校创建的动力。用生态价值这一哲学层面的基本观念引导具体学校的教育活动与行为，让每一所学校都成为"教育生态，法道自然"的真实写照。教育要关怀学生的生命，过去更多的是用好的硬件与高资历教师来满足需求，生态型学校更关注的是用"新鲜的空气、明朗的天空、肥沃的土壤"，用生态的校园、纯净的教育来关怀学生。用生态的眼光审视学校，适宜的生态是一种本真、是一种纯朴，比起那些浮躁的、失去本我的"先进"要好得多。用生态眼光审视班级和学生，千差万别的学生是最大的、最重要的、最具潜力的、最丰富的教育生态要素。走进一所学校、面对一个班级，如同面对一个花园或者一片森林，学生如同各种树木、鲜花、小草。学校之所以生机盎然，原因就在于每一个个体都是鲜活的生命，是多样性的生命，走进学校的是不同的学生，毕业走出学校的应该是更加不同的学生。

三、生态型学校的基本构架

生态型学校最基本的架构是学校中以生命体为主体与办学要素为环境组成的主体—环境生态系统。生态型学校的生命主体包括学生、教师、管理者等人员。这些生命体中，学生作为教育生态系统中的消费者，依赖于学校教育生态所提供的物质、能量、信息的交换传递，使学生健康成长。教师作为生产者有力地提供与转换物质、能量与信息，支持学生从生态中获得丰富营养健康成长。

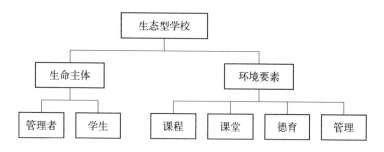

(一) 生态型学校的主体维度

生态型学校很重要的是学校生态中的生命主体,主体的生态化是教育的本质,即让师生人化,具有人的善性,与人与社会共生。生态型学校不仅要使学生的学习生态化,获得可持续的成长,具有智慧又有高尚的灵魂,而且要让教师充满着教育的爱,以生态化的教育滋养学生的灵活,以生态化的教学让学生充满智慧。

学校中的生命主体结构基本上可以分为教育者群体与学生群体。教育者群体包括教师、管理者、职员等,学生群体可以按照年龄、性别作为基本的分类方式,另外还有特殊学生群体等。这些群体以及其中的个体都是有着生理、心理、社会性方面的差异,有的是先天的,有的是后天的。正是这些学校生态中的主体差异性,才呈现了学校的丰富性、教育的适宜性。生态型学校是以学生的健康而又适宜成长来表征的。

生态型学校强调共生,通过学校教育生态化促进主体的人的发展。德国教育家斯普朗格认为:"教育中的本质因素不是'限制'而是'解放',在教育过程中首先要考虑的问题是解放成长者内在的力量。"只有增强了学校师生的主体性,使其内在性得以觉醒,才能激发师生的发展,促进师生在教与学习中自我实现,体现其人的价值。生态型学校强调以人为本,摒弃非生态的方式,把师生当作控制的对象和客体,只注重追求统一而忽视差异,以命令服从为主要的管理手段,忽视管理主体的生命意义和价值。人是生态型学校最基本的着眼点,促进人的主体性发展是生态型学校的最基本目的。

生态型学校具有强烈的主体性,忽视这一点必然走向专制。生态型学校的主体属性是在办学活动中作为主体所表现出来的能动性。其主体性从功能属性范畴的意义上理解,包含六个方面的内容:(1) 自为性,以人为本建立办学的主客结构,与自在性相对立;(2) 自主性,是师生在学校生态主客结构中独立的主体地位、主体身份和强化了的主体意识,以及行为上的主体能力,是与依他性相对立的;(3) 自觉性,指生态主体在活动中对环境必然性的把握和利用程度,是与自发性相对立的;(4) 主动性,指生态主体在主客结构中的主导性、积极性,是与被动性相对立的;(5) 创造性,是生态主体对现存主客结构的超越性,是衡量师生主体性的尺度,是与因循性相对立的;(6) 自由性,是生态主体性的核心内容,是生命主体在主客结构中的自由选择性,即对客体、实践方式及结果的选择,这是与必然性相对立的。

学校教育生态化过程中要充分发挥学校成员的主体作用,提升师生在学校生态中的生态位。在生态型学校中,管理者首先要增强生态意识和生态观念,并以此来指导自己的工作,要不断地警惕办学中可能出现的违背生态学原理的管理行为。同时,管理者要提高生态管理的能力,关注自己工作符合生态性,维护学校发展所依赖的生态环境的有序性,关注学校可持续发展。

（二）生态型学校的环境维度

学校教育生态环境维度由多元要素通过结构优化,形成生态教育服务功能。

1. 生态型学校的文化生态环境

生态型学校的核心是生态文明思想,确立以生态价值建设发展学校作为价值理念和目标追求。生态型学校的理念架构:一是价值取向,形成学校师生共生的可持续发展生态价值取向。二是发展目标,确立生态型学校发展目标,让学生像大树、森林一样成长。三是发展思路,明确生态学校生态化发展战略,生态强校。生态型学校尊重师生的个性化发展,尊重师生的文化差异,尊重师生民主平等的权利,尊重人性和人道。生态型学校的文化鼓励师生间的文化交流,运用不同途径与方式增强学校文化交融,宽容与接纳全体师生。

2. 生态型学校的德育生态环境

生态型学校的德育生态支持生态德育,主动自觉聚焦育人为先、立德树人。通过生态德育让学生认知、体验与践行生态的价值与保护生态,并增强生态保护的意识与能力,同时让师生以生态学原理与精神对待育与学,使学校的教育、课程,以至学校管理都能生态化,形成与优化学校的德育生态。在这样的学校的德育生态中真善美得以弘扬与践行,知行合一。学校与家庭、社会的德育融为一体,融于师生的生命、生存、生活、生长之中。

3. 生态型学校的课程生态环境

生态型学校依据课程生态原理和生态法则,构建生态课程体系,致力修复课程内部各学科之间的生态关系,综合治理课程的生态环境,实现课程资源的合理配置和流转来改善课程之间的营养结构。把生态理念转化为课程支撑,形成生态教育课程与课程生态化并进的校本生态型课程体系。通过共同的文化背景沟通学科之间的联系,全面恢复与增强课程生态系统的教育功能,把学校课程体系建设成一个生态功能健全的系统。

4. 生态型学校的课堂生态环境

从生态学视野关注课堂中每一生态元素,建立多维互动的课堂生态,重构教学理念、师生关系、实践范式,并以此为基点建构出的生态型课堂。当课堂沦为知识的加工和传输场,全然没有了智慧的对话和生命的会晤,课堂生态遭受破坏,课堂也就变成了非生态课堂。课堂生态一是构建自由对话的沃土,把能够真正进入学生视界的、感兴趣的内容作为资源,使学生能够广泛地参与学习。二是构建师生互动的时空,为课程与教学的意义化、整体化、丰富性提供整合的空间。三是构建师生成长的场域,学生主体对外部知识、信息深层内化,对事物重新选择组合和意义建构,学生积极学习状态获得激发,深刻感悟生命成长体验。

5. 生态型学校的管理生态环境

学校管理生态为生态型学校的建设与营造学校文化,提供制度保障、夯实实施路径。通过增强学校管理的计划、组织、实施、评价职能型要素动态循环、生态三要素转换,管理运行生态链优化,促进管理生态的特性增强,推动学校教育管理生态化进程。学校管理者必须理解生态价值,时刻保持生态理性,在学校各级管理层面上落实学校生态发展的制度,增强学校生态系统的运行机制,依据教育生态位原理协同发展、和谐共生,克服限制因子,遵循教育管理节律,使教育管理生态链有序稳定。生态型学校建设中坚持学校管理生态化,以学校生态整体的视角来审视和规范学校的管理活动,以生态规律来协调学校的管理活动,以人本、服务、民主、高效、低耗等原则要求学校管理活动。从管理主体、对象、过程、评价与环境五方面的生态化来实现学校管理活动的生态化。

6. 生态型学校的校园生态环境

生态型学校要打造一个硬环境与软环境、自然环境与人文环境和谐共生的生态环境。重视软环境对师生群体的价值观和行为准则的影响,通过校风、学风、教风建设优化学校教育环境。生态型学校建设中加强四种育人环境建设:愉快合作的课堂环境、丰富多彩的活动环境、优化美化的校园环境、融合和谐的人际环境,为学生健康成长提供环境支持。努力让环境文化创设的结果与过程成为优质的教育资源,让学生在立体化、动态化的环境中和谐发展。

(三) 符合生态型学校的基本元素

生态型学校通过教育生态环境要素作用于主体师生,师生通过课程生态、课堂生态、德育生态与管理生态的互动,从教育生态中吸取营养,形成与发展丰富的课程、适宜的课堂、充满人性的德育与以人为中心的管理,从四个版块上创建生态型课程、生态型的课堂、生态型的德育与生态型的管理,促进学校生态化发展,使学校生态特征更明显,创建生态型学校。

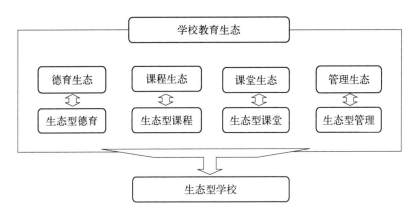

从景观生态学视角考量,生态型学校基于教育生态要素、结构与动态生态过程呈现学校的生态景观。学校生态景观表征了符合整体的健康生态特征,这样的学校可以认为是生态型学校。我们可以通过学校要素生态化水平,考量学校是否具有生态型学校的标识性元素。

生态型学校七个基本元素:

1. 以可持续发展为**教育理念**;
2. 以师生生命与智慧和谐、可持续发展为**办学目标**;
3. 以终身发展为价值取向的**教育内容**;
4. 以丰富性、情境性、建构性为特征的**教育形式**;
5. 以开放、生成、互动展开的**教育过程**;
6. 具有全纳的、温暖的、支持性的学习与工作的**发展环境**;
7. 学校成员民主、平等、和谐的**共生关系**。

四、生态型学校的主要特征

掌握生态型学校特征是为了把握创建实践的方向,对如何使学校生态化有重要的导向意义,是创建生态型学校"做什么、做得对不对"思考的逻辑出发点。生态型学校有五个主要特征。

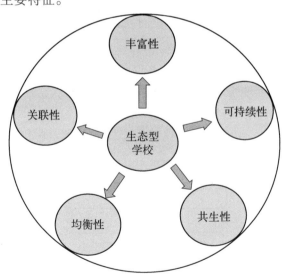

（一）生命性

生态型学校的主体具有生命性,即师生的生命性。学校作为育人的生态系统最本质的特点是生命性,体现生态性。生态型学校的育人是师生社会的、精神的、生理的、心理的因素和环境因素相互依存的生命过程,由认知领域扩展到生命全域。生态型学校以"生命"和"发展"作为其价值取向。生态型学校的生命性既包含学生的生命性,也包含教师的生命性;既是生物向度的生命性,也是精神向度的生命性,是一个双构式存在。生态型学校的"发展"秉持生态观念,以生态系统主体良好发展为目标,以符合生态发展的规律与原理,积极营造学校生态,促进学校生态中的师生获得健康发展。

生态型学校的生命性表征师生生长的动态发展,这意味着学校师生生命的"活力性"与"生机性",强调师生生命充满生机与活力地成长。师生在学校生态中彼此交互而激发师生生命的健康成长,这种成长源于师生的生命与学校生态系统的相互依赖,并在生态中物质、能量和信息交换,满足师生的安全、归属、权利、民主的需要,关注生命的多样性,注重包容性,使学校生机勃勃,促进教师在动态中不断发展。

(二) 民主性

生态型学校必然具有民主性这个重要特征:教育民主、师生关系民主。健康的学校教育生态本义就是学校各种关系与状态的和谐。实现学校的和谐离不开民主。工业时代标准化批量生产反映在教育上就是教育者对受教育者的严格控制,制造标准件。西尔伯曼在《课堂的危机:美国教育的重塑》中指出的当时学校普遍存在着四个特点:(1) 强制性;(2) 儿童在校时间很长;(3) 学校崇尚集团性经验;(4) 学生受学校教育的过程亦是受评价的过程。这种传统学校在学生、师生中间引起了人际关系的疏远。从全世界范围来看,人们普遍要求改变传统学校教育强制性、划一性,不重视学生权利、学生差异上显现教育的民主性,以及由此产生的教育人性化和个性化,培养适应社会发展和社会所需要的下一代。生态型学校强调学校必须作为旨在陶冶人的"人的学校",所追求的是人本教育和人本学校。杜威指出现在有许多人谈论工厂的科学管理,"其实利用科学的主要机会,在于发现一个人和他的工作的关系——包括他和参与工作的其他人的关系——懂得这种关系,能使他对他正在做的工作有理智的兴趣。"[1]社会性的生态中各种人际关系的和谐极大地不同于而且超越自然生态。生态文明下的学校更强调教育民主,以达到学校的各种关系与状态的和谐,实现人性化的教育,帮助学生尽其所能成为最好的人。

生态型学校的民主性表现在:一是教育机会的民主化,学生能够享有接受平等教育的权利和机会,要达到教育质量和效果的平等。学生和教师在活动过程中教师也不能一直处于中心位置,而须相互尊重、平等相处,学生可以根据个人的需要选择学习内容,参与活动的组织和设计,并在教育活动过程中,使个人的天赋和潜能得到充分的发挥。生态型学校不容许采取二元逻辑来施教,把学生随意划等

---

[1]　杜威:民主主义与教育,人民教育出版社,2001.

归类,导致教育中不平等。教育的活动过程中,学生能够接受到民主平等的教育,成为真正意义上的学习主体。二是教育内部的民主化,民主平等的师生关系、生生关系以及由这种关系营造的一种活泼和谐的教育氛围。生态型学校的民主性的道德意义在于所有成员的基本民主权利,如平等权、知情权、表达权、参与权等都得到尊重。学生有权表达自己的感情,有权反映他们的观点和意见,有权获得相关的信息,有权参与学校有关事项的决策。教育真正实现学生健康成长,需要创造民主的教育环境,尊重学生的人格与权利,解放学生的主体性与创造性。

陶行知指出"只有民主才能解放最大多数人的创造力,并且使最大多数人之创造力发挥到最高峰"。[①] 民主成了学校成员的生活方式。在一个学校群体中,主要以一种友好生活的信念来维持大家的学习生活,而不需要以强制手段来维持统一。在这种生活方式中,学校成员民主平等、互相合作、体谅宽容,能够公平、友好地处理他们之间的关系。把民主看成一种生活方式,尊重学生的主体地位,让学生得以生动活泼、自由地发展,呈现出一片生机盎然的学校教育的生态。

(三) 丰富性

生态型学校的丰富性是指学校应该为师生的发展提供丰富的物质、能量与信息的支持。生态意味着生命及其多样性,尊重生命多样性构成了生态的基础。正如世界上的生物千姿百态一样,学校也是生命发展极为丰富多彩。生态型学校首先是主体的丰富性,师生都是各具特点与差异的生命体,也有自己的发展需要与权利,学校中不同学生、教师的多样性保证了学校活动的丰富性与差异性。师生的发展也呈现着个性特征的发展,有着各自不一样的不断成长的过程,本身就意味着多样性和丰富性的增长。同时丰富性还表现在学校的课程以及教与学的内容、形式上。学校育人的内容与方式不能单一,失去多样性也就失去学校生态发展的良好条件。只有学校生态的丰富性才可能实现学生由"容器"向"人"的转变,师生由此在生命与生命的碰撞中激发情感、达成共识,并在生命与生命的互动和对话中走向自主与和谐、自由与创造。

(四) 关联性

生态型学校是由其各要素组成的有序、稳定、完整的生命共同体,由师生和教学环境交互作用形成整体。麦茜特指出:"生态共同体的每一部分、每一小环境都与周围生态系统处于动态联系之中。"[②]学校诸方面教育工作实际存在的差异性和差异的多样性,以及各部分广泛的相互作用和相互作用的多样性,从而获得互补性、整体的密不可分性和部分之间的非线性关联性。关联性意味着生态型学校关

---

① 陶行知:创造的儿童教育,1944.9.
② 麦茜特:自然之死,吉林人民出版社,1999.

系的整体与开放。

生态型学校是一个完整的生命共同体,通过交互—对话构成丰富的关联,使学校生态的主体间、主体与环境间的学校要素建构成学校结构,显现出与其结构相应的功能。生态型学校的育人内容是关联的,德育、智育、体育、美育、劳育等诸育是不可割裂的整体,这些广泛的关联处于一种整体联系之中。学校教育中的各育意义不能同引起该意义的经验情境相分离,逻辑边界是不确定的。生态型学校的育人置于整体的、交互的框架之中,使成长从简单、分离变成复杂、联系,不但要和社会生活紧密相连,还要在育人活动内容间建立联系,和学生建立一种整体关联的关系。关联性强调教育教学必须摆脱割裂的单向思维,确立生态思维。

（五）均衡性

生态型学校的均衡性是指学校生态的动态平衡中,师生生命的发展活力与多维互动、多样性与统一性、共性与个性、开放性与内生性的统一。动态是平衡的基础,生命只有在动态中才能向前发展,生命只有保持生命体内部、内部与外部世界之间的平衡态才能健康地发展。

生态型学校是在一定的时间内和相对稳定的条件下,学校生态中的教育生态因子、结构和功能处于相互适应和协调的动态之中。生态型学校关注学生的全面发展,在德智体各方面获得均衡发展,创设有利于学生全面发展的教育生态。生态型学校摒弃急功近利地发展所谓"学校特色",导致学校教育失衡,致使学生把精力花在对学校领导者有价值而对学生并非有价值的活动上,错失了获得有价值学习的可持续发展的生命时间。生态型学校的德智体美劳各育都应该充分开展而且和谐,促进学生全面健康发展,绝不能单一的教育内容突出,出现畸形发展,还美其名曰"教育特色"。犹如脂肪对于人是必需的营养,但是长期过多摄入就会出现脂肪代谢紊乱,就会导致多种心血管疾病一样的道理。学校的教育必须是均衡的,适宜于学生的健康成长。

均衡性要求学校的育人保持一个适度,生态学有着基本的最适度法则,生物对一种生态因子的忍耐范围是有限度的,"过"和"不及"都是有害的。生态型学校涉及其生态因子的三种状态:最小量、最大量、最适度。最适度的"度"是生态因子质和量的统一。学校生态中的群体也都有自己最适宜的群聚度,不当的群聚度会影响教育群聚的活动和效能。学校生态中的各因子是互为适宜的,课程、教学要适合学生的可接受性,学生的可接受性也制约度的掌握。在学校育人中,如果教师控制性过强,会引起学校生态的育人失衡。为了达到新的平衡,就得要求教师调整育人关系,以促成新的均衡。

（六）共生性

生态学认为生物生活在一起,一方的存在以另一方的存在为条件而长期共生。师生之间的关系也是一种互利共生的生态关系,"教学相长"就有着生态共生意蕴。学生间也是如此,《学记》中提到的"独学而无友,则孤陋寡闻"。协变必然要求共生。生态学认为,一个物种的进化必然引起另一物种及相关物种发生协同变化,这种相互适应、作用的共同进化即协变性。生态型学校中普遍存在教育因子间的协同变化。学校的师生情绪情感交织形成心理生态,教师上课激情高,学生也会不经意受感染;面对无精打采的学生,教师的情绪也难免被带入"低谷"。

教育生态的和谐是生态型学校共生的表现形态,也是师生、家长等多重关系建立健康生态的表达方式。在生态型学校中师生在共同生活与学习过程中民主精神价值成为教学相长、和谐成长共生的催生剂。同时师生在和外界进行能量、物质、信息的交换之中共生,和学校教育、教学与管理处在和谐状态。

生态型学校的共生性体现了教育的全纳思想。2015 年的《仁川宣言》提出"教育 2030:迈向全纳、平等、有质量的教育和全民终身学习",再次强调了公平教育和教育机会均等的思想,也就是学校教育必须关注每一个学生,无论他的生理是否有缺陷、学习是否有困难、行为是否有问题,都应该为其提供切实的支持,帮助他们健康成长。关注每一个学生的共生性成为一所学校是否生态型学校的重要标志。

(七)可持续性

生态型学校秉持人类的教育理想——人的可持续发展。这样的学校实施可持续发展教育,以人为核心。"为一切人的发展和人的全面发展",使社会得以全面地进步和不断更新,与可持续发展相适应,发展人类共同的、整体的长远利益。1992 年《21 世纪议程》提出"面向可持续发展而重建教育";1994 年联合国教科文组织又提出了"可持续性教育"(Education for Sustainability)。生态型学校坚持教育的终极目标:人的可持续全面发展。社会要持续发展,作为发展主体的人首先必须是可持续全面发展的人。可持续发展的社会,需要的不是仅掌握一定知识或技能的工具化了的人,而是具有科学人文素养与发展智慧的可持续发展的人。只有依靠基于健康的教育生态的教育,才能不断培养出全面发展可持续的人。

生态型学校可持续性在本质上体现了教育生态观,可持续发展是教育生态观的核心,要求学校遵循教育发展的客观规律,以学生终身发展为宗旨,确立教育为了每一个孩子的观念,为每个学生提供适合他们发展的教育。学校的可持续发展是教育面向未来的教育价值取向。学校教育从教育内容到形式,都要让学生学会学习,掌握当今时代与未来最重要的生存和发展能力,成为一个可持续发展的人。这是对每个学生终身负责的具体表现,也是对今天教育目标的诉求。

第二节　生态型学校建设的基本原则

原则一：系统整体性原则

系统整体性原则是指学校生态系统建构要依据其系统性、整体性，遵循有序性、层次性。学校生态系统是一个统一的有机体，各组成要素是它的一部分。学校生态系统的总体功能，取决于它的结构。任何要素不能代替由它们组成的结构。任何一个层次上的子系统的问题，都可能导致整个学校生态系统功能的减退和紊乱。在生态型学校建设中要关注学校在整体互动中发展，合理组织、统筹规划、统一布局，不断寻找各因素间的最佳结合，使学校内部的教育因素、教育活动的各环节协调在系统的整体运作之中，发挥学校生态系统的总体效能。

生态型学校是一个复杂的系统，必须不断保持其有序性。差异是绝对的，系统的有序性是普遍的。在生态型学校建设中为了保持其活力，不可追求绝对平衡，需要承认学校子系统间的差异，不是绝对消除差异，而是在发展中求得差异性发展。正是这些差异决定着系统的有序性，有差异才需要有序。学校的资源共享、优势互补不是为了平均，而是为了促进发展，其中包含着差异的发展。在生态型学校建设中根据其不同系统的差异，调整组织结构，以降低系统熵，提高有序度。

学校生态系统的结构可以通过以下的形式改变优化整体功能：

1. 序列易位。这是学校生态系统的组成因子不变，而因子排列次序发生变化。如原先的学校教学管理序列：教导处—教研组—教师（单向）。可以改变序列：教师与教导处、教研组网状互联的共同体（多向）。显然，通过结构改变更能发挥生态系统中因素的互动。

2. 因素重组。这是组成因素自身发生变化。如对原先学校管理系统由单一学校领导人员组成进行调整，增加教师代表、学生代表以及家长代表、社区代表，组成校务委员会。这样的重组比以前更具有代表性，有利于学校工作优化。

3. 形式新构。这是学校生态系统组成因素的数目、序列和功能状态都发生变化，形成全新的系统结构。为解决师资链的断链失衡，可以建构非行政性教研组织，使教研组织形式多元化。运用边缘效应（edge effect）解决师资链的生态问题。

原则二：多开端切入原则

生态型学校是一个多元结构的体系，不仅有纵向的层次递进的生态子系统，也有横向平行的生态要素与子系统。生态型学校的建设除了分层次递进以外，还可以是多开端的,从哪个生态要素或子系统切入是可以选择的。生态型学校的建设没有一个固定的操作程序,非要按照规定的步骤一步一步操作。生态型学校建设可以从德育生态着手,推进学校生态系统的优化,也可以从改善师资生态链出发,优化学校发展生态。再如,课堂生态的优化可以从师生关系改善、课堂教学形式整合着手,也可从课堂教学的载体着手改变教学的适宜度,促进课堂生态发挥整体功能。多开端切入原则要求生态型学校建设不是机械地进行,而应该把握不同学校生态系统的不同结构及其差异,作出切入口的选择,以达到效益最大化。生态型学校建设的多开端还表现在方法上,不应该是定式化的,可以运用不同的方式开始。生态型学校的建设关键在于正确选择突破口。

原则三:价值观引领原则

生态型学校建设是一种特定的学校领导与管理,其本身也蕴含着一种学校文化,表现为在生态型学校价值取向引领下,学校成员所选择的生态型学校建设机制、建设方式等。一定的生态价值取向制约生态型学校建设内容、建设行为的舍取。学校办学中常出现非生态现象,教育功利主义倾向严重,办学行为短视,这与生态型学校的价值追求相离甚远,在办学过程中出现了价值迷失。"教育已经不以教育价值的实现为使命,而是以获取最大利润或利益为办学和办教育的目的。"[1]利益驱动使学校在发展过程中曲解了基础教育的育人目标,看不到教育的育人价值,学校教育生态必然遭受破坏。

生态型学校建设的价值领导是以学校对生态型学校的建设作出准确的价值定位,通过一系列价值建设、价值导向有计划、有步骤地将确定的生态价值观念转化为学校的主流价值观,激发、引导和整合教职工的个体价值观,并将其体现在学校理念、文化制度、教育教学行为和环境建设等诸多方面,以实现生态型学校建设目标。在生态型学校建设各项工作中首先要作价值判断,做正确的事,并对实现方法作出合理性的价值判断。这是生态型学校建设的价值基础。

生态型学校建设要坚持生态发展观。生态型学校建设进展良好的学校都坚持了学校领导中的生态发展观,并以此激励引导学校全体成员,使他们认同、践行生态发展价值观。领导蕴含着价值引领,不解决价值观冲突,无法有效领导。在生态型学校建设中,生态价值领导是否有意识、有目的和系统化,直接影响生态型学校的建设。生态型学校建设中生态价值观念建构要关注五个价值关系:

1. 生态型学校建设的外在价值和内在价值。生态型学校建设的外在价值在于实现其目的的手段、方法或途径,而其内在价值在于为了师生的健康发展而实

① 金生鈜:中国教育制度变革滞后带来的三个问题[J]. 中国教育学刊,2008.12.

施。学校生态的实质就是育人、师生的发展,为师生的发展提供支持。这是学校教育生态内在价值的根本。办学的价值取向的审视要强调教育内在的生态价值。

2. 生态型学校建设的社会价值和个人价值。生态型学校建设的社会价值在于对社会生态文明的作用与贡献,在满足社会生态文明需要过程中体现出学校自身价值。生态型学校建设的个人价值在于对其成员的生活、学习和人自身发展需要的满足,在满足个体适应生态文明社会需要中体现出自身的价值。生态型学校建设应该促进师生在生态文明上的社会化和个性化的统一,能正确处理生态文明社会中社会和个人利益及其长远利益和现实利益的关系,实现人人生态化发展。

3. 关注生态型学校建设中教育的价值和教育中的价值。教育中的价值是指教育中应该在学生身上培养哪些价值,这与教育目的相联系,教育活动中应该达到什么教育目的、实现哪些人生价值和应该教给学生一些什么价值内容。教育中的价值包括生态价值:生态经济价值、生态政治价值、生态道德价值、生态美感价值等。教育的价值是指怎样的教育活动才具有教育生态上的价值、才能有效获得那些教育中的价值,这与教育内容、方法相联系。在生态型学校建设中应该关注融合教育的价值,使学校教育的活动、教育方式方法符合生态性。

4. 关注生态型学校的人文价值和科学价值。生态型学校建设的目的是有助于人们接受人类精神文化,并在文化的传递与接受文化的过程中,使每个受教育者的人格都得到陶冶,这才是生态型学校创建的本质和目的,也是其全部价值的核心和精华所在。学校不能使学生成为应试工具、道德口袋,也不能使学校文化沙漠化,学生精神发育不良。生态型学校建设中必须确立人文价值和科学价值高度统一的生态价值观。

5. 关注生态型学校建设的长远价值和现实价值。生态型学校建设的目的是为可持续发展,就是为了超越现实,去追求理想和实现理想。生态价值观强调摒弃消极短视行为,只顾眼前利益而忽视学生的未来。生态型学校建设应该以可持续发展观念,立足现实,坚持面向未来,克服工具主义倾向,实现人本发展。

原则四:多样性丰富原则

丰富性是维持生态系统稳定性的重要因素。生态因子与结构的多样性是一个复杂的生态系统的基础,对于环境影响的反应能力更强。

20 世纪末,美国西部的一个州,突然爆发了一场森林大火,上万亩森林遭受了灭顶之灾。事后，人们对火灾原因进行了调查，发现罪魁祸首是森林中的那些枯枝朽叶，它们即使只遇到星星之火，也会很容易地燃烧起来，并迅速蔓延，酿成一场生态灾难。

于是，人们痛定思痛，决心亡羊补牢。州政府责令全州的森林管理部门和人员，并发动全社会的环保主义者，对森林中衰萎干枯的树木、草叶进行及时清理，消除火灾发生的隐患。

命令执行后，果然大见成效，在随后的两年里，再没有大的火灾发生。正当人们暗自得意时，另一种始料未及的生态灾难，使他们目瞪口呆！

两年后，一种由云杉卷叶蛾引起的虫害，大面积地暴发了。这种害虫在毛虫阶段危害树木，专门吞噬树木的嫩叶嫩芽。在很短的时间里，几万亩珍贵的树木被吞食掉，成片成片地枯萎、死亡。

眼看着虫害在迅速蔓延，更多的森林将遭受侵害，束手无策的州政府赶紧向联邦政府求援。美国农业部专家对这一现象进行了调查，最后得出的结论令许多人大吃一惊：原来，造成云杉卷叶蛾大量繁殖和严重虫害的最主要的原因，是人类无知地把森林中枯死的树木、草叶清理掉了！

森林中的枯木为害虫的天敌——鸟儿、蚂蚁提供了筑巢、栖居、休息、觅食和避难的重要场所，而它们的存在又有力地遏制了害虫的繁衍。当人们为了防止火灾而把这些枯木清除掉的同时，也就毁掉了鸟类和蚁类赖以安身立命的家园。它们失去了栖息、繁衍的场所之后，数量急剧地减少，于是害虫就会乘虚而入，有了作孽和繁殖的机会。

以上这些发现，让人们明白了一条真理：自然界中哪怕是一草一木，都有其存在的价值和合理性。大自然总会用一只无形的手，去巧妙地调节和平衡各种生物之间的关系。面对大自然，人类最应该做的就是尊重自然的法则和规律，与自然和谐相处。

张洪军：枯木的妙用，《百科知识》2004 年第 5 期

生态学认为，一个生态系统中物种的品类越多，生态系统网络的结构水平就越高，可持续发展的功能也就越健全，从而使得生态系统之中各生态因子更为旺盛、更为活跃。正如世界上的生物千姿百态一样，生态型学校也是丰富多彩。首先是主体的丰富性，师生都是各具特点与差异的生命体，也有自己的发展需要与权利，学校中学生、教师的多样性保证了学校育人活动的稳定性。学生不断成长的过程，本身就是多样性和丰富性的增长。丰富性还表现在育人的内容、形式上，失去育人内容与方式多样性也就失去学校生态发展的良好条件。

多样性导致生态优化这是生态学的一条重要原理。丰富性原则强调优化学

校生态的因子,形成多样、丰富的交互结构,才能发挥学校生态功能。在生态型学校建设中要把握学校的生态因子质的多样性。学校生态系统中的学生因子与教师因子有着质的不同,但是在现实的教学中以教师为中心还是普遍的,忽视学生真正意义上的存在。学生因子也有一般家庭学生和特殊家庭学生之不同。在这些生态因子中又集合着许多生态因素。如,特殊家庭学生,它可分为离异家庭学生、缺损型家庭学生、残疾子女家庭学生等。不同的特殊家庭生态对儿童的教育都会有直接的或间接的影响,影响的大小也不一样。

学校生态丰富性表现在生态因子及其结构的动态呈现方面。教育生态因素大多是复合生态因素,如学校生态中就包含着德育因子、课程因子等诸多因子。根据生态因子的性质和作用的不同,教育生态环境中的无感因子是指与教育的关系不大,或者只有某些间接影响,而敏感因子与教育有直接的交互作用,学校生态中的教师因子属于有感因素,直接对学校教育产生影响。在有感因子中要特别关注交互因子,独立因素是单独对学校教育产生作用的因子,而交互因子在性质上具有两重性或多重性,如教学因子既具有教学属性,又具德育属性。学校生态因子是动态变化的,但有时相对稳定。校舍相对稳定,而学生是变动的。对学校中敏感的不稳定因子应该根据其作用与状态作出处置,如果是具有积极意义的有感不稳定因子应采取措施使它相对稳定。教育生态因子的这些性质,为我们把握学校生态中各种生态因子对学校教育的作用和影响,提供了思路和方法。

学校生态中的丰富性多样性在一定程度上会表现出不确定性,反过来正是这种不确定性会促进丰富性的增强。学校课程教学内容的不确定性增多,教学模式的多样性、变动性增强,教与学的环境更加丰富多彩,这就要求教师在教学过程中能主动地选择、决策乃至创造,从一本教科书走向意义建构的动态的教与学的过程,以丰富的学习内容与方法让学生智慧焕发,可持续地学习发展。

生态型学校建设中举措的选择受到多种因素的限制,其中师生这个生态主体的制约尤为显著。一方面,教师选择适宜的教育、教学方法是以学生的学习基础为依据的,具有不确定性;另一方面,学生的表现制约着教师教育方法的使用过程和它所发挥的效应。教育、教学改革要在这些不确定性中起着能动性,对学校变革进行自觉的纠正和调适。

原则五：结构性开放原则

生态型学校建设的开放性是在其过程中不断地与外界环境进行物质、能量、信息交换,是其系统得以向上发展的前提与得以稳定存在的条件。生态型学校有着系统的适度开放成为活系统。生态型学校是一个有着许多子系统以及多种联结的复杂系统。学校的纵向结构从学校到年级、班级,从校长室到职能部门、各年级组与教研组。学校的横向结构从平行的教导处、德育处、科研处、总务处等,以及各年级、各班级之间。学校生态系统内的层次性,意味着不同低层次间的流通开放,向自己内部开放。生态型学校应该有着良好的纵向和横向的开放。

生态型学校建设应该在开放中从环境引入负熵,实现自组织。一个自组织系统的适度开放主要是靠系统自身的自我调节机制来保证的,使得系统有条件地、有选择地、有过滤地向环境开放成为可能,使学校保持一定程度的自主性,表现出应付环境变化的灵活性。生态型学校作为一个系统与环境发生物质、能量和信息的交换,成为开放系统。学校系统向环境开放,使得内因和外因联系起来,才有了内因和外因之间的生态关系。开放的学校系统会不断从环境中吸取负熵,不断抵消系统内部紊乱(熵)的增加,保持"序变不减",在动态平衡中使系统不断处于有序状态,提高功能状态水平。生态型学校开放性要求学校不能处于封闭状态。与外界没有任何交换的学校系统只能自行走向混乱无序的混沌状态,迟早会走向衰退。学校向社区、家庭开放,学校间开放,使学校能与外界的物质、能量和信息交换顺利进行,这样才能增强学校自组织能力。贝塔朗菲在《关于一般系统论》中指出,"开放系统的特征正是有机体具有不断做功能力的根据所在"。生态型学校系统结构开放性决定其功能。生态型学校的开放本质上是以观念的解放和体系的开放为标志。生态型学校的开放首先是民主,具有民主的教育生态。而形成开放和民主的教育首先必须形成开放、民主和创新的学校生态,开放、民主和创新的学校生态是开放、民主和创新的教育必要条件或者基础。

原则六:生态思维性原则

学校应该坚持在办学活动中以生态思维思考与行动,这是一条基本的原则。

生态思维是以生态的思维方法,来自觉审视和积极思考人们与自身生存发展其中的自然的、社会的生态环境之间的复杂关系,并以人和生态环境的协同进化与和谐发展为价值取向的现代思维形态。

生态思维主要有两个维度:一是生态主体自身的思维,包括思维方法、思维形式、思维过程符合生态规律,例如思维方法不应是僵化而是适切的,思维形式不应是单一的而是多元的,思维过程不是静止的、碎片化的,而是动态的、系统的。生态思维本身具有生态的多元性、适切性、开放性、整体性。这是生态主体自身的思维水平,是生态思维的基质。二是生态主体对待环境关系与解决生态问题时运用符合生态学原理思考与行动。生态思维是人们运用生态思想与生态方法论思考生存与发展问题,生态思维是以生态思维观,包括整体统一性观念、多样丰富性观念、开放共生性观念,在一切人类活动过程中展开思维活动的系统综合性思维形态。这是一种既有的思维形态在受现代生态学发展及其生态学方法进步的强烈激发和推动下,演化和发展起来的全新的生态性思维形态。这种思维形态已使现代生态学研究拓展到整个生态时空和结构系统,包括生态主体。这种向外的生态思维可以称之为生态学思维形态,这不仅仅取决于生态主体的人们的个人科学素养,在更深层它是植根于生态学方法论,是生态学方法论的外在化表征,而可以把生态主体自身的思维称之为生态性思维形态。

作为生态主体的人的思维受自身内在思维水平与品质,特别是思维形态的影响。同时生态主体在对外在的生态环境上,也受一定的思想观念与知识能力等影响,其运用的思维方法、形式与思维过程经过价值选择而表现出不同,进而影响着所面临的生态问题的对待。我们不仅要培养学生具有良好的生态思维,成为一个具备生态素养的人,同时我们要在教育工作中运用生态思维,使学校的办学活动与教育教学生态化,符合教育生态规律。在现实的学校办学中出现的一些问题,往往可以追溯到生态思维的缺失,如热衷于办大规模学校,学前教育与小学教育不衔接,就是缺失生态思维的适切性、整体性的表现。我们必须明确的是,学校及其成员受特定思维形态的制约和支配,就会使其对教育与学习的目的与方式采取不同选择与行动,从而产生迥然不同的结果。学校成员作为学校生态系统中主体,其思维形态发展水平与思维品质制约和支配主体的思维,影响着学生的学习与教师的教育。学校生态思维水平标志着学校发展的现实与未来会走得多远。

第三节 生态型学校创建的规划与推进

一、生态型学校创建的学校决策

(一) 生态型学校创建决策的必要性

建构生态型学校是学校重大的教育改革,是建构新型的教育范式学校的根本的转变,是当代学校教育发展促进学生健康成长的必然选择。对于学校而言,要确定建构生态型学校这是一项学校的战略决策。学校战略是影响一所学校全局发展的策略,是办学策略和教育发展策略的总体。创建生态型学校的战略决策是对决定学校全局发展的战略性思考,所作出的顶层设计与实施安排,是解决学校发展中的全局性、根本性的战略管理、整体设计与实施。生态型学校建设强调以一种生态的眼光、态度、原理和方法来观照、思考、理解、解释复杂的学校教育问题,并以生态的方式来开展办学活动。生态型学校创建既是一种教育理念的教育实践,也是一种不断运用生态智慧的学校领导与管理。

对生态型学校创建的战略管理上存在着一些误区：

1. 战略管理无须论。持这种观点的人认为生态型学校创建没有必要进行顶层设计，主要是行动，要么认为学校发展良好不需要战略管理，要么认为学校办学困难无法进行创建规划。

2. 盲目决策。对学校生态系统的现状掌握不透，不是缺乏学校生态的分析框架，就是以学校发展规划的套路进行学校生态分析。对学校生态缺乏科学的分析，导致生态型学校建设的规划不是基于事实基础而是靠拍脑袋进行。一些生态型学校建设方案只是套了一个"生态"的帽子，使用了"生态"的标签。

3. 畏难心态。确定的生态型学校建设战略不实施或难以实施，也有制定的创建方案为了应付而制定，导致生态型学校创建方案流于形式，也无意实施。

4. 战略既定论。持这种观点的人认为战略规划既然确定就应该不折不扣地执行。忽视了生态型学校建设中需要随着条件与环境的变化而进行适当调整，导致以非生态的方式搞生态型学校的建设。

（二）生态型学校创建决策四个方面

创建生态型学校的学校战略管理是以创建生态型学校为主导，直接影响着全局总体目标的，与内外环境相联系的管理活动。生态型学校创建的战略管理关系到学校发展方向、资源优化配置和组织整体适应性的决策与实施。在实施生态型学校创建中的战略决策，即战略选择是核心；战略实施是战略管理的关键环节。顶层设计不等于校长设计，而是学校组织行为，是学校全体成员参与和选择的过程与结果。生态型学校建设中的战略管理主要包括四个有机的动态过程：

1. 生态型学校建设的战略分析。战略分析是战略管理的基础。这是对学校生态系统的现实状况，从学校的生态适宜度、生态位、生态链等角度，认清学校发展事实基础，确定优化学校生态系统方面的优势、不足、机会等，为制订生态型学校创建规划提供事实依据。

2. 生态型学校建设的战略规划。战略规划是学校战略管理的关键。生态型学校的战略规划包括生态型学校创建的理念、目标、重点项目、主要措施、保障措施等总体方案，可以从学校生态系统中的德育生态、课程生态、课堂生态、文化生态、教师发展生态着手，综合形成生态型学校建设方案。

3. 生态型学校建设的战略实施。战略实施是将生态型学校的战略规划转变成现实的过程。战略实施包括生态型学校建设的目标管理、战略任务的落实、资源的配置、生态型学校建设的年度推进等。

4. 生态型学校建设的战略控制。学校战略控制是战略规划实施的保证。学校战略控制主要是随着学校战略管理环境的变化、学校战略规划的实施进度与成效对规划及其实施方法、资源进行必要调整。

　　生态型学校创建是一个系统性工程,必须整体规划与实施。生态型学校的创建又是多元的与多开端的,应该选择一个适宜的切入口,借助重点项目推进生态型学校的整体建设进程。现将2016年笔者主持的"建构区域教育生态圈、营造生态型学校群的理论与实践研究"项目中试点学校的生态型学校创建切入口介绍如下:

项目试点学校 CP&GP 一览表

学校名称	领　域	CP 项目(重点项目) 项目主题	GP 项目(一般项目) 项目方向
CD 中学	文化生态	学校"春雨"文化生态营造	生态型课程体系
QX 学校	管理生态	打造富有"湿地"特征的生态型学校	教师生态链的完善
YA 幼儿园	教育生态	"亲青家园"幼儿发展生态营造	教师教育生态能力的提升、生态素养序列
CJZ 小学	德育生态	学校"放飞"教育生态营造	教育生态背景下生态教育课程的建构
YA 小学	课程生态	"田园"课程体系生态化建设	教师课程生态能力的提升
CJZ 幼儿园	课程生态	"绿色伴我成长"——基于课程生态化的幼儿园课程生态营造	幼儿园教育生态功能区规划、建设与运作
PA 小学	课堂生态	以"支持、关心"为特征的课堂生态建构	德育生态、教师发展生态
YA 中学	课堂生态	"开放、交互"的课堂生态建构	不同生态位学生差异性教育

二、生态型学校建设的方案制订

(一) 生态型学校创建方案制订的意义

　　生态型学校建设是一项复杂而艰巨的系统工程,需要以科学、系统实施方案规范生态型学校的实践。

　　1. 制订生态型学校创建方案有利于科学实践

　　在制订生态型学校建设方案之前,首先要厘清什么是生态型学校。明确了概念,才可能正确地做对。当今流行"生态"这个词语,有些学校套了"生态"这个帽子,做的却是传统的东西。概念是反映对象的本质属性的思维形式。概念具有严格规定性,反映事物的一般的和本质的特性。如果区分的图像越彻底,就越有利于我们进入一个精准的领域,否则会把一个事物归结为另一个事物。用概念展示其真实性,概念具有达成客观性,即明确清晰的内涵与外延。只有我们真正把握了"生态型学校"这个概念确定性,我们才能够在真正意义上展开实践。通过生态型学校建设方案的制订,逐步树立系统的生态思维,摆脱认识与实践的陷阱,克服以自己对词面的理解代替科学认识,树立正确的行动方向。

2. 制订生态型学校创建方案有利于有序实践

当今学校发展依赖于教育思想与实践的创新及实施教育创新的人力资源。有形资产在学校总体竞争力中的加权系数下降。学校的生存、发展、消退与决策的正确性、适应环境变化能力与创新速度深刻联系在一起。进行学校发展战略谋划,通盘考虑学校未来较长时期的生存和发展问题是必须的。生态型学校创建的方案谋划和实施是学校战略发展的集中表现。生态型学校创建中容易忽视其探索性、复杂性,把它作为一项常规工作简单地对待。生态型学校创建是一项关系学校整体发展长期的系统工程,关乎学校全部门、各年级班级的工作,困难与挑战很多,需要统筹设计与有序实施。制订方案本身就在于定方向明确做什么,也是梳理现状与总结经验,已做了什么、为什么做对了、还缺什么,明晰学校还存在哪些非生态现象。更重要的是通过制订方案把生态型学校创建目标、内容、路径等清晰起来,形成可操作的行动纲领性方案。

3. 制订生态型学校创建方案有利于创新实践

生态型学校的创建是一项崭新的工作。生态型学校的创建就必须从生态学、教育生态学等基础学科的原理出发,遵循学校办学与生态型学校的基本规律,来思考、探索生态型学校创建的问题。在实践中可发现传统的、固有的教育学的话语与思维方式习惯地在生态型学校创建中表现出来,往往缺少按照生态学原理来分析学校的教育现象,缺乏教育生态学的清醒认识与分析。生态型学校创建中要建立关于生态型学校的话语体系,以此形成观察与解决问题的分析框架,从学校的一般行政管理中跳出来,打破以传统学校管理的理论模式来设计生态型学校发展方案,而应该运用生态学、教育生态学等新理论、新视角,设计与实施生态型学校建设,这是一种教育管理的新探索和新实践。

(二)生态型学校创建方案制订的要点

1. 把握生态型学校建设方案的要义

生态型学校建设方案是指对学校(幼儿园)生态型学校建设的目标、重点项目、主要举措、组织领导、保障措施等的系统规划。

生态型学校建设方案是学校理解与落实生态型学校发展方向的具体体现,学校战略管理的重要内容,涉及学校战略发展的方向与落实;是学校办学思想转型、走向生态化办学思想的表征,学校文化新构的主要组成部分;是学校最基本的办学行为体系,体现与落实学校发展目标与培养目标,学校最基本的办学举措之一,具有整体性、操作性。生态型学校建设方案具有以下特征:

(1) 高度性:方向性思路引领,具有前瞻性。

(2) 系统性:整体性设计清晰,具有校本性。

(3) 操作性:实在性举措明确,具有实效性。

我们要把握生态型学校建设方案与学校的发展规划的联系与区别。学校发展规划是学校最基本的规划,涉及学校整体发展的方向、目标与内容,一般是从教育管理学视角来制订。生态型学校建设方案是从教育生态学视角来制订,并以此明确学校发展的目标与路径等。如果学校把生态型学校建设作为学校整体发展,那么学校发展规划与创建方案是交融的,成为一件事。但是这两者还有些微的区别,学校发展规划一般主要使用教育学语言体系,而生态型学校建设方案较多使用生态学(教育生态学)语言体系或者概念。如果能在这两者之间取得交融与平衡,那么这所学校就是十分成熟的学校。

2. 生态型学校建设方案的基本格式

生态型学校建设方案主要包括以下几个方面:

第一方面:学校教育生态现状分析

这主要为生态型学校建设的实践与解决问题提供事实依据。这方面的分析主要针对学校教育生态的适宜性,学校生态因子、结构、功能中哪些是适宜的,哪些是不适宜的,其程度怎样等,作出有理有据的分析。这项分析包括:

(1) 学校教育生态位分析,包括学校空间生态位、功能生态位、实际生态位。

(2) 学校教育生态因子分析,对学校课程生态、课堂生态、管理生态等剖析。

(3) 学校教育生态链分析,对学校物质流、能量流、信息流作出分析,对教师生态链、学生生态链也要分析。分析这些生态链在学校整体教育生态中的生态格局与状况。

第二方面:生态型学校创建目标

总目标——生态型学校建设目标是什么,即怎样的生态型学校。避免用一般的发展目标代替生态型学校建设的目标,无论在内容上,还是表达的言语上都要体现生态思想与方法。生态型学校建设总目标确定后,应该确定具体目标,特别是重点目标,这是在生态型学校建设中工作任务聚焦的系统思考。总体规划需要确定重点突破方面。重点目标是生态型学校总目标的具体化,更是把总目标转化为具体行动深入思考的目标表述,使总目标更具可操作性。同时也使创建工作纲举目张,避免生态型学校创建中的碎片化。

第三方面:生态型学校创建的实验项目

生态型学校创建的实验项目是创建方案的重心所在,也是生态型学校建设策略——"重点突破,以点带面"的体现。同时生态型学校的建设对于大多数学校而言是一项探索性的项目,也需要以"深入实践,积累经验"为策略,稳步推进生态型学校的建设。生态型学校建设实验项目的表述:〇 项目名称 〇 项目内容(这是重点,含项目实施方式) 〇 项目成果 〇 具体时间节点 〇 项目组成员与分工。

第四方面:生态型学校创建的主要举措

生态型学校建设除了重点项目外,还有生态型学校创建的其他领域。这些领域也必须实现生态化,才能建成一所完整意义上的生态型学校。因此,在生态型学校建设方案中必须明确其他领域的生态化建设。在方案中一般应该提出两个或以上领域的生态化工作。领域过多在一定时期内难以实现,过少也难以形成系统整体与个别领域的联动与支持,变成一枝独秀,不利于形成生态型学校建设的共生局面。主要举措也应该确定项目推进的时间节点。

第五方面:生态型学校创建的领导

生态型学校创建作为学校行为,需要在学校层面上加强领导,并通过多种的组织措施、制度措施、资源措施等予以保障。因此,生态型学校建设方案要在这方面作安排,包括建立创建领导小组以及成员与分工、创建工作的制度落实与评估监控、项目研究人员与全员参与的协调与组织等。

(三)生态型学校创建方案的基本要求

生态型学校建设方案编制不是一蹴而就的,需要反复论证与修改,达到要求:

1. 创建方案的规范性

创建方案要上述五方面齐全,符合基本要求,也可有一定的变式,或者增补。

2. 创建方案的合理性

(1)科学性:所制定的目标、项目等符合生态学与教育生态学的原理,符合学校办学规律与学生发展规律。

(2)先进性:观念科学,凸显学校教育生态的建设,方案中有实践的亮点,体现出探索创新。

(3)实践性:坚持理论联系实际,解决创建中出现的实际问题,方案具有可操作性、可检测性。

(4)针对性:整个创建方案建立在校情基础上,对学校生态把握正确,建设项目针对性强,从解决实际问题出发,校本化明显。

(5)逻辑性:创建方案逻辑性强,具有内在联系,创建目标与项目内容、整体与局部关联,层次清晰,结构严谨。

3. 创建方案的可靠性

(1)方案实现度。方案是否基于学校实际情况、创建目标是否适宜。

（2）方案保障力度。创建资源充分性与运用度、创建力量与骨干团队健全度与专业度、学校全员创建意识性与参与度、创建工作机制与制度的确定性。

（四）生态型学校创建方案的制订步骤

创建方案制订一般的步骤如下：

1. 成立生态型学校创建小组，负责主持生态型学校创建方案编制工作。

2. 组织学校管理层与教师学习教育生态学。通过学习解决两个问题：一是什么是教育生态，这是为生态型学校创建作理论准备；二是为什么要创建生态型学校，这是促进学校成员的价值澄清，提升创建的自觉性，提高行动正确性。

3. 深入调查研究，从教育生态学视角梳理学校办学，剖析学校生态现状，明晰学校教育生态的优势以及需要解决的问题。

4. 邀请教育生态学方面专家商讨与论证生态型学校创建的方向、项目、举措等。创建小组结合专家意见，进一步梳理生态型学校创建思路，确定本校生态型学校创建的主题方向（概念设计）、学校重点项目与一般项目（整体设计）。

5. 以核心项目、一般项目为基础，明确学校创建框架，形成创建方案初稿。同时广泛听取管理者、教师、家长、社区成员以及具有生态学背景的专家意见。

6. 对照教育生态学原理，借鉴各方面意见，结合学校实情，修改与完成生态型学校创建方案。

生态型学校建设方案制订中边培训、边研讨、边编制，明晰思路，反复论证与修改，才能逐步形成具有可操作性、针对性，具有共识的创建方案。

三、生态型学校建设的主要举措

生态型学校建设的设计之后，应该聚焦于实施，在学校办学过程中落实，在理论的指导下实践。

（一）厘清概念，把握学校教育生态

学校教育生态营造是生态型学校建设的关键所在，必须遵循规律选择有效的建设策略。根据学校教育生态建设的概念与特点，从生态型学校的三个方面——学校生态要素、生态结构与生态功能着手。正确科学地把握生态教育与教育生态的区别与联系。生态教育是一种特定内容的教育，学校教育生态是支持实施各种学校教育的基础与条件，关乎学校教育的生态合理性。教育生态建设不仅包含了生态教育课程等的实施，还应该包括教育生态主体增强与环境建设。混淆生态教育与教育生态，难以真正开展学校教育生态建设，也难以实现生态化教育。生态型学校建设中组织师生学习关于生态文明思想与营造教育生态是长期的举措。

（二）强化领导，创建举措落到实处

生态型学校创建不仅仅是学校领导的事，也不仅仅是师生的事，而是整个学校组织的核心任务。生态型学校建设必须加强领导,学校全员参与。学校领导应该以生态型学校创建目标为引领,以自身人格与专业能力影响全校师生,共同完成既定任务。依靠价值领导推进,不能采取强制的方法。强制的方法本身违背了生态的共生性、适宜性。教育生态营造举措不当会损害生态型学校创建效能。教育生态学对于不少学校成员来说是十分陌生的。越是陌生的事物越会遭到排斥。在整体观照下从学校生态因子优化开始,健全学校各生态子系统的生态结构,从而增强学校整体生态功能。从具体学校德育生态、课程生态、课堂生态、管理生态建设抓起,增强它们的协同,不断提升它们的功能,实现整体功能大于局部功能。

(三) 增强生态型学校建设的动机与能力

生态型学校建设是学校主体增强与环境支持形成双向交互作用下建构的。从主体外部的环境支持生态型学校建设,这是外向建构。同时,更要关注生态型学校建设的内向建构。

生态型学校创建的内向建构的核心是生态型学校建设主体自觉的内动力增强。自觉的内动力建构有两个维度: 主体自觉建设的动机与自觉建设的能力。

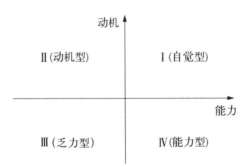

生态型学校自觉建设动机与建设能力的组合有四种类型:

Ⅰ 型,自觉建设生态型学校。处在第一象限的学校有自觉建设动机与建设能力,这类学校一般生态型学校创建处在良性状态,生态型学校创建的内动力最强。

Ⅲ 型,生态学校创建乏力。处在第三象限的学校既缺乏建设生态型学校的动机与愿望,也缺乏建设的能力,创建的内动力最弱。这是生态型学校创建处境最困难的学校。

Ⅱ 型,生态型学校建设动机型。处在第二象限的学校有较强的创建生态型学校动机,但是生态型学校建设能力不足。

Ⅳ 型,生态型学校建设能力较强,而创建动机不足。

第二、三、四类型学校应该分别针对各自的不足与优势,扬长避短开展生态型学校创建。对学校创建生态型学校的上述两个维度上分类,是为了更好地有针对性地提供分析框架,促进学校在创建上的内向建构。

(四) 注重创建策略,运用适宜的方法

生态型学校建设要关注学校教育的发展与学生发展这两个发展维度。学生健康发展表征着生态型学校建设的合目的性,学校的教育合乎生态原则,营造学生健康发展的教育生态。学生的发展获得教师发展的支持而与之共生,教师善于根据学校教育生态的特点与学生发展的规律,以学生生态素养的养成与基础素养的全面发展,选择教育策略,设计教育活动。要关注以下三个方面:

1. 注重学生生态问题的生活经验。对于学生来说,尤其是低年级学生,通过活动与实践建立的经验是获得生态知识与体验的起点,是发展他们以生态原则解决学校与生活问题的基础。在学生生活的现实生活中有着许多"原始"观点,学生在学习、生活、游戏中,会积累生态知识,例如"不能乱摘花"等,学校应该利用学生的这些经验帮助他们增强对周围事物的生态性认识。

2. 关注生态素养与基础素养的整合。生态型学校创建不只是培育学生的生态素养,获得关于生态知识以及如何保护环境,而应该让教育更符合育人的规律,立足于学生基础素养健康发展,让学生和谐地、合乎天性地快乐成长。

3. 强化师生用生态原则解决问题的体验与践行。通过学校的教育生态,让学生体验到什么是符合生态原则的行为,例如什么是生态化的学习、为什么和谐的人际关系是符合生态原则的。通过践行理解生态价值,使生态观念更深刻地融于意识之中,外化在自己的行动中,使生态化的教育沐浴学校师生。

(五) 整合于学校各项教育教学之中

生态型学校创建需要系统建构,从学校的各种教育因子与生态要素的整体出发,从小处着手,扎扎实实地推进生态型学校建设。我们不仅注重生态教育的拓展型课程、探究型课程,而且注重在其他课程与教学中融合生态教育,更要关注所有课程的生态化,其中包括生态教育课程的生态化,避免生态教育课程以非生态状态出现,推进学校课程生态的营造。生态型学校创建要充分关注学校各学科、各类教育活动的作用,加强各学科中的生态教育,结合教材中可以整合生态教育的内容,充分挖掘,适当组织,既达到生态教育目的,又不破坏原学科的正常教学结构,保持学科教学的合理目标,保持学科特质。各种生态教育活动不应该"阳春面加浇头",破坏了教育或教学的平衡与适切性。

生态原则也应融于学校教师的校本研修、教研组活动、班主任例会之中,以教育生态的基本原理,促进教师发展生态化,达到教师健康发展的目的。同时更要求教师课堂教学必须生态化,消解非生态性的教学方法。每一位教师都要明确自己是课堂生态化教学的第一责任人,自觉做到教书育人的生态合理性。

(六) 确立生态化发展制度,保障有序推进

学校教育生态营造是一项办学的整体性工作,需要在学校制度与学校行为上

加以保障。学校首先要通过学校基本制度确立学校教育生态营造的地位,建立生态型学校创建的领导机构。学校应该根据学校教育发展的需要,把生态型学校创建列入学校发展规划,以学校政策推动生态型学校的建设。按照创建方案所确定的任务与工作开展相关活动。学校要组织各部门根据生态型学校建设方案,制订相应的计划、确定职责,如教务处负责课堂生态与课程生态营造的推进工作,德育处负责德育生态营造的推进工作,总务处负责校园环境生态化的实施等。整个生态型学校建设中,形成由校长室领导,部门分工合作,层层落实,师生共同参与、家社校协同的生态型学校建设的机制,逐步建立一套生态型学校建设的评价体系。学校通过制度性安排强化生态型学校的创建。

（七）调动校内外资源,实施开放式建设

生态型学校建设不仅是学校的责任,也是社会的责任。生态型学校建设必须放在社会发展的背景下考量,应该放在区域教育生态圈中推进,更需要在区域背景下规划与实施。学校应该采取开放态度,加强多种渠道的联结,与其他学校和专家加强交流,主动争取吸纳先进的办学经验与教育经验,不断开拓完善与兄弟学校的交流合作机制,扩大学生参与校外活动机会,不断丰富学生的学习经历。通过这样开放性办学,改进失衡的教与学,改善学校教育生态。学校要通过一系列活动与制度使学校教育生态环境建设更开放、更有效,引导与组织家庭、社区、社会参与生态型学校创建,对学校中非生态性教学、教育提出批评与建议,以便学校对学校教育生态作出评估,及时修复与优化。依托社区改变学校的生态位,丰富学校的教育资源,让学生融入社会大课堂,让学生参与社区活动,为学生的健康发展营造一个健康的教育大生态。

四、生态型学校建设的主要阶段

生态型学校创建是一个渐进的过程,具有阶段性与连续性。阶段性是由于不同阶段的生态型学校特征不同,建设重点与任务不同,表现出生态型学校建设的阶段性。连续性是指各个建设阶段是有着发展上的内在联系,上一阶段应该是下一阶段的基础,后者又是前者的继续发展。不同阶段的主要特征决定了阶段的特点,形成生态型学校发展阶段,大致有三个发展阶段,如下图:

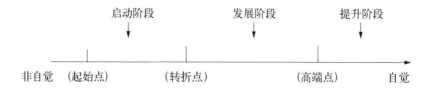

从上图中,可以清晰看到生态型学校建设总体由非自觉逐步走向自觉,这是一个发展的过程,但是并不是所有学校都已走向自觉,大部分学校可能处在生态

型学校建设的不同阶段上。

1. 启动阶段

在生态型学校建设之初,往往学校缺乏关于生态型学校建设的认识或者经验,有畏难情绪,或者面对探索性的实践项目,缺乏相适应的能力与经验。在这个阶段需要分析学校不同成员对生态型学校建设的认识与态度,分析其原因,并对这种状态做出事实判断与价值判断。主要的工作是组织全校师生学习教育生态的有关理论,开展创建生态型学校的培训,同时开展生态型学校创建方案的制订。通过参与方案的制订,在明确生态型学校建设的目标、内容与方式的过程中,提高教师对生态型学校建设的认识,增强他们积极的愿望。

2. 发展阶段

这是在重点领域开展生态型学校建设的阶段,提升师生生态型学校建设能力。生态型学校建设能力是一个复合能力体系,包括生态型学校建设的理念建构能力、计划决策能力、实施管理能力、资源开发能力、团队组织能力、实践研究能力、评价反馈能力等,也包括德育生态营造能力、课程生态营造能力、课堂生态营造能力、管理生态营造能力等。关注学校组织的生态型学校建设能力,包括各部门、各年级等组织的生态型学校建设能力,同时还要提高教师与领导者的个体的生态型学校建设能力。

生态型学校建设中要依据不同的任务提高相关能力。例如,在管理生态营造时段,主要提高教师的德育生态管理能力、课堂生态管理能力、课程生态管理能力,而在接下来的学校管理生态因子优化时段,可以提高教师管理主体的生态化能力、管理行为的生态化能力、管理文化的生态化能力。在这两个不同时段,教师的生态型学校建设能力发展的具体内容是不同的,前者是重在生态类型上,后者重在管理因子生态化的能力上。这两个时段中教师与领导者的侧重点也会不同,领导者可以重在提高相应的生态型学校建设的组织能力上,而教师则会重在个体的生态建构能力上,但是这不是绝对的,因校、因时、因人而异。在生态化能力的提高中有序推进生态型学校建设。

3. 提升阶段

在前阶段基础上,生态型学校建设全面深入开展创建方案中的一般项目,推进学校教育生态二次生态化,从局部生态型学校建设走向全面建设。这个阶段的另一个特点是学校的生态型学校建设能力与教师个体生态型学校建设能力协同发展,在学校的能力发展下支持个体能力的发展,通过个体能力的发展增强组织能力。在生态型学校建设能力提升的同时,学校与个人的生态型学校建设的动机与愿望也获得增强。因此生态型学校建设的动机与能力协同提升是实现生态型学校建设进一步深化的积极条件。在这个阶段上,学校不断以生态型学校建设的基本标准对照建设工作，不断反思与总结，提高生态型学校建设的自觉水平。

第四节　生态型学校创建的指标与评估

一、生态型学校创建的导向与评估

（一）生态型学校创建的评估意义

1. 增强生态型学校创建的认识自觉

通过生态型学校创建的评估，增强学校创建生态型学校的自觉。在评估过程中增强师生对生态型学校内涵的深刻理解，感受到学校教育生态发生的进步，从而增强学校教育生态化发展的信心。创建的评估强调创建的动态过程，不仅是静态的结果，将教育生态观念贯穿教育过程之中，以符合生态科学的思维方式改革学校教育，使学校教育更具有生态适切性的意识增强。

2. 提供生态型学校创建的正确导向

明确生态型学校创建标准，增强办学实践目标清晰度，这是生态型学校建设的前提。通过生态型学校的评估，让学校更好地明确学校可持续发展与学生监控成长的价值取向，摒弃传统教育中价值取向上的非生态化所导致的学生发展的矮化、荒漠化，教育的肤浅、僵化、封闭。通过评估转化学校教育生态上的限制性因子，消解不健康的生态环境，建构实现学生可持续发展的教育实践形态。

3. 引导生态型学校创建的操作规范

通过反映生态型学校内涵与要素特征的评估指标体系，使师生进一步认识什么样的教育是生态化的，规范学校的教育、教学与管理行为。同时通过生态型学校创建指标所确定的标准来规范创建，使创建本身生态化，以便达到生态型学校创建"名""实"相符。建构生态型学校的评估指标体系正是科学地深化生态型学校创建，规范创建行为使之符合生态型学校创建的规律的需要。

（二）生态型学校创建的评估方法论视角

生态型学校的评估应该运用教育学与生态学相融合的评估方式进行。学校生态评估是以学校教育生态为对象，并以学校教育的生态评价方式进行的评价。学校生态评价包括学校生态环境质量评价及学校生态主体发展评价。学校生态评价是一个整体性的评价，蕴含着学校生态的复合内容，强调实现师生主体与教育环境共同演进、和谐发展、共生共享，是一种促进学校可持续发展的评价。学校生态评价是以生态学原理，按照一定的评价标准，运用生态评价方法，对学校生态系统的质量、学校教育活动的生态化水平以及学校教育生态对师生健康成长的影响作出系统性的评估与预测。学校生态评估实质是一个多属性决策问题,是将多维信息通过教育生态学标准进行比较,可为生态型学校创建的规划及学校生态系统建设提供科学依据。

学校教育生态评估在内容指向上,一是学校教育生态系统,既关注学校教育生态系统的整体,也关注学校生态各子系统状况及其关系;二是学校教育生态化程度,即课程、教学、德育与管理等活动符合生态性的水平;三是作为学校生态系统的生命主体的师生生存与发展状况。学校生态评估在方式上注重整体观照,从学校生态系统的要素、结构与功能上确立评估方式,同时运用一些特定的生态评估方法,如生态机理分析、景观生态学方法等,也应关注评估方法的生态化。

教育生态评估把教育与生态环境联系起来,以其相互关系及其作用机理作为评估对象,运用系统层次分析方法剖析教育生态结构与功能。教育生态分析通常以教育的个体生态、教育的群体生态和教育的系统生态为断面,采用整体与部分相结合的方式,综合把握各种生态因子的作用,突出关键生态因子,对教育生态的要素—结构纵横交织的网络系统结构,把握其内在机制做出评估。

20 世纪 80 年代末,埃贡·G.古贝和伊冯娜·S.林肯提出了"第四代评估"(Fourth Generation Evaluation),指出"教育评估已经经历了三种理论形态。具体而言,第一代评估为'测量时代',盛行于 19 世纪末至 20 世纪 30 年代的测验时期,评估工作的重心是编制各类测验量表,以检测学生的某些心理、智力等特征,评估者的角色是技术性的。第二代评估为'描述时代',盛行于 20 世纪 30 年代至 50 年代后期,以泰勒模式为代表,强调对教育活动的绩效与目标匹配程度进行描述,评估者的角色是描述者。第三代评估为'判断时代',盛行于 20 世纪 50 年代后期至 70 年代末,强调在力求价值中立的基础上对评估对象做出判断,评估者在其中扮演评判员的角色"[①]。前三代教育评估理论存在着三大主要缺陷:一是"管理主义的倾向",主要是指管理者(如评估委托人、评估资金提供者等)控制评估方案的制订、评估工作的开展及评估结果的公布等一系列评估事务,将评估作为管理和行政干预的手段,容易造成评估者和评估对象之间产生紧张对立的情绪,影响评估工作的信度和效度;二是"在采纳价值多元化方面的失败",社会本质上是价值多元的,前三代评估理论宣扬"价值中立",但在评估中却又不可避免地将自身的价值作为评判的标准,缺乏同各利益相关者的沟通协商,忽略了其他利益相关者的价值观念,因而评估工作难以得到普遍认同;三是"过分强调调查的科学范式",即过分强调"科学实证主义"的方法,而忽视了其他方法(如质的方法等),使评估过程缺乏贯通性和灵活性,评估工作不全面。同时,由于"科学"被公认为是

---

① 陈效民等: 基础教育学校评估新视角,高等教育出版社,2014.4.

价值中立的,进一步强化了评估工作价值无涉的表象。①

　　生态型学校创建评估中应该将生态学理论与教育评估理论相融合,评估中基于生态共生性,关注评估的"共同建构",把评价看作是所有参与评价的人,特别是评价者与被评价者双方交互作用、共同建构统一观点的过程,评价结果也是其交互作用的产物。在评价中形成全面参与意识与氛围。同时让参与评价的所有的人都有机会表达自己,评价者在评价中充分尊重每所学校,所有参与评价的人都是平等、合作的伙伴。以生态评价的"整体考量"观,关注学校教育的各要素及其关系、学校各教育子系统结构及其状态、生态主体师生与环境的关系等,强调学校教育的整体与各部分、各教育因子之间的因果关系,从整体上把握学校发展。学校生态评价要关注"价值"问题以及"价值差异"问题。在评价中人们的价值标准是各不相同的,是多元的,以"差异"观点纠正传统评价理论价值同一的、单一的观点,从生态适宜性与开放性视角更好地开展生态型学校评估工作。

　　生态型学校创建评估的关键在于确立合理的生态型学校建设标准,作为其质量衡量的尺度。生态型学校创建评估及其标准应以教育生态学原理确立,而不是简单套用生态帽子,仍然沿用传统学校评估标准。生态型学校创建标准的把握体现在标准的协调性和可持续性上。生态型建设标准的协调性体现在:第一,学校发展应和学生发展相适合。学校教育生态的重要作用在于促进学生群体社会化与学生个体化协调发展。学校教育要从学生整体需求出发去提供适应的教育,还要从每个学生个性发展的不同需求提供合适的教育。第二,学校办学要与学校发展规律相适应,如办学规模与办学条件的改变要与师资条件等诸多因素相匹配。生态型学校建设标准的可持续性从学校外部来讲,是社会环境、教育政策支持的连续性;从学校内部讲,办学目标定位准确、管理运行顺畅、师资稳定是重要因素,在评估时要充分考量学校办学是否真正做到以人为本、以师生可持续发展为本。要注意有时的师生"发展"并非可持续发展,而是牺牲了长远发展的"发展"。迷失学生发展的本义,这样的学校教育背离可持续发展。

　　(三)生态型学校创建的评估原则

　　1.依据创建目标和初态评估结果作出绩效判断

　　由于学校创建的起始基础不同,学校发展存在差异。学校创建的切入口与创建目标会有不同的选择。在创建的绩效评估时,应对照学校具体的创建目标,在充分了解初态评估的基础上,根据学校创建前后学校教育生态的变化,通过纵向比较对学校创建绩效作出合理判断。评估应以引导生态型学校创建的可持续发展为导向。

---

① 古贝,林肯:第四代评估,中国人民大学出版社,2008年.

2. 兼顾创建的共性和学校创建的个性

为了充分呈现学校在创建工作中积累的独特有益经验与成功的创建举措,评估可采用学校自评与专家评估相结合的形式。自评工作着眼于学校创建工作的个性特征,调动创建责任主体的积极性和主动性,充分展示学校创建的经验和亮点。专家在对学校创建工作进行评估的同时,既发挥指导作用,又要及时发现众多学校创建中的共性问题,总结经验与梳理教训。

3. 把握学校发展的现状和后续发展态势

由于学校教育生态营造长期性和教育成效显现滞后性,生态型学校创建工作的效果可能无法在短时期内完全呈现出来。为了避免创建工作中急功近利的取向,评估应当引导学校在把握学校发展现状的基础上,关注创建举措对学校教育生态发展的影响趋势,考查学校创建工作是否已经形成或基本形成学校教育生态发展的内在机制,对学校的可持续发展机制和能力作出判断。

4. 立足于创建工作的长效制度设计和完善

基于生态型学校建设的创新性,评估要促进学校制度设计上不断探索与完善,如学校教育生态发展的顶层设计、教育生态建设的机制与制度、创建模式的选择等。在评估时应当及时发现好的创建机制,并加以总结;对制度上存在的问题引导学校反思和完善,为后续创建提供借鉴。

二、生态型学校创建标准的指标体系

"生态型学校创建评估指标体系"是一种评价工具,也是创建工作的目标导向。这项评价指标体系主要依据相关领域的理论与实践经验整体建构,是生态型学校概念、内涵的具体化、操作化,为生态型学校创建提供具体的目标方向。

(一) 生态型学校创建评估指标依据

1. 理论依据

● **生态学依据**。后现代主义思想家斯普瑞奈克(Spretnak, 1991)指出,真正的后现代主义应该以一种联系、整体的生态的观点看问题。依据生态学原理,从教育主体与其环境间的关系与状态考量,并从生态位、生态因子与生态链角度考查学校生态适宜性,学校生态系统中信息、能量与其他生态系统的差异,以及学校生态服务功能特点,结合学校教育因子与要素,设定生态型学校评估指标体系。

● **教育学依据**。学校生态有着其独特的教育特性与教育因子,如课程等,其核心活动是育人。教育学揭示了育人涉及教育与社会关系、与儿童身心发展的关系。这些关系表现在育人目标、教育内容与形式上会有不同价值取向的教育实践。评估指标要体现学校育人活动是否符合生态规律。

● **生态哲学依据**。生态型学校创建评估应该依据生态价值观与生态系统性的哲学方法论。针对学校教育生态建设中的碎片化现状与学校人文价值等深层问题，评估指标体系应该从师生发展的环境生态价值、师生生命体的生态价值、学校生态要素的生态价值、学校生态系统的生态价值四方面考量生命主体师生发展水平。

● **组织生态学依据**。组织生态学认为，组织生态系统是一个由人、组织、环境共同构成的复合系统，强化组织生态意识，优化组织生态系统的内外部环境，提高组织生态系统适应环境的能力，是组织改革与发展的重要方面。依据吉布莱特定律(Gibrat's law)的组织成长理论，从组织发展的生态化过程，依据学校组织结构，建构可以测评的反映学校与其职能部门、班级的组织生态要素关系与状态、组织生态发展过程的评估指标体系。

2. 实践依据

在生态型学校建设的评估实践中，应规避评价指标容易偏重于教育视角，而忽视了生态学视角建构指标体系。明确评估指标体系设计思路，首先建构生态评估要素框架，形成操作性强的 4 级体系。生态型学校创建的初态评估、中期评估与绩效评估构成完整评估周期。我们的实践表明整合教育学、生态学的视角构建评估指标体系是合理的。在初步实证的基础上，我们确立了生态与教育整合的生态型学校创建评估指标体系。

（二）生态型学校创建评估指标体系

依据教育生态的基本特征以及教育生态学理论，以及在学校中的良好教育生态的具体表现，设计了学校生态型学校评估指标体系，体现生态型学校的特质。

● **生态型学校创建评估指标体系结构**

生态型学校创建评估指标体系主要由生态型学校应该达到的标准与生态型学校创建工作两个模块构成。第一版块是注重结果——生态型学校创建的现实水平的评估，第二版块注重"过程"——生态型学校创建过程的评估。

生态型学校创建评估指标体系是由"维度—领域—指标"构成基本框架，由 9 个维度(一级指标)，18 个领域(二级指标)与 39 个评估指标细化，进一步设计了 105 条评估要点构成。

○ 指标体系中一级指标(以 A 标志)有 9 个维度

这包括创建工作、创建特色、生态文化、德育生态、课程生态、课堂生态、管理生态、学生发展、教师发展 9 个方面。第一个维度(A1)与最后一个维度(A9)主要检测生态型学校的创建过程，中间四个维度(A2～A6)主要反映生态型学校创建应该达到的标准。其后的两个维度(A7、A8)是生态型学校创建的成果——学校教育生态系统中的主体，即师生的发展。

○ 指标体系中的二级指标(以 B 标志)——18 个领域

本指标体系的一级指标下设二级指标进行细化，例如 A1 创建工作包括 B1 创建规划、B2 创建领导,其他二级指标有生态理念、生态系统、生态自觉,生态型德育目标、生态型德育内容、生态型德育形式,课程生态链、课程生态化、课堂环境生态、教学过程生态化,生态管理思想、生态管理实施,学生可持续发展、学生满意度,教师生态教育素养、职业幸福感 18 个领域。其中标注" ＊ "的 B1(创建计划)、B3(学校生态文化)、B16(学生满意度)和 A9(创建重点项目)为关键指标,有利于抓住关键开展创建工作,又便于抓住生态型学校创建评估的重点。

　　○ 指标体系中的三级指标(以 C 标志)——39 个指标

　　对每一个领域分别细化为若干项评估指标,例如创建规划中有 C1 创建方案科学、C2 目标适切合理、C3 创建方案落实。十八个领域共有 39 项指标。

　　○ 指标体系进一步设计了 105 条评估要点,即评估观察点。例如,评估指标体系中 A5 课堂生态,B11 课堂环境中的 C24 课堂生态位有 3 个评估要点,这样增强了评估的可操作性。

　　上述评估要点体现了教育生态的特征：丰富性、差异性、适宜性、共生性等,关注学生的生态位,从教育学原理出发关注学生的学习与个性,在指标体系中进行教育生态的整合。

生态型学校创建指标体系

维度	领域	指　标	评　估　要　点	信息采集	评估等第
A1 创建工作	B1★ 创建规划	C1 创建方案科学	1. 创建思想正确,内涵明确,符合教育与生态发展规律。 2. 创建思路清晰,创建方案中重点突出、均衡发展。 3. 创建方案得到全校师生广泛认可。	【参阅】创建方案;工作计划和总结;相关规章制度。 【访谈】就创建工作,访谈学校领导、教师、学生。 【观察】学校领导、教师与学生教育生态创建的意识、知晓度与实效的行为表现与学校印迹。 【问卷】见《教师问卷》。	
		C2 目标适切合理	4. 从学校实际出发,分析基础,找准问题,有针对性地制定学校创建生态型。 5. 学校方案,并与学校发展规划一致。 6. 创建目标具有科学性、适切性和可操作性。		
		C3 创建方案落实	7. 创建方案的执行情况良好,创建方案中制定的各项目标达成度高。 8. 能根据创建方案评审和实践情况及时调整方案。 9. 创建的突破口明确,以重点项目推进,措施落实、节点明确。		

维度	领域	指　标	评　估　要　点	信息采集	评估等第
A1 创建工作	B2 创建领导	C4 创建领导体制	10. 学校建立创建领导小组,各职能部门负责人参与,学校主要领导为第一责任人。 11. 学校领导创建生态型学校意识强烈,创建工作融于办学之中。		
		C5 创建工作机制	12. 创建有计划有总结,每学期根据创建方案制订学期创建工作计划,并对照计划进行总结。 13. 重视生态型学校创建的制度保障,有推进学校教育生态建设的制度、对学校各项工作制度的生态化审视。		
A2 生态文化	B3★ 生态理念	C6 教育生态理念	14. 学校教育理念明确体现生态思想,可持续发展与全纳教育成为学校办学理念与行动。 15. 生态文明成为学校主流文化内容,尊重民主精神,独立人格与创新自主。 16. 学校培养目标符合儿童发展规律,符合生态思想。	【参阅】学校发展规划;学校部门工作与活动计划,了解学校生态文化,学校生态文化建设的案例。 【访谈】通过访谈、座谈会了解师生对学校生态文化的理解。 【观察】学校生态环境、精神环境现状。 【问卷】见《教师问卷》。	
		C7 生态理念导向	17. 教育生态思想在各项工作中起导向作用。 18. 校风、教风、学风的生态性明显。 19. 学校的生态理念等能够具象化,起到熏陶滋养作用。		
	B4 生态系统	C8 学校生态系统	20. 学校生态系统要素与结构健全,功能良好。 21. 学校生态系统特征清晰,呈现学校可持续发展。 22. 学校中不同生态位师生共生,流动性强。		
		C9 学校生态环境	23. 学校物态环境生态化,注重生态理念物化。 24. 学校精神环境生态化,学校制度文化以人为本,有利师生自主发展。 25. 学校社会环境和谐,体现生态整体性。		

续　表

维度	领域	指　标	评　估　要　点	信息采集	评估等第
A2 生态文化	B5 生态自觉	C10 生态文化意识	26. 学校组织以及师生有较强的生态意识。 27. 各项工作开展符合生态学原理,与教育生态发展保持一致。 28. 对学校存在的非生态现象保持警觉,能及时发现与处置。		
		C11 生态文化自觉	29. 学校及其成员主动以生态思维、以可持续发展思考学校的教育教学。 30. 学校具有较高的生态恢复自觉与能力。 31. 学校各项制度系统化,具有整体的办学价值。		
A3 德育生态	B6 生态型德育目标	C12 德育的主体性	32. 学校德育有明确的生态伦理与生态人格目标。 33. 学校德育工作目标学生主体性发展明显,关注德育与学生心灵的共鸣度、与学生心理发展的匹配度。 34. 注重学生个体化与社会化协调发展。 35. 注重学生个性发展,尊重学生的多样性、个体差异性。	【参阅】学校德育工作计划或生态德育项目方案,主要生态型德育建设资料。 【访谈】就生态型德育创建工作,访谈学校领导、教师、学生。 【观察】学生对待各类环境的态度与行为方式。 【问卷】见《教师问卷》《学生问卷》《家长问卷》。	
		C13 德育的整体性	36. 学校德育融于其他各育之中,充分发挥整体育人功能。 37. 学校与家庭、社区教育整合,学校教育的整合度、一体化程度高。		
	B7 生态型德育内容	C14 德育内容丰富性	38. 德育内容多样性,德育内容适合学生的可接受性。 39. 分年级有计划积极开展生态教育,生态教育落实。 40. 重视学生"学会关心"的道德学习。 41. 开展心理健康教育,关注师生内生态环境。		
		C15 生态教育适切性	42. 德育内容适应学生发展需要,有选择性。 43. 注重促进学生在认知、情感与行为上学习正确处理人与自然、科学、社会的关系。 44. 注重促进学生与自身的和谐,具有生态理性、生态情感与行为,以此对待生活,并促进自我可持续发展。		

维度	领域	指　标	评　估　要　点	信息采集	评估等第
A3 德育生态	B8 生态型德育形式	C16 德育方式适切性	45. 以关心与支持方式促进学生发展。 46. 正确对待学生发展的自然性和发展的干预性。 47. 关注不同学生的生态境遇、从不同的生态位出发开展德育工作。		
		C17 德育活动生态性	48. 遵循德育规律,德育活动注重在一定情境下的德育引导。 49. 德育活动注重内容与方式的"适度",注重德育实效。 50. 运用多种途径,增强德育与生活结合,拓展学生道德学习的经历。		
A4 课程生态	B9 课程生态链	C18 学校课程生态链	51. 学校形成良好的课程生态链,课程领导力强。 52. 课程计划校本性,具有针对性。	【参阅】学校课程计划或生态型课程项目方案、主要生态型课程德育建设资料。 【访谈】就生态型课程创建工作,访谈学校领导、教师、学生。 【观察】学生课程学习状态。 【问卷】见《教师问卷》《学生问卷》。	
		C19 课程建构系统化	53. 形成具有生态性课程体系,呈现多结构。 54. 学校课程体系整体性特征明显,各类课程、各学科间均衡发展。 55. 课程体系具有开放性,整合各种课程资源。		
		C20 课程取向素养化	56. 以基础素养作为课程目标的核心,突出生态素养。 57. 为学生创设他们需要的课程,让学生选择他们发展需要的课程。		
	B10 课程生态化	C21 课程内容融合	58. 课程内容丰富性,各类课程结构合理,拓展性课程满足学生学习需求。 59. 各类课程适宜地整合有关生态方面的内容。		
		C22 生态教育课程	60. 开发与实施校本生态教育课程。 61. 开发崇明乡土课程,增强学生爱护家乡生态情感。		

续　表

维度	领域	指　标	评　估　要　点	信息采集	评估等第
A5 课堂生态	B11 课堂环境	C23 师生互动和谐	62. 教师、学生、环境之间良性交互,学生课堂中具有安全感与归属感。 63. 学生的课堂权利、自由得到尊重,学生自主发展充分。 64. 教师角色正确、清晰,教学行为生态化,课堂教学民主、教学相长。	【参阅】学校工作计划或生态型课堂建设方案、主要的生态型课堂建设资料。 【访谈】就生态型课堂创建工作,访谈学校领导、教师、学生。 【观察】课堂师生关系、生生关系,学生课内外作业状况。 【问卷】见《教师问卷》《学生问卷》《家长问卷》。	
		C24 课堂生态位	65. 关注课堂生态中调适不同学生群体的共生与差异发展。 66. 关注不同生态位学生的学习,关注个别化教学。 67. 有效学习充分化、学生个性发展丰富化、师生互动增强化。		
	B12 教学过程	C25 教学支持充分	68. 运用生态化作业,实施支持性教学促进学生学习,有明确的支持性教学要素与流程。 69. 课堂教学中空间形态、组织形式、教与学形式、教与学的方式灵活运用。 70. 关注教学过程中的多向、多元对话。		
		C26 学生绿色学习	71. 关注学生学会学习,学生能选择适合自己的学习方式学习,鼓励学生自主学习与合作学习。 72. 学生学习负担适宜,学生学业负担综合指数健康。 73. 学生学习压力适宜,学生学习有兴趣,动机良好。 74. 激励性评价,关注学生进步。		
A6 管理生态	B13 生态管理思想	C27 生态型管理思路	75. 以生态学原理对学校各项工作进行管理,学校组织领导力强。 76. 以生态学原理对教育生态管理展开反思,保障师生参与学校管理。	【参阅】学校工作计划、规章制度或者生态型管理建设资料。	
		C28 生态管理校本化	77. 学校管理要向生态化转型,在学校发展战略方向、学校价值取向、对学校管理对象进行生态化机制的集成和创新。 78. 自觉贯彻生态型管理主体多样化、管理过程人本化、人际关系和谐化、管理制度弹性化、管理环境适性化、领导能力最优化等要则。		

续 表

维度	领域	指 标	评 估 要 点	信息采集	评估等第
A6 管理生态	B14 生态管理实施	C29 教育生态系统管理	79. 教育生态主体管理,关注学校不同群体与个体的生存与发展,采取促进学生健康成长的策略(举措)。 80. 关注学校物态环境、精神环境、社会环境建设,关注学校安全、卫生。 81. 对生态的建构、发展、修复、评价、生态系统服务等进行领导。	【访谈】就生态型管理建设工作,访谈学校中层干部、教师。 【观察】学校管理的生态化水平,学校组织结构、人际关系。 【问卷】见《教师问卷》。	
		C30 教育生态功能管理	82. 学校生态系统健康:有结构(组织)、有功能(活力)、有适应力(弹性)。 83. 教育生态系统中能量转换、物质循环、信息传递功能的管理,生态文明理念统领的学校教育生态管理制度建设。		
		C31 教育管理生态化	84. 树立和谐共生的管理理念,学校公共事务管理生态化、管理者公务行为的生态化、学校管理制度生态化。 85. 构建生态功能与行政功能协同的学校管理机制,构建基于利益相关的多元生态治理模式。 86. 学校教育非生态现象的消解与教育生态危机管理。		
A7 学生发展	B15 可持续发展	C32 学生生态素养发展	87. 学生能知晓生态系统的重要意义,具有生态意识、生态道德。 88. 学习与掌握生态学基本知识,并在学习与生活中获得生态价值体验。 89. 能运用生态思维进行思考,并运用于生活之中。 90. 在不同情境中提出、解释和解决生态问题,或以生态原理对待、解决生活问题。	【访谈】就教师发展与职业幸福感访谈教师。 【问卷】见《教师问卷》。	
		C33 学生全面健康发展	91. 学生的德智体美劳全面发展良好。 92. 注重学生个性发展,学生有个人兴趣爱好,支持学生特长发展。 93. 注重学生发展的协调性,促进学生身心健康。		

续　表

维度	领域	指　标	评　估　要　点	信息采集	评估等第
A7 学生发展	★B16 学生满意度	C34 学生学校认同度	94. 学校教师的教育工作态度、水平认同。 95. 学生认同学校的校风、班风良好。		
		C35 成长环境满意度	96. 对学校提供的学习环境满意度较高。 97. 对学校提供的成长所需要的人际关系满意度较高。		
A8 教师发展	B17 生态教育素养	C36 生态教育能力	98. 具有生态教育专业能力。 99. 能将生态教育融于其他教育、教学之中。	【访谈】就教师发展与职业幸福感访谈教师。 【问卷】见《教师问卷》。	
		C37 教育生态建构力	100. 具有教育生态建设的专业知识与能力。 101. 在教育教学中表现出生态道德品质。		
	B18 职业幸福感	C38 专业发展满意度	102. 教师专业发展满意度较高。 103. 有较高的自我价值感。		
		C39 职业环境满意度	104. 对学校的认同度较高,对学校愿景期盼与发展的自豪。 105. 学校共同体的归属感较高,人际关系良好。		
A9★ 创建特色			学校创建工作亮点与特色(主要为重点创建项目)		

(三) 评估信息的收集和结果的表达

1. 评估信息的收集

生态型学校评估的正确性,必须依托可靠的评估信息,也就是依据评估要点收集的评估信息,并依据信息对相对应的指标做出事实判断,进而进行价值判断。

对信息采集运用四类方法:

【参阅】指查阅学校所提供的生态型学校建设中所形成的各类文本资料。

【访谈】就生态型学校创建工作,对学校领导、教师、学生进行访谈。

【观察】实地对学校课程、教学、德育与管理等方面所开展的生态型学校建设进行现场观察,获取学校领导、教师与学生在这些方面的行为表现与学校印迹。

【问卷】依据预先设计的关于生态型学校建设的三类调查问卷,分别对教师、学生与家长进行调查。

2. 评估结果的表示

评估的计分方式采取等第制,分为优秀、通过、未通过三级。

每一领域作为一个计分单元。18 个领域指标中,10 项以上(含 10 项)指标评价为"优秀",4 项关键指标评价皆为"优秀"时,总体评价为"优秀"。且 9 项指标(含 9 项)评价为"不合格",或 4 项关键指标评价中出现"不合格",总体评价为"不合格"。

生态型学校创建的绩效评估的结果分为"优秀""通过"和"不通过"三类,可以在一定范围内对绩效评估结果进行公示和反馈。

三、生态型学校创建评估的操作

(一) 评估实施的准备

为了规范生态型学校创建的评估,应该制定评估实施的相应文件:《生态型学校创建评估方案》,阐述评估原则,对评估要求与评估程序及流程等做出明确规定;《生态型学校创建指标体系》,从创建活动之初就明确了创建评估标准作为整个创建过程的导向;《生态型学校创建的基本步骤》,对每一步骤都明确实施的操作要求,并规定实施过程的记录。这个文件对创建活动的步骤更明细,共分六步:第一步,建立学校"生态型学校创建领导小组";第二步,学校生态状况评估;第三步,制订行动计划;第四步,项目实施与成果积累;第五步,项目总结与成果形成;第六步,项目的验收。文件可以对每一步骤提出实施要求,并规定实施过程的记录(过程的痕迹),有明确的材料体现,但不烦琐,着重把创建工作状态以及工作思路作记录。

(二) 评估实施的组织

综合考虑创建和评估两者的特点,依据既定的目标定位和标准,对学校在创建期间开展的创建工作及其成效进行评价。具体而言,主要包括创建的效果,即目标的达成度;创建的效率,即投入和产出的关联度;创建学校后续发展的影响;创建的社会效应等方面。评估主要分为学校自评和专家评估两个层面:

1. 学校自评

学校自评有利于充分调动创建学校的积极性和主动性,突出各校创建工作的个性特征,提升评估的针对性和有效性。学校应该把评估工作贯穿整个创建过程,对照指标不断进行逐一评价,明确各项指标所对应的工作目标,围绕目标采取行动,及时调整措施。自评更重要的是发现经验,在实践的基础上在归纳、提炼上下功夫,善于总结经验,把学校的实践上升到理性思考,获得规律性认识。学校应形成创建成果汇编,固化经验。学校应该提供具有说服力的事实和数据支撑,并对创建目标的达成度和措施的有效性作出判断,形成系统、客观的《自评报告》。

2. 专家评估

专家评估一般有两种类型:一是创建生态型学校是学校行为,由学校邀请专家;二是区域创建生态型学校,专家组由区域有关部门组织。主要评估要点如下:

第一部分:检验学校的创建工作。主要围绕"创建方案",对试点学校创建工作的规范性、开展情况等进行评估。

第二部分:创建工作成效。主要依据"生态型学校创建评估指标体系"对学校创建工作目标达成度、试点学校可持续发展的提升及未来的发展趋势、创建实效的社会影响等方面进行评估。同时,紧扣创建工作的重点项目来确定评估重点,对试点学校创建绩效做出更为科学有效的判断,并积累创建生态型学校的经验。

第三部分:对创建学校的实验项目成果进行验收,对成果的价值、成果内容与表达进行评估。

第四部分:提出创建建议,也可以提炼与总结生态型学校创建经验。

(三) 评估实施的要点

1. 创建的动态过程与静态结果结合评估

评估标准有两大版块:一是创建工作,二是生态型学校的成果呈现,主要以学校生态适宜度表征。学校生态适宜度是指学校的现实生态与其最佳生态的贴近程度,反映其生态系统的和谐性、师生教与学和课程的适宜程度、学校核心能力大小和可持续发展的能力。

学校生态适宜度评估是为学校生态发展提供事实依据与价值判断依据的一种分析方法。通过生态适宜度评估为创建工作的调整提供决策依据。评估学校生态适宜度不仅能够定量揭示出学校提供给师生的教与学环境的优劣,还能在一定程度上反映学校核心能力及可持续发展能力,为学校改善自身育人环境,提高生态适宜度提供决策依据。

2. 学校的生态因子比较分析评估

学校生态有着众多因子构成,同时又有着复杂联系,成为一个整体。因此,评估应该从学校内部横向上的分析,即组成学校教育生态的各部分(生态因子)进行分析。具体而言可以对课程生态、德育生态、课堂生态(含教学生态)、管理生态等进行分析。通过对这些因子的现实生态状况与合理生态状况的距离做出事实分析与价值判断,以判断学校生态力发展水平,以及生态系统的健康状态。

3. 学校的生态链综合分析评估

学校教育生态发展可以从纵向角度的生态链的状况进行考查。学校教育生态链是很多的,而且复杂,可以从不同角度分析学校客观存在的生态链。教育生态链是教育生态系统中,教育物质、信息、能量传递中增强、消减、转化所形成的互相制约的系列关系。我们的评估指标体系设计考查学校主要教育生态链状态,例如,教师结构链中的资质链、教龄链、年龄链等是否失衡。教师结构链:高级教师—中级教师—初级教师,或者从教龄、年龄上分也可以有一个教师链。如果某一重要教龄段教师断层或者年龄大的教师过多,会导致该校教师结构链生态失衡。这些生态链并不完全是线性的、单向的,应该呈现多元的、复杂的关联。

4. 学校教育生态发展的动态评估

基于学校生态发展的动态、持续性,评估指标要有利于教育生态形成、优化,甚至恢复,更多地关注学校生态主体、生态环境因子之间的关系与状态的变化,要善于观察健康的学校教育生态形成过程。生态型学校的创建以生态教育增强师生的生态素养着手,推进教育生态建设。同时,推进学校教育生态化以生态学的原理、原则正确对待学校的课程、德育、教学与管理,使这些工作形成良好生态。在这两方面作用下形成一个健康的学校教育生态,实现学校生态支持学校办学。评估指标体系设计要考虑到生态教育,但是生态教育并不等同于教育生态。

(四) 评估操作的流程

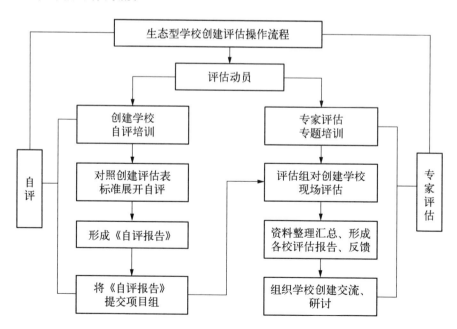

评估时学校应提供的主要材料清单

1. 学校创建生态型学校的方案；
2. 学校创建生态型学校的总报告；
3. 学校创建生态型学校的文集(案例集)；
4. 学校创建生态型学校过程性资料；
5. 其他应该提供的材料。

第六章 生态型课程的建构

第一节 课程生态与课程生态观

一、课程生态思想的发展与借鉴

(一) 生态观引入课程是当代教育发展趋势

在课程研究领域,现代主义经历了一个发展壮大的过程,它一方面极大地提升了课程研究的水平,丰富了课程领域实践的发展,但其合理性也不可避免地受到了越来越强烈的质疑与挑战。对现代主义的改进与超越成为当代课程研究领域的共识,在此背景下生态主义课程思想涌现,从其独特的理论视角出发,试图通过对现代主义的批判性继承而实现对它的超越。

将生态观引入课程研究是 20 世纪 80 年代中期以后课程研究领域的热点之一。生态后现代主义是建设性后现代主义的一个重要组成部分,是当代新的教育思想。后现代这一变革潮流深刻地影响着文学、艺术等社会的各个领域,对教育的影响主要表现在后现代主义的思想观点引入课程研究,关注构建一种新的课程,以摆脱现代主义教育所带来的弊端。生态后现代主义的主要代表人物斯普瑞奈克指出,真正的后现代主义应该拒斥人与自然、肉体与精神、自我与他人等诸多的二元对立,应该是以一种联系、整体的"生态的"观点看问题。[①] 我国学者钟启泉等对后现代课堂生态观十分关注,南京大学汪霞教授在"生态后现代主义课程研究"中指出:"生态后现代主义坚持开放性和创造性的取向,积极寻求推进差异、主体性、整体与部分、部分与部分的联系,倡导多元化的价值观念,认为宇宙中每一个显示出来的主体性都是真实可爱的,与此同时,它们在更大体系、更广背景中的广泛参与也同样是真实可爱的。"[②]课堂生态观是近 20 年发展起来,近年在我国开始传播。我们还需要真正意义上的课程生态的实践。

(二) 课程生态观引领当今课程改革与发展

课程专家斯莱特里在其重要著作《后现代时期的课程发展》中指出:"无论从哪个角度看,我们都可以发现对交互性、深层生态学、整体性模式以及自然进程的

---

①   Spretnak C: The Recovery of Meaning in the Postmodern Age, Collins Publishers, 1991.
②   汪霞:《课程研究:现代与后现代》,上海科技教育出版社,2003.

关注。这种对课程的理解已对教育专家提出了新的挑战，要求他们在后现代课程发展范式中把全球的相互依赖性和生态可持续放在首要位置。"①他研究与实践"生态模式"，认为以泰勒原理为基础，表现为行为主义的课程计划，无背景的目标，竞争和外在的评价，教师与学生、意义与情景等二元对立，价值中立的信息传递，线性的发展模式。斯拉特瑞指出，"技术的、分离的现代思想意识不仅摧残了人类的灵魂，而且威胁到人类的生存。"并就如何把整体观、生态观融入课程与教学，提出了两点主张：第一，改变课程与教学的组织方法，一方面，加强课程的综合性、一体性，减少过细的分门别类，重视学生的学习经验以及文化、经验、关系、自然等的有机整合，寻求知识间的关联。教学上，亦需"把握整体学习经验，实地考察、开设讲座、研究自然、参观博物馆都是应当提倡并鼓励的"。另一方面，要改善现行课程与教学中教与学的关系。通过内部关系的变化培养学生的生态意识和全球意识。"事实上，我的经验是，在一个整体的环境中，当赋予学生以信任和权利以后，其学习的质和量都会出现指数级变化，尤其是当学习和自我发现取代了分数和等级而成为课程核心以后，学生对自己的要求就会更高。"第二，改变课程与教学的实施环境，并指出这是课程教学中至关重要的。在斯拉特瑞看来，传统的、现代的教室已经与后现代的整体观和生态观格格不入，更不用说体现权力意志的教室布置方式，那种方式强化了教师作为权威和信息发送者的角色，教师与为了成为令人满意的生产力还需要被测量的、被动的学生是分离的。他认为，在整体的和生态的课程研究中，课程与教学的实施环境及其中学习经验的相互关联是至关重要的。课程生态是一种多元的互动，强调关系，而不是传统的割裂、单向、封闭的课程教学过程。②

课程生态理论强调加强课程"整体"研究。传统课程教学忽视"整体性"，其设计、组织、实施等方面实际上都潜在地贯穿了一种原子论的世界观。课程被精细地分门别类，教学有精确的时间安排表，学生跟从专门的教师在专门的教室里学习各门不同的科目。这代表并产生了一种分割的世界观。而迪兹伯里指出："后现代社会最鲜明的特征就是它的系统性，从前彼此分割的文化、生态系统等，如今在彼此间获得了惊人的联系，一切都统统连在了一起。"③高夫强调课程整体性，倡导加强课程的整体研究，尤其推崇 STS（科学、技术、社会）研究，"STS 运动的理论前提之一就是，学生们应该研究事物的性质、机械的工作方法以及人类社会之间

---

① Slattey P. Curriculum Development in the Postmodern Era[M]. New York & London: Garland Publishing, Inc., 1995.

② ibid.

③ Didsbury H. edc. Challenges and Opportunities: From Now to 2001. Washington: World Future Society, 1986.

是如何相互联系的,而不是在化学、物理和历史 3 个独立的科目中分别研究这 3
个方面的问题"[1]。高夫认为 STS 研究体现的是一种生态理念。高夫还指出在课
程教学实践中应防止方法上的"换汤不换药"。他指出,尽管许多新研究都在说一
种整体的观点,但是它们仍然以一种独立实体的姿态出现,而且更糟糕的是,它们
仍旧保留了分裂的世界观所采取的教学方法和学习经验。以环境教育为例,"仅
就我在学校中的经历来说,这门课程与传统的科学教育极其相似。在课堂上,老
师、书本和时间表仍然具有无上权威,学生们仍然要记那些琐碎的信息,仍然要一
遍一遍重复那些技术动作"[2]。加拿大课程学家约翰·米勒其整体课程研究享誉
海内外,为推进加拿大中小学的整体教育作出了杰出贡献,其代表作《Curriculum:
Perspectivesand Practice》与《The Holistic Curriculum》。米勒以整体观和内外联系
观,建构起"整体课程"。"整体"指由相互联系的不能被孤立拆分的子整体组成的
世界,整体意味着联系、完整。米勒认为,整体教育旨在加强教育与基本的自然实
在的联系。就本质而言,自然是相互联系、互相促进的,但不幸的是,工业革命以
后,人们开始片面强调分割和标准化,结果导致了生活的支离破碎。[3] 在米勒看
来,这种支离破碎性已渗透到人类生活的方方面面,在个体方面,已难称其为统一
体,我们的身心分离,片面发展。教育在这方面"功不可没",很多情况下,正是教
育的误导使身心发展相分离。上述支离破碎情况在教育中亦无例外。"我们把知
识划分为学科、单元、课,然而学生常常并不能理解学科之间、学科中的事实之间
的联系,或者学科与生活的相互关系。"[4]米勒认为,今天我们生活的世界是一个联
系日益密切的整体世界,为了人类的生存,我们不仅需要加强身外的联系,人类、
自然、社会、民族等各方面的依存、沟通,还需要加强身内的联系,全面发展人的
身、心,或知觉、情感、理智等,整体课程势在必行。

钟启泉教授认为"整体教育又称为整体主义教育,最先提出'整体主义'这个
词的是哲学家斯马茨,他在《整体主义与进化》一书中指出:'即使累计了某部分,
也绝不能达到整体。这是因为整体远比部分之和大。'由此可见整体不是要素的
简单累加,而是彼此之间的统整与和谐关联。整体教育的基本观点就是主张培
养学生形成一种实感——周围的人们、地球、个人自身,无时无刻不在相互关联之
中的实感;并且通过这种实感,培养一种责任感——对自己、对他人以及对地球的

---

[1] Cough N. From epistemology to ecopolitics: renewing a paradigm for curriculum. Journal of Curriculum Studies, 1989.

[2] ibid.

[3] Miller J P. The Holistic Curriculum, OISE Press. 2001.

[4] ibid.

责任感。"①课程生态是一个后现代主义整体观念,生态化课程是在一定的生态环境中、情境中展开,这就是课程生态与生态型课程的联系与区别。

（三）国内外课程生态研究的比较启示

在课程生态研究上国内外都从宏观研究向微观研究的趋势发展。从最初课程生态系统所属的教育生态系统为研究对象,到近期对课程生态系统及其生态因素的研究。关于课程生态研究的方向众多,但主题思想大致相同,都强调生态学的基本理念:整体、联系、平衡。主要研究方向大致集中在教育或课程与环境之间的关系研究以及教育或课程生态系统及其生态因子的研究,包括教学等方面的生态学探讨,呈现研究对象不断扩展与深入的趋势。

课程生态也从理论探究走向实践应用,很长一段时间停留在理论探讨方面。20世纪80年代以后,研究者逐渐将已有理论成果应用于课程实践和探索。我们还需要努力对课程生态的基本概念和原理深入研究与准确把握,解决将生态学理念和方法应用于教育实践的研究不够深入的问题。"许多研究者由于对生态学基本概念和理论的把握不够准确,将课程生态理论的研究对象单纯地理解为课程与其周围环境的关系。在对生态环境的研究中,人们对自然环境的研究往往与环境科学混淆起来,对社会环境的研究又往往与社会学混淆起来。另外,在将生态学理论应用于课程实践的研究中,也很少运用到生态学基本原理。"②如何将课程与其生态系统所处的内部环境和外部环境之间的相互作用融入课程生态系统中,课程生态系统中的能量流、物质流、信息流的实质及其对课程生态系统的影响等需要深入研究。认真学习生态学与教育生态学,把握最基本的原理,避免对课程生态与生态课程的臆想,将教育生态学应用于课程实践中,科学地把握课程生态营造与生态型课程建设的方向与内涵。

二、学校课程生态的概念与特征

课程生态是教师、学生、教材、环境等课程要素与结构动态交互作用下课程建构与实施的一种生态系统。学校课程生态是学校课程系统中主体(师生)要素与课程客体要素之间相互作用、相互依存,课程的物质流动、能量传递、信息交流所构成的课程系统。课程生态是生态型课程存在与实施的基础,通过课程要素—结构—功能为课程目标的适切性、课程内容的多样性、课程实施的动态性与课程评价的合理性等方面提供支持。什么样的课程生态决定了产生怎样的课程。健康

---

① 钟启泉:现代课程范式及比较课程论研究报告——立足本土课程实践的一种尝试,见《现代课程论》(新版),台湾高等教育出版社,2005.
② 赵丽娜:课程的生态学基础研究[D].天津大学,2012.3.

的学校课程生态以生态价值观、原理、方法与态度所构建的课程关系与状态支持课程的建构与实施。课程生态与生态课程、生态型课程是不同的概念。

学校课程生态具有以下一些基本特征：

1. 信息丰富性

课程信息是教育生态的独特之处。课程信息则是学校生态系统间相互联系的基本形式。信息是系统最基本的组成部分，系统是通过信息之间的联系而形成一个整体的。学校生态系统的各个生态因子在信息传递的影响下，各居其位，发挥着各自的功能，使得生态系统具有自组织功能，以维持生态系统的平衡。良好的课程生态必定有着众多不同学科以及学科群，形成多种课程链，为生态主体的师生提供丰富的生命成长的营养。不同学科都有着自己独特的内容与形式，有着与之适应的不同的教与学。由若干相关科目或者课程组成的学科群，例如语言课程群、科学课程群等，以及探究型课程、拓展型课程、综合性课程等增强的学习内容的不确定，从而增强了课程信息的丰富性。课程生态系统中课程及其结构联结越丰富，课程链所形成的生态功能越强。各门类课程的教学会直接影响课程信息丰富性，课程教学中说空话套话缺乏学科特质导致的课程信息的贫瘠，是典型的课程非生态现象。我们应该通过教学生态化来增强课程信息的丰富性。

2. 整体共生性

学校课程生态是由课程要素通过一定结构形成的一个有机的课程整体，课程之间相互影响，相互依存，通过相互作用使得这个整体具有特定的功能。课程生态中的共生关系主要体现在三个方面：一是课程间的共生关系，二是教与学的共生关系，三是教师和学生的共生关系。课程生态支持把课程作为一个有机的整体来统筹规划，寻求各类课程间的交互，为跨学科课程、广域课程、融合课程等综合性课程提供条件，打破原先学科间的隔离状态，使课程要素共生性增强。课程生态系统内各类课程不仅单学科的丰富性，更是课程综合性呈现了课程的共生态。课程系统中的教师、学生、教材、教学作为课程生态系统的生态因子，发挥各自身的功能，在互动中形成具有特定功能的课程生态系统。

3. 动态发展性

学校课程生态系统是一个动态系统，因课程的主体和课程环境关系的确立而形成。随着学科的发展，课程也在不断发展，因此课程是活的。现代意义的课程不再只是"跑道"而是"人在跑道上跑"，更强调了课程生态系统是活的，没有课程建构者师生的交互，课程也就失去其活力。课程体系在内部不断地交互、课程和环境关系的变化中不断发展，成为一个富有活性的机体。非生态化课程教材的知识相对滞后性、学生经验的同一性、社会生活的距离性，使课程难以适应未来需要。课程生态强调课程关系不再是静态的、僵化的存在形式，而是生长的实时变化着的活体。

三、学校课程生态基本功能

课程生态系统内部各种生态因素不断进行着物质的流动、能量交换和信息传递,通过涨落、自组织而实现课程系统结构上的有序和稳定,实现其基本功能。

1. 课程生态的能量流动

生态学中的能量是指生物与其环境之间以传导和对流形式相互传递的能量,例如热辐射。阳光起着光合作用,是一种重要的能量。生态系统中的一切能量最终都是来自太阳。在教育中"能量"是什么? 教育中的"阳光"是什么? "爱"是一种心理能量,文化是一种精神能量。在课程生态中,能量流动有两部分:一是师生在课程活动中从生态系统,包括心理场中获得的积极情感等心理激励与文化中获得观念、态度等滋养促进成长。课程生态系统中师生个体从课程教学与学习中获得的心理能量以及文化能量是课程生态中重要能量。课程生态系统中课程生态环境诸因子,如物质条件、班级规模、人际关系、课堂气氛等交织在一起,影响课程生态中的能量流动。师生的学习观念、教育观念等文化也会作用于师生的课程行为,作为一种能量在传递。二是课程生态系统中生命活动所需的能量的获得和消耗的转化。课程生态系统中师生活动既需要自身生命体的能量,也需要课程提供的能量。教师在课程活动过程中不断转化能量,包括学生学习中体会到的成就感和幸福感。学生从课程学习中获取文化知识、能力经验和与教师、同学之间的信息交流中获得的鼓励和成长感。这些都可激发师生积极实施课程教与学的能量。

2. 课程生态的物质循环

物质循环是生态系统的基本功能之一。生态学中的物质循环是指非生物环境中的各类参与合成和建造有机体的物质,在环境与生物之间反复循环的过程。[①] 课程生态系统的物质流动主要是指课程系统的物质资源在课程生态环境和生态主体以及生态主体之间,通过课程活动的进行不断发生物质流动。在课程生态系统中物质主要为提供师生教与学的物质与资料,例如图书、教具、仪器设备、教学媒体等。通过课程活动,课程与有关的物质在师生之间循环流动,产生支持课程生态功能。物质循环是课程生态系统中课程资源功能的一个方面,课程的物质资源合理分配与有效利用发挥其最大的生态效益。课程物质资源的流向是物质循环的重要方面,在课程生态环境与课程生态主体之间合理、适宜、均衡流动。教师运用课程物质资源,依据课程目标和课程内容,设计课程,组织教学,支持学

---

① 李振基等:生态学. 北京,科学出版社,2007.

生更好地进行课程学习。

3. 课程生态系统的信息传递

课程所承载的知识,包括技能等,是课程生态中信息量最多、最基本的信息,学生的经历与经验是最为重要的信息。课程信息的不确定性符合信息的基本特征,也是以知识为中心教学向生态型课程教学转化的生态学基础。数学家香农在"通信的数学理论"一文中指出:"信息是用来消除随机不定性的东西。"课程生态中传递的信息内容具有丰富性,如教学活动信息、学生学习信息、环境信息、语言信息、知识信息等,形式上也多样,有声的、无声的,确定的、模糊的等。

课程生态系统以课程教学传递信息,发挥其课程功能,课程生态的信息传递包括以下形式:

(1) 师生之间的信息传递。师生之间的信息传递主要依托教与学。通过课程信息载体,向学生传递着各种有声的和无声的信息,并得到来自学生的反馈信息,通过学生的反馈信息来调整课程实施。

(2) 生生之间的信息传递。学生与学生个体以及不同群体中,相互对话,相互讨论问题,进行信息沟通。

(3) 师生与课程文本之间的信息传递。这是最基本的课程信息传递,通过这个信息传递实现课程在学生发展中的功能。课程生态观的最基本的观点在于课程是在跑道上跑的过程,也就是师生与课程信息之间传递的关系,并不是简单机械的接受与被接受过程。

(4) 师生与环境之间的信息传递。这是课程与生活、社会连接的必然。师生与周围环境之间也不断地进行着课程信息交流展开教与学,并受到课程环境的影响,例如课程学习制度、课程学习组织形式等环境都会影响信息交流。

学校课程生态中的这几种信息传递同时存在于系统中,并且都是双向的,或者是多向的,课程信息传递是相互的,都有信息的发出者和对方的反馈。课程生态各种生态因子的信息传递达到一种健康的运行状态时,信息传递的功能才能得以实现,课程生态才能健康发展。

四、学校课程生态的一般原理

课程生态原理是建构课程生态的依据,也是课程开发与实施策略基础。

(一) 课程要素整合原理

课程生态是建立在课程主体与环境交互基础之上的,通过环境中的课程物质、信息与能量把课程联系在一起。没有课程环境关联就没有课程生态。传统课程与教学不强调"整体性",其设计、组织、实施等方面实际上都潜在地贯穿了一种原子论的世界观。课程被精细地分门别类,教学有精确的时间安排表,学生跟从专科教师在专门的教室里学习各门不同的学科。整合课程要素是优化课程,丰富课程资源的重要路径。课程生态中课程教材之间也是互为环境。两个相邻课程,如果一味强调学科差别,则不能实现共通融合,相反,如果彼此整合,就必然能在课程教学中发现融合点,实现课程的整体目标。课程中容易发生重知识忽视目标整体,也会出现只见教材忽视学生的生态"三要素"的整合。课程越丰富,学习内容交叉越多,构建的联系性越多,随之课程学习意义也就越加深化。

(二)课程生态平衡原理

课程生态系统中,课程生态结构要不断保持平衡,只有在平衡状态下,才能最大限度地发生效益,否则会降低系统功能,甚至导致系统整体消解。斯拉特瑞认为,现代教育观以泰勒原理为基础,表现为行为主义的课程计划,无背景的目标,竞争和外在的评价,教师与学生、意义与情境等的二元对立,价值中立的信息传递,线性的发展模式。事实上,这些是导致人类危机的间接影响源。[1] 课程生态要处理好课程因子的平衡:课程学习内容与课程学习过程,知识学习与学会学习,以学习为中心的评价与以评价为中心的学习等。课程运行中应维护课程生态系统的平衡,改善课程与教学中的教与学关系。在课程活动中确保学生的主体性,学生的观点和问题不仅受到尊重,而且还应受到鼓励。反思性对话、观点的争论、合作式的研究、探究性的问题皆成为课程活动的重要方面,以保持课程学习中的教与学的平衡。

(三)课程生态增效原理

改变与增强课程要素—结构,修复与优化课程生态,提升课程功能与促进课程产生新的功能,这是一种课程加权效应。课程教学都可以借助生态系统功能增强自身教学效果的特殊方式,如语文课程可以通过生态系统功能引发课外阅读增强来提高教学效益。生态增效是利用生态系统的调节功能,发挥课程固有优势获取效益的教育方式。生态增效的本质是通过符合生态原理的方式来提高教学效益,而不是通过简单的增加投入与强化教与学强度达到非生态的效益。从本质上说,只有生态课程教学才是真正意义上增效,不是生态增效,就不能称为生态教学。课程效益提高的前提是具有良好的课程生态,在课程建设中优化课程生态系统,在生态系统作用下促进课程建设,在这双向建构中课程生态增效才会出现。

(四)课程边缘共生原理

在运用边缘共生原理时,常把相关的不同课程形成交叉课程或融合课程、广域课程,以满足学生学习的需要。这类课程在内容上两门或者以上学科突破了

---

[1] 汪霞:课程研究:现代与后现代,上海教育出版社,2003.

"边缘"，成为一门新课程，学校的校本课程中这一类较多。也有学科知识体系中的不同分支学科的整合，例如数学学科的代数、几何等的结合已经改变了原来的分科主义，成为数学融合课程，增强了课程的效用。课程建设中应注重校内外的课程开发与实施的交流、课程经验的交流与课程人才的合理流动，形成一个动态的课程生态边缘，从而引发边缘效应。这就要打破封闭性，避免"近亲繁殖"引起的"同质系统"制约，在异质的课程环境中竞争和协同，在动态的课程"边缘"中增强课程多元性，建构更为健全的共生课程生态系统。

五、学校课程生态的修复

（一）课程生态危机的正视

生态学家费多谢耶夫认为，人类在 20 世纪所给自然界带来的危害和消耗比人类历史已经过去的 200 万年还要大，而且这种危害已不再仅仅局限于人类自身，自然界乃至整个地球在内的生态系统都有发生生态灾难的危险。全面反思现代主义所造成的当代人类生存危机，寻求可持续发展之路，成为当前生态主义课程研究的现实基础与实践导向。

我们应该清醒认识到课程中存在的生态危机，重新审视传统课程，可以发现学科课程以其对理性的独尊和对科学的顶礼，深刻地影响了课程的发展。随着新课程理念的发展，学科课程的不足日益显现。其主要表现为：在课程价值观上，只注重功利性，而忽视人的价值。在课程目标上，试图用一个模子培养具有差异性和独特性的学生。在课程内容上，只重视知识传授和死记硬背。在方法上，采用灌输式教学，方法单一简单，忽视学生学习的兴趣与创造精神。在课程结构上，课程偏重"主科"，使课程结构严重失调，课程类型失衡，课程学习探究性不足。在课程评价上，把考试作为课程评价的主要方式，以分数作为课程学习唯一评价标准，复杂的考试考级成为课程学习的主旋律。课程学习变成沉重的考试压力，使学生的人格被异化、个性被扭曲，主动性被扼杀，课程在这样的评价中也渐渐失去了其原有的价值，反而成了学生学习失衡的主要原因。

正视课程生态的危机才能有清醒的课程认识。课程生态的"沙化"，使课程生态贫瘠。学校丰富校本拓展课程，发展探究课程，就是为了改变课程生态的"荒漠化"。但是课程的"沙化"导致的学生精神世界问题必须引起我们的注意。学生课程学习常常变为学习教材应付考试，导致课程学习日益狭窄，精神世界萎缩。课程生态因课程贫瘠、枯燥乏味，缺乏肥沃文化"土壤"的滋润而沙化。人文精神失落的课程，学生没有文化阅读，没有批判学习，最终有知识没文化，没有创新意识，精神世界空虚。

课程生态链的失衡是课程生态受损的重要表现。课程领域有着自身的生态链——不同的部门、机构、人员从不同角度对课程内容与形态施加影响。在课程的生态链的顶端,是课程标准的制定者。要为不同文化传统、不同经济水平、不同教育水平的地区制定一个统一的课程标准,确实是非常困难的一件事。如果制定得太过细化,必然会面临基层的阳奉阴违(Kowalski, 2009);如果制定得十分宽泛,则形同虚设,缺乏实际指导意义。所以,许多国家的课程标准一直处于尴尬的境地中左右摇摆。课程生态链上第二生态位置是课程编写者,要把抽象的课程标准通过课程编写形成具体的课程内容,以教材形式表达。课程编写者在整个课程生态链上十分活跃,但是无论在哪个层面上的课程编写者都需要经验。

在课程生态中占有关键位置的是课程使用者,他们大多是教师。教师按照教材组织教学,但是不应该只是教教材,而应该用教材教。教师应成为积极的课程选择者与开发者,选择与组织适合自己学生的课程内容与教学方法。教师在课程实施中面临着多元的课程观念,有着名目繁多的教学提法,甚至影响对教师的教学评价,在课程生态链上出现了迷茫的课程实施者。

在课程生态链上有着"消费者"——学生,以及伴随的消费者家长。课程有双重的消费者,即教育服务直接接受者学生,学生对课程的评价与反馈还未得到应有重视,往往以课程生产者意愿为转移。家长却是挑剔的课程评价者,他们往往以校外补课的形式对现行的学校课程表示不认同,另外对于具体学校的课程状态也会提出意见,认为课程内容"陈旧""简单",或者要求开设某类课程。"虽然大多数情况下家长的意见并不专业,但却不失为有趣,对我们也很有启示价值"(Prince, 2010)。课程生态链上各类课程人员的基本生态位各不相同,而且实际生态位又称现实生态位(realized niche)更是不同,在不同地区、学校乃至具体教师的实际生态位差异也很大,所形成的课程生态链结构与功能也不同。改变学校课程生态链上的失衡是推进课程改革与发展的需要。

(二) 课程生态的修复

课程改革是教育管理词语,即课程存在需要改变的问题,从生态学而言,其实是课程生态的一种修复。课程系统中存在着课程结构失衡、课程资源不足、课程自组织不强等,导致课程生态缺陷需要修复。"生态修复是避免地球生物圈生态功能崩溃的重要的挽救手段。"[①]课程生态修复是生态修复的特定种类,即在课程生态中的生态修复。面对着学校课程生态存在着不同程度的问题与危机,学校课程生态修复已成为迫切的任务。课程修复要关注以下三个方面:

---

① Hobbs and Harris, 2001;Millennium Ecosystem Assess-ment, 2005, cf. 戈峰:现代生态学,科学出版社,2008.

1. 确立课程生态观念

课程是教师、学生、教材、环境四因素动态交互作用的"生态系统"，我们必须从课程生态的整体性出发改善课程生态系统，解决课程生态中价值紊乱、自我封闭、结构失衡等状况，修复课程生态系统中存在的缺陷，恢复课程系统的生态功能，实现课程生态的健康。课程生态健康要达到有活力、恢复力强、自我维持、可持续性基本要求。

课程观念的恢复，即转变，是恢复课程生态系统健康的关键。课程的价值回归要求建立以学生可持续发展的生态课程理念。这意味着课程体系必须走出目标单一、过程僵化、方式机械的"生产模式"，让每一个学生都能够获得充分的全面发展与个性发展，这是课程生态系统的根本要求。教师不应该是手提一把大剪刀修剪花草，"咔嚓"一声参差不齐的枝叶便整整齐齐了。然后，拿起早准备好的一根竹竿，一边比量，一边大动剪刀，无一枝独秀，而是齐刷刷一般高矮。课程生态思想认为，学生不是被人塑造和控制、供人驱使和利用的工具，而是有其内在价值的独特存在，学生即目的。课程生态主体的每一个学生既是具有独特性、自主性的存在，又是关系中的存在。课程体系必须从三大关系上修复，即学生与自我的关系、学生与社会的关系、学生与自然的关系。用整体的观点全面把握学生的健康发展并将其视为课程的根本目标，这必然要求课程以学生为中心组织起来，根据课程目标选择与组织课程，形成健全的课程体系。

2. 重构课程生态结构

课程生态功能取决于构成其要素与其结构的完善与运行。课程生态的恢复要注重其结构的重构，特别是敏感结构，即关键结构，能更有效改善课程功能。课程生态系统里核心结构是课程主体与课程环境。当课程决策趋向民主时，当教师与学生被归还了本该拥有的课程决策权的时候，当校长、教师、学生、学生家长真正成为课程改革的主体时候，从学生出发的生态课程结构会成为必然趋势。通过课程结构的修复提高课程的适宜性，适应学生差异，学生可以根据自己的发展目标和个性特长选择适合自己的课程。

课程生态结构重建注重学科间联系，增强课程的系统联结。分门别类的教材只是课程的一个因素，只有和其他因素整合起来，成为课程生态的有机组成时候，才能发挥应有作用。课程生态不仅要加强文科、理科、音体美等学科课程间的结构联结，而且也要加强不同类型课程间的联结，课程教学从闭锁的学科体系中走出来，实现课程因子的合理利用，疏通课程内部的营养循环。通过不同课程类型之间的整合、课程主体与环境的整合，促进课程要素，特别是课程资源的合理配置和交互改善课程之间的营养结构，把课程体系建设成一个生态功能完备的系统。

3. 改善课程生态环境

环境是构成课程生态系统的两个主要版块之一,课程生态主体需要从环境中获取丰富的物质、能量与信息来营养,为其成长提供支持。课程生态环境的改变首先要保持系统的开放性。充分开发与利用课程资源,以扩展课程发展的空间。课程要打破学生与生活的割裂,要突破学科界限的束缚,向自然回归、向生活回归、向社会回归、向人自身回归,意味着课程理性与人性的融合,意味着科学、道德和艺术现实地、具体地统一。增强课程的内容、形式与过程开放性是修复课程生态的基本方式之一。文化环境是重要而基本的课程生态环境,改善课程生态环境的关键在于学校文化环境的建设。要创设有利于课程发展的环境,教师尽职尽心开发与实施课程,学生勤奋学习与运用课程。树立良好的课程学习的风气,提供课程交流的平台,建立合理的课程评价机制。同时建设支持课程学习的条件,提供课程学习设施,规模的图书馆、足够的实验室、先进的创新工作坊等,有效利用信息技术与人工智能等信息交流和交互平台。通过课程环境的改善修复课程生态,形成适宜课程发展的生态。

第二节　生态型课程的认识与实施

一、生态型课程的价值取向

(一)"可持续发展":生态型课程的价值取向

生态型课程是以可持续发展为价值取向,以承载核心素养与生态素养培养为具体内容的课程。生态型课程并不是生态教育课程,或者是仅培养生态素养的课程。"可持续发展"的生态型课程确保"教育促进人的发展,适应人的身心发展规律,课程应该保障每一个学生的发展"。"可持续发展"给课程带来富有挑战性的课题:什么样的课程才是"可持续发展教育"所需要的,课程怎样生态化发展。

课程的可持续发展既是对课程本身的可持续发展,也是对学校以及学校课程的可持续发展,更是对学生的可持续发展。前两者的可持续发展都是为了实现学生的可持续发展。学校可持续发展是按照现代学校发展的规律,把学校的发展建立在科学的具有长远生命力和教育力的举措上,从根本上、全局上进行谋划,使学校达到不断超越的发展目标。学生的可持续发展状况是衡量一所学校可持续发展的效标。生态型学校应该从可持续发展角度考虑学校管理、教育、教学是否已经具备了可持续发展条件与状态。作为这一机制各方面效标的凝集,学生是否已经获得可持续发展,是考量生态型课程的重要标志。学校课程促进学生可持续发展的学习不仅是学业学习,还包括道德学习、健康学习,也包括学会学习,乃至学会终身学习。学校课程具有学生潜能转化与发展的学生发展模式建构上的支持。

(二) 生态素养:课程的重要目标

学生可持续发展基于核心素养,生态素养是生态型课程的目标与内容之一。通过生态型课程增强学生的生态素养,这是以直接的生态教育或者生态化了的其他课程学习,实现生态素养培育的课程目标。核心素养与生态素养是整体和部分的关系,既相互关联,但又有区别。随着生态文明社会发展的凸显,生态素养作为核心素养的重要组成部分将日益明显。我们培养的学生应该是全面发展的人,不仅要具有生态素养,还要具有道德素养、健康素养、科学素养等全面素养。生态型课程以培养具有生态素养的全面发展的人为目标。生态素养的培养是所有课程的目的,通过课程培育学生以生态观念与行为对待事物,对待学习与生活,同时培育生态素养也是生态型课程实现的手段,通过师生对生态原理与方法的掌握,促进课程生态化与学生学习生态化。

核心素养的发展需要良好的课程生态,以此促进生态型课程实施,支持学生课程学习,也促进学生生态素养的培育。生态素养强调核心素养的合理性及其培育的生态性,是符合规律培育核心素养的基础。师生以生态文明的观念与行为,通过符合生态规律的课程培育核心素养,教师的教与学生的学不再为了"分数",而彰显教育的生命性、学生的可持续发展,正是师生生态素养对课程学习的意义。

二、生态型课程的概念与类型

生态型课程是指依据生态原理和法则建构的,课程要素与结构关系合理,功能健全、合理、开放的课程。生态型课程是运用生态思想和原理,由生态化了的课程目标、课程价值、课程方法、课程实施、课程评价等因子构成,并得到其依赖的课程生态支持的,实现最大限度育人效益的课程。

生态型课程与课程生态既有联系,又有区别。生态型课程是课程的性质判断,是一种生态化了的课程。课程中也存在着非生态课程,甚至反生态的课程。学校课程应该都生态化,成为生态型课程。课程生态是课程开发、实施的支持条件,即课程发展的"土壤""阳光"与"雨露"。课程生态强调的是课程主体与其环境的关系与状态,通过课程生态中课程因子相互联系、相互作用,生态化地构建生态型课程。特别要指出生态课程一般是指关于生态的知识、技能、价值观念、生态伦理等教育的课程,它具有明显的限定性。生态课程有时容易产生歧义,可能指有关生态内容方面的课程,有时也被指符合生态特征的课程,因此后者应以生态型课程表示,其概念意义就清晰了。

生态型课程的内涵：

（1）生态型课程运用生态思想观察、思考、解释和解决课程中发生的问题。以生态思想及其方法论对待课程。

（2）生态型课程的主体是课程学习者、开发、实施、管理课程的人。"课程不再是跑道，而成为跑的过程自身。而学习则成为意义创造过程之中的探险。"[1]课程系统中的人作为主体是相对的，例如教师对于学生而言，起着支持学生学习课程作用。

（3）生态型课程强调是一种对话的过程。多尔认为，"课程不再被视为固定的、先验的'跑道'，而成为达成个人转变的通道。"[2]生态型课程更是强调不是只从内容或材料（跑道）的角度，而是从学生的发展、对话、探究、转化的角度出发来界定课程，"强调跑步的过程和许多人一起跑步所形成的模式，而较少重视跑道本身"。[3]

（4）生态型课程是一种开放的课程。生态型课程是开放的、动态的、过程性的，课程目标既不是精确的，也不是仅预先设定的，而是一般性的、形成性的、创造性的、转变性的。生态型课程强调课程是不断变换的过程，是个体在学习过程之中、在转变与被转变过程中的体验，它既包含了学习的内容又包含了经历转化为经验的过程，内容体现在过程之中，成为过程的一部分。

（5）生态型课程强调主体间性的适宜性。课程中师生是主体间性关系。生态型课程中师生关系更少地体现为有知识的教师教导无知的学生，而更多地体现为在共同探究有关课题的过程中的相互影响、教师与学生在一起探索达成的共识。教师的权威不再是超越性的、外在的，而成为共有的、对话性的。教师的权威转入情境之中，教师是情境的领导者，而不是外在的专制者。

（6）生态型课程强调课程中的教材与教学的共生关系。传统课程论者把课程和教学分属于两个不同的范畴，说到课程主要指课程教材，课程内容的选择和编排等，而教学则是指教师教的实施过程，涉及教师的行为和教学方式方法等，两者之间存在着明确界限与分工。生态型课程则强调课程与教学的关系是交叉与融合共生关系，生态型课程强调课程由"跑的人在跑道上跑的过程"三个部分动态建构而成，课程是师生共同解读和建构意义的活动过程。课程教材目标在一般意义上总是模糊的、不确定的，它需要在课程教学的过程中去寻求。

生态型课程主要包括两类课程：一是生态化的课程，这是每一门课程都应该

---

① 多尔：后现代课程观，教育科学出版社，2000.

② ibid.

③ ibid.

努力的方向;二是特指的课程,即关于生态的课程。

1. 生态化的课程:课程实施生态化

社会学家曼海姆指出,任何知识都不是凭空产生的,其存在也不是"孤家寡人"式的,文化领域中的知识和自然生态系统中的生物一样,都是相互联系和共享共生的。现代主义的课程强调的学科主义往往以知识为中心,自成一体,而忽视课程的联系性、生命性,难以适应当今人类进步与发展,生态型课程是课程改革的必然选择。课程本应是生态化的,但是由于长期以来课程生态遭到破坏,学校课程非生态化现象屡见。通过课程生态化建设生态型课程,生态型课程的实质是课程呈现或恢复其生态本性,更好地发挥其育人功能。生态型课程的显著特征是运用生态学观点与方法处理课程的开发与实施,即课程目标、内容、形式、过程等要素与形式上的生态化,课程主体关系和课程学习与教学的关系上符合生态特征的课程。生态型课程首先是课程的主体生命性明显。非生态型课程普遍忽视学生存在,如教学备课中大篇幅分析教材,而对学情,特别针对学习内容的学生学习分析少得可怜。这类课程教学过分强调的"单元教学"是以学科知识为中心的翻版,忽视课程教学中学生的主体性,缺乏对学生学情分析的应有重视。突出的表现是"备教材,不备人",单元知识分析长篇累牍,而课时备课寥寥无几。对以知识为中心教学的推崇和学科本体化的泛化使学校课程陷入孤立封闭状态,课程教学难以摆脱僵化的知识材料,学生难以获得有意义的学习经历。

2. 生态课程:课程内容指向生态

生态课程是生态型课程中的一种课程,主要是在课程内容上指向生态知识技能、生态价值观念以及生态能力等。生态课程是以生态学为依据,传播生态知识和生态文化、提高人们的生态意识及生态素养、建设生态文明的课程。生态课程是实施生态教育的课程。生态教育是全民性的终身教育,是人类为了创建生态文明社会的需要,而进行的关于生态学思想、理念、原理、原则与方法的教育。面对教育的功利性增强和社会生态文明不足,生态教育可以唤起人们的价值观的改变。生态教育具有使学生获得对生态的认知、引导学生树立正确生态价值观和培育美好的生态情感的功能。

生态课程不等同于环境教育课程,生态课程应该高于环境课程。当前学校教育缺乏生态学这样的基本视野,现有学校课程中缺乏传递可持续发展思想的意识和态度,课程教材与生活中即使有着开展可持续发展的教育素材,但实际教学没有与可持续发展教育建立起联系,进行学科整合或组织主题活动,将环境教育局限于打扫卫生等层面,将乡土文化传承和文化多样性的保护仅仅局限在一些民间艺术的技艺上。这些活动停留在表层,没有让学生与身边实际生活中的可持续发展问题关联起来,也没有根据学生的年龄特征与认知水平,深入浅出地从生态关系、生态道德上启发学生,让学生获得生态思想与生态道德学习与践行的经历。

生态课程并不只有一种单一性的生态课程,即专门的关于生态教育的课程,在学校课程体系中还有更为广泛的课程,这些课程中有着生态教育的素材。教师应该通过这些素材,在教学内容上有机地整合生态教育。这两种生态教育课程各有长处,专门的生态课程较为系统,而融合性的课程教学较为随机,覆盖面广。生态课程应该是生态型课程,但有的生态课程并不符合生态型课程的基本要求。

三、课程生态化的三个要义

课程生态化是针对课程中非生态现象提出的。学校课程都有一个生态化的问题,课程的生态性转向是当前课程发展的趋势。课程生态化是指课程生态特征明显化的过程。课程生态化有三个要义:

1. 课程生态化中的价值追求

课程的价值追求符合生态学的价值取向。追求课程内容上能正确处理好人与自然、人与社会等各方面的和谐、平衡,关怀人与自然的生命本质。课程生态化过程要解决学生与知识的关系,以生态原理解决学生的知识建构,即不是为了追求知识的考试分数,而是关注知识意义建构的人,使学生的科学精神与人文精神一体化。课程生态化强调课程知识建构的价值性、意义性、情境性,强调关注传统课程教学中沿用自然科学方法论,注重外在于人的客体化知识,而忽视学生对知识建构的意义与过程的弊端。课程生态化关注课程的价值观念,课程的发展性、创造性,课程价值取向由技术理性转向灵魂理性、解放理性。

约翰·奈斯比特(John Naisbitt)也说:"在信息社会,人们的时间倾向性是将来。人们必须学会如何根据现在预测未来。如果我们能做到这一点,我们就能掌握发展的趋势而不再听任摆布,我们就能够向未来学习,就如同我们向过去学习一样。"①关注未来的课程教学改革才具有重要意义,而不是抱着过去的一堆东西,津津乐道。使课程教学"未来化"意味着使学生的学习面向未来而不是面向过去。

2. 课程生态化依据教育生态学原理

课程生态化中常出现形似而非神似,不少套了一个"生态"时髦帽子不知所云。课程生态化强调运用生态学理论研究课程问题,强调以一种生态的眼光、态度、原理和方法来关照、思考、理解、解释复杂的课程问题,并以生态的方式进行课程新的建构过程。生态型课程是运用生态学理论与方法建构的课程。课程生态化注重变化的过程,对课程的生态化过程;而生态化课程注重于课程的结果与性

---

① 约翰·奈斯比特:大趋势,中国社会科学出版社,1984年版,第17页.

质,表明已经生态化处置的课程状态的性质。增强教师的课程发展认知的意识,克服对传统课程的凝固意识。让教师真正意识到课程发展的生态化逻辑,避免课程发展陷入封闭、割裂和机械化的迷茫之中。生态学的发展,冲破了技术化逻辑的束缚,为课程发展理论与实践提供了一个强大的理论武器,也为课程发展指出了一条可能的发展方向。课程的生态化正是教育生态化的实践路径。关注课程开发与实施过程符合生态学的基本原则,将课程视为能够自组织共同发展的生态系统,而不是封闭、割裂和强调控制的机械系统。课程生态化必须贯穿于整个课程运作的全过程之中,体现在课程的价值取向、目标的确定、内容的组织、形式的选择、过程的展开、评价的合理等方面。

3. 课程生态化中教师生态位

课程生态链中教师并不是处于末端。教师在"校长课程领导力、教研员课程指导力、教师课程执行力"观念下,会丧失课程领导的权利和机会,课程开发实施意识和创造能力会衰退,在课程活动中,教师没有自己的思想、创造和话语,教师的课程教学行为会走向机械和沉闷。课程与教学的二元对立长期存在,教师的教学实践成了照章办事的程序性劳动,被专家或管理者牵着走,课程改革的积极性、主动性减退。课程评价狭窄化,长期以来把教师角色定位为课程的"执行者",对课程的评价主要指向教师的教学,教师很少有机会对课程本身进行评价。教师课程深度参与的"缺位"必然导致教师课程意识的缺乏。改善教师课程生态位,增强教师的课程领导力,改变自上而下的教师考核与教学比赛。理论上抛弃了"以纲为纲,以本为本"的课程管理观念,但是仍然以类似形式出现,不少不符合教育规律"教学口号"层出不穷,如课程教学"三维目标分述",导致教师教学目标形式主义或者重复表述。改变教师定位在课程实施者这一角色上的生态位,增强他们的课程生态化意识。

四、课程生态化实施的策略

课程生态化适用于学校所有课程,也适用于全体课程工作者,特别是学校全体师生。我们不仅要增强课程生态化的意识,同时也要掌握好课程生态化的策略。

(一) 课程主体的意识性策略

生态意识是课程主体生命活力的重要表征,反映了课程主体对课程开发与实施的自觉程度。教师课程上的自觉表现为教师对课程价值的清晰体认,对课程规律的正确把握,对课程实施责任主动担当。课程生态化必然要求课程生态主体的意识觉醒,由自在走向自为。作为生态系统中的一个因子,教师不再是单一的课程实施者,更是课程的开发者、研究者与领导者。课程意识是"教师的一种基本专业意识,属于教师在教育领域的社会意识范畴"①。课程生态意识包括课程系统、课程设计、课程实施、课程评价等的生态意识,是教师对课程生态系统与课程生态化实施的基本认识与实践自为程度的反映。

要树立教师主动运用生态学规律与原理的意识。增强学校成员教育生态意识,才能真正以生态视角去发现、处置课程价值、课程开发、课程实施、课程评价、课程资源问题,减少课程意识中的非生态成分。学生课业负担为什么一直降不下来,表明了我们的教育生态,特别是课程的非生态状况的严重。如英语十六字教学法"集中识字、反复循环、阅读原著、因材施教",这是没有接受过英语专业教育的人,借用对以汉语为母语的成年人进行汉语扫盲的方法而提出的英语教学法。"集中识字"完全违背学生外语学习规律,以商业化操作声称一节课学会全部英语音标,是教育欺骗。课程生态化一定要增强教师对课程中非生态现象的警觉,特别要坚决抵制校外培训机构丧失教育伦理的商业操弄,对课程发展的生态学价值取向要保持敬畏。

(二)课程目标的创生性策略

这个策略就是基于生态的生命性,课程目标由学科知识性向生命智慧性转向。课程生态化首先要注重课程体系的目标生态化,创生性地确定,使课程运行具有创新功能、调适功能与发展功能。在制定具体课程的目标时,应以生态观为指导来审视课程内容选择与组织,正确处理课程内容的生态关系,以便确定课程目标。

本策略实施的六个要点:

1. 确立完整的课程目标。关注课程体系与具体课程目标的区别与联系。课程目标表述要注意生态教育目标——生态素养的目标。课程教学中必须克服对课程的知识与技能、过程与方法、价值观与情感态度的三维目标的误解,纠正把三维目标的割裂,甚至仍然是单一的知识目标,这种课程目标的割裂导致教学过程失衡现象较为普遍。

2. 从生态学视角考量目标。从学科上考量目标外,还必须考量所确定的目标是否符合生态学原理,例如课程目标的适切性、目标的整体性等。

3. 要考量课程目标是否符合从学科知识的传授向课程的生命性转变,有利于学生的可持续发展,关注教学目标难易度、学生的差异、学生学习经历、学生课程学习主体性等。我们常可在教学目标中发现"让学生学会……"而不是"学生通过(条件)……掌握……"。前者是被动的非学习主体,后者学生成了课程学习的主体。关注学生学习的生命意义不是一句空话,应该本着生态精神去落实。

4. 增强教师的生态思维,运用生态学观察、思考与解决课程教学问题。尽管

---

① 郭元祥. 教师的课程意识及其生成. 教育研究,2003.

教师起初很不习惯,容易表现出顽强的传统思维习惯,不能有意识地运用生态思维。但是这是一个教师必须经历的过程,要养成对课程目标的生态视角的反思。

5. 生态化的课程目标确立的开放性。课程专家舒伯特提出普遍性目标(global purposes)、行为性目标(behavioral objectives)、生成性目标(evolving purposes)与表现性目标(expressive objectives)的目标分类。课程目标是一个多元动态、整体的系统,具有开放性、导向性、集合性,正是课程目标的多元性、适切性与整体性体现目标系统的生态意义。

6. 关注目标的回归性(Recursive)。布鲁纳指出,"如果没有回归性,任何关于思想的理论都是无用的"。[1] 生态化的课程目标并不是把课程引向"终点",而是维持、指引、转化课程的创生性。这种创生性目标强调教师、学生与课程情境的相互作用,不断创生出新的课程目标。多尔强调回归性课程"不仅是完成一项任务,而且是另一个开端——对作为意义建构者的自身和处于质疑之中的课本进行探索、讨论、探究"。"对话是回归的绝对必要条件:没有反思——由对话引起——回归就会变得肤浅而没有转变性。"[2]正如斯滕豪斯所说,课程是参与有价值的活动,活动本身就有内在的标准,因而不需外定目标。

(三) 课程内容的丰富性策略

这个策略是基于生态的丰富性特征,注重生态课程内容多向度发展,向课程丰富性转向。课程内容的丰富性有两个含义:一是课程丰富的数量含义。不同学段的学生都应有适宜的课程,各类课程多样性能够满足学生的需求,例如学校拓展性课程在数量上有一个课程数量与学校班级数之比的基本要求。二是课程丰富性的质量含义。课程丰富性指"课程的深度、意义的层次、多种可能性或多种解释"(多尔,1993)。这时的丰富性含有不确定性、多样性,"为了促使学生和教师产生转变和被转变,课程应具有'适量'的不确定性、异常性、无效性、模糊性、不平衡性、耗散性与生动的经验"。"学校里主要的学科应以自己的方式解释丰富性",师生"在对问题的各种解释之间的对话或者协调之中获得丰富性",避免用一刀切这种非生态的办法实施课程是课程生态化的重点。

丰富性策略强调课程内容丰富性不能局限在知识上,改变把知识传授作为课程教学重点的做法。教学内容选择重在对学生思维的培养上,让学生掌握学科的知识框架和逻辑框架。注重理论与实际相结合,将理论教学、实际案例和实验、设计等有机地结合起来,在知识学习的基础上注意对学生创新能力的培养。

课程内容选择与组织必须保持一种"必要的张力"。课程内容选择与组织要

---

[1] Bruner, J: Actual minds, possible words, Cambridge, MA: Harvard University Press, 1986.
[2] 多尔:后现代课程观,教育科学出版社,2000.

注意知识与经验、学科与学科之间的平衡,意味着不同内容、不同性质、不同形态的学科之间要寻求适切的结合点。劳顿认为,课程发展首先要注意学科范围的全面性,他提出了有六大科类构成的课程体系,其次要注重学科之间的有机联系。在课程教学中偏重于知识传授,而忽视经验的获得是普遍的,这是一种非常突出的非生态表现。经历转化为经验,为人的才智、情感、意志和个性的发展提供基本的发展需要,对发展人的个性自由和主体性具有重要作用。知识与经验的平衡,要求对课程内容进行整合,要求不仅给学生以概念性、体系化的知识,而且要为学生提供丰富的经历,感悟经验,使学生的"经历"和"经验"融入他们的学习与成长之中,建构学生个体自身的认知图式,才能使学生成为具有生命意识、生命能力和完整个性的生命体。

本策略实施的六个要点:

1. 课程内容要适宜性地丰富。在课程内容生态化时充分估计各类教学内容的作用,包纳多种知识类型,保持各类课程的合理比例,建立平衡的课程内容。由于课程内容的丰富性、复杂性以及面对的情境的差异性,要为学生创设获得丰富学习资源的条件。学科课程与综合课程互为补充,是相辅相成的关系,课程内容不能全部限定、强制,可以综合化,如将有内在有联系的不同学科内容整合在一起而形成的融合课程(fused curriculum),如科学与人文的融合;还有一种整合不同领域学科内容形成的广域课程(broad fields curriculum)。

2. 课程内容要改变传统的单一僵化模式,学校应该提供各类课程,开好开足拓展课程、探究课程。开设新课程,淘汰已陈旧落后的内容,建构一种具有弹性的课程结构。结合学校条件和学生身心特点与需求,构建良性互动的生态型课程内容体系。生态型课程注重学生在学习过程中所获得的体验,注重课程内容与学生生活以及自然、社会的联系,关注学生学习兴趣和经验,注重核心素养的培育。

3. 课程内容要注重整合,课程内容避免课程结构松散所致学生认知结构的不完整,关注课程之间纵向衔接和横向的整合。要改变课程体系僵化和固定不变的局面,要强调科学本身的综合性和整体性,打破学科之间的界限,突破传统的学科知识结构体系,将相近的学科知识内容进行重组构建,形成新的课程体系,培养学生超越某一学科或领域局限的思维模式,使学生形成整合的视野和观念。

4. 对基本课程依据学生的经历与背景组织教学,使课程学习联系学生的个体的经验,从而达到在具体情境中的学习丰富性。基于主要课程的通用性强,要因学生、因时空的不同进行教学再设计。

5. 注意课程教学过程生成的内容丰富性。课程学习过程不仅提供预设外的知识经验等,而且课程学习本身可以提供多量的不确定性和生动经验。这是教材中没有的,只能由不确定的丰富性学习所提供。

6. 在课程内容的选择和组织上,要尽量避免过分追求学科知识繁复,改变知识内容越多越好的线性思维方式。当今时代知识总量以几何级数增加,学生面临着学习内容不断膨胀,与有限学习时间之间的矛盾。学习内容过多无法系统展开认知过程,从而妨碍学生对学习的知识透彻理解,导致学习质量下降,学生不堪重负的问题。从课程教学现状来看,教师注重具体的知识传授,而忽视知识的系统把握,引发学生认知结构紊乱、"高分低能"现象。教学上变异的灌输式,讲得过多过滥,认知缺乏结构性和肤浅性,导致学生学习迁移能力低下,更无探究学习能力。美国"2061 计划"提出的"讲得少是为了讲得更好"的观念,改变原先的烦琐教学方法,变革学生学习方式,促进学生探究性学习习惯的培养和学习能力的提高。以"通用概念"的"少一点,好一点"教学,开展引导学生从关键性知识结构出发,发展思维能力,增强学习迁移能力。

(四) 课程形式的多样性策略

课程形式的多样性策略是基于生态适宜性,课程形式多样性,使课程形式适应多元整合的策略。课程的生态化在课程形式上多样性,保障课程适应学习内容丰富性与复杂性,充分认识到不同课程形式特有的优点及其不足,扬长避短,适应不同学生的学习与发展的需要。学生的发展有多方面组成,学校课程要考虑到学生在道德、智力、健康、审美上发展的需要而提供多方面的课程。在课程形式上要关注活动课程、探究课程、隐性课程的不同教与学,关注学生在课程学习上的多样性,自主学习与合作学习结合、个别学习与小组学习结合。多样性策略实施的六个要点:

(1) 注重课程形式多样性的效能。常可以发现追求课程教学形式抓眼球,追求"特色",课程形式上低俗的所谓创新,与内容、与目标没有内在联系,单纯追求课程文本"图文并茂"的形式主义。课程效果要以证据说话,以学生学得怎样为依据。以教师的课程教学"表现"为评价依据,背离学生主体的真实发展。课程生态化高的学校不仅注意校本课程的内容形式上扩展,更注意校本课程的价值。

(2) 课程形式应该多元化。课程形式是课程内容呈现形式与学习方式的结构体系。不同的课程内容需要不同的与其适应的课程呈现形式。如活动课程、探究课程、融合课程、广域课程,还有微型课程与综合实践课程等。这些课程都是按照一定的规则组织起来,需要一定的课程教与学方式,从而实现一定功能的课程。课程形式多样化缺失是学校课程比例失衡的突出表现,必须修复课程生态上课程链的失衡。课程形式上要注意校本课程,这是选修课程系统中最富有活力的部分,也是衔接各类课程很好的课程中介。

(3) 课程教学形式与课程教学内容的匹配。课程教学形式是为内容服务的,只有课程教学形式与课程教学内容相匹配,才能使课程教学有效展开。这是课程生态适宜性的表征。课程内容与课程形式不匹配这是很普遍的非生态现象,教学中灌输式因为教师有嘴能讲,学生有耳能听,因此灌输式就成了不必教学设计的"普遍适用"的教学形式。匹配意味着选择教学形式与内容的适宜性。

(4)课程的教学形式不能单一性。不同教学形式各有着优势,也有着不足,应该综合运用。例如社会实践课程比较注重实践活动,常见欠缺价值讨论,这样的课热闹而缺乏思想价值深度。美国对学生的社会实践活动就关注活动体验与价值辨析相结合,形成了道德价值教育特定课程,早就非常普遍运用。

(5)不同课程形式选择要注意学生的年龄特征。例如幼儿园课程不宜强调学科课程,可以采用符合儿童经验的综合课程,例如主题活动课程,以某一主题学习表达、计数、学唱歌、学画画等。幼儿园的综合课程不是重在学科知识上,而回归学生获得生活经历与经验。初中可增加综合课程,减少分科课程弊端。如科学课程整合物理、化学等学科,成为一门综合学科。

(6)课程形式上的生态化要注意先进技术手段的合理使用。常见教学中不当使用多媒体,如英语教学中不少教师整节课从头至尾以 PPT 为主线教学,语言活动主要为人与屏幕对话抛弃真实的语言情境,忽视人际语言交往,造成的恶果就是"哑巴英语"、做题目的英语。后现代主义生态思想就是在发现现代工业带来的问题,提出了生态主义以便减轻或者消除工业化与科学主义的弊端。课程教学中必须坚持以人为中心的生态思想。

(7)课程形式的生态化上要关注学生主体对课程的选择,任何生态繁荣、发展都是生态主体选择的结果。对承载的物质、能量、信息三要素的课程活动形式的选择是学生学习的基本条件。学生根据自身特点和志趣,在教师的指导下确定自己的学习发展方向和学习课程,有权进行选择。这样的选择在学校课程中表现:一是非限定课程中的选择,学生自主决定学习的课程,主要是校本课程中的选修课程;二是限定课程中的选择,学生可以选择适合自己的学习方式、学习时空等。要注意增加选修课程的比重,开设微型课程,以利于课程体系的适宜性增强。

(五)课程过程的交互性策略

课程过程的交互性策略是基于生态动态性,增强课程因子间以及课程结构间的多元互动交互,提升课程过程价效的策略。与课程生态观相适应的教学必然是与生活、与学生经验多向、多元的交互性教学过程。课程必须改变重教学内容,而忽视教学过程的现状,认真解决课程教学目标自身间的交融、课程教材文本与多元解读间的交互、教学设计与实施之间的交互、师生的教与学间的交互、教学各要素间的交互等。交互性课程教学过程是师生在共同实现课程任务中,以课程要素交互为特征的课程活动状态及其时间流程,是实现课程生态化的主要路径。从课程教学过程着手优化课程生态,同时课程生态也会影响课程教学过程的交互。

生态化的课程实施过程是不断进行信息交流和能量转换的动态、开放、和谐、充满生命力的过程。课程教学过程失衡常表现在课程过程单向性,展示知识具有严格的确定性和简约性;浅表性、标准化教学过程以直接传递信息为主,缺乏启发、探索。课程生态化的真正落实,需要增强课程教学过程中的对话、反思、多元理解,使课程教学成为一个主动的交互过程,从支离破碎的形式中摆脱出来。

课程过程的生态化是从"结果证明"转向"过程改进"优化教学过程的变革方式,改变"用结果制约过程""结果性评价成为绝对关注点"违背课程生态思维的方式。生态意味着生长,意味着过程。动态生成性是对机械线性教学过程的超越,是对课程的预设与生成的辩证理解。课程必须通过教学的转换,才能从文本形式的课程转化为实际的学习过程,以动态交互性教学过程克服僵化、单向教学过程的阻碍,促进课程生态化,使学生在课程学习中获得发展。

生态化的课程过程的交互有着质量上的考量。交互质量越高,课程教学过程展开得越合理,越顺利,教学质量越高,课程生态化程度会越高。课程教学过程中高质量交互的衡量标准,可以用五组十项指标来表征。

(1) 具体的情境、丰富的信息

积极的课程教学过程从信息开始。信息的选用、处理、加工与丰富,也就成了教学过程的目标与载体。过程的交互质量越高,越能显现出信息的泛知识性理解,也就是在情境中的信息是丰富的。信息的泛文本性,显示了信息重于文本的价值。

(2) 深度的体验、灵动的直觉

课程教学过程是具有体验性(experience),即经历与经验。通过过程中的多元交互丰富学生的学习经历,获得有益的经验。在深度的、丰富的交互中体验科学的逻辑和艺术的直觉,促进创新品质所必须的直觉发展。

(3) 充分的活动、盎然的兴趣

课程教学过程的活动充分性为学生参与课程学习提供基本的条件。在交互活动中学生可以通过各种表现(performance)发展自己的能力,在展现自我中增强自己的个性。在课程学习交互过程中促进学生情境兴趣向个体兴趣提升的生成性和发展性,从而增强学生自我发展的能量。

(4) 多元的理解、凸显的质疑

课程教与学中如果不存疑,师生的教与学水准就存疑。没有质疑不可能有真正的确信。传统教学过程排斥质疑,浅层次教学停留在置疑。教与学过程的交互性本质上是思考与思想的碰撞,质疑是在交互中发生与发展。独立思考多元理解是深度学习的表征,多思多疑才能使学习过程成为真正解惑的学习。

(5) 平等的对话、生命的智慧

"对话"是课程教学过程的实质,是师生间充分理解和珍视差异。"对话"蕴含教与育的交流,它需要师生彼此敞开自己的精神世界,从而获得精神的交流和价值的分享,表现为交流与探讨、叙述与倾听、欣赏与评价。这是对话在"质"方面的要求。学生在对话过程中获得知性智慧、理性智慧、道德智慧。

课程教学过程中的高质量交互应当是确信与质疑的统一、精确与模糊的统一、继承与批判的统一、质朴与多彩的统一、逻辑与直觉的统一。课程过程生态化的重要标志是教学过程中各因子匹配。这匹配意味着动态应变、选择与再构,表现为课程要素—结构的有序化、整合化,是生态化的内在要求。在课程目标的统整下,教学内容的多元整合、教学方法的合理整合与教学环节的内在整合,都是在教学过程中进行并实现整体整合。

在运用课程过程的交互性策略时,要注意以下几点:

(1)关注课程过程中要素的依存性与协同性

交互性过程是由众多课程教学因子组成,这些因子的交互结构决定其功能。课程教学过程依存性的实质是自主与交互的关系。学习者自主与合作程度影响交互过程。课程学习过程中依存性发生于两个层面交互之中:学习者的行为与教师建构的环境之间的适应性交互、学生与教师之间的对话性交互。协同性首先是教师的教与学生的学的协同,其关键在于师生的互动状态。互动不是形式上的热闹,而具有明确的指向性与关联性,通过互动促进课程要素的整合和师生间的情意发展,实现教学功能。

(2)关注课程过程中的交互多元性与开放性

课程教学过程中参与交互的要素多元性,形成交互形式的丰富性,从而使交互性过程呈现丰富性与复杂性。教学目标、教学内容、教学形式等要素与师生之间的交互形成课程过程中最基本的交互,师生、生生间交互是重要的交互。课程生态主客体间在课程展开过程中丰富的交互活动,形成了非线性的课程过程。课程教学过程在交互中开放,在开放中实现多元交互。过程的开放是为了持续有效地开发与利用课程资源,使课程教学适应学生学习的多样性,减少课程的强制性和划一性,增强课程内容的选择性和开放性。过程的开放是为了建构和谐的教学关系,学生被赋予更多自由和权利,体现以学习者为中心、以学生自主活动为基础。

(3)关注课程过程中的整体性与灵活性

课程过程的整体优化表现为过程完整性、目标全面性的系统运作。在课程的过程中不能把教与学割裂开来,在过程中关注每一个学生的学习,调动学生的各种感官积极参与学习、多种感觉整合,提高学生学习效率。课程教学过程必须从整体上把握课程教学思路,具体的课程教学过程为整体课程目标服务。课程的交互性过程展开不是一成不变的,众多的课程要素在互动并生成其过程,没有现成的定式"模具"可套用发生在课程教学过程情境之中。只有根据不同的课程内容、不同的学生,在具体情境中展开的教学过程才可能是合理的。灵活地把握课程教学过程的交互与展开,通过选择、组织课程内容,使普适性的一般化的教材情境化,适应不同学生的知识水平、学习经验,使学生带着个体的思考、灵感参与学习活动。课程过程生态化强调过程的动态生成性,正确处理课程教学过程的预设与生成的关系,把握其主体与环境的动态变化,善于发现和运用过程中的生成性资源,把问题变成新的教学资源,转化成教与学的生长点。

(4) 关注课程过程中的师生互动共生适应

"教师的作用是要在课本与学生之间构建起一座理解的桥梁,而不是直接传递信息"(多尔,1993)。课程生态化强调一切处于课程实施中的个体都是平等的,教师成为学生发展的"必要的引导者""合作的探究者""平等的对话者"。课程过程的生态化强调共生适应,运用生态学的共生原理,优化课程生态中学生、教师的主体间的角色与行为,使教学过程中的教与学互相适应的。运用共生理论指导课程教学过程中种种关系的多元交互,改善教学行为,调整教与学,促进教与学的共生,建构师生相互依存的学习共同体。共生中的教师角色要做适应性重构,从主宰者成为引领者,成为与学生合作的伙伴。在课程教学过程中要确立对话协商的合作方式,鼓励共生性融合与独立性融合,在教与学的过程中关注处境困难的学生,调适失衡的学生生态位,优化群体生态。

(5) 关注课程过程中课程评价的综合运用

课程评价生态化强调以生态学思想为指导,以课程评价的目的多元性与发展性,建立促进学生、教师与课程发展的客观、合理、综合的生态性课程评价体系。生态化的课程评价要注重评价的发展意义。通过课程评价的信息反馈作用,帮助教师不断分析、反思自己的课程与教学工作,从而有利于营造良好的课程生态。生态化的课程评价应该由外在于课程转变为课程、教学的重要组成部分,它应该成为课程发展的重要推动力,它通过对课程问题的反思、课程内容的调整、课程实施的改进、课程管理的优化,形成课程不断革新的机制,来推动课程的发展。生态化课程评价包括评价主体、评价客体、评价指标体系、评价过程与评价方式都要符合生态化。课程评价的综合运用是基于课程生态的基本特征整体性、差异性、共生性。在实施时我们要注意:

第一,端正课程评价的目的。课程评价目的是旨在促进每个学生全面、健康地发展。课程评价的目的不在于等级性、竞争性的区分,而是为了改进与完善课程的开发与实施,提高课程质量。生态化的课程评价强调评价促进学生整体可持续发展,对传统课程的"知识人"的超越,强调课程本身也是一个整体性的系统,要从其要素—结构—功能上看课程生态系统的物质、能量与信息流动及交换状况。

第二,把握课程评价对象的两个层面与对象的多元性。课程的评价一般有课程层面的评价与教学层面的评价。这两个层面有联系又有区别,进行系统评价。课程评价的多元性包括对课程设计、课程实施及其成效的评价,而且它贯穿在课程系统的各个环节的整个过程之中。课程评价最重要的是对课程本身的评价,这是当前课程评价中最缺失的。

第三,建立适应教育生态发展的课程评价标准。课程评价需要合理适宜的评价指标体系,教育生态价值是其重要的标准。面对多元的评价对象、多元的评价需要,我们绝不可能使用单一的评价方法,一刀切、一把尺子的课程评价方式不符合生态性。

第四,调整课程评价主体的生态结构。课程评价主体是多元的,教育评价工作者、课程工作者和教师、家长都应参与评价。传统课程评价是一种外设的竞争性评价,存在评价机制上的缺陷。在课程评价中必须改善学生与家长的生态位,改善课程评价的生态链,课程评价生态中的生产者与消费者的关系要调整。学生作为课程评价的主体,其课程利益的主体地位与作用必须得到切实的落实,发挥学生评价积极性、能动性,增强他们的参与评价的意识。根据评价对象的不同,适宜地调整评价主体结构,发挥多元评价主体各自优势,满足利益主体的诉求。

第五,合理选择与综合运用多样化的评价方法。生态化课程评价方法很多,但需要从生态视角审视评价方式的生态性。在运用量化评价和质性评价时都要考查这运用过程、结果是否符合生态学原理。选择的评价方法是否具有评价主体与客体的适宜性,反映了评价的生态化程度。综合运用生态化课程评价尽可能全面客观地评价,避免片面性和主观性。

(六)课程资源的集约性策略

这项策略是基于生态的开放性、课程资源的集约性,使课程资源向集成配置转向的策略。课程资源生态化的关键是课程资源的集约化,这是相对于课程资源粗放化而言。集约化原是经济领域中的一个术语,本意是指在最充分利用一切资源的基础上,更集中合理地运用现代管理与技术,充分发挥人力资源的积极效应,以提高工作效益和效率的一种形式。课程资源集约化是指以课程效益为根本,对课程资源诸要素组合,实现最小的课程成本获得最大的课程效益,乃至教育的回报。这是在课程活动中,通过课程资源要素质量的提高、要素含量的增加、要素投入的集中以及要素组合方式的调整来增进课程效益的运作方式。以生态思想适宜开发,合理利用课程资源,使课程资源丰富集约、价值多维、平衡整合。

课程资源集约化本质上是生态化,要符合以下特征:

1. 发展性。课程资源的发展性是指课程资源的目标是为了学生的发展。对市场性的练习资料不分良莠,是滥用"课程资源"增加学生课业负担的典型现象。

2. 质量性。高质量课程资源有效地进行物质流动、能量交换、信息传递。课程资源不应该一味追求数量上的扩展,必须在开发与利用上提高其效用。

3. 集约性。课程要素相对集中,提高课程资源共享程度。改变课程资源的"私有化"膨胀所造成的课程资源重复设置,转变"各行其是,各自为战"局面。

4. 效益性。课程资源的运用以提高效益为目标之一,坚决杜绝"高成本、低效率"的状况,在课程建设中增强课程资源的效用意识。

5. 丰富性。课程资源的类型和内容的丰富,便于其运用的可供选择,提高资源运用的适宜性。课程资源要在开放中不断积累丰富起来。

6. 差异性。课程资源的类型与种类有着各自功能,各有特点,因此差异性是绝对的。不同的学生以及解决不同的课程问题时应该选择不同课程资源。

在运用课程资源的集约性策略上,要注意以下几点:

1. 课程资源使用时要遵循一致性与联系性。课程资源使用应当与课程目标保持一致性,合理地利用自然资源、社会资源、文化资源以及教师、学生及学生家长等人力资源,并让学生的成长成为贯穿于四个来源的主线,依托课程资源之间的内在联系,构成一个统一的课程资源整体。因此要关注合理运用课程资源,有序地使用"目标资源、教学活动资源、组织教学活动的资源、制定评估方案的资源"①,从而使课程资源的开发与运用上表现出整体的连续性。

2. 课程资源的使用应该注意适宜性与均衡性。课程资源开发与使用要适合学生身心发展的特点,能够满足不同学生学习的需要。课程资源使用要支持课程内容、课程形式的展开,以提高课程效益。要使课程资源的各类型之间比例保持均衡性,在文理资源之间、民族性与国际性资源之间、知识与经验资源之间、课内与课外资源之间、校内与校外资源之间等保持需求的平衡。平衡性并不是意味着课程资源的各部分平均分配、平均使用,而是要适宜学生全面发展的需要。

3. 重视课程资源连续性组织原则的运用。课程资源组织的好坏直接影响到课程目标的实现以及课程实施的顺利进行。合理组织提高使用效能,一要注意课程资源的连续性原则,可以采用纵向组织,以直线式和螺旋式相结合的方式把课程资源组织起来。直线式组织方式以逻辑顺序把课程资源组织成为一条前后连贯的直线,其特点是所组织的内容前后不重复,而且内容范围越来越丰富、深度越来越增加,因此可以避免不必要的重复。螺旋式组织方式以螺旋式上升的方式把

① 泰勒(R. W. Tyler),见波斯特尔斯威等:简明国际教育百科全书(课程卷),教育科学出版社,1991年版,110.

课程资源组织起来,使同一课程资源在学生发展的不同阶段出现,但课程资源的范围和深度也是逐步加大。螺旋式组织方式的优点在于容易加深和巩固学生对课程的学习和理解。课程资源组织的直线式和螺旋式各有利弊,直线式和螺旋式的合理整合能保持课程资源的连续性。

4. 以学生经验为中心与跨学科性组织整合课程资源。课程资源横向组织原则是以学生经验为中心,为满足学生发展的不同需要而将一定的课程资源融合在一起的一种组织方式。它以学生的个人经验为核心,将自然经验、社会经验和技能经验融合在一起,这个综合组织原则是一种范围更广、程度更高的综合方式,它也是生态主义课程资源组织的一条最重要的原则。跨学科性课程资源组织原则体现了适应当代世界问题具有高度的综合性,任何单一的学科课程都难以适应时代发展的需要,跨学科课程的出现需要跨学科资源的整合。例如车模拓展课程中,为使学生获得车模科技上的发展,学校在提供车模课程的同时需要整合场地资源、车模制作材料资源、制作车模的设施资源、比赛场地资源、指导教师资源等,也要整合物理学中的电学、力学以及劳动技术等。这就形成了以学生经验为中心与跨学科性组织整合的课程资源链,在课程活动中物质、信息、能量的生产者与消费者的交互形成了一个课程资源生态链。

5. 依据不同类型课程资源因材使用。课程资源的丰富性要求教师必须熟悉这些课程资源的特点,以便合理选择,提高课程资源使用的适宜度。课程资源依据其不同的分类方法有着很多种类。不同来源的课程资源可分为校内课程资源、校外课程资源。按照课程资源的载体分为生命载体和非生命载体两种形式。根据课程资源的性质,分为自然资源和社会资源。根据课程资源的物理特性和呈现方式,可分为文字资源、实物资源、活动资源和信息化资源。根据课程资源的存在方式,把它分为显性课程资源和隐性课程资源。我们需要依据课程目标认真选择开发与使用课程资源。不同的课程资源对学生主体发挥影响的机制不同,不同的课程资源对不同的学生发挥不同的作用。

6. 要注重课程资源的功能特点区别使用。课程资源如按其功能划分,可以分为条件性课程资源和素材性课程资源。素材性资源是作用于课程,并能成为课程的素材或者来源的资源,例如,知识、技能、经验、活动方式和方法、情感态度与价值观以及培养目标等方面的因素。教材就是最常见的素材性资源。我们在开发校本教材时要特别注意素材性资源并不能直接构成课程,它只是备选材料,只有经过加工并付诸实施才能成为课程。条件性资源的特点是作用于课程却并不形成资源本身的直接来源,但它在很大程度上决定着课程实施的范围和水平。例如,直接决定课程实施的范围和水平的人力、物力和财力,时间、场地、媒介、设备、设施和环境,以及对于课程的认识状况等因素,就属于条件性课程资源。有的条件性资源不是学校可开发的,但需要利用现有条件尽可能地开发。

7. 要正确处理技术资源与人力资源这两类重要的课程资源。信息技术作为条件性资源,给素材性资源开发和运用带来极大的便利。在课程目标的价值取向下整合科技资源,是课程资源集约化的重要表现。依据生态学适度原理,多媒体使用必须有度,否则会走向反面。课程资源中极为重要的是人才资源。教师是课程人力资源。课程人力资源也应该延伸到校外相关人员。人力资源合理整合是课程资源集约化的主要特征之一。

8. 形成课程资源的筛选机制。哪些资源才是具有课程开发和利用价值,必须通过筛选机制的过滤才能确定。这有两个重要原则:其一,优先性原则。在可能的课程资源范围内和在充分考虑课程成本的前提下突出重点,并使之优先运用。其二,适应性原则。课程资源的开发利用不仅要考虑共同的需求,也要适度考虑特定学生的特殊需要,适应不同生态位学生的需求。一般至少要经过三次筛选才能确定课程资源的开发价值。首先经过教育哲学的筛选,即课程资源要有利于实现教育理念与目标,什么资源是符合"最有价值"的。其次经过生态学的筛选,即课程资源开发与使用要符合生态思想与原理,与学生身心发展的适宜性,以及课程资源本身具有的生态性。再次经过课程理论的筛选,判断课程资源与课程的目标、课程内容与形式的匹配的科学性。如果课程资源筛选机制真正确立,那么课程资源生态化的程度就会越来越高。

第三节 生态教育课程的生态化

一、生态教育与生态教育课程

生态教育是人类为了实现可持续发展和创建生态文明社会的需要,将生态学知识、思想、原理、原则与方法作为教育内容,旨在提高全民生态文明的教育。生态教育是关于生态的教育。生态教育的目的使全社会形成一种新的生态认识世界的观念、生态价值观、生态伦理观和生态文明的行动能力,实现人类、社会、自然的和谐发展。生态教育内容包括生态理论、生态知识、生态技术、生态文化、生态健康、生态安全、生态价值、生态哲学、生态伦理、生态美学、生态文明等。生态教育方式包括课堂教育、实验证明、媒介宣传、典型示范、公众参与等。

中小学、幼儿园的生态教育课程是指有目的、有计划、有组织地通过多种教育形式与途径,以实施生态教育培养生态素养为目的,增强生态行动能力的一类课程。有时把生态教育课程简称为生态课程。生态教育与教育生态化、生态化教育有区别。生态化教育是教育本身要按照生态思想、生态原理更好地遵循教育规律,并按照生态规律进行的教育。生态教育课程大多以校本课程实施,采用校本生态教育教材或者活动形式展开。生态教育课程的主要内涵:

1. 生态教育课程的目的是为了生态的可持续发展,培养学生的生态素养。生态教育课程的价值取向:一是为了学生发展,即促进学生对生态的了解与正确评价,激发他们的对生态的健康情感以及增强他们的生态责任感和生态能力。二是为了社会文明,体现生态教育的社会价值。通过生态教育提高学生对建设与保护生态的意识、态度与能力,促进学生参与生态保护与建设。

2. 生态教育课程的内容是关于生态的认知、情感与行为。生态教育的内容一是来自课程,从教材、影视、图片、学科实验等;二是来自生活,生活包括社会的、经济的、自然的、人际的涉及生态的现象。

3. 生态教育课程的形式重在普遍性与情境性。生态教育课程的形式是多样的,一般的课程形式都可以运用,较多的是以校本拓展性课程实施。生态教育课程教学形式应该积极创设真实情境,加深学生的生态体验与探究。

4. 生态教育课程的融合性。生态教育除了单独的生态教育课程外,还可以将生态教育融于其他课程。这是依托学科内容中的生态教育素材进行生态教育,这是十分有价值的路径。课程教学在学校是教育的主渠道,具有日常性、广泛性。生态教育目标与内容应该融合在各类课程之中予以落实。

二、生态教育课程的生态化

(一)生态课程目标的生态化

生态教育中首先必须是其目标合理化。有的生态教育仅是停留在具体的碎片化的行为上,因此出现学生到校外宣传环境保护,可是在学校里损坏花木或乱扔废品。这反映了生态教育目标仅局限在环境保护的具体行为上,缺失从生态观念与生态伦理层面上的教育,缺乏从生态系统的保护,人类与大自然、人类与社会等关系上认识生态问题,从更广阔的区域视野、国家视野、全球视野看待生态问题。要解决这个问题首先必须提高教育者的教育境界,增强学生生态道德的判断能力与行为能力。生态教育目标要充分关注增强师生生态价值的认识、明晰生态观念,理解和鉴别人类和环境之间的相互作用,提高生态化生存与发展能力,促使对生态质量作出判断、对本身的行为准则作出自我约束。

(二)生态课程内容的生态化

生态教育课程是一门属于教育范畴的跨学科课程,它涉及普通的和专业的、校内的和校外的所有形式的教育过程。其内容指向当前生态现实与生态问题的解决,引导学生正确看待生态现象,培养他们的社会责任感和解决实际问题的能力,提高生态素养。生态教育的内容十分丰富,主要有五个方面:生态意识、生态情感、生态伦理、环境道德、环境行为。

1. 生态意识:生态的普遍联系与相互依存

生态教育的重要内容之一是生态意识。健全的生态意识是 21 世纪公民必须具备的基本素质之一。生态教育的目的在于使人们都意识到人类与生态相互作用的复杂性,掌握一定的解决生态问题的能力,养成保护生态的道德责任感,形成正确的生态价值观和态度,使学生树立正确、全面的终身的生态意识。

生态意识是人们运用生态知识对生态环境保持的一种警觉状态,即能处处、时时想到生态问题,思考行为对于生态的意义。生态意识是在对生态知识有一定认知的前提下,所形成的对生态的一种心理意识。生态意识是人们对生态问题和生态保护认识水平和程度的反映,在行为上有生态保护的自觉性。我们要充分注重生态意识的知识性、社会性、综合性与警觉性。在生态教育中加强可持续发展意识、生态科学意识、生态资源意识、全球生态意识、生态参与意识以及生态忧患意识。

2. 生态观念:深刻理解可持续发展的内涵

人们持怎样的生态理念不仅会影响生态行动,也会影响生态教育。生态教育的理念高度决定了学校生态教育的高度。1992 年联合国的《21 世纪议程》中提出了"面向可持续发展而重建教育"。生态教育必须引导学生理解可持续发展的内涵。人类在精神和物质方面的协调发展,必须在满足当代人需求的同时保护好作为人类后代及其他生命生存和发展基础的资源与生态。社会生态的健康发展受到自然、经济、文化、政治等多种因素的影响。学生应当了解自身行为对生态所产生的正面与负面的影响,在生活中减少乃至避免对生态造成破坏。教育学生与环境友好,要采取有利于可持续发展的行为模式和生活方式。生态教育要十分重视引导学生树立可持续发展的生态观以及生态价值观念,强调两个基本方面:一是为了可持续发展,要强调人类的发展应尊重自然与社会发展规律,与自然和社会和谐共处,促进人类社会与生态系统的兼容,使现在和未来世代的人类能更好地生存与发展。二是,可持续发展教育以人为核心,以人的全面发展为目标,是"为一切人的发展和人的全面发展"(F. 佩鲁,1983),使社会得以全面的进步和不断更新,与可持续发展相适应,发展人类共同的、整体的长远利益。可持续发展的社会,需要的不是仅掌握了一定知识或技能的工具化了的人,而是具有求知能力和发展智慧的可持续发展的人。生态教育培养的可持续发展的人,必定是全面发展的人。以可持续发展为特征的生态文明对人的科学素养和人文素养提出了新挑战。只有依靠生态化的教育,才能不断培养出可持续、全面发展的人。

3. 生态情感:珍视生物多样性与文化多元性

生态教育要注重培养学生的生态情感。德育心理学提示,一个道德的概念转化为一个道德的信念,必须经过道德情感的体验。生态情感的体验不仅是生态教育的内容,而且也是生态教育的方式。首先要引导学生珍视生物多样性,关注不同文化对环境的影响。生命多样性是生态系统活力和潜能的重要表征,文化多样性是人类文明进步的基石。生命多样性与文化多样性体现了生态系统的本质,两者之间具有相互依存、相互促进的关系。保持生命多样性与尊重文化多样性是实现可持续发展的重要前提。让学生懂得在全球化进程中,尤其应该重视维护不同生命的生存环境和生存权利,尊重各民族在不危害人类共同利益和环境的前提下,为适应和保护自身生存环境而采取的多样化的生活方式和发展模式。

在生态教育中不少国家十分重视体验,例如英国中小学生态教育特别强调学生的亲身经历对培养学生生态意识的作用,将野外考察作为生态教育及学习效果评估不可缺少的重要组成部分。生态教育要符合青少年学生心理特点,要顺应儿童的天性,这是学校、幼儿园生态教育成功的科学前提。儿童热爱大自然,喜欢自然界的水、天空、植物和小动物。这种热爱生命的天性正是我们进行生态教育的良好基础。同时,这阶段学生感性很强,富有情感,容易受到情境的影响,通过体验和行动的方式开展生态教育,使儿童通过情感体验,加深对生态和生态保护的认识,逐步树立生态信念,使儿童热爱大自然、热爱生命的天性得以发展,使他们的内心世界善良而纯真,在自己的生活中外显出来,提升自己的人性,造就良好的人格。以儿童喜闻乐见的方式让儿童参与,在不知不觉中受到熏陶,获得良好生态道德和生态行为的习得。生态教育单一地囿于课堂讲授,而缺乏学生个体的亲身的体验,难以获得适应与解决实际生态问题的能力和经验。

4. 生态伦理:增强生态精神与生态责任感

生态道德是生态教育内容的基础内容,是因为生态道德本身就涉及学生生态价值观念在道德认识和道德行为上的集中反映。生态教育要重在培养学生以生态责任感为重点的生态道德品质,学生能以生态道德观念对生态问题作出判断,并能采取合乎生态道德的行动。生态保护问题之所以一直成为一个社会难题,无非是一个利益的问题,其核心问题不仅一个认识问题,而是涉及道德问题。要从小教育学生在生态利益冲突时持正确的道德观念和良知的态度。生态教育在内容上要重在生态的责任感和义务感的培养,要求学生思考涉及生态问题时要以生态道德为基准。这是对生态的学科认识基础上上升到人文的高度,是人性、人道在对待自然、对待社会、对待生命上的映照。

通过生态教育积极培养学生的生态道德:关爱自然,尊重生命;关爱和善待他人,能平等、公正地与他人合作,尊重文化的多样性;尊重公民在生态方面的权利和义务,有建设可持续发展社会的愿望;对破坏或者保护生态的人和事有正义感。教师要认识到生态情感是重要的社会性情感,并积极帮助学生具有良好的生态态度。鼓励学生欣赏、爱护和关心生态及其生物的生命,对生态问题进行独立思考,尊重生态问题的事实和理性讨论,鄙视和反对破坏生态的观点和行为。更要在珍爱生命的伦理基础上,引导学生珍视人类的和平。生态保护的关键是生命的共生,也是生态教育和整个教育的融合的关键所在。从小要通过简单明了的生态教育,不仅应该让学生看到物质生态的污染和保护,而且更应该关注人类的和平与幸福。人类的和平基于人的基本道德准则——尊重,尊重自己、尊重他人、尊重人们赖以生存的周围生态,生态教育要从"尊重与责任"起步。

5. 生态践行:主动参与积极解决生态问题

生态行为是生态教育关键内容。生态教育不是单纯的生态知识教育,而是重在培养学生的生态能力、生态保护方法,特别是以发现生态问题和解决生态问题能力为主的教育。生态教育强调的不是从概念到概念,而是促进学生的行动。生态教育强调行动性,关注引导学生运用所学的生态知识与方法,通过体验,探索尝试解决面临的、身边的具体生态问题。

在生态践行过程中,学生一方面获得生态知识和增强了对生态的敏感性;另一方面也认识生态问题的复杂性,培养其解决生态问题的能力和责任感,对给生态产生负面影响的行为采取否定与抵制审慎的态度。同时增强学生生态能力,观察并分析周围生态状况及其变化的能力,识别家庭、学校和社区的生态问题的能力,能围绕生态问题表达自己观点,并与他人有效沟通的能力,批判性地思考学校、社区、地区或全球主要生态问题的能力。学生的生态能力是他们生态实践的基础,也是在生态实践中发展生态能力。我们在生态教育中特别要关注提高学生的生态行动能力,能对生态建设提出建议与批评、能积极主动宣传生态保护,参与生态保护行动、能养成生态型的生活方式与学习方式。教育学生保护生态从自己做起,经常反思个人生活对生态的影响。我们要根据学生的心理特点,尤其是他们喜欢活动这个特点,善于组织各种各样丰富的生态教育活动,强调活动的情境性,不要强迫学生参与,也不能要求学生参与不感兴趣或者不能接受的教育活动。如何吸引学生参与生态教育活动是教师必须思考和设计的,强调生态教育过程中学生主动学习而不是被动地接受教育。

参与生态教育活动不是生态教育的全部目的,但是生态教育中不可缺少的条件,或者说创造一种学生参与的学习生态。这是实现生态教育目标的一个起始点,只有学生参与了生态教育活动,才可能对活动的主体产生积极影响。参与是行动的第一步,也是重要的一步。生态践行的目标要关注学生观念的转变与健康的生态观的树立,以及生态道德品质的养成。教师要重视发展学生批判地思考他们所遇到的生态现象与问题并作出行动;运用他们所有的观念探索各种生态;观察和记录、评价和思考、调查和交流有关生态问题,感受和讨论各种有关生态问题的观点;识别、澄清和表达与生态关注有关的价值判断;选择、设计和实施有关生态问题的行动。

(三) 生态课程形式的生态化

生态教育课程形式的生态化主要表现在课程类型的多样性、适宜性。从学习方式上有生态活动课程、生态探究课程等,从学习内容上有生态拓展课程、生态乡土课程等,从形式上看有生态隐性课程、学科融合课程等。上述罗列的生态教育课程,只是从分类视角上考虑,其实实际的生态教育课程分类上是交叉的,例如生态活动课程,往往也是生态拓展课程。另外,上述这些课程大都是校本课程。融合课程是进行生态教育的一种十分重要的课程,生态教育应该融合到各类课程教学中,充分利用这个主渠道随机、合理地进行生态教育,同时各类课程都有着丰富的生态教育的内容,应该充分、适宜地开发、挖掘课程教材中的生态教育素材与内容,与学科内容进行内在的整合开展生态教育。生态课程形式生态化重在课程形式与课程内容匹配,使课程具有适切性。以下介绍五类主要的生态教育课程。

1. 生态拓展型课程

生态拓展课程是当前学校开展生态教育普遍采用的课程形式。生态拓展型课程在学校中一般有限定拓展课程和自主拓展课程两类。限定生态拓展课程由学校设置,大多以类似学科课程方式组织课程。也有学校发展了生态拓展型课程,开发主题教育活动课程、综合实践课程等。自主生态拓展型课程供学生选修,也就是部分学生自主选择参与课程学习。一般有社区生态环境服务、社会生态实践等活动课程,也有学校开设生态探究型课程。

2. 生态乡土课程

乡土课程是立足于地方,充分利用所在地课程资源而开发、设计并实施的课程。"乡土"一般包含区域"生态","乡土内容"为"生态内容"提供了丰富的教育资源,尤其是素材性课程资源,也为生态教育创设了更多的条件性课程资源。例如,上海崇明区乡土的重要特点是独特的生态与生态发展为打造世界级生态岛提供了时代机遇,也对崇明教育提出了相应的要求,打造崇明生态教育特色。崇明特殊的生态区位所呈现的崇明的社会经济发展与乡土人文历史,为生态教育提供了丰富的乡土资源。

生态乡土课程一般是生态教育与乡土教育整合的融合性课程,主要以生态思想与原理解释与阐述乡土的生态演变,介绍乡土的生态特征与生态资源,更是通过乡土的历史与发展,促进学习者对乡土的热爱,并自觉地保护乡土生态,共同建设乡土的生态文明。生态乡土课程以生态思想与方法看待乡土上发生的现象与事物为重要特征。生态乡土课程超越乡土自然地理、乡土历史、乡土社会学与乡土文学等范畴，而是从生态学的一般思想、生态哲学、生态教育、生态文化、生态社会学、生态伦理学等范畴建构课程内容。在开发与实施生态乡土课程中，要善于利用乡土资源，把乡土素材资源转化为课程内容，以在乡土情境中学习为主要实施方式。这些资源在学生身边的、容易调动他们直接经验进行学习，也能对学生的践行保护、传承和创新本土文化具有积极的推动作用。这要求把生态思想、生态原理融进课程之中，把生态意识、生态能力融进课程学习践行。

3. 生态活动课程

生态活动课程是指有目的、有计划、有组织地通过多种活动项目和活动方式，以实施生态教育为目的，开展以学生为主体，以实践性、自主性、创造性、趣味性为主要特征的活动的课程。生态活动课程的主要作用是通过丰富多彩的活动，使学生扩大视野增长生态知识，动手动脑，培养生态能力，增强生态素养，并能主动参与学校、社会的各类保护的生态活动。生态活动课程首先要生态化，具有课程的适宜性、开放性等生态特质。活动课程这一基本思想由来已久，大约可追溯到柏拉图时代，他提出的"儿童游戏场"强调给儿童讲故事，做游戏，通过音乐、唱歌等活动方式对儿童进行道德教育，培养儿童积极主动的参与意识，这可以说是活动课的最初萌芽，但已经蕴含了关注教育的儿童适宜性的教育生态思想。杜威以实用主义哲学为理论基础，在教育上竖起了"儿童中心主义"的旗帜，第一次对以教师、书本和课堂为中心的传统教育展开了系统的批评。杜威把"从做中学"作为课程理论和教学过程的基本原则，倡导以游戏和活动为中心的课程与教材，这样的课程就是活动课程（Activity curriculum），亦称"经验课程""经验本位课程""生活课程""儿童中心课程"。从儿童兴趣和需要出发，以儿童的活动为中心，为改造儿童的经验而设计的课程。其特征为：以儿童的"活动"为课程中心，课程内容的选择取决于学生的需要和兴趣，变分科的组织形式为综合作业的组织形式。①

生态活动课程在内容上以有关生态的知识、生态能力以及生态伦理为主，形式上有校内主题活动、校外社会考察和社会实践的活动课程。生态教育活动课程内容贴近学生生活实际，使学生对抽象知识的学习获得更多的感性支持，这对提高学生学习兴趣与学习效率也有实际的意义；而真实生产与生活情境中的因果关系总是很复杂的，不会如实验室中经典实验那样相对单一，这对改变学生的学习方式，培养其发现问题、解决问题的能力有切实的帮助。

生态活动课程关键在体验，即经历与经验。要关注生态教育中对生态问题价值的体验与生态能力的培养。生态活动课程要重在培养学生的生态能力，包括生

---

① 顾明远，教育大辞典，上海教育出版社，1990.6.

态觉察能力、生态思维能力、生态操作能力及生态创新能力。生态活动课程要培养学生的生态意识,包括生态参与意识、生态实践意识、生态运用意识。学校应该利用自己所在地区丰富的生态教育资源开发与形成具有特点的生态活动课程。

4. 生态探究课程

生态探究课程是指用生态学的原理与方法,对生态问题与现象进行研究性学习的课程。生态探究课程是探究课程中的一个类型,内容上在生态范畴里,可以从学生感兴趣的生态问题出发,也可以从生态学科出发,探究活动往往是学生生态考察实践的后续活动,生态探究课程可以采用主题探究、课题研究、项目设计等方式。通过这些生态型探究课程的探究项目,让学生自主确定研究课题,以“浅、近、易”为原则,根据自己的爱好兴趣,甚至是家庭的因素来确定自己的生态探究课题,使学生所选择的生态探究课题易行。从确定课题、开展探究,到撰写观察记录和结题报告,教师要尊重学生的选择并适当地加以引导,在研究过程中,学生会由此及彼地获取更多的生态保护知识、方法与能力。

5. 隐性生态课程

生态隐性生态课程是值得重视的一门课程。相对于学校的明确的、事先编制的显性课程,还存在一种非正式的、没有或较少事先策划的,也没有书面文本课程的隐性课程。学生在学校情境中无意识地获得有关生态方面的经验、价值观、伦理等内容和文化影响,也可以说是学校情境中以间接的内隐的方式呈现的生态教育课程。隐性课程最初由杰克逊 1968 在他的 *Life in Classroom* 中首先使用了潜在课程一词。布卢姆在 1972 年的 *Innocence in Education* 一书中使用了显性课程和隐性课程这对概念,并说历来的课程研究忽视了隐性课程。布卢姆认为,隐性课程的主要目标与学生的学习有关,也与学校所强调的品质以及社会品质有关,学校的组织方式、人际关系等社会学、文化人类学、社会心理学的因素对于学生的态度和价值观的形成,具有强有力的持续影响。

隐性生态课程具有以下特点:

(1)这类课程的影响具有弥散性、普遍性和持久性。隐性生态课程可以普遍地存在于环境之中,例如校园的清洁度等,更广泛地存在于学校文化中,如校风、学风等。其时空限制较少,无时不有,无处不在。

(2)这类课程的影响既可是积极的,也可能是消极的。正面的影响缺少时消极的影响就会增多。

(3)隐性生态课程是动态的、发展的,随着学校文化的发展而发展,也随着校园环境而变化。某些隐性部分一旦被人充分认识,通过分析、反省,给予重视和肯定,会转为显性。反之,显性的某些结果被认为不重要或得不到重视,也会转为隐性。

（4）学生从隐性生态课程中所学到的,常比从显性课程学到的更深刻,甚至刻骨铭心,终生难忘。隐性生态课程中,例如环境、事件等常是学生亲历的,有时会给学生强力的刺激、冲击,获得强烈体验、深刻经验。

（5）它有突发性、情境性,因此表现出模糊性,或者不确定性,容易产生歧义,有时极具争议性。

生态隐性课程有以下类型:

（1）观念性隐性课程。这些隐性课程处于非常重要的位置,例如生态思想、生态理念等常表现在学校的校史与校风、学风、领导与教师的教育理念、价值观、教学方式之中。

（2）物质性隐性课程。这包括学校建筑、教室的布置、校园环境等所表现出来的生态思想,例如学校场所是否安全就是一个学生生存的生态问题。

（3）制度性隐性课程。包括学校管理体制、学校组织机构、班级管理方式、班级运行方式等。制度性课程常常体现了对学校各类群落、群体间关系的调控,也对不同群体、个人的生态位做出制度性安排。这就涉及这些制度与制度性安排是否合理、是否公平等社会性生态关系。

（4）心理性隐性课程。这是影响学生生境与生态位的向内心生态转换的课程,主要表现在学校人际关系状况,师生特有的心态、行为方式等上。

这四类隐性课程构成学校生态中的一个生态场,也就是学校育人的精神环境。

在运用隐性生态课程时,我们应该关注:

（1）要充分认识隐性课程与显性课程的关系。两者是互补,而非主从关系,是协同关系。两者是互动的,并非固定一成不变的,是相互补充的。两者关系密切,可以相互转化。隐性生态课程促进显性课程发展,也可妨碍显性课程发展。

（2）要正确把握隐性课程的类型。有个误区,学校里只是把标语之类作为隐性课程的形式,而忽视更重要的隐性课程,如校风等学校的文化,看不见摸不到,却能感受到,影响很大。

（3）要不断增强隐性课程的作用,使学校课程由显性到隐性地深层发展,范围也不断扩大。通过隐性课程的实施,增强潜移默化作用,强化学生生态意识,营造生态伦理氛围。

（4）隐性生态课程的作用可以是积极的,也能是消极的,个别学生破坏学校生态环境的行为,或者教师的变相体罚等都属于消极的生态现象。这需要及时修复遭受破坏的隐性生态课程。

（四）生态课程实施的生态化

生态教育课程生态化的重要一环在于课程实施的生态化。在生态教育课程实施中往往出现以生态内容掩盖了教育过程的无序、封闭,忽视教育过程对话、情境等非生态现象。生态教育必须强调在"生态情境"中学习与践行。生态学的基本原理强调"情境",情境具有意义建构、具有事物的差异、具有具体的适宜性。"学习情境"主要有三类:一是创设模拟的生态情境,通过影视、图片等显示相关的生态现象,转化为教学情境,把学生带入情境之中,使之更有兴趣,带着更鲜活的生态问题去学习。二是学生自己的生活经验情境。学生在日常生活中都可能接触到或者碰到不同的生态问题,有非生态的现象,破坏生态的,也有保护生态的。这些情境转化为教育情境的前提是教师要善于发现,经常了解学生所遇到、听到的"故事"。三是社会生活情境。学生真实接触社会生产生活情境,亲近社会,去探究体验,把已学的知识综合地应用到解决或解释生活、生产问题。学校应该充分利用区域特有的生态环境,为生态教育课程提供生态情境。这种亲历的生态情境更富有生态教育价值。

第四节　学校生态化课程体系的建构

一、学校课程体系生态化建构思路

学校课程制度是学校基本的制度,直接关乎学校培养目标的实现。生态型学校办学要具备生态型课程体系。课程体系是指同一学科不同课程门类以及不同学科课程间按照门类顺序排列的教学内容和进程的总和。课程门类排列顺序决定了学生通过学习将获得怎样的知识结构。生态型课程体系是指在教育生态价值理念指导下,依据教育生态学的原理,将课程的各个构成要素加以合理排列组合,使各个课程要素在动态过程中整合,指向课程体系目标实现的系统。生态型课程体系是实现培养目标的载体,是保障课程生态化的有力手段。生态型课程体系强调生态课程观、强调课程目标、课程内容、课程结构和课程活动方式的生态性,对学校课程的设置、实施起着统整与规范作用。

(一)以生态思想建构课程体系

生态型课程体系主要由生态型课程观引领下的符合生态要求的课程目标、课程内容、课程结构和课程活动方式所组成,其中生态课程观起着主导作用,以学生的全面发展为宗旨。生态型课程体系具有整体性、开放性、丰富性与发展性。

课程体系的整体性观点认为课程体系是由生态型课程各要素相互联系共同构成一个有机整体,其体系的整体性是为了促进学生在一个良好的课程社会环境、自然环境、精神环境中身心获得全面发展。课程体系的开放性强调课程系统必须是开放的,与外界的信息和能量交换才可能有序。这种开放表现在系统与外部的信息交流,通过这种信息交流,生态型课程获得发展的资源和动力,并能推动课程环境与学生个体的和谐发展。开放性也表现在系统内部各子系统之间的信息交流,即生态型课程的目标、实施、资源、评价等子系统之间的信息交流。通过这种交流,生态型课程体系保持其系统整体性。

课程体系丰富性不仅表现在课程与课程群数量上,而且也表现在构成课程体系的课程所具有的"课程的深度、意义的层次、多种可能性或多重解释"(Doll,1993)。丰富性是生态课程观与现代主义课程的简单性所对立的,现代主义课程的简单性是由线性的观念和还原论的方法所决定的,生态主义课程丰富性则是生态主义的认识论和方法论的必然结果。生态课程体系应具有丰富的课程资源,它涵盖了自然、社会、文化和学生个体等各种要素,扩展了课程资源的范围。课程体系的生态思想强调课程体系的发展性,一是指课程体系要具有弹性,能具有可持续发展的自组织机制;二是指课程体系整体功能更能促进学生可持续地全面发展。正如联合国教科文组织认为,21世纪教育"到那时候,问题就不再是培养儿童为某一特定的社会做好准备,即不再是不断地向他们每个人提供有助于其理解周围世界并成为有责任感的和公正的参与者的力量和知识方面的标准。教育的基本作用,似乎比任何时候都更在于保证人人享有他们为充分发挥自己的才能和尽可能牢牢掌握自己的命运而需要的思想、判断、感情和想象方面的自由"。[①]

生态型课程体系依据生态思想,不同学校、幼儿园应有不同的课程体系。以课程间良性生态关系为基础,建构同类课程间、不同类课程间的紧密而适宜的课程生态结构,通过课程资源的配置和流动来改善课程之间的营养结构,把课程体系建设成一个生态功能完备的系统。构建体现基础性、整体性和选择性的课程结构,追求课程体系符合教育规律。在建构课程体系时重视课程的基础性,设置体现共同基础要求的基础型课程和不同基础要求的拓展型课程。增加可选择的不同基础,注重能力、方法和态度的基础,合理确定各种课程类型和各学习领域的比重,落实基础学力。中小学、幼儿园应该整体设计自己的课程体系,加强基础型课程、拓展型课程与研究(探究)型课程之间的联系,充分发挥不同课程的优势,以内容间的相互联系和学习过程的共同特征为依据建立课程群。增强课程的选择性,设置有利于学生灵活选择的学习领域课程,设置广域课程、综合课程等鼓励学生根据自己的能力、个性和发展方向,选择不同的学习课程,逐步随年级升高增加选择性课程比重,以适应学生的多样化需要,使学生学会选择,促进潜能的开发和个

---

① UNESCO:教育——财富蕴藏其中,教育科学出版社,1996.

性的健康发展。

课程是学校教育的核心因素,课程建设是学校工作的关键领域。提供适合学生发展的教育,其关键是提供适合学生发展的课程。这是学校课程体系建设必须坚守的重要信念。课程体系建设带动整个学校的整体变革,需要做好课程体系系统规划,制定和完善学校课程实施方案、具体编制学校的课程纲要、撰写具体课程的教学计划和活动方案、逐步健全学校课程管理制度等。课程体系围绕特定的课程理念逐层展开,涉及课程目标、课程内容、课程形式、课程实施、课程评价和课程管理六大基本要素。课程体系的多元建构应该在课程生态思想的引领下,体现一种系统设计、自主架构和整体实施的框架思路。从生态学角度看,课程体系应成为由众多课程要素有序组合而成的整体,表现出课程丰富性与适宜性。

(二)增强生态意识建构多元课程体系

建构生态型课程体系重要的主体条件是增强课程成员的课程体系意识。课程体系意识则要求系统地、整体地、完整地看待所有的学校课程及其相关安排。课程的生态意识是一种以生态观念、生态原理对课程活动与现象保持警觉与自觉。课程意识标志着对课程的敏感程度,它蕴含着对课程理论的自我建构意识、课程实施过程意识、课程资源的开发意识等几个方面。生态化的课程意识关注课程的设置是否符合生态理念与生态价值,关注课程目的是否合理与适宜,即是否合乎教育规律与儿童身心发展规律,关注实现课程目标的过程是否符合生态原则。从整个课程生态链来看,教师仅是课程生态链中的一环,但是学校课程链中教师课程意识的强弱程度直接影响着课程实施质量的高低。教师是课程的动态构建者、课程的生成者。一方面课程意识影响着教师的教育理念。课程的生态意识不仅是一种意识形态的"课程生态哲学",更是教师教育理念中的重要组成部分。另一方面教师课程意识直接调节制约着教师课程行为与教学行为,这些行为是否合乎生态要求。教师应该对学校课程体系及其课程从生态学视角考量:为什么开设这门课程?课程内容是什么?怎样教这门课程?为什么要这样教?课程时间长度是否合适?特别应该警觉课程对促进学生的发展有什么结果和实效,有意识对课程体系的课程设置与课程的意义、特点、功能等从教育生态观念作出事实判断,较为自觉地应用到课程开发与实施过程中,使课程生态意识与课程实践相结合,表现出自觉的课程生态意识。在生态型课程体系建构中,增强课程生态意识,以课程能否促进适合儿童健康发展作出价值判断,并选择开发与实施的课程。这是实现课程价值与教学实效的前提与保障。

增强生态意识,依据课程生态的丰富性、差异性、均衡性等特征建构多元课程体系。由于学校课程名目繁多,学校课程体系复杂,课程实施容易碎片化,导致杂乱无章。因此,在课程体系的建构上,特别是学校课程计划的编制与实施时,要以生态观念与方法,确定课程体系及其课程组成,根据学校的育人目标,选择与组织课程,采取适宜的课程活动方式实施。课程从管理主体、课程学习内容、课程学习形式、课程呈现形式等分类,分类上常具有多种属性,因此课程体系的课程组织就显得交叉与复杂。课程体系中的每一门课程,有其自己的学术范围,有着自己的特质,因此都有着其存在的价值,不能偏废某些课程。课程体系中的课程群失衡,会导致生态系统的结构破坏,课程生态失能。要按照生态理念,把各种各类课程进行有序组合,建构一个完整的生态型课程体系。

课程体系建构要秉持生态的理念和价值观,不能只关注课程内容多寡、新旧、难易的问题,而更多地要突出课程体系以及其课程可持续发展的育人目标,及其实现功能路径的问题。

二、生态课程体系建构的主要原则

(一) 课程生态要素质量原则

课程系统功能受课程要素质量的直接影响。从单一化课程体系向多元化课程体系转变与发展需要着力课程体系的生态化建设。传统的课程体系整齐划一,同年级学生都学习同样的课程,结果导致学生培养单一化,阻碍学生个性发展与创造力发展。课程体系生态化要求应尽可能丰富课程,开设多样的拓展性课程、探究课程,开设综合课程、广域课程等,使选修课模块化。生态化的课程体系既可保证学生形成比较系统、完整的知识结构,促进学生认知结构发展,又可以满足学生个性发展的需要。课程体系中的基础课程与校本课程、选修与必修课程、活动课程与探究课程应该体现课程形态与内容的多样性,课程之间协调均衡适宜学生发展需要,形成良好的课程生态。同时,从课程的构成要素质量上,要提高课程目标的正确性、课程内容的合理性、课程形式的匹配性、课程结构的交互性、课程资源的开放性等,为课程体系的建设奠定坚实基础。著名学者多尔提出了 4R 课程理论(丰富性 rich、回归性 recursive、关联性 relational 和严密性 rigorous),建构一种课程模体(matrix)"是为了强调后现代课程的建构性的和非线性的特点"[①]。现代课程的重要标准是课程的丰富性(richness of its quality),强调课程的不确定性、多样性。强调回归性"更多地是指人类将思想回转到自身的能力而不是数学意义上的循环","这种'回归性反思'是转变性课程的核心""对话式回归的绝对必要条件"。课程是通过参与者的行为和相互作用的过程而形成的,不是那种预先设定的课程。"关联性"则主要强调课程内在结构的关联及课程与其赖以生存环境的关联,表现在教育联系和文化联系上。"严密性"意味着课程不能够以一种观点结

---

① E. 多尔: 后现代课程观,教育科学出版社,2000.9.

束,应是"有目的地寻找不同的选择方案、关系和联系",才能使课程较为全面、严密。① 这从"4R"标准上提出了课程要素生态化的质量。

(二)课程生态结构健全原则

课程体系不仅要有高质量的课程要素,也要有要素形成的健全的课程结构。课程结构既涉及课程论,也涉及生态系统生态学。课程结构的丰富与复杂性最终影响课程体系的功能。生态型课程体系应该有科学合理、充满活力的课程结构。课程结构是课程目标转化为教育成果的纽带,是课程实施活动顺利开展的依托。课程结构是课程体系的外显形态,是对课程的各种构成要素及其关系的总体反映,既是对课程的质的规定,反映着课程内在价值取向,又是对课程的深层次理解,决定着课程的具体形式,因此课程结构的生态化显得十分重要。

学校课程体系中课程结构是十分复杂的,有着多种不同性质的结构。课程结构是课程组织形态,它是课程体系的架构,主要规定了组成课程体系中课程类型、比例、组合的机制。课程的内容构成是课程结构的核心问题,课程的形态结构是课程结构的骨架。课程体系中课程结构主要为:各类课程学习领域结构、课程群结构、学科课程结构、学习方式课程结构、必修课与选修课结构等,体现相应的课程理念和课程设置的价值取向。

生态型课程体系建构的主要原则:

1. 均衡性原则

从培养目标出发建构的课程结构要均衡,改变课程失衡引发的学生动手实践能力低下、知识体系割裂、所学知识远离现实生活的状况,引导学生在掌握课程内容的同时,能够积极开展探究活动,关注人文,关注科技进步,主动地参与社会生活,实现学生均衡发展。

2. 选择性原则

课程体系是学校课程整体选择性建构的结果,但是对于具体学生个体也应该具有选择性。学校依据其现实的课程状况,积极创造条件,有选择地实施校本课程,增设选修课程,学生可以在综合实践活动课程中选择不同的主题活动。学校应该为学生提供拓展课程的"课程目录",包括课程内容与实施方式以供学生选择。

3. 动态性原则

课程结构处于相对稳定的状态,当课程背景发生变化、课程资源发生变化时,新的课程目标需求出现,相应的课程结构也要进行调整。同时,当学生的课程学习需求、学生生源结构发生变化,以新的课程设置重构课程结构,以开发与实施新课程完善课程结构。

---

① E. 多尔: 后现代课程观,教育科学出版社,2000.9.

（三）课程生态系统的功能原则

学校课程系统的功能是课程系统要素—结构所产生的功能。学校课程系统的生态化除了其要素、结构的生态化以外,还必须从整体上系统建构。这应该遵循生态系统学的基本原则,关注以下五个方面:

1. 课程生态系统是有时空性的复杂大系统。在这个系统中以师生为主体与课程为主的环境成网络式多维空间建构的复杂系统。

2. 有明确功能和功益服务系统。课程生态系统是功能单元,具有物质循环、信息传递、人员流动、能量交换等功能,为学生的可持续发展服务。

3. 课程系统有一定负荷力的限制。学校的课程系统受到其能承载课程一定的数量与质量的制约,保障学校课程系统的服务功能。系统的超载必定会伤害赖以生存与发展的学生。

4. 课程系统自组织功能的增强。课程系统由组织程度低到组织程度高的过程演化,在相同组织层次上由简单到复杂的过程演化,这种演化标志着课程系统的组织结构与功能水平增长。

5. 健康可持续发展的状态。生态化的课程系统具有课程体系的可持续发展,是系统应该达到的健康状态,否则就必须进行课程生态的修复。

课程生态系统的功能取决于遵循生态系统学的基本原则,采取合理的行动建构。首先要站在"整体育人"的高度来设计课程体系,把握课程体系建设的价值和意义,建构科学合理、充满活力的课程结构。构建学校课程生态体系旨在解决过去课程实施中出现的只是片面追求课程数量、规模,忽略系统思考和整体设计,造成课程建设"碎片化""分散化""割裂化"等问题。坚持以学校课程体系建设为抓手,实现学校课程发展的系统性突破。

三、学校课程计划的生态化

（一）学校课程计划生态化的必要性

学校课程计划是学校课程体系设计与实施的一种表述,是学校领导与教师对学校课程系统进行梳理,系统地概括学校课程工作的规范。学校课程计划应该是生态化的课程体系的反映,同时课程计划也应该生态化,即能从生态学视角编制课程计划,并通过生态型的课程计划引领学校课程实践活动。

有时学校课程计划由于学校课程发展的实际情况并不理想,或者课程现状的非生态现象较多,理想的课程方案在推进过程中不断走样,遭遇尴尬,以致学生学习的课程不再是我们所期望的课程,难以形成一个符合生态规律的学校课程计划。还存在另一种情况,学校课程实践活跃,学校课程特色明显,课程改革与发展取得成效,但是课程计划表述较为传统,也缺乏从生态视角教学思考与编制。因此,从学校课程体系生态化出发,编制好生态化的课程计划显得十分必要。

(二)学校课程计划的生态特征

生态型的学校课程计划是指在教育生态学与生态系统学的理论指导下,对学校课程理念、课程目标、课程设置、课程实施、课程管理、课程评价等可操作措施的系统规划,也是对学生课程学习时间、空间与学习课程的整体安排。

生态型的课程计划应该符合生态学的基本原理:

1. "计划"具有关联性。这体现学校对教育改革与发展的理解,体现学校对教育规律与课程原理的把握。

2. "计划"具有统领性。课程计划引领学校全部课程工作,学校课程文化成为学校文化的主要组成部分。课程计划应该是学校办学思想的表征,体现与落实学校培养目标。

3. "计划"具有整体性。课程计划的各部分,课程目标、课程设置、课程内容等具有内在联系,形成课程计划的整体性。

4. "计划"具有情境性。课程计划的具体规划的内容具有学校情境性,即校本性。

5. "计划"具有发展性。课程计划所确认的学校课程目标是为了学生的可持续发展,课程计划立足于课程的不断发展,以适应学校教育的发展。

6. "计划"具有适切性。课程计划所确定的课程行动应该具有可操作性。

由此可见,学校课程计划应该从生态的关联性、系统性、整体性、情境性、发展性与适切性等基本特征把握其编制与实施。编制学校课程计划要关注课程体系的共性与学校的个性,关注操作性与实效性,计划所表述的内容应该相对具体,但不能是过于琐碎的白描性陈述,要系统化。

(三)学校课程计划编制与实施的生态化

1. 学校课程计划理念与目标的生态化

学校课程计划编制要具有前瞻性与高度,从生态主义课程理论的高度,从整体上考量具体学校的课程计划;方向性思路要前瞻,不能停留在习惯了的传统思想上编制课程计划。

学校课程计划必须环绕课程的育人功能。学校必须认识到课程计划与学校育人目标具有内在的一致性,实际都是在回答"培养什么人"的问题,课程计划是从课程角度回答如何实现所确定的培养目标,体现学校个性化表达的育人目标。在编制学校课程计划时,必须认真追问两个问题:一是"学校课程计划所反映的学校课程体系能够培养出怎样的学生",二是"某门课程到底能发展学生什么"。学校要培养什么样的人,才要开设什么样的课程。课程开发、科目设置甚至具体的课程活动的策划安排,都要考虑到学生的发展目标,如传授知识、掌握技能、培养人格、提升素养等。通过课程计划的安排实现育人目标和课程目标的对应转化。育人目标规定了课程的内容范围和功能性质,为课程计划编制确定了基本框架。

学校课程计划要有明确的课程理念,起到引领与凝聚课程工作。学校课程理念是学校课程文化的简要表述,是学校课程的价值取向、操作的战略思想,要有一定的概括,应该具有前瞻性,发挥课程生态思想引领的作用。学校课程理念要体现学校课程的生态思想,基于学校课程的传统与课程发展的现实以校本化的学校课程理念表述。例如有学校提出"让学校课程适应每一个学生的发展"课程理念。这个课程理念是对教育"以学生为本"的本质诠释,课程的功能在于最大限度地促进每一个儿童都能够获得发展;强调全纳性教育思想的体现,学校课程必须关注每一个学生。学校应该关注学生存在着的差异,针对这些差异设置课程,提供"适合"个体差异的课程,才是最好的课程;强调每个学生都是独立的人,都是不同的人,课程必须关心所有儿童的最充分的发展,学校的责任是提供寻找能使每个儿童都达到他可能达到的最高学习水平的学习课程。这样的课程理念所体现的生态思想是确切的,这样的课程理念可以影响着全校每一位师生的课程教学与学习,也会影响着学校课程目标与课程设置这个学校基本的制度。

2. 学校课程计划结构与设置的生态化

学校课程从来都是作为整体而存在的,而形成这一整体的重要因素就是结构。系统的结构决定系统的功能,这是系统论的基本原理。在设计课程结构时学校首先要在整体层面上把握课程之间的关系,建立起课程结构的整体观念。

在课程计划的课程结构架构时,一定要有课程体系的整体意识,才能更充分地考虑课程内容的要求和学生的学习特点的关联,为正确处理课程之间的相互关系奠定基础。首先,学校要把握三大类功能性课程所具有的不同价值和优势,从学习领域、科目、模块或主题三个层次上对课程类型进行合理安排,使这些课程功能上互补递进,形成一个整体。学校课程系统的多类课程合理统整才能全面发挥课程的价值,确保学生学习的完整性和学校整体办学质量的提升。其次,学校要注意课程结构的稳定性与灵活性的关系。学校在课程建设的初期,可能会全面尝试各类课程,追求课程覆盖范围的多样化,使得课程结构内部的构成比较繁杂。这就会引发课程生态系统的超负载,课程的能量与信息传递与交换不足。课程计划编制时在保证基本结构,例如三类课程结构稳定的基础上,对课程结构要有一定的灵活性。课程体系应该从追求"大而全"的松散状态走向"广与博"的系统组织,课程结构在不断优化的过程中形成富有校本特色的较为稳定的形态。

学校的课程结构要指向课程目标,要为学校课程目标服务。这就要求课程设置不能过于"随意",比如对于拓展型、探究型课程的安排,不能只考虑到教师的特长、周边的课程资源或当下的"时尚"而开设,更重要的是要思考该课程是否对实现课程目标有必要的价值。学校的课程计划要体现出学校课程体系的层次：课程理念—课程版块—（课程群）—具体课程。学校课程结构要清晰，有课程内容结构——基础课程、拓展课程、广域课程等，还有课程形式结构——体验课程（活动课程）、实践课程、探究课程、隐性课程等。学校的这些课程结构以各类课程的时间安排与比例来形成学校课程体系，并以课程计划的课程设置表述。课程计划的课程结构与设置应该体现课程生态的丰富性、适切性以及整体性，体现课程的生态特征。

课程计划的重点是课程设置的生态化。课程设置是课程计划中的主体部分，是实现课程目标的主要载体。课程设置要规范，具有校本性，更主要的是为学生的课程学习服务，而不是学生跟着课程设置走，这也是课程生态化中重要的标志。现在存在着学校设置课程，学生环绕着学校课程设置或者课程安排走，缺少对这样的安排是否符合生态主体性原理的考虑。这个非生态现象最集中在学校课程关系结构上，表现在各类课程的时间安排与比例方面，总课时安排与各学科课时安排、一日学生学习与生活作息安排、一周活动安排、学校学期活动安排等存在着失衡，缺乏合理安排，学生学业负担过重，特长发展得不到应有支持。学校要充分考虑到课程的总量，在课程设置中为学生提供合理、科学的课程学习，以及自主学习的可能，减轻学生过重的学业负担，只有这样才能保证学生健康地自主发展。

学校在编制与实施学校课程计划时，要坚持课程设置的三条基本原则：

（1）课程体系目标整体性原则。学校课程作为一个整体，其课程设置都应该以学生可持续发展为目的，提高全体学生核心素养，发展学生个性特长。学校必须避免课程建设上的非系统思考，把到处参观获得的好事物拿回来照搬。学校要以生态学原理，聚焦课程整体目标（生态的整体性），从学生全面发展、可持续发展的原则出发（生态的可持续发展性以及生态的生命性），针对学校学生特点以及学生的差异（生态的适宜性、不同的生态位），配置课程科目构建课程体系（生态的要素—结构—功能），在不同层次要求、侧重上（生态差异性、生态要素的敏感因子）功能互补递进，形成课程体系。

（2）课程结构多元性原则。学校课程计划要能全面、正确地反映学校课程系统，特别是把握好学校课程结构。学生发展的多元性决定课程结构的多元性。各种类型课程以及课程设置要既能保障学生共同基础的学习，又能满足和促进学生在不同基础上的发展和个性特长的发展。基于信息可理解为不确定、交流的、成长过程与状态的信息，课程的多元性应该提供丰富的课程信息。在生态系统中信息"不确定程度越大，则信息一旦被接受后，获得的信息量就越大"。[1] 因此课程设

① 戈峰：现代生态学，科学出版社，2008.

置应该依托多元课程结构,为学生提供尽可能多的、适宜的课程信息。

(3) 课程设置的选择性原则。坚持以学生发展为本,就必然承认并允许学生在课程学习上的差异,学生的学习基础与能力、潜能发展存在着差异。课程设置要为学生课程学习的选择可能提供条件,建立必要的课程制度,尤其是选修(课)制度,保障不同层次的学生、不同学习倾向与兴趣的学生在学习内容上、学习形式上、学习时空上能有选择,以适应学生个体的学习与发展。学校应该通过课程设置允许学生对课程学习的自主选择,尊重学生对自己所需要学习的课程、课程学习的进程与达到的目标的选择权利。

3. **学校课程计划实施与管理的生态化**

课程实施是学校课程体系中的重要一环,学校课程计划要对课程实施做出明确的规定。当前在课程实施中也存在着一些非生态现象,随意改变课程计划所确定的课程,特别是音体美课程的课时数;探究型课程设置不到位,在学校课程体系中生态位艰难;学校课程特色忽略教育价值,特别是对学生终身发展、可持续发展价值,把一些冷僻的活动作为学校特色课程建设。在课程计划的表述中也出现一些课程失衡现象,课程实施中忽略道德教育课程及其实施,音体美等课程实施也缺乏表述,而这些课程却是重要的学习领域,这样的课程计划表明学校的课程系统还缺乏从学生的全面发展与可持续发展角度上确立,课程的设置与实施失衡,更为忧虑的是学校课程计划实施后,学生的课业负担减轻仍然没有得到明显好转。课程生态由于课程理念与课程实施间的不一致遭受破坏,因此学校课程计划必须重视按照生态原理进行课程实施。

学校课程计划实施的生态化:

(1) 要注重价值性与实效性。课程计划要关注对学生发展的价值,以及终身发展的意义,但是不能把这仅作为纸面上的套话、嘴巴上的口号,一定要通过课程实施的举措转变成课程的实效。

(2) 要注重需要性与选择性。课程计划的实现程度,在很大程度上取决于课程开发与实施是否从学生发展需要出发,还是按照学校、教师的条件为转移。学校课程发展水平的一个标志是学生课程学习能否真正地选择,在不少学校课程选择是缺乏的,或者是假性的选择。学生发展方向应是儿童的选择,不能由学校代替选择。

(3) 要注重基本性与关键性。课程计划的实施必须对学校课程体系中的基本课程的实施作出认真的思考,有明确的举措改变课程计划中用课程内容代替课程实施。对课程实施的关键措施要清晰而可操作。课程计划不要洋洋洒洒,结果不知所云,同质化的翻版。

(4) 要把握阶段性与连续性。课程实施要注意学段的差异,幼儿园的课程不能小学化,他们的基本课程是共同性课程与选择性课程,以学生的共同生活、探索世界、表达与表现三个学习经验内容展开,生活活动、运动、学习活动、游戏活动四项活动展开幼儿园课程。中小学的课程明显与幼儿园课程有不同,这是基于课程生态体系中主体生命发展阶段不同。特别是幼儿园的特色课程更不能猎奇,应该关注儿童发展关键期,让儿童获得良好的早期生活经验为教育目的,不能以某项知识技能损害儿童身心发展的潜在的均衡、基础性的关键期。以片面发展为课程特色是牺牲儿童的终身发展与可持续发展,是严重地破坏儿童成长的生态,是反生态的课程模式。

随着课程改革,过去一直使用的"课程管理"正在转向为"课程领导"。这一语词的转变貌似符号的转换,其实质是话语语境的变迁,并引发课程管理话语的转换和概念的重建。一直以来从上至下的线性课程管理模式,课程管理往往忽视了学生主体的重要性与教师课程工作的地位,表现出了课程管理上的不足。传统的等级科层式的课程管理模式,使学校缺乏课程领导,教师的课程领导力被严重忽视,教师难以参与课程规划决策,课程领导上影响力有限,导致学校课程责任主体迷失,课程管理必须向生态化转变。

课程管理可以从教育生态学视角考量。理查兹(C. E. Richards)分析校本管理时,区分了学校管理的如下三种类型:第一类型,"为顺从而管理"(managing for compliance)。通常是指与组织运作法规知识的顺从有关的管理风格及学习行为,学习代表法规的顺从与否,不同赏罚也因顺从或不顺从而生。第二类型,"为成果而管理"(managing for outcomes)。仰赖技术性知识,把控制的平衡从外在转到内在环境。第三类型,"为建立永续的组织生态而管理"(managing for a sustainable organization ecology)。学校管理第三模式是一种生态学观点。把"学校管理"视为"生态"系统,那么,可以归纳为两点:(1)学校管理是学校得以生存发展之必要活动的共存关系的改善过程;(2)学校作为组织体通过对于内外环境的应对,得以"自我改善"。[①] 这就是以教育生态学为背景的管理观,强调组织存续与外在环境的关系,把学校管理视为生态系统。这需要有新的管理"战略",从教育生态学的视点出发,构成学校管理的要素(子系统),至少牵涉五个要素目标、组织、运营、领导、课程(内容与方法)。

学校课程体系的建构需要生态化的课程管理。生态化的管理应该在课程计划中表现出来。传统的学校管理强调的是管理,后现代主义的管理强调的是领导。课程管理应该从"课程管理"到"课程领导"。[②] 钟启泉教授认为,"以'课程领

---

① 钟启泉:从"课程管理"到"课程领导",全球教育展望,2002.12.
② ibid.

导'替代'行政指令',关注多元诉求的呼唤,包括学生的呼唤、教师的呼唤、制度的呼唤;要求倾听多元声音的交响,倾听来自学生和教师的声音""所以形成公共沟通的管道和对话的网络、理论层面与实践层面的沟通管道,以及加强教师、教研员、行政人员和研究人员之间的合作是十分必要的。"①

　　我们应从教育生态学的视角加强学校课程领导力建设。课程领导是确保课程计划得以实现的重要保障。课程计划的实施需要学校有强有力的课程领导力。学校要从课程领导体系、课程领导制度、课程资源管理、课程过程管理等方面加强课程领导力,学校课程计划应对课程领导的组织作出明确规定。在课程计划中,要明确课程生态化实施的保障制度,建立课程发展评价体系,建立师生等全员互动的评价方式。对学校课程计划的编制、修订与实施的领导也应该作出表述,确保课程计划的动态把握、适时调整,以提升学校课程计划编制与实施的领导。

---

① 钟启泉:从"行政权威"走向"专业权威"——"课程领导"的困惑与课题,教育发展研究,2006.4.

第七章 生态型课堂的建构

第一节　课堂的生态型转向发展

课堂生态是学校生态的重要组成部分,生态型课堂是生态型学校的要素,课堂生态与生态课堂更是生态型学校建设的主要切入口之一。

一、课堂教学中非生态的警示

课堂是学生学习、成长的地方,也是师生作为主体人的精神交流场所,是激发师生生命活力,是师生点燃灵感、激发思维、集聚智慧的场所。但在实际的课堂中非生态现象屡见不鲜,不少课堂中存在生态失调,必须加以修复。汪霞教授指出,"如果从教育生态观的视角来考量,当今课堂存在的疾患足以令人警醒,若用'触目惊心'来形容恐怕亦不为过"。"其一,课堂教学生态中的教师行为:霸权与控制""其二,课堂教学生态中的学生行为:从众与退缩""其三,失衡的课堂群体生态,同位或者不同生态位的学生间相互排斥""其四,危险的花盆效应,花盆效应削弱了课堂生态个体与群体的创造性、求异思维能力,压抑了实践精神、开拓进取精神,导致教学的肤浅、僵化、封闭"。[①] 正是课堂中非生态现象严重存在,构建"课堂生态"的必要性已然凸现出来。

从生态学的视角来审视,课堂功能取向上非生态严重。传统课堂只是知识传授或是训诫学生的场所,忽视课堂是师生共同生活与学习的幸福的"社区"。课堂不仅是教学之地,也是学生获得学习、成长的乐园,课堂异化为教师为主体,学生成为被动的受教者。不少教师通过命令、威胁、责罚表现自己的权威,提出硬性的不合理要求,把自己的观点强加于学生,成为绝对的课堂权威和课堂的控制者。在这种情况下,学生对教师的服从往往只是对霸权与控制的服从。传统的课堂教学过程中,老师把学生当作产品加工,不允许学生出错。一旦有错,就会被"修理"。课堂教学缺乏良好生态环境的支持,缺少深度的文化性思考。不少教师由于缺少对社会发展中正在凸现的来自不同地区的移民、不同经济阶层、不同社会地位的家庭的学生间的文化冲突的关注,产生教学行为的不公正和思想深处对与自己文化有差异的学生的轻视,学校普遍对校园文化冲突缺少认识。世界著名教育学者多尔认为,教师的作用是要在课本与学生之间构建起一座理解的桥梁,而

---

① 钟启泉等:多维视角下的教育理论与思潮[M].教育科学出版社,2004.11.

不是直接传递信息。

在学校中非生态性课堂还表现在教学内容和方法上。传统教学内容封闭、隔裂,教学主要以知识为线索组织,忽视学生能力的培养。课堂教学内容过深,超越学生生理、心理可以健康承受的范围常见。不少学生常体验到学习失败的烦恼,从而产生学习上习得性无助感。课堂教学中一些教师在很大程度上是在"克隆"学生,课堂教学基本遵守着"赶鸭子""填鸭子""考鸭子",最后学生都变成了无个性、无特色、无活力的唯书、唯教师、唯标准答案的"板鸭子"。课堂教学方法的工具性和机械性不仅湮灭了教与学过程的生命活力,也异化了教育的意义。非生态性课堂导致学生注意力不集中、学习焦虑、抑郁、厌学等一系列的心理问题,损害了学生的心理健康,甚至终身无法弥补。课堂中存在的这些问题足以令人警醒,教学超载、关系失衡、无视人性、权力控制、缺少和谐的课堂生态必须进行修复,使之成为学生健康成长的生态课堂。

在非生态的教学过程中教与学脱节严重。课堂上教师一讲到底或单向"问答式",霸控着学生的学习,学生仅限于满足教师期望的答案。教师传授知识的过程与学生掌握知识的过程相脱节,在教学过程中只顾知识的讲解而忽视学生的思维,教师教与学生的学缺少富有价值的共时性。在教学过程中教师给予学生真正发表自己的想法与自己操作的机会不多,即使给学生陈述、操作的机会,也是处在被动的地位或者走过场。学生的能力得不到应有的培养。教学过程封闭,以书本世界来统摄生活世界。教学中知识目标至高无上,科学主义唯我独尊,严重脱离学生的现实生活和社会实际,学生缺少对现实社会的认识、对真实生活的体验、对人文精神的感悟和对未来的憧憬,他们的道德生活、审美生活乃至整个精神生活的需求无法得到满足。非生态的教学过程忽视学生的探索和体验、个性的发挥、实践精神和创造性研究能力的培养,漠视了对学生生命存在及其发展的整体关怀。这样的课堂教学缺乏对学生精神世界和生活世界的全面关照,难以体现课堂的生活意义和生命价值。

非生态的教学的典型表现是教学内容与方法脱节。传统教学忽视因材施教的教学原则,依据知识的同一性,而忽视学生的差异性,强调学生对教师所教知识认识结果的一致,无视学生对知识转化为内在认知图式的差异性,有意义学习经历的差异性。以线性的教学评价,一个标准、一刀切,没能从学生的个性差异、兴趣爱好、认识能力的不同出发,采取多样的灵活的方法施教与评价,因而教学变得程式化,缺乏求知欲的激发与智慧的生产,使师生的生命活力在课堂中湮灭。"教育教学质量来源其过程"(王钰城,1998),关注评价不如更多关注过程,着力研究学生的学习过程,学生的发展方式与成长过程。非生态课堂缺失共生性和动态平衡性,课堂生态因子间缺乏互动,教学过程的失效是必然的。

当前课堂中最突出的非生态性教育行为表现在师生关系上,对学生的"师源性心理伤害"不少,对学生的不公正、歧视和偏见,错误对待学生时有发生。师源性心理伤害所造成的危害常以隐性、滞后、长期作用于学生,对学生身心发展,乃至终身发展,以及对教育产生不可低估的负面影响。

"花盆效应"亦称局部生境,生命体一旦离开人的精心照料,就经不起风吹雨打。较多的课堂教学可以说是在"花盆环境"中进行的,削弱了课堂生态个体与群体的创造性、求异思维能力,泯灭了实践精神、开拓进取精神,导致肤浅、狭隘、僵化、封闭。非生态教育环境中,学生失去在自然常态下正常的心理、行为反应,一切围着升学率转。教师不是起着作为学生学习支持者、创造性的激发者、潜能的开发者、生命活力的调节者与健康生态的营造者的作用。角色的错位阻断了课堂中和谐相互交流,师生之间、学生之间的关系和互动异化。

"生态的本质是生命及其多样性,是整体性、开放性和共生性。以生态的眼光、态度和方法来观照、思考和分析课堂,则课堂应该包含开放的、多样性的目的,而不是单一的、预设的目的;是更加灵活、允许存在更大差异的,而不是狭隘、独有和同一式的;是平等和谐、充满生命活力的,而不是霸权控制、窒息心灵的;是学生作为主体人的精神交流场所,而不是可怕的'现代精神地狱';是激发学生生命活力、启动其自由天性、展现其多彩自我的舞台,而不是千篇一律的知识加工场。"①

二、课堂生态:当代教学发展趋势

课堂生态理论强调加强课堂"整体"研究。生态性教学是一种多元的互动,强调系统的关系,而不是传统的隔裂、单向、封闭的教学过程,课堂生态所提供的教学环境正是课堂生态化教学所需要的。而传统的课堂教学有精确的时间安排表,精准的教学目标,多尔指出基于线性特征的"评价也只是关注实施的成功与否,并没有对目的的适合性提出质疑"。并批评"预先选择的目标作为目的提升到过程之上或外在于过程本身"。高夫还指出在课程教学实践中应防止方法上的"换汤不换药"。他指出,尽管许多新研究都灌输了一种整体的观点,但是它们仍然以一种独立实体的姿态出现,而且更糟糕的是,它们仍旧保留了分裂的世界观所采取的教学方法和学习经验。以环境教育为例,"仅就我在学校中的经历来说,这门课程与传统的科学教育极其相似。在课堂上,老师、书本和时间表仍然具有无上权威,学生们仍然要记那些琐碎的信息,仍然要一遍一遍重复那些技术动作"②。我

---

① 汪霞:我们的课堂生态了吗?全球教育展望,2005.5.
② Cough N: From Epistemology to Ecopolitics: Renewing a paradigm for Curriculum, Journal of Curriculum Studies, 1989.

们可以发现大多数课堂教学评价处在碎片化技术层面上,也应该尽早走出那种非生态性的教研,排除影响课堂生态营造的环境因素。

课堂有着特定的教育生态,课堂活动是在一定的环境的情境中展开,课堂生态制约课堂活动过程,形成与这种环境相适应的教学过程。反过来,课堂的改革也必然要求课堂生态的适应。这就是课堂生态与课堂活动的必然联系,在课堂中的各种课堂要素互动形成的课堂生态系统。学者汪霞指出:在教学过程中,要将诸如"协同合作""伙伴关系""相互依存""多样性""开放性""整体性"等教育生态观念贯穿其间,将教学超载、关系失衡、无视人性、话语泛滥、权力控制、缺少和谐的课堂来一番彻底的改革,使之成为迷人的后现代生态课堂。①

课堂生态观,如"对话""生成""交互""情境"等观念,是后现代教育生态观中的重要观念。叶澜教授指出:"在确认'教师主导'的前提下开展的课堂教学,学生最多只能获得按教师要求,沿着事先确定的'行进路线'去主动学习的资格与权利,不可能有成为教学作为复合过程意义上的主体地位和获得主动参与权,他们依然不可能完全摆脱'物'的地位。要使师生在教学过程中真正建立起特殊的'人'—'人'关系,就要把师生的教学活动当作有机整体,而不是将'教'与'学'各作一方来处理;就要把教学过程看作是师生为实现教学任务和目的,围绕教学内容,通过共同参与、对话、沟通和合作等一系列活动,产生交互影响,以动态生成的方式推进教学活动的过程。换言之,教学过程中师生的内在关系是教学过程中主体之间的交往(对话、合作、沟通)关系,这种关系在教学过程的动态生成中得以展开和实现。"②

营造生态课堂是教育发展、课堂改革的必由之路。我们对课堂的关注要突破机械论世界观的束缚,摆脱那种把课堂仅仅视为一个有限的接受知识场所的观念,甚至是以应试为唯一目的的观念,抛弃视学生为容器或待加工原料的观念,着眼于更具生命活力的生态的视野,以具有解放意义的生态精神,建构课堂的功能,重焕课堂的生命活力。当前"课堂生态"研究与实践还处在起步阶段。目前中小学实践层面上有使用"生态课堂"这个概念,大多属于提出了问题,但还需要名实一致,还缺乏理论上的阐明和系统的实践。对"课堂生态"的认识,不少还停留在同义反复,或者还空泛,未涉及本质;在实践上,"生态课堂"如何实施缺少符合生态学视角的具体操作,有的对"生态课堂教学模式"作如下描述:以"教师教学方式以'人文化'的形式来实现,学生的学习方式以'自主化'形式来体现",这种表述与实践的"生态课堂教学模式"显示对"生态课堂"理解显得空洞。因此在生态型

---

① 汪霞:一种后现代课堂观:关注课堂生态,见钟启泉等:多维视角下的教育理论与思潮[M].教育科学出版社,2004.11.

② 叶澜:"新基础教育"——关于当代中国学校变革的探索与认识[M].教育科学出版社,2006.

学校建设中,深入研究与实践课堂生态是一项十分迫切的工作。

三、生态课堂:新课堂范式的建构

当今国际教学的新发展是教育生态思想及其课程教学的实践。课堂生态观认为教学不是线性的、封闭的,而应该是生态的、整体的,与此相适应的教学必然是与生活、与学生经验多向、多元的交互性教学过程的展开,强调要加强教育与环境的联系。教育生态理论对课程范式转变具有重要意义。随着后现代主义生态观的发展,课堂范式的价值取向也正在发生转变。

库恩认为,科学的进步是范式的更替,同时也有范式的融合。不同的课堂范式的价值观和具体课堂原理不尽相同,随社会历史的发展和主流文化的发展、变迁而变,都有其存在的合理性依据。纵观课堂发展史,我们借鉴库恩的发展范式把历史上的课堂分为自然课堂、主知课堂(工具课堂)、主考课堂和生态课堂。

自然课堂是自然开放并从自然吸取营养的课堂,它镶嵌于自然经济生产的时代背景中,对应着时代的要求,是人对自然崇拜和企图超越自然的反映。它的本质是自然性。

主知课堂本质是工具性的,是以知识本位的教育学说为基础的。其根植于工业文明的土壤之中,类似以控制—加工—产出为任务的工厂流水车间,把人的生命作为动物的生命而训练和造就的,它镶嵌在物化时代中,使人的生命最大化地为征服自然而生长,铸模了大批工业标准化的学生产品。

主考课堂镶嵌于科技理性的时代背景之中,羁绊于课堂科学世界,化复杂为简单,导致课堂中师生丰富的生活世界和生命世界的被遗忘。它单调、封闭、畸形,遮蔽了人对生命意义的追求,使课堂荒漠化,其本质是功利追求。

以上三种范式的课堂有着一定的历史价值,同时也显现出了其局限性。当今正是课堂范式的转型时期,课堂范式必须适应整个世界可持续发展的时代走向,使青年一代的培养向生态化更富有人性转型,摆脱人的工具观的桎梏。我们提倡生命发展生态观,以生态观念考量与生命有关的课堂领域,应用生态系统观点与生态系统平衡观点,阐述与生命有关的课堂现象及其发展变化。生命发展生态观是课堂生态的重要思想,以课堂为生命发展主旨营造生态的观念。这是生命观、发展观和生态观融合的教育生态论诠释,是对传统课堂的解构和合理性超越。

课堂生命观强调课堂的生命意义,注重精神向度的生命。从生物学看,生命是生物体的活动能力;从哲学看,人的生命是意志和精神的体现。课堂生命观所指的生命是物化和文化的有机统一。发展是生命的权利、生命的目标。课堂要促进学生形成积极主动的学习态度、形成正确价值观、形成健康人格和个性特长,对生命发展终极关照负责。课堂发展观强调课堂应该让每个学生都能得到充分的发展,强调学生的全面发展、可持续发展。课堂生态为师生的共同发展、师生的整体发展提供可能。课堂生态让学生得到应有的发展,奠定学生终身发展的基础。

课堂的生命发展生态观视课堂为生命发展的良性生态系统。生命发展生态课堂观秉持生态观念,以生态系统主体的良好发展为主要目标,以符合生态发展的规律与原理,积极营造为师生生命发展的良性生态课堂环境,促进处于课堂生态中的师生获得健康发展的一种教育生态观。以后现代生态观念建构课堂教学的生态体系,通过生态课堂建构关注学生的价值和体验,增强自我意识的提升和个性解放,重视差异性,强调个体意识的主动性、创造性和认知的可持续性与个体意义的建构性,强调课堂活动的动态生成性,以"课堂生态"的深层次思考,打破传统教学的制约,克服封闭、僵化、单向教学的阻碍,以"生态社区"(共同体)的课堂适应生态化教学的需要。优化课堂生态,使课堂活动过程成为师生合作、平等对话、共同学习的共生过程。课堂生态化必须改变单向、割裂式教学,促进教学目标自身间的交融、课程教材文本与多元解读间的交互、教学设计与实施之间的交互、师生的教与学间的交互、教学各要素间的交互。

生态的整体性强调"生命"和"发展"是整体的生态意义。课堂生态观认为课堂具有"整体性",意味着关系与状态的完整,注重课堂的内外部关系,建构学生的内生态。课堂具有一种信息结构,注重"成长性思维",在情境之中看待事物的活动、师生在良好课堂生态中健康学习、工作与成长。课堂生态强调了课堂作为学生学习环境的意义。学习是人们凭借经验产生的行为或行为潜能的相对持久的变化。这种行为变化与环境密切相关。认知生态学的出现和发展,使得认知科学的研究从把认知看作一种逻辑处理,转向了把认知看作一种生物现象、一种生态现象。认知生态学强调在语境中对认知现象进行研究,它将认知研究指向认知生态系统中各种生态要素间的相互依存之网。生态心理学创立者吉布森和巴克都主张并强调行为研究的"真实世界"(real world),反对实验室中人为制造的环境,主张走出实验室,强调行为主体所处的现实环境、社会语境、情境、背景等因素的影响作用。吉布森认为动物和人类都处于与环境相互关联的一个系统当中,因此为了充分说明行为,必须研究行为发生的环境。他有句格言:"重要的不是脑袋中有什么东西,而是脑袋在什么东西之中。"Barker 在其《生态心理学》(1986)中指出:人类行为从根本上讲都是境遇性的,换言之,你不可能对人类行为做出预测,除非你知道他所处的环境、情境等。显然,心理学研究的生态学路径与传统的实验室路径的不同之处,关键在于对人的行为和经历与其所处的环境之间的关系的看法。[①] 认知生态学以生态学为研究方法,用于解释心智与环境的交互作用,展开

---

① 武建峰,魏屹东:认知生态学:认知科学研究的新进路,社会科学学报,2011.06.02.

了对认知领域中知觉、记忆和人工智能等方面的生态学研究。认知生态学的根隐喻是认知生态系统。它将认知与其所处环境中各个要素看成一张相互依赖、相互作用的关系网。Bateson 的心智生态学主张对生物有机体的全面理解必须包含它们与其所处环境中的其他有机体的关系。认知现象的研究必须充分考虑到其所处的各种环境因素,因为它们是认知过程得以展开和运行的平台。课堂生态观不仅是强调教育与环境的联系,也意味着教育范式的转变。课堂生态不是线性的、封闭的,而是体现生态化教学过程本质的"生态""整体"理念的课堂生态范式。

第二节 课堂生态的基本认识

一、课堂生态的概念与内涵

(一) 课堂生态的概念阐述

课堂不同于教室,也不同于班级。教室主要是指教学的条件设施,班级主要是指教育教学的组织形式。教室作为物理空间,主要是指教学的空间范围与条件设施。"教室在用来进行教学活动时叫课堂,泛指进行各种教学活动的场所。"(《辞海》2009 年版)课堂是师生在教室里结构性时间展开的教与学的活动体系。课堂不仅是教室,而且还具有时空结构,这个时空结构包含着师生教与学的活动。

从生态学角度看,"生态"的基本内涵为"生命"和"关联",当这种"生命"和"关联"体现在课堂这个特定的时空时,课堂生态必然体现为课堂时空内生命体之间及其同环境之间的关联。多伊尔和庞德认为,"学习发生的每一个背景中都包含了一位学习者、一位教师、一个背景和学习的信息……因此,学习发生在一个生态系统之中",[①]从而,他们把课堂生态界定为"对教学环境产生影响的互相联系的过程和事件所形成的网络"。

从生态位理论考量,课堂属于微观生态系统。课堂生态也是学校生态的重要组成部分。课堂生态系统是以课堂为时空范围,以课堂内学生与教师为主体的与其生存的课堂环境构成的教与学活动系统。课堂生态不仅存在着师生之间的密切联系和相互依存,也存在着师生与环境之间相互联系和相互作用,它们在共生

---

① Doyle, W. & Ponder, G. Classroom Ecology: Some Concerns About a Neglected Dimension of Researchon Teaching. Contemporary Education, 46, Cited in Ashman & Conway 1997.

中结成生命共同体。课堂生态是课堂要素的关系与状态的集合,其生命主体与环境之间相互作用的动态平衡关系与状态,也就是指学生、教师、环境三者之间人的因素、物质因素和精神因素,以及三者之间相互依存、相互制约,呈多元互动的关系与状态的总和。以生态学的视野关注课堂的每一个生态因子,既有生物又有非生物,既有物质的又有精神的,既有动态也有静态的,这些因子相互依赖、和谐共生形成健康的课堂生态。健康的课堂生态是充满阳光雨露,即物质、信息与能量丰富与交换充分的,师生共同发展的沃土。

(二)课堂生态的主要内涵

1. 课堂生态是以课堂为时空范围的微观教育生态系统。课堂生态最本质的特点是生命性,由课堂主体的社会的、精神的、生理的、心理的因子和环境因子相互依存而构成课堂的生命过程,由认知领域扩展到生命全域,滋养着民主共生的生态课堂。

2. 课堂生态是一种特殊的复合的教育生态,具有独特的课堂生态主体(教师和学生)和课堂生态环境(课程教学等),是由教师、学生、环境之间交互作用使课堂成为有机的生态整体。

3. 课堂生态是一个人工生态系统,一个自组织的动态开放系统。从系统论的观点来说,"自组织"其实就是一个系统在内在机制的驱动下,不断地提高自身的丰富性、开放性和适宜性的过程。未来从现在(和过去)之中演变而来,依赖于已经发生与仍在继续发生的交互作用。自组织隐含着对人的内在力量的信念,相信每个人身上都存在着一种重要的为其发展提供目的和指向的力量。它们与境遇相互作用,为生命体的成长、发展开拓新的、开放的途径。对自组织的认识就形成了课堂的全新场景,课堂教学中,学生并不处于特定的零状态。

4. 课堂是一个丰富的、复杂的、具有生命活力的生态系统。课堂教学的主要目的是构想学生通过怎样的情境使教与学内容由潜在转变为成长,教师不应转让知识或技巧给学生,而是要努力让学生进入自己的认知与生命世界。课堂中教与学需要摆脱学习是教学的直接结果的因果框架,转向教学服务于学习,学习因个体的自组织能力而起主导作用,教学应该从传导性转向对话性、支持性。

5. 课堂生态是指向课堂的生态状况,有着多种的可能,复杂多样、千变万化。可以是正向的课堂生态,有利于学生的成长;也可能是负向的课堂生态,不利于学生的健康发展。

二、课堂生态的结构与特征

(一)课堂生态的要素结构

课堂生态系统主要由主体与环境两大部分组成。

主体要素——师生

生态课堂系统中的主体要素是学生与教师。教师与学生相互依存、相互作用,缺一则无法构成学习与教学活动系统。

环境要素——物质、社会、规范、心理因子

课堂生态系统中相对于主体的部分称之为环境,包括物质因素、社会因素、精神因素和心理因素。教师、学生与课堂环境之间,课堂环境中的各因素之间都存在着密切的联系和广泛的互动。环境的要素可以分为四类:

1. 物质要素

(1) 课堂自然因素。教室内部物体的颜色、教室的采光、温度、噪音。

(2) 课堂时空因素。教学时间的密度、节奏和效率。课堂空间的组织形式、空间密度。

(3) 课堂设施因素。课桌椅、黑板等课堂基础设施,多媒体等现代设施。

2. 社会要素

(1) 组织因素。课堂教学总是以一定的组织形式进行。不同的组织形式在课堂互动、交流、参与、竞争等方面对学生产生的影响各有作用。充分发挥课堂各组织因素之长,营造生动活泼的课堂气氛,促进学生个性得到充分发展。

(2) 制度因素。课堂活动有着一定制度规范着教师与学生的教学行为与学习行为。课堂制度有显性的,也有隐性的。

(3) 班级政治。这包括班级的社会关系、班级的干群关系、学生中实际存在的不同地位等。班级政治中特别重要的是班级中民主与自由的观念与行为。

(4) 班级经济。这包括贫富学生间的关系、班级使用的经费等。

3. 规范要素(又称精神因素)

(1) 信息因素。课堂教与学是师生间信息传递和交流的过程。课堂信息传递的渠道、媒体等构成的传播方式制约信息的可接受度。课堂所传递和交流的信息的新颖性、丰富性、科学性、形象性是形成积极、活跃的课堂心理气氛重要因素。

(2) 文化因素。文化是课堂的养分,课堂不仅以传授和学习文化为主要的活动,其本身也充盈着浓厚的文化底蕴。教师文化、学生文化、性别文化、制度文化、课程文化等等既独立又交叉、既存在一致又会冲突,学生的发展是诸多课堂文化共同作用的结果。

(3) 道德因素。课堂中的各种道德观念、道德行为等,其中尊重、关爱学生是一个十分重要的课堂生态道德要素。

(4) 法治因素。师生各种权利在课堂中得到尊重与维护,特别是学生的合法权利得到尊重。

4. 心理因素

(1) 课堂人际因素。课堂是师生进行人际交流的社会环境,师生、生生之间通过多向的交往,形成复杂的人际关系,它们弥漫于课堂之中,时时刻刻影响着课堂气氛、课堂活动方式和学习结果。

(2) 课堂心理场因素。这主要指课堂中师生所表现出来的心理状况,例如,积极的情绪、坚定的意志等心理所形成的心理氛围会影响师生的行为。良好的课堂更依赖于课堂上师生的内在状况及彼此的互动与交往。

(3) 课堂社会心理因素。例如模仿、流行、舆论等因素。课堂舆论是反映课堂教学的"晴雨表",是左右课堂心理气氛的工具,因课堂教学问题或者矛盾而产生并互相感染。课堂舆论是影响师生思想和行为的重要因素。

课程与教学是课堂生态中的特定环境,包含着上述各类因素,并构成有结构的课堂生态系统。课堂生态系统结构是课堂内部各要素之间的稳定联系形式以及与外部环境之间的关系形式。这样的层次是相对的,形成层次间的互动与作用。

1. 课堂的个体生态:以学生、教师等个体为主体与外部教育环境形成的系统。

2. 课堂的群体生态:是以一定的教育群聚所构成的课堂子系统,例如班级、班内小组等层次或组织,它反映了课堂生态系统内部的相互关系。

3. 课堂生态系统:这是以班级的主体与课堂内外部的环境组成复合的课堂生态系统。

在课堂生态系统主要依靠个体—群体—班级系统运作的,班级课堂生态系统依靠各个子系统运行。课堂的各个子系统符合生态的运作,是课堂教育教学整体性正常的保障。

(二) 课堂生态的主要特征

1. 适宜性与合理性

适宜性是课堂生态的重要特征之一。生态学有着基本的最适度法则:一个生物能够出现,并且能够成功地生存下来,必然要依赖各种复杂的条件合理存在。生物对一种生态因子的忍耐范围是有限度的,"过"和"不及"都是有害的。课堂生态的基本属性就是适宜性,即适者生存。课堂生态也涉及其生态因子的三种状态:最小量、最大量、最适度。最适度的"度"是生态因子质和量的统一。课堂生态中的群体也都有自己最适宜的群聚度,不当的群聚度会影响教育群聚的活动和效能。课堂生态中各因子应互为适宜,如课堂作业要适合学生的可接受性。

课堂生态要适应师生教与学的活动和成长,尤其是适应学生成长的身心规律。传统的课堂被深深地打上了应试教育的烙印,教学变成了一种背离人性的超权力性质的活动,在它面前,学生感到压抑而无行动的自由和调适这种活动的可能性。应试教育就其本质而言是一种工具理性教育,它完全忽视了教育的生命特性,致力于塑造考试的机器、分数的奴隶、谋生的工具,而不是把学生培养成具有人格魅力、心智健全、个性鲜明、能力适应的人。课堂生态的适宜性是学生主体存在的价值所在。课堂生态应该以其民主、宽容的环境促进学生自在地发展,实现学生发展的价值。

课堂生态有着合理性特点。生态需要保护,也就是需要合理地对待生态系统,例如耕作方法不合理,则植物必遭破坏。课堂生态同样需要合理的教与学方式,才能维护课堂生态的良性发展。传统课堂教学在很大程度上是在"克隆"学生,课堂教学方法的工具性和机械性不仅湮灭了教与学过程的生命活力,而且也偏离了教育的目的,异化了教育的意义。生态的教学方法首先要符合有利于促进学生思想活力与健康成长这个目的,必须改变制造一种思维模型的"加工场",以一个标准把生命都加工成"标准件""通用件"。其次课堂活动必须遵循以生命为中心的生态原理,确立以学生发展为教学导向,确立以学定教、以学为主的教学方法原则。

2. 丰富性与共生性

课堂生态是充满着特定丰富性的一个微生态系统。丰富性是维持生态系统稳定性的重要因素。生态学的基本观点之一即是尊重生命的多样性。生命发展生态课堂的丰富性,首先是主体的丰富性,师生都是各具特点与差异的生命体,也有自己的发展需要与权利,课堂中不同学生、教师的多样性保证了课堂活动的发展性。学生不断成长的过程,本身就意味着多样性和丰富性的增长。同时其丰富性还表现在课堂教与学的内容、形式的丰富性,失去多样性也就失去课堂生态发展的良好条件。课堂生态的丰富性才可能实现学生由"容器"向"人"的转变,课堂生态意味着不能强制性和划一性,教材所承载的内容不再是教师教、学生学的唯一教与学的内容,增强教学的选择性,以丰富学生的学习经历。师生在生命与生命的激扬中激发情感,在互动和对话中走向自主与和谐、自由与创造。

共生是生态理论的基本观点之一。共生理论认为,生物之间存在着依存和促进。共生是各种各类生物之间以及它们与外界环境之间,通过能量转换、物质循环与信息传递建立密切而和谐的联系。生物共生是大自然普遍存在的一种现象,也是生物相互依存的一种重要手段。在一个生态系统中各种生物体共生是生态丰富性的集中表现。课堂生态因子是由具有质的多样性的多种教育生态因子:生命性的与非生物性的因子、单因子与复合因子、敏感的与非敏感因子、稳定的与变动因子构成的。课堂上的共生性不仅表现在生态主体共生性上,而且也表现在环境共生性上,共生性意味着多样性,没有共生性,生态的主体必然会受限制,甚至萎缩、消亡。课堂中让每一个学生获得发展是生态共生性的表征,偏爱部分学生会削弱生态的共生作用。

生态学强调物种间的协同变化、相互适应。人类与环境的和谐相处作为自我发展的一个重要方面,作为自己的基本权利和责任,这样的生态观念和生态意识的形成,标志着人们不断展开和表现着自己的本质力量,体验着独特的精神享受。课堂生态的共生表现在互动上,在师生之间的互动过程中,教师要有正确的角色意识,学生成长过程中当好指导者;学生学习遇到困难时当好帮助者;与学生进行交流时当好对话者;学生活动时当好参与者,并不断地变换好适当的角色。这意味着课堂中的师生活动不只是传授知识,而是一起分享理解,即教师与学生分享彼此的思考、经验知识,交流彼此的情感、体验和观念,从而达成共识、共享、共进,实现共同发展。

3. 差异性与协变性

课堂生态中的差异性意味着每一个学生都是独特的,课堂中谁也不能代替谁或取代谁。在课堂生态中每一个师生都是重要的,"重要"是心灵对生命的允诺。每一位师生的生命个体都是平等而有尊严的,每一个生命都有着自己的天赋以及不可估量的潜能。他们对自己的需求有着深刻的理解,对周围的世界有着自己与众不同的解读。差异意味着每个师生都蕴含着一份独一无二的本质,独特的心灵、独特的能力、独特的个性,以及独特的生活经验。课堂生态中学生的差异是关键,这不仅是目的,不能违背"生物多样性原则"培养"同一"的学生,而且也是方法论,即应该通过具有差异的方式培养不同的学生。传统课堂教学中,教师视学生为物进行"加工",无视学生的主体意识,削弱了他们的创新精神与实践能力。课堂生态强调"单数"的"多种",摒弃"唯一"的"复数"。

差异也表现在各课堂生态因子上的差异以及这些因子结构的差异,正是这些差异构成了课堂生态的丰富性、多样性。这些生物的、非生物的生态因子对课堂活动有着直接或者间接的影响,从而产生课堂生态功能整体上的差异,形成了不同班级的课堂的差异。因此必须把握课堂生态系统中敏感因子与非敏感因子,稳定因子与变动因子,独立因子、附属因子与交互因子,这些有着差异的不同的课堂生态因子会对课堂整体产生不同的作用。同时不同课堂生态因子也有着其自身的发展阶段性上的差异,从而表现出其影响力的强弱。

生态学认为,一个物种的进化必然引起另一物种及相关物种发生协同变化,这种相互适应、相互作用的共同进化即协变性。课堂生态中的要素结构是协同的,各要素之间具有相互作用、相互依存的关系,互为条件,相互作用,强化课堂生态要素的联结,达到课堂功能最大化。师生之间的关系也是一种互利共生的生态关系,一方的存在以另一方的存在为条件而长期共生,同时又直接或间接地发生着联系。协变必然要求共生。协同性表现在教师的教与学生的学的和谐,其关键在于师生的互动状况。课堂生态在一定的时间内和相对稳定的条件下,课堂中的各教育生态因子、结构和功能处于相互适应和协调的动态之中。

4. 系统性与开放性

系统性是课堂生态系统基本的特征。生态系统原理强调课堂生态系统由互相依赖、相互作用、相互制约的不同因子组成的一个有序系统。各个部分实际存在的差异性和差异的多样性,以及相互作用的多样性,从而获得互补性、整体的密不可分性和部分之间的非线性关联性。系统性要求整体协调、平衡有序。生态平衡原理认为生态系统的发展,由生态系统中物质、能量和信息交换维持。生态平衡是动态的、相对的,总是处在既平衡又不平衡这样一种不断运动、变化和发展过程中。生态平衡的打破与建立新的平衡,是生态系统本身运动发展的两个方面。

生态的系统性是以生态整体性为表征。课堂生态是一个完整的生命共同体,通过由交互—对话构成丰富的关联,使课堂生态的主体间、主体与环境间建构成课堂结构,显现出与其结构相应的功能。首先表现为师生与课堂环境的相互影响,在班级人数适宜的环境中进行教与学活动,主体的精神饱满、学习高效。其次,课堂主体之间的相互作用、相互适应,教师在顺利引导学生时,学生也反之影响教师,师生间相互认可、谐振共鸣。课堂生态中师生教与学的内容是整体的,存在着广泛的关联。不同意义域的内涵本来就处于一种整体联系之中,逻辑边界是不确定的。例如,课堂教学中为了理解知识,必须体验深切,意义不能同那引起该意义的经验情境相分离。课堂生态中知识置于整体的、交互的、开放的框架之中,使学习从简单、分离变成复杂、联系,不但在课程内容间建立联系,和学生建立一种新型的关系,还和社会生活紧密相连。

教育生态强调不断生成,充满活力,课堂生态是开放的,不是线性的、封闭的。课堂生态的开放性使生态系统与外部不断进行着物质、能量与信息的交换、传递,课堂与生活、与社会多向、多元对话。课堂生态的开放更重要的是师生的内心是开放的、思想是开放的,这是课堂生态开放的最本质的含义。学生在整个课堂学习过程中,可以质疑、可以批判、可以调查、可以合作,真正对本文、教师、权威展开对话。学生被赋予了更多的自由和权利:独立思考、个性化理解、自由表达的自由和权利;质问、怀疑、批评教师、教材及其他权威观点的自由和权利;作为平等一员获得参与这种课堂学习,并受到平等对待的自由和权利等。

第三节　生态课堂的标准与营造策略

一、生态课堂的概念与内涵

（一）生态课堂的概念

生态课堂是指课堂作为一个微观的生态系统,学生、教师、环境三者之间形成的人的因素、物质因素和精神相互依存、相互制约,良性多元互动,确保师生生命质量,促进师生积极发展,显现强盛生命活力的学习与生活的场所。课堂是一个丰富又复杂的、具有生命活力的课程与教学活动的微观系统,其最本质的特点是生态性。生态课堂是生态化了的课堂,具有明显的健康的生态特征。当这个系统符合健康生态特征,就成了生态课堂,反之,就是非生态化的课堂。生态课堂是以人为本的课堂,关注人性,突出发展,它由认知领域扩展到生命全域,是教师、学生、文本之间多维的对话过程的时空。生态课堂是秉持生态观念,视课堂为生命发展所形成的良性生态,在所有和教与学有关的事物中,应用生态观点,促进与优化课堂要素不断循环和转化、生态系统要素与结构平衡,各种教与学的关系、事物及其发展变化符合生态规律的课堂。生态课堂是一个师生社会的、精神的、生理的、心理的因素和环境因素相互依存的课堂。

生态课堂与课堂生态有着联系与区别。课堂生态是重在课堂要素的关系与状态的考量,而生态课堂是重在教与学的活动载体与方式上的考量。这两者的联系就在于生态性质上,生态课堂是正向生态化了的课堂,生态也有正向生态与非生态、负向生态之分。我们在讲述课堂生态时,除有特定限定,为简要表述,一般是指正向生态,例如生态课堂,就是指正向生态化了的课堂,即生态课堂。

（二）生态课堂的内涵

1. 生态课堂是具有生命的课堂

生态课堂强调课堂要促进每个学生的身心健康发展,特别尊重学生在学习过程中独特的生命体验。学习必须与学生的生活、生命、成长、发展相联系,这样才能最大限度地调动学生学习的积极性和创造性。"学习即成长",学习的过程与生命成长的过程融为一体。关注与尊重学生个体生命的差异性,尽量满足其生命的独特需求,使学生的个性和天赋得以发挥;同时要努力开发每一个学生的生命潜能,使它以最大的活力和张力对新经验保持开放性,并在新经验中增强自己的智慧。在生态课堂中学生的生命体验始终是学习的关键性环节,体验强调亲身参与,是生命对直接经验的直接感受和经历。对于学生,课堂的生命经历是深刻而持久的生命体验,是令人难忘的。

2. 生态课堂是师生共生的课堂

生态学认为,生物生活在一起,一方的存在以另一方的存在为条件而长期共生。课堂中师生之间的关系也是一种互利共生的生态关系。教师是相对于学生而言,离开了学生,教师价值就成了无源之水。相反,学生离开了教师,学习上就缺乏善喻,这就是"教学相长"的生态意蕴。在课堂教学中,则表现为各个要素间的协同变化。课堂上师生情绪情感交织形成生态性心理场,教师上课激情高,学生也会不经意受感染;面对无精打采的学生,教师情绪也难免被带入"低谷"。友爱和合作关系有利于师生成长,师生发展离不开和谐的环境。师生在良好的生态课堂里学会合作、学会生活、学会学习,为师生成长创造良好的共同环境。

3. 生态课堂是充满民主的课堂

生态课堂的民主平等是教育生态系统最大特点,也是区别其他非生命生态系统的标志。"还有一种更为深刻的解释:民主主义不仅是一种政府的形式,它首先是一种联合生活的方式,是一种共同交流经验的方式。"[①]生态课堂不是单向的、专制的、标准化的教学过程,而是宽容、允许不同意见的存在。生态课堂要求改变教师行为的霸权与控制,避免学生不当的从众与退缩行为。民主的生态课堂要求尊重学生个性自由发展,激发他们创造力和想象力,真正使课堂成为培养人才的园地。

4. 生态课堂是多元对话的课堂

生态课堂多元开放,不是线性的、封闭的。众多而且复杂的课堂生态因子,呈现着其主体的多元性与环境的多元丰富性之间开放交互。生态课堂强调教育的不可重复性,重视个体差异性,关注学生个体的价值和体验,关注多元理解,关注个体的解释性。课堂为教师、学生、文本之间多维对话过程提供生态环境。生态课堂的教学必然是与生活、与学生经验多向、多元的对话。课堂教与学的整个过程是动态的,不断适应课堂主体和课堂环境的变化,以期取得最大的教学实效。

5. 生态课堂是开放解放的课堂

生态课堂是开放性的,不是封闭的、单纯的、沉闷的课堂。生态课堂关注生命的多样性、包容性,关注自我意识的提升和个性解放。教与学是师生社会的、精神的、生理的、心理的因素和环境因素相互依存的生命过程,必然呈现出生态课堂教学的动态生成性,非预先设定、非线性。生态课堂在开放中实现教育创新,培养创新人才,其前提是要解放人。课堂生态有利于实现儿童的"六大解放":解放儿童

---

① 杜威:民主主义与教育,人民教育出版社,2001.

的头脑,使之能想;解放儿童的双手,使之能干;解放儿童的眼睛,使之能看;解放儿童的嘴,使之能说;解放儿童的空间,使之能接触大自然和大社会;解放儿童的时间,使之学习自己渴望学习的东西。[①] 课堂教学过程只能在开放中解放,在解放中实现开放。课堂教与学活动的开放性还表现在教学主体与环境的不断适应中开放,不断调整教与学过程。教与学过程的开放是为了使教学适应学生学习的多样性,不断在开放过程中开发、挖掘学生的潜力,适应学生成长的丰富性需要。

6. 生态课堂是创生发展的课堂

生态课堂的活力来自其教与学活动的不断探索创新。生态是在不断适应中变化发展,形成生态物种生命的多样性。这也就是生态在不断突破平衡中获得再平衡的创生过程。生态课堂作为学生学习、成长的地方,也应该充满着创生的活力。生态课堂是学生作为主体人的思想和情感交流场所,是激发其生命活力、凸显其人性、唤醒其自由天性、展现其多彩自我的舞台,是师生点燃灵感、激发创新、集聚智慧的平台。

二、生态课堂的基本标准

(一) 生态课堂标准的依据

在确定生态课堂标准前首先要明晰其依据,确立生态课堂标准的逻辑出发点,才能使标准的方向上有科学性。

1. 人的发展需要

生态课堂是为了促进学生的健康发展。人作为主体在与其生存的生态环境进行交互中发展,这是生态课堂的最基本的出发点。课堂生态与以其他非人类为主体的生态最本质的区别就是人及其发展。人的发展需要顺应生态发展规律,与自然环境和社会环境和谐共存并协同进化。人的发展需要生态文明。健康的生态为人的发展提供必要的基本条件。生态文明是一种以人与自然、人与人、人与社会和谐共生、良性循环、全面发展、持续繁荣为基本宗旨的文明。生态文明既是对人与自然、社会协同发展的关系建构,又是人本身的内在契合的双向发展。人自身的生态化发展既是对人的全面发展的本质体现,又是实现生态文明发展的现实要求和重要支撑。以确立生态价值观和生态伦理新规范,促进人的生存方式的变革和生态社会体系的建构,是实现人的健康发展的路径选择。文明的生态反过来也造就和促进着人的发展。共时态上人的个体、群体和类的三重存在,在历时态上所凸现的不同侧重点说明文明的创造过程既是人体现自己本质力量的过程,又是文明生态发展的过程。文明生态的演进与人的发展在本质上具有内在统

---

① 陶行知:民主教育,陶行知全集第三卷,四川教育出版社,2005.

一性。

生态课堂的建构应该从人类发展的生态视野考量,可以更有利于教师生态教育观的自觉、生态课堂观的确立。著名教育家叶圣陶曾说过这样的一句话:"教育是农业,不是工业。"这就告诉我们:教育就像栽培植物那样,是让植物自然生长,而不是像工业生产,用模具去铸造成批的产品或机械零件。植物的种子需要良好的土壤、肥料,充分的阳光和水分,顺其内在的生长规律,种子内在的力量一定能使其顺利发芽、开花、结果。课堂教学应该是充满生命力的,有它自身的特点,对学生的教学只能因地因时制宜,如同不同的农作物有不同的生长季节、不同的栽培方式,不能揠苗助长。生态课堂也就是体现"以人为本",真正让以学生为本回归到课堂。

2. 适应共生发展

生态课堂必定以共生作为主要标准之一,生态课堂是人类生存与发展的微生态,以支持学生可持续、和谐的发展为着眼点。只有学生与环境共生适应,才能为学生学习与成长提供良好的环境。

课堂生态的共生性是一种十分重要的课堂因子的相互关系与状态,生态课堂中各种生命主体与课堂教育环境互相依赖,相互之间直接或间接地不断发生某种联系。这种联系若对相互作用的双方都有利,就是互利共生。互利共生是课堂生态中不同主体间的一种互惠关系,可增加双方的适合度。相反,这种联系就会造成互相伤害削弱各自的作用,或者降低课堂生态的整体功能。从整个生态系统来看,最大限度地自我实现,意味着所有生命的自由表现最大限度地得到体现。任何个体所达至的自我实现水平愈高,其进一步的增长就愈依赖于其他个体的自我实现。所有存在物的自我实现以及最大限度的多样性意味着最大限度地共生,让共生最大化。

生态课堂的共生是一种"社会共生性"。社会性共生的生态课堂追求师生之间、生生之间互相激发与共生共长。师生始终处于不断发展的关系链中,以获得自己发展的需要。生态课堂是共生关系动态发展的结果,师生都能从教与学的关系中得以发展,学生获得的是关爱、信心、知识、方法、帮助等,教师获得的是爱戴、信任、提升、成就等,师生共同获得的是欢乐、收获、成功。社会性共生是师生积极交往、共同发展的过程,师生分享彼此的思考、经验和知识,交流彼此的情感、体验和思想,师生在互动中成长,在成长中发展,这就是共生效应。共生是生态课堂基本标准的逻辑出发点。

(二) 课堂生态的基本标准

从生态课堂与课堂生态的概念与内涵以及逻辑出发点上考量,生态课堂有着基本的标准。只有确立起生态课堂的基本的标准,我们才能把握生态课堂建构的实践。通过分析、归纳,初步形成了以下七条基本标准。

七项基本标准图示如下:

1. 课堂安全

课堂里的安全是生态课堂的基本要求,没有了安全,最基本的生态环境就失去了。在课堂里学生需要获得生理上与精神上安全与可靠。课堂里的安全主要有三个方面:一是满足生理需要,二是人身安全感,三是活动秩序感。课堂里要避免学生感受到来自其他学生或者教师的威胁,以及缺乏秩序所形成的威胁。所有这些威胁都能对学生成长产生恶劣影响。课堂里的安全将会增强学生社会性情感与提高亲社会行为,有助于他们更好地表现,要为学生营造一个安全、有序的课堂环境。

2. 课堂乐趣

乐趣是良好课堂生态的表征。人类需要乐趣,教育更需要乐趣。乐趣是生态课堂一个必要条件,也是生态课堂的产物。美国心理学家威廉·格拉瑟认为,"乐趣是学习与生俱来的回报。学习给这些人以生存优势,而乐趣的需要则融入了我们的基因之中"。欢笑是一切成功的长期人际关系基础,兴趣是一切学习成功的重要条件。生态课堂的乐趣主要表现在师生的乐趣与学习的统一,尊重乐趣,创造乐趣。我们必须抛弃把学习看作是一项艰苦工作的认识,艰苦的工作似乎必然枯燥乏味。只有在充满乐趣的课堂里更可能产生优质的学习。

3. 课堂归属

生态课堂主体的人是具有强烈的社会性,具有极强的爱与归属的需要。心理学家 Ornish 认为,"我们的人际关系质量与我们的生理、精神的健康之间有着终身的联系。"深层次的爱与归属的迫切需要——与他人相联系、合作、给予并接受情感——确实是一种对我们整个生理与心理健康具有深刻影响的需要。Raymond. M.指出:"健康课堂的学生有着共同的见解:共享的目标、共同的尊重、共享的价值观。"[①]生态课堂的归属主要表现在三个方面:一是关系的建立,互相关爱,避免

---

① Raymond. M: 健康课堂管理: 激发、交流和纪律, 中国轻工业出版社,2002.

孤独感;二是合作,通过合作式增强学生的凝聚力,同时也促进学生学习进取心;三是互相帮助,通过帮助使学生感受被接纳,对自己以及学校有着更好的体验与感受,更加勤奋。

4. 课堂权利

通过保障师生的正当权利来确保他们的可持续发展,这是生态发展的基本规则。课堂教学的目的是为学生提供健康的、成功的生活所必需的营养,这包括为学生提供正当权利,权利应该成为学校充分强调的一种学生需要。生态课堂要努力实现学生课堂上有着充分发言权、学生获得成长支持的权利、学生被尊重认可的权利、学生提出建议与批评的权利、保护个人隐私的权利。生态课堂应为学生创设一个赋权的环境,积极感受自己的成长在课堂中得到保护。在课堂里每个学生以负责的方式获得权利,整个课堂成为适宜学生健康成长的生态。

5. 课堂自由

课堂里的自由是生态课堂最核心标准,也是最基本的要求。只有充满阳光雨露的沃土中才能万物茂盛,只有在充满自由的课堂上,师生才能富有创造性、自主学习。生态课堂中的自由有着两个基本内容:一是获得自由,是指允许经历必要的改变或避免不愉快情况的机会。课堂里应该允许学生从学习失败中解脱出来学会学习;二是展示自由,是指允许从不同选项中进行选择的机会,以及表达自己思想的可能,也创设学生个性发展、个性化学习的环境。

6. 课堂合作

生态课堂中主体相互依存,主体和所有课堂环境要素也是相互依存。生态课堂中师生都承担个体责任,积极互动有着良好的人际关系。课堂合作表现为尊重他人,分享和保护教育资源,通过协商解决冲突,建立强调包容、尊重的关爱的课堂社区。合作是民主教育观念的核心。杜威指出,如果儿童要学会在民主社会中生活,他们必须体验课堂生活的民主过程,这个过程包括儿童有实实在在的机会做出有意义的选择,并建立以真正的人与人之间相互尊重和同情为基础的有效关系。① 生态课堂中的建设性同伴关系对学生的个性化与社会化协调发展有着非常重要的意义。

7. 课堂成长

生态的课堂必定是师生共同成长的,特别应该以学生发展为表征,否则就不能称之为生态课堂。有一些假象,有的公开课上得很是热闹,或者被认为是好课,其实是排练出来的,这严重违背生态原则。也有所谓的名师不是以学生的发展来

---

① Deway, J. The school and society, The child and the curriculum and the school in society, University of Chicago Press.

表征,而是以评课评出来的。大多数的评课,即使用评价表,不仅未必科学,而且也是主观性评价。生态课堂的使命在于使学生获得全面、持续、和谐的发展。然而受功利主义影响,课堂教学中"见教不见人",课堂沦为知识的加工和传输场,全然没有了智慧的对话、精神的召唤和生命的会晤。生态课堂是让学生个性和天赋获得自由的发展、身心获得充分成长的课堂。

生态课堂是幸福的课堂,学生有效学习,健康成长。

三、生态课堂营造的策略

生态课堂营造策略是基于对教育生态内涵与生态课堂概念及其价值的认同,在实践上保持与生态思想上的一致性,都是为师生的学习、工作与成长提供良好的环境与条件。生态课堂营造策略是建立在对生态课堂的要素、结构剖析基础上,把握来自生态课堂要素、结构的变化导致课堂教学的功能性变化而生成生态课堂,彼此互相整合发挥一致性功能,并叠加增强课堂功能。生态课堂营造策略重在操作,课堂教与学生态化是策略的具体化,是重点。要依据生态课堂特征,促进课堂生态化,根据需要合理运用策略。生态课堂营造的策略是从教师开端,关注教师的教学举措,落脚点必须是学生的学习与成长。

全面把握与自觉调适课堂活动,需要教师理性选择与运用生态课堂营造策略。

(一) 多重关系和谐策略

多重关系和谐策略主要是指通过促进生态课堂活动中生命主体之间的各种关系和谐,增强课堂生态功能的策略。各种教育学上的理论、流派之间不同观点,大多是在如何认识教育主体与客体及其关系上产生的。因此关注与正确处理课堂生态中的生命主体成了营造生态课堂的第一策略。只有当课堂生态系统中的生命体所形成的各类关系和谐,这课堂生态才能健康与发展。这些课堂生命主体的多重要素关系决定着课堂生态的质量,在处理这些生态关系时应该关注以下各点:

1. 关注生态课堂中生命主体的多重性。生态课堂中的生命主体是多元的,他们之间的关系也就多元,复杂多变,有时显得难以把握。课堂生态中生命主体是学生、教师。以学生为主体的课堂学习生态中,教师也可以视作这个生态系统中的环境。这就是说在一定范围的生态系统层次中主体与环境是相对的。课堂生态系统中的主体还存在着主体间性的关系,例如师生主体间的关系、学生间的关系、教师间的关系。主体间的生命体之间关系和谐,就能增强课堂生态的活力。

2. 关注生态课堂中学习主体与环境中教师的关系。克服只注重或者偏重课堂中的知识教学,而忽视课堂中的生命主体学生,或者以教师为中心,而忽视学生主体。相对于主体的环境中也有着生命体,以课堂的学生学习为生态主体时,相对应的教师是环境。课堂生态中的师生关系相互依赖,相互差异,这就是师生共生的关系。课堂生态中教师生命价值在于学生的成长,学生的生命价值提升教师价值的增殖。

3. 要关注生态课堂中的主体关系的和谐质量。课堂生态要素整合形成一个"教育场",在这个"场"中学生受到影响。教师不能是让学生"跟着他走",被动地参与课堂活动,而是要让学生获得自主的"高峰体验"。场效应可以对个体的内生态发生最佳最大的影响作用,产生从未有过的感动、感激、感悟,进而使师生学习、教学与成长有一个心灵深处的愉悦。要关注少数学生游离整个教育场之外,提高教育场的作用强度,吸引学生积极投身于课堂学习之中。

4. 要关注生态课堂中的内生态要素。生态课堂中的内生态要素是师生内心的精神与心理状态。生态课堂的主体在与课堂环境交互中学习与教育的态度、观念、方法、专注程度、独立精神、合作意识、参与程度、情感态度等是内生态的表现。学生的学习是通过参与、体验感受新的知识,通过领悟、理解、推演、运用等内生态经历与体验的发生、变化和发展,才能真正成为有意义学习。

5. 要关注生态课堂中生命主体与物质要素的关系。教室的物理空间会对学生的生活与学习的环境、学生与教师、学生与学生间的人际交往以及合作学习产生直接影响。生态课堂中物质要素构成了课堂教学客观的空间环境和学生所知觉到的"主观空间"。例如教室较小,导致班级分组形态的小组人员多、小组内学生合作学习程度低;分组形式固定等不足,会降低师生教与学的互动。课堂教学的组织形态就是一个要精心设计与运用的物质要素。

6. 要关注生态课堂中的主体关系间的物质、能量与信息的交换。生态课堂主体间的关系是建立在生态的上述三要素上。真正意义上的师生教与学的交融关系,是通过主体间凭借活动中发出、吸收、加工、输出、转换信息、能量等,形成信息流、能量流,在交互中进行教与学,共同完成具体的教与学任务。这就不是交而不互动的形式主义,也不是交而乱动的不循规律。生态课堂中,教师与学生、学生与学生间通过合作才能真正实现交互。

7. 要关注课堂中师生与现代技术的关系。现代信息技术的运用要生态化,必须避免过度滥用多媒体,造成课堂教学人机对话依赖,人机对话替代师生、生生间的意义对话。如语言学习中过度使用 PPT 造成缺少真实的语言情境,学生的对话已经不是面对面,而是面对着屏幕。滥用多媒体导致课堂里师生交互贫乏。生态课堂必将更好地运用人工智能,把握学生的学习过程。

8. 要关注生态课堂主体的开放性。师生在开放的生态课堂中才能获得成长的丰富性、个性发展的差异性。教师在教学内容和教学法上实现开放,不断吸收外部的信息,同时学生在学习过程中,与环境进行互动,获取有效信息与能量。生态课堂中开放性包含着对学生,乃至教师发展过程的包容性,而只有民主平等的课堂关系才能实现开放,也只有在开放中才能培养出现代学生。

(二) 选择匹配融合策略

整合匹配策略是指课堂生态中的各环境要素通过整合与匹配,达到增强生态课堂功能的策略。生态课堂的环境要素及其整合与交互质量直接关系到生态课堂的质量。生态课堂环境要素状态所蕴含的生态本义决定了整合匹配策略的必然。课堂生态环境的各要素不整合匹配就不可能形成生态课堂。

"融合"是生态课堂发展的高水平,"融"是指生态课堂发展形式,要对影响学生健康成长的生态因子进行全面整合。"合"是指生态发展的水平,各生态要素与结构所产生的整体功能。在融合之中促进学生全面、健康的发展。融合不仅是教学思想和方法,也是生态课堂的理想和目标。

在这些生态要素交互的操作上要注意:

1. 把握生态课堂的要义。"选择"意味着在差异中应变,"匹配"意味着适宜、均衡的应变,"融合"意味着通过选择与匹配的应变达到和谐。教学过程不应该是固定不变的,应该是动态生成的,在实际的课堂活动中可能会做出必要的调整,以达到教学过程要素的匹配与整合,以便改善教学状态。

2. 生态课堂中信息流的整合。课堂教学内容是课堂生态中重要的信息要素,直接影响生态系统三大要素的传递,教学内容的生态化是一个关键问题。教学内容作为一个自组织系统(self-organizing system),需要进行选择与组织,才能使课堂生态达到有序。如何选择与组织涉及了生态化,课堂教学内容必须从既定、割裂走向开放、整体。生态课堂的教学强调不能把知识完全客观化,不能把知识完全被视作一个客观"事实"领域,也就是远离平衡态才能产生耗散结构。客观主义的知识观从本质上说是一种非生态的知识观,所传输的知识更多的是属于技术知识,体现了现代的机械观。课堂教学的客观化模式削弱了学生联想、反思和创新的可能性。这种知识观往往伴随着由上而下的课堂社会关系,其占优势的似乎是控制而不是学习,客观主义知识观导致在教学过程中其知识传递过分依赖记忆,培养高分低能、厌学的学生。生态课堂提供了学生在学习过程中,个体的探索和体验、个性的发挥、自主精神和创造能力的发展。

3. 生态课堂中教与学因子的整合。教与学的整合是课堂的核心问题,没有教与学的整合,也就不存在生态主体学生与教师的交互,课堂生态也失去了生命的意义。要合理地选择与运用教学方法,使之与教学内容相匹配,达到教与学的融合。教学方法的组合应该依据教学内容的展开需要,而不是根据个人意愿,例如对某种教学方法的倾向性而表现出随意性。不同的教学方法优势组合,避免教学短处凸现,才能收到积极的教学效果。教学方法的组合应该保持教学的整体性,充分发挥师生和课程形成的整体功能。

4. 生态课堂中教学过程展开实现系统整合。教学过程是若干教学事件的连续体,是相关教学事件展开的系统运行。只强调某个要素、某个环节、某个交互都会导致整体功能的削弱、教学的不流畅,或者前后不连贯。教学过程的展开不仅要注意充分性,而且还要注重教学环节的顺序、衔接,合理的环节显示了过程中的内容与形式的有序性,表征课堂教与学活动过程的生态水平。要关注教学过程的动态整合,随着学生对教与学内容的反应做出合理的调整,不管是即时调整,还是延迟调整,都应该根据当时的教学情况,做出适宜的判断,从而把握教学的衔接、进度、节奏等。适当的进度是教学效果的一个晴雨表,反映了学生对教学内容难易度的可接受性,是课堂生态性的标志。

5. 生态课堂合目的性的整合。生态课堂的目的显然是为了师生的成长与发展。实现这个目的需要课堂生态的要素与因子交融,即依据合理的课堂教学目标展开。因此,生态课堂各要素、因子的整合必定是在教学目标指引下交互,环绕着教学目标进行教学内容与形式选择与组合。多元的教学目标通过互动中整合、在开放中融合,形成合理的系统结构,达到教学目标的系统化。整合原则强调的是依据教学任务,使课程多维目标的整合建立在内在的联系上,具有必然性。教学目标不能搞阳春面加浇头,难度要适度,不能偏难或者偏易,更不能把课程教学三维目标割裂,从而破坏教学目标的生态。布卢姆指出:"对于学生个体而言,什么是希望达到的目标,应当符合于从学生的能力、以前的成绩以及个体来看所可能达到的最大范围。"①可能的目标与希望的目标总是存在着距离,问题是教师所确定的教学目标需要尽可能满足这两个目标,也就是在这两者之间寻找最适宜的目标,"如果教育确实要成为发展的话,那么必须挑选那些会最大限度地扩大可能发展范围的目标。"②符合学生发展的教育目标是一切教学目标的根本,是生态课堂的关键。

6. 生态课堂中融合的意义在于生命的学习。叶澜教授指出:"课堂教学应被看作是师生人生中一段重要的生命经历,是他们生命的、有意义的构成部分。"③要把个体精神生命发展的主动权还给学生。传统教学观念中课堂把教学局限在非生命意义之中。我们强调生态课堂支持的是学生生命的成长,生命性是生态的本质。片面的唯认知教学在强化书本知识的同时,也就从根本上失去了对人的生命

---

① S.布卢姆:教育评价,华东师范大学,1987.
② ibid.
③ 叶澜:让课堂焕发出生命活力,教师之友,2004.1.

存在及其发展的整体关怀。生态课堂对于知识强调其开放性。开放性意味着学习的生成性、诠释的多层性以及意义世界的多样性。要获得这样一种开放性,学习应该是丰富的、复杂的和主体性的,而且始终处于动态的发展变化之中。生态课堂强调不能盲目地将学习孤立化,这会让学生走上读死书、死读书的危险道路。学生除了知识学习外,还必须注重综合素质的培养,更重要的是懂得、体验与践行生命的意义。

(三)教师角色转换策略

教师角色转换策略是指作为课堂生态系统中的相对主体的教师根据教育教学情境的需要,合理转换角色,端正教育教学中的角色,以期增强生态课堂的功能的策略。这是从课堂生态的关键因子——教师的角色转换提出的操作策略。在生态课堂营造中,教师角色过强会导致学生生命发展力削弱,或者扼杀;教师角色过弱,也难以有效领导课堂生态的营造,导致课堂生态系统紊乱。

相对于课堂的其他环境要素,教师也是生态课堂的相对主体。生态课堂呼唤教师生态角色的真正回归,强化教师在生态课堂营造中的作用。教师应该是学生创造性的激励者、学习的引导者、潜能的开发者、生命活力的激发者以及高品位课堂生态的营造者。

1. 教师应该从一个灌输者转变成引领者

非生态课堂里教师代表了真理,是知识的化身,不断地灌输,把学生作为知识的"容器"、道德的"口袋"。在营造生态课堂过程中,教师必须从"主讲"向"善喻"转变,成为学生学习的引领者,而不是灌输者。教师应该回归到"教"的本义"喻"上去,以"善喻"为追求。生态化的课堂教学应该是充满启发与探索,绝不牵着学生鼻子走,绝不压抑学生的自由发展和个性张扬,绝不把答案和结论直接告知学生。

2. 教师应该从一个控制者转变成领导者

教师应该从传统课堂管理者走向课堂的领导者。教师必须从高高在上的教坛上走下来,走到学生中间去,尽管这是还不习惯的角色改变,但这是必须的改变。没有这个角色的转变,就不可能为学生主体提供各种需要的适切支持,更不能为学生主体的学习与成长创设自由、和谐、快乐、尝试的生态。教师应该以自己的学识、人格影响学生,引领学生成长,这就是作为教师的学生的领导者。

3. 教师应该从一个训练者转变成支持者

在传统课堂里教师主要起着训练者的角色,这就是应试教育操作形态。在生态课堂中,教师应该是学生发展的支持者,提供学生成长所需的营养。教师要不断地开发与运用多种资源,整合多种教学内容与形式,指导学生学习,提供各种学习服务。生态课堂更强调为学生提供广博教育,丰富学生的学习经历,让学生在做人与做事上获得成长。学生应该成为课堂活动主体,教师不是直接代替学生学习,而是提供各种适宜学生学习的可能,支持学生主动地成长。

4. 教师应该从一个模具工转变成共生者

在传统的课堂里,教师犹如一位模具工预先设计好模具,并按照模具在课堂里制作成品。在生态课堂里教师应该从关注预设转变到关注生成,过多的预设,或通过"精心"设计,而让学生跟着老师转来转去的教学方法应该叫停,摒弃"考什么就教什么"。关注学生学习过程的成长,使学生学习的自主选择成为可能,各种资源为学生提供服务成为现实。教师应该把课堂聚焦到关注学生的成长,也可以说教师的目光应该从"短视"到"远视",即有着可持续发展的生态观念,师生教学相长。

(四)差异共生适应策略

共生适应策略是指运用生态学的共生原理,优化课堂生态系统中学生、教师主体间的角色与行为,使教学过程中的教与学互相适应的策略。在课堂教学过程中,教师与学生、学生与学生、内容与形式等等要素之间都是一种共生关系,而且这种共生比之于生物间的共生更加鲜明。课堂教学过程的共生适应着眼于各要素的"联系",通过"联系"使教与学共生、使师生共生。共生的课堂关注师生在课堂中地位平等、关系民主、互相尊重,通过转变课堂中的师生行为平衡课堂群落生态。师生共生意味着教师与学生的关系发生根本的转变,课堂里界限开始模糊,教师从课堂的讲台上走了下来;知识的传授不再局限于教师,能者为师;教师并不是知识领域的"万宝全书",教师"知识权威"的地位下降,但点拨作用需求明显增大,与学生共同学习和成长,形成教学相长的共生关系。

在运用共生适应策略时,我们要注意:

1. 促进教与学的共生。教学过程是由教与学这两个基本活动方式构成的,也就是这两个活动要素要共生。现在流行追求教学的有效,其实可能从学生的角度出发更有意义。在当今"有效教学"的追求过程中有两种现象应予正视:一是成绩有效背后的兴趣缺失,二是教学有效背后的教育缺失。这反映了在有效教学说过头以后,使教师的教与学生的学没有形成生态平衡,没有真正意义上的教与学的共生。在课堂教学中,如果教师输入过多,会引起课堂生态的失衡,为了达到新的平衡,就得要求师生调整教与学,以促成新的均衡。

2. 建构师生相互依存的学习共同体。在现代教学生态中,传统意义上被认为是知识传授者的教师的教与学生的学,将不断让位于师生的"学习共同体"。在生态化了的教学过程中,师生互动方式将随着学生学习方式的改变,而重新建立教学方式。学习共同体促使对传统教学的转变:一是从以教师为中心转变为以学生为中心,二是从学生被动接受转变为主动学习,三是从教师单向灌输转变为交互性教与学。

3. 确立对话协商的合作方式。共生的教学需要有明确的共生关系建构的方式。共生性师生关系关注教师与学生在充分对话协商和相互理解基础上的共同成长，强调师生在教育教学过程中对人生意义的追寻，注重师生自我生命价值的实现。在生态课堂中要关注学习中的深度互动，表现在学习需要的满足、学习情感的共鸣、自主心理品质的尊重、独立精神的交汇等方面。教师的教与学生的学之间的沟通不是单一线性的，是多元复变的沟通。没有学习中的情感与思想交流的环境，是没有生机的环境。生态课堂强调共生性融合，师生互相依赖支持，同时互动中保持人的完整性，表现为独立性融合。这两种不同的融合，是深度互动的基础。

4. 调适失衡的课堂群体生态。学生群落在课堂生态系统中的地位不是完全相同的，学生群落也多元化，学生之间的关系也复杂。这样的生态环境既为学生多元化发展提供了多样化的生态环境，也会由于不同的生境使一些学生的学习或者班级生活处境困难。因此在教学过程中要关注不同生境的学生，对处境困难的学生给予针对性支持，同时，教育不同生态位的学生间相互合作，共同营造有利于健康成长的环境。在不同生态位学生之间要建立公平与竞争的激励机制。最大限度激发学生的发展潜能，关注学生的期望。教师必须具有公平的态度、实施公平的评价、建立公正的人际关系，并在操作层面上得以落实，才能激励学生进步。教师要关注群体激励和个体激励。个体的激励是基础，是激励公正的具体显现。没有个人激励，必然陷入平均主义的泥潭，群体激励是必不可少的，是营造一个鼓励进步的环境。当学生在学习过程中遇到困难，应该得到教师的帮助和指导。对这类学生点滴进步都要及时给予表扬与鼓励，使之感受到爱护与激励，找到新的发展空间，帮助他们确立合适的目标，认识自身潜质，扬长避短，使自己的优势潜能得到最大限度的开发。

（五）动态生成交互策略

动态生成交互策略是指依据课堂生态协变性、共生性、开放性等特征，把握课堂教学活动的动态变化，并促进其各课堂生态因子优化的策略。叶澜教授指出："要从生命的高度、用动态生成的观点看课堂教学。"通过课堂生态因子高质量的交互，生成多样、适宜的生态结构，促进课堂生态化。

在生态课堂营造中运用动态生成交互策略时，我们应该注意：

1. 把握生态课堂的动态性与交互性

生态课堂是动态的，是由其生态因子与要素的多层面、多维度的交互与生成而促进其发展的过程。动态性要求通过上述生态因子的物质、能量与信息三要素的交换、流动，实现生态课堂的整体功能。互动性要求生态课堂中主体与环境、主体间性多维互动,教学因子间的交融。生态学认为,一个生态系统中物种的品类越多,生态因子与要素的活动就会越多,生态系统网络的结构水平就越高,可持续发展的功能也就越健全,从而使得生态系统之中各生态因子更为旺盛、更为活跃。通过课堂生态因子的多样性、互动的生成性,实现课堂生态的交互性,促进课堂生态的优化。

生态课堂强调教师要做到心中有学生。教师只看到教学中的知识体系,那么就很容易陷入固定化、程式化。正是因为学生富有生命活力,他们是发展中的人、是有差异的人,因此学生的活动使教学的每一天都是新的。教学过程在本质上就是研究学生的过程,不仅在预设教学过程时要研究学生,而且在教学过程展开中也要研究学生,更要在课堂生态中研究学生的学习,特别研究动态中的学生,学生是如何学的与如何成长的。在面对学生学习与成长的动态过程,教师要及时捕捉课堂"突变"资源、思维碰撞的火花。

2. 把握生态课堂中不确定性、多样性的价值

"和谐不一定有利于教学,师生之间的一致性可能是处在较低水平上的'单向传递';冲突也不一定阻碍教学展开,师生教学互动的冲突可能成为教学过程的创造性因素。师生可以在差异与不同中寻求各自发展的积极因素,达到教学过程的创生。"[1]课堂生态的深层的和谐,或者说真正意义上的和谐,是非平衡态下的自组织意义上的和谐,这意味着课堂生态的丰富性与不确定性。多尔在《后现代课程观》中提出了 4R 课程理念,其中"丰富性"(rich)意味着"不确定性、异常性、无效性、模糊性、不平衡性和耗散性",强调"意义的层次、多种可能性或多种解释",反对灌输与僵化预设,没有标准式;强调自己的理解,"在对问题的各种解释之间的对话或者协调之中获得丰富性"。"严密性"(rigorous)意味着不能够以一种观点结束,应是"有目的地寻找不同的选择方案、关系和联系",才能使认识较为全面、严密。主张多元思维与批判性思维,不求唯一答案,反对以一种僵化和教条的答案作为公认的标准。强调意义建构,使教学过程由传统的以教师为中心的逻辑讲解传授式转变为通过情境创设、协作学习、问题探索、意义建构等以学生为主体的过程。提供丰富的学习内容意味着不确定性的内容学习,让学生在不确定性学习中学习探索与增强创新精神,获得丰富的学习经历,积累丰富的经验。学生学习的知识与能力应该具有普适性、迁移性,从而能用已经掌握的关键知识与能力进行可持续学习,适应知识大爆炸时代的学习。因此在教学过程中不是简单地拓展教学内容的量,而是深化学生学习的能力。生态课堂中的不确定性,教学过程的多样性,教与学的环境丰富多彩,要求教师在教学过程中主动地选择、决策乃至创

---

① 迈纳特·迈尔:基于学习者发展与教育经验的教学路重建,全球教育展望,2017 年第 1 期.

造,从课程走向现实的学生,从教科书走向动态的教学过程,应用丰富的内容来激发学生的学习兴趣、获得核心知识或通用概念,促进学生可持续的学习发展。教学过程的多样性与不确定性,也要求教师适应多样性的变化组织课堂教学。

3. 生态课堂中"教养"层次上的动态交互

"交互"是一种形式,"和谐"也有不同水平。正如德国学者迈纳特·迈尔所指出的"教学过程中的师生互动至少包括三个层级水平:(1)在第一个层次上,教学是传递知识、技能和态度的过程,也是学生适应教师要求的过程。教师视其自身为知识、技能和态度的传递者(如文化遗产的传递者)。处在这一阶段的教师将学生视为教学活动的对象,教师期望学生做什么,学生就做什么。(2)在第二个层次上,知识、技能和态度的传递是学习者和教师在实践共同体中联合行动、分享经验以及意义协商的结果。处在这一阶段的教师视教学为分享经验、联合行动、协商、意义生长。(3)只有处在第三阶段的教学互动才能形成'Bildung'(意为'教养'),在知识、技能和态度传递的基础上考虑年轻一代人的世界观和自我概念的稳定和改变。这一阶段的师生互动才是真正教育意义上的互动,并允许代际互动,以及对'他者'相互接受——这一点从根本上影响教师和学生的自我概念和世界观"。① 从这些论述中,我们可以清楚地认识到师生互动是有层次的,应该落脚在"教养"上,也就是超越知识等基础上的能适应与超于社会生活,有能力且愿意为自己或他人负责。通俗地说,"你好我好"的交互是低层次的,其"和谐"也是表面的,在课堂上能激发学生独立思考与批判性思维的互动才富有可持续发展的生态化学习的意义。

4. 正确处理预设与生成的关系

课堂生态系统是一个耗散结构,其结构特点是只有与外部环境不断交换物质、能量、信息,才能保持有序结构。生态课堂中通过教与学活动在远离平衡态的条件下通过相变而形成有序结构。教学的预设在一定程度上是远离平衡态的,即新旧知识技能间、学生个体间的不平衡状态,通过教学导致的学习行为的涨落,进入到一个新的稳定的有序态。生态课堂中生成引发的涨落是一种启动力,会导致课堂的有序。

生态课堂中的教与学活动需要预设,但预设不是全部,更需动态生成。教师不仅要在课前精心预设,还要善于发现和捕捉课堂生成性资源,及时采撷,转化成教学的生长点,把学生的学习引向深入。布卢姆指出,"人们无法预料教学所产生成果的全部范围。"课堂教学是一个动态的不断发展的复杂过程,具有灵活的生成性、现场性和不可预测性。再好的预设也无法预知课堂教学的全部,生成性资源

---

① 迈纳特·迈尔:基于学习者发展与教育经验的教学论重建,全球教育展望,2017年第1期.

是学生在认知建构过程中产生的。预设明确方向,生成引导课堂,不断地进行知识、技能、情感与价值观念的建构、转化和创生。学生学习内容需要经过意义建构,才能转化为与内化为学生自己头脑中相关的"图式"(scheme),不断生成新的认知。这个生成过程有两个方面:一是教师对教学生成性预设,并在教学过程中回归性反思,调整预设。二是学生对学习的生成与建构。不同学生学习基础与情意价值观念不同,外在知识向内在的"图式"转化是不同的。建构主义教学理论认为,外部信息的意义是学习者在新旧知识经验间反复的、双向的相互作用过程中建构成的。学习不是被动接受信息刺激,而是主动地建构意义,是根据自己的经验背景,对外部信息进行主动选择、加工和处理,从而使自己获得认知等方面的意义。在生态课堂里,师生的预设与生成过程需要通过物质循环、信息传递、能量流动实现同化、顺应与平衡,实现师生对教与学从预设向生成升华。

动态生成强调课堂教学也是师生共同成长生机勃勃的历程,应当从关注生命的高度,用动态生成的观点来看待课堂教学过程。从生命的高度看,教学过程都是不可重复的激情和智慧相伴生成的过程,而不是预设的一成不变的僵化的程序。生态课堂强调教学过程的交互是非线性的,不可能是一一对应的,课堂教学过程要生态化,从机械、灌输走向开放、参与的过程。

5. 要善于把握课堂上的突发事件

突变理论认为突变过程是由一种稳定态经过不稳定态向新的稳定态跃迁的过程,每当教学过程中出现非预设的情况时,教师不能视而不见,更不能以为这是学生的故意捣乱。苏霍姆林斯基认为,"教育的技巧并不在于能预见到授课的所有细节,而在于能根据当时的具体情况,巧妙地在学生不知不觉中做出相应的变动。"学生千差万别必然会引发教学过程充满变数。这就要求教师正确处理课前的预设与过程中生成之间的关系,结合课堂发生的实际适时做出调整。德弗里斯在《突变论》中指出了生物突变的偶然性、多向性、稳定性、不可逆性、周期性和随机性等主要特性。在生态课堂营造中运用这些观点,以非连续进化观洞察教与学的演变过程。

反馈适时应变是生成的重要条件。教学过程的动态变化需要及时把握,才能做出动态的适应。学生学习状况是课堂教学展开状态的主要信息,教师要做到反馈及时,反馈的信息正确、全面、可靠。教师要善于在课堂教学互动中把握教学的展开态势,对教学作出正确的判断与适度的调整。

6. 生态课堂适宜性的实现:多种形式灵活切换

内容与形式的统一是哲学重要原理,课堂生态不仅在学习信息提供的内容上要适宜,而且在课堂生态因子与要素的实现形式上也要有充分适宜性。课堂生态的适宜性要求运用适宜的教与学的形式。教学生态化要求转变学生单一的接受性学习方式,应该通过体验性学习、表现性学习、探究性学习等,实现学习方式的多样化。丰富学生的学习体验,让学生获得经验,不但有助于通过多种活动探究和获取知识,更重要的是学生在体验与表现中逐步掌握学习的一般规律和方法,从而达到学会学习的目的。在课堂教学中不仅提供机会让学生获得深刻体验,而且要提供"表现"(performance)的机会,让学生在各种操作、实验、表达、思考中学习,让学生在应用中学习。教与学以"表现"为中心,改变传统教学往往是口头讲解,而不注重实际操作。能力发展不可能脱离行为表现,只有在实践表现中发展能力,让学生动手操作,在操作中体验与感悟,发展能力表现。生态课堂的适宜性还表现在教学组织形式的灵活切换。合理的教学组织形式有助于提高教学过程的效率,能使各种教学方式、教学手段得以在相应的组织形式中有效运用,为教学活动的多样化提供教学组织形式上的支撑。教师要善于运用班级授课、小组学习、个别化教学、开放式教学、远程教学等组织形式,发挥它们的各自优势,并灵活切换适应学生的学习。在教学中教师应该根据教学内容的变化而变换教学组织形式。教师要学习如何运用好小组学习的方式,改变形式主义的小组学习。

注重课堂的信息载体——作业的生态化。作业是教学过程展开的重要载体。非生态课堂的主要表现之一就是作业过多、过难,对学生压力过大。从教育生态视角正确对待作业问题,减轻学生过重的作业负担,丰富作业的形式,作业评价人性化,提高作业的效价。通过符合生态特征的作业,让学生有时间、有机会去自主选择、去体验感悟、去思考创造、去实践应用,促进学生健康学习。

7. 注重生态课堂在系统性开放中动态交互

系统论基本定律"整体大于部分之和"指出,系统的完整性、综合性和最优化是系统的基本特点。生态课堂作为一个生态系统也具有这些基本特点。课堂是由若干因子构成的系统,子系统间与层次间均存在差异。课堂生态的各种因子是有层次的,无论是教学的目标、内容、方法等,还是教学的速度、难度,以及教师的教学水平、学生的学习能力等都有层次性。正是这些差异决定着系统的有序性。有序系统是严格按照层次结构组织起来的,达到相对的新的平衡状态,又会出现新的不平衡,系统就处在良性的自组织状态。如果没有了差异,也就失去了有序性,结果会成为无序的混乱系统。生态课堂营造中要尊重差异并注重差异间的交互。承认这些差异是为了通过非平衡状态下的涨落,实现差异的价值,促进学生特长发展与个性健康发展。

关注生态课堂发展过程与结果。生态课堂不仅是结果,更强调的是过程。生态课堂发展有着不同的阶段,不同的过程有着不同的阶段,不同的阶段是由不同的过程决定的。生态课堂发展阶段从形成到成熟受到课堂生态因子与要素的影响。课堂生态营造不仅要注重发展顺序与每一个阶段的衔接,而且在每个阶段上落实从何处着手、怎样着手,这就需要具体情况具体分析,具体对待,分别对待。

要注重生态课堂营造的认识与行动上的一致。课堂生态营造不能停留在观念上,必须在实践中充分表现出来。认识与行动脱节是大忌,但又是常见。我们要克服对课堂生态的认识不足,加强教师的教育生态的教育,提高教师的生态意识,提高教师生态课堂营造能力。

第四节　课堂教学的生态化

一、教学生态化的价值取向

(一) 生态课堂营造的关键：教学生态化

教学生态化是教学不断符合生态特征持续改进的过程,也是生态课堂营造的主要方式。运用生态理论,以符合生态原则的教学,才能建构生态化的教与学的活动,形成师生与课堂环境的生态关系,呈现出理想的生态课堂。

教学生态化是教育进步的必然。在教学价值取向上,要从过度追求现实功利转向追求教学对人的发展的价值。能满足可持续发展生态意义的教学,才是我们所需要的教学,也就是生态化了的教学。生态化的教学在本质上体现了当前基础教育转型发展的走向。教学生态视域下,凸显教与学的生命性,凸显多样性的具体的人。生态化的教学必然是教学满足学生生命发展的各种需要,不同差异的学生获得关爱和尊重。在良好的教学生态下,学生那种自然的、纯洁的、幸福的状态呈现一派勃勃生机,师生那种和谐的、温馨的、充满最美好的温暖状态,是阳光与雨露。尊重生命、尊重学生的发展需求,为孩子创设一种适宜的环境。

课堂生态化强调课堂生活是生命的对话,拥有互属的生命意义和共有的发展空间,师生相伴的教育人生。我们呼唤生态的教学,重新解读教学,重新理解教学的意义和价值,构建充满生命活力的生态化的课堂,让学生的生命得以充分地舒展,成为可持续发展的一代新人。生态的本质上是适宜性,教育的每一天都是新的,因而教育成为了为了适宜于人的发展而有创意的事业,研究学生及其学习,从"生命的差异性"来从事创造性的教学活动,这是教学生态化的本意。教学生态化强调生长和发展是学生的权利,也就是强调要为学生创设全面发展、可持续发展的环境,强调师生双方的共同发展、师生的整体发展。发展教学生态化,需要从"整体"去关照和建立课程与教学的内外部良好关系,实施生态化教学,为师生生命发展营造生态课堂,为师生获得健康发展提供保障。

（二）"支持"是生态化教学本质必然

生态系统通过物质循环、能量转换、信息传递获得支持,使其生存与发展,通过这种系统的支持,优化、修复生态环境,保证其生命主体的生存与发展的。因此"支持"就是生态系统的本质,也就是通过生态环境支持生态主体的生命质量,保持生态系统中的各要素良好关系与状态。从生态本义上提出了"支持性教学",体现了教学生态化的本质。

生态化教学中支持性原则是关键,表明个体性获得与环境互动的交融。实现学生整体发展必须有一个适宜学生发展的教育生态支持。学生发展生态是以学生健康发展为导向的师生、学生、学校与家长、学校与社区之间的和谐融洽的生态系统。学生的发展是一个持续的过程,学校的教育及其活动要保持可持续性,克服学校发展中的短期行为,学校需要从功利的随风转向的生存模式中解脱出来,转向适应学生可持续发展。学生发展的支持性环境中必须转变传统的以教师为中心与以教为重心的教育,向以学生发展为中心与以学生学习为中心的发展性学习体系建构。学校也要为学生的发展创造支持性条件,提供学习资源。在课堂中支持学生的成长,让学生得到支持是生态教学的本质。教学是由教师、学生、环境之间交互作用成为一个生态系统。教学是一个学生生理的、精神的、心理的因素和环境因素相互依存的交互过程。通过转变课堂教学生态中的教师行为、学生行为,平衡课堂群体生态,避免"花盆效应",改善课堂生态。教师以一种研究的态度去发现学生,从每个学生不同的特点、已有的知识结构、变化的情感世界出发,研究学生的学习,重新解读教学,重新理解教学的意义和价值。"在一个整体的环境中,当赋予学生以信任和权利以后,其学习的质和量都会出现指数级变化,尤其是当学习和自我发现取代了分数和等级而成为课程核心以后,学生对自己的要求就会更高。"[①]让学生主动发展、自主学习,这是教学支持的内在品质,相对于"被动学习""机械学习"和"他主学习",学生获得了自由发展的可能。

（三）支持性教学：生态化教学思想与方式

支持性教学是一种生态化教学思想,也是生态化的教学方式。支持性教学作为一种生态教学思想,具有普适性,因为提供的是一种实现教学生态化的思想方法;也是生态教学范式,因为提供了一种操作模式,而不是操作定式,更不是具体的操作方法与步骤。

从广义的生态化教学视角考量,生态化教学是指运用生态学理论与原理研究教学问题,以一种生态的观点、态度和方法思考、分析与解释教学现象,并以符合

---

① Slattey P. Curriculum Development in the Postmodern Era[M]. New York & London: Garland Publishing, Inc. 1995: 173 – 174.

生态原理的方式开展教学实践。教学生态化应该是依据生态学原理,研究各种教学现象及其成因,进而揭示教学的规律,也就是说教学生态学是研究教学与其环境之间相互作用的规律和机理。教学生态实践从分析教学生态主体与各种教学生态环境及其因子对教学的作用和影响,以及教学对生态环境的反作用基础上,积极解决好教学中的生态关系,优化教学生态状况。这就向我们提出了每一节课都有生态化的问题,也就是要使每节课都生态化。

从狭义的生态化教学视角考量,生态化教学是一种具体形式的生态化教学,即具体的一种教学形式,而且具有特征性的教学形式,是为了实现教学生态化的一种概括化了教学操作模式。当我们把支持性教学具体化、操作化时,就成了特定生态化教学模式——支持性教学。当我们把多种模式的支持性教学进行质的研究,不断概括提炼,就成为一种具有某种普适性特征的支持性教学。这时支持性教学的思想与方法论更为突出,可以视作广义的生态化教学。狭义的生态化教学的价值在于对生态化教学的研究与实践不断深化,探索与揭示生态化教学的规律,从中把握某些具有特征性的操作要素,并概括化地表述这种模式特征。这样更有利于人们形象地、简洁地把握生态化教学。

二、生态化教学的基本认识

(一) 生态化教学的概念内涵

"生态化教学"是指依据教育生态思想与原理,以学生可持续学习与发展为目的,通过设计与实施支持性的作业,修复或优化师生关系,整合各种教学因子,使课堂的物质、能量与信息充分地转换与流动,形成良好的课堂生态,为学生学习提供环境支持,促进学生健康发展的教学。简明地表述生态化教学就是教学的生态特征凸显的教学,也就是这样的教学具有良好的生态特征。与教学生态化强调过程不同,生态化教学强调其性质,即教学内容、形式与过程等应该符合生态特征,以此判定是否属于生态化的教学。

生态化教学的基本性质是生态型的。对其概念进行了具体表述,有明确要素、结构与功能,形成了较为完整的体系,使生态化教学具有了明确的规定性。

生态化教学的主要内涵:

1. 生态化教学的理论基础主要是教育生态学、认知生态学。我们不能简单地用一般生态学来套用在教学上,因为课堂生态、教学生态是以人为主体的生态系统,而且以教育为环境所组成的特殊的教育生态系统,有别于其他的生态系统。生态化教学为学生提供良好的学习生态环境,尤其是认知的生态环境。

2. 生态化教学的目的是"促进学生的可持续发展以及可持续学习"。这区别于传统的教学是为了让学生获得知识技能。生态化教学是提供生态环境与主体内在发展的支持,聚焦在可持续发展,关注教学中的基础素养,因此其教学方法不能是灌输的、不民主的。

3. 生态化教学的支持具有生命性。在上述概念中,我们可以清楚看到这个"支持"直接关乎生命间的关联,指向学习的生命主体学生。我们可以举例比较说明。例如,支架式教学被定义为:"支架式教学应当为学习者建构对知识的理解提供一种概念框架(conceptual framework)。这种框架中的概念是为发展学习者对问题的进一步理解所需要的,为此,事先要把复杂的学习任务加以分解,以便于把学习者的理解逐步引向深入。""借用建筑行业中使用的'脚手架'(scaffolding)作为上述概念框架的形象化比喻,其实质是利用上述概念框架作为学习过程中的脚手架。"由此可见,"支架式教学"字面上看起来与"支持性教学"差不多,其实,是基于完全不同两种教育思想的教学方法。"支架式教学"中的支架是属于知识范畴的支架,把某一知识概念分解为另一种知识概念而已。生态化教学的支持是指提供良好的生态环境,支持学生在教与学中各种因子交互中实现物质、能量与信息的转换,特别是师生关系优化的支持,心灵上关怀。这就表明了生态化教学"支持"的内涵与价值。

4. 生态化教学的价值取向是学生的健康发展水平不断提高。强调通过教学中的支持,创设一定的学习情境,让学生主动表现(践行),获取认知发展能力,促进人格品质发展。这意味着教学的适宜性、丰富性和整体性,在支持的内容上有明确的与此匹配的教学环境的支持。

5. 生态化教学强调生态的三要素——物质、能量与信息,其支持是通过这三要素实现。例如师生关系中的"师生爱"就是教育"能量",多元的教学因子,如丰富的课程,就是教育的一种物质——有机营养。生态化的支持性作业作为教学内容的载体应该是开放的、信息丰富的。

6. 生态化教学还强调课堂生态中的"支持场"。通过生态化教学形成一个"支持场",教学因子与生态三要素在课堂活动中的互动,发挥课堂生态的整体功能。

(二)生态化教学的四对关系

1. 学生与教师的关系

生态化教学中的学生与教师的关系是主体间关系。生态化教学在本义上发展的主体是学生,而生态化教学的支持者是教师,因此,必然存在着学生与教师的关系。教师支持学生发展是学生发展的重要条件,学生发展需要教师的支持,这是教学的价值所然。师生关系是"教学相长"的共生的双向支持的关系。正确把握好学生与教师的关系是实施生态化教学的前提条件,更是生态化教学的灵魂所在。

2. 学习与教学的关系

生态化教学中的学与教的关系是主体行为方式的关系。学是学生主体行为,任何人不可能替代。教师的教是为学生的学服务的,教师在教的过程中也获得发展,实现生命价值。这就构成了学与教的生命关系。正是学与教的耦合才能实现支持的目标。在这对关系中要凸显以学习为中心,以学定教,以学生学习方式的转变为教师教学方式转变的前提。

3. 发展与支持的关系

生态化教学中学生发展与教师的支持是互为因果关系。教学支持的学生发展应该是全面的健康的发展。学生的发展是一个进步变化的过程。教师的支持为学生的发展提供了更大可能。学生的发展主要是依靠学生的主体性,即发展的内部动因。外部的支持应该通过学生主体发生影响作用,推动学生的发展。提高外部支持的质量,使之成为可以促进学生发展的影响是十分重要的。同时学生也支持了教师的发展。

4. 知识与素养的关系

生态化教学必然抛弃以灌输知识为中心的教学,必然以学生学会学习为目标,以学生可持续发展为价值取向。知识是外部客观存在的,而素养是个体的认知、能力与人格的合体,素养比知识更重要,而素养强调的是知识、能力的运用与人格表现,解决实践问题才是素养的核心。素养的培养表征着可持续发展的生态重要价值。把素养培养仅放在口头上的教学,并不是生态化教学。

三、生态化教学的要素与结构

(一) 生态化教学的要素

1. 主体要素:学生

从发展主体角度上考量学生是生态化教学的主体。主体发展是个体身上潜能转化为现实的能力表现。这种转化发生在学生身上,不是教师身上。学生的发展只能靠自己努力,其他人不能替代学生个体形成自身素养。只有学会,不能教会。生态化教学强调学生是学习活动的主体,是学习活动的行为主体。学生的学习需要是首要因素,支持学生学习的教学应该建立在学生学习基础和学习需求之上。

生态化教学中学生的主体性还体现为主体间性,即学生个体作为主体之间的关系。学生之间有着互动关系,学生的主体意识和主体行为能力表现为主动参与、积极表现、合作共享,以及主体间差异性基础上的互动,学生个体间存在的学习基础、发展水平的差异以及发展的不平衡。把握生态化教学的主体性特点,关注主体间、主客体间的互动,为学生的学习与发展提供良好的条件与环境。

2. 目标要素:可持续发展

生态化教学的终极目标指向学生的可持续发展。人的可持续发展关键在于人的素养发展。具体而言,素养发展包括身体健康、语言表达、社会性发展、健全的人格等,影响学生未来成长与终身可持续发展。生态化教学关注把知识转化为能力、把潜在能力转化为现实的能力表现、把能力转化为解决问题的应用,这是从内容角度上考量生态化教学的特点。生态化坚决反对课程教学三维目标隔裂。生态化教学通过能力培养促进学生多元整体发展,在能力获得的学习过程中学习与把握"过程与方法",从而获得情感态度的发展,从而发展做人的能力,确立正确的价值观与人格发展。

3. 动力要素:动机、兴趣

生态化教学非常关键的一点是激发学生的学习动力。教学的支持不能只停留在知识上,更要关注学生的学习意愿、兴趣、动机等方面,激发学生的内在动因,通过外部的支持改善学生内生态,从而增强学生的发展。学生的兴趣、动机并不仅是作用于注意的倾向,更是推动学生积极地去认识或从事某种事物的一种内在动力,对某一事物的特殊兴趣和爱好,形成明显的效果反应。学生的动机、兴趣因人而异。不同的学生在学习与生活实践的过程中,会把自己的有关心理活动优先指向并集中于不同事物,从而表现出不同的兴趣。学生的兴趣是否有这种动力作用,以及这种动力作用究竟能产生多大效果,这将取决于激发学生的兴趣的环境。生态化教学的支持要落实到通过外因增强学生发展的内生动力。

4. 过程要素:表现

"表现"是生态化教学的过程要素。任何教学支持都必须通过过程的展开实现。教育心理学家加涅认为,内部的变化必须通过外在的表现变化反映出来,表现的相对持久的变化是衡量学习是否发生的重要指标。表现(performance)意为"履行、执行、实施、行为、行动、工作、成绩、表演、表现"的意思,指将潜能转化成行为。赫根汉与奥尔森指出,"表现"是指"所习得的转化为行为",他们认为,"学习指的是行为潜能的变化,而表现指的是将这种潜能转化成行为。"[①]托尔曼和班杜拉都重视学习与表现的区别,班杜拉 1965 年的实验与托尔曼、杭齐克 1930 年实验的重要发现是强化一个表现变量,而不是学习变量。社会认知理论认为,对学习产生影响的主要有四个过程:注意过程、保持过程、行为复现过程和动机过程。行为复现过程决定了习得的东西可以在多大程度上被转换成表现,转化为行为所必需的反应的能力。这四个过程进一步表明了学习过程中"表现"的重要意义,是习得转化为行为表达的经验必由之环节。这表明了"表现"对于学习的价值在于把潜能转化为行为。没有"表现",也就失去了学习"行为改变"的意义。

生态化教学必须着力于学生的"表现",作为支持的具体形式。创设学生的

---

① B. R.赫根汉等:学习理论导论(第七版),上海教育出版社,2011.

"表现"既可以指学生外在的、可以观察的行为,如实验过程中的操作行为、问题讨论中的发言等,也指内在的机能性表现,例如思维、情感等。表现是多元的,有多种表现内容、不同的表现形式、不同的表现水平,表现更有着个体差异性。正是多元的表现使得学习显得具有丰富性,具有了生态意义。

5. 载体要素：作业

生态化教学的支持要有中介,作业是生态化教学的载体。黑格尔认为,中介概念表示的是从"绝对理念"过渡到对方的桥梁,是彼此联系的中间环节。[①] 一切都经过中介,连成一体,通过转化而联系。中介思维其实就是一种"关系思维",即不是分别从孤立的两极出发,而是从两者的关系或联系出发来分析看待事物,它是对"两极思维"和"还原思维"的一种超越。教学中的作业承载着教与学的内容和形式,是教师的教向学生学的转化的中介。生态化教学通过学生作业中的表现促进能力发展,作业成了学生能力获得与提升的载体。作为载体要素作业其价值在于提供了学生素养发展的中介,在完成具体学习任务的过程中通过实际的表现,学生获得发展。作业作为目标与表现的中介,必须关注作业的表现性的能力指向,选择与运用适当的表现性作业。

6. 环境要素：三要素

生态化教学的环境是多元的,主要依靠生态三要素合理交换与传递。物质除了传统的教学设施以外,现代多媒体以及人工智能设施与信息技术将会在教学场景、跨媒体资源理解、教学过程归因、个别化学习资源支持等方面提供广阔的远景。生态化教学中的信息是至关重要的,其中课程作为环境要素更需要生态化。生态化教学不仅需要信息与物质的支持,更需要能量的支持。爱作为一种教育能量,在课堂生态中有师爱、同伴的爱,是一种心理能量;文化也是一种精神能量,价值观念、道德品质、社会文化等会对学生的学习动力有着重要作用。民主、平等的师生交往、生生交往的心理场可以作为相对于学生主体的环境。课堂生态支持学生的主体性、教师的引导性,以及师生在教与学中的积极交互。

(二) 生态化教学的结构关系

生态化教学的结构是指生态化教学系统内部各要素之间的稳定联系形式以及其教学与外部环境之间的关系形式。生态化教学之所以和其他的教学模式有区别,就在于它的结构上的差异,其六大要素以及它们作为主要结构成分,并在运作上显现出各教学因子通过生态要素呈现出特点和功能上的不同。教学因子的生态特征凸显是要素结构优化的表征。以知识传授为要素结构特征的教学模式就不是生态化教学。基于学生可持续发展的取向与表现的形式,形成了以生态性

---

① 黑格尔：小逻辑,上海人民出版社,2009.

为规定性的生态化教学。

生态化教学的要素—结构关系可以这样表述：

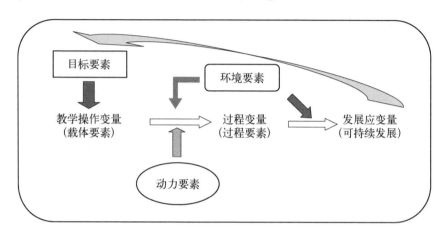

在上述示意图上，我们可以看到三个变量，自变量"作业"对过程变量——"表现"起着操作变量功能，通过这个过程变量引起了"发展"这个应变量的变化，促进学生发展目标实现。我们也可以从上图中看到内在的动力要素——动机、外在环境要素——物质、信息与能量三要素作用于上述变化过程中。学生的目标要素对操作变量、过程变量起着引领作用。我们可以用数学函数式来表示：

$$F(\text{Ds}) = f[(W) \cdot (P)] \times [(M) \cdot (E)]$$

Ds 代表"学生发展"，W 代表"载体"，P 代表"过程"，M 代表"内在动力"，E 代表环境，上述函数式表示的四个变量的函数值是学生素养的发展。以生态化教学的函数公式表示，可以更好地把握其的本质与流程。

四、生态化教学的实施要点

(一) 教师教学行为的生态化

教师课堂行为必须符合生态化的要求，正确处理主体与环境的生态关系，为学生发展提供精神与心理上的支持。"教师行为生态化"是以生态观念思考和认识师生关系中的教与学的关系问题，使教师的行为符合生态学原则和原理。教师课堂行为生态化，其实质是把教师的课堂行为问题提到生态高度，进而使教师行为与课堂生态环境的发展一体化。师生关系影响着课堂结构、功能，教师课堂行为生态化就是以生态学基本原则和原理正确地解决教师行为与学生成长环境的关系。课堂教学行为生态化主要表现在教学活动中教师民主与平等对待学生、尊重与维护学生权利、课堂教学行为绿色化三个方面。

促进教师教学行为生态化的操作要点：

1. 以民主精神对待学生

（1）具有教育民主观念。要抛弃教师权威观，改变"指令—服从"的师生关系，以民主精神尊重学生，尊重学生的主体性。

（2）平等对待学生的事情。教师平等地与学生交往，不歧视任何一个学生。教师在处理课堂上学生发生的事情时，应该公正地对待学生，无论其出身如何、学习成绩怎样，都一视同仁。

（3）尊重学生人格。只有关注儿童心灵的教育，才是人类的教育，才是真正意义上的教育。教师要尊重学生的人格，尊重学生的差异，尊重学生的选择，尊重学生的意见，尊重学生的学习方式。

（4）给予道德上的关怀。"培养一个人的心智，而忽略道德，无异于给社会树敌。"[①]生态化教学不仅是教学，更应成为心灵的教育、生命智慧的教育，为学生提供一个充满人文关怀、追求生命意义、纯洁灵魂的关怀，让学生成为懂人性、尊人道、重人权、讲人格的学生。

（5）鼓励师生合作，欣赏每一个学生。把整个教学成为在师生共同活动基础上的共生过程，让学生广泛参与，学会合作，增强合作精神与能力。合作的教与学关系使学生接收的信息量更大了，获得成长的能量也就越大。

2. 切实保障学生的权利

生态化教学提倡义务与权利的统一，把学生应该享有的权利还给学生。我们在课堂中强调以下五项权利必须归属学生：

（1）自由表达与展示的权利。学生处在主体位置上应该享受的第一个权利是话语权，也就是自由表达思想、情感、观点、意见的权利。把课堂的话语权交还给学生之后，教师才可能让学生这个首席生态因子充分活跃起来，达到自主学习状态。

（2）充分质疑和争辩的权利。在课堂学习、探究和交流过程中，学生可以对同伴或老师提出置疑与质疑。学生都可以围绕学习内容与问题解决的方法等，表达自己不同的想法，提出自己的方法，实现智慧碰撞。

（3）自选学习内容和安排活动的权利。允许学生自主选择学习内容，教师在备课时注意创设学生可以选择学习内容和方法的可能，教学中要允许学生采用不同的学习方式。

（4）允许出错或"发散"的权利。在课堂学习中允许学生出错与试错。不要对学生学习过程中的出错进行"修理"，稍对教师设定越雷池半步，就给予训斥。

---

① 西奥多·罗斯福，转引自托马斯·里克纳：美式课堂，海南出版社，2001.

正确处理学生的学习行为,包括学习上的错误。

(5)把评价权利还给学生。重视学生的学习过程和学习表现的自评,也可以同伴或者小组互评。改变由教师把持评价"生杀予夺"大权的做法。

把这些权利落实到位,学生课堂学习的主体地位就得到了保证,课堂就会出现一人为师和生生为师共存的充满活力的局面。

3. 重视教学行为的绿色

教师课堂教学行为的生态化是生态课堂重要的保障。教师必须关爱学生,绝不能以对学生"负责"而伤害学生。教师要主动满足学生成长需求,关注课堂教学行为的卫生,杜绝师源性伤害。课堂教学行为绿色化的基本要求:

(1)讲究课堂教学卫生。控制教学进度,注意教学难度,优化教学过程,减轻学生过度的学习焦虑,避免学生产生学习心理障碍或者心理卫生问题。教师上课的激情会感染学生学习情绪高涨,师生积极情感交融形成生态性心理场。

(2)注重净化教学语言。教师规范的语言传递对学生的热爱、对教育的热爱,是课堂生态中不可或缺的能量。绝不能以侮辱性语言对待学生。不允许教师使用粗鲁的语言,给学生一个健康的语言生态环境。

(3)避免片面不合理行为。教师在课堂教学中必须转变关注的兴奋点,从只关注成绩转变到关注学生的生命状态。关注每个学生生命个体在课堂中的情绪、意志、注意力诸方面的变化,关注学习过程与方法是否科学,关注健康情感价值观的形成。

(4)避免强制与威胁性行为,以循循善诱的方法引导学生。善于控制自己的情绪,绝不能体罚与变相体罚,不能以违反教育伦理的方式强制学生。友善对待学生,让学生在心理上克服"怯师",转向"亲师"。

(5)强化尊重学生的个性行为。教师要关注学生个性健康,尊重学生个性意识、自主精神以及合作意识、创造精神的发展。尊重学生的价值观念,尊重学生个体的解释性,尊重学生的质疑与独立思考,尊重学生发展的个性化,切忌以教师为标准的唯我独尊的行为。

(二)生态化作业的设计与运用

生态化作业是生态化教学的重要载体。课堂中出现的非生态现象主要集中在作业问题上,存在"四多四少"现象,即:作业现成内容多,教师适切性设计少;作业知识巩固多,应用实践的少;作业"一刀切"的多,自主选择的少;教师主观作业多,学生喜欢做的少。这样的作业把学生置于完全被动接受的学习地位,削弱了学生作业的兴趣,忽视了学生的智慧、能力、情感、价值观的生成。作业生态化成了必然的要求。

1. 充分认识生态化作业的概念内涵

作业是指在教与学中师生共同或者学生单独完成的任务,是师生活动的主要载体。作业作为教学的载体需要从生态视角考量。杜威毕生倡导主动作业(active occupations)①。他所主张的作业,是指"复演社会生活中进行的某种工作或与之平行的活动方式"。在杜威的芝加哥大学附属实验学校里,"作业"是一个中心概念,是指儿童的一种活动形式,包括纺纱、织布、烹饪、木工等。这是着眼于儿童经验的发展而对社会生活的典型职业进行分析、归纳和提炼而获得的各种活动方式。在杜威创办的实验学校里,具体实践了他的以儿童社会生活经验为中心的课程编制论。该校课程不是依据传统的学科,而是依据儿童的需要,以作业为中心组织儿童的学习经验的。这种主动作业体现了杜威关于儿童、学科、社会三者统一的课程开发理念,是杜威实现课程与教学相统一的具体体现。杜威的主动作业是一种强调适应学生、适应学生学习的作业,强调丰富学生学习经历,学生能力发展与社会性发展的作业,在突出表现、活动、经验上形成作业提供的活动环境,与我们的生态化作业有着一致性。杜威关于"主动作业"的观点为生态化作业提供了借鉴。

生态化作业是以教育生态学思想指导的,以学生可持续学习为理念,以学生素养发展为价值取向,作业目标、内容、形式与数量适切性、匹配性、丰富性、合理性为特征的,为学生学习设计、运用的整体性、差异性的作业。其内涵:

(1)生态化作业是生态课堂建构的重要载体。师生课堂教与学活动依托生态作业这个载体展开。如果作业是非生态的,必然导致学生学习受到发展障碍。

(2)生态化作业是主体与环境互动的作业。生态作业应该是突出学生主体,优化作业环境,为学生创设安心的、宽容的、有支持的、富有乐趣与创意的作业环境。学生在这样的作业环境中才能积极地通过完成作业获得智慧与快乐。

(3)生态化作业由认知领域扩展到生命全域,是教师、学生、作业之间多维的对话过程。只关注知识的作业是非生态的,忽视学生生命体获得全面的健康的成长,这种作业必须抛弃。

(4)生态化作业必须符合减轻过重学业负担的基本要求。生态作业应该是适宜的,符合学生身心的承载能力。生态作业的理念秉持可持续发展,作业负担应该适宜性、难度适切性、形式多样性。

2. 把握生态化作业与传统作业的区别

(1)传统作业的价值取向较为功利,是分数、应试,常采用题海战,成为加重学生学业负担过重的杀手。生态化作业旨在让学生学会学习,提供人文与科学两方面充分发展的丰富养料,从而丰富学生的精神生活,促进学生精神世界的提升,关注学生对作业的一定情境下的理解与表现、对学生探究与创造能力的培养。

(2)传统作业的狭窄性,是以教材为中心、以知识为中心的教学局限性在作业

---

① 杜威:民主主义与教育,人民教育出版社,2001.

上的反映,必然把作业作为练习。生态化作业具有丰富性,形式多样,包括各种调查、测量、科技制作、社会实践、美术作品、文艺表演、主题活动等,符合生态的丰富性特征。

(3)传统作业强调学生是完成作业的被动者,而不是作业的主体。作业的设计忽视学生主体的条件与意愿,而是被驱使着完成。生态化作业强调学生主体,体现学生的发展需要,充分考虑学生学习的可能性与必要性,学生对作业的设计与运用有着多方面自主选择,例如作业的内容、作业方法、作业时空,甚至作业伙伴的可选择。

(4)传统作业常被理解为回家作业,主要起巩固所学知识的作用,作业功能被弱化。生态化作业是在教与学过程的全程中运用实施,更注重作业的过程与方法,充分发挥了教与学的载体的作用。

(5)传统作业题型都是司空见惯的以知识为中心设计的练习卷等。答案不过是课堂讲解或课本内容的翻版,忽视对学生创造能力的培育,也不关注丰富学生的学习经历,学生做作业会索然无味。生态化作业强调作业的多样性,以适应作业促进学生综合能力发展的需要。

(6)传统作业形式单一,内容机械,统一反复。作业主要以书面练习为主,机械式重复直至熟练。生态化作业以强调学生的经历、经验和兴趣为导向,为学生创造尽可能大的作业与学习的时空,突出作业是为了让学生在多种活动中学习。

3. 生态化作业标准的掌握与运用

把握生态化作业的基本标准,规范作业的生态化实施。生态化作业基本标准:

(1)适切性。生态化作业必须适应学生的学习,满足学生的学习需要。生态化作业要符合学生学习规律,要合目的性,不仅教学目标上的合目的性,更重要的是合乎学生健康成长。要符合学科特质,这样学生才能学到点子上,学得好,而不是学不着边际的无用东西。适应性其本质是对应自然的适应规律、适者生存的生态原理。

(2)匹配性。生态化作业匹配性是指作业的内容与形式等契合。基于生态的整体性,作业内容与形式要与作业目标匹配,具有内在联系。各类作业要具有关联性,要聚焦在学生健康发展这个教学目标上。

(3)丰富性。健康生态的重要特征是生命体的繁荣、生物的丰富,而生态要素的单一是生态系统脆弱或者生物链失衡的表现,必然导致信息传递、能量流动、物质交换上的问题。作业作为教学主要载体应该是丰富多样,满足不同学习内容,满足不同基础学生的学习。生态化作业应该具有思维含量、较高的体验质量,富有创新分量。作业的类型与形式也应该丰富,为学生综合素养发展提供可能,例如探究性作业、表现性作业等,以适应各学科的特质与不同学科学习能力的培养。例如英语学科的作业类似做数学题而不是语言实践活动,是典型的非生态现象。

(4) 合理性。这是指作业的难度、量的控制。基于生态系统的平衡原理,作业系统中的各要素关系要合理,才能产生系统功能的有效发挥。例如作业的难度过难,超过了学生的可接受度,或者作业量上的失度,会导致学习生态的破坏。例如,"英语十六字教学法"提出输入量大于输出量,采用加重学生学习负担的集中识字法,把学母语的方法用到学外语上,培养哑巴英语学习者,犹如不正确的种植方式会导致农作物遭受严重损害,丧失了教育生态伦理。经济合作与发展组织(OECD)发布的《PISA(国际学生评估项目)2018分析框架草案》提出了输入型语用与输出型语用相转换并升华的"读写联系体"这一新概念,对阅读与写作的逻辑联系做出了鲜明、深刻、含义丰富的界定,构建起"读写联系体",开辟了阅读与写作两者之间的衔接通道。[①] 生态化作业首先要在学科的科学性上不能出错,常发现由于教师知识的局限,否定学生正确的作业答案的事例。

(5) 整体性。生态化作业强调,作业作为一个系统由其要素组成众多子系统,整体协调、生态平衡。作业的整体性也表现在作业的三维目标指向要完整与整合,不能只是知识性的作业,而忽视学生能力与综合素养的培养,忽视作业的过程与方法学习的含量。各学科的作业之间要平衡,不能学生语数外作业过多,而音体美活动太少,导致学生发展失衡。

(6) 差异性。这是指作业本身应该具有差异性,以适应不同学科,不同的学生群体、个体。由于作业主体的差异与作业环境的差异,要求作业适应这些差异。为适应这些差异可以采用弹性作业、分层作业、个性化作业等。生态化作业关注学习内容的不同,不同的学习内容应该采用不同作业类型与作业方法。同一作业、同一学生群体,在不同的情境下作业也应该有差异性,情境的差异性才能使同一作业更富有教育价值,才能摆脱标准化学习、追求唯一答案的弊端。生态作业的学习情境性体现了教育生态的特征。

4. 生态化作业运用的要点

生态化作业运用包括作业设计、实施与评价等环节,也包括作业目标、作业内容、作业方法、作业时空以及作业环境的选择、确定与使用。作为预设性的作业设计是作业运用的前提,同时又受作业运用的检验。生态作业实施既要服从于所确定的目标,还要受制于完成作业的条件等因素,更受到学生生理条件和心理特征制约。作业运用是生态系统的主体与环境以作业为载体在互动中完成教与学。

生态化作业设计要把握好以下五个方面:

---

① 易华丽,潘涌:PISA将这样打通阅读与写作,中国教育报,2017年7月14日第5版.

(1)基于教学内容选用作业。作业的设计与选择应该遵循生态适宜性处理教学内容的规定性。教学内容对作业的内容范围具有限定性,设计的作业不能超课程标准的要求。教师应该通过教材的解读,依据课程标准,运用教育生态观念,尤其是生态作业观,科学、合理地设计作业。同时,必须合理处理教材中的作业,应该分别对待:教材上适切的作业要用好,这是大多数;教材上作业不完善的要补充、调整;教材上作业不合理的不用,有错误的不用,不符合学生学习规律的不用。

(2)作业设计要基于学情。在教学实际中我们可以发现,即使同一节课的内容,不同的教师也会设计出不同作业。除了对教学目标的把握不同外,还存在着对所任教学生的学情把握不同。学生的学习基础是作业设计难易度的依据,这体现了生态的适宜性特征。

这要解决好四个问题:

○ 解决学情"空无化"。教案中无学情分析的"空无化"现象表明学生与教材这两个方面在教师心目中处于不同的价值序列上,教师对教材的关注远远大过对学生的关注。教师重点考虑的是如何把教材上符号化的知识呈现给学生,而忽视了作业的主体——学生。

○ 解决学情分析"笼统化",即使作学情分析,也以空泛的话语替代实质性学情分析,例如"学生学习缺少自信心"等。对具体作业内容所涉及的具体学情要表述清楚,如学生学习新内容的学习基础,特别是有关的学习能力基础等,在设计作业时要清晰把握。

○ 克服学情把握上的"主观化"。常发现学情分析上主观的猜测,教师从自己的教学经历出发而得出的臆想性结论。作业设计要基于学生学习具体的内容与相关作业的原有基础、可能遇到的困难要课前调查与把握。

○ 克服学情分析"狭窄化",这是指对学生的学情分析停留在知识的掌握上,忽视学生在学习内容上全面的基础,包括认知、情感、行为以及相关能力的现状分析、现状与要求之间距离的分析等。

作业学情分析上的"空无化"等凸显了作业问题上忽视生态主体的存在。生态化作业强调"为学习者设计作业",研究学生的实际情况,优化作业的生态。

(3)作业设计要目标明晰。生态作业以学生可持续发展、健康发展为价值取向,以学会学习与三维目标为价值表现。作业是以知识性为取向的作业,还是以发展能力为取向的作业,是以接受性为取向的作业,还是以探究、表现与创新为取向的作业,需要价值引领。在生态化教学目标导向下,教师设计的作业要有明晰的具体目标,具体的作业到底解决什么问题,才能使作业成为低消耗高效能的教与学活动,才能减轻学生作业负担。必须摒弃机械的死记硬背,或枯燥的题海苦练,或呆板的知识仿效,或钻牛角尖的非生态化作业。

（4）作业设计要内容合理。教学中的作业内容是要依据教学目标选择与组织的,不仅有丰富的作业,而且要有合理的难度与数量。划一的作业不能适合全部学生,生态化作业强调作业的差异性,因人而异,因学而异。在选择作业时把握"优先、必要、选择"原则,"优先"就是教材上的合理的、符合学情的作业优先使用;"必要"就是补充的作业必须是必要的,必须在内容上、数量上控制;"选择"就是补充作业不能整页整本照搬,社会上的作业要有选择地使用。

（5）作业设计要类型多样化。作业类型会影响学生学习活动形式,作业类型多样性,才能使作业的生态丰富,提供良好的学习"土壤"。作业从表现形式分可以是练习型作业、操作型作业、实践型作业、探究型作业、鉴赏型作业等,从表现结果分可以是作品作业、录音作业、网络作业、演唱作业、竞赛作业等,从实施方式分可以是自主作业、合作作业等,还可以按照时间、空间来分类设计与实施作业。作业的类型与形式适切作业内容,才是作业形式多样化的要旨。

5. 生态化作业实施的四个要点

生态化作业的第二个重要环节是其实施,即设计的作业付之具体操作。

（1）以民主的精神实施作业。尽管完成合理的作业是学生的学习责任,但是教师实施作业的方法必须民主。非生态化的作业实施时而可见,例如强制作业、作业训斥,甚至罚做作业也不是没有,有的教师喜欢采用题海战的方式实施作业。生态作业的实施要求教师以民主的精神,采取引导的方式实施作业,最大限度地激发学生学习热情。

（2）给予学生完成作业的自主选择。教师应该尊重学生在作业上的自主选择,允许学生对作业内容、方式、时间、空间、伙伴等方面根据自己的实际情况作出选择。学生通过自主选择在完成作业过程中能更好地表现,获得体验与感悟,能够实践与应用。生态化作业强调学生自己独立或者合作完成作业,应该给学生留出时间有机会去选择,教师要关注作业实施时把学习的主动权交给学生。

（3）充分调动学生身心完成作业。作业实施要激发学生动手、动口、动脑。多种感觉器官参与作业活动可以提高作业的效益,"听讲课堂上加上视觉因素,会增加 $14\%\sim38\%$ 的记忆"(Pike, 1984)。"教学中的一张图纸比仅仅说话的效率要高上 3 倍"[①]。这些研究都表明完成作业应该是多通道的,要调动学生的多种获得信息的感觉器官。学习心理学认为学习不完全是认知的神经过程,意志情感等神经过程也必定参与活动,这是强化系统作用于认知系统。生态作业提供学生多种感觉器官参与学习活动,以多种感觉通道形成综合的学习方式。

---

① M.希尔伯曼:积极学习 101 种有效教学策略,华东师范大学出版社,2005.10.

（4）作业实施要有弹性。作业实施的弹性意味着作业的差异性、层次性。学生在完成基本作业后，可根据实际需要选做一定的拓展性作业。对于困难学生，教师首先要关注他们的基本作业，务求让学生真正学有所得，对于他们不是作业的量的问题，而是通过典型的作业让学生掌握基本的学科知识，并通过这些作业学习思维方法和学习方法。对作业困难的学生，布置少量的针对其知识与能力缺陷的作业，让他们有可能逐步通过补缺补差，赶上应达到的学习水平。在实施作业时，也可以在作业完成时间上采取弹性。

（三）教学方式的生态化

生态化教学本着生态系统的丰富性、适宜性、差异性、协变性等特征，通过与学生学习相匹配的多元教学方式整合，建构适应课堂的生态。教与学方式生态化是指通过优化与整合教与学的组织形态、组织形式、活动形式以及学习方式，不断优化课堂生态，提升教学的自觉调适能力，凸显教学生态特征的过程。

教学方式生态化需要教学生态思维。选择、综合运用教与学多种方式，整合各种教学因子，因课程、学生、教师的特点和条件而相应变化，是一种教学生态思维过程。每一种教学方式都有其优势与不足。教师在每堂课上合理选择与整合教学形式，以适应学生学习的丰富性、差异性，综合运用教学形式，使之相互取长补短、相辅相成，发挥整体综合效应，促进教学生态化。教师实施生态化教学的"面向教材——因'课'整合、面向学生——因'生'整合、面向教师——因'教'整合、面向条件——因'境'整合"的"四整合"。

生态化教学的教学方式综合运用

课堂组织形态 ——	辐射型、中空型、正列型	—— 合理选择
教师教学形式 ——	班级教学、分组教学、个别化教学	—— 灵活切换
学生学习方式 ——	自主学习、合作学习	—— 优势利用
学习活动形式 ——	体验学习、探究学习、表现学习	—— 综合运用

1. 课堂形态的合理选择与运用

课堂教学组织形态主要指通过课堂师生空间占位（例如学生座位排列），形成师生教与学活动的一定的形态。课堂形态的变化会影响学生与教师、学生与学生的空间分布、心理距离、教学环境对教与学产生的作用。利用教学组织形态的改变建构良好的课堂生态，促进学生学习心理环境的优化。

课堂教学组织形态应该以与课堂教学方式相匹配进行整合，使教学活动在空间与时间上得以重组，使教师的教与学生的学的活动形式增多，充分展开实验、操练等活动形式,增强教与学的活动水平,提高学习活动的密度、强度、频度、效度。生态化教学课堂形式呈现多变性,课桌形态的经常变化、座位的不断变动,使学生处在动态的学习环境中,使学生个体生态位得以扩展,学习不再是一潭死水,而是流动的活水。课堂教学组织形态主要有三大类型:

(1) 正列式形态。这是以分组直列的矩阵排列,以若干纵向小组构成班级空间形态。这种课堂形态以教师面对全体学生为主,全体学生面朝黑板,常用于简单的传授式教学。其缺点是学生交互学习程度低,引发了课堂形态的变革。

(2) 辐射型形态。这种空间形态以中心散开形式排列建构空间,有两种较为常见,一是星状排列式,以中心散开形态排列,即以中间一组或两组向周围分散排列成星状,这种排列容易从小组学习转为组际交流或者全班学习,减小教学空间形态的过长或者过宽。其最明显特点是可以促使教师走下讲台,走向学生,在学生间进行讲解、提问、听回答、用动作暗示学生等。二是半圆形空间形态。这是将教与学的活动空间围成半圆形,圆心与每小组成等距离,不仅使所有学生可以清晰观察到中心上的教师示范或者学生的表现,而且组际距离较近,容易形成一种组际学生的互相观摩与激励。这种形态适宜于需要充分活动的学科,同时又要观察教师操作示范的课型。

(3) 中空型空间形态

这种空间形态是在教室或者活动场地中间留有空间,而在周围排列多个小组。这种班级形态为师生留有较为充足的活动空间,以展示自己的教与学。中空型空间形态也有多种形态,例如 U 字形、环形、方形等。U 字形是将课堂座位排列成 U 字形,主要特点是适应学习内容,学生可以分成三个部分,每一部分分别在左中右三个方向,每一部分有若干小组排列。环形是将学生围成圆形,学生可以就地而坐,没有桌子椅子,也可以只有椅子。这有利于学生互动形成自由的学习氛围。方形这种形态一般摆放课桌,学生坐在课桌之后,较为正式。这比较适用组内讨论后的组际交流。学生观点多元较为分散的情况下,采用正方形形态有利于组织学生进行团队讨论与辩论,直面对手。生态化课堂需要课堂形态适宜性改变,利用教室物理空间的不同形态的特点,合理选择运用,增强学习适应性。

2. **教学形式的灵活切换**

生态化教学注重教学形式的组合,通过全班教学、分组教学与个别化教学的交替运用增强学生学习效能。根据教学的需要以及学生的情况做出合理的抉择,灵活切换教学形式。

分组教学将班级授课制条件下学生个体间的离散的学习关系改变为组内合作关系,使得学习关系与教学关系更和谐。运用以分组教学为中心,整合全班学习、小组合作,将传统教学师生之间单向交流改变为师生、生生之间的多向交流,有选择地灵活运用同质与异质编组,给予充分的小组学习时间,提高小组学习的深度,同时关注学生合作能力与社会技能的进步。在生态化教学过程中,全班教学也不应该是划一的,应该以合作教与学作为主要特征,增强师生互动,变教师"一言堂"为师生群言堂。个别化教学可以面对面的个别教学,例如,一对一作业面批、个别解答疑惑等,也可以面对几个学生对共同问题进行辅导,例如,小群体的答疑、类似的作业反馈等。

教学形式的灵活切换中要注意群体的交互,也要关注学生个体学习状态,因材施教,要特别关注困难学生与资优生,使每个学生都能从教与学活动中受益。课堂教学形式要综合运用,扬长避短合理灵活处理教学目标、教学内容、教学方法和教学评价等教学因子,使每个学生都以适合其特点的学习,都能在原有基础上获得进步,从而实现其学习的目标。

3. 学习方式的优势利用

生态化教学关注学生掌握学习方式,倡导自主学习、合作学习的优势运用。UNESCO的纳伊曼指出,"如果现在约用80%的时间传授知识,用20%的时间来获得学习方法和研究方法的话",那么在未来,"这个比例应该倒过来"。生态化教学正是为这样的教学改革创造了有利条件,才有可能实现学习方式的转变。自主学习与合作学习是学生学会学习的重要内容。

自主学习表征的是学习的内在品质,自主学习对所有学生都适用,不仅是学习成绩良好的学生需要着力培养,而且对成绩困难的学生也要激发他们"要学习"的愿望,增强他们的自主学习意识。"在一个整体的环境中,当赋予学生以信任和权利以后,其学习的质和量都会出现指数级变化,尤其是当学习和自我发现取代了分数和等级而成为课程核心以后,学生对自己的要求就会更高。"[①]课堂生态是自主学习的重要条件。在教与学互动中的自主学习,学生可以根据自身条件和需要自由地选择学习目标、学习内容、学习方法,并通过自我调控学习活动完成具体学习任务。

合作学习将生态学共生原理纳入教与学之中,强调共生对于认知发展的促进功能。"共生与竞争"关系将传统教学单向交流改变为师生、生生之间的多向交流,不仅提高学生学习的交互性,还能促进学生积极心理品质发展和社会能力的进步。在自主与合作学习时要关注同质性的合作学习,也要关注异质性合作性学习,促进学习上同层次、同类型学生之间以及不同学习水平学生间的交互,增强信息的传递。关注不同学科学习方式的选择,不同学科其性质、学习内容、学习方

① Slattey P. Curriculum Development in the Postmodern Era[M]. New York & London: Garland Publishing, Inc.,1995: 173 - 174.

法、学习过程不同,在学习方式选择上会有不同的要求,或者倾向性。学习方式优势利用体现了生态化教学的适宜性。

4. **学习活动形式的综合利用**

生态化教学注重体验学习、表现学习、探究学习及其整合运用。探究性学习是学生在学习中探索问题的学习方式。探究学习活动更注重获得知识的过程与方法的经历,增强学生自我吸取知识的内部动力。古希腊的苏格拉底曾说,"我不以知识授予别人,而是使知识自己产生的产婆。"苏格拉底认为,教师的任务并不只是传播真理,而是要做一个新生思想的"产婆"。教育家施瓦布指出:"如果要学生学习科学的方法,那么有什么学习比通过积极地投入到探究的过程中去更好呢?"学习过程变成学生不断提出问题、解决问题的探索过程,并能针对不同的学习内容,选择不同的学习方式,使学生的学习变得丰富而有个性。

学习的过程也是形成经历与经验的过程。学生体验式学习让学生亲历经历,不但有助于通过多种活动探究和获取知识,更重要的是学生在体验中能够逐步掌握学习的一般规律和方法,从而达到可持续学习的目的。"表现性学习旨在推动教与学从求知到表现的转变,'表现'是一种通过经历获得经验的学习,是学习结果的表征。表现性学习的价值在于其以能力培养与发展为价值取向的一种新的学习范式"(王钰城,2009)。表现性学习的重要价值是体现了当代教育重要的"范式转换":从求知转向表现的学习,由探究普适性的教育转向寻求情境化的教育意义。这种学习方式转变传统教学缺少对学生学习过程中个体发展的关注,忽视学生能力培养,系统的知识几乎成为"课程"的代名词。表现性学习旨在让学生走出过去那种机械训练、死记硬背的学习境况,转而走向用自己的眼睛观察、用自己的头脑思考、用自己的语言表达、用自己的双手操作的学习新局面。

这三大学习活动形式各有其特点与特定的功能,在促进学生学习过程中要综合运用。通过多种多样的学习活动形式使学习更具有适宜性,丰富学生学习经历。

(四) 生态化教学的系统性整合

1. **生态化教学的系统整合**

生态化教学系统整合是指依托课堂生态系统,通过教师课堂教学行为生态化、生态化作业实施和教学方式生态化的系统整合,促进课堂生态因子与要素的交互,充分发挥支持学生发展的课堂生态系统功能。生态化教学系统整合反映课堂生态的本质是以生态主体学习与成长为目标的主体与环境交互协调发展。通过生态化教学的系统性整合。克服教学中观念混乱、结构碎片化、缺乏内在联系的缺陷,整体实施生态化教学,增强课堂生态功能。

生态化教学系统整合的内涵:

● 生态化教学的系统整合是依据教育生态学的思想与原理,从课堂生态的特征出发,按照生态化教学的基本要求进行系统整合。

● 生态化教学的系统整合是一种教学创新思维过程,需要教学思维创新。课堂生态中的上述三个子系统各自的因子如何整合、这三个子系统如何整合都需要适切,需要以生态化的教学思维来思考,这是一个教学创新过程。

● 生态化教学的系统整合是一个转化过程:把教学从着眼于教学的未来的"理想"转化成着眼于生态化教学背后的"思维",再转化为一种着眼于生态化教学的现实"状态"。这一转化过程就是教师把自己的专业素养与教学材料、学生的学习活动及其他课程资源有机结合,使课堂教学获得生命形态的过程。

● 生态化教学最大的整合是学生的学与教师的教的整合,教学不应该是教师唱独角戏,教学目标具有合理性。

● 生态化教学系统整合的特点在于其系统关键结构的整合:"教师课堂教学行为生态化",这是指向课堂生态系统中的师生关系的主体结构;"生态化作业的设计与运用"作为生态化教学的载体,指向课堂生态中的活动体系,涉及课堂教学做什么的内容指向;"教学形式选择与综合运用"是课堂生态系统中的活动形式结构。由此形成了主体下的内容与形式的形态结构系统。

2. 生态化教学系统整合的方略

(1) 遵循规律、目标导向

生态化教学的系统整合是基于课堂生态系统,通过不断的自组织使课堂成为一个耗散结构,成为具有活力的课堂生态系统。

生态化教学的系统整合首要"遵循规律"。整合要依据课堂生态规律,根据课堂生态的物质交换、能量流动与信息交流的特点,组织教与学活动,按照教学形态、教学形式、学习方式与学习活动形式的各自特点,各自适应指征而综合运用。这体现为教师在生态化教学中做出理性选择和灵活运用,表现出对教学的自觉调适能力。不遵循生态规律的"整合"越有力,造成的不良后果越严重。自觉遵循教学生态规律的教学系统整合是教育生态自觉的表现。

"目标导向"是系统整合的关键。生态化教学的系统整合必须遵循生态化的目标导向,生态化教学目标起着统领性作用,指引教学的具体目标,才能实现生态化的整体目标。在具体一节课中教学目标要对教学内容、教学形式以及教学过程起着导向与制约作用。教师要充分关注课堂生态的特征与优势,把握最佳时机,优化师生关系,运用最适宜教学方式,设计生态作业,改进教学过程,实现生态化教学的系统整合。

(2) 系统思考建构策略思想

系统整合必须有与此匹配的策略思想与策略体系。生态化教学的教学策略思想是体现其教学规律与教学原则在教学中普遍适用的方法思想。课堂生态建构的策略思想从方法论角度看,是体现生态化教学的方法思想,并以此引领实践的较为宏观的方法。"以教学生态化为导向,以课堂生态营造为依托,以'三大'子系统整合为路径"的生态化教学整合策略思想,是基于对生态化教学与课堂生态本质与特征认识,即生态化教学与生态课堂具有一致性,这两者的目标指向都是为师生教与学创造良好的教育生态。这个策略思想是建立在对生态化教学的要素、结构的把握基础上,教学的要素、结构的生态化导致课堂教学的正向变化,生成生态课堂,彼此叠加增强课堂生态功能。生态课堂营造中教师课堂教学行为生态化、生态化作业的设计与运用和教学形式选择与综合运用三大子系统的整合是关键。要依据这三者的特点与优势,根据教学需要合理运用,适应学生的学习。生态化教学系统整合的策略要关注这三个子系统基本的操作要求。

（3）以交互与交融增强系统整合

生态化教学的系统整合中三大子系统不是孤立的,单项独进,这三个子系统分别在生态课堂的主体、载体、机制上互相交互与交融中发挥整体功能。生态化教学的系统整合中交互与交融是动态的。课堂生态中的因子与要素的复杂性以及多元性,适应这种复杂多变的教学必须是动态的。系统整合就是由因子与要素的动态性所决定的。生态化教学的系统整合要适应变化着的课堂生态系统,创新整合方法,要随着条件的改变、教学活动的变化而相应地调整,推进系统整合,形成良好的课堂生态。

增强教学因子的交互,教学目标、教学内容、教学形式、教学过程等都需要互相关联、互相交互。这些因子的交互不仅要体现科学性,而且也要有艺术性。教学艺术性需要教师的情感和学生的情感。生态化的教法注重学生的情感发展。教师要充分运用教材中的情境、情理、情趣、情态激发学生的情思,启发学生的情感,活跃思路、丰富想象、充满热情,带着愉悦情感,积极从事学习活动。

增强教学的要素交融,课堂生态系统中的物质、能量与信息的交融,才能使课堂生态维持与发展。上述三个生态要素又在教师课堂教学行为生态化、生态化作业实施和教学方式生态化这三个子系统中交融。教学形式选择与综合运用中,有着师生爱的能量、精神能量,有着课程、作业的信息,还有着教学设施、物质的支持,生态三要素在课堂生态活动系统中交融,增强系统整体生态功能。

第八章 生态型德育的建构

德育生态是整个教育生态系统的重要组成部分。德育是指向人的德行培养的教育,需要健康的德育生态为基础。德育应该处在一个动态、平衡、和谐的生态系统中,才能真正发挥其实效,才能促进个体生命的健康发展。

一、德育生态的价值视域

(一) 德育生态研究的发展启示

1923 年生态学家莱奥波尔德(Leopold, A.)创建了生态伦理学,他从机能整体性的自然观出发,认识到任何不可分割的事物都是一种活的存在,肯定了由各种生物(包括人类)和无机环境组成的大地共同体,是一个活生生的、富有生命力的存在物。奥地利物理学家卡普拉提出了"生态世界观",用生物学、医学、心理学和经济学四个学科领域为骨架建构个人、社会和生态系统的健康模式,深切地把握生命本质。英国科学家拉塞尔(Rusell, P.)提出高度协同的世界观,呼唤人们建立全球生态意识和高度协同的世界观。哲学家、生态学家萨克塞提出"深层生态学",论证了自然的自身价值,批评了人类中心论。美国国际环境伦理学会主席罗尔斯顿在《哲学走向荒野》一书中呼吁,"哲学界转向对人类与地球生态系统的严肃反思"。生态学及其生态哲学的发展不仅为人类保护和建设生态环境、尊重生命以实现可持续发展提供了科学依据,也形成了人们认识世界的一种思维方式。

道德教育思想中蕴含着丰富的生态智慧。国际上现代教育家对道德教育的生态思想主要表现在:一是价值维度彰显生态个体价值,追求个体自我实现。他们把受教育者看作是德育生态系统中非常重要的一个要素,把生态化定位在教育的目的是促使个体价值的实现与社会价值的实现相统一,积极培养社会所需要的富有个性及富有价值主体性的人才,认为道德教育既不是为了塑造一个社会实体,也不是促进儿童的社会化,而是帮助儿童把自己从强制力量和外部控制下解放出来,使其无拘无束地自由发展。卢梭的自然主义教育观认为,教育的任务是使儿童"归于自然",弃恶从善恢复其天性,教育应顺应人的自然天性,使人在自然中率性发展,培养自然人。教师不应当给儿童施加压力,而应像园丁一样呵护儿童。在人文主义看来,工业社会的机械化、非人格化等特征对个人的自我实现造成压抑,因而重视个人价值的实现和重视个人品德的发展,并认为,"教育的根本目的在于个人的成长和自我实现,而不是掌握知识""教育要最大限度地促使自我发展"①。二是方式维度上凸显生态适应性和协调性。杜威指出:"只有理智的自由才是唯一的永远具有重要性的自由,这就是说,理智的自由就是对于有真正内在价值的目的,能够做出观察和判断的自由。"②杜威认为理想的道德教育的方法是民主的方法,而民主的方法也就是科学的方法,即利用智慧进行批判性探究的方法,帮助学生识别道德规范,增强判断能力,道德教育过程不应是灌输道德原则和道德规范的过程。科尔伯格提倡教育过程使学生民主参与,反对道德说教和灌输,主张利用学校环境和伙伴关系促进学生道德发展。班杜拉的社会学习道德教育理论注重研究教育对象的行为形成,认为成人与环境对学生道德行为的影响。这些方法都含有一定的生态性,都重视与个体对象的协调、和环境的适应,这正是生态教育思想的体现,表明新的生态德育观正在发展。

我国对道德教育历来重视,有着悠久历史,"但传统的道德教育研究大部分都是基于'知识本位'或者'关系本位'。而真正立足于'生态本位'的道德教育生态学研究却并不多见"③"当前国内有关德育研究得比较多的主要是'生态道德教育',或称之为'环境道德教育',这里的'生态'主要是指自然生态环境,因此,其研究也侧重于如何对自然生态环境讲道德,如何保护我们的自然生存环境,建立人与大自然和谐发展的关系,树立维护自然生态环境的道德意识,确立维护自然生态环境的道德责任等方面。"④总体来看,学校德育生态与生态型德育的研究正处在初始阶段。从文献资料来看,大多论文都是研究生论文,这些文章"认为目前学校德育存在的危机从实质上讲其实是德育的生态性危机,都极力主张应该将生态学引进德育,运用生态学的原理和方法论去发现、分析、研究德育中存在的问题和难题"⑤。德育生态与生态型德育要加强深度研究,不少观点值得商榷,概念不清晰,不少是套用德育生态概念的帽子。这启示我们将生态学理论与德育实践在内在联系上展开研究,真正建立德育生态领域的话语体系,用以解释与指导德育实践。

(二)学校德育生态面临的修复

1. 学校德育面临的生态环境

社会快速进步、科学迅猛发展、道德需求提升,都需要一个平衡而和谐的生态环境。然而,在20世纪经济、文化教育、科学技术等都出现了盛况空前的背后,人类社会已经危机四伏。从自然环境危机到社会环境危机,作为人类社会精神表征

---

① 罗伯特梅逊. 西方当代教育理论[M].北京:文化教育出版社,1984.2.
② 杜威:我们怎样思维·经验和教育[M]. 北京:人民教育出版社,1991.
③ 韩雪:学校德育生态研究[D]. 河南大学,2008.
④⑤ ibid.

的道德体系则始终处于社会变革发展中深层危机的中心。正如美国哲学家 A. 麦金太尔所言，当代人类的道德实践正面临深刻的危机，并处于严重的无序状态。拜金主义、个人主义泛滥的道德失范现象、社会丑恶现象和社会公害屡禁不止，功利因素的膨胀、价值体系的颠覆、环境污染的严重，乃至科学技术进步引发的伦理道德问题，无时无刻不在困扰着人类。面对诸多伦理道德问题，各国伦理学家都在进行艰难的思考和探索，涌现出了多种理论和方法，试图从不同角度、不同层面寻求解决危机的答案和方法，然而任重而道远。

我们又面临着与封闭的计划经济下生产力不高相适应的一些道德，和开放的市场经济中蓬勃的经济活力要求下适应的道德发生的冲突，以及伴随市场经济较快发展，非道德行为和现象所表现出来的不容忽视的道德滑坡。这些主要表现为：一是物欲横流，追求享乐，纸醉金迷，一切行为向钱看成为拜金主义者。二是非利勿为，欺诈成性，假冒伪劣到了丧失人性的程度，滋生出厚颜无耻且不择手段唯利是图者。三是贪婪成性贪污腐化，不受贿白不受贿，无视规则与法律的损人利己者。四是躲避崇高流行。为了自身利益牺牲人格、自我萎缩，在不少人那里媚俗成为一种时尚，他们躲避崇高就如同躲避瘟疫，精神生活平庸化，丧失了对美好信念和理想的起码追求，而以无信仰为荣。五是躺平心态蔓延。不履行责任、明哲保身、处世冷漠成为许多人的生活信条，见死不救的现象屡见不鲜。社会转型时期的经济发展转型、社会结构转型、思想行为模式转型的特点以及社会生活快速变化对学校德育生态产生了影响。这就要求学校德育要面对这些道德困境加以正确对待与解决。

学校德育常处于社会生活之外，清谈空谈道德，偏重德育知识的传授，忽略在社会生活的真实背景下道德行为的养成和道德情感的提升，更是忽视道德践行。道德知识的传授，与真实的社会生活世界相脱离，真实又复杂的社会生活真谛被遮蔽，学生缺乏感性生活的感悟，只能是死背教条，难以言行一致。

学生在家庭生活、社会生活中所感受到的，常与课堂上教师讲的不一致。老师说学生要诚实，考试不能作弊，而虚假商品、虚假广告充塞于耳。有学生在一次讨论中发出这样的感叹："为什么现在购买物品变成了提心吊胆的事？"黑煤矿、毒牛奶、毒馒头、贩婴国外、暴力强拆等生活中的丑恶现象冲击着幼嫩的心灵，有学生问道："这些人的人性到底到什么地方去了？"对人性善，年轻人感到迷茫。生活中的道德现象与学校里讲的与要求的脱节，影响着中小学学生的健康成长。从德育价值的生态角度考量存在着利己、利他二元分裂的温床。"利己"与"利他"的失衡导致权利与义务理解中的错位，"完全义务""不完全义务"的失衡，多数人的"无我"会导致少数人的"唯我"，表面上的"无我"导致内心的"唯我"，从而带来了道德虚伪，社会道德生态也将遭受破坏。对利己与利他关系的澄清和合理践行仍然是学校道德教育要着重解决的问题。

2. 学生德育生态偏差的思考

学校德育生态问题主要表现在学校教育过程缺少生命关怀,道德教育变成"美德袋"式的知性占有教育,将确定性的美德知识灌入其中,造就悬于生活世界之上的"美德袋"。这种德育模式把活的生命体看成一架"机器",学生成了道德知识"概念的木乃伊"和伦理名词的考试机器,人被加工定型,或灌装道德知识的"容器"。这种主知主义德育缺乏生命意识,使得道德的接受与内化间失衡,缺失道德与生命的生态亲和性,学生精神需求失衡,造就"道德文盲"。

道德教育中带有隐性的抑制和压抑,通过自我意识故意排除人格中与道德价值不和谐的一切特征和倾向,对消极面有意识地否认以达到圣人道德,结果主体只形成了一种"表面人格"或"人格面具"。"表面人格"往往是概念化的、形式化的和理性化的,它和内在人格是对立的和格格不入的。"表面人格"遮掩下学生学会的只是道德表演,一旦离开表演的舞台,所有的膨胀和抑制状态都伴随着有意识的限制而出现,使个体的道德水平和群体道德标准之间差距越来越大。福柯认为这是道德上的"家长主义"(paternalism)①,伦理学家石里克也认为:"很久以来,教育的绝大多数工作就是抑制或禁止,我们的道德具有高度禁令的特点。"②费孝通说:"一个孩子在一小时中所受到的干涉,一定会超过成年人一年中所受的社会指责次数。"③道德教育中,学生的自然的人格遭受破坏,片面的人格发展导致了他们道德行为失调,人格生态与道德行为生态紊乱,意识与行动分裂,这是学生离开道德表演的舞台回到生活世界道德行为失范的原因之一。道德教育上的一元性与社会价值的多元性,内容上的高大上与生活的现实性,话语上的劝诫性、指令性与民主性失衡,使学校德育缺乏学生主体与德育内容间的能量、信息的生态互动与交流,教师成为"独白"的诵经者,学生的道德精神难以张扬。

学校德育生态适宜性值得关注,重整体、轻个体,物化德育对象,抹杀学生个性差异,试图以一个"模子"塑造相同的学生,企图将不同的学生培养成相同的"人才",因而按统一的标准,用相同的载体和方式,以划一的评价开展千篇一律的德育工作,结果造成德育生态系统严重缺乏生命性、丰富性和适宜性。德育过多依赖于学校教育,而没能把家庭与社会较好地联合起来,形成德育的整体合力,还没形成一个有机的大德育生态系统。德育工作者似乎变得有些浮躁,甚至是急功近利,自觉或不自觉地把成人的某些标准以自上而下的方式强加于儿童,不顾儿童

---

① Foucault: The History of Sexuality, New York: Random House, 1990.
② 莫里茨·石里克. 伦理学问题[M].北京:华夏出版社,2001.7.
③ 费孝通. 乡土中国,生育制度[M]. 北京:北京大学出版社,1998.

生活实践进行圣人化、理想化的教育;常采用"训导"和"纯记忆"的方式来进行德育,结果导致德育被智育化,德育不是根植于生活而是变成了空洞的说教,陷入了为了道德知识而教道德的困境。儿童品德发展与智力发展严重不平衡,会导致他们在社会生活中往往知行脱节。

传统教育的消极特征就是习惯于采用消极教育,教师总是把自己的全部注意力或绝大部分注意力放在应对学生各种外显问题上,并以病理范式来对待这些问题,把工作重心放在修补学生的各种问题上。这种"类医学"式的消极教育使学生的许多正常的积极教育受到极大的限制,积极的品德养成没有得到重视。这种单一的矫治技能导致教师只会用问题的眼光审视学生,放大学生的问题,习惯地采用专制压抑的手段对付学生,教育处于恶性循环,少有心灵的对话。这样的教育表现出了典型的非生态化特征。改变病理范式来对待学生发展问题,修复德育生态。

德育课程教材是德育系统进行能量、信息交流的载体,在德育生态系统中有着不可缺失的生态位。沟通文化、联结生活是德育生态位的基本特性。改变德育内容远离生活世界,改变解读上带有的生硬,在转化及生成上以现实生活滋养学生的精神世界。不少班主任实施德育的主要方式是谈话以及主题班会。常见的与学生个别谈话是为了学生认错,"保证"以后不再犯错,再犯就训斥、威胁,乃至变相体罚,心罚更是课内课外常见。不少主题班会是教师问问题学生作答式的教学,再加上朗诵、唱歌、跳舞。教育内容脱离学生的生活实际,学生在不同生活领域中所遇到的困惑,缺少真正进入道德教育。往往以教师喜欢的"主题"来设定教育内容,概念性的话语不少,学生的"做人能力"没有进入教师视野,形成了这类"空对空"的主题教育,这使得用灌输的方式及"泛道德化"的语言解释文本常见。"科学的道德应当以事实,而不以规范作为出发点。换言之,构成科学道德之基础的不应是合乎欲望的东西,而应是实际上欲望的东西。"[①]在价值多元化的社会里,这种封闭、空虚的德育模式往往使"身教"与"言教"相悖,导致两种道德危机出现:一种是主导价值丧失权威性,另一种是教育关系的对抗性。这种德育的效果欠佳是必然的。

学校德育系统封闭,德育生态失衡突出,致使学校德育实效低下。令人值得思考的是,学校德育受到的重视程度与学校德育投入的时间和精力同所收到的效果不成正比。德育系统的"水土流失",部分青少年学生心灵、情感世界的"沙漠化",在很大程度上与学校德育的"土壤贫瘠、污染",也就是学校德育生态系统的消退、失衡相关。其中很重要的就是德育实践中的某些方面不符合生态原理,没

---

① 周辅成:西方著名伦理学家评传[M]. 上海:上海人民出版社,1987.

有真正做到保持学校德育的生态适宜与和谐,学校德育自觉不自觉地脱离了整体的生态环境,造成单方面用力和力量的空耗,使学校德育始终在低谷中徘徊。当今中西文化冲突与价值多元的背景下,要把学生的精神成为"绿洲",使个体重新焕发多样的生命光彩,必须从生态学的角度对德育进行全新的思考,赋予学校德育以生态性,树立德育生态理念,化解学校德育的生态失衡,优化学校德育生态系统。

3. 德育生态:德育健康发展的基本保障

(1) 德育生态是德育发展的基础

德育生态是滋养人们为了人类的长远利益和更美好的生活,成为具有生态价值观念、可持续发展能力的道德品质高尚的人的一种教育生态。德育离不开支持与滋养其的德育生态,德育生态思想为德育提供价值导向。把生态科学研究成果引入学校德育,把学校德育系统看成是整个生态系统的组成部分。学校德育生态系统中的每一个学生都是无可替代的生命体存在,保持学校德育生态系统和谐与平衡,促进青少年道德生命自由生长,扩展和丰富精神世界,人格健全发展。

以科学的生态价值观指引,运用生态学的适宜性、丰富性、整体性、开放性转变传统德育方法,消解影响德育健康开展的非生态化现象,营造健康的德育生态,以提升德育的生态性水平,为德育生态化提供实践指引,提高德育实效。生态思想对于促进教育观念转变,促进德育方式转变方面具有明显的优势。

(2) 德育生态为德育提供环境支持

德育生态为德育的健康发展提供德育自身生态化的环境。建构生态型德育,使德育目标、内容、方式、评价等更生态化,需要有一个具有适宜性、民主性、开放性等特征的德育生态来支持与滋养,构建学校生态型德育。基于德育生态,通过善待自然、善待社会、善待他人、善待自我四个方面践行,让学生获得自然生态体验、社会生态体验和内生态体验三重生态体验。以学生内生态的优化为核心,以人之天性为教育的原点,促进学生理性、感性、德性和灵性的开启与和谐发展。

德育生态为学校实施健康的德育创造了更好的环境、条件,提供了基础与支持。学校德育需要良好的环境,其中很重要的是师生的关系。只有在充满信任与关爱、民主与平等的师生关系中,学生才会"亲其师,信其道",学生才会"尊其师,奉其教;敬其师,效其行"。良好的德育生态通过良好师生关系增强心理能量、文化能量的转换提供可能。德育生态还为德育正确处理学生与社会关系提供了条件,为学生的高尚的道德品质与健康的个性发展提供充分的阳光、雨露的滋润。在肥沃的德育生态中领悟关系、澄明生活、开启道德智慧,去发现真理。

实例:上海CJZ小学在生态型学校创建的研究与实践中,提出并践行了"放飞教育",从环境保护教育转向一种全面发展的教育。学校从历经十年的"鸟文化教育"("知鸟、爱鸟"的生态教育)上升为"放飞教育"(生态型教育),这是从学校的某方面教育向整体性的教育的提升,旨在培养"飞得高、飞得远、飞得快"的,也就是健康发展、全面发展的下一代。

"放飞教育"是借喻"翱翔",鹰击长空(鹰的志向远大、勇敢)、人字雁飞(雁的合群)等不同的象征含义,意为教育支持学生的自由成长,而不是圈于狭小的空间中,更是让他们可持续发展。"放飞"意味着教育能让学生自由飞翔,即提供教育支持,让学生"自由地发展,顺其自然地发展,符合天性地发展,符合身心发展规律地发展",也就是生态学角度的适宜性。

"放飞"的一个重要特征是"放"。放飞教育是"开放的德育"。"放飞教育"生态更意味着向生活开放,运用多种德育资源,丰富学生的学习经历、道德学习经历、做人经历,为此提供其支持性环境。放飞教育的关键是"放飞",就是要让学生学会"飞翔",达到能"翱翔",让学生展翅成为快乐的"雏鹰"。放飞教育给学生创设各种支持性的条件和环境,让学生树立远大理想,学习可持续发展的能力,彰显学生个性。

放飞教育不仅包含着原先学校的"鸟文化教育"的内容,而且丰富了教育内涵,要求德育更符合学生健康成长的规律,放飞教育依托良好的学校德育生态,实施生态化德育,让学生获得高成长性。"放飞教育"作为一种培养学生全面发展的德育,从"鸟文化教育"的局部性提升到整体性的教育,使学校的德育又一次升华。

"德育生态"这一顺应时代的新理念,确立了其在德育领域中的重要位置。学校德育存在的问题从实质上讲是德育的生态性问题。面对学校德育存在的生态性危机及其产生的原因进行反思,运用生态学的原理和方法论去发现、分析、研究德育中存在的问题和难题,构建与优化合理的德育生态系统,为生态型德育创造一个平衡、和谐的生态环境作为 20 世纪人类文明的最伟大的觉悟之一的生态觉悟,为德育工作者从生态学视角提供了一条解决道德教育困境的全新思路。对德育进行生态性建构,回应德育改革与发展。

(三) 德育生态的价值考量

1. 德育的生态合理性追求

德育的生态合理性就是合现实性与合生态性的统一,任何不利于人的发展和不符合社会发展的德育价值观、德育内容、德育形式、德育过程都是对德育生态合理性的违背。以德育生态滋养生态型德育,顺应人的自然本性和德育的生态本性,建构一种生态型德育是其现时生态合理性追求的必然选择,使可持续发展的德育促进学生可持续发展。

德育生态合理性也体现在以主体的学生与现实德育环境是否适宜,作为环境的德育课程、德育活动等的支持是否适应学生的道德学习与道德发展。德育生态合理性表现在其生态特征上的合理性,即具有民主性、适宜性、整体性、开放性、丰富性特征,形成一个适宜于学生道德成长的教育生态。

德育生态合理性关注德育在人的原生态与现实生态中的干预合理性。人的本性就是原生态,人的原生态具有人的本性特点。人的原生态是德育工作的出发点。从教育角度看,对儿童不能过多地额外干预,把握他们的良好的原生态,并顺应甚至保护这种状态,儿童的未来发展就是自然而然的事情。儿童发展的现实生态中存在扭曲生态的一面,扭曲表现在各个领域,如儿童观念、教育观念、非人性教育行为、社会文化等,从儿童诞生的第一天起就影响着他们的身心。对这些不符合生态本性的扭曲的方面,我们应该消除它,教育者实际上承担保护儿童发展的生态角色,这才是真正意义上的教育干预。

由此我们应该认识到德育的生态合理性追求要求德育生态化,德育的生态化意味着德育立足点是生态思维,它的表现是促进学生的身心和谐平衡发展。德育的生态化不是有关生态内容灌输,作为德育生态中养料的德育内容要生态化,学生通过对德育内容的理解、吸收而不断成长。德育生态化是为了构建一个德育的生态体系,德育的生态体系涵盖人,包括我们的学生生存和发展、生活与学习的全方面和全过程。

2. 德育的生态生命性解析

生命与道德的生态亲和性来自它们发生的同源性和存在的共生性、德育与生态的一致性。德育解决什么?人的发展。生态解决什么?如何使人发展得好。德育生态就是两者的共同体。道德相生、生态支持,促成生命发展。道德和生命在生存与发展这一点上彼此依赖、共同进化。道德是生命的意义,意义以道德建构,形成互利共生的生态关系。道德建立在生命之上,生命依靠道德维系与提升,生命与道德的协同关系,与生命的存在一样真实,这就是生态学场本体论。

"正德利用厚生",人在通过自爱维持自己生命秩序的同时,也创造了自己的生活秩序,自爱也由原初状态进入了生活世界,成为道德的源头。道德附载于生命,我们只能从生命中获取道德的原则。卢梭认为爱人与自爱最终是一致的,"只要把自爱之心扩大到爱别人,我们就可以把自爱变成美德,这种美德,在任何一个人的心中都可以找到根底的"。韦兹认为道德的基本原则是"善就是保护生命和发展生命,恶就是毁灭生命和妨碍生命"。因此,将人拆卸、分解的机械主义生命观,致使道德教育目标指向"单向度的人"是不道德的。

生态和谐的生命观是一种整体论,它将生命看作一个具有内在关联的活的生态系统,是由生命因子间动态的、非线性的、自组织、持续的相互作用组成的复杂网络。借助于整体论的思想,才有可能在本质上把握人性及其特征。生命是以躯体为载体,不断汲取物质、能量、信息的一个长期发展的过程,在与环境互动中达到"智力相生""情感相生""行为相生",提升为"道德相生"。学生是道德教育的主体,积极地、主动地对现有的价值体系、行为规范和社会现象体验与感悟的基础上独立思考,有选择地将道德要求内化为自己的思想和情感,发展道德行为,承担道德义务与享有道德权利,在道德生活中影响他人与社会道德。德育的生态生命性也表现在德育的目标上,培养"全面而自由发展的人"是德育生态的追求目标。"生态人"是具有一种生命意识的人,即对自然和生命,包括人类生命和自身生命,富有道德情感和道德责任;是身心和谐、自然、自由、发展健康的人,生理—心理—社会整体发展;是具有寻求一种践行和谐、互惠的生活方式的人,以生态智慧适应社会发展与自身发展。

3. 德育的生态社会性思考

德育作为过滤、传承社会文化,"促使灵魂转向"的途径之一,摆脱掉已经习惯的认识层次,去进入到更高级的认识层次,直至最高的认识境界,也就是中国古代哲人讲的"天人合一"和"止于至善"。德育自身具有生态本性,生态合理性可视为价值多元、共生互利时代道德教育的合理性原则。我们强调生态文明就是从更高层次上要求整个社会政治、经济、文化和道德的和谐生态化,否则将是不完整的、畸形的。现代社会是智能化的信息时代,同时也是多元价值下文明开放与冲突时代,它呼唤具有良好认知、价值判断力及富有批判性思维的高素质、高创造、高能力的人才。分裂式德育所导致生态失衡的人缺乏生命意识、道德情感和社会适应性,成为一种矛盾体或人类异类,难以很好地生活在现实的世界。生态型德育的目标是导引学生学会以生态思维思想去观察、思考与解决学习、生活中道德问题,以生态伦理对事物作出真善美的判断,树立主动关心和高度负责的宇宙情怀和内在的精神信念。

德育的生态特性不仅表现在其系统内部生态因子间的共生与互动,也具有在社会生态系统中的一定生态位,遵循社会生态系统的生长机制。社会生态系统构成了德育的外部生态环境,不断进行信息、能量的传递与交换。德育的生态位功能在于通过德育活动,有选择地把政治、经济及文化中合理的价值观吸纳到德育中来,把"现实"的道德提升为"合理"的道德;同时,将道德主体的道德需要、精神需求传递给外部生态环境,使德育在良性的生态中得以适应。

德育生态观反映了对生态的广义取向,德育生态不仅仅是人与自然间的生态关系,还涵盖了社会和个体道德精神的有机结构、道德赖以存在运作的道德生态环境以及德育活动和德育过程中所必需的教育因素形成的生态。德育生态观超越了生态教育观,生态教育观是指实施生态教育的工作观,是教育者从人与自然相互依存的生态观点出发,对受教育者进行与自然和谐共处、保护自然环境和养成生态文明行为习惯的教育。区别两者的不同,从德育生态观出发把握德育生态的营造。

二、德育生态的基本认识

(一) 德育生态的概念

德育生态概念的提出是德育方法论的理论思考,是为了改进德育,借助生态学、教育生态学的原理与方法,依据道德品质养成规律,对德育赖以生成与发展的德育因子与生态要素所形成的关系与状态进行研究与实践的一个概念。德育生态是德育主体不断与德育外部环境进行着物质、能量和信息交换的动态的、开放的生态系统。德育生态主要是指德育的主体与其环境的要素所形成的结构以及这种结构表现出来的功能关系与状态。在德育生态系统内部的要素与关系、结构与功能,以及其与外部环境(生态系统的不同层次)的关系上,又具有其特定的生命性、关联性、动态性、系统性的生态特征。

德育生态不是生态教育活动,而是一定范围的德育要素的关系和状态,也就是德育主体的师生与德育环境的关系与状态。德育生态营造的指向是整个德育,与生态教育不是一个概念。

德育生态是德育开展的基础。良好的德育生态,犹如肥沃的土壤、阳光与雨露一样滋润着德育的健康。德育生态观是对传统德育非生态或反生态或生态失调进行深刻反思的结果。德育生态观强调学校以生态学、教育生态学原理,以环境对个体道德素养的影响为基点,通过学校德育系统的物质循环、能量循环和信息传递,支持学校德育,推动德育内容、德育方法动态良性发展,滋养学生的德性与健康的个性。营造健康的德育生态的目的是支持与保障健康的德育,推进学校德育生态化,使学校德育更具生态性。

德育生态的建构与其功能发挥,都要遵从学生道德品质生成的规律,反映和满足学生道德品质与个性成长的内在心理需要。德育生态环境主要由学校、家庭、社会和网络四大环境构成,学生的德性成长也需要一个类似自然生态系统,有"阳光""空气""土壤""养料""水分"……有"花草树木",有"虫鱼鸟兽"……的德育生态系统,学生像一棵小苗沐浴阳光雨露经风雨长成大树。一切违反人的生长规律的想法和做法都是非生态的。

德育生态可以从四个方面理解:

1. 德育生态是一种社会生态。德育系统是一种社会生态系统而非自然生态系统,具有自身的特殊性。德育生态系统与其他社会生态系统也有质的差异。因此,在建构德育生态的过程中,需要把握德育生态与自然生态和其他社会生态的区别。自然生态主要指自然界的客观存在的生命体与环境之间的关系与状态,即自然界生物与其生存环境所构成的系统,具体说,生命物质与其环境所形成的结构以及这种结构表现出来的功能关系。社会生态即人类社会的生态,由人类与其环境所组成的生态系统,它具有自然属性与社会属性。社会生态的自然性,这是人类赖以生存和社会得以发展的自然环境特性。社会生态的社会性,主要指人类实践中所形成的意识、思想、制度、道德、心理、行为等对于社会生活的文化、法律、政治、经济等方面的关系与状态影响的属性。这是人类所特有的社会性生态。

从生态世界观看,德育生态其客观前提是德育本身具有生态性,具有与自然生态系统相似的内在机制和一致的质的规定性。德育生态与自然生态的相似性和一致性,在于德育生态与自然生态一样,都涉及生态系统中的要素以及关系、结构与功能,生态系统的不同层次之间的相互联系和相互作用。德育生态具有生态的一般特征,表现出生态的本质。德育生态也有发生、发展与消亡的万物的自然规律。同时,德育生态涉及的要素,不仅是生物要素,而且关键的要素是作为社会现象的德育要素,其主体要素是人,具有社会属性的人,以及人(师生等)的德育活动的社会意识与社会性内容,这就是德育作为社会生态的特质。德育生态作为社会生态的一种特殊形式,在于德育的主体结构与环境结构的特定性,有别于政治生态、经济生态、文化生态等,也有别于课程生态、课堂生态等。这是由于生态系统的要素与结构决定了生态系统的功能。

2. 德育生态是复合生态系统。学校德育生态是由学校德育生态、家庭德育生态、社区德育生态通过内在生成机制,形成的一个整体、动态的复合生态系统。在这生态中德育的物质循环、信息传递、能量交换不断进行,产生着德育生态功能。信息化、智能化社会的到来,使得学校与其所在的多元化环境联系更广泛,学校德育再也无法保持自我独立状态,必须与家庭、与社会建构起一种整体的、良性循环的复合生态系统,三者相互依存、相互作用,才能真正地发挥出学校德育生态应有的功效。

3. 德育生态是以人为本的生态系统。德育生态在于培育有高尚灵魂的、富有生命价值的人,正是因为有了生命精神,才有了德育生态的意义。"人的生命是教育的基石,生命是教育学思考的原点。在一定意义上,教育是直面人的生命,通过人的生命,为了人的生命质量的提高而进行的社会活动,是以人为本的社会中最体现生命关怀的一种事业。"①生命是"构成我们全部行为的动力",德育不是培养工具人,关注回归生命意义是德育生态本真所在。道德哲学家弗兰克纳指出:

---

① 《教育研究》记者:为"生命·实践教育学派"的创建而努力——叶澜教授访谈录,教育研究,2004.2.

"道德要求社会公正地对待个人,并且不要忘记,道德的产生是有助于个人的好的生活,而不是对个人进行不必要的干预,道德是为了人而产生,但不能说人为了体现道德而生存的。"①学校德育生态应使人与自然、社会三者在德育过程中和谐共生,学生能得到最大限度发展,教师生命价值同样能够得以提升。

4. 德育生态系统的生态性建构。生态性建构是德育内部、外部主体与环境间,通过德育要素—结构的开放、交互,建构一种民主、和谐、开放的生态型德育。这种生态建构性表现在德育要素在相互作用下形成的生态共同体,只有在其因子不断互换能量,才可使获得的负熵流,抵消乃至降低其内部的增熵过程,进而提升共同体的稳定态和耗散结构,增强德育的实效性。德育生态关注生命个体的自身内部的建构,为个体自身发展营造心理健康的内生态支持,并通过蕴含生态意识和生态品性的生态人格作用于德育生态的建构。学生个体内生态不仅需要学生个体与自然环境、社会环境之间的和谐统一,也需要学生个体内生态的平衡、学生的生理与心理的自我平衡,从而显现德育生态具有系统的生态建构性。

(二)德育生态的特征

德育生态表现为一个关涉生命运动的有机生长过程,具有生命性、开放性、动态性与整体性等特征。

1. **生命性**。德育生态正是以尊重生命事实,关怀生命需要滋养德育,促进人自身的生态平衡,实现人的身心和谐与人格完善。主体的内在的自我生长的生命力是生态的本质所在,学校德育生态中错综复杂的关系集合更是具有生命意义。学校德育生态的生命性体现在它对教师和学生生命的全面支持关爱上,还体现在它不仅支持个体的智慧生命,也关爱个体的自然生命、价值生命、精神生命与智慧生命的和谐发展。

德育生态的生命性还在于本身的生命性。德育生态通过与环境进行能量、信息与物质的转换、传递,表现出德育"生命体"的系统功能。顺应现代人生命意识的凸现及个性张扬,学校德育必须回归生活,让学生在生活中表现出人性与人道。严重脱离学生真实生活的德育模式"不关心每一个人独特的生长环境,不关心他们的内心潜藏着的愿望、热情等现实生命冲动所指的方向"②,无视学生个体的道德体验,脱离学生的真实生活世界,不是把道德教育视为一种内含生命体验和情感特质的生活实际过程。生态德育的生命性还表现在其"生命周期"上。学校德育作为一个生态系统,其自身结构和功能也存在"生命周期",

---

① 威廉·弗兰克纳. 善的求索——道德哲学导论[M]. 辽宁人民出版社,1987.
② 项贤明:泛教育论——广义教育学的初步探索[M].太原:山西教育出版社,2000.

在其生态进化过程中会出现结构和功能变化,不断演进或退化,呈现出生命周期性变化。

2. **开放性**。学校德育生态系统不断地在系统主体与环境的内部、系统与外部生态系统通过物质、能量和信息的交换向外开放。信息技术与互联网突飞猛进使学校德育生态系统的开放性极大增强。在学校德育生态内部各因子,德育目标、内容、形式以及管理机制等,相互之间都不断进行交互。在德育过程中,任何一种因子都不是,也不可能是孤立存在。忽视德育生态系统的内外开放性,对生态系统内外各因素的变化不能把握,对德育过程不作及时相应调整,会严重影响学校德育生态系统实际功能。

3. **动态性**。学校德育生态是一个错综复杂的关系集合,更是一种动态的统一。学校德育系统的主体与其环境的关系与状态在德育信息、能量等的不断传递转换中动态变化。正是这种动态才使德育生态具有了活力。在学校德育生态中影响其顺利展开的各种因素在时空上都在不断运动变化着,不息流动着物质流、能量流与信息流。德育工作的预设与实际过程往往存在较大差距,需要动态调适。德育生态的动态基于生态的适宜性,以什么样的方式支持学生的道德发展,这要与学生的成长特性、学习需要、文化环境动态适应。其动态性还表现在变动中的不适切状态,生态功能下降,这就需要对德育生态进行修复。

4. **整体性**。德育生态整体性首先表现在德育生态功能目标旨在培养整体的人。道德的社会是健康的、有益于整体的人生活的社会。道德人必定是整体的人、有生命精神的人。道德的人与道德的社会共生存在;德育内容与社会文化价值生态共存,"德"与"育"是内容与形式的统一整体。从学生整体发展上定位德育生态的价值,德育生态肩负的使命是陶冶人性,铸造健康饱满的人格,培育德才兼备的新一代。学校德育生态系统绝不是"可以脱离其他诸种德育影响而独立存在、自成系统的存在物"和"影响学生思想品德形成的唯一的变量"[①]用和谐、平衡、综合和关联的生态观对待德育系统,打破单一、封闭的德育格局。生态要素间息息相关,具有内在统一性,无论是生态系统的主体,还是其自然环境、社会环境、文化环境都处在德育生态这个有机整体之内,任何一种要素,任何一个环节都不能被人为地孤立或割裂。只有学校德育生态系统与学校其他生态系统,包括课程生态系统、课堂生态系统、美育生态系统等,形成整体合力,才能有效推动学校德育生态的营造。

5. **共生性**。德育生态的共生有着两种基本关系形式,第一是生态系统的共生,德育生态系统与课程生态系统、管理生态系统等有着共生关系。第二是共

---

① 鲁洁:试析德育影响与德育效果[J].教育研究,1991.1.

生的德育生态系统,即德育生态系统内部的共生关系。德育生态系统的共生是指德育系统中的共生单元之间在一定的德育生态环境中按某种共生模式形成的关系。德育生态的共生系统由共生单元、共生介质、共生界面和共生环境四个基本要素构成。在德育共生介质(共生的必要条件,共生单元间的互补资源,如课程、教学、管理经验、设备等)存在的前提下,处于特定的共生环境(共生单元以外的所有因素的总和构成共生环境)中的共生单元(指构成共生体或共生关系的基本单位,例如学校、班级、年级、教研组等)通过一定的共生界面(共生单元之间的接触方式和机制的总和,或者说共生单元之间物质、信息和能量传导的媒介、通道或载体),形成了特定的德育共生关系。德育生态的共生关系一般表现为多重共生关系,因此多介质共生界面更为常见。多介质共生界面中往往具有多种共生介质,并发挥着不同的作用,反映共生单元之间不同方面的关系。共生介质是共生单元相互作用的媒介,所有共生介质功能综合集中的反映就是共生界面。相同共生单元之间相互关系的所有介质的有机结合就构成一个共生界面。共生界面是共生关系形成和发展基础,是决定共生系统效率和稳定性的核心要素。

德育生态的质量在很大程度上取决于共生能量。共生能量是共生系统生存和增值能力的具体表现,是共生系统质量提高和数量扩张的前提。从共生能量生成原理来考量德育生态系统中师生共生发展的动力机制。影响德育共生能量的关键变量有:一是德育共生界面的特征值,这是衡量共生界面上交流阻力的重要参量,德育共生界面越多,接触面越大,接触介质越好,则交流的阻力越小,对应的特征值就越接近于零。二是德育生态中的共生度。共生度越大,共生能量越大。因此德育生态系统中的德育内容丰富、德育形式多样,则其共生界面越多、共生越高,生态的共生质量越好。

共生互利和共生恶化这两种现象会存在于德育生态中。关注竞争共生、偏利共生与偏害共生给学生带来的负性影响,也要关注共生关系的变化,如共生恶化。各个生态系统中主体的需求存在差异,如果各自目的和需要相互冲突的话,各要素之间不能积极合作,可能导致共生恶化现象。青少年吸烟现象足以说明,影视剧中常把吸烟与魅力、成熟等联系在一起,对诱使青少年吸烟产生极大的影响。家庭中成人吸烟也不在少数。这样的环境下,对于善于模仿又缺乏一定意志力的青少年而言,其危害性不言而喻。

(三)德育生态的基本结构

德育生态系统是由要素与结构组成的整体,包括两个部分三个基本结构:两个部分——主体部分,有一个师生主体子结构;环境部分——有两个子结构,即"德"的结构、"育"的结构。

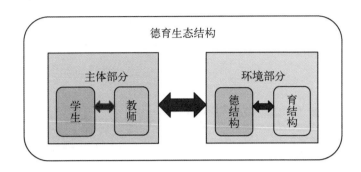

德育生态系统由两个基本部分——主体与环境构成。德育生态系统中的主体部分包括学生、教师、其他德育工作者等，但是这个主体部分是相对的。从德育发展价值角度而言，德育的主体是学生，生态系统主体外的环境有着支持与关爱学生的成长作用。由此，教师与其他人员都是环境的组成部分。从德育的"育"的角度考量，从事德育的人员是育人主体，而其他的例如课程、教材、活动等要素建构"育"的环境。

德育生态系统的环境部分基本上由"德"的内容结构与"育"的形式结构构成。"德"的内容的结构主要决定了怎样的德育内容是符合生态思想的，符合生态特征的。这个内容结构包括两个部分：一是德育的整体内容，指社会对学生的德的要求，例如道德、行为规范、思想等，更指上述的社会要求转化为学生的品德，当个体把道德内化为个体品质的就是道德品质。二是生态教育，其实这是包含在德育整体内容之中，为了便于实践作为第二个内容而言。环境部分"育"的结构决定了如何以符合生态学原理的德育形式展开德育。这主要包括德育的方法、途径、时空与德育过程等，这些德育要素以德育活动等作用于学生。

德育生态系统中的主体—环境结构，以及主体中师与生结构、环境中的"德"与"育"的结构都是互相作用形成一个整体。这三个结构有着生态系统结构上的层次，都对德育的活动与实效具有内在的影响。在理论框架分析时一个一个结构分析，其实这是一个整体，"德与育""师与生"关联的德育生态不可分割。如果这些基本结构是相适宜的而且符合生态健康要求的，则形成的德育生态是健康的，否则就是需要修复的德育生态。

把握德育生态结构对德育实践有着指导意义。有一些学校把生态教育误以为德育生态，概念的混淆导致德育生态营造的实践偏差，生态型德育落空。也存在学校德育中"德"的无奈、"育"的无力，"德"与"育"的冲突导致学生主体与德育环境的失衡及德育生态失调。尽管德育受到普遍重视，令人困惑的是，学校德育投入的时间和精力同所收到的效果常不成正比，德育低效问题仍较突出。究其原因，从生态学上看，根本性的问题在于德育生态失调。在文化冲突与价值多元的背景下,化解德育生态失调,消除"德"与"育"的冲突,消解德育与其他各育间的失衡,必须树立德育生态理念,坚持以人为本,实现德育的生态化。

第二节 生态型德育概念与特征

一、生态型德育的概念

(一)生态型德育的由来

中国古代的"天人合一""道法自然"的原始、朴素的生态智慧;《周易》贯透着万物并育不相害、协调发展的原则,辉映着生态伦理之意蕴。其展示了"太和""和顺"的"性命之理"及天人同元、同构、同序的生态联系,我国古代的生态智慧是一种典型的"民胞物与"说。到了现代,一般意义上的"生态"概念更扩展,在格尔茨(Geerts C.)的文化生态学那里,生态是指文化、生物和环境之间持续地相互作用。① 生态哲学及绿色运动兴起之后,"生态"又获得了"生命的存在状态"之意②,指主体生命的各种基本要素的有机关联和良性互动而形成的生命状态。20 世纪以来,"人类生态学"等术语及相关边缘学科的出现已为生态理念运用于人、人的行为的合理性研究上获得了现代意义。

"生态"内涵在不断地丰富,生态学也由研究自然、具体生物及人与自然的关系,扩展到"研究具有生物性的关联的学说"③,这种关联是一种系统内的有序性关联,它包含了整体关联、动态平衡性、自组织性等。格里芬指出:"生态世界观指现实中的一切单位都是内在联系着的,所有单位或个体都是由关系构成的。"④"生态"不仅综合了"和谐""关系""共生"等理念,更重要的是它关涉生命,以生命成长为中心,以生命之间或生命与文化、环境等的亲和互利为依据;同时,"生态"也考察生命的整体性、复杂性,生态共同体中各因子间的非线性和自组织性等。因此,"生态"自身也是一个复杂的概念、理念。它展示了"后工业时代"多元价值下科学研究理念发展的一种趋势,即从物理学转向生物学,从机械论转向和谐论,从注重技术转向关怀生命,从单纯竞争转向共生。

---

① 唐纳德·L.哈迪斯蒂. 生态人类学. 北京:文物出版社,2002.
② 徐嵩龄. 环境伦理学新进展:评论与阐释[M]. 北京:社会科学文献出版社,1999.
③ 汉斯·萨克塞. 生态哲学[M]. 北京:东方出版社,1991.
④ 大卫·格里芬. 后现代科学——科学魅力的再现[M]. 马季方,译. 北京:中央编译出版社,1998.

人们开始意识到自己是生态系统的一部分,生态觉悟已成为人类文明发展的最重要、最深刻的觉悟之一。生态觉悟的实质不只是对人与自然关系的反省,而且更深刻的是对世界的合理秩序、对人在世界中的地位、对人的行为合理性的反省。① 由此,生态型德育日益凸显出来,成为当代德育的重要趋向。

(二) 生态型德育的概念界定

生态型德育是基于生态学理论视野,以教育生态学与心理生态学为基础,以环境对主体学生道德素养、心理素养等的影响为出发点,利用一切可以利用的育人环境资源,通过德育的物质流、信息流、能量流,使德育内容、方法与过程动态良性交互整合,促进学生社会化与个性化协调的可持续发展的一种德育。生态型德育是生态化了的德育,是具有生态特性的德育。

生态型德育是以学生的生命健康发展为目标,以人与自然、与社会、与自身内在和谐为主要内容,整合有利于学生成长的教育资源,以丰富多样性的适宜学生的形式,促进学生可持续发展的一种德育。生态型德育的价值取向是践行立德树人,人的可持续发展。从青少年道德发展需要出发,遵循学生成长规律,增强道德践行与教育规律的切合度、与学生心灵的共鸣度、与主体心理发展的匹配度,实施德育内容丰富的一体化的生态型德育。

生态型德育是适应生态文明的德育,是学校以生态学、教育生态学、教育学等科学原理为指导,以环境(包括自然环境、社会环境和文化环境)对学生道德素养的影响为逻辑基点,利用一切可以利用的德育资源,通过德育系统的物质循环、能量循环和信息传递,推动德育内容、德育方法动态良性发展,促进学生不断提高道德素养的德育。生态型德育不是特定内容的德育,而是所有德育的生态化,是一种属性上对德育的确认。学校所有德育活动都要生态化,都与生态型德育有关。生态型德育具有价值取向上的超越性特征,不仅是关于生态问题的教育,而且更是一种有利于学生可持续发展的教育,德育内容、方法与过程符合生态特征要求。

(三) 从人际德育向生态型德育转向

传统的德育由于主要关注人与人、人与社会之间的关系而被称为"人际德育"。"随着我国社会经济的转型和生态文明建设的风起云涌,人际德育也越来越显示出作茧自缚的样态,越来越暴露出负面影响。"②在人与自然矛盾尚不突出的时候,德育的主要任务在于调节人与人、人与社会的关系,使人的行为符合社会的需要。当人与社会的矛盾日趋复杂化,国家与国家、民族与民族之间的生存与利

---

① 樊浩:伦理精神的价值生态[M]. 北京:中国社会科学出版社,2001.
② 陈雪梅,蔡立彬:论高校德育应由"人际德育"向"生态德育"拓展,社科纵横,2009 年总第 24 卷第 3 期.

益冲突显现的同时,人与自然的矛盾日趋加深,时代就赋予德育以新的使命,即转变长期以来"人的主宰"的错误思想,追求人类和平共处,自觉纠正"人是自然之主"的错误观念,改变肆意践踏自然的不良行为,把可持续发展的理念、生态道德原则、道德规范覆盖社会领域与自然领域,指导人们科学地认识人与自然的关系以及人在生物圈中的正确位置,逐步养成善待自然、合理利用自然的良好习惯,也学会人类和平共处、互尊互惠,实现"万物并育而不相害,道并行而不相悖"的最佳生存环境。这就是人际德育必然向生态德育的转向。生态型德育从人类可持续发展更深远的视域去观照人际行为。在纵向上,将视域提升到人类"代与代"之间,不仅要考虑本代人的利益,而且要关心后代人的利益;不仅看到个人眼前利益,而且要虑及整个人类的长远利益。在横向上,将视域扩展到"类与类""族与族"之间,即不仅看到个人利益与本民族利益,而且顾及本民族与其他民族(类)的共同利益。在生态视域下领悟不同种群、种族、地域的人际关系时,更加强调"平等互利""和谐发展"和"可持续发展"等德性取向。生态型德育是对"人类中心主义"的一种突破,是对传统德育精神的丰富、发展和升华,是当前提高人类整体素质的新要求。生态型德育不仅关注人际关系,关注人与自然的关系,更关注人类各领域的关系与状态,以及对待它们的方式与道德性。从一个崭新的理路去培养一种具有更高人类品性的新人。

(四)生态型德育:一种生态化的德育

生态型德育常与生态德育混淆。生态德育一般指关于生态的教育,从内容上界定。生态型德育是德育本身,包括内容与方式生态化了的德育,重在德育性质上的判别。生态型德育指向的是整个德育,更关注德育本身的关系与状态。与人际德育比较而言,生态型德育强调关注学生主体的道德需求和品德心理发展规律,在德育内容和方法上更关注是否合乎规律。生态型德育不仅包含生态环境保护教育,而且包括所有的道德教育、心理教育、法律教育等等的生态化问题。

生态型的德育要求德育的目标、德育内容、德育形式、德育过程与德育评价等都应该具有良好的生态特性,例如民主性、多样性、适宜性、整体性、开放性与共生性等。生态型德育与非生态型德育相比,其德育的价值取向正确,实效性高。简言之,用生态哲学思想来观照德育本身,使德育符合生态规律与原则开展的德育就是生态型德育。生态型德育实现的路径是德育的生态化,关注德育的生态特性程度。当学校德育经历生态化过程,生态性水平较高,那么就是生态型德育。因此生态型德育是学校德育现状的反映,也是我们德育工作追求的目标。

学校以德育生态滋养生态型德育,健康的德育需要良好的德育生态支持。通过德育工作生态化,提高学校德育生态的健康程度,使学校德育关系与状态的生态特征充分凸显,以这样的德育生态的环境条件、关系、状态来支持生态型德育的实施,实现学校德育生态与生态型德育双向建构。

二、生态型德育的要义

(一) 关心:生态型德育的本质

1. 德育生态的本义——"关系"

德育生态的本义就是德育主体与环境的良好的关系与状态。关心作为美德根植于关系之中,体现出育人的本质。关心是一个广泛的概念,不仅仅局限于个人之间,所以衍生出个体与群体多种形态的关心体系。布伯曾指出关系世界的三种境界:人与自然相关联的人生、与人相关联的人生、与精神形式相关联的人生。正如费尔巴哈的名言,"真正的辩证法不是孤独的思想者与他自己的独白"。"我—它"关系模式下的教育是一种物化的教育。教育的对象是"人"而不是"物",也就是说,是"人化"的教育而非"物化"的教育。在僵化的"我"对"它"的约束和规范下的教育,"它"仅仅作为"我"的客体,与"我"相分离,传授知识也成为一种工业化流程中的一个环节,"它"也只是因为"我"的需要而存在的,是"我"进行教育灌输的一种手段和工具。①

关心是人类的基本需要,具有普遍的人性。我们需要被关心。关心贯穿着人的一生,没有关心,我们就无法成为一个完整的人。同样,我们也需要关心他人。在现实中有的人关心动植物、关心物质世界、关心事业,却对身边的人缺乏关心。正如诺丁斯提出的:"关心自己,关心身边最亲近的人,关心与自己有各种关系的人,关心与自己没有关系的人,关心动物、植物和自然环境,关心人类制造出来的物品,关心知识和学问。"②这些"关心"指向表明了人的各种关系,表征着一种健康的德育生态,成为了生态型德育的核心特征。作为生态特征的关系,"关心"具有普遍性和联系性、关系的直接性和现时性、关系的相互性和包容性。关系的本源性表明,关心和被关心都是人类的基本需要,我们需要他人的关心,也需要关心他人。

2. 生态型德育的核心——"关心"

关心是道德的来源,道德有赖于两种普遍的内在动力,一是本能的自然关心,二是伦理关心,它因后天对道德素养理想的欲望而产生。"关心"所具有的道德意义与生态关系特征是生态型德育的核心特征。生态型德育是一种支持性德育,提供"沃土、阳光、雨露"滋养心灵。

关心是教育的基石。关心是一种美德。如果我们彼此之间多一点关心,世界

① 马丁·布伯. 我与你[M].北京:三联书店,2002.
② 诺丁斯:学会关心——教育的另一种模式,教育科学出版社,2003.

将变得更加美好。首先,关心既是目的,也是手段。作为教育目标,应该培养学会关心的人,学会被关心与关心。要使每个孩子都学会关心,首先我们必须关心每一个孩子。关心就是一种"投注或全身心地投入"的状态,即在精神上对某事或某人抱有某种责任感和牵挂感。① 关心是一种关系,更是一种品质,关心者要有广阔的胸襟去接纳他人,专心倾注自己的情感于对方,这是关心关系建立的基本条件。关心是一种人性的情感,是一种道德的思维方式,是一种关系的平等,是一种人的创造。情感与理智有机结合,深植于每个人的人格之中的关心,才是真正的关心。

诺丁斯认为,教育应该围绕关心来组织,将关心引入到学校教育中是亟待实现的。关心的内容也是广泛的,关心自我,关心身边的人,关心人类,关心动植物,关心人类创造的物质世界。我们要从那种本能性反应的"自然关心",向需要后天努力的伦理关心提升,并正确把握好自然关心和伦理关心的关系。自然关心是一种本能的行动,这是我们彼此道德关系的原初方式。自然关心是伦理关心的基础。伦理关心来源于自然关心,从而使伦理关心得到强化。伦理关心对于自然关心的"建立与重建具有工具性作用"。当自然关心面临阻碍时,会求助于伦理关心,使双方的关系重新恢复为自然关心的关系。依托"关心"使得当今的教育"重新焕发生机"。"关心"作为一种关系,具有本体论意义。作为本体论关系中关心是人与人存在的基础,学生存在于与教师的关系中,教师存在于与学生的关系之中,离开关心,师生关系都不是真正意义上的关系。

关心应该成为教育的中心,应该成为教育与生活中的常态,不是限定在固定的时空里。这意味着不重在直接教授学生关于关心的概念,而是将"关心的主题"作为教育、教学与生活的基础。诺丁斯将关心强调为一种关系,在学校中教师作为关心者,学生作为被关心者,教师应该具备关心学生的能力,主动对学生产生关心行为,作为被关心者的学生不仅仅是接受关心,更要对这一行为给予确认和反馈,得到教师的认知,也要给予教师关心,则良好的师生关系建立起来了。我们在建立这种关系时不是看重关系双方的身份,而是对关心的需要和回应。

"关心"突破了传统意义上"教育"范畴的局限性。偏重于教育的外铄功能,过于注重成人设计的目标和计划性因素,容易违背个体发展的内在逻辑。"关心"是一种促进学生发展重要的支持性方式,以一种爱的态度去观察与对待学生的行为和需要,对学生成长轨迹的注意和重视。关心是为了发展,在学生的发展过程中关心。

(二)把握"关心"的三个发展

"关心"首先是"关注",只有关注了儿童发展规律、关注儿童个体需求与差异,

---

① 诺丁斯:学会关心:教育的另一种模式,教育科学出版社,2011 年.

才能实现对儿童真正的关心。"关心"的价值取向是"发展"。发展是指个体生理、心理方面的发育、成熟的过程。儿童发展具有发展的基础性、递进性、易感性特点。生态型德育要关心学生的自然发展,关注成熟规律和发展过程,这是发展的适宜性问题;要关心学生的充实发展,关注经验机会和发展潜能,这是发展的丰富性问题;要关心学生的和谐发展,关注多元智能和发展差异,这是发展的整体性问题。

1. 关注自然发展:成熟规律和成长过程

(1) 自然发展——发展的规律性问题

生态型德育所提倡的尊重发展的自然规律,也就是要教育者关心儿童的成长规律,而不是以成年人意志去灌输去强扭,扼杀他们的天性。生态型德育让儿童的天性充分地展现,只有在天性的展现中我们才能把握儿童多种发展的可能性,使潜在的能力得到最大限度的开发。

关心儿童自然发展,就应该关注儿童的成熟规律和发展的过程。儿童经历从不成熟到成熟的这一成长阶段,这个过程中,一是遗传作用下成熟时间表的自然显露过程,二是环境影响下获取知识和经验学习进程。儿童(0~18岁)在不同阶段都有生理发展与心理发展。儿童成长的自然性体现在发展的阶段性,一定的阶段儿童发展什么、以什么样的方式发展为适宜,引出了教育者应该怎样依据发展阶段进行教育的问题。

生物行为学家洛伦兹把无须培养强化的,在一定时期容易形成的反应叫作"印刻"现象,印刻发生的时期称作关键期。"关键期"理论的提出和研究,使洛伦兹荣获诺贝尔奖。印刻是动物一种天生的、本能的、迅速的学习方式。小鸡"印刻"的关键期是出生后的10~16小时,小鹅在出生的20个小时内,小狗的关键期是生后3~7周。小鼠则在睁开眼睛和会听后的1周~10天内;如果小鼠在对母鼠的印刻形成之前就被人类饲养,它就会十分顺从于人类。这种印刻现象几乎存在于所有哺乳动物中,包括人类。人类心理发展"关键期"理论认为,人类的某种行为和技能、知识的掌握,在某个时期发展最快,最容易受影响。如果在这个时期施以正确的教育可收到事半功倍的效果,一旦错过这个时期,就需要花费几倍的努力才能弥补,甚至可能永远无法弥补。有研究表明:

＊ 出生后8~9个月,是婴儿分辨大小的关键期。

＊ 出生后10~11个月,是婴儿理解语言的关键期。

＊ 1~1岁半是语音学习的关键期。

＊ 2~3岁是幼儿计数能力开始发展的关键期、口头语言学习的关键期。

＊ 3岁幼儿动手能力开始发展成熟,儿童学习自我约束、立规矩的关键期。

＊ 3~5岁是发展幼儿音乐能力的关键期,音乐能力开始萌芽;儿童创造性发

展高峰期。

　　* 4～5岁是学习书面语言、掌握用笔能力的关键期。儿童"坚持行为"发展则最为迅速。

　　* 3～8岁是学习外语能力关键期(3～5岁是口语,6～8岁是书面语言)。

　　* 5岁左右是掌握数学概念的关键期。

　　* 6～7岁是儿童体育能力速度、灵活性发展的关键期。

　　* 9岁则是儿童初级哲学思维产生的时期。

　　关心与把握儿童的自然成长规律有利于教育者的教育适宜性,不拔苗助长。

　　(2) 自然发展——关注成熟规律

　　"发展是在生理成熟与新经验获得中实现的。"尊重儿童与生俱来的成熟时间表。成熟规律是指发展的内容及其发展的顺序,而不强调发展指标达成的确定时间。例如,3岁左右儿童的第一反抗期、12岁左右的青春期以及青年初期的学生都有着各自阶段生理与心理发展的任务。成熟是个体基因程序的展现,但它远不是发展的全部,因为成熟本身也是在经验获得中显现的,而获得经验的机会是以成熟为前提的,发展就是在成熟和经验的作用下实现的。

　　儿童的生理成熟是指儿童个体作为一个生物体,其生理结构和生理机能的发展是一种纯粹的生物性演变过程。而个性心理品质的形成和演化过程是以个体的生理成熟为基础,并与其生理机能的发展合为一体的过程。生理机能是人外在心理品质和行为表现的内部生理机制。儿童的生理成熟先于其心理的成熟;每一年龄阶段儿童发展水平、特点的充分实现,将有助于其后的发展,否则,下一阶段的发展将会受到一定阻碍;儿童的身心发展,归根结底是儿童个体的发展,尊重和顺应儿童个体发展的差异性,是促进儿童整体发展水平的丰富性的根本道路。

　　儿童自然发展的自动性,意味着儿童的发展循着一条不以成人意志为转移的自然规律。这种自然规律对环境具有能动作用。一般来说儿童总是以自己特有的方式来作用于环境的,满足自己发展的需要。儿童的孱弱又决定了他们对环境的极大依赖性,同时儿童生长的这个环境又有极强的人为性。关注成熟规律强调儿童自身的生长轨迹,而不是成人为其发展预设的目标,避免违背儿童身心规律的强制性做法。尊重儿童发展的自然规律,让孩子的天性充分地展现,只有在天性的展现中我们才能把握孩子多种发展的可能性,使潜在的能力得到最大限度的开发。我们不应该把儿童看作是物体来对待,而应作为人来对待,儿童不是成人和教师进行灌注的容器,也不是可以任意塑造的蜡或泥,也不是可以任意刻画的木块,而是一个具有生命力的、能动的、发展着的活生生的人。

　　关心的首要任务就是创设符合孩子成熟规律的条件,适应孩子的生长顺序,引导发展。以高度的敏感关注孩子成熟时间,为其发展做出及时而有效的应答。

注重儿童发展的过程,在孩子的发展过程中,抓住成熟的时机,以最具影响力的环境要素去引发孩子的经验。儿童任何一种能力的发展,在其成熟的早期都会有偶尔显露的新行为,这正是机会,捕捉它们,并提供刺激、诱发经验,使它们多次重复发生,便能最终稳定在心理结构中。儿童能力发展的根本原因在于其自身的主动建构,环境作用主要表现为对儿童发展建构过程的支持或妨碍。对儿童的经验机会保持高度敏感,充分利用日常生活和学习中最有利于获得经验的学习情境,推进发展的顺利实现。以高度的敏感关注孩子的成熟时间,为其发展做出及时而有效的应答。遵循儿童的自然发展进程及规律性,尊重儿童个性,在儿童自由和自发的活动中,帮助儿童智力的、精神的和身体的、个性的自然发展。因此生态型德育强调营造关注儿童成熟规律和发展过程的德育生态。

(3) 自然发展——关注儿童发展差异

每个儿童都是独特的个体,呈现出自己独特的地方,个体差异是客观存在的。这种差异主要体现在儿童发展的特点、方向、速度以及发展水平上。每个儿童的独特性中蕴含着他独特的成长方式和生长点,同时也与他的环境息息相关。爱因斯坦说过"任何一种伟大高尚的事物,无论是艺术还是科学成就,都来源于独立的个性"。个性对于儿童的发展是多么重要,真正关注儿童的个体差异,进而促进每个儿童富有个性的发展,是教师工作最为关键和难以把握的事情。

关注发展的差异性。个体完整发展不等于各个方面平均发展和匀速发展,在发展的不同阶段某一方面会有优势发展;就群体来说,每一个大脑都与众不同,其结构和生理、化学上的细微变化都决定了认知、行为和情绪能力存在较大的个体差异。因此,不同的个体会有不同的发展优势和发展特点。儿童差异发展也表现在智力发展与非智力因素发展上。关注多元智力上的差异,也要关注非智力因素上的发展差异。完整的大脑需要以一种整合的思路去开发,注重环境的综合影响,避免训练的片面性和刺激的单一性,要在多种智力相互联系中求得全脑开发和完整发展。儿童的发展是在多种智力、多种非智力以及这两者间的关系中实现的。

2. 关注和谐发展:主体需要和环境支持

(1) 和谐发展——发展的适宜性问题

在关注学生成长规律的前提下,关注成长环境的生态平衡,以发展的自然规律平衡各种环境因素,提供学生适宜的成长环境,促进学生和谐发展。关心学生发展的适宜性也表现在正确处理发展的自然性和发展的干预性在儿童发展与教育这一对矛盾之中,"适度"就成为必然,完全任其自然发展,发展的偶然性太大,可能会导致最佳发展的丧失;过于干预发展,"发展"的刻意性太强,可能会导致适宜发展的丧失。不必控制孩子发展的自然特性,但并不是对学生成长的环境不加任何控制。生长的环境过于随意,那么学生的发展就太具偶然性了。环境过于单调,则成长的内在要素得不到充分激发。环境过于失衡,则导致孩子的片面发展。某些必要环境的缺失,则导致孩子发展上的偏差。教育最大的使命,就是尊重学生的个性特点,创设适当的条件,促进学生和谐发展。生态德育是优势发展的教育,应该关注学生主体需求和发展的差异。传统德育忽视学生的差异性,追求人的发展的同一性,导致学生主体性的萎缩。

学生的德性发展是在整体关系中实现的。学生的和谐发展需要以一种整体的思路去促进,应该适时适度地把握成长环境的生态平衡,注重环境的综合影响,避免德育的片面性和形式的单一性,要在发展的需求与环境相互联系中求得整体发展。发展的适宜性要求德育不能急功近利,要关心学生的"可持续发展",采取正确的发展策略和行动。生态系统的失调首先反映的是思想上的失调。生态问题最终将涉及我们如何思考,涉及形成并且改进我们思维能力的整个教育。

生态型德育中"关心"是一种促进儿童可持续发展的重要方式,以尊重去对待儿童的行为和需要,对儿童成长给予关心与支持。可持续发展是关心的价值取向,关心下一代健康成长,不受各种污染、禁锢,能持续不断地、健康地成长。以可持续教育培养人的现代化素养,即适应现代实践发展需要的人的主体能力的现代化。英克尔斯(Alex lnkeles)等人把人分成两种:一种是停滞在原有水平上,不思变革,缺乏自信,这种人被称为"传统人";另一种则是告别过去,不断追求新的变化,自信通过自己的努力,可以改变环境和改善自己的处境,这种人被称为"现代人"。[①] 前者是现代化的阻力,后者则是现代化的关键。生态型德育强调为学生的可持续发展服务,站在可持续发展的高度上来引领德育。

(2)和谐发展的主体——学生生命的活力激发

学生是鲜活的生命体,生态型德育以人的全面和谐发展为本,提高道德素养,引导学生处理调节好人与人、人与社会、人与自然、人与自身的关系。德育不应该是控制学生和训练学生的工具,与学生一起从工具走向文化的本身,在教育活动中让学生获得真正意义上的主体地位,与学生一起不断获得进步与创新,是学校德育的文化诉求。

主体性发展是教育生态的基本要求,生命主体的活力是良好生态的标志。个性发展是学生主体性成长的基石。学生的成长不是抽象的"成长",是基于每个学生的个体的发展。这必然表现出个体发展的个性特点。让每个学生都能成为最好的自己,首先要有适宜每个学生发展的生态。著名心理学家霍华德纳说:"更好的教育是注重个体发展的教育,这种教育不是自私,也不是自我中心,而是要求教育工作者在最大限度上了解每一个儿童,知道他们的长处和短处,更好地提供教

---

① 英克尔斯,史密斯:从传统人到现代人,中国人民大学出版社,1992.

育措施,更好地测量评价他们,让儿童能够在最大限度上发挥潜能",充分发展每个学生的个性,是他们今后成才不可或缺的基础。

民主是主体性发展的重要基石。传统的旧教育体系骨髓里透出来的专制主义,以"师道尊严"凌驾于学生之上,并且达到了学生以及经受这样教育的一代一代人具有了顺服的心态,处在麻痹状态。这样的教育必然压抑了学生个性的发展和创造力的建构。生态型德育的目标决定了教育的途径、办法、手段和环境必须是民主性的。生态型德育高度重视培育学生的主体意识和自主精神,注重培养学生的独立思考增强自主发展的能力,注重学生创造性个性品质的培养。

关心学生和谐发展,必须关注学生主体发展的适宜性,也就是德育的共性与差异性的均衡。学生发展的共性就是遵循发展规律,承认学生发展的独特性,尽可能发现每个学生的特点特长、聪明才智,不追求每个学生各方面平均发展。承认学生差异的价值,这是一种学生发展的资源。让每个学生在原有基础上、不同起点上都能获得最优的发展,不搞平均发展,不搞"填平补齐",更多地关注学生优势,而不能只看到学生的弱势。在德育中要处理好全面发展与个性发展的关系、统一性与灵活性的关系、共同性与个别性的关系,不能按统一模式去塑造学生。正确对待"问题"学生。所谓的问题学生中有相当一部分仅是教师教育观念上偏差而"制造"出来的,可能是有个性或者特长的学生,或是教师看不惯而已。也有一部分学生可能存在一定的问题,但是不能因此否定学生的差异价值,因势利导进行教育是必要的。

生态型德育最鲜明的特征体现在教育的人本性。个性化教育的出发点、落脚点以及教育的整个过程,都紧紧围绕"以学生发展为本"的现代教育精神,学生不应仅仅被视为教化的对象,更重要的是将学生当作发展的主体。适合学生的德育,能帮助学生成为最好的自己的教育,就是最好的教育。

3. 关注充实发展:经历机会和潜能发展

(1) 充实发展——发展的基础性问题

儿童发展的充实主要表现在发展的全面性、坚实性。"充实"意味着德育内容充足厚实,丰富全面,这是人的发展整体性所规定的。生态型德育强调关注儿童发展的充实就是要关注加强德育内容与形式的充分。孟子曰,"可欲之谓善,有诸己之谓信。充实之谓美,充实而有光辉之谓大。"(《孟子·尽心下》)清哲学家焦循在《孟子正义》中指出,"扩而充之使全备,满盈是为充实。"生态型德育也要在内容与形式上充实。清大学者王夫之指出:"天以化为德,圣人以德为化,惟太和在中,充实诚笃而已。"(《张子正蒙注·天道》)德育追求的目标是让学生在感受与感悟到关心这个道德关系之下,成为一个具有博爱的关心者,是一个心灵充实的人,洋溢着人性的光辉的人。

关心学生的充实发展应该关注他们的经历机会和潜能发展。充实发展首先应该完成学生所处年龄阶段的发展任务,不能逆发展的规律,该发展的没有发展,不该提前发展的却非要发展。在发展阶段的连续过程中,后一阶段是前一阶段基础上的产物。相邻两个阶段之间若有发展上的微小偏差,很可能导致发展的根本变化,局部微小的偏差中隐藏着导致全局性长远性偏差的可能性,且在以后日渐鲜明。造成这样的非生态偏差有两个原因:一是环境中某些变异因素或教育上的失误,二是刻意加速发展、不恰当拔高使孩子过早成熟,以超自然负载塑造儿童。生态型德育关注教育的全过程,不仅要使内容与形式充实,而且教育过程要充分,在发展阶段的连续过程中,关注教育的衔接,为后继发展奠定坚实支撑。

(2)充实发展——关注德育的丰富性

学生发展性要求教育内容要丰富多样,这样才能适应发展的充实性。生态型德育培养学生的品质本身也具有内涵的丰富性。诺丁斯强调"关心身边最亲近的人",在关心人之外强调这一点,其实质就是要学生,特别是儿童从身边做起。关心应该从关心自我,关心身边的人、身边的动植物开始,在体验的与认知的情境中,做小学生力所能及的事,由近致远,逐步发展与积累,培育与发展关心品质。沈明霞认为:"从学会关心自我开始,了解自己,通过与他人的交流,关心身边的人与生命,关心在远方的人和事物;感受身边事物,关心人类创造的物质世界;感受大自然的美好,关心环境和地球。这并不是一件容易的事情,我们需要发现生活中细小的温暖,然后与他人一起分享,如此,才能将关心注入每一个人的血液中,让世界因为关心而变得美妙。"[①]同时,生态型德育还强调以关心的方式培养学生良好的道德品质,关心品德与其他道德品质都是基于真善美的,有着共通之处,也有着不同之处,因此生态型德育内容要丰富,有层次,由近及远,达到儿童心灵的充实。

成熟是个体基因程序的展现,但它远不是发展的全部,因为成熟本身也是在经验获得中显现的,而获得经验的机会是以成熟为前提的,发展就是在成熟和经验的作用下实现的。对学生的经验机会,即经历的机会保持高度敏感,充分利用日常生活和学习中最有利于获得经验的学习情境,推进发展的顺利实现。学生在道德学习中,可以获得三种经历,关于道德知识技能的经历、道德知识技能的运用经历(践行)、获得道德学习的经历。不断丰富这三种经历,使道德经历提升为道德经验,逐步确立道德信念,使学生获得道德上的充分的发展。道德品质的发展,在其成熟的早期都会有偶尔显露的新行为,这正是机会,捕捉它们,并提供践行、诱发经验,使它们多次重复发生,便能最终稳定在心理结构中。

生态型德育要达到促进儿童道德内化为品德,采用适宜的方式,关注德育方式的多样性,以期匹配德育内容。摒弃纠错式教育作为常规方法,这种纠错方式

---

① 沈明霞:学会关心:环境教育理念对教育改革的启示,教育发展研究,2015.4.

以训话与家长压力作为主要手段来迫使学生认错的德育方式,这忽视了德育的正面的教育,犹如"保健式"教育。应倡导积极引导与培养学生健康的道德品质,而不是放任学生犯错后再进行教育。这种积极的引导教育要求教师多开展富有道德教育价值的活动,按照学生年龄特征主动培养与发展学生的道德品质。

生态型德育强调德育融合,增强德育丰富性。生态型德育不仅要通过德育的途径,而且应该积极开展学科中的教育。坚持德育与教学的融合,在教学中要体现教师对学生的关心,引导学生践行关心他人与周围的环境。诺丁斯指出:"传统学校的课程以学科为中心,关心内容只能在学科课程里出现,教师要将关心视为学科的内容的组成部分来对待。"①这句话指出了学科中本身蕴含了关心的教育内容是丰富的,教师不能误解为从外部添加关心的教育元素,也就是德育不应该是"渗透",而是本身在学科中存在,融于学科之中,是学科的组成部分。这种融合的生态型德育才能达到充实的境界,而不是外来的干扰。

(3) 充实发展——关注德育的连续性

关注学生充实发展必须保持教育的连续性,不能是暴雨式的,而应该像阳光空气一样,关心与教育离不开,更要像春风化雨一样在学生的身边熏陶学生。关心时时、处处在人们的身旁,在学生的周围。坚持不懈的生态型德育才能促进学生充实发展,正如饱一顿饿一顿很难促进人的健康。在发展阶段的连续过程中,每一个阶段的发展都要达到发展的基本要求,学生道德品质,包括关心品质得以充分发展,后一阶段在前一阶段基础上得以扎实发展。这就是教育阶段的连续,也是学生发展的连续。

杜威将连续性视为教育活动的一个重要原则。杜威提出"教育即生长"的观点,"经验的连续性、教育的连续性促使教育真正回归生活世界。"②诺丁斯指出,为了有效地应对时代的挑战,把关心引入学校,我们必须重视教育过程中的连续性,"地点的连续性、人的连续性、目的的连续性以及课程的连续性"③。树立学生充实发展的意识,注意经验的延续性、发展的潜在性,看到学生先期经验与未来发展的关系,任何一种经验不仅显现眼前的发展状况,更潜伏着终生发展的能力,学生始终处在潜能开发的过程中。关注学生的内在潜力,这种生命力是一种积极的、活动的、发展着的存在,它具有无穷无尽的力量。蒙台梭利指出:"生长,是由于内在的生命潜力的发展,使生命力显现出来,它的生命力量是按照遗传确定的生物学的规律发展起来的。"教育的任务是激发和促进学生的内在潜力的发现,并按其自

① 诺丁斯:学会关心:教育的另一种模式[M].北京:教育科学出版社,2014 年版.
② 白翠红:论杜威教育哲学的核心:连续性,韵关学院学报·社会科学,2010 年第四期.
③ 诺丁斯:学会关心:教育的另一种模式[M]. 北京:教育科学出版社,2014 年版.

身规律获得自然的和自由的发展。学生有一种积极的能动的从周围环境中吸收各种事物的能力。创设一种适合学生内在需要和兴趣的,能够诱发学生自发学习、自动作业的环境。抛弃一切压制学生个性和情感、摧残和折磨学生身心的种种方法和手段,让学生的内在潜能得以充分展现,转化为现实的能力。

三、生态型德育的基本特征

特征一:民主性

"德育生态作为社会生态的一种形式,与社会生态有相同之处,也涉及自然性、社会性和经济性的问题,但作为一种特殊的社会生态形式,其所显现的主要是社会性的方面,其自然性和经济性则不那么突出。因此,与其他社会生态形式相比,德育生态主要涉及的是社会关系而非自然关系或经济关系。"①在建构生态德育时,必须把握好德育生态与其他生态的差异性。与自然生态不同,教育生态最重要的特征是民主性,因为这是本质上反映健康社会中人之间的关系。民主表征人与人之间、个体与社会的健康关系,民主成为了人类社会生态的基本标志。生态型德育把民主作为其目标,培养学生具有民主精神的人,也把民主作为基本的教育形式,只有讲民主的德育形式才是合理的、适宜的。生态型德育的民主性主要表现在两个方面:一是把教育变成一种民主的学习与生活方式,为提高学生的民主意识和参与能力,发挥学生的主体作用创造最好的教育条件和教育环境。二是要实现教育内容民主意识的融合和学生民主思想、民主精神、民主参与能力的培养,以民主化的教育造就一代富于主体性的新人。生态型德育把民主性既作为德育内容,也作为德育的方式,民主的内容有助于民主的发展,民主的德育有助于培养具有民主品质的人,这就是民主的德育生态滋养民主的生态型德育。

生态型德育提倡教育的道德而非不道德的教育。传统人际德育所张扬的"关于道德的教学",只有"关于道德的知识",而没有产生人的精神发展的内驱力,缺失有效促进人的德性本质完善的方式。德育过程有别于学科知识获取的过程,它必须借助人与人交往的理解、移情和关怀而最终得以实现。杜威认为,合理的道德教育必须"表现个性、培养个性,反对从外面灌输"。柯尔伯格也指出,"灌输既不是一种教授道德的方法,也不是一种道德的教育方法"。反对灌输是当代德育理论的一种共同倾向。德育中的灌输是一种强制约束力量,失去了道德的人文性,而堕落成为不道德的教育。生态型德育强调民主性,摒弃这种非生态的强制性教育。

特征二:整体性

生态型德育与非生态型德育的一个重要的区别是整体性。生态后现代主义

---

① 朱家安:德育生态论[D].华中师范大学,2008.11.

者斯普瑞奈克指出,真正的后现代主义应该拒斥人与自然、肉体与精神、自我与他人等诸多的二元对立,应该是以一种联系的、整体的"生态的"观点看问题。[①] 生态德育强调德育在整个教育中的整体性,德育是教育的一个重要组成部分,是与智育、体育、美育、劳育等融为一体的教育。学校德育绝不是"可以脱离其他诸种德育影响而独立存在、自成系统的存在物"和"影响学生思想品德形成的唯一的变量"[②]。传统观念认为单独突出德育就是重视德育,结果形成了德育"单兵独进",脱离整个教育,导致德育游离状态,也失去德育应有的生态滋养。事实也证明了脱离学生学习与生活的德育失去了其生存与发展的生态,怎么会有生命力? 生态型德育强调在教学的主渠道中开展德育。德育本身有着自己的课程,同时也应该与其他课程整合。学校的教育整合为德育提供了良好的生态。

　　生态型德育在内容上是整体性的,强调德育内容的完整性。在对学生开展行为规范教育的同时必须注重道德教育、公民教育、心理健康教育,具有现代人的基本品质。赫尔巴特指出,教育的最高目的是道德和性格的完善[③]。道德教育必须避免道德说教,而应该注重陶冶道德情感,锻炼道德意志,树立道德信念,培养道德品质,养成道德习惯。生态型德育的整体性体现在学生的主体地位的整体性,即学生在德育中的主体地位是学生与外部的世界、环境中的人和事物的关系中表现出来的。学生的主体性是依靠包括德育在内的教育,激发与增强学生的"人在自我发展中的主体性",处于发展过程中的不成熟、不完全的主体性得以增强,同时发展人在社会生活中的主体性,在社会作用与教育影响下成为社会主体的人的主体性。生态型德育强调的是促进学生的社会化与个性化的协调发展。生态型德育不仅把学生的主体性作为教育目标,培养具有主体意识、主体精神、主体责任感的人,也关注教育过程中的学生主体性。传统德育注重德育内容根据德育目的事先选择和确定,在德育方法上,是教育者站在德育主导者的立场采取有利于把德育内容传递给受教育者的德育方式、途径、手段和工具,从而体现出以教育者为中心的取向。在此意义上德育系统,还不具备实质上的生态性。生态型德育强调学生是教育的主体,也是发展的主体,学生是作为与周围环境互动作用下的主体而存在。教育家斯普朗格认为"教育中本质的因素不是'限制'而是'解放',在教育分成中首先要考虑的问题是解放成长者内在的力量"。非生态型德育是把作为人的学生孤立、割裂的非主体性的,是一种非生态的客体性德育。学校中最常见教师总是责备学生你怎么这么不好,而很少把学生与环境联系起来分析。生态型

---

① Spretnak C: The Recovery of Meaning in the Postmodern Age, Collins Publishers, 1991: 150.
② 鲁洁: 试析德育影响与德育效果[J].教育研究,1991(1).
③ 赫尔巴特.普通教育学·教育学讲授纲要,浙江教育出版社,2020.

德育的主体整体性关注学生个体"生理—心理—文化"结构的全面、和谐、充分的发展，而不是某个方面或部分的局部发展。学生的主体性素质是一种综合的、整体的素质，其各方面之间形成内在联系。生态型德育在关注学生认知结构发展的同时，关注个体人格结构、道德品质结构、心理结构的发展。

特征三：丰富性

生态型德育丰富性在内容与方式上在于培养灵魂纯洁、人性丰满的人。常见以"管纪律、教育犯错的学生"为日常德育主要内容，偶尔开一个主题班会，这样的德育显得简单枯燥。生态型德育将内容与形式的多样性整合，视界放在天—地—人这样一个大体系中。天地间人与所有生物生存、发展环境相关的各项因素皆包含于生态型德育的整个内容构架中。生态型德育关注内容丰富，提高学生的道德认知能力，具有良好的社会认知，正确辨别是非，判断善恶；发展学生的道德情感，具有良好的社会性情感、健康的人性；提高学生的道德行为，具有亲社会行为，言行一致；培养学生具有良好的道德品质与人格，追求真理；培育学生健全的心理素养、健康的个性、创新精神与能力；培养学生积极的生态素养；增强学生的社会适应性，有健康的民族情感、国家意识、公民责任感、法律意识等。

生态型德育强调德育方式的丰富性，注重"表真、表善、表美、表新"的践行。让德育回归生活，生活世界蕴含着丰富的价值观念。杜威、陶行知等教育家早就提出了"教育即生活"的观念。让德育回归生活，根植于社会生活和学生的真实生活，注重生活化教育，才能为学生提供丰富的道德学习内容。作为现代生态德育体系的构建，必须关注学生在现实生活背景下潜藏的个性意志、愿望等生命活力所指向的生活本源，捕捉生活中的德育教育信息，明晰生活在德育中所扮演的角色，使得个性化与生活化融合，从而更好地给学生以生活的启迪和指导，以期达到自我教育的目的。德育作为一种生活世界的教育，来源于生活又高于生活，让德育回归生活，以形成德育的生态性：注重德育内容的生动性，在生活中寻求情感共鸣；注重德育方法的多样性，从生活中积累寻求探索，运用适宜的方法，让生活世界成为德育有效性的反馈平台。

生态型德育还表现在德育内容与方式的多样性整合，不仅注重学生道德认知的提高，还注重培养他们的道德践行能力，融化于人格之中。道德人格表现是道德价值取向的外在行为表现，是以真善美作为其评价标准，是学生个体做出道德价值选择的结果。注重培养学生公共领域与私人领域的行为规范表现，强调个体最佳角色表现。学生通过生活、学习中的言行、行为来表现自己的个性，关注专长发展，创新是人自我发展的基本路径，推动自我的行为的发展。表新就是要求学生学习与生活中能表现出探索求异精神，注重求异思维、发散思维、批判思维、想象思维能力的培养。

特征四：适宜性

生态型德育的基本特征之一是适宜性，在德育内容与方式上都要适宜。美国生态学家 Shelford 提出的"耐受性定律"(the law of tolerance)指出，每一种生物对每一环境因素都有一个耐受范围，包括有一个生态上的最低点和一个最高点(或称耐受性下限和上限)之间的范围形成了生态幅(ecological amplitude)。这就提示，任何生态都需要有一个适宜的度量。德育生态很复杂，更应该关注其适宜性。教师对学生"过于冷漠"或"过多偏爱"，对学生"过高期望""过度否定"都会对学生产生不利影响和后果。学校、家庭和社会的生态环境各生态因子中，任何一个因子的缺失或不足、过量或过度，都会对学生思想品德的养成带来不利影响。

适宜性表现在德育的内容与方法上的连续性与阶段性。这个特征是基于学生身心发展的阶段性与连续性。各年龄阶段儿童心理、生理发展的特点决定了德育的任务、目标、内容和方法的连续性、阶段性。例如学生一般在小学低年级处在道德他律阶段，在三、四年级以后开始进入道德自律发展阶段，这是个体道德发展的连续性与阶段性的规律。遵循规律做到德育的适宜性，这就是生态型德育的表现。学生道德发展阶段要求我们抓住教育的最好时机。为什么有的学生直至大学也没能做到道德自律？这就是他得到的教育没有合乎适宜性。小学理想教育、中学道德教育、大学行为规范教育，与此同理。关注德育的适宜性是提高德育实效的唯一办法。教师必须随时留心观察学生的实际生活及其表现，发现和把握学生在各个阶段出现的心理现象，并及时地引导、帮助和鼓励，否则将对儿童的发展造成难以弥补的缺陷。正如福禄培尔所指出的：我们对于儿童的帮助不宜过多、过早、过快，也不宜过少、过迟、过慢；应不失时机和恰如其分。

特征五：互动性

生态型德育的互动首先是主体与环境的互动。生态型德育克服传统学校德育把自身与社会隔绝，将德育封闭在学校或课堂中这一严重的缺陷。生态型德育打破这种封闭性的教育与瞬息万变社会生活的隔绝，引导学生开阔思想、拓展视野、养育心胸，从而有利于学生主体性的成熟过程，顺利适应社会生活。生态型德育的互动性强调建构开放的德育体系，选择和运用互动的德育方法和途径，为学生主体性的发展提供了良好的德育内外部环境，既有助于学生主体性有序、稳定地形成，也有助于学生主体的社会化进程。

生态型德育是以互动为特征的相互适应、相互调适的师生共同建构意义的过程。在德育活动中，通过师生交互将师生融合，以活动与践行的表现方式为中介，促进学生的道德能力的发展。生态型德育的师生关系是一种以健康的心理能量、文化能量与德性信息传递与转换为特征的生态型师生关系，强调师生关系以民主平等为基础，教师真挚的爱与信赖作为强大的能量焕发学生积极进取的精神活力。生态型德育首先要以生态学动态平衡与共生原理为支撑,建构富有生命意义和充满活力的生态型师生关系。

第三节 生态型德育的操作体系

一、生态型德育的基本框架

(一) 生态型德育的核心理念

学校生态型德育在理念上追求德育内部、外部主客体间依存性与开放性、亲和性与建构性。学校生态型德育的核心理念是"关心学生可持续发展"。这是生态型德育的出发点与归宿点。学生道德成长不是以教育者的意志转移的,不能由教师代替,学生是道德成长的主体。学生的可持续发展是德育的根本目标,意味着学生终身学习与终身发展,意味着学生的发展是遵循规律的,是合理与适宜的,而不是短视功利主义的"发展",导致损害学生长期的发展;也意味着学生的发展得到生态环境的有力支持,环境为他们的发展提供一切可资利用的发展资源。"关心"意味着的是生态支持,"可持续发展"所指向的德育目标与价值取向,符合生态思想与原理。以"关心学生的可持续发展"为核心理念的生态型德育符合德育的基本精神与儿童发展的规律。

(二) 生态型德育的结构维度

生态型德育有着两个基本结构维度:一个是主体结构,一个是客体结构,形成生态型德育的两重建构。

1. 生态型德育中学生的学—教师的育的结构

生态型德育主体结构有两个层面:一是学生—教师关系,二是学习—教育关系。师生关系是生态德育的最基本的关系,是通过学习与教育这个中介联系起来,使教育目标转化为成长目标。学生的学—教师的育形成了角色关系,既是社会关系——职业关系,又是一种心理关系——人际关系。在这个关系中,教师要明确应该"关心"学生什么、如何"关心",从而把握"关心学生发展",同时学生应明确关心什么、如何关心与学会"关心",这是生态型德育关系两大建构。这是德育生态中能量的交换,从一种教育能量转换为另一种能量——学生成长需要的能量。同时育与学的信息不断地在师生之间传递,不断提供学生成长的营养。

2. 生态型德育的内容—形式结构

这是生态型德育的中介结构,即实现生态型目标的载体、路径的结构。教师的育与学生的学依靠生态型德育的内容与形式。

(1)生态型德育的内容维度

内容维度是指生态型德育应该让学生获得哪些发展。通过生态型德育培养学生在认知、情感与行为上正确处理人与自然、人与社会、人自身的和谐,学会关心,具有尊重与责任能力,具有生态理性、生态情感与行为,以此对待生活,并促进自身可持续发展。生态型德育强调生命教育、民族精神教育、法治教育、道德教育、心理健康教育,以及生态教育等。生态型德育在内容上要生态化,所有的德育内容依据生态学原理选择与组织,要适宜、合理、交融。

生态型德育在内容上要关注学生的道德心理的养成,培养学生正确的道德认知、高尚的道德情感、坚定的道德意志、积极的道德践行。但是,有时候教育者往往把道德品质与道德心理割裂开来,只存下虚渺的空壳。常可发现在行为规范教育时,教育者仅仅是停留在 S—R(刺激—反应)上,没有注意把道德品质内化为学生的道德需要。这种依靠外部的行为训练维持的行规教育,一旦外部的压力没有,学生会产生不自觉的行为,个体的行为似乎表现出倒退。更可悲的是,有的学生虽然表面上看起来很有礼貌,但在背后却干着伤害他人的事,因为符合规范的行为并不一定是道德的行为。行为规范的养成离开道德教育,就会流于形式,或训练出言行不一致的人。这也表明生态型德育所坚持的整体性的必要性。

(2)生态型德育的形式维度

形式维度是指德育的方法、手段等形式结构。生态化的德育内容如果采取非生态化的手段,导致的结果还是德育非生态化的。这就是要解决德育的目的是好的,结果是不理想的被动局面。生态型德育在形式上要以生态学的视角,设计与实施德育活动。德育形式要关注多样性、适切性、差异性、民主性。关注不同学生的生态境遇,从不同的生态位出发展开德育工作。有时候,教师到外校观摩学到了某一德育活动,运用到自己班级,结果很不理想。其中一个很重要的原因是水土不服,即违背了生态最适宜度原则。生态型德育内容要以生态化的形式实施,才能取得有效的效果。这就是生态型德育的内容—形式结构匹配性,依托这个结构使学生的学—教师的育的结构运行起来,构成良好的生态型德育机制。

(三)生态型德育的操作元素

1.操作要点之一:关心

"关心"不仅是一种理念,更主要的是德育的行动,教育者必须学会关心,具有关心下一代可持续发展的能力。让学生学会被关心是教育的第一步。因为被关心者对关心的行动毫无反应,那么关心者试图与之建立的关心的关系就无法实现。学生要学会被关心,先要感知与体验关心,学会对关心的积极反应,进而在对自身关心的同时也关心周围的人。

对关心的学习要求关注他人、感受他人的需要,针对他人的需要及时调整关心动机,产生关心行为。诺丁斯认为,学校教育不应局限于对学业成就的追求,而是要培养对自己、他人、自然环境和客观物质世界都有充分了解和尊重的人。学校应该围绕关心这个主题组织学习,"不仅不会与学生的智力发展或者学术进步相互抵触,相反会为智力和学业发展提供坚实的基础"。对关心主题的学习可以是自由讨论、研讨会、辩论等多种形式,也不仅仅局限于课上,这就能很好地发展学生的道德思辨能力与价值澄清能力。

"关心"应该落实到每一个德育活动之中,落实到每一次师生的交流之中,也落实到学校、班级生活之中。教师要增强"关心"的意识,关心是春风化雨,并不一定得到即时回报,但是会看到春天。关心并不一定是"轻轻地抚摸""柔柔的话语",而是出于内心的善意,关注的是学生成熟规律和发展过程、学生经验获得和发展潜能、学生个性特征和发展差异。善于把握与满足每一个学生的发展需求,包括学生的道德上的需求、心理需求、社会适应需求等,把关心的落脚点落在激发学生善良的人性。

2. 操作要点之二:引导

生态型德育强调从以嘴为主转向以践行为主,强调教育不应灌输而是要引导,强调在学生的道德认知、道德体验与道德践行上积极地引导学生,也就是引导学生的品行的真善美发展。孔子在《论语·述而》指出"子曰:不愤不启,不悱不发。举一隅,不以三隅反,则不复也"。《学记》也指出"君子既知教之所由兴,又知教之所由废,然后可以为人师也。故君子之教,喻也。道而弗牵,强而弗抑,开而弗达。道而弗牵则和,强而弗抑则易,开而弗达则思。和易以思,可谓善喻矣"。这些论述突出了教育的本义在于"善喻"。生态型德育强调讲民主、引导而不强迫。各类德育活动过程与日常生活应该成为引导学生品行发展的过程。引导学生品德外显行为的发展,促进学生内化为品德,优化学生个性,锻炼做人能力,促进学生自我实现。

3. 操作要点之三:情境

后现代主义的生态观强调情境,强调不同情境的价值功能,在具体的情境中建构意义。情境和认知具有不可分离性,它们总是交织在一起,我们对意义的理解与我们怎样进行诠释密不可分。[1] 生态型德育的实施注重在一定情境中展开引导,而不能从道德概念到道德概念,缺乏让学生在一定的道德情境中体验与践行。从社会心理学来看,具身认知包括"认知过程的具身性、感知与行为的链接、情感—认知的交互影响、不断进化的心理机制"。具身认知把认知看作是人的身体、

---

[1] 陈柏华:从认知到情境认知:课程教学观的重要转向,教育发展研究,2011年第20期.

感官以及大脑与我们周围世界的互动过程,把知识视为情境活动中认知的产物,也是活动和情境的产物。每一个知识概念都会因使用情境的不同而被赋予不同的含义,如果离开具体情境,就无法达成对事物的准确理解。这就可以让我们理解生态型德育体验性原则。学生做人做事的能力与经验是在一定的情境互动的过程中建构的,任何去情境化的道德知识都不能称作真正的道德认知,无视学生的经历去谈道德,那无异于离开了水去谈鱼。

生态型德育重视情境与认知的一体化,强调情境与应用的统一、人与环境的相互建构。"意义不是客观的、普遍的,它具有智能体的生存或适应的意向性,它是在智能体—环境的相互作用的整体中显示出来的。"①在实际的德育中,对情境常有误区,以为唱唱跳跳、放几张照片或一段影视就是创设情境。我们应该注重来自学生日常生活的问题,特别是真实情境,在德育活动中具象地显现出来,让学生体验、感悟。只有在一定情境下的操作、实践、活动等学生与环境、思维与体验的交互作用中育与学才彰显其意义。

(四) 生态型德育的四个连续

1. 德育目标的连续性

生态型德育实施中目标是关键。教育目的连续性要求不同学段德育目标要保持连贯,道德品质与心理品质的教育目标要贯通,德育内容与德育的目标要一致。在德育中往往德育目标虚化,只知道这次活动搞什么内容,很少思考活动的目的是什么。这次活动与以往的活动有什么关联,在目标上怎样衔接很少思考。价值观、情感目标被标签化、空洞化,缺乏依据教育内容内在的价值,依据学生具体发展基础来确定德育活动的目标。这样德育工作缺少目标上的连续性,只见本次活动,而不见整体德育工作,也就是只见树木不见林的状态。

生态型德育强调遵循生态学的两条最基本原理——系统原理与平衡原理,德育目标内部要一致性。德育目标系统中子目标都应该建立内在联系,在道德的认知、情感、意志与行为上获得整合的发展。一次活动目标不能过多或者过高,要保持适宜的发展。生态型德育内容在发展顺序上要保持连续性,前后目标之间有着联系,前一个德育目标是后一个目标的基础,后一个目标是前一个目标的发展。德育目标递进性表现在目标设定与落实遵循从易到难、从简到繁层次性发展。在同一教育项目的不同阶段上要保持连续,在前后活动的目标上也要保持连续。生态型德育目标在实施中要保持衔接,在确定德育目标时要保持德育任务与学生道德发展基础的衔接,在目标落实过程中要保持德育目标的预设与调整的衔接。生态型德育目标设计与实施上连续表现在可操作性与转化性上。德育目标要清晰、

---

① 盛晓明,李恒威:情境认知,科学研究,2007 年第 5 期.

整合、有层次、适度性。例如,小学一年级与高中学生行为规范教育内容应该有所不同,年幼学生注重良好行为习惯养成,高年级学生应该重在道德行为的培养。由于缺失把道德行为的培养作为行为规范教育的目标,导致有的大学生的行为表现不如小学生的现象。生态型德育目标的设定应该符合"最近发展区"的原则,应该确定"i+1"的水平(i为学生教育前原先水平)。生态型德育目标的连续性最重要的是与德育践行的成效保持连续,实现道德认知向道德践行转化。

　　2. 德育内容的连续性

　　生态型德育在德育目标的统领下应该使德育内容保持连续性。最优化整合德育内容,德育内容保持连续与衔接,不能孤立地进行,德育指向的知识与能力要协调,不能让学生成为说大话、说空话的"留声机";价值观念与行为要一致,不能让学生成为"说话的巨人,行动的矮子"。德育内容上关注德目连续性,把尊重、责任、诚信、善良、勤劳等德目教育不断深入开展,还要关注德目间的关联性。德育项目上也要连续与衔接,道德教育、法治教育,以及其他各项教育都要合理整合,例如心理健康教育要与各项德育内容整合,个体心理健康的标准之一是社会适应良好,离开了社会实践、行为规范教育、生命教育等,心理健康教育犹如无源之水。

　　生态型德育内容的连续也表现在德育内容与其他教育的整合。德育与美育整合就能发挥美育的潜移默化的作用,达到育人化人的功效。只有美的事物,才能让学生更好地关注,然后接受。克服德育单兵独进地片面强调,导致外部德育生态失衡、个体内生态失衡,出现难以融入社会的人。人格是整体的,人是整体的,只有整体发展的人才能具有健康的人格。生态型德育不仅要保持德育本身课程的贯通,有系统、有计划通过各种德育课程实施德育,而且要和学科课程融合,开发与利用丰富多彩的课程资源,让课程更适宜学生发展。

　　生态型德育强调培养学生的道德能力。道德不是清谈,道德践行是人性的反映。创设一切可能的条件,让学生在学校做好学生,在家做好孩子,在社会做好公民。学生的做人的能力培养必然要在其生活与学习过程之中,克服"以教材为中心"的灌输式德育,克服德育中"目中无人"的现象,从根本上树立立德树人,突出学生的主体性,重视差异性,发展个性,成为有道德的人。

　　生态型德育内容的连续还表现在德育内容与德育方法的匹配。两者匹配的德育活动稳定有序地展开,发挥其整体教学功能。德育过程的整合首先是在德育过程中的各德育因子匹配,要素交互,师生与环境交互,最终实现德育内容与形式在德育过程中达到整合,实现德育目标。这是生态型德育的一个重要标志。

　　3. 师生关系的连续性

　　生态型德育在师生关系上的连续性表征了德育生态是否良好。紧张的、疏远的师生关系无法使德育顺畅,只能是"肠梗阻"状态,良好的师生、生生关系增强德育生态中的心理能量。用生态学理念指导德育活动,真正建构一种地位平等、充满活力和富有生命意义的师生共生关系。

生态型师生关系的连续性表现在教师和学生彼此间是地位平等的,具有共生性、动态性和生命性的特征。生态型师生的连续性意味着师生关系的和谐、紧密。生态型师生关系,对教师来说,有利于缓解工作带来的困扰,减轻教师的职业压力,让教师真实地体验学生的生活世界,让教师真切地感受到教师工作的责任感和荣誉感,进而提升自己的专业自觉;对学生来说,生态型师生关系,有利于激发学生能力发展,激发学生个性的全面发展的意愿,让学生沐浴在明媚的阳光之中感受师生的爱。生态型师生关系是教师和学生这两个生态主体在地位平等的前提下以相互理解为纽带,以师生对话为动力,从而使整个教育活动过程相互吸引、充满活力,以此来实现教学相长,共同发展,呈现出共生的特点。

师生间的连续性也体现在主体与外部环境间能量交换、信息交流的动态过程中。教育活动中的教师和学生互相传递师爱与生爱的能量,会产生情感的交流与思想的沟通。他们是互为信息源,他们为彼此提供着信息,并根据自身特点对这些信息进行加工、整合,使信息内化为自己的认知经验,也可以缓解师生间的冲突与矛盾,实现师生间的和谐发展,营造一种民主平等、开放自由的生态环境。生态型师生关系是动态的是相互联系的鲜活生命的个体与群体互动,所要达到的目的不是限制生命个体的发展,而是激发每个生命个体的生命活力。

生态型德育强调发展师生关系的连续性就要使师生关系生态化,形成民主、平等,富有生命特征的生态型师生关系。师生关系生态化要解决现实中阻碍师生和谐共生的因素,改进师生交往方式,建立师生间的对话关系,给予学生充分的话语权,消解师生间冲突与矛盾,同时转变建立一种生态理念下为实现和谐发展的协商性、支持性评价方式。

4. 教育时空的连续性

生态型德育有着强烈的时间与空间。生态型德育离不开其生存与发展的生态,这个生态随着时空在变化。生态型德育时空的连续性要求德育与教学在时间上衔接与融合,在空间上课内外、校内外要贯通,学校与家庭、社区协同。

生态化德育把学生的成长过程看成一个连续的、全方位的转变过程,它的变化体现在学生学习和生活的一点一滴之中,表现在一个一个地方。从时间上看,教育从人的生命开始,直至生命结束,都有着学习的痕迹,终身教育与终身学习,这就是教育连续性的要求。幼儿在 3 岁左右开始的 1~2 年里处于第一反抗期,是儿童自我意识发展的关键期,到 12 岁左右又进入第二个自我意识发展迅猛的青春期。这两个发展时期就是儿童生命发展的连续性表现,也是儿童在一定阶段应该完成的学习任务。儿童时期自我意识发展的问题是一个人终身发展奠基中的重要问题。教育家马卡连柯曾指出,"主要的教育基础是在 5 岁之前奠定的,还有你们在 5 岁以前所做的一切等于整个教育过程的 90％的工作"。我国民间也流传着这样的教育经验,"三岁看大,五岁看老"。但是传统教育的分段制以及师范教育的缺陷,教师缺乏从儿童发展的全程观照中来做好学生的发展教育,这说明了教育生态化的迫切性。

生态型德育的时间上的连续性不仅表现在学生生命进程中的各时期、各年级的连续,同时很重要的还表现在每一次德育活动所占有的时间的生命意义。有的教师把学生的时间花在罚抄上,也有的随意停课等,有的学校搞活动追求"搞过了",出发点就是应付,这浪费学生的有限生命。每一项德育活动都要慎重,认真设计使教育活动过程落实目标,运用生态化的形式展开教育内容,保持教育过程的时间意义上的生命连续性。生态型德育也有空间上连续,学生在校时间实际上只占一年总时间的九分之一,校外时间大大地超过在校时间。一定区域的生态环境对学生的德育产生很大的影响。家庭生态及其家庭教育生态直接影响学校的教育。

适应德育时空的连续性要求德育方法的转变,克服传统教育的封闭性,为学生提供广泛的学习时空,创设灵活的学习方式和途径。生态型德育强调时空连续性也为学生的社会化创设了生态条件。学生的道德能力只能在复杂的社会环境中习得。中小学学生的身心特点是自我意识增强,普遍过于关注自我的自然体验,而学生社会体验又是复杂、全方位与深刻的,那种意图通过简单的道德说教,是无法与这种强大的现实相抗衡的,相反,只会起反作用。强制的灌输、负性的评价这类急于求成的教育方式,不仅无法有效促使学生社会化,而且容易引起逆反心理。社会现实决定社会意识,没有从现实出发的德育工作都是不可靠的。青少年社会化是一个长期的过程,为此要引导学生参与生活,在社会的真实道德生活情境下,感受道德生活,体悟所蕴含的道德意义。

二、生态型德育的实施策略

(一) 关注生命策略

生态型德育追求学生生理、心理、智慧、道德的完整性和统一性,促进个体生命的和谐发展。关注生命策略是指以尊重生命价值、关怀生命需要滋养德育,促进学生个体与环境的生态平衡,实现学生身心和谐与人格完善,生命活力得以激发的策略。在德育过程中,以人为本始终是生态型德育的核心表现。生态型德育强调尊重生命个体的差异,确保学生自然生长的适宜性,使身处良性的学校德育生态系统中的学生成为自主体验建构生命意义的生态个体,并促进师生两者生命的整体和谐发展。

生态型德育关注人与人、人与社会、人与自然的整体关系,以提升学生的精神生命和道德情操为使命,构建起一种新德育模式。生态型德育确立德育的生命性理念,改变把学生变成"容器"任由教师"灌输"而导致学生独立思想和创新精神的削弱,改变独立人格应有的生机和活力缺失,从而促进学生个体生命的和谐发展。

在运用关注生命策略时应该注意以下几点:

1. 以健康的生态滋养师生的生命性。突出德育生态营造过程中尊重生命的价值建构。坚持在德育过程中对教师和学生生命的全面支持关爱。不仅要依托教育生态支持滋养学生的生命,也关注教师的生命意义;不仅支持个体的智慧生命,也关爱个体的自然生命、价值生命、精神生命与智慧生命的和谐发展。

2. 关注德育内容与方式的生命性。德育内容应该具有教育道德价值,德育方式应该符合学生年龄特征的适宜性,德育过程应该符合学生成长的适切性。生态型德育关注回归多姿多彩生活,关注学生个体的生命体验,让学生把他们自己的成长视为一种内含生命体验。

3. 注重培养生态人格。环境伦理学家罗尔斯顿指出,生态人格是"一种自在的善,是自然在向文化演进的过程中所结出的一个重要的果实"。生态人格是道德人格的一种新型样态,是生态道德内化为人的道德良知后形成的一种道德人格。关注生态道德原则与规范在学生个体身上的凝结和内化,促进学生生态道德智慧、生态道德意识、生态道德情感、生态道德意志和生态道德行为综合发展。

4. 生态型德育的生命性要求注重德育的实效性。学生的生命具有"一过性",即生命时间过去了不再回来,不能在无价值的教育活动中浪费学生的生命时间。德育中应该摒弃"假大空",提高德育的适切性,摒弃"纠错式"的教育,积极主动培养学生的真善美。

5. 德育中尊重生命的多样性。教师必须关注到学生主体的多样性与差异性,改变德育流水线生产方式,在德育活动中让每一个学生都能得益。

6. 德育过程中坚持学生生命的共生性。关注每一个学生的生命成长,坚决杜绝对学生的师源性伤害。坚持全纳教育,歧视或者偏爱部分学生,都是非生态的。尊重不同背景、不同发展水平、不同表现的学生。

(二) 情境体悟策略

生态型德育的情境体悟策略是指让学生在生活与德育情境中经历德育现象与事实的感受,进行思考与感悟,取得道德经验的策略。这项策略是基于道德总是处在不同的现实情境下,不同情境下道德行为的选择具有不同的价值取向,表现出个体道德品质的差异。学生道德品质的发展具有情境性,学生需要依据所处的不同情境选择合理的道德行为,而不是简单地告诉学生"应该怎么做",导致学生道德思维的萎缩或盲从。生态型德育以学生主体性活动的经验为中心组织道德学习,以学生的动机态度、需要和能力为出发点。生态型德育以活动、任务为主要形式,强调践行,突出体验与感悟,以亲身体验生活的现实,以获得直接经验,并逐步提升形成个体经验。

生态型德育的情境体悟策略强调从道德知识认知转到情境认知,也就是践行必然有情境,特定的情境才能展开不同的行为表现,显现不同的行为表现所具的意义。"与传统认知心理学把学习看作单纯心理表征不同的是,情境认知把学习看作是从以往的怎样加工表征到表征怎样被创造和被赋予意义的转变,学习要经由个人与环境之间的互动才得以真正发生。"①行动认知中的认知不仅是一种思维状态,更是一种经历事物的关系。心智是个人与环境之间的互动,而活动(activity)会促进个人与环境之间的相互调适。

生态型德育强调学生的道德发展在不同的情境下不同的学生会呈现不同的心理过程。只有通过创设不同的道德情境,让学生获得丰富的道德经历与经验,激发学生道德情感、引发道德思维,才能提高学生的道德品质。

生态型德育以丰富学生学习经历,发展学生价值选择的能力为目标,把道德践行的行为表现作为学生学习的基本途径。行为表现在于获得体验,本质上是以体验为主的学习方式。杜威认为,经验是人的有机体与环境相互作用的结果。杜威指出,"教育是以经验为内容,通过经验,为了经验的目的"。这项策略实质就是让学生在一定的德育生态中自主发展,强调"践行中学""从经历中学",从各种表现中得到积极的道德能力学习体验。

在运用创设情境策略时应该注意以下几点:

1. 教育情境应该真实,不能虚假,空泛。德育情境要联系学生生活的真实情境,使学生置身其中,受到情境氛围熏陶,感染道德行为的善意,达到潜移默化,正所谓"入芝兰之室,久而自芳也"。

2. 创设道德辨析的两难问题情境。道德两难问题创设为学生提供一种面临需要做出道德行为判断的情境,学生面临着趋利还是趋义的多种冲突性选择时,学习道德行为的利与义的价值判断。两难问题的抉择不是轻而易举的,这有利于学生道德判断能力的发展。在运用两难问题开展道德品质教育时,一要设计好两难问题,运用道义上冲突的问题提高教育价效。二要关注学生独立思考,不要空泛的回答。三是组织学生讨论,不同观念与做法充分表达,在观念冲突中澄清可以怎么选。通过两难问题的情境获得冲突的体验,触动原有的道德认知,这样的情境能激发学生去选择更好的解决这一冲突的方法。

3. 教育情境要针对学生道德品质发展创设。创设必要的情境使学生把道德的正确价值取向外化为践行。避免创设的情境偏离道德教育目标,只是追求形式

---

① 陈柏华:从认知到情境认知:课程教学观的重要转向,教育发展研究,2011年第20期.

花哨。增强道德情境中情感体验促进学生道德内化,促进道德品质外化为行动。

4. 给学生提供的情境要具体,要针对学生道德发展的现实情况。脱离实际或成人化的情境难以吸引学生的关注。良好的情境创设,可让学生身临其境,将鲜明的境象展示给学生,获得情绪的感染与激发,学生由此获得理性方面的感悟。

5. 创设的情境要具生活性。道德情境应该来源于生活,即使模拟情境也应该有生活的真实性,并提高情境的针对性。同时更要注重创设道德践行机会,例如班级里设置小岗位,让学生更好地为班级服务。组织学生参加社会实践,培养学生乐于助人、奉献社会的良好道德品质。

(三) 文化滋养策略

文化滋养既是一种教育观念,也是教育方法。文化滋润策略是一种在优秀文化环境和氛围里,学生潜移默化受到心灵滋润,熏陶其道德品质的一种教育策略。

以文化浸润催生良好道德品质和人格的养成,通过德育课程与活动中的文化能量、信息这些"营养"达到滋养。生态型德育应该聚焦到"滋养学生"这个主题上,将"滋养"具体为以"尊重儿童""尊重发展"与"追求幸福"为主要特征的课程与教育。"滋养学生"理念,不是一句空话,要通过课程、活动与环境加以落实。通过对学生进行以传统美德与以传统文化的文化滋养,使学生具有中华民族优秀的民族精神、崇高的民族气节、高尚的民族情感以及良好的民族文化底蕴,融入跨文化的交流中,以现代文化滋养学生现代品质与人格。

生态德育注重环境的文化滋养作用,文化是人的生存与发展的环境。重视环境对师生道德养成的浸润作用。积极挖掘利用自然界的富含审美价值的德育资源,使德育内容极大地丰富起来,使学生滋生保护自然生态意识的同时,获得大自然丰厚的道德滋润。营造蕴含着丰富教育内涵的人文环境,良好的校风、学风和教风的德育生态。营造学生关爱生命、关爱自然的文化氛围,为师生提供充足的文化养料,滋养其内在人文精神,潜移默化影响着师生的情感,使他们在真、善、美的熏陶中不断摒弃假、恶、丑的东西,培育美好的心灵。人的精神生活与外部世界之间存在着内在的生态关系。

文化滋养强调文化体验而非抽象认知。当学生对外部世界保持开放交流状态的时候,内部心灵世界更容易吸收外界的真善美的能量,形成良性循环的内生态关系。当学生看到长江大海的波澜壮阔时,会对自己头脑中的某些狭隘性有所反思;当学生看到大山的巍峨庄严时,会感悟到自己的平凡和渺小;当学生感受到人际关系的友善和谐时,会反思和放弃内心的某些冲突和争斗的念头;当学生感受到爱之价值时,会体会到自己对爱的理解的贫乏,从而受到真心感动。

文化育人,学校德育融于学校文化之中,根植于学校的文化生态之中。学校的德育观念以及德育方式本身是一种学校文化。一个学校要有健康的学校文化,如果一所学校不是儿童友好型学校,很难想象会有积极的德育。生态型德育是建立在一种基于文化生态自觉和自信的,具有开放心态、包容胸襟、合作愿望,尊重生命的生态文明的师生群体之上,在学校可持续发展的共同诉求下形成以民主、多元、滋润为特征的学校文化基础上。

在运用文化滋养策略时应该注意以下几点:

1. 充分发挥文化滋养的净化心灵的作用

健康的文化犹如春雨沐浴过大地,过滤污浊之气,洗净铅华之垢,幽静喧嚣之音,净化心灵,陶冶性情,达到"雨露滋润禾苗壮"的效果。体验中感染,强化情感认同;思考中感悟,注重自我内化。"文化滋养"具有人人沐浴春雨般的普泽性,这要求学校德育让学生在潜移默化中学会关爱一切真善美,达到与自然与人类和睦相处。以优秀文化滋养师生的精神世界,增强群体道德激励所祈祷的内在于群体的"精神动力学效应",使师生从内心深处自觉地产生一种高尚的情感和积极的进取精神。

2. "滋养"强调"春风化雨、润物细无声"的德育方式

"树德莫如滋"(《战国策·秦策二》),文化育人是我国教育的优良传统。文化滋养意蕴着温暖的关怀。滋养强调"润物细无声",犹如春天的雨"温柔如绒",常用春雨形容人世间最温暖的情感。在德育中,不能用粗暴压服的方式对待学生,尤其是处于困境中的学生。教育者应该像春雨一样"润物细无声"滋润人们心灵,讲究德育方法,以理服人,以情感人,激发学生更多的成长愿望。"滋润"强调教育过程是滋养心灵的过程,让每一个教师都像春雨一样温暖学生,使每一门课程像春雨一样丰腴充实,让每一个学生都能获得春雨般的关爱滋润。

德育于有形的礼入手,达到无形的文化浸润之境界。合格的学生可以是制度管出来的,但一个优秀的人才必定是文化浸润出来的。德育应该像春雨滋润万物,"春雨日时,草木怒生"(《庄子·外物》),春雨应时而至,滋养万物,百花盛开。犹如杜甫《春夜喜雨》诗云"好雨知时节,当春乃发生"。"春风化雨、润物细无声"蕴含着生命活力,象征生命和生长,是我国深入人心的传统文化的一部分,也体现了生态的适宜性。

3. 基于文化滋养,着力学校"三风"建设

"校风、教风、学风"表征学校文化,是对学生成长产生重要影响的精神氛围,也是学校文化浸润的结果。关注学校"三风"潜移默化的功能对师生起着陶冶情操、滋养精神的作用。学校的"三风"作为学校组织文化内核是学校办学的导向,也是师生发展的基本要求。以"三风"凝聚学校组织文化,熏陶与滋润学校师生,融于学校各方面的活动中。首先要建设好学校的教风,然后才可能有良好的学风。校风是学校群体精神与品质的集中反映,依托教风与学风的凝聚而成。

4."文化滋润"要充分利用一切有效的文化资源

通过学生对文化教育资源的有效吸收和文化教育活动的有效体验,唤醒学生主体道德成长的主观能动性。良好的文化传统是文化浸润的有利资源。为了实现文化浸润,学校要确立一个正确的办学思想和先进的办学理念,传承和发扬学校的优秀文化传统。以德育生态实现文化滋润学生,用环境资源滋养学生,引导学生养成求真、厚德、爱美的心灵。丰富文化滋养的载体——文化活动,尤其是艺术活动,提升学生的精神境界。在全媒体时代,学校要关注不同媒体的作用,积极引导,让学生在潜移默化中得到文化浸润。

5. 在德育活动中用好浸润法

浸润法是以周围的舆论持续长久地影响公众心理的方法,其特点是作用缓和而持久,不易形成表面抗阻,在潜移默化中对公众心理产生影响,就像"滴水穿石""毛毛雨也能打湿衣衫"的道理一样。发生作用的关键是周围舆论的一致性。建构主义学习观有一个很重要的观点,即学习是浸润式的。

浸润法通过对浸润其中的学生心理影响,形成周围的舆论一致,使学生产生一种积极的从众心理,并在这种舆论的影响下得到同化。社会心理学家谢里夫1935年进行了一项经典实验。实验表明,当周围舆论一致时,或至少是表面一致的时候,对公众个体会产生浸润式作用,使他们放弃或隐藏自己不同意见,而达到与其群体意见一致;当周围舆论一致性被打破时,从众的概率就会大大降低。要合理运用"浸润法"在师生关系以及其他公共关系活动之中,形成正确的群体舆论来影响师生,引导师生省视自己的意见,认同正确的意见,最终和正确意见实现同化。

(四) 注重践行策略

生态型德育是一种理性践行德育。注重践行策略是指在学习与生活中,注重学生道德践行,并通过道德践行促进学生的道德概念转化为道德行为,实现学生道德品质发展的策略。道德践行是在一定的道德意识支配下表现出来的对他人和社会有道德意义的行为。它是道德认识的外在的具体表现,也是实现道德动机的手段。学生的道德品质以及其水平最终以道德行为作为标志。判断一个人,不是根据他自己的表白或对问题的看法,而是根据他的行动。道德认识的提高,转化为内在的道德品质,必须经过道德践行的过程,在道德践行中不断提高道德品质。单靠灌输一定的道德知识和道德规范,不可能转化为学生的品德。这就是生态德育与传统德育的不同,保持知与行的均衡适宜,处理好"知"和"行"的关系,让学生在社会角色的良好道德表现上"乐表、敢表、善表"。

道德践行作为一种道德活动,一方面践行影响着人的心理的形成,另一方面人的心理又对人的践行起着调节作用,是人的践行活动得以完成的条件。道德践行是在生活中不断地进行定向性行动,履行道德义务和责任。生态型德育的学生道德践行是指道德行动,即在生态价值观念引领下,学生在生活中以道德行为主动地履行社会责任。学生通过日常生活中的实践、行动,亲历躬行,将道德行为逐步内化为道德品格、道德习惯,养成自觉的行为,并成为一种生活方式。道德践行应该成为一种良好的生活习惯。

道德践行是促进学生道德发展的基本路径。教师要不断激发学生主体的道德需要,帮助学生克服践行过程中内部心理障碍和外部干扰,强化他们践行的意志力,使他们顺利完成道德践行任务。注重学生自觉践行承诺,做到言必信、行必果。生态型德育的践行不仅是促进学生规范行为的生态化,锤炼生态能力,而且是更好地适应与融入社会,更理性地去面对生活中出现的各种问题。生态型德育的践行强调学生在品德形成和人格发展的经历、规范行为发展的经历、社会实践的经历中充分表现,并获得相应领域的经验。学生多种道德践行的经历,有利于提高道德认识的深刻性、增强道德情感的丰富性、提升道德行为的合理性。

在运用注重践行策略时应该注意以下几点:

1. 道德践行首先是参与,要提高参与程度

教师要不断促进学生"学会参与",让学生有平等参与学校或者班级等组织的活动。参与不是指人到心不到,而是在活动中深度地行动。学会参与意味着学生要学会在共同活动中共同交流、共同表现、共同分享。

2. 道德体验是道德践行的必要条件

体验的质量直接影响到践行的实效。道德践行需要道德情感为基础,道德践行也可以滋养道德情感。注重学生在生活情境中的体验,通过体验让学生的道德概念向道德信念发展,并在生活中践行。关心的道德体验与践行必然出现在生活经历之中。没有生活经历,难以把握道德践行。

3. 丰富践行活动是发展学生践行能力的关键

关心德育中我们必须避免说教,应该通过多种践行活动培养学生的品德。我们不能培养"只说不做"的伪君子,而应该是实实在在的道德践行者。

4. 践行要关注道德行为习惯

践行可以巩固学生已有的良好的行为习惯并能发现不足,在各种生活中生成新的良好行为习惯,提高道德能力。多提供学生自我践行的机会,促进学生养成稳定的道德习惯。学生充分的道德表现必须是自己躬身践行,让学生在道德践行中发展关心能力。坚持从"我"做起,克尽"己所不欲,勿施于人",还要克服"只说不做",要从一言一行做起,从一点一滴做起,从一时一刻做起。

5. 道德践行需要及时激励

学生道德践行中要重视激励,鼓励学生长期坚持道德品质的养成。积极树立"真善美"的道德标准,并以此评价学生的德行。积极鼓励学生道德践行的积极行

为表现,给予肯定、表扬。树立榜样,激发学生良好的道德情感、道德行为。

(五) 多开端性策略

生态型德育是一种多开端的德育。多开端性策略是指依据生态学的适宜性原理,德育可以选择不同的内容或者道德知情意行心理过程的不同方面着手展开,以期达到整体目标的策略。多开端体现了生态学的不确定性、严密性原则。这是基于德育的生态系统的丰富性与差异性,以及学生主体的个性特异,德育过程呈现出的复杂性。从生态学的原理考量,德育不能用一刀切的方式对待所有的德育活动与学生。假设存在这样的德育,那么人类的道德问题早就解决了,但是正是因为违背多样性、差异性这些生态学原理实施德育,以致德育实效性不强。

道德教育是以品德的认知、情感、意志与行为的心理过程为其特征的,也就是说学生的品行的形成是不能离开道德认识、道德情感、道德动机、道德行为都要得到相应的发展。品德水平提高并非是这些心理成分的机械总和,然而每一心理要素都对品德的整体形成与发展产生影响。道德心理学家经过大量的实验研究,认识到人的思想品德形成具有多开端性,而不是只有一种开端。德育的知、情、行这几方面既互相交互,又具有相对独立性,这就为德育过程的多种开端提供了可能性。德育过程心理上的多开端表现为德育的知情意行心理过程可以依据不同情况从某一心理过程开始,可以先从德育情感体验开始,也可以从行为践行开始。多开端策略对教师的德育提出了更高的要求,首先不是机械地、定式地按照人为的意愿设定道德品质培养的顺序进行教育,而是应该把握不同的德育内容与形式德育任务,不同的品德结构与环境,以及学生道德能力与水平发展基础的差异做出教育决策,而不是简单地按照别人的教育方案以及网络上的"材料"来设定教育。

生态型德育多开端可以内容上的多开端,不同年龄阶段学生在德育上从什么内容着手应该不同,从学生可接受的内容入手,例如行为规范教育,幼儿园与小学低年级应从生活与学习行为习惯培养起,小学高年级与初中学生要注意道德行为的培养。多开端还表现在方法上,可以运用不同的德育方式、方法开始。一般而言初中与小学高年级可以比幼儿园与小学低年级多参加社会实践。

在运用多开端策略时应该注意以下几点:

1. 生态型德育要依据学生具体情况所处的境遇,确定从什么地方着手,不能机械地从认知着手。教师习惯于从大道理讲起开展德育,由于缺乏德育的适切性,结果实效不佳。学生由于各自所处的环境,所具有的生活经验差异,因而他们的品行的发展也不同。这种不平衡经常在理与情、言与行、动机与效果、稳定与波动等方面表现出来。这就需要德育因人因事多开端,以提高德育的适宜性。

2. 生态型德育有着生态教育的内容与德育生态化两大方面,因此决定了生态型德育应该以多开端实施。生态德育的内容丰富不仅是生态知识,还有着生态道德、生态能力等,生态教育应该多开端实施,可以从情感着手,促进学生对道德的认知,也可以从道德践行着手,促进学生养成符合道德的行为。同时,学校的各项德育工作的生态化也可以从不同的方面选择不同的抓手实施。

3. 德育实施从不同途径实现多开端的,通过主题性教育、行为规范教育活动、节日活动、校本活动节(科技节、艺术节、体育节、读书节等)、社团兴趣小组活动、教育阵地(展示栏、音乐广场等)、社会实践与服务、家庭生活等路径实施,让学生自主践行道德。

4. 关注道德能力培养的多开端。道德能力是一个多元结构的体系,不仅有纵向的层次递进的能力发展,也有横向平行的能力发展。因此在学生道德能力培养除了分层递进以外,还应该是多开端。在家庭里可以先从培养关心父母能力开始,在学校里可以从关心教师能力培养开始。道德能力也是多元的,尊重能力、爱的能力、合作能力等。根据不同的德育内容以及涉及的能力从不同道德能力着手。

5. 关注德育方法上多开端。打破从认知开端的传统方法,更应该从适宜的、有差异的方法着手,符合生态型德育途径上的多样性。行为规范教育中的友爱同学,可以榜样行为示范方式作为教育开端。在关心他人,特别是没有直接接触的他人的教育时,例如援助贫困地区同龄伙伴,可以通过影视等显示真实情境让学生进行情感体验,然后再组织学生与贫困地区小伙伴通信,或者开展捐款等活动。

(六)强化能力策略

传统的德育重在向学生的认知灌输"道德概念",而忽视学生怎样做到具有能力去实现真善美。传统的德育强调的是重德的知识而轻视能力,重行为规范而轻道德,重在德的言说而忽视道德的践行。传统教育中忽视道德能力,灌输已经成为相当部分教师唯一的德育方式,这样的德育是缺乏实效的,这种状况必须转变。

强化能力策略是指基于学生的可持续发展,从德育的内容、方法与过程上着力培养学生做人做事的能力策略。这项策略强调重视道德概念到道德信念的转化,重视道德认知到践行的转化,注重发展学生的道德能力,过有道德的生活。学生的道德能力是最基础的能力,如爱的能力、道德践行能力。例如,爱的教育不仅仅是让学生知道"爱"这个道德概念,而是要培养学生能在生活中表现出爱的行为,具有爱的能力。尊重教育也要培养学生尊重的能力,在生活中表现出良好的尊重行为。生态型德育要注重让学生会做人——社会角色的最佳表现,培养学生的社会能力,让学生有能力践行责任。

遵循道德发展与道德心理发展规律,提高道德教育的实效性。品德行为是学生的内在精神世界的外部表现,是学生的品德锻炼和修养成熟的标志,只有当学生们的品德认识通过情感和意志的滋润和支持,形成合乎品德规范要求的行为时,只有当这种行为成为学生们的活动定势时,才能说某种品德已经养成。要避免道德说教,只讲应该做什么、不该做什么,只重视品德心理的认知要素,忽略了其他心理要素在形成品德中的作用。情感在品德结构和品德形成过程中起着中介的作用,学生的品德认识通过情感的中介,可以升华为信念,而坚定意志可促进外化为品德行为。

生态型德育重在提升源于真善美生命的价值。只有当真善美在实践中转化为现实,成为一种践行真善美的能力时,学生可以在自身行为的结果中直面学生的本质力量,从而激发起一种美好而强烈的情感体验。学生的生命活力在本质上是学生真善美价值的显现,智慧、才能和力量的表现。个体生命力的强弱,也就是个体所显示的真善美能力的强弱。生态型德育关注学生的表真、表善、表美与表新的能力,追求学生的整体发展。"表真"意味着崇真、求真、致真,强调追求真理、尊重规律,具有求真精神、求真品格、求真能力,表现出言行一致、表里一致,识别真伪、独立思考,表现出明辨是非、爱憎分明、有错必纠,成为说真话、做真事、有真情的学生。"表善"强调的是善良,动善念、表善意、发善心、行善举,以学生的品质表现出来才为真正的善良。表善意味着多做善事好事,多做一些有益于他人、有益于社会的事情,积善成德,充满善意与亲和,"勿以恶小而为之,勿以善小而不为。惟贤惟德,能服于人"(三国志·蜀书·先主传)。践行道德,积善成德,让爱充满我们的生活。"表美"强调心灵美、行为美、语言美。心灵美是思想、道德、人格、情感与知识之美的表现,语言美是内在品格的自然流露,是心灵美的外化表现。表美也是学生审美意识、审美能力与审美品位的体现。培养学生创造性的表现能力,在学生各种活动表现中发挥学生的创造性。"表新"强调改变、更新与创造,意味着:突破传统、突破过去、突破封闭、突破自我、突破平淡,表现出独立思考、求异质疑、探索创新、多元思维,表现出创新精神、创新品格、创新能力与创新思维。生态型德育从表真、表善、表美与表新的整体上建构学生的德性,养成真善美的能力,培养学生创新意识与能力。表真与表善解决表现什么,是基础;表美、表新是解决怎样表现,以美的、创新的形式表现,也是标准。这四者是相互依存、相互促进的互动关系。这是一种强调把德育概念转化为道德真善美能力的一种整体性的生态型德育。

在运用强化能力策略时应该注意以下几点:

1. 关注学生做人做事能力发展的多元性。让学生学会求知、学会做事、学会共处、学会做人,具有道德认知能力、道德判断能力、道德行为能力等,具有尊重、责任、关爱、诚信、宽容等品质,体现生态型德育内容上的丰富性。做人做事能力的多元性还表现在能力结构上,要关注学生的道德思维能力、道德践行能力等的发展。通过具体德目教育,培养学生相应的尊重能力、诚信能力等,也通过学生心理能力建构,培养学生忍耐能力、抗挫能力等。

2. 关注道德能力培养形式上的多样性。能力培养形式的多样性为德育适宜性提供可能,不同的能力培养需要相应的方式匹配。匹配是生态型德育适切性这个基本特征的规定性。道德能力培养的方法要灵活,途径要拓展。充分考虑和顾及学生的接受能力;根据学生身心不同阶段的特点,选择适当时机选择有效的方法;根据不同学生的具体状况,区别对待个性化施法。

3. 关注道德能力培养的差异性。生态适宜性要求道德能力培养不能搞一刀切。学生道德能力发展因个体的生理、心理的差异以及道德经历差异会表现出个体差异,对于不同的个体,同一种道德能力还有发展时间上的差异,即快与慢、早与晚之分;还要关注学生群体的道德能力的差异,不同学校由于生源的差异、年龄段上的差异、性别的差异等,应采取具有差异性的能力培养方式。

4. 关注学生道德能力发展的主体性。在德育中一方面要培养学生的各种道德能力,例如爱的能力;另一方面,我们更要发展学生的主体能力,例如自律能力。学生主体道德能力的提高,既有赖于学生积极地汲取前人积累的道德伦理经验,又有赖于他们主动地在学习与活动中加以发展和提高。学生的主体道德能力发展水平愈高,他就愈能充分利用外部条件去发展具体的道德能力;反之,学生的主体道德能力发展水平愈低,难以成为德育活动和自身发展的真正主体。

5. 关注学生道德能力发展的道德心理过程。学生道德能力的培养不能从概念到概念、理论到理论,而必须重视认识到能力的转化。一个道德概念只有通过情感的体验,才能变成道德信念。这也就是说必须注意各种品德心理要素在品行与道德能力形成过程中的作用。学生的品德能力发展是个体的道德认识、道德情感、道德意志和道德行为的发展过程,有一个从他律逐步过渡到自律的发展过程。一般地说,学生道德能力的发展,遵循由弱到强、简单到复杂、由低阶到高尚。在道德判断上,由行为后果到根据动机和后果相结合进行判断。学生道德情感的发展,是由初级到高级,由简单到复杂,由易变到相对稳定。学生道德行为的发展遵循由易到难、由低到高的顺序。培养学生道德能力发展必须遵循学生道德心理发展过程,提高德育适宜性。

三、生态型德育的实施路径

生态型德育的实施要遵循教育生态发展规律与德育规律,符合生态学的思想与原理,符合青少年学生心理发展特点。生态型德育不仅关注学生行为改变的结果,更关注学生行为发展的过程,让学生在生活中、学习中表现,过有道德的生活。生态型德育重在感受生活、感受道德,突出体验、感悟、践行。在"关心学生的可持续发展"的德育理念引领下,尽可能地为每个学生提供适应其德性发展和个性发展的生态环境。通过生态型德育实施途径的生态化,增强德育生态的物质支持、能量转换与信息传递,使德育更具有民主性、适宜性、开放性、多样性等生态特征。通过主阵地、主渠道;大时空、大课堂;活教室、活班级,这"二主、二大、二活"实现德育途径生态化。

(一) 主阵地——主题教育活动

主题教育活动是指以内容丰富与形式多样的德育活动对学生开展具有特定德育主题的教育活动。从学生的学习角度,可以称为主题学习活动。生态型德育的主题教育活动有两种形式:一是直接指向有关生态文明内容的,旨在培养学生的生态素养,主要通过生态教育。这种形式我们称之为生态主题教育活动。二是非直接指向生态教育内容的,而是采用生态性方式展开各类主题教育活动。这类主题教育活动适用所有德育内容,如法制教育、行为规范教育等主题教育活动的内容与形式都必须生态化。这两种方式都具有生态性教育的价值,没有前者,学生对于生态性缺少直接的感受,对生态性无论在认知上,还是行为上会难以自觉地把握;没有后者,生态性教育的路径就非常狭窄,把自己孤立脱离教育的整体。这两种形式应互补、互动、交融。生态型主题教育活动一般不是教材的教学,而是通过主题活动;也不是以道德概念学习为主,重在道德践行,道德认知转化为道德践行,在道德行为表现中发展学生做人能力,促进学生道德行为习惯的践行。

在开展主题教育活动时,要注意:

1. 关注学生主题教育活动中的主体地位。在活动目标确定、内容组织、形式选择,以及实施过程中都应体现学生主体的生态化发展,教师不能包办代替,以教师的愿望代替学生的道德发展需要。主题活动要突出学生的自主、自愿、自觉。

2. 主题教育活动的主题确定要适切学生。学生不是因主题而存在。教育活动主题选择与确定要关注学生已有的经验,以及学生的现实生活。活动主题确立不是取决于教师想做些什么,应该取决于学生应该学些什么,以来自生活的问题为主题展开活动。

3. 关注主题教育的活动性。主题活动不能从道德概念到道德口号,采用灌输说教方式。主题活动应该通过多种意义建构的活动,让学生体验道德,发展道德能力,并促进学生的道德践行,丰富学生的道德经历,一切学习因经历而生。

4. 关注学生在活动中的表现。通过丰富的主题活动,让学生有良好的角色表现。让学生充分参与,并在参与过程中获得表现自己的机遇,高质量的活动才能为学生提供充分表现的可能。

5. 关注主题活动资源可获得性。所确定的主题活动所需要的资源应该是学生与教师经过努力能够获得的。资源贫乏而预期教育效果较低的主题教育不宜组织。

（二）主渠道——学科课程教学

生态型德育不能在课程学习主渠道中缺席，课程是学校实施生态型德育的基本途径。生态型德育要融合于学校所有课程之中。学校开发与实施生态型德育课程，主要有三种形式：

1. 生态教育校本课程。生态教育课程，包括环境教育课程、生态保护课程等，举办生态文化活动、志愿服务、社会调查等，让学生在亲身参与社会生态实践活动中增强生态意识。这类课程的开发可以依托区域生态特点，以乡土课程形式呈现。这类课程大多以校本课程进行，以培养生态素养为重点。生态教育校本课程较多采用活动课程或者微型课程，课程任务明确，内容灵活，具有动态性、适应性和选择性，旨在让学生掌握生态方面的知识，提高生态能力，增强生态伦理，具有生态意识与精神。

2. 德育课程的生态化。德育课程等无论在内容上还是方式上都要具有适宜性、丰富性、开放性等生态特征。透过德育课程融合生态教育，加强学生生态素养的培养，拓展了德育课程的内容，同时德育课程生态化实施也有利于德育课程整体实效性增强。德育课程要适切学生，内容要合理、方法要多样、过程要真实。

3. 学科课程与生态型德育融合。以学校已有课程为载体，在关注学生学科学习的同时，适宜地融合生态教育。学科课程实施应该坚持教学的教育性原则，以生态共生原则克服课程教学中"阳春面加浇头"，实现德育与学科教学的融合，因此不是"德育渗透"，把教学中的德育看成外来的事物，而是实现课程中德育与学科教学的融洽。

学科德育融合要适当，在内在关联基础上合理整合，不破坏学科教学的完整性，以生态思想与原理增强学科教育。生态教育课程更应该关注生态化，在所有课程中起到示范作用，不要以为生态教育课程必定是生态性的。

（三）大时空——日常行为践行

生态型德育的时空连续性要求德育关注学生处处时时都要自律。学校生活与班级生活具有很强的日常性。道德学习本身具有践行时空性，教育过程在时空中展开，生态型德育融于学生的日常生活与学习之中。日常行为规范养成教育主要通过学校与班级的日常教育活动与管理展开的，也通过家庭、社区、社会生活实施。日常行为规范养成教育不是靠突击或者运动式教育能有效进行的，需要长期持之以恒地开展，学生的道德行为在生活践行中检验。

日常行为规范教育要以生态合理性转变传统的教育方式，改变传统的行为规范教育功利性，采取简单化和强制的办法，强调整齐划一，不少过细、过死的要求与形式主义的做法不符合学生主体性发展的需求。管、卡、压等不当的教育行为对学生主体性发展起到负面影响，学生的主体性日益萎缩，行为表现水准日益降低。用生态思想与方法进行行为规范养成是行为规范教育新发展的需要。

在拓展教育时空开展生态型德育要注意：

1. 以学生为基点拓展德育的时空。学生不仅在学校学习与生活，也在家庭里习得道德、建构人格，在社区社会受世俗社会的影响。生态型德育强调营造良好的学校、家庭与社会的大教育生态，形成道德心理—文化场，为学生的健康成长提供足够的积极能量与信息。

2. 关注学生大时空里的行为能力。日常行为的规范不应该是学生挂在嘴上的口号，或者当作"经"来念。我们应该鼓励学生在日常生活与学习中表现出良好的行为能力，例如尊重能力、人际交往能力、规则能力等。学生的行为规范养成不能光说不练。说大道理的教育方法最方便，张口就来，不需要精心设计与组织，这就是灌输式行为规范教育难以改变的重要原因之一。

3. 关注学生个体在群体中的行为表现。联合国教科文组织《学会生存：教育世界的今天和明天》报告中指出，具有良好的群体合作能力，并在群体的共同生活和工作中能对自己提出教育要求的人，才能获得更好的生活。要培育尊重别人的品质、接纳他人的心理，真正使每个学生都能享受到民主、平等、自由的权利，唤起和激发学生参与学校、班级生活的责任感、使命感和义务感，并在参与这些日常活动中表现出自己的能力。

4. 要处理好学生外显行为与内隐的精神品质整合。这是学生内生态发展的需要。不仅要关注学生外显的行为表现，更要关注其表现的道德价值。有时一个规范的行为不一定是道德的行为，这涉及行为的动机。生态型的行为规范养成教育应当从行为层面深入到精神层面，注重人文精神的培育，使行为规范教育由外需到内需，成为学生自觉需求而形成习惯的自动化行为，即由内养外着力建构学生自主发展为主导的行为规范教育。

5. 生态型日常行为养成教育要为学生提供日常践行机会，为学生参与学校或者班级的日常活动与管理提供可能。例如学校每天有一个班级学生轮流参加学校值日工作，全员参与学校的日常管理，校园里有着值日班学生的身影。这既让学生在这些管理活动中充分地表现自己，发挥他们的社会参与与管理能力，又能培养他们主体精神和社会责任心，为学生今后适应社会做好必要的准备。

（四）大课堂——社会实践活动

生态型德育是开放性德育，有着教育时空的连续性。社会是一个大课堂，学生参与社会实践可以真切地体验与自然、与社会、与自己的关系，获得更深刻的社会生活的践行的体验，有利于促进学生社会化与个性化的协调发展。

开展校外丰富多彩的社会实践活动增强学生生态环境意识，使学生身临真实的生态情境，通过生态保护活动的亲身体验，形成和增强环境意识，既唤起民众环保意识,同时增强自己的生态责任。开展学生志愿者活动,拓展学生学习的课堂,把社会、生活作为学生发展的大课堂,丰富学生社会性表现。在志愿者社会实践中,学生拓展自己的生活领域,有着更多的社会角色,有助于学生更好地了解社会,关心他人,增强责任感、义务感和使命感,有多种机会表现出自己的道德品质与做人的能力,促进学生社会化发展。通过社会实践把学生的发展置于比课堂、比学校生活更广阔的社会背景中,把学生的学习场所从学校拓展到社区乃至整个社会,改变学生单一的学习方式,使课堂学习和社会学习结合起来。

生态型德育的社会实践活动在操作上应该注意:

1. 增强社会实践的自觉意识。要明确学生社会实践的教育价值,避免学生社会实践走过场。通过学生积极的社会实践活动,让学生深一步走入社会生活,为自主地走进社会生活获得深刻的生存体验,培养学生社会意识、主动应对社会生活问题的能力与品质,养成积极的生活态度,增强社会使命感和责任感。

2. 创设开放性社会实践活动。要让学生通过社会实践活动去亲身感受千姿百态的社会生活。学生走出教室到社会上,并不一定可以使学生面向社会。不少社会实践仍然是学生扎堆,学生和学生在一起活动,并没有真正地接触到社会生活。社会实践要提升教育价值必须密切联系社会生活,实现社会实践内容和方式的开放,让学生努力以最佳的角色表现承担社会责任。

3. 社会实践活动要整合生态教育。社区生活中很多实践问题与生态有关,有的是环境保护问题,有的是社会生态问题。鼓励学生参加社区生态保护活动,并在参与这些社会实践活动后交流感受,深化社会实践中所接触到的问题的认识。对于所遇到的两难问题组织讨论,进行道德问题辨析,有利于学生对问题作出价值判断。这体现了生态型德育的情境特征,用适宜的合理的形式展开德育活动。

4. 关注社会实践的道德价值取向。学生社会实践不能变成为完成社会实践"任务"而走过场的形式性活动。社会实践应旨在促进学生深度接触社会生活,扩大社会视野,树立真善美的道德观念,提高公共道德水平,提升社会适应性,促进学生全面健康发展。

5. 主动参与社区教育生态的共建。"教育社会化,社会教育化"是现代教育的一个特征。社区教育是由场所形态教育、年段教育和专业形态教育等整合而成的一种教育形态。学校教育离不开社区,学校教育生态应与社区教育生态共生。社区可为学生提供社会实践的资源以及教育活动资源,例如敬老院、电影院、图书馆、教育基地等。学校要积极主动参与社区教育,共建教育大生态,形成下一代教育合力。

（五）活教室——社团自主管理

学生社团是学生自主表现的舞台,为学生的多样化、优势性差异发展提供平台。学生社团活动丰富的内容可以满足学生的多元需求,社团活动形式的灵活多样也为学生乐意接受,其开放性更是生态型德育的需要。学生学习性的社团活动表征了从"嘴"的教育转向以表现为主,是培育学生多元化能力与素养的又一个课堂,为学生提供展示能力发展个性的舞台。

学生学习性社团是学生以相同或相似的自身学习需要为基础,根据兴趣爱好特长自愿组成的学校内部成员的学习活动组织,是学生"认识自我,展示自我,发展自我"的群体。在社团活动中学生增强主体精神,提升自身的综合素养,促进学生自主学习和自我发展的能力。学生社团是学生主体性教育的重要途径,具有不可替代的作用。要充分发挥社团的主体性教育功能,活跃校园生活,丰富校园文化,营造良好育人氛围。通过社团活动促进学生把兴趣转化为动力,引导学生树立正确的价值取向和发展目标,培养主体精神与主体能力,促进学生自我发展,让社团成为学校生态型德育的重要阵地。

传统学校教育中学生社团活动发生了一种倒挂现象,即老师组织、学生参加,社团类型以及活动内容的确定往往因老师特长和教学需要而定,指导老师提出活动意见,学生只需按要求参与,而往往"获奖"的、"表现"的、"指导"的总是集中于"特长生"。社团活动形式较为单一化,这制约了学校学生社团的健康发展。学生社团——学生自我意识、特长发展的摇篮。学生社团所倡导的"民主、参与"的理念,社团活动表现出的对学生意愿和利益诉求的尊重,以及社团文化的积极满足学生的主体性需要,有利于培养学生的主体精神,有利于学生个性与特长的养成。学生社团更多的是让学生自主地来完成任务,让学生在活动中感受社团活动可以满足他们求新知、求技能、求娱乐、善交际、善表现的心理需求,培养学生克服困难、挑战自我的良好品质;在活动中,体验敢表、善表、乐表精神,促进他们身心全面发展。这充分体现了生态教育的民主、差异、发展的特性,体现了"关心学生的可持续发展"生态型德育的理念。

学生社团活动在组织实施时,要关注以下操作要点:

1. 学生社团"变教师办为学生办"。社团是学生自愿组织而成的,其主体是学生。由社团成员决定开展哪些活动内容、需要邀请谁来指导等,变"教师需要"为"学生需要"。转变社团学习内容与活动的确定往往因教师特长和教学的需要而定,改变唯指导教师确定社团活动计划,由社团成员共同参与制定和执行社团章程。

2. 学生社团的自主建设。学生社团建设应该由"自上而下"转为"自下而上",打破原有的老师组织,制订活动教学计划,在社团的众多事务中,把更多的"自主权"交给学生,身为指导者的教师应"退居二线"。学生从自身发展的需要、特长、爱好和兴趣出发,来确定组织社团活动计划,学生担当起社团事务工作,有更多展现自我的机会。

3. 为学生提供多样发展舞台。学生社团是以活动来维系的,而不是以行政命令或者强行规定能推行的。只有社团活动吸引学生,让学生感到有兴趣和有价值,学生才会自愿选择参加和积极参与。活动是学生社团的生命线,不断提高活动质量,才能使社团健康发展。社团活动内容丰富,类型多样,尽可能满足学生的需求。在形式上灵活生动,根据不同的活动内容而变化,为学生乐意接受。在充满乐趣的活动中,学生展示才华、放飞心情,在社团活动的海洋里自由地遨游。社团——学生自主表现与发展的舞台,通过各种活动发掘其成员的潜能,凸显学生特长。

4. 社团要广泛流动性。要鼓励每一个学生参与社团活动。不能只围绕少数成绩优异的学生开展,调动每一个学生的积极性,促进社团健康发展。社团活动的流动性就是社团不是局限于某些学生,导致由于追求竞赛名次而造成局限于少数人之间。学生社团打破了班级的界限,实现了学生跨班级、跨年级的交流,在活动空间上也实现了班级与学校、社会的融合,极大地丰富了学生的学习舞台,增加了学生扮演多种角色的机遇,增强学生的自我发展能力。

5. 社团要实现开放式。社团活动的形式和方式上的开放性,向社会拓展,与社会实践相结合,在接触社会、服务社会的同时强化学生的社会意识,从而使学生在社会化发展的同时促进了主体精神与人格。充分利用社会资源,提高社团活动的开放度。

(六) 活班级——班级角色承担

班级是学校的一个生态子系统,班级生态是指班级中主体与其环境互动中所形成关系和状态的总和。它是学校中学生最直接生活于斯、学习于斯的微生态系统,也是学生感受极深、受影响很大的教育生态。班级生态有着多元关系,学生间的社会关系——班级中不同学生的地位、班级社会关系等,也有着班级经济——班级中学生贫富状况、班级经费支配,还有着制度因素——班级制度、干部制度、学习制度、评优制度等。这些都体现了班级的生态关系。

传统观念往往把班级看作是等级森严的系统,这种认识反映在班级组织管理中的典型表现就是"控制主义的层级化管理"。班主任直接或间接地通过班级干部,借助一定的规章制度约束学生,实现对学生的管教。这样的班级主体是班主任,由班主任接受上级的指令后,对"下级"的学生通过自己直接控制或者班干部去执行控制,最后达到学生群体的服从。班主任的意志和行为决定了班级组织的目标、活动、人际关系等中一系列功能的实现。传统的班级管理缺乏科学理论指导,不少班主任有主观性、随意性,或是发号施令,或是出言必训;或是保姆式地看管,不给学生自由支配的权利。这种班级管理方式本质上不存在班级系统意义,忽视班级学生的主体性,压抑了学生的自主、自理、自治能力的发挥,学生的社会化沿着学会服从要求和循规蹈矩的方向发展,以此培养出来的学生充其量是失去个性的"听话的学生",显然不符合"以学生发展为本"的教育观念,不利于现代人素质的培养。

群体动力理论下班级可视为是部分与部分之间、部分与群体之间的关系构成的一个整体,其中某个个体的变化都会引起其他个体相应变化。正是由这样的群体成员形成合作与互动关系,形成学生间民主平等、充满信任、合作友善的关系,其成员都富有爱心、责任心和自尊心,其目的是要提高群体生活质量,促进成员间和谐共生。健康的班级生态为每一个学生提供物质和精神上的滋养与支持,激发学生的自主性和积极性,为学生营造和谐、平等与自由的学习、生活氛围,学生自由表达想法,可以最大限度地获得个性的释放,最终实现融洽交往。

生态型德育强调学生是班级生态的主体,是班级的主人。只有确认学生在班级中的地位、权利和义务,让其真正享受到民主、平等、自由的权利,才能唤起学生的责任感、使命感、义务感,为学生的充分发展提供良好的环境。班级是师生共同体,在这个共同体中师生共同学习、生活、成长。为改变传统的由教师主宰班级的局面,学生应该真正成为班级的主人,而不是形式上,或者班主任嘴上的主体。基于班级学生主体地位的转变,班主任要努力"把班级还给学生",发挥每个学生的主动性,让每个学生在自主活动中培养自我教育、自我发展的能力。要确立班级属于每个学生的观念,要让每个学生都参与班级的活动与管理,要让学生真正成为班级生活与管理的主角。

"班级还给学生"中让学生最佳表现,要注意以下几个问题:

1. 把班级还给全体学生而不是少数学生。学生一般都已有自我管理倾向和自主意识,虽然在能力上有差异,但班主任不能只是让少数学生管理班级,而剥夺大多数学生在参与班级管理中获得发展的机会,也就是教育的公平性体现在班级全体成员都有权获得参与班级管理活动中的成长。班主任不能只相信能力强的班干部而不相信大多数同学。

2. 要让每个学生都享有参与班级活动的机会,不断提高每个学生的自主能力,培养学生主人翁精神,提高他们自尊心、自信心、独立性、创造性。让学生确立"我是班级的主人,班级是我们全体学生的班级"的观念,使班级成为学生个性和才能发展的舞台、自我教育和自我发展的沃土。班级活动不应该只有班主任决定,应该让学生们自己选择他们喜欢的活动,并享受活动的愉快,获得精神的升华。应该让学生在班级里都有一定的责任与义务的角色,要设计与安排每一个学生都有任务与岗位,通过这些任务与岗位让学生充分展现自己的品德与能力。

3. 要让学生在获得权利中表现自己。学生作为班级主人不应该是形式上的,要体现在权利上,体现在他们对班级的自我管理上,而不是班主任凌驾于学生之上,取消学生的班级自我管理权。学生对班级事务具有决策权、人事组织权、制定班级制度权、选举权与被选举权、班级费用使用权与监督权等。要改变学生没有自主安排时间的权利,应该让学生合理安排他们的时间。

4. 班级管理中充分发挥表现性评价。要把评议班级的权利还给学生,到底班级情况怎样不应该是班主任一个人说了算。通过学生在各方面的表现,包括对班级所尽的义务与责任的表现进行评价。要把对学生的评价还给学生,一个学生的发展状况,应该让学生本人和他的同学们来评说。把监督权还给学生。一定要转变"学生干部"高人一等的状况,学生对班级工作有知情权,有批评与建议权,对班主任与岗位责任人有监督的权利。

第
九
章

学
校
生
态
型
管
理
的
建
构

第一节 学校管理生态的价值与视角

一、学校管理中非生态现象解析

(一) 学校管理非生态现象的正视

1. 碎片化,缺乏系统性

当前学校管理中最常见的是缺乏系统思考,学校战略发展目标模糊,只是文本上的学校发展目标,或者是按照眼前任务应付日常的工作,学校工作缺乏主线,东一锤子,西一榔头,发展方向不清晰,琐碎地去完成一些事务。这类学校也许在某一局部领域取得成就,但在整体上还是发展不上去。学校管理存在着非教育思维,习惯于行政事务,而忽视学校的战略发展和学校教育综合实力的提升。学校管理是一种教育专业管理,事实上不少学校管理类同其他企事业单位的管理,似乎调一个厂长到学校也可当校长,学校管理重心放在处理人际关系,专业工作行政化。埃斯纳通过学校实地生态研究指出,高中学校教育问题是:(1) 学校工作日的结构性破碎;(2) 教师孤立;(3) 强调外部动机;(4) 日常学习和学校学习之间的分裂;(5) 教师对供职学校的主人翁意识淡薄。这些反映了学校管理中存在的非生态现象。[①] 学校缺乏系统性管理,主要依赖科层管理构成一条垂直分叉如金字塔形态的权力线。科层化管理之困境,就是排除人情关系,其目的在于保证组织中的人与人之间都是一种非人格化的关系。科层化管理在一个侧面上是一种"非人化"管理。它为了达到形式的合理性,而造成了"实质的非理性",即要求人的一切行动都听从某种命令,排除人的情感、内心精神需求等,使人变成"这架不停运转机器上的一个小小的齿轮,并按照机器指定的路线行动"。[②] 学校成员成为一个客体的人,科层管理使得原本复杂的管理系统线性化,生态的关系与状态遭受破坏。

2. 科层化,忽视民主性

人类社会生态系统的最大特点是民主性,这不同于自然生态。"摆脱历来的管理思想——自上而下的科层式的官僚体制的'监控'和'管制',亦即改变学校接

---

① Eisner, ElliotW (1988). The Ecology of School Improvement. Educational Leadership. Vol. 45(5).

② 苏国勋:理性化及其限制——韦伯思想研究[M].上海人民出版社,1988.2.

受上级行政部门的指令后开始围绕学校的课程展开活动和运作的课程决策模式；改变行政和管理是从学校的上司和外部提供驱动力的观念。"①在行政主导型的管理体制下，学校的行政权力边界和权限泛化。对专业管理的僭越，以权力话语取代专业话语，干预和行使专业管理的职权，强化了"官本位"的价值取向，反而误导学校生态关系。这严重制约了学校各项工作的开展，对学校共谋发展的环境营造和提升办学质量的追求都产生了负面影响。在学校制度与校务管理透明度上也存在着民主的缺乏。在学校中曾流行这样的话语，"该知道的就知道，不该知道的就不要问"，完全与政治文明背道而驰，缺少现代领导的基本准则——民主、公开、透明。学校的排他性管理会导致学校管理非生态化。

大型科层制学校的非人格化特征，强调服从、控制和秩序以及专注于等级、竞争和个人成功创造了一个让很多儿童感到异化、孤立和被拒绝的环境。由于教育管理上的传统长期占有主导地位，一直以来从上至下的线性管理模式，导致管理生态链失衡。例如学校课程管理中常出现断裂，缺乏分布式领导力；探究型课程上，普遍存在管理滞后或不力，成为课程领导力的薄弱环节。

3. 失衡性，忽视整体性

升学指挥棒的客观存在，使升学竞争演化为升学率竞争，以及过多的考核评价给学校办学带来压力，使学校管理方向、内容和方法容易产生偏差。学校管理失衡最集中地表现在五育工作失衡上。在实际工作中不少学校把智育放到首位，认为相比于其他工作，智育是看得见、摸得到的工作，有尺子可量，而德育说说很重要，其实难以客观评价，就出现了管理上重智育而轻德育的失衡。而在德育管理中，比较重视学生行为规范教育，而忽视道德教育，这种本末倒置的现象更导致了学校教育的失衡。学校管理上的失衡还表现在高度重视毕业班，于是其他年级的管理中又出现工作的失衡，导致学校管理中"救火式管理"，到毕业班时加强管理力度，成为非生态管理的常态。

学校中出现另一种教育管理的失衡，有的学校倾全力打造学校"特色"，导致学校教育生态的破坏。学校发展不是"特色"发展，而是按照办学规律发展；不是追求"特"而"特"，不是脱离教育、教学最有价值的学生学习与发展，搞一些偏门的"人无我有"，而是发展必须有教育价值；不是片面追求"不同"，而是在符合教育规律上做得更好；不是文字表述上的"特"，而是实践成果上的出色。"特"本身有两种价值：正价值、负价值。所谓"特"的正价值是指这个特色能促进学校发展，旨在最基础的教育工作做好、学生发展凸显出来，是学校办学成效的一种反映；"特"

---

① 钟启泉，岳刚德：学校层面的课程领导：内涵、权限、责任和困境，新华文摘，全球教育展，2006(6).

的负价值是指这个特色在学校发展中产生了消极的作用。最可怕的是"特色"的决策错误,违背办学规律,随意决策浪费师生宝贵的教育生命时间,消耗大量的教育资源,结果是学校发展流于口号。这种以某项活动为学校特色建设目标的部分取向,违背了基础教育的整体取向。学校的各项教育都有着其特定的教育价值,整体协调抓好学校教育是为学生可持续发展负责。学校的教育特色必须是对学生终身发展与可持续发展有价值的。学校特色要遵循办学规律,推动学校均衡发展。

同时,学校管理也要具有自组织能力,一个系统自组织功能愈强,其保持和产生新功能的能力也就愈强。学校稳态化管理追求绝对稳定,这种一味求稳的僵化的管理不符合教育生态系统的动态平衡原理,动态平衡原理强调通过开放减少学校生态系统中的熵。稳态化管理所追求的管理目标不是向管理要效益、要质量、要发展,而是总担心出问题、添乱子、惹麻烦,因而在管理上不求有功,但求无过,只要能维持现状就心安理得。稳态化管理最大的弊端在于丧失了健康管理生态的特征与活力,稳而不活,僵而不变,使整个体系的运作缺乏生机和活力,导致发展停滞,管理低效,没有可持续发展的动能和后劲。

4. 机械性,非生命意义

在不少学校管理中常出现只看分数不见人的冷漠现实。学校管理师生主要看分数,不仅语文、数学,就连思想品德也有量化现象。高考、中考的分数影响着学校的管理,分数挂帅隐性制约学校管理,还没有摆脱"以分数论英雄"的桎梏。赫舍尔曾经指出,一个人不仅有一个身体,也有一副面孔。面孔是不能够替换的,面孔"会说话",它"说出"的就是单个人的独特性[①]。这说明,每个人的实存都是原作,而不是摹本,具有不可通约性。然而,与此形成鲜明对照的是,数字是无面孔的。这样,在数字面前,人的发展的差异性、独特性都被消解了。同时人还是有生命的,人的生命不是静止的,而是"流动的"。与人的生命的不断变化之流相对照,数字是冷冰冰的,是分离的、相互割裂的。在这种数量化的管理下,非人格化的数字最终抹杀了人的生命性,活生生的个体最终被淹没在各种表格、数据"冰窟窿"中。

许多学校管理没有把管理看作是学校教育的一部分,看作是促进人的发展的重要环节,由此自然就不顾管理规范是否合乎人的需要、是否给人的潜能的发挥留有了余地。有的管理者把学校等同于一般的社会,而不是教育的场所,把课堂等同于车间,而不是一个学习成长的共同体。因而简单移植、套用一般社会管理的方法、模式,于是便自然有了所谓的"量化管理"等。福柯认为学校教育已经成

① A. J. 赫舍尔:人是谁,贵州人民出版社,1994年.

功地构成对人的控制与"规训",其控制与"规训"的手段就是"层级监视""规范化裁决""检查"。[①] 可见缺乏合理价值导向的制度变成了单方面的对人的控制。"也正如韦伯自己所认为的那样,这种制度化所体现出来的只是工具合理性或者说是形式合理性,与此同时,它也体现了价值的非理性或者说是实质的非理性。其结果必然是体现出机械性、僵化性以及随之而来的'非人化',导致意义的丧失和自由的丧失。由此看来,'制度化教育'显然是助长了制度对人的控制。"[②]

5. 短视性,乏可持续性

学校管理的价值取向是可持续发展,但是学校管理中常出现短视急功近利,断断续续,变化不定。有的学校缺乏学校战略管理,缺少对学校发展长期的考虑。较多的是盲目决策,仅靠经验制定的,对学校所处内外发展环境不进行战略分析,不是基于事实基础而是靠拍脑袋进行规划,学校发展规划形式化与同质化。有的学校纯粹为应付上级要求而制定学校发展规划,规划本身流于形式,更无意也不可能去实施;另一类是规划本身不科学使规划根本无法实施。也有人认为规划既然确定就应该不折不扣地执行,而忽视战略规划、战略实施需要随环境的变化而进行适当的调整。学校管理缺乏主线,缺乏强大持久的动力,学校的发展没有清晰稳定的轨道,无法持续地发展形成适合校情的发展道路。这些情况与生态型管理旨在可持续发展相违背。

(二)影响学校管理生态的因素

学校管理中的非生态现象其原因是复杂的。

1. 区位结构对学校管理文化的制约

学校的区位对学校的办学与管理有着重要的影响。区位简要意思是位置或布局,既是事物的位置,也是该事物与其他事物的空间联系。区位活动是人类活动的最基本行为。人类在地理空间上每一个行为都可以视为是一次区位选择活动,办学是一定区域中重要的区位活动。区位因素是促使区位地理特性、功能的形成、变化的原因或条件,这些区位因素包括自然因素、社会经济因素和文化因素。学校的管理现实是长期区位结构对学校作用的结果之一。区位结构对学校管理会产生综合性作用,主要表现在区域的经济、文化与教育的联系,综合自然和社会经济两大要素的结果。

合理选择区位是人类在进行社会活动时首先要解决的问题,也是教育布局的重要考虑。区位作为复杂巨系统中的一个子系统,具有开放性、复杂性、动态性等特点。从生态系统角度,在办学区位活动选择时,也应遵循因地制宜原则与动态

① 福柯:规训与惩罚,北京三联书店出版社,2003.
② 周建平:生态式管理与教学管理制度变革,教育理论与实践,2004 年第 2 期.

平衡的原则,对影响办学区位活动选择的各因素进行动态的分析,并对各因素的变化及其可能会产生的影响做出充分的预测,从而对学校管理做出最合理的区位活动选择,使学校教育能适宜于区域的教育需求,也为学校教育发展提供有利环境。

2. 传统管理思维阻碍束缚开放

传统的学校管理的封闭,受传统管理文化积淀深重影响。这主要表现在管理的思维方式落后,导致管理理念转变大多表现在表层的提法上,而在深层次上未能得以真正转变。随着科学技术的迅猛发展,对教育带来了前所未有的整体影响。从教育观念到教育模式,从教育内容到教育技术,从教育体制到教育管理,都经历着一个重大变革。现代科学技术的发展为教育现代化提供了技术基础,教育的传播形式、教育的组织形式也发生了深刻的变化。面对以前所未有的速度走向现代化的教育,学校教育管理面临着许多问题,传统的学校管理模式已难以适用越来越复杂的学校管理。其原因一是目前的教育管理理论框架因袭守旧,基本上没有重要突破;二是学校管理基本上停留在缺乏积极的制度文化引领的制度管理层面上,片面强调大量的"不准"条例,对教育创新带来众多的压抑。学校教育管理正在越来越多地把先进的管理思想和方法与教育规律和教育活动整合,形成适应教育创新的新型的管理思想,更讲究科学的管理分析方法与管理技术。

非生态型的管理的特点是不遵循规律,不以教育思维对待教育管理,也缺乏文化思维,没有使管理根植于文化。文化是学校的终极竞争力。没有文化的学校,是没有希望的学校。学校管理决策能否摆脱利益的诱惑或者不当政绩观的束缚,实现教育公正、公平,就需要文化思维,充分表现出尊重规律、尊重民主的进步文化。非开放性思维必然导致学校管理的非生态化。学校面对着不断开放的教育,面对着不断发展的学生,仍然以封闭的、保守的思维方式进行学校决策和实施管理,学校难以发展。"过去成功的方法,正是摧毁明日企业最快的方式。"转变管理思维方式,推动学校管理生态化已是必然。

二、学校管理的合生态性发展的必然

(一)国际上学校管理生态发展的走向

学校教育管理正在从传统的管理向现代的学校管理发展,但是无论在教育管理的理论上还是管理的实践上都需要转变管理思想,运用生态学原理与方法建构生态型管理。

工业文明给人类社会带来巨大的物质财富,有效提高了人们生活水平,但也使人类遭遇重重危机,主要表现在:自然生态环境恶化、社会交往环境功利化,以及人类精神环境失衡三个方面。这样的困境源于狭隘的"人类中心主义"思想、恶性的竞争环境以及功利的利益追求等。适应工业时代的管理,等级化、封闭性是其典型特征,关注效率,但却扼杀了人的生命性,阻碍了人的发展,也削弱人与人之间、组织与组织之间的相互作用,从而会阻止人类社会可持续发展的可能性。

在 20 世纪下半叶人类文明发展中,一个很重要的标志是对生态的觉醒。国际上与我国都积极提出生态环境保护问题。这种生态觉悟绝不仅意味着人对自然的态度的变化、对人与自然的关系的觉醒,在深层意义上是人类思想观念的发展,这些观念与行动表明了一种文化精神的觉醒,是人类文明的整体进步。

生态学在 19 世纪还只应用于自然界,它关乎着自然环境的恶化、生态的失衡。到 20 世纪中叶便迅速扩展到人类社会,出现了社会生态学等。1972 年,随着挪威哲学家耐斯的报告《肤浅的与深层、长远的生态运动》的发表,掀起了深层生态学运动。该运动把生态学当作一个特殊的、代表新的"思想范式"的人文科学来对待,倡导新的生活方式、价值观。生态学的中心开始由改良主义环保运动,走向注重变革人们的深层的价值观。生态文明进一步迅速发展为代表 20 世纪人类文明新进展的崭新智慧,呼唤一种文化精神革命。著名的后现代主义者托马斯·伯里曾把后现代文化说成是生态时代的精神,并认为人类已经经历了三个早期的文化—精神发展阶段(即原始部落时代、古典时代和现代工业时代),开始走向一个追求生态文明的所谓"生态时代"。[①] 西方深层生态学的代表人物耐斯把自然生态理论的扩展称之为"生态智慧","今天,我们需要的是一种十分宽广的生态思维,我称之为生态智慧(ecosophy)。sophy 来自希腊词汇 sophia,即智慧,它与伦理、准则、规则与实践有关。因此,生态智慧,即深层生态学,意味着实现从科学向智慧的转换。"[②]美国最大的绿色政治组织——"通讯委员会"也提出了一份称为"十种关键价值"的问题讨论清单,而位于十种关键价值之首的就是"生态智慧"。[③] 当今生态文明已不仅追求自然生态平衡,而且更深层的是重新建构人的精神;不仅是对自然的觉悟,而且是整个人文精神、价值的觉悟,已经对许多领域产生了巨大影响。在这样的背景下,教育管理改革也应该且能够弘扬这种生态精神,走生态化之路,实施生态型管理。

生态型管理不同于以前的工业化管理,生态型管理是基于生态世界观,秉持一种有机整体、多元平等、互动和谐、共荣共生以及健康可持续价值取向。在这种生态哲学框架下,生态型管理确立新视角:强调系统整体观、民主平等观、互利共生观、可持续发展观。生态哲学家萨克塞强调,生态学的考察方式,克服了从个体出发的、孤立的思考方法,认识到一切有生命的物体都是某个整体中的一部分,可

① 雷·格里芬: 后现代精神,中央编译出版社,1998.

② 何怀宏: 生态伦理——精神资源与哲学基础,河北大学出版社,2002.

③ 雷·格里芬: 后现代精神,中央编译出版社,1998.

以说生态学是"研究关联的学说"。[①] 耐斯在深层生态学中阐述得更清晰,深层生态学或生态智慧的深层结构有一个重要原则,那就是生物圈平等主义原则。生态型管理强调多样化组织之间的相互合作,真正促进各组织自我实现。工业时代的学校系统在不断扩张的经济中聚焦于规模化培养有用公民,后现代生态系统必须聚焦于提升共同体的意义和对它的归属感以形成健康和有生产力的公民。工业时期和生态时期的教育范式(the industrial-era and the ecological paradigm)不同,从下表中可以看到:

工业时期范式	生态时期范式
科层制	共同体
控制	关系
独立	相互依赖
竞争	合作
孤立、异化	归属
学生是工具	学生是目的
规模大、非人格化	规模小、人格化
以教师讲授为主	服务学习、团队学习

资料来源:James Malley, Mitchell Beck and Delia Adorno(2001). Building an ecology fornon-violence in schools. International Journal of Reality Therapy. Vol. XXI(1).
(转引自:王加强:学校变革的生态分析[D].2008.4)

古德莱德认为,"自外而内""自上而下"的课程改革难以进入课堂,需要用一种生态方式推进教育变革勇气。[②] 存在两种不同而且彼此冲突的教育变革实施方式:一是线性模式,二是生态模式。两种模式的认识论基础不同,生态模式展现了促进学校深刻变革的前景。

(二) 学校管理改革的合生态性

学校管理改革合生态性发展,需要充分发挥学校管理生态关键因子与管理系统的生态整体性、开放性作用推进管理生态化。学校管理生态作为学校生态系统

---

① 汉斯·萨克塞:生态哲学,东方出版社,1991年3月.
② John L. Goodlad, Educational Renewal and the Ait. Arts Education Policy Review. Vol.101, No.4.

的一个子系统,在促进学校管理改革上有其独特功能:

1. 管理生态为学校管理生态化奠定发展基础

生态学观念为学校管理生态化提供一种思想方法论视角。生态型管理并没有现成的标准答案,应该依据不同学校的具体情况而实施,体现生态的适宜性。

以"生态"为价值导向的管理,通常受生态系统生态学影响,将管理视为一个生态系统。管理生态支持了生态型管理,生态型管理需要与之相适应的学校管理生态。管理生态系统不仅在生态思想、理念层次上,也在管理制度、管理行为层面上为生态管理提供了生态思想的导向。

2. 学校管理生态支持生态型管理

生态型管理的实施需要一定的管理环境的支持,也需要管理主体与环境的良好互动,增强管理环境的支持力度。管理环境的要素不是一个单纯因子,而是一系列具体的与管理相关的环境因子群,如管理空间、管理目标、管理内容、管理方法、管理手段、管理氛围等。学校管理生态系统就是在学校的管理时空内,以学校管理为中心的管理人员、教师、学生和管理环境相互影响、相互作用的具有信息、能量传递功能的统一体。通过彼此之间的物质循环、能量流动与信息流通,学校管理生态各要素有机联系、相互作用,各自在维护学校管理生态的平衡中具有不同作用,从而形成一定的管理结构。

3. 学校管理生态调节与健全生态格局

学校管理实施依托健全的学校生态格局。学校生态格局是学校生态系统内部各因子之间、学校生态环境内部各因子之间以及学校与其生态环境各因子之间相互作用过程中形成的相对稳定的关系结构。这种学校生态格局是学校生态系统某段时间内相对稳定的运转框架,制约学校生态系统的整体功能,制约学校生态系统成员的价值取向、思维模式和行为方式。学校生态格局是学校各个子系统、各个层次的核心因子在学校生态系统内的地位、角色和彼此之间的相互关系构成。学校生态系统各子系统、各层次中生态因子的性质不同,从而形成不同的具体格局。例如,教师和学生之间构成的教学—管理格局,校长、中层与教师之间形成的领导—管理格局,行政管理人员与学校教代会之间形成的管理—监督格局。这些具体格局内的关系数量和关系具体内容存在差异。作为学校生态核心因子关系结构的学校生态格局的不同,直接制约了管理的方式。良好健全的生态格局为生态型管理奠定坚实基础。

三、管理生态化:生态型学校创建的保障

(一)生态型学校创建的管理保障

生态型学校的创建是一项系统工程,需要以学校行为整体推进,需要以学校

管理来保障。这项管理保障的关键是以生态化的管理来管理生态型学校的创建。如果管理是非生态型的,以非生态的价值观念与管理方式来处理生态型学校建设,那么必然会出现偏差。创建生态型学校不只是目标生态型,其实施方式也必须生态型。在创建生态型学校过程中以生态化管理组织实施是十分重要的。

生态型学校的创建需要整体的合理的建构,以生态思想、教育生态观念进行系统设计、整体实施。通过生态化管理更好地调动各种教育资源,促进生态型学校创建过程中的物质、能量、信息的流动与交换,从而提高创建水平。生态型学校创建以营造课程生态、德育生态、课堂生态,建构生态型课程、生态型德育、生态课堂为路径整体推进,需要依托生态化管理才能完成。

(二) 学校生态型管理的发展导向

学校发展必须以生态价值取向与生态观念为导向。当前,由于"生态"一词已成时髦,出现套用"生态型学校"名头,其实仍然是传统的套路。我们必须坚持运用生态思想与生态学原理,使学校管理生态化,真正形成生态型学校管理。

实现学校生态型管理要在管理机制上实现三个转变:

1. 从集权走向分布。学校管理者和教师是管理生态系统中重要的两大要素。现代领导特别强调分布式领导,每一位教师都有着领导力。在管理过程中,集权与分权两者间不同的权力分配方式,会带来不同的结果形态。目前,中小学实行的科层制管理,权力往往集中于高层管理者手中,这种权力分配存在诸多弊端,权力失衡,教师始终扮演机械的执行者角色,从而导致教师归属感、安全感和自我成就感的缺失。管理者应适度分布权力,教师参与到学校管理决策中来,保证教师在管理核心权力场中的实质性参与,营造分布式的权力生态。

2. 从独白走向对话。独白的管理是一种单向度的、静态管理,彰显着权力与效率,缺失了民主,迷失了意义。管理者的独白意味着教师话语权的缺失,学校独白式管理中充斥的命令、控制与压抑,更容易导致组织沉默现象,成为线性行为。在这种管理环境中,教师成为被动的执行者,成为失去活力与创造力的服从者。教师出于种种考虑不愿说出自己的想法和建议,使整个组织渐渐失去活力。走向对话协商的民主、有生机的生态型管理是必然选择。

3. 从不变走向权变。适应性是生态型管理内涵的重要方面,管理要随着管理环境和对象等因素的变化而不断调适、不断更新,以达到最适切的程度。"不变"的管理方式容易导致思维僵化和管理低效,甚至负效。管理者应打破"不变"的思维局限,根据管理的具体情境和师生特点实施权变的管理,让管理具有开放性和多样性,保障管理系统的高效与和谐。

学校管理生态化需要生态性思维。克雷明在尝试以一种教育的生态学视角(an ecological view of education)解决教育政策制定问题时,提出了教育生态学的三种思考方式①,并构成教育生态研究需要遵循的三个原则。

1. 全面地思考(think comprehensively)。进行学校管理时必须从生态整体观出发,全面考虑学校中的各种关系。学校从来都不是单独或者孤立地办学。学校成功在于它总是作为包括家庭、社区等在内的教育生态系统的一部分而发挥作用。而在教育结构分裂之处,学校很少成功。"教育必须从整体上加以考察,它不仅贯穿人的一生,而且存在于所有具有教育影响的情境和机构。"②

2. 有联系地思考(think relationally)。学校管理必须注意人力资源和经费的分配与教育成效的关系,审慎地思考我们期望的教育结果以及可能达到的教育结果。有联系地思考意味着,教育必须关注那些影响计划实施的因素,建立多样的、立体的组织系统。通过多样的组织体系,为师生提供更多样的成长空间,使他们发现自我的新维度。这种多层联系是网络式的沟通关系,通过信息的沟通不断交融、对话,使学校管理生态更丰富更具适应性。

3. 公开地思考(think publicly)。学校管理主张利用公开的对话进行沟通达成共识。生态型学校管理关注开放性,注重校内各种问题的公开对话,也强调校内外各种关系的公开对话。生态型管理中,关注多样化的组织之间沟通、关联,使它们相互补充、相互合作、相互竞争,真正使各类组织的自组织能力发展。

第二节 学校管理生态化的基本认识

一、学校管理生态的概念与特征

(一) 学校管理生态的概念

学校管理生态是学校生态的重要组成部分,是指学校成员,包括管理成员与管理客体在一定环境下交互所显现出来的关系与状态的总和。管理生态指与组织管理有着直接或间接联系的各种主客观因素的总和。学校管理生态是由作为管理活动主体的人或组织和管理环境构成的一个管理生态系统。教育管理生态的实质是一种符合生态规律的管理,"教育生态管理的研究正是从尊重教育系统的生态性出发,以全面的、系统的、联系的观点来对教育现象及其管理进行一种新审视,从教育生态系统内部的规律性出发来进行研究、探讨教育管理的最佳途径和最优机制"。③

---

① 谈晓奇:克雷明教育生态学理论述评[D],华东师范大学,2006.5.
② Cranin, L. A.(1976). Public Education. Basic Books, Inc. Publishers, New York.
③ 吴林富:教育生态管理,广西师范大学出版社,2005.

学校教育管理生态系统具有五个层面：

一是以学校为主体，与其外部的自然、经济、政治、文化等环境相交互而形成的管理层面。

二是学校间管理系统中的主体与其外部的教育环境的交互，即跨校跨地区的教育管理活动间的交互。

三是学校管理成员与教师、学生的管理关系，学校管理主体与管理客体(学校课程管理、教学管理、德育管理等)的关系。

四是学校管理内部各职能性环节(计划、组织、调控、评价等)或各管理要素(管理理念、管理制度、管理行为等)互相交叉形成的管理环境内部的关系。

五是学校管理生态系统既由年级管理子系统、班级管理子系统组成的学生组织的纵向生态链，也由校长室、年级组与教研组构成的教育者组织的纵向生态链。

学校教育管理生态系统是一个复杂的系统，拥有多个行为主体、多种要素、多个子系统。这个管理生态系统的不同层面的生态链都应遵循管理规律，各因素发挥不同作用、保持整个管理系统的动态平衡。上述这些生态链形成生态网络，使学校管理生态中的物质、能量与信息进行交流，使管理生态运行。

教育管理生态性要求管理生态系统结构各要素多元有机整合，整个管理系统协同进化共生发展，充分发挥自然环境、社会环境与个体心理环境的良性功能，使管理主体与环境良性互动。教育管理生态性的实质在于通过管理制度和管理合理生态位，形成一定的生态关系和生态作用方式，促进管理活动的生态最优化。从教育管理与外部环境关系出发，生态位原理要求教育管理者正确认识学校管理的现实生态位，不断改善与优化，使之达到新的生态位。从教育管理内部过程考量，生态位原理要求通过以健康的管理价值观引领具体管理制度，确定各个管理环节的行为准则、各因素间的相互关系和相互作用方式，形成整体功能，从而使不同利益主体的个体行为受到约束，并在自由平等的基础上形成一个民主、有序的共生系统，共同履行管理责任。

(二)学校管理生态的特征

学校管理生态从其特征视角考量，可以理解为是在学校管理生态的系统性、适宜性、动态性等合生态的特征明显，特别强化以民主性、和谐性、可持续性为管理理念与行动特征的一种管理生态。

1. 系统有序性

学校管理生态具有明显的整体性。这种管理生态特点是把学校作为一个系统来进行管理，关注各个组成部分的关联。管理生态的整体性还表现在其功能上，学校管理生态系统中各因子相互作用和制约，形成一种复杂的结构，在功能上产生整体效应。生态型管理系统中的一个环节的变化，会打破原来的平衡，引起系统上其他环节的变化。混沌理论的奠基人之一洛仑兹提出的"对初始条件的敏感依赖性",即输入的微小差别可以很快地在输出上表现出极大的差别。从混沌理论中,可以清楚地认识到生态型管理的整体性。

管理生态中的学生、教师、管理人员,甚至家长都是具有内在的普遍联系的学校共同体成员。管理生态化追求管理的整体功效,而不是仅仅追求管理中某个方面效率或者某个组织、个人的成长。强调整体性并不是抹杀个体或个别因子的价值现实性及其对整体合理性的意义,而是要关注、协调与融合个体与整体间的关系。

2. 民主平等性

民主平等是学校教育生态中生命主体生态合理性的表征,也是其生态适宜性的必然。健康的管理生态强调管理系统内成员间地位平等,没有任何因子具有先验的价值优先性,必须在与其他因子有机关联中,在整个生态系统中才能最终确证自己。耐斯(A. Naess)认为,深层生态学的一个重要原则是生物圈平等主义原则。民主平等作为一种管理生态理念是对管理目的、管理过程,尤其是管理活动本质的阐述。在实施层面把民主平等作为一种管理方式,也是对具体的管理做出了原则的规定,对于管理实践具有指导价值。民主平等的管理充分体现管理系统间人员的民主合作、平等沟通的一种多向交流方式,促进人文精神高扬,促进人性崇尚、人道尊重、人格平等、人权维护。健康的管理生态强调尊重系统成员的尊严和权利,充分尊重对方存在的价值。民主平等作为一种关系,在管理活动中应摈弃等级、特权的观念,建构一种和谐、融洽的新型管理关系。只有这样,学校各项工作中的物质、能量与信息交流才能充分地流动,促进学校生态型管理的发展。

3. 发展共生性

管理生态强调组织、个体的自我生长性,任何平衡的生态都具有自组织的特点。生态学原理指出,共生赋予生命机体以自我生长的内在动力。学校生态型管理是属于教育管理领域,具有教育的基本属性。学校生态型管理的主体是具有生命的师生,管理的客体是课程教学以及德智体美劳工作等。因此无论是主体还是客体都具有教育属性,因此学校管理生态的共生性是学校主体生命力发展的必然。

管理生态具有各生态因子的相互作用和谐共生性。生态学的基本原理指出,生命繁衍生长靠不同物种之间的共生和互生来支撑的,可持续性发展能力来自不同物种间相互作用和支持。美国科学院院士刘易斯认为,"地球是一个结构松散的球状生物体,其所有的有生命部分是以共生关系联系在一起的。"[①]生态型管理的共生实质上就是管理因子之间相互依存的统一关系,以此激发组织成员的潜能

---

① 滕守尧:艺术与创生,陕西师范大学出版社,2002.

和生命活力。

（三）学校管理生态的功能层面

要实现组织运作的高效,就必须关注其外部生态环境对组织生存与发展的影响,必须注重组织与所有内、外生态环境的有机联系与协同共生。英国著名管理学家查尔斯·汉迪指出"我们不能忽略组织中的组织生态学,或者说个人行为或态度与环境之间的关系",提倡适宜性,"强调人员与系统、任务及环境的协调性",是现代组织理论的重要主张。管理的生态化,实质上是一个组织的管理对生态学方法的吸收,是组织管理方法的生态化。学校管理生态的功能主要表现在以生态学思想,更是生态哲学对管理活动的指导性作用;以生态学的原理确定组织的管理构架和各种规范、制度等;重视管理的科学性和艺术性的统一,注重管理的和谐共生,管理者和被管理者在心理与文化上的交互融洽。

学校管理生态功能层次模型示意图:

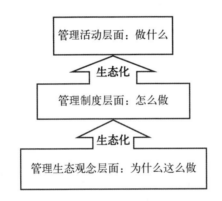

学校生态各种因子之间的关系结构,以及这种关系结构在时间维度呈现出来的运转框架,只是学校生态格局的表层——实践活动层。学校生态实践活动静态方面的关系结构与动态方面的运转框架,都需要按照一定的秩序,有序展开。学校管理生态的实践活动受学校规则制约。学校生态内部存在多种规则:学校规章、教育传统、教学模式、教育研究成果等各种层次和类型的显规则和潜规则,这些构成了学校生态的制度层面。学校生态系统中的生态思想以及生态教育观、思维方式是学校管理生态的最高层面,直接影响着管理制度层面与管理行为层面,为学校管理提供最深远的观念基础与意义之源。

二、学校管理生态化的基本框架

（一）学校管理生态化的概念厘清

学校管理生态是一种具有空间性与专业范畴的特定生态。学校生态型管理则是在学校良好的管理生态基础上形成与发展起来的管理范式。管理生态化是实现生态型管理的主要路径。依据生态学原理与方法优化或者修复学校管理生态,并使学校管理符合教育生态规律的过程,称之为学校管理生态化。学校管理生态化强调管理过程遵循生态学的原理和方法。生态型管理重在学校管理的性质,也就是这种学校的管理应该具有生态学的普遍属性。生态型管理是我们追求的目标,企求达到的管理状态,而管理生态化是实现生态型管理的方式与过程。当学校生态型管理的管理作为动词性质,那么生态型管理就是一种管理方式,以生态学观念导向,以符合生态学原则与方法组织与实施学校管理工作。

生态型管理不同于生态管理。一般而言,生态管理是指对生态的管理,泛指各类生态的管理,例如长江流域的生态管理、德育生态的管理。但是生态型管理主要是指所有的管理要素与管理范畴的工作按照生态思想与方法实施。相当一部分非生态型管理是由于缺乏良好的管理生态,在非生态的管理"土壤"中长出非生态管理的"果"是必然的。

（二）学校管理生态化的基本机制

学校管理生态化的基本机制是"双向建构",即学校管理生态支持生态型管理,而生态型管理也保障管理生态的营造。

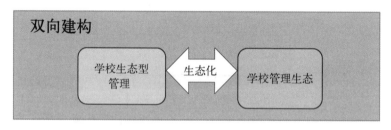

学校管理生态化机制的运作如下:

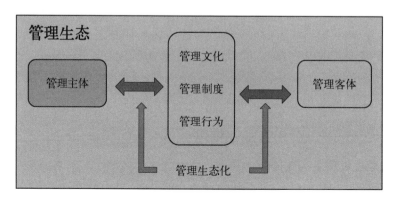

学校管理生态化的路径实现思路：

1. 在学校管理生态支持下，主体与环境有着良好的关系与状态。

2. 管理主体增强，具有按照生态学原理与方法进行管理的能力。

3. 对管理客体(课程、教学、德育等)的作用方式生态化。

4. 透过管理主体与管理客体的中介——管理文化(包括管理制度、管理行为)、作用于管理的客体。

5. 管理中介是借助学校管理生态中的物质、能量与信息的交换与流动。

(三) 学校管理生态化的主要方式

学校管理生态化的基本方式是对学校管理生态的建构、优化、修复与生态系统服务等。管理生态化旨在增强生态系统服务。生态系统服务是指生态系统与生态过程所形成及所维持的主体生存与发展的环境条件与效用。生态化就是要排除对生态系统服务造成的损害，增强学校生态系统服务功能，维护其教育支持的良性循环。生态评估是学校管理生态化必要的举措，可以把握当前学校生态的现状，为制定学校教育生态化发展提供事实依据。学校可以运用"生态型学校创建评估指标体系"进行评估。学校管理生态的生态化主要方式：

1. 建构。学校管理生态的建构是对构成管理生态的因子(管理目标、管理内容、管理形式、管理过程等)以及生态要素(管理中的物质、能量、信息)按照教育生态学的原理与方法营造学校管理生态系统。这个建构需要形成多种管理生态链、生态网，从而构成多层次的学校管理生态层次。

2. 优化。这是在初步形成的管理生态的基础上，不断优化其各类关系，例如学校分布式领导中的主体关系，优化课程生态管理等。通过管理生态化优化学校生态型管理。

3. 修复。防止学校生态的退化，恢复和重建已经受到损害的管理生态系统，维护学校生态系统。

4. 服务。学校管理的生态系统服务功能一般有调节功能、文化功能、支持功能与教育功能。通过增强学校管理生态系统服务功能，例如通过课程管理服务功能提供更多的适合学生的课程。通过调节功能增强教育能量，改善与优化师生关系。通过学校的人力资源管理，发挥生态系统的支持服务功能。

在学校管理生态化中，生态修复值得重视。生态恢复是针对退化的生态系统(degraded ecosystem)的建构和功能减弱、下降等状况。国际恢复生态学会提出的生态恢复是指维持生态健康及更新的过程。这项定义强调生态的整合性恢复，包括生物多样性、生态过程和结构、可持续的社会实践等。生态恢复的方式主要可以采取：

1. 修补(remedy)。修复部分受损的生态结构，例如，采取措施让教代会参与学校管理，修补"行政管理—管理监督"结构。

2. 改进(enhancement)。这是指对原有的受损系统进行改进,提高某方面的结构与功能。例如,学校德育生态系统中全员德育不足,学科德育功能下降,应该通过改进提高德育管理改善生态功能。

3. 再植(revegetation)。这是指恢复生态系统的部分结构和功能,或先前生态利用方式。例如,学校原先群众性体育开展良好,后由于某种管理上原因被取消,采取再植修复管理生态,恢复了群众体育项目。

4. 重建(rehabilitation)。这是指去除干扰并使生态系统恢复原有的利用方式。重建的目标是让重建对象的生态条件得到改善,提高系统的活力。

三、学校管理生态化的操作层面

(一) 学校管理主体的生态性

管理主体的生态化是管理组织及其成员自身具备管理的生态素养,使之能促进管理生态化的过程。管理生态化要依靠人来实施,但并不是所有管理人员都具备实施管理生态化的素养。管理主体生态化首先管理主体要树立管理的生态观念,增强生态意识和生态观念,以此指导自己的管理工作,要不断警惕管理中可能出现的违背生态学原理的管理行为。同时管理主体要提高生态管理能力,维护学校发展所依赖的生态环境健康,关注学校可持续发展。更重要的是,管理人员要关注自己的管理工作的生态化,正确处理学校管理生态中各种人际关系,并以生态原则处理管理事务,在管理中与学校成员和其他部门共生,乃至家长和谐相处。

学校生态型管理的主体属性是在管理活动中作为主体所表现出来的能动性。其主体性从功能属性范畴意义上理解,包含六个方面的内容:(1)自为性,以人为本建立管理的主客结构。(2)自主性,是人在管理主客结构中的独立的主体地位、主体身份和强化了的主体意识,以及行为上的主体能力。(3)自觉性,指管理主体在活动中对客观必然性的把握和利用程度。(4)主动性,指管理主体在主客结构中的支配性、主导性、积极性。(5)创造性,管理主体对现存主客结构的超越性,是衡量主体性的尺度,是与重复性相对立的。(6)自由性,管理主体性的核心内容,是管理主体在主客结构中的自由选择性,即对管理客体、管理方式及结果的选择。管理生态化过程中要充分发挥组织及其成员的主体作用。在管理主体的生态化中必须提升教师的生态位,这是健全管理生态系统的重要任务。通过增强组织成员在管理上的主体地位,积极参与组织决策,并在自己的工作中表现出领导力,例如班主任要在班级工作中发挥领导力。

(二) 学校管理客体的生态化

1. 学校课程生态的管理

"由于当下现代学校制度安排的缺席和以应试主导的学校文化范型长期存在,

以行政逻辑驱动教学逻辑、取缔课程逻辑和学习逻辑,从而滋生以工具理性支配的教学技术主义,俨然使学校已经成为'教'校,导致了学校教育专业属性的遮蔽、教师专业水平下降以及教师专业的社会认可度极低。"①以片面追求升学率为目标的学校间的竞争,致使课程沦为控制的工具,受"技术理性"支配课程管理是同新课程的改革理念背道而驰的。这是当前学校课程管理生态化所面临的主要问题。

(1) 课程管理生态化要确立课程是一个系统的思想,不能只见树木不见森林。要把每门课程都放在学校整体之中,形成学校课程链的基础上,构建学校课程体系。

(2) 通过课程管理生态化使各类课程多样化、均衡发展,使学校课程系统获得整体发展。

(3) 在课程管理生态中要依据学校实际情况与学生课程学习需求,提高课程的适宜度,关注校本课程的开发,提高课程的丰富性。

(4) 课程管理生态化过程中要不断提升组织与个体课程领导力,形成校长、教师整体协同共生的课程领导力。

(5) 课程管理生态化要关注纵向的关联与横向的协调的整合。学校课程管理系统从学校层面到中层课程管理、教研组管理,直至教师与学生形成课程管理链,从横向的各子系统管理、教研组之间、教师之间、班级之间都有着横向关联,形成课程网络。课程管理要依托课程生态链、生态网开展课程的物质、信息与能量的交换提升管理质量。

2. 学校德育生态的管理

以生态学的视角考察学校德育管理,学校德育存在着非生态性,管理体制的刻板化,忽视生命个体的多样性;德育共同体关系的不健全;管理环境的封闭化,这些影响了德育系统的内在有机性。管理过程忽视其道德性,必然导致管理生态的恶化。在德育管理中纳入生态意识,更好地把握了德育管理的伦理特质,走生态化管理的道路。

(1) 确立德育生态管理的生命性,坚持以人的发展为目的。生态伦理学创始人莱奥波尔德在《大地伦理学》中说:"一切事物趋于保护生物群落的完整、稳定和美丽时,它就是正当的,而当它与此相反对时,它就是错误的。"在德育中尊重人的个体生命存在。

(2) 德育管理的多元参与、整体融合。德育管理其意义在于增强德育的系统功能,关注德育内容的均衡。

---

① 钟启泉,岳刚德:学校层面的课程领导:内涵、权限、责任和困境,新华文摘,全球教育展望,2006.6.

（3）转变德育管理的方式，以德育价值引导德育管理行为。改变"手段本身倒成了关键，学校环境及其严格的规章制度，倒是意想中的教育内容本身"。[①]

（4）德育管理开放性，改变管理环境的封闭化。扩展校外德育途径，学校、家庭、社会形成教育合力。

（5）德育管理生态化必须要优化与之息息相关的文化生态环境，以先进文化滋养学生心灵。

3. 学校课堂生态的管理

从生态学视角审视课堂，加强课堂生态的管理，提高课堂生态综合功能水平。

（1）发挥课堂生态的整体功能，要通过对课堂生态的管理使各种课堂生态要素，增强激励功能、美育功能与健康功能，最大限度满足学生学习与成长的需要。

（2）增强课堂生态中物质、能量与信息交换，在这种不断的输入和输出过程中，通过涨落、自组织而实现系统在时间、空间与功能上的有序和稳定，最终实现其基本的内在育人功能。增强课堂生态功能。通过课堂管理生态化为学生提供丰富的营养物质，即课程的学习等，增强信息传递过程的同时增强课堂中的能量交换，以师爱的能量，激发学生在课堂学习中的积极性。

（3）课堂管理生态化要关注课堂的人文环境，关注课堂的文化观念、群体规范、文化信息的作用。

（4）课堂管理生态化构建以生为本生态课堂，实现学生学习方式的根本变革，构建以学生自主学习为主的自主课堂。

（5）课堂管理生态化突出消解"以教师为中心"的课堂管理，树立师生共生的教育服务观，优化民主平等的师生关系。

4. 校园环境生态的管理

校园环境生态作为狭义的定义主要指学校校园内的自然环境、物质环境等组成的环境生态。通过校园生态的管理使校园环境生态发挥育人功能，支持师生的学习与工作，获得心理上的安全感和满足感。

学校硬环境主要有校舍、运动场地、教育设施等，对学生的身心发展影响主要有四个方面：一是影响学生的心理发展。学校的物质环境整洁、安静、实用，都会使学生产生一种向上的积极心态。二是影响学生的价值观和行为习惯。一个较为宽广和优美的校园，会使人气质高雅、胸襟开阔。一个整洁优雅的室内环境，容易使学生养成不随地吐痰和大声喧哗的习惯。三是影响学生的学习内容与形式。如学校实验设备不足，学生难以动手做实验，教师只得满堂灌。学生的学习内容

---

① 齐格蒙·鲍曼：立法者与阐释者——论现代性、后现代性与知识分子，上海人民出版社，2000.

和方式深受学习的硬条件影响。四是影响学生的体育。有环境研究测算,每个学生需要有 20 平方米的树木,或 10 平方米草地,以保证有足够的新鲜空气。学校应有与学校人数相应的绿化面积。其他如学校的运动场地、教室采光等都会影响学生的健康。学校生态环境的管理也是学校生态管理的重要任务。

(1) 做好校园生态功能规划。校园生态功能规划是指通过对校园按照教育生态功能作出长期、全面合理安排,协调师生与校园环境的关系,合理设定校园功能区域与资源合理分布,使校园功能区生态化。这是可持续发展生态学的基本思想与生态规划的原理,运用到教育生态学之中,运用到学校生态建设之中。现代环境之父马什(G. E. Marsh)在其 1864 年出版的著作 *Man and Nature: Physical Geography as Modified by Human Action* 中,首次提出规划人类活动,使之与自然协调,而不是破坏自然,并呼吁与自然共同设计。这个规划原则至今仍是生态规划的一个重要思想基础。但是在中小学中自觉运用生态规划者不多,因此更有必要重视学校生态功能的规划。特别是当今中小学的校园硬件有了很大的改善,校园大、校舍新、教室宽敞、设施先进,因此对校园必须从生态视角进行规划,特别是学校的二度的规划设计。由于原校舍设计企业尽管对学校教育有所了解,但是往往看到有形的物较多,而对育人了解不多欠深刻,另外具体办学者的教育理解所形成的教育理念也不同,因此校园生态功能规划是十分必要的。

按照校园生态功能规划的基本原理与方法实施:

○ 要明确规划的目的与范围,要把握现有范围可能的教育生态功能区的需要。例如学生学习的基本区域、教师的办公区域、实验与活动区域等。

○ 功能区的明晰度与适宜度。要明确设置哪些功能区: 生活区域、学习区域、(实验)活动区域、体育活动区域等,这些功能区之间的分布是否合理、是否具有功能干扰、是否有安全的连接、是否方便师生等。

○ 每一个功能区的生态化程度。各功能区的学生可容纳的密度是否适宜,例如学生用餐厅的规模与安全、实验室与学科的匹配度。

○ 生态功能区的师生关联度,例如教师办公区域与学生的基本学习区域的关联,设置在一起还是分开或组合的选择;各生态功能区与学生的距离,例如图书馆不应该离学生区域太远。

○ 生态功能区的合理开发。要根据自身的学校类型,例如中学与幼儿园体育活动区设计应该有区别。

○ 生态功能的整体规划。校园生态建设必须有一个整体规划,集思广益,绝不能"拍脑袋"。一个学校的校园项目一经施工完成,就难以改变,而不良的校园与设施将对学生造成不可弥补的影响。

○ 生态功能规划要有价值判断。所确定的规划是否符合教育生态理念、对学生的成长能起什么作用？规划校园不能随心所欲、随意照搬,导致校园不伦不类。

○ 生态功能区规划的主题凝练。校园各功能区有自身的功能,但是学校生态是一个整体,硬件建设必须为软件建设、为学校办学服务,体现学校发展思路。校园环境建设应根据学校发展规划所确定的培养目标、学校特色以及特色项目等进行生态功能的规划。

(2) 校园环境生态管理要关注三个方面三个步骤。校园生态管理是一个动态的过程,应该把握其流程与步骤。第一步要做校园环境生态调查与分析,进行有关的资料收集,实地考察,仔细观察当前的校园环境与师生的关联。进一步对校园生态环境进行分析,把握现有生态功能的特征、影响及其程度,做好校园整体生态功能以及各区域生态功能的潜力分析、区域生态服务功能评价、区域生态敏感性分析。更重要的是进行生态适宜性分析,这是生态管理与生态规划的关键,是确定校园环境生态管理及其方案的基础。一般采用形态法、因素叠加方法、生态位适宜度分析法等进行生态适宜度分析。第二步是制定规划方案,在调查分析的基础上编制校园生态功能规划,制订的规划或方案要进行规划目标与预期匹配分析,规划措施与规划目标进行可行性比照,充分考虑投入与产出的效益比。在这些考量基本通过的情况下提交全校成员、校外专家对规划或方案进行评估,在此基础上修订,形成校园生态规划或管理方案。第三步是校园生态环境管理的实施。校园生态环境管理是一个动态的过程,可以校园生态工程分期实施。校园生态环境管理的关键是要紧紧把握校园生态环境的生态功能是否发挥了应有的作用。

(3) 校园环境管理生态化要关注自然环境的教育功能

凸显环境育人,校园要关注打造绿色校园,让校园里绿树成荫,花草芬芳。优美的自然环境,熏陶学生的情操,培育学生对大自然的美感和对生活的热爱。环境教育人、造就人,对学生健康发展,起到潜移默化的积极作用。

(4) 注重校园环境的学校文化物化

学校文化的物化是学校文化孕育的重要条件。学校文化是学校师生价值观念的集中体现,是一种意识性形态。在孕育和发展过程中,它必须有一种外显的形象来表征。用来表征观念性事物的应该是文化符号,作为其观念显露在外的象征。例如当我们看到图片上的万里长城时,会浮想四起油然升起对中华文明的敬意。要高度重视把学校文化转化为某种具体存在的物质形态来表征,即学校文化表征的物化所蕴含的教育意义。

学校文化的物化在一定程度上可以衡量学校文化是否已经真正确立。概念化的学校文化是没有生命力的,很难与学生和教职员工的思想、情感和行为融合,很少能起到教育作用。学校文化需要以物化加以表征,使之具体化。例如蕴含校史、学校教育理念与办学理想的校歌、校徽、塑像,让师生在学校里处处时时都能感受到学校精神。这种表征学校文化物化的标志性文化,应该精心设计。这些物化的标志性文化凝聚着全校师生的情感,有很高的艺术品位。只有高雅的艺术作品才能以它的美的感染力,产生期望的教育影响。并不是校园里所有的文化艺术都是学校精神的物化表征,首先得能正确表征,因此校园文化需要从学校精神的孕育的高度去建设,需要系统考虑,整体设计,营造学校精神的整体教育环境。让每一幢楼与墙壁都会"说话",利用一切可教育的条件。教学楼命名等都有着教育作用,起到励志作用和学校理念的物化。

（5）学校环境生态的整体管理

教育与自然环境之间的关系是一种动态平衡关系,学校自然生态的发展,会影响学校教育内容和教育方式等的变化,而这种变化反过来又会使自然环境,尤其是人为环境的不断发展。这项工作绝不是一个总务部门可以胜任的,应该学校全员参与决策,以学校整体规划支持,以强有力的学校行为推进。校园生态环境的管理,在注重硬件建设的同时,更关注软文化建设,充分发挥学校文化对校园生态环境的导向作用,把学校的办学理念充分蕴含在学校的物质环境、社会环境、规范环境之中,弘扬学校文化,培育符合时代发展的校风、学风、教风,使学校真正成为师生学习的乐园、生活的花园、精神的家园。加强创建愉快合作的课堂环境、丰富多彩的活动环境、优美高雅的校园环境、融合和谐的人际环境这四种育人环境建设,为学生健康成长提供环境支持。努力让环境文化创设的结果与过程成为优质的教育资源和课程资源。

四、学校管理生态化的基本策略

(一) 价值观引领策略

管理生态化的价值取向是和谐共生、民主平等、协同可持续发展,这是生态化管理思想的精神内核。学校价值观念是指学校全体师生在教育、教学与管理等办学活动中认同,并共同践行所形成的主流价值教育观念。这是学校文化的核心,是影响学校办学目标、基本信念及行为规范的一种价值力,是学校发展的内驱力,是推进教育创新的灵魂。学校的价值观念直接影响着学校的成员关系与工作的机制,对学校管理起着制约作用,充分表征了其生态功能。学校价值观念促进学校形成一种相对稳定的群体心理,产生自觉的价值行为。自觉的价值行为不是仅靠制度约束来的,它是在一种共同价值支配下创生的一种和谐结果,是一种认同、一种归属。学校的正确价值观念明晰了,学校内涵发展的灵魂也就有了,发展的方向和路径也就明确了,凝聚了学校主流文化,把握了学校发展大局趋势。

学校管理生态首先表现在学校文化的理念功能上。学校管理成员要注重学校办学理念、教育理念、课程理念、教学理念、学生观、质量观的正确形成、凝聚与增强上的领导,在学校不同层次上践行,形成一套支持系统和策略,学校不同成员对学校理念的形成、发展都负有责任。每个学校其实都在以一定的价值观对学校进行管理,但是否有意识、自觉的、有效的,是否具有结构化和系统性上存在差异。这种差异就表现出不同学校管理生态的差异。如果学校价值系统观念只是言语表达,与学校各领域的工作貌合神离,表现为学校的管理制度、教师的教学行为与所倡导的价值追求不一致,那么这样的学校管理生态需要修复。

20世纪20年代末,国际管理学界有学者提出"无形领导"即"看不见的领导"(invisible leadership)这一概念。"无形领导"一般包含共同的驱动目标、个体成员对目标的信仰和感情投入、汇聚群体力量的人力资源、超越个人利益的意愿等方面的含义。随着管理学界对文化价值认识的加深,以豪斯教授为代表的学者在90年代初提出了"以价值为基础的领导"理论。价值领导的要义是领导与其下属之间以价值观为基础的关系,领导者通过明确表达愿景,向组织和工作注入的价值观与追随者所持有的价值观和情感发生共鸣,从而促使追随者对组织和组织愿景的认同,导致追随者自我功效和自我价值的提高。豪斯教授的研究结果指出,价值导向的动机比实际导向的动机更强、更广泛、更持久。这种领导方式比传统的管理理论更可取。著名社会心理学家明茨伯格指出,知识型职工不需要管理人员的直接监督,他们需要的是保护和支持。对知识型企业的知识型员工不适合采取应急的外部报酬和处罚,因为员工的业绩目标不容易详细说明和度量,领导者难以把外部的报酬与个人业绩相联系,所以,宜采用基于价值的领导。这些观点强调学校组织系统中成员关系和谐与工作协调性,即健康的"关系与状态",就是组织生态系统的管理生态化。

(二)整体性系统策略

学校系统整体性本质上是学校生态性,学校管理是对学校生态的管理以及运用生态规律实施学校不同领域的管理。学校管理生态结构反映学校内部关系,是系统的一种内在的规定性。学校管理系统的总体结构和层次结构状态是客观存在的,管理者必须清醒认识并合理把握。学校中的管理结构通过物质交换、能量流动、信息的传递实现管理的健康运行。学校管理生态的营造必须把握学校系统内部各组成要素间的相对稳定的联系方式、组织秩序及其时空关系的内在表现形式。

生态学的"网络系统思想"认为,各种各样生态整体,也都是网络系统。学校管理系统的特殊结构都是由其系统特定的要素,不同于其他系统的组成部分的相互作用和相互依存产生的,例如学校课程管理、德育管理等组成。当学校管理系统被阻隔为孤立的部分时,这个管理系统的功能就会遭到破坏。学校的管理所指向的管理机制、管理制度与管理行为等表现形式,都应该建立在生态学这种"网络系统思想"的基础上。学校教育生态系统的管理应该把学校系统各个组成部分加以综合考虑,关注它们整合与融合,把握各个局部对于整体的影响,同时把学校生态系统作为更大系统的一个局部,从整个区域或者社会的角度进行考量,使整个教育生态系统综合平衡有良好的基础。生态型管理坚持教育发展和教育生态平衡两项不可分割的任务。

(三)双向性建构策略

学校管理生态化是一个动态交互的过程,其有两个层面:一是组织层面,如学校组织层面、中层组织层面、基础组织层面;另一个层面是个体层面,如校长、部门负责人、教师等。正是这两个层面的双向互动形成了管理活动,营造了一种学校管理生态。

一所管理生态健康的学校,其师生与学校领导者都有适宜的生态位,每一个成员都能获得主体地位,都能在学校生态系统中获得必要的生命发展营养物。"双向建构"观点认为,学校组织中的领导者、追随者和特定情境交互作用下形成一定的管理生态,强调管理生态是领导者与其他成员交互作用的结果,不是领导个人行为的单向作用。学校管理生态中组织层面主体与个体层面主体互动对课程、教学、德育等产生管理作用。学校的管理生态功能对学校中个体的管理生态环境产生影响。个体的管理即使十分强,如果缺乏组织生态的支持,相应的组织管理功能也不会很强,乃至削弱。个体的管理功能需要在组织的健康生态环境中才能发挥更好的作用。学校管理生态的双向建构具有相互间互动的三个结构:学校组织层面的主体结构、个体层面的主体结构以及学校管理的环境结构,正是这三个结构的互动形成了学校管理生态的整体功能。

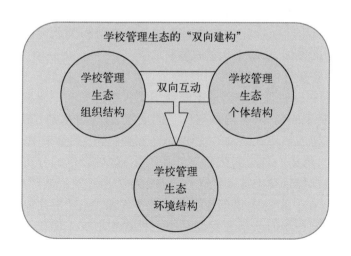

"双向建构"还回答了管理生态营造的方式问题。双向建构的主要形式是互动,通过互动形成联结。学校管理生态系统中的要素间的联结与结构具有相对稳定性。这种相对稳定性并不意味着系统的结构是静止的、僵化不变的,仅仅是一种平衡结构,呈现动态稳定性,变化发展之中的相对稳定。学校管理生态营造中,我们应该通过其交互性促其要素的互动,形成良好的联结,在动态中获得发展。在学校管理生态的双向建构中,一方面要充分尊重学校领导的作用,同时也要重视师生在管理生态营造中的积极作用,要切实改变忽视教师在学校生态建设中的作用,不能总以为教师只要"上好课就够了"。这样的观念极大地伤害了教师作为学校管理的主体地位。没有了教师一方的主体地位,也就难以形成学校管理生态双向建构的局面。在双向建构中,充分培育学校全体成员以及各层面组织的管理生态建构能力:管理生态思想建构力、管理生态工作决策力、管理生态营造引领力、管理生态营造组织力、管理生态资源协调力、管理生态评估运用力,并以此强化管理生态的主体意识与能力。

(四) 多样性丰富策略

管理生态的丰富性主要表现在生态因子与联结的多样性。这种联结的多样性,使得管理生态呈现活力,从而促进生态功能的丰富性。管理生态因子间的联结并不是越简单越好,有一个适宜性问题。当管理生态中的联结有价值,并是健康的,那么其联结越有正向功能。管理生态中的因子联结的适宜度在很大程度上影响着管理生态的质量。学校管理生态的组成因子是多元的、有层次的,从而呈现出系统的复杂结构、多样功能。组成多维复合的管理生态系统的因子是多样的、相互交叉的,相互影响与制约,产生协同,这样才能满足学校管理所需要的自然的、社会的和精神的环境。任何一个管理因子都不可能是单独存在不与其外部发生联系的。在一定的时空范围内,这三种环境及其生态因子在管理实施过程中相互作用,形成平衡与失调、竞争与协同等复杂的态势和关系,从不同角度、不同侧面制约着教育的发展,影响育人的过程。

提升管理生态多样性、丰富性的形式:

1. 合作式分布。管理生态营造中的合作式分布是指同一组织中一起工作的成员,执行一项特定的任务,共同参与任务的决策、设计与实施,其成员管理活动的结果将影响其他成员实践活动的管理形式。这种合作式分布中,领导者通过明确的分工与合作,形成一种互为依赖与支持关系,这种合作式分布具有一种共时性特点。在学校课程管理中常以合作式分布领导力组织项目展开。

2. 集合式分布。集合式分布是指两个或多个独立,且相互依赖的组织中成员在实现要求共同行动的共享性目标时的一种管理形式。例如,学校教导处、科研室、德育处不同的职能部门在组织教育、教学活动时所表现出的领导力分布。

其中管理所指向的成果是不可分割的。

3. 协同式分布。协同式分布则意味着为了完成某些领导功能,在不同的管理实践中,不同的管理任务必须有一个特定的顺序——任务之间、为完成任务领导所担负的责任之间的依赖性是有先后顺序的。例如,学校课程规划制订时,按照制订前的调查分析、课程计划的编制、课程计划的审定都是有着时间先后的,后期工作必须在前期工作的基础上,这种管理活动的分配就是协同式分布。

提升管理生态的丰富性的这三种形式各有侧重。合作式分布强调成员在管理上具有的目标指引与依赖性特点,集合式分布强调管理在交互活动中产生的共同实践成果,协同式领导则聚焦于交互活动的顺序性。正是基于管理生态营造的多样性才能形成具有活力的管理生态。

(五)结构性开放策略

这个策略是指营造一种结构性组织支持系统,形成开放性的管理环境,提高管理的生态化水平的一种策略。学校管理生态的开放性指的是其系统具有不断地与外界环境进行物质、能量、信息交换的功能。管理生态系统向环境开放是系统得以发展的前提,也是学校管理系统得以稳定存在的条件。学校管理生态是在管理主体与其环境交互中开放。如果学校管理生态系统处于封闭状态,与外界全然没有任何交换,那么这个系统就只能自行走向混乱无序的混沌状态,或迟或早总会走向衰亡。学校管理生态系统只有在开放中,才能自组织向有序状态发展。

学校管理生态的开放有着两个向度:一是管理系统内部的开放,二是管理系统外部的开放,从而增强学校管理系统的生态功能。这个开放是以管理观念的解放和管理体系的开放为标志。学校管理生态系统的内部开放主要表现在学校层面的管理向学校管理子系统之间上下层级间的开放、学校内部平行组织间的开放。学校职能部门作为学校管理系统的一个子系统,对同位组织、下位组织与上位组织产生影响。学校管理系统的充分开放才能使得学校管理充满活力,使得系统从管理环境引入负熵,实现自组织。同时学校管理系统处在较宏观的区域教育系统或者社会系统之中,它必然向较宏观的系统和上一层大系统开放,也需要向平行的系统开放,例如其他学校等开放。

学校管理的开放是适度的开放,其之所以成为活系统,有其相对独立的自主性,适度向环境开放。对于一个自组织系统,系统的适度开放主要是靠系统自身的自我调节机制来保证的。学校管理生态系统的自身调节机制,使得学校有条件地、有选择地、有过滤地向环境开放成为可能,使学校管理和相关学校保持一定程度的自主性,也使学校管理系统应付环境变化有着灵活性。学校管理生态的适度开放性,就是学校管理的校本性,这是生态的适宜性特征所决定的。

管理生态的营造,除了管理主体具备强烈的管理生态意识和行为外,还必须有外部环境支持。学校必须创设"支持性环境",增强管理活动的生态化水平。这种民主、平等的管理环境是鼓励学校成员创造性地从事管理工作的环境。这说明了支持性环境不是个体行为,应该是组织行为,具有组织的建构特征,例如学校管理制度由学校的顶层管理制度、各方面工作制度、各项具体程序制度等组成管理制度链。通过结构性的支持系统使学校管理工作有序实施。管理的最佳支持来自学校全体教师的支持,形成共识,一致行动。

阿伦德(R. Arends)认为,校长的"支持性行为"的构成要素是:(1)利用一切机会,向教师说明教育革新的目的、活动、功能,使教师认识这种革新是值得努力的;(2)促进教育革新的组织——明确角色关系;(3)排除来自校内外的反对舆论,为教育革新辩护;(4)致力于推进教育革新的资源、时间、空间、资金、地位等的整合和提供。在学校管理生态中,校长不仅自身需要获得支持,校长对其他人员管理工作的支持也十分重要,不仅要为学校管理工作提供必要的条件,让有关人员感到资源充足、支持力量雄厚,而且更要给予软性的支持,赋予人人参与学校管理的权利,营造民主平等的管理环境。赋权意味着学校管理的开放,教师参与学校管理工作,调动教师参与学校工作的调研、决策、评估等重大活动;让教师对学校学科发展的现状等发表意见;让教师参与和影响学校组织文化的培育,认同学校主流文化;让教师拥有丰富的管理资源,学校应该提供必要的人力资源与物质资源。教师在组织文化中有着广泛、深刻的影响,对学校建设的思维方式、行为方式和学科建设环境有着重要影响力。学校要通过赋权使教师能够自主能动地根据具体的工作发展情境处理相关工作。

第三节　学校生态型管理的实操

一、学校生态型管理的概念与内涵

(一)生态型管理的概念

对生态型管理,有学者认为"用系统的、全面的、有机统一的生态学理论和思维方法去研究整个管理生态系统及其规律,把整个管理生态系统视为一个'有机体',注重这个'有机体'中各个组成部分的'互动性',偏重于运用生态模拟的方法,去建立管理的生态模型"[①]。"教育生态管理的研究正是从尊重教育系统的生

---

① 陈向阳:学校隐性管理,广西教育出版社,2006.

态性出发,以全面的、系统的、联系的观点来对教育现象及其管理进行一种新审视,从教育生态系统内部的规律性出发来进行研究、探讨教育管理的最佳途径和最优机制。"①刘海认为:"生态管理和绿色发展作为一种理念,是在尊重发展主体的内在特性及具体管理领域特殊性与内在规律的基础上,强调管理的和谐性和发展的可持续性。"②周建平认为生态式管理有四个特征:其一强调整体性;其二强调平等性,打破那种等级制度;其三,也打破封闭性,注重相互作用,注重发展的可持续性、"可创生性";其四,生态式管理强调组织、个体的自我生长性。③

学校生态型管理是指运用生态学原理和方法对提高学校管理的生态化水平,管理功能最佳发挥,促进整个学校生态系统的管理最优化,以期达到学校可持续发展的一种学校管理。生态型管理的操作定义是指通过增强学校管理的计划、组织、控制、评价四个职能型要素的动态物质循环、能量交换、信息传递,优化管理主体、客体的生态性,推动学校教育符合教育生态规律发展的一种管理。生态型管理是一个由各种相互依存的生态因子构成的生态系统支持的,强调管理的合规律,以及和谐可持续发展,强调整体关联、动态平衡、多元共生、平等参与、民主开放等生态思想。

生态型管理是从广义上对所有领域的管理而言,即要求各领域的管理,例如教育领域的管理、医院领域的管理等都要生态化,这样的管理要符合生态思想与生态方法。而生态管理是特指对特定生态的管理,一般是环境保护方面所指向的生态的管理,例如湿地生态管理等。管理生态化主要是指使管理达到生态要求的过程,在这个过程中逐步消解非生态的管理现象,修复遭受损害的管理生态。因此,为了不产生歧义,使用生态型管理、管理生态化这两个概念来表述管理类型与管理方式的生态化,区别于生态管理。

(二) 生态型管理的内涵

1. 生态型管理是一种分布式领导

分布式领导的生态性体现在强调人人是领导者,人人参与管理与领导,是管理主体性、民主性的表征。分布式领导认为人人应该发挥领导力,领导并不仅是职权,有职权而无领导力还是普遍存在的。生态型管理的分布式特征强调学校的管理要职权分层、职能分解、功能分类,要各司其职、定位清楚,所做的工作要与自己的管理职责、职能相对称、对应,即体现生态的适宜性特点。要管住行政权力越位这只"有形的手",区分行政管理与专业领导的不同生态位。学校领导应该通过

---

① 吴林富:教育生态管理.天津教育出版社,2006.
② 刘海:高校后勤生态管理的基本内涵及内蕴价值——基于高校绿色发展的视角,黑龙江高教研究,2012.2.
③ 周建平:生态管理与教学管理制度变革,教育理论与实践,2004.2.

应具备的三种能力——战略思考与规划能力、资源整合与运作能力、动态管理与协调能力来发挥生态位功能,增强现实生态位。分布式领导的生态型管理强调学校所有人在正确的价值引领下,"做正确的事",从事务性管理逐步走向战略性管理,从局部性、适应性管理走向整体性、前瞻性管理。管理中表现出作风民主、平等处事,管理者与被管理者形成"双赢"的局面。体现分布式领导的生态型管理的意义在于:第一调动群体的管理智慧和工作积极性,善于赋权,提升管理生态活力,形成"事事有人干,人人能干事"的繁荣局面。第二,放手、分权、信任的管理导向,有利于保持良好的管理秩序,使组织管理的生态位与个体的生态位相适应,使学校教育生态系统的运行有序、高效。

2. 生态型管理是一种人本化管理

学校教育生态的管理是为了促进学校生态主体的发展,因此,生态型管理必然是以人为本位的管理,把人放在根本的位置上考虑各种管理问题,显示出一种人性化的基本立场和倾向。生态型管理强调非强制性的管理,是突出人的生命性,顺应人性。人性是教育管理中最根本、最重要的特质。生态型管理是在人性的基础上,通过非强制性的手段,把管理目标变为人们自觉行动的管理方法,主张通过引导、协调、激励等柔性方式,启发成员的认同、接受,并自觉地加以执行。这就要求我们要"下大力气加强管理者'非权力影响力'的内功修炼,努力做到:用文化的力量陶冶人,用思想的力量感召人,用人格的力量感染人,用情感的力量感化人,用智慧的力量启迪人"。[①] 生态型管理强调在学校发展目标的引领下,领导者运用积极的影响善于凝聚组织力量,平等沟通。生态型管理的方式强调喻理计利。喻理就是晓之以理;计利就是站在被管理者的立场,设身处地地替成员考虑、着想,晓以利害。喻理计利体现了共生共赢。以人为本的生态型管理注重以诚信、理解、尊重、宽容建立管理关系,让学校成员有自己的空间和时间,有一定的自由度和成长的机会,这样才能使学校成员的积极性和创造性得到充分的发挥。

3. 生态型管理是一种激励协变性管理

生态型管理的激励性是以多种激励的方式,增强生态活力。拉布吕耶乐曾说:"成功的最佳捷径是让人们清楚地知道,你的成功符合他们的利益。"如果学校的规模扩大,经费收入增多,而员工的收入却没有相应提高,他们就会感到学校的发展与己无关,就会变得冷漠、疏离,甚至混事。生态型管理重视精神能量的开发,礼贤下士、以诚相待,与物质激励形成互补,满足成员多元化需求,就能创造更好的生态环境,激励人们为学校的发展努力工作。

生态型管理的共生性是以协同为手段,调动和激活人的积极性,使他们以高

---

① 王继华:校长职业化释要,北京大学出版社,2003.

昂的精神状态投入工作的一种管理方式。实施共生的生态型管理,营造协变机制,这有利于打破稳态化管理"稳而不活,僵而不变"的弊端,促成各种资源要素的优化组合并发挥最佳效应。"高斯的竞争排斥原理(Competition exclusion principle),即'生态位相同的物种不能共存'这个假说是正确的,但是物种通过生态位的分离,避免了排斥现象,从而达到共存。"①生态系统中的协同来自不同生态位中的生态位势,通过协变减少学校内各组织与个体的理想生态位与现实生态位之间的差距,使他们的生态位势更适合学校生态发展。共生能强化生态中物质、能量与信息的交互。生态位错位或分离,能丰富营养物质状态。协变往往成为活力的源泉,它能点燃人的工作激情,振奋人的精神风貌,使工作始终高效运转。

(三)学校生态型管理的本质

生态型管理不同于以前的工业化管理。工业化管理的等级化、封闭性是其典型特征,这虽然提高了效率,但却忽视了人的生命,抹去了人的发展的可持续性,同时阻碍了人与人之间、组织与组织之间的相互作用,从而最终阻止了创生的可能性。以效率型为特征的管理的目标指向是有效率地达成组织的目标,一切管理手段都是为实现这一目的服务的。这种管理坚持"经济人"的假设,把人分为"两类模型":"决策者或决定因素"和其他的"执行的可操纵的物件",把后者放在与生产手段和原材料同一个层面上,忽视人的社会特性和他的需求与期望可能有利于最高可能的劳动生产率。在这种管理模式下,崇尚规章制度、工作流程和组织结构的设计,管理者把成员视为完成任务指标的工具,并且管理的方式往往是机械的和标准化的,往往充斥着监督味道和高度控制管理,是二元对立思维下的管理致思,缺乏和谐的整体的视界。这种学校管理执着于组织目标的实现,而忽视了教师的需要,管理者试图通过强制性的制度、标准来"驱使"教师在预想的轨道上运行。这种管理关系是"命令—执行"型关系,管理者和被管理者之间的地位也是不对等的,属于教师的思想和个性等受制于精心设计的组织框架,并逐渐在沉寂中失去活性。

生态型管理是在批判和继承传统管理的基础上的超越而提出来的。生态型管理的本质是"可持续发展"的共生型管理。可持续发展是生态型管理终极目标的价值取向。可持续发展的价值取向意味着学校管理工作是为了保障学校的课程、德育、教学发展得更好,教师获得工作支持,学生得以可持续发展。

生态型管理以共生促使学校办学与师生可持续发展。共生包含共存、共为和共荣三个相互联系、彼此依存的层次,既是一种理念指引,同时又是一种方法实践。共存性意味着对异质者的开放、尊重和接受。管理者和师生是相异的因子,这种差异性在共存的理念下不应是冲突和矛盾的根源,而是一种珍贵的、蕴藏无

---

① 戈峰:现代生态学,科学出版社,2008.3.

限价值的内隐性资源,正是源于这种异质存在,才使整个管理生态系统拥有无尽的"源头活水"。共为更多的是一种过程的体现,学校的管理者和教师同属系统中的重要因子,系统和谐发展是各要素共同发力的结果。要素间的协同互动是系统健康运行的重要保障。共为内含的过程前的共在、过程中的共行和过程后的共思三个不可分割的层面。过程前的共在意味着任何决策都是在相关主体"在场"下产生的,而这种"在场"不仅是形式上的在场,更重要的是话语权的在场,即决策相关主体应该充分参与,并对决策的形成产生实质性的影响力;过程中的共行是指系统作为共同体行动,即共同体成员在共同愿景的指引下,彼此理解、对话、共享资源,形成积极的互依关系,以真诚合作的方式工作;过程后的共思即一种合作性反思,其目的在于通过群体或者团队总结和交流,实现经验的再生成和共享;共荣是对管理结果的要求,即管理不是"命令—服从"的单向关系,而是管理相关者共同受益,是"多赢"的体现,更是生态型管理的终极价值实现。

二、集成化:生态化管理的关键

(一) 基于生态思想的学校集成管理

1. 集成管理思想的生态发展走向

集成理论是 20 世纪 90 年代出现的一种新的管理哲理和方法,其核心思想是重新审视在管理领域占统治地位的分工思想,而以集成管理的思想取而代之。集成理论不是绝对无分工,而是以集成群为核心,适度分工。

管理经历了所有权、严格的等级制、矩阵组织、网络化管理这几个阶段发展并向集成管理发展。当今管理主要是一个领导方式的问题,它的注意力应集中在如何锻炼、鼓励和培养群体方面,创设良好的环境,能使组织中成员互相结合。传统的基于严格的等级体系、控制性等的管理策略已经逐步被侧重于"集成与合作"的管理方式所取代,管理成为一种对话式工作。

管理系统是一个组织建立方针和目标并实现这些目标的体系。一个组织的管理系统可以包括若干个不同的管理体系,诸如课程管理、德育管理等,也可以有质量管理体系、绩效管理体系等。向管理要效益成为每一个组织提质增效的重要手段。这些进步的管理理念、方法的引入和应用,在促进组织管理水平提升的同时,也暴露出一些问题。如何将各个管理体系集成融合为科学的、有机的整体,成为管理实践必须解决的问题。

前几代的管理方式存在的问题集中表现在管理多头,不同的管理体系各有分工、各有侧重,关注重点、运行要求,容易形成各自为政,没有实现相互包容和有机融合,形成条块分割式的管理体系,导致管理成本与管理效益的相悖。集成管理的核心就是运用集成思想,强化管理系统的内部联系,提高系统的整体协调程度,形成综合的、科学的、有机的整体。集成的目的是实现整体优化和功能倍增,这有赖于集成内部各要素之间的功能互补或优势互补。这充分体现了后现代主义生态思想强调的生态系统的整体性。现代管理强调集成思想,主动适应优化,这是环境变化、竞争加剧、资源约束以及改革发展要求等背景下的必然结果。这也很好体现了生态的适应性、适宜性的基本特征。组织的管理系统将多个管理体系集成为一个整体,让各个管理体系协调运行,有利于增强不同管理体系标准之间的相容性和协调性,消除冗余、优化流程及综合利用资源,提高决策的准确性和全面性,有助于组织实现管理目标。这也体现了生态的共生性思想。集成管理是对现代主义管理思想顺应社会发展的管理思想的超越,逐步形成的生态主义的管理。

2. 学校集成管理的概念

集成(Integration)本身是聚集、综合之意,是各种要素的汇集,是建构系统的一种理念,同时又是解决复杂系统问题、提升系统整体功能的一种方法。集成管理的实质是运用集成的思想使管理对象达到整体优化、系统创新和功能倍增的过程。集成管理是指综合运用各种不同的管理方式,促使各管理要素通过功能匹配、优势互补、流程优化,以最合理的结构形式融合在一起,从而使管理系统整体功效倍增的管理。"集成"不是简单的叠加,而是整合、融合成一体。集成管理的模式不少,有的以计算机网络为主进行集成,有的以管理方式的综合运用进行管理集成。但是一个共同的特点就是管理方式的综合运用以适应复杂的管理情境与条件,以谋求管理的效益。

当前学校管理需要突破传统的教育管理模式,改变学校管理理论滞后、管理方法陈旧的局面,引进多领域的理论进行学校管理实践创新。学校集成管理是集成管理思想和方式在学校管理中的运用,是生态化管理的重要形式。学校集成管理的一个较为成熟的模式就是学校 SQC 集成管理。学校 SQC 集成管理是运用集成理论,通过管理要素集成将战略管理(strategy management)、质量管理(Quality Management)、文化管理(Culture Management)融于一体,整合为一个管理集成体,产生综合功能的一种管理范式。

学校战略管理是学校统领性的管理,具有强烈的教育管理现实意义和前瞻性价值。学校综合实力的增强、学校核心竞争力的提升、学校可持续发展等,都与学校战略管理有着重要关联。质量管理是学校的生命线——教育教学质量的核心保证,是对学校事项的管理。质量管理体系为学校强化质量管理提供了可靠保障,有利于提高学校工作效益率、增强学校核心竞争力和提高学校办学质量。《质量管理体系要求》(GB)指出,"采用质量管理体系是组织的一项战略性决策"。文化管理是当前管理科学中前沿性的管理,在学校管理中有着广泛的实用价值。文化管理不仅解决人性化管理的实施问题,更是实现文化兴校的策略,主要是对以人文精神对人员与人力资源的管理。SQC 集成管理是科学管理与人文管理兼容的生态型管理模式,它突出了一体化的整合思想,从以管理对象为重点的传统管理向关注管理本身与管理质、象参数为重点的管理模式现代化转变。

管理学学者王铉 20 年前提出的"SQC 集成管理"是为了改变传统管理模式。传统管理是以单一管理方式与分工理论为基础,而集成管理则突出了一体化的整合思想,集成并不是一种单个元素的简单相加。"集成"强调集成中的各个元素互相整合而成的一种新的"有机体",通过管理把许多单个独立的工作整合起来,融合成一股新的力量。这股新的力量的功能远远大于元素个体的简单相加,即"1+1>2"。"集成"不仅是一种技术手段,其正在影响着组织的结构,集成的过程是保持组织内部和外部联系的关键。SQC 集成管理是以管理主体赋权、管理客体整合、管理结构简约、管理方式协变与管理系统共生为特征的生态型管理模式。

"学校 SQC 集成管理"在于学校管理适应最大的挑战——以新的更具有创造性的方式来组织学校成员的经验、知识与能力;在于其本质是一个领导方式的问题,改变传统的基于严格的等级体系、缺乏民主平等的管理模式,以民主、合作与共生的管理方式取代;在于管理不再随意地碎片化,要有序地建立管理系统,并有利于学校管理适应学校所面临的顶层设计与学校文化建设、教育教学质量的把控、凝聚全校师生等问题的解决。集成管理的核心就是强调运用集成的思想和理念指导学校的管理行为实践,以具有实用性、可操作性的集成管理方式提升学校管理水平,逐步从"教育管理"走向"教育领导"。

(二)学校集成管理的要素

根据生态思想,学校集成管理操作要解决谁(集成主体)、在什么目标(集成目标)的引导下、把什么(集成单元)、在什么样的条件下(集成条件)、通过何种方式(集成模式),用什么来连接(集成形式)来完成集成,实现管理目标。

1. 目标集成

目标集成是所要完成的任务和达到的目的一致性,将各项目标统一起来,不能互相矛盾。目标缺乏一致性在现实管理中是常见的。目标集成还要简约化,突出关键,以关键带动全局。管理目标能检测,不能把管理目标变成为口号、标语。

目标集成要关注管理的一般原理与教育生态管理思想的整合下引领学校的管理。目标集成包括目标管理标准,聚焦战略、聚焦重点、聚焦资源,充分考虑质量管理、绩效管理、风险管理等内容,确定目标指标。注重保持目标体系和绩效目标的一致性,将质量目标、绩效目标有机融合,建立统一的目标管理体系。

2. 主体集成

这是指由什么样的人或者组织来实施集成完成目标。集成管理主体是一个群体,并以此驾驭被管理的复杂性问题。作为管理主体的群体要根据需要,由有专业互补、智慧互补、能力互补的人群组成,这意味着作为管理主体的群体又可分为若干不同质的主体群。集成管理主体是由多个主体群落组成的,在这些主体群落中往往会有一个更具引领性和主导性的主体群落,在与其他多个主体群的关系中,有更强的指导性、引领性和主动性,例如校长、教师领袖等。我们称这样的主体为集成管理主体中的序主体。所谓"序",意味着它主导主体系统行为的秩序与工作原则。集成管理主体的构成一般会随着环境的变化及管理任务需求的不同,序主体与自主主体会调整与优化。

要把学校系统内的涉及管理的成员组织起来,共同完成组织目标。学校越是发展,组织结构越是精密,其主体越呈现多元化。主体集成主要有两个方面:一是组织的主体集成,把校长室、职能部门、教研室与年级组系统化,形成一个整体协调的管理系统。二是个体的主体集成,主要是把每一位教职员工与学生,在学校目标下凝聚起来,成为人人参与管理的积极局面。优秀教育专业群体或者个人,往往具有很强的专业集成能力,他们能将教育资源集合起来实现集成。主体集成应该建构"T型"团队,其成员具有既有专业深度,又有思维广度,能够跨界思考和探索;既能够在一个方面专注,又能够对外部世界保持开放的心态,接纳不同的视角;既能够对问题做根源思考,又能够从系统的角度作整合。不同复杂程度的集成,需要不同层次的主体集成。学校内部主要有以下五个层次:个体层次上的集成,即个人构成了在一定深度与广度上的专业的充分集成;一个专业团队的内部成员的集成,主要体现在团队内部专业分工;专业团队之间的交流,跨学科团队之间的交流程度是集成能否实现的关键之一;学校内部不同职能部门之间的集成,不同项目协调结合在一起;学校整体的集成,通过集成,在多方的相互激发下,会促进整体学校创新能力的提高。

3. 单元集成

单元集成是指构成集成体或集成关系的基本单位(集成要素)在一定的规则下进行集成,组成相应的管理模块。这些管理模块,例如课程系统、德育系统、总务系统等,具有区别又有联系,更主要是要集成一个集成体。单元集成要注意:

(1)可集成性。集成主体对集成的认识以及当前的专业条件(集成工具)决定了哪些要素可以集成。集成单元的首要前提是要素具有可集成性。例如,学校的课程就具有可集成性,是由其内部结构决定的。

(2)层次性。集成单元是相对的,某一具体的集成单元是相对于具体对象而言的。处在不同层次的集成单元,有不同的内容。例如,课程单元集成由课程集成为课程群,课程群集成为课程模块,最后可以集成为学校课程体系。这些课程的集成的系统表现出集成的层次性。

(3)互动性。在集成关系中,不同集成单元的相互作用可以通过质参量、象参量之间相互作用来体现。反映集成单元内在性质的因素称为质参量,反映集成单元外部特征的因素称为象参量。这两个参量本质上反映了生态系统的主体与环境的互动。质参量、象参量的相互作用是集成单元存在和发展的根本动力,也是集成关系形成和发展的内在依据和基本条件,确定和判别集成关系的核心就在于识别和掌握集成单元的质参量和象参量。

4. 方式集成

方式集成是指集成单元之间物质、信息和能量相互联系的方式,反映了各集成单元之间的组织方式和路径。集成单元之间的联系在一定程度上取决于集成方式的发展。集成方式主要有以下类型:从集成形式来看,有协同型集成、互补型集成等。从集成方向来看,有水平集成和垂直集成之分,例如管理层次上的"学校、部门、岗位"三级的垂直集成。从集成组织形态来看,有架构集成和模块集成等。构架集成主要以维持其核心管理,利用内部、外部已有的组织构架,改变单元连接的方式,形成新的构架,以提高组织绩效的过程。模块集成是现有集成要素被替代,而各要素之间的联系保持不变的一种集成方式,如学校质量监控的数字化形式替代纸质统计等、课堂教学的信息技术的集成等。这是以要素改变模块集成或连接方式改变的架构集成不同的方式集成。赋权与赋能是很重要的集成方式。通过这两者的集成,实现系统的协同,优势增强,聚合放大,功能倍增。

5. 条件集成

集成单元之间必须存在物质、信息和能量的联系,这是集成体形成的基本条件。集成要素条件:一是集成单元之间要有可集成性。二是至少有三个以上的集成单元才能称其为集成。没有足够数量的集成单元,就不会有足够的集成形式或者集成工具可供选择。三是集成单元可供选择数量众多。集成主体可以在众多的单元中,选择适合的可供集成的单元,大多数集成体属于这一类。如果没有足够可选择的集成单元,则需要创新集成单元,如果没有集成单元的创新、模块和架构上的革新,不可能实现功能上极大提升的集成目标。

在集成关系的形成中,集成单元的选择不是随机的,而应该具有合理性。任一单个集成单元都有选择其他集成单元或被其他集成单元选择的可能。同质度高、融合度高、集成界面适宜、适度的集成密度和维度的集成关系是集成的优化方向。

不同类型的集成单元、不一样的集成关系、不同的集成条件和集成环境将影响着集成形式的选择,例如 SQC 集成管理就是把战略管理、质量管理与文化管理这些"无形"单元进行集成,集成形式也越趋向于"无形"。这些异质的集成单元的集成,在异质的集成单元之间建立某种信息、能量或物质上的联系,以实现彼此之间的转化。当这一界面可以实现多种类型的集成单元的集成时,就建立了集成平台,会极大地提高管理集成水平。

（三）学校 SQC 集成管理的实施

从本质上说 SQC 集成管理是一种以系统理论为指导的具体的集成管理模式。它具有综合性、复杂性、协同性和创新性的特点，对一个系统进行集成管理，战略策划、过程管理与系统控制是重要条件。对管理理念集成、组织集成、过程集成与方法集成是 SQC 集成管理的操作关键。把握集成管理的要义是实施 SQC 集成管理前提。集成是以集成思想为指导，创造性将两个或两个以上的集成单元整合为具有内在联系的集成体的过程。集成有两方面重要特征：其一，它基于系统思想。集成不是简单地把两个或多个要素组合在一起，集成的过程是统摄、凝聚的过程。它是将原来没有联系或联系不紧密的要素组成为有一定功能的、紧密联系的新系统。集成属于系统综合与系统优化的范畴。其二，它强调人的主观创造性。要素间一般性地结合在一起并不能称为集成，只有当集成的质参数与象参数经过优化，相互之间以最合理的结构形式结合在一起，形成一个由适宜集成单元组成的集成体，这样的过程才称为集成。

1. 目标集成下的战略管理超前策划

战略管理是集成管理活动的总纲。学校战略是指影响一所学校全局发展的策略，是办学策略和教育发展策略的总体。因此首先要对目标进行集成，这是以学校发展为主导，直接影响全局总体目标，与内外环境相联系的管理活动。学校战略管理关系到学校发展方向、资源优化配置和组织整体适应性的决策与实施。战略决策，即战略选择，是核心；战略实施是战略管理的关键环节。通过学校战略管理使战略设计与实施的四个动态过程集成。学校战略分析是在分析学校内外部环境的基础上，认清学校发展事实基础，确定学校优势、劣势、机会与威胁，学校战略分析是战略管理的基础。学校战略规划包括学校理念，学校发展战略方向、阶段、目标、重点、措施、保障等总体战略，可以从学校德育、课程教学、科研、人力资源、质量、核心能力、文化等功能战略上着力，最后综合形成学校发展战略方案，学校战略规划是学校战略管理的重点。学校战略实施包括学校战略结构调整、学校资源战略配置、学校年度计划、学校目标管理、学校绩效管理等，学校战略实施是将学校战略规划的宏伟蓝图变成现实的过程。学校战略控制主要是随着学校战略环境的变化、学校战略规划的实施进度与成效对学校规划和实施方法、资源进行调整与修正。学校战略控制是战略规划实施的保证。

战略管理是学校集成管理的前提与基础。超前策划是管理前置性的要项，一般学校通过三年（或五年）发展规划来实施。战略管理的学校发展规划工作，本质上是一种创造性的思想或理念集成活动，有利于形成管理的发展目标与凝聚组织的愿景，有利于资源整体利用，特别是智力资源的集成应用。发展战略的超前策划是一种理念集成的战略设计，不同于一般工作计划，而是想到明天会怎么样，决定现在与未来该如何做。在战略管理中常把顶层设计误解为校长设计,顶层设计在学校里是学校战略思考与设计,解决学校发展中的全局性、根本性的问题,应该是组织行为。

2. 条件集成中的质量管理过程实施

集成管理是将管理的条件优化与管理形式选择的集成,从而提升管理环境的适宜性,提供良好的管理生态,达到优化管理的目的。随着教育发展,学校管理日益向精益化、智能化、动态化、弹性化方向转变。集成管理中集成要素间的衔接关系,产生于专业分工、目标差异、信息黏性等复杂因素,导致集成管理过程的复杂性与多样性。不同的管理条件,有不同的管理方式,同时决定不同的管理流程。哈默的管理重建理论认为,企业重建的基本要素是流程,其核心是对传统的经营流程重新审视并进行彻底的重组改造,以求得根本性的成本、质量、服务等绩效的提高。管理流程重组成为集成管理的重要条件,而质量成为了管理成效的标志。把各种专业活动与管理流程重组为一个新的有机整体本身是集成管理运行的过程集成。

质量管理是为了实现质量目标而进行的管理活动。这与生态思想是一致的,发展生态的目的就是为生活其中的生命体有质量地发展。学校的教育质量管理是学校在教育质量方面指挥和控制的协调活动,通常包括制定质量方针和质量目标以及质量策划、质量控制、质量保证和质量改进。教育质量管理的内涵反映了对学校总的质量宗旨和方向的要求,学校在质量方面所追求的预期标准和结果,以及学校为实现质量方针和质量目标而进行的一系列管理活动和方法。教育质量管理是一种全面的过程管理模式。

学校教育质量管理的全程性要求鉴别和管理学校教育过程,特别是这些过程之间的相互作用,并将相互的过程作为系统加以管理。对教育、教学工作的各层面、各个环节和过程的每一个节点及"接口"进行设计和控制,以确保学校各项工作围绕着教育目标的实现。学校必须按照质量管理体系标准,通过管理和各种活动对"持续改进"这一信念进行不断强化,使追求教育质量的不断改进和提高变成学校的质量文化,使学校的质量始终处于受控、有效、持续改进与提升状态。

学校的质量管理以生态思想为导向,确立以学生发展为中心的质量观。学校的质量活动是以促进学生高质量的学习与发展为核心,以教学活动过程的不断改进为方向,追求最大限度地实现教育价值的过程。学生的需要应成为学校开展工作、谋求发展的重点和焦点。而提供教育服务的主体是教职工,学校质量管理的主要客体应该是教育教学要素展开全过程,质量管理应该落实到教职员工的工作过程中。过程集成强调结果都是通过过程来实现的,教育质量管理通过教育过程的管理来实现。必须转变教育教学质量是检查出来的误识,教育教学必定是"生产"出来的,即质量的过程性。任何结果都体现着过程的质量性。从根本上保证教育质量应重点关注教育的过程,促进教育过程的生态化是生态型管理的要义。

3. 主体集成激发文化管理的引导

学校集成单元是集成管理运作的机制保障。学校内不同的组织结构直接影响着集成管理的效应与水平。组织的集成目的是形成一个集成体,并有机地协调好组织与组织间的关系。一个组织的最优化,不一定带来学校整体管理效益的最优化,也就是通常说的"部分之和不一定大于整体"。其中一个重要原因在于单元性质的信息化直接导致整体内部形成了一个个信息孤岛。

主体集成的目的是激活组织的活力。文化管理是一种对组织主体集成的有效管理模式。从文化的高度来集成对人的管理,管理的重点在于人的思想和观念,以文化为基础,强调人的能动作用,强调团队精神和情感管理。学校文化管理是以学校的教师和学生为管理的主体,通过学校的文化力和文化的形态,实现文化滋养、文化育人的功能的管理。学校文化管理的主要特征:

(1)"以人为中心"。注重对学校师生的人文关怀,实施"以人为目的"的管理,从"以物为中心"转变到"以人为中心"。学校的文化管理注重对人的尊重与赋权,注重宽松和谐的气氛,注重灵活的领导方式。在"硬性"环境相同的条件下,管理成功的秘诀就在于"软性"因素的优越。重视人力资源,更加突出人力资源的文化意义和文化价值。

(2)注重价值导向的自律。从理性的制度管理和灌输式的思想教育,转向以学校价值观为导向,由师生营造一种积极和谐的文化氛围,来规范学校整体的行为,形成自我约束和自我激励的力量。

(3)注重学校管理的开放。传统的学校管理方式是将学校作为封闭系统,侧重于调节学校内部运作机制,而学校文化管理则将学校视为开放系统,强化学校与社会的联系与适应,强化学校文化与社会文化之间的关联。

(4)以学校文化为载体实施管理。文化管理重视学校的各类积极的文化活动,提升师生的精神境界,通过文化生活增强学校的凝聚力,彼此间的认同感得到加强,感情更为融合,为学校目标的实现而努力。

(5)文化管理的集成要点是人力资源的可持续发展,以人才的合理使用为核心、以人才的有效需求为基础、以人才的科学开发和高度激励为手段建立的一种新形式。专业人才是学校的生命线,学校人才的合理配置、人才的培训开发、人才的凝聚和激励的任何环节管理不善都将损害学校的活力和发展。

学校 SQC 集成管理是一种生态型管理,以生态思想与原理建构,是一种按照生态整体共生为特征的诸管理要素的集成,旨在保障学校生态系统中师生主体的健康发展。学校 SQC 集成管理不是三种管理的简单叠加,而是在生态思想导向下的集成。集成管理从本质上说是一种以系统理论为指导的具体的整合管理思想及方法,它围绕学校的特点,强调对组织、专业、管理等进行集成,是多种管理方式融合,发挥整体功效,实现学校发展范式的生态化。生态型管理要求的集成体现生态思想。集成的关键在于集成过程包含了集成主体积极能动的优选行为过程。其特点是经过有目的、有计划的比较选择,各集成创新主体既能够发挥各自优势,相互之间又能够实现优势互补。集成过程的核心是创造性思维的发挥,而创造性思维来源于人的智慧,因此在管理的集成在于促进学校生态系统的健康程度。

三、分布式:生态化管理的要点

(一) 分布式领导的生态意义

1. 确立管理系统生态均衡

分布式领导(distributed leadership),是 20 世纪 90 年代提出的一种新的领导理论,在国际上已开始把这一理论应用于学校管理实践,在理论和实践上都取得了一定的成果。在我国目前还未引起重视,认为只有领导才能有领导力,而教师只有执行力。分布式领导是分布于组织中的领导者、追随者和特定情境交互作用的一种领导方式。它强调领导的实现是领导者与其他因素交互作用的结果,而不是领导的个人行为的作用。

传统教育管理理论中存在着"英雄史观"的谬误,受到质疑,在实践中也存在着困惑。斯皮兰(Spillane, J. P.)认为这种"正统"的教育领导研究及实践过分强调领导者个体的作用,把学校领导等同于校长,忽视领导实践,更忽视领导实践中的情境因素,倾向于用成就来定义领导。这种囿于"英雄式领导"窠臼的理论研究与实践关注对校长的研究,强调个体的作用,忽视集体领导的重要性;强调正式领导的职位、功能和角色,忽视非正式领导的作用,局限了领导研究的视域。这与管理生态思想相违背的,忽视了管理生态的整体性,忽视了广大师生在教育中的地位与作用,不符合学校管理生态的基本原理。当今学校面临着种种更为复杂和难以预测的挑战,光凭一个"英雄式的"、能干的校长是不可能实现目标的,学校组织、学校各个部门以及学校每个成员都应该主动参与领导。"一直以来,我们过分依赖于通过对校长的刻画来描述高效的领导力,这在某种程度上忽视了其他层面上或更多方面的领导力。"(Hallinger & Heak, 1996)领导力与身份、职位画等号的传统观念占据主导地位,教师的领导力一直被忽视,在课程工作上处于极为被动状态。只强调"教师执行力"意味着教师只能被领导,只是执行者,教师作为教育工作的主体地位受到了严重的否定,教师在实际上被运动,"主体性""专业自觉"流于空话。这种领导力观念严重阻碍了教师的主体性发展与专业自觉发展。在这样的文化背景下,教师的教育教学思想浅表化,缺少思想力,同时对一些流行的不正确的观念与提法也不会独立思考,而是一味接受执行。这种管理观念完全忽视管理领导系统的主体多样性、主体间的整体性,以及主体间的均衡性,导致学校管理生态的失衡。

改变管理生态的失调,以生态思想秉承分布式领导理念,形成学校系统的各主体平等,人人参与学校管理,打破以往行政领导与普通教师、骨干与非骨干、年长教师与年轻教师之间的藩篱,关注教师与学生的领导力。当今学校管理已经进入生态型管理,Hallinger 和 Heck 通过对学校领导力的研究,"发现更广泛的学校领导力,这些领导力分布在学校的各种角色和职能当中,而之前的许多研究都只关注校长的正式权力,这是一个重要的盲点。"[①]"效能高的学校,其领导力通常不只是局限在高层管理团队,而是扩展到学校的其他群体当中,一般具有不同层次的领导力。"[②]戴等(Day, etc)认为,"应该对传统领导力模型进行彻底的重新解读……在社会发展日新月异的今天,我们需要竭尽全力地寻找最具有适应性和灵活性的组织形式。"[③]学校"教育管理"已经在走向学校生态型的"教育领导"。这对学校"教育领导"是一个观念转变,从"管理"走向"领导",确认与增强学校生态系统中主体的地位,发挥教师领导力势在必行。

2. 走向"领导"的生态型管理

(1) 基于整体性管理生态的领导

分布式领导强调的是管理生态的整体性,强调领导的实现是领导者与其他主体相互依赖的互动过程中对管理客体交互作用的结果。领导力分布于有结构的组织关系之中,以组织中种种联合力量的形式表现出来。哈里斯把领导看成是发生在组织层面而不是发生在个体层面或小群体层面的活动,分析领导实践的恰当单元,不是占据领导职位的个人或少数几个人,而是整个学校。哈里斯把整个组织——学校作为一个分析单位,探讨领导行为如何发生的,克服了学校领导研究中过分强调个体领导者英雄主义行为的缺陷。[④] 格朗等认为分布式领导最重要的特征是"共同行为"(concertive action)。共同行为是相互作用结果的累积性动力。人们在一起工作,通过相互间的互动激发出彼此潜在的首创精神和专业特长,彼此作用的结果是一种远远高于个人行为的创作或力量。分布式领导的这一特征,使领导者成为一个创造的整体,他们相互协调、相互启迪,即领导不是让"别人"做事,而是与别人一起做事,与成员交互作用中相互依赖,产生累积性能量。

(2) 基于适宜性管理生态的领导

斯皮兰等认为分布式领导是指领导活动分布于领导者、追随者和情境相互作用的"网"中,情境构成了研究分布式领导的恰当分析单位。斯皮兰把哈里斯静态

---

①②③　阿尔玛·哈里斯等:教师领导力与学校发展[M].北京师范大学出版社,2007.

④　Day, C., etc, Leading Schools in Times of Change. Buckingham: Open University Press. 2000.

的"学校组织"推进了一步,使其成为动态的相互作用的"网",在学校组织中找到一个个流动的分析问题的聚集点。他们都强调领导实践分析的组织层面,而非个人层面,关注领导实践怎样进行,而不只领导是什么,强调领导实践是领导者、追随者和学校情境交互作用的结果,认为分布式领导是一个实践层面的概念,具有很强的实践性。学校分布式领导强调领导行动的情境性,即学校管理要适合具体的学校管理情境。分布式领导强调领导的实现是领导者与学校情境交互作用的结果,环境、情境构成管理因素之一,在管理中起媒介作用,以特殊的方式构建领导者与追随者的交互行动。

(3) 基于开放性管理生态的领导

学校分布式领导强调管理主体与情境开放性交互,领导权力在多个领导者之间科学、合理地分布,这种分布是动态的。瑟吉万尼(Sergiovanni)提出"领导力分布密度"这一概念,认为,要达到很高的领导力分布密度就需要使组织中大多数人参与到他人的工作当中,以便相互合作、信息共享,共同制定决策,共同研讨新的理念,共同开发新的知识,兼进行知识的转换。"[1]分布式领导的边界是变动的,具有开放性,它打破了传统领导的框框。开放性也表现为在不同的情境中,领导者与追随者的角色不是固定不变的,可以进行转换。这一理论正在消解领导者与组织成员之间不可逾越的界线。

(4) 基于民主性管理生态的领导

学校分布式领导力强调管理生态系统中的主体民主平等。领导力分布于课堂教学第一线的人身上,应该授予他们权力,让他们承担领导的任务并付诸行动。分布式领导力强调教师领导力的重要性,体现当今国际上对学校领导力的主体已经从传统的走向现代,更适应当代教育在各个领域的民主性。当今的学校面临着更为复杂的环境、更高的要求,学校内部的领导观念、角色等应当发生相应改变。但是,在学校管理中英雄史观强化了传统科层制领导的观念和教师的雇佣思想,这不利于学校主体的积极性。正如墨菲(Murphy)指出的,在领导力方面,尽管授权、变革和团队构建的呼声越来越高,但是"英雄式"的领导理论仍然占据着主导地位。这也许是由于学校组织结构多年来基本没有发生变化,仍然将领导力等同于身份、权威和职权之故"。[2] 学校各个层面成员都参与领导活动,发挥学生作为学校主人、教师作为专业人员在学校发展中的作用,是现代学校发展的坚实基础。

(二) 人人都有领导力的管理生态

国际上的关于学校领导力的研究表明,"校长或学校的主要领导者对学校效

---

① Sergiovanni. T. The lifeworld of Leadership. London: Jossey-Bass.

② 阿尔玛·哈里斯等:教师领导力与学校发展,北京师范大学出版社,2007.

能和学校改进具有十分重要的作用,但是教师领导力对于学校和学生的改进则更为重要"①。在一个瞬息万变的时代,要提升和改进学校,显然不能再仅仅把领导力和管理问题看作是高层管理者的专门领域,这样的趋势将越来越明显。现代学校领导力已经替代了传统学校领导力。富兰(Fullan)认为,"领导者以无所不能的英雄形象来实施学校管理并不能奏效。自上而下的指令和激励是推动学校改进的外部力量,但这在一定程度上还不够强大,还不足以形成动力机制以促使全体组织成员致力于学校改进。未来,学校的成功与否将取决于领导者能否挖掘出组织内部人力资源的潜力,能否提升自身的内涵和领导意识,能否构建一支富有责任感的团队。"②Hallinger 和 Heck 的研究还发现了更广泛的学校领导力,这些领导力分布在学校的各种角色和职能当中,而之前的许多研究都只关注校长的正式权力,这是一个重要的盲点。③

　　管理生态化需要对学校领导力的主体以新的视角予以认识,实施分布式领导教师应当占据重要地位,强调教师参与领导的重要性。"学校分布式领导力是指学校的组织与成员为实现其所在组织或者群体的目标,以其自身的专业以及所具有的人格相互作用,在学校办学活动中对组织与成员产生的影响力。"(王铱,2011)。学校分布式领导力是一种特定组织的教育领导力。学校领导力分布在多数人的手中,而不是由少数几个人,分布于整个学校,各个组织成员之间,这就是学校管理生态的表征。

　　生态型管理确立教师的领导地位,确认每一位教师应该有领导力——学校"人人都是领导者"的观念。"关于领导力的最新观念认为,领导力分布于课堂教学第一线的人身上,应该授予他们权力,让他们承担领导的任务并付诸行动。"④分布式领导力强调不再把领导力看作是一个控制系统或授权给某个人或某几个人的工具。领导力和单独的某个人、某个角色及其身份无关,而主要是学校内各层面上从事工作的人员之间的关系。传统的管理语境中,教师只是被管理者,即管理的客体,是管理方式或管理行为的对象。另一个方面又出现了一种精英教师倾向,学校教师生态失衡,大部教师积极性受到影响。分布式领导关注教师领导力(Teacher leadership)。这是指教师所具有的领导力,即教师个体或教师群体在完成学校教育教学任务的过程中共同决策、共同工作和共同学习,从而影

① Wallance, M. Modeling distributed leadership and managemant effectiveness: primary school senior management teams in England and Wales, School Effectiveness and School Improvement: An International on Reserch, Policy and Practive 2002. 13(2).

② Fullan, M. Change Force: Probing in Depths of Educational Reform, London: Falmer Press, 1993.

③④ 阿尔玛·哈里斯等: 教师领导力与学校发展,北京师范大学出版社,2007.

响其他教育者(包括校长、同伴或家长)共同促进学校组织的有效变革、持续不断地改进自己的教育教学实践活动和促进学生的发展中表现出来的一种能力。我们应该把教师领导看作是一种共同领导的过程,它是教师们在教育教学活动的过程中影响其他教育者(包括校长),整合资源,改善与提高学校教与学质量中发挥的影响力。每个教师都能而且正发挥着教师领导力,每一位教师都能成为教师领导者。生态型管理突破传统管理思维定势,确认"人人都是领导者"。生态型管理不仅关注个体的能力、技能和才智,而且更加重视创造性领导行为、领导活动的集体责任;不仅关注点放在"领导者"的特征上,而且更多集中于创造性学习和培养领导能力的共享环境上。萨乔万尼在其道德领导理论中提出"领导者的领导者"的概念,对学校领导者的角色进行了重新定位,"校长的第一要务并不是直接改进课堂教学和学生的表现,而是树立目标、培育文化、发展具有共享价值观的学习共同体,然后通过分布于组织中各个工作团队的领导'流',来改进课堂教学和学生的表现"。分布式领导突破了传统领导理论研究的束缚,强调教学的领导者应该是教师,校长应该成为"领导者的领导者"。提升和改进学校管理不能仅仅把领导力和管理问题看作是学校管理层的专门领域,营造管理生态的重要性越来越凸显出来。

学校管理的思想与方法的发展有一个渐进的过程。学校管理最初是与身份、职位画等号的传统观念一直占据着主导地位,管理方法上由服从执行为主要形式展开。与此同时,也已出现管理的生态思想,呼吁进行"领导力的范式转换",以摆脱学校管理的传统观念。正如戴(Day 等,2000)所认为的,"应该对传统领导力模型进行彻底的重新解读……在社会发展日新月异的今天,我们需要竭尽全力地寻找最具有适应性和灵活性的组织形式"。学校管理生态化从两个层面展开,一是学校组织层面的管理生态化,二是学校个体层面的管理生态化。

(三) 学校组织层面的管理生态化

学校组织管理生态化是指学校作为一个组织整体,对其自身的管理生态依据生态原理与方法,促进优化或者修复,使学校管理生态更符合生态特征的过程。学校组织的生态化为组织提供共同的愿景、价值的导向和支持,以促使组织更加健全。组织如果没有良好的管理生态很难形成健康的管理。强制性的管理是非生态的管理,会破坏管理生态平衡,必须通过管理系统的物质、能量与信息的合理交换,以一种符合生态化要求的管理主体与环境的积极互动推动学校管理。

学校组织整体统筹中关注生态化。要优化学校整体管理,系统地把各管理要素整合。这个层面的管理涉及学校的组织文化、学校战略及其实施等,具有对系统的强大影响力。学校组织的领导力直接影响学校发展,有着独特的地位与不可替代的作用。为了实现学校发展目标,要充分统筹学校管理要素的运作,在学校办学决策、实施、评估等活动中发挥功能。

学校组织整体协调中关注生态化。学校内部有着不少不同的功能性部门,在实施学校管理中需要协调。这种管理协调以促进部门适宜性发展与部门间的协同发展,从而提升学校共生性,这是学校组织生态化的重要组成部分。学校生态型管理应该表现出学校的整体组织能力。学校各部门从校长室到各职能部门,以及各教研组、班级等应该在组织目标下通过信息交流、能量传递等,增强自组织能力,实现在学校管理系统中的平衡。

生态型管理要关注从"个力"走向"合力",也就是在学校组织层面的管理与学校个体层面的管理要形成健康的"关系与状态",即健康的管理生态。学校组织中的每一个人都会去影响他人,也要接受他人的影响,因此学校每个成员都具有潜在的和现实的影响力,表现出对学校生态的互动作用。

(四) 校长领导与管理的生态化

学校个体层面管理生态化是指学校组织系统里的成员个体在其不同的岗位上以生态原理与管理规律实施管理,提高管理的生态化水平。生态型学校的管理不只是局限在高层管理团队,而是扩展到学校的其他群体当中,在不同层次与层面上展现管理。生态型管理应视为"可转移的"或"可释放的"(Sergiovanni,1996)。在真实和复杂的学校情境中,传统的管理理论不再具有说服力,正在呼吁领导理论新视角,提倡在学校实行领导的分权、转移和共享(Lambert, 1998;Day等,2000)。学校管理生态化要从根本上改变传统的管理模式,首先必须健全学校的管理主体,从而积极发挥教师、校长等领导的功能。

在学校个体层面上,校长的管理生态化至关重要。校(园)长是学校生态建设,特别是管理生态营造的关键领导者。校长在生态型学校创建的规划、实施中负有领导决策、实施的责任,带领全校师生不断优化学校教育生态。校长的学校生态建设的领导力表现在领导全校不断推进生态型学校创建,并贯穿于学校整个办学过程中,在生态型管理活动的全过程中发挥影响力,带动师生共同实现学校发展目标,特别是生态型学校创建的目标。校长要着力促进职能部门管理的生态化。学校职能部门负责人的管理是否生态化,是校长必须关注的问题。学校的各部门负责人的管理行为是否生态化,以及教育生态建设能力,将直接影响相关工作领域工作的生态化水平。学校各部门的负责人要具有很强的生态意识,处处时时能以生态观来思考工作,并以符合生态原理的方式组织工作。学校部门负责人是生态型学校创建工作的组织者,在管理生态系统中起着承上启下的关键作用。

(五) 教师生态位势的增强与领导力的发挥

教师在学校管理中的地位,反映了学校管理生态发展的水平。教师群体的生态位具有态和势两个方面的属性：态是教师群体的状态，是过去生存和发展、学习与经历以及与环境相互作用积累的结果；势是教师群体对环境的现实影响力或支配力，如教育能量和物质流变的速率、教育能力与实效、占据新教育生境的能力等。这两个方面的综合体现了教师群体在生态系统中的地位与作用。

教师群体态的变化一般呈"S"形曲线，而势的变化则呈"钟"形曲线。如下图：

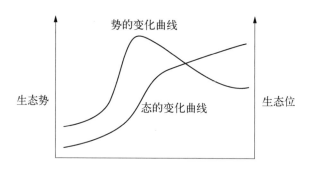

教师这个生态系统中教师群体的生态位态势与其所处的生态系统中所有群体态势总和的比值，体现了教师群体的相对地位与作用。教师群体巨大的潜力所引起的态和势的增加使其生态位扩充，这生态位的扩充是其演变的动力，是教师群体发展的本能属性。"个体、种群、群落、生态系统甚至生物圈中的所有生物包括人类社会的不同层次都具有扩充其生态位的属性。"[①]教师群体生态位态和势都是不断变化的，在一定环境条件下，教师全体的态制约着它的势，态是势的基础。教师群体的势又促进其态的转化，从一种状态变化成另一种状态。教师群体生态位势的变化是其态的变化速率的反映。对于一个教师来说，其职业历程中，其职业发展过程一般呈"S"形曲线，而对环境影响则是随着身心增强、技能和智能水平的提高和社会地位的提高而不断增强，在一定的时期达到顶峰，并随着衰老而弱化。但是，教师对社会的影响具有特殊性，即人的思想、学术和技术成就可以通过一定的载体得到传播、继承和发展，其影响力还会在一定的时期和范围存在。在营造学校管理生态时，必须十分关注教师的生态位。教师的生态位是其群体在学校生态系统中与环境相互作用过程中所形成的相对地位与作用，在不断地与其他群体相互作用并对其所生存的环境产生影响，其地位与作用也必然是在一定环境条件下与其他群体相对比较中才体现出来。

学校生态型管理要把握教师群体的趋适性。"寻求良好的生态位，是人类生产和生活活动的共同特征，是人的生理和心理的本能需求。"[②]随着人的体能、技能

---

① 朱春全：生态位态势理论与扩充假说，生态学报，第 17 卷第 3 期，1997.5.
② 王如松：城市生态位势探讨，城市环境与城市生态第 1 卷第 1 期，1988.

和智能的提高,对环境(包括社会和自然环境)的影响也会越来越大,从人的本性来说,每个正常的人都有发展自己、发挥更大作用的内在愿望和要求,正是这种内在的愿望和要求驱使着人们不断地上进和发展,并构成了社会发展的内在动力。[1] 生态位势越大的地区之间,人类活动从低生态位向高生态位流动的趋势就越大。这是生态系统内从无序走向有序的一种负熵流,是自组织系统的一大特征。流动的结果,生态位发生新的变化,又形成新的势和新的流。趋适的实质是追求更适宜的生产位,以充分发挥企业和个人的潜力,并追求更舒适的生活位,以满足人的生理和心理需求。

教师群体的发展过程即是其生态位扩充的具体体现。生态位扩充的源动力则是其生态系统能量变换过程负熵的输入。从教师群体"态"和"势"的变化规律,揭示了教师群体生态位扩充的内在原因和扩充的方式,生态位的扩充必然导致教师群体之间的竞争,并实现对环境资源更充分的利用。生态位的扩充是教师群体之间竞争、多样性形成和发展的内在机制。一个生态位势过高的学校是一种不稳定的学校。学校生态系统是向着尽力以小生态势的方向演替的。对于不同群体来说,有着各自不同的最适生态位。教师群体有着扩充其生态位的潜力,占据更大的生存和发展的空间,发挥更大的生态作用,对环境产生更大的影响。当教师群体所处的环境有利时,其增长的潜力便得以发挥,以巨大的力量增长、发展;当其所处的环境条件不利时,这种潜力便受到不同程度的限制,表现为减少、衰退。只要教师的发展需要得到满足,教师也会专业成长、成熟,随着教师专业的发展将占据更大的空间,对教育及其环境产生更大的影响。抑制忽视教师群体与个体的领导力会导致教师生态位势的削弱。在学校管理生态营造中,必须坚持教师的生态位的扩充以及生态势的影响力,这在营造管理生态中有着重要的意义。

当前学校组织正变得更加多样、复杂和富有创造性,管理生态理论强调分布式领导力,领导力的"旧秩序"需要让位于建立在新的领导观基础上的"新秩序",即领导者的职位权力不再可能占主导地位,领导力分布或授权于教育、教学一线的教师身上。"学校领导力的功能需要分布在整个学校共同体之内。它声称成功的学校领导力不是投入在科层地位之上,而是重视经验和建立结构来鼓励所有的人投入进去并尊重他们的贡献。"[2]

教师领导力属于组织成员的个体领导力,大多为非职务性领导岗位的领导力。Wallace认为"校长或学校的主要领导者对学校效能和学校改进具有十分重

[1] 朱春全:生态位态势理论与扩充假说,生态学报第17卷第3期,1997.5.
[2] Hopkins, D."Think Tank"Report to Governing Council:M j. Nottingham:National College for School Leader—ship, 2001.11.

要的作用,但是教师领导力对于学校和学生的改进则更为重要"①。每一位教师都有着领导力,并在学校教育活动中发挥其影响力,例如学科教学活动中对学生的引导,对其他教师的专业影响。教师尽管他们不一定有一定的领导职位,但是他们参与学校教育、教学与管理工作的决策,对自己从事的学科以及课程教学有着决策权,而且是难以替代的。教师领导者(teacher leader),例如,学校的教研组长、备课组长、项目负责人等,虽然没有正式的行政领导职务,但是他们对学校某方面工作负有一定的领导责任,需要很强的领导力。

通过教师领导力来引导学校创新和变革的领导观的出现,意味着学校管理方式的新的发展,要大力营造积极的管理生态,让每一位教师都获得最佳的生态位,发挥教师生态位势的作用。在积极的管理生态中,充分发挥教师在教育、教学的决策、实施、评价中的决策与引领作用,增强教师领导力。同时,发挥教师在学生学习中的引导作用;发挥教师在学校各类活动、学科建设、教研科研中决策、设计、开拓的影响力,或者成为校内外学术团体的参与者、组织者。

---

① Wallace, M: Modeling distributed leadership and management effectiveness: primary school senior management teams in England and Wales, School Effetiveness and School Improvement: An Internatioanal Journal on Resear, Policy and Practive, 2002, 13(2).

第十章　学校文化生态的营造

世界主要语言汉语、英语中对"文化""culture"的词义学解释有"培育""教养""陶冶"之义。文化具有适宜滋养的特点,意味着学校文化为学生提供肥沃的土壤、阳光、雨露,让学生在良好的环境下成长。当文化具有一定合理性的价值观,各种文化之间及其与环境之间交融,是一种生态化模式的再现,其关键是实现文化像生态系统一样共生的一种价值形式,一种动态发展的过程。

第一节　把握学校文化生态化的价值

一、学校文化的生态向度客观存在

学校文化生态是学校整体变革的关键,影响着学校成员办学思考和行动的各种方式。对学校文化生态进行分析是学校品位提升和成功改进的前提和根本。瓦格勒和豪尔·欧芬兰认为,许多教育者和研究者正在揭示学校发展难题中的"缺失了的链条"与学校文化的相关性,远远超过与详细的课程分配计划、激战式的考试和最近轰轰烈烈的改革努力的相关性。[①] 这段论述指出了学校文化是处于学校文化生态系统之中,有着众多"链条"所构成,并与学校文化相关。正如古德莱德(Goodlad)在他的研究中所指出的那样,"我们的学校可能在许多方面相似,然而每一个学校都有自己的文化,只有那些细心观察的人才会发现该学校的文化中蕴含着学校成功改进的有效方法"[②]。这些论述都表明了学校文化生态对于学校的整体发展有着特别重要意义。

学校也是一个相对独立的文化单元,具有自己独特的文化生态结构。从存在状态来看,学校文化可以解析为显性文化与隐性文化、主流文化与非主流文化、边缘文化;从文化形态来看,学校文化可以解析为物质文化、制度文化和行为文化。这些文化的表现形式在学校文化中普遍存在。学校这些文化的量与质、水平的强弱,使学校文化呈现不同的面貌,即呈现不同的文化生态结构。学校文化的关键是其文化取向。学校文化的孕育与发展是在特定的文化生态中展开的。学校文化的形成、更新、发展过程必然受到其自身文化价值取向与教育价值取向互动结果的影响。学校

---

① Levine, O. U. and ezotla, L. W.(1990). Unusually Effective Schools: A Review and Analysis of Research and Practice[M]. Madison, WI: National Centre for Research Development.

② 陈向阳:论学校发展与学校文化生态重构,中小学校长,2009.9.

文化的价值取向决定了学校文化的向度,即学校文化发展导向与学校文化的面貌。学校文化在不同社会时期,随社会历史的发展和主流文化的发展、变迁而变,也随着学校的文化选择,不同学校文化表现出不同的学校文化向度。学校文化以自然主义为特征的自然阶段是从自然吸取营养的学校,它镶嵌于自然经济生产的时代背景中,对应着时代的要求,是人对自然崇拜和企图超越自然的反映。它的本质是自然性。近代学校以主知为特征,植于工业文明的土壤之中,是以控制一加工一产出为任务的"工厂流水车间",把人的生命作为无生命而训练和塑造,它镶嵌在物化时代中,使人的生命最大化地为征服自然而生长,铸模了大批工业标准化的学生产品。工业时代的学校镶嵌于科技理性的时代背景之中,羁绊于学校科学世界,化复杂为简单,导致学校中师生丰富的生活世界和生命世界的被遗忘。它单调、封闭,遮蔽了人对生命意义的追求,使学校荒漠化,其本质是功利追求,它的本质是工具性。这样的学校文化既有其历史性特征,同时也显现出了其局限性,成为现代教育实施的羁绊。当今正是学校文化范式的转型时期,学校文化范式必须适应可持续发展的时代走向,使年轻一代的培养生态化,摆脱人的工具观的桎梏。

学校文化的生态向度是对传统学校文化的解构和合理性超越,是生态观融合于学校文化之中,并作为学校发展的导向。学校文化生态向度首先强调学校的发展观,学校让"每个学生都能得到充分的发展"正是生态意义的体现,强调学生的可持续发展,意味着生命的整体发展、应有的发展,奠定学生终身发展的基础。"生命发展"既是生物向度的生命,也是精神向度的生命。生物学告诉我们,生命是生物体的活动能力;哲学告诉我们,人的生命是意志和精神的体现。因此,我们所说的生命是物化和文化的有机统一。生长和发展是人的本性,是生命的权利,是生命的目标。生命发展是生命在良好生态中的生生不息和蓬勃向上,学校文化的生态向度正是教育对生命发展的终极关照。

生命发展生态文化观秉持生态思想,以生态系统主体良好发展为终极目标,以符合生态发展规律与原理,积极为师生生命发展营造良性学校文化生态,促进师生获得健康发展的一种教育文化生态观。生命发展生态文化观强调以"生命发展"为价值取向的学校文化需要良好的生态环境,需要从"整体"去关照。"整体性"意味着学校生态关系与状态完整,学校教育内外部关系生态化,为学生内生态提供精神支持。生命发展生态文化观视学校为生命发展的良性生态,以生态观念考量与生命有关的学校教育,应用生态系统观点与生态系统平衡观点,阐述与生命有关的教育现象及其发展变化,提示各种的相互关系和规律性,认识和解决教育与生命有关的问题。人的生命可持续发展是学校文化生态向度的表征。

学校的文化生态是学校整体发展的关键,孕育不断变化、丰富、发展的学校文化。学校文化是历史凝结成的师生生存方式,在一定意义上就是"学校人化"。人的生命的自组织是在人的意识和自我意识的参与下完成的,由师生集合而成的学校存在着更为复杂的自组织性。学校文化生态的形成,是真正从本质上追求学校发展的必然结果。学校文化的生态向度,使学校发展避免诸多的缺失,确保能真正从本质上去追求学校的生态化发展。学校文化的生态向度的建构,不只是学校对教育与师生、学校与环境的生态觉悟,更是学校教育文化的进步,它具有普遍而深刻的教育哲学意义和教育社会意义。

二、学校文化生态化的必然性

传统教育向教育现代化转变的关键是学校文化的生态化。两者的重要区别在于教育观念上,现代教育要求主动适应社会变革,教育观念是开放、动态的,强调多样性和个性化,具有超前意识,而传统教育则倾向于被动调节,教育观念是自我封闭,强调单一性、统一性和标准化,具有滞后性。"中国传统学校教育生态系统的构成有三大基础,一是传统教师与学生互动的传统学校,二是作为传统学校教育主要内容的儒学的独尊,三是作为传统教育的出路并沟通教育与社会的科举制度。这三个基础的衰落,标志着中国传统学校教育生态系统结构的瓦解和系统的完全退化。"[1]传统学校的衰落与教育者、受教育者的现代化转型是同一个过程,中国传统学校教育生态系统的瓦解主要源于教育内容的变化,即儒学退出学校教育生态系统,儒学的衰退为新教育内容的确立提供了空间,也促成了现代学校教育生态系统建构的形成。现代学校教育生态系统中的教育内容主要是以科学为基本特征的现代文化,由此形成了"教育者—现代文化—受教育者"的现代学校教育生态系统的结构。"从教育生态系统的角度来看,与初民社会、贵族社会、官僚社会和国民社会相应,中国教育发展历程先后经历了自然教育生态系统、古典学校教育生态系统、传统学校教育生态系统和现代学校教育生态系统四个阶段。"[2]教育发展,"一方面,教育要保持与社会生态系统的协调平衡;另一方面,教育又要保持内部要素与结构的协调平衡"。由此可见,学校文化的生态链制约着学校教育生态系统的要素与结构,起着重要作用。传统的学校教育是由于其学校教育文化的陈旧,严重不适应社会发展,这种不适应性呈现了学校教育生态的不断恶化。因此,学校教育的文化必须更新提高其适应性,与社会发展的共生性,也就是学校文化必须生态化。只有当教育生态系统保持内外动态平衡,才会呈现教育良性发展,符合社会进步的发展。

学校文化生态是学校发展的内驱力,从学校文化生态切入去统筹学校的发展,为学校提供持续的发展动力。学校有三个基本系统:一是教育教学工作系

---

① 邓小泉:中国传统学校教育生态系统的历史演变,苏州大学出版社,2014.7.
② ibid.

统,二是管理保障系统,三是文化生态系统。学校变革可从系统中很多方面开始,但能从根本性去推动学校发展变革的是学校文化生态系统。

学校文化生态是学校整体改革发展的命脉。教育家迈克·富兰指出,由于教育系统本身的复杂性以及教育变革过程中不可避免地存在的一些意外因素的影响,教育变革具有复杂性。① 学校发展的复杂性要求我们必须具有生态的整体视野,促进学校办学过程中学校组织、成员个体两个层面以及生命主体认知、情感、行为三个维度的有机整合。整合的有效机制是,学校文化起着价值引导、观念整合、情感激励、规范调节等重要的整合作用,抓住学校文化建设可以牵一发而动全身。站在学校文化生态的高度才能驾驭学校办学的复杂性。传统的办学将学校简单视为教育、课程、教学等方面机械拼凑,管理技术上的简单干预,而没有上升到学校文化的高度进行统整,学校改革治标不治本,结果常使学校办学碎片化低效益,学校虽有变化,但没从根本上得到改观。

学校文化生态是学校改革的原动力,如何让教育资源对学校发展起作用,就在于学校文化的驱动。萨乔万尼认为,学校文化对于学校的整体发展特别重要,"最成功的学校领导会告诉你,形成正确的文化以及关注父母、教师和学生所共同认同的意义,是人们普遍认同的创造成功学校的两条基本规律。"②一些单纯以文本变革为标准的或者折腾式的盲目创学校教育特色的"改革",由于没有重视和支持学校文化生态营造,大多以失利告终。学校文化生态链既是作为学校生态子系统的链,又是联结各个生态链的链。学校文化生态一旦失衡或遭受破坏,学校的教育、教学与管理必将失去价值观念的导向。学校文化生态化是学校健康发展的必然要求。学校的发展的过程和结果都会涉及学校的文化生态,也就是学校的发展需要有学校文化生态支持,通过优化学校文化生态,使学校生态系统中物质元素、行为元素、制度元素等发生积极变化,在新的层面上使学校文化更生态化。

学校文化培育或重构都是在一定的学校文化生态中演变的,怎样的文化生态会产生相应的文化。学校文化演变过程本身是一种特定的文化形式与文化积淀过程,是师生基于一定的价值观念对学校作出的价值选择,并集中体现在特定的发展方向上,表现在学校发展的内容与形式上。学校发展的有效运作必须谋求学校文化的广泛认同。只有当学校文化被大部分师生认同与内化之后,才有可能保证学校发展有效实施。学校文化不能停留在口号标语上,或者"提法的特色""文字的游戏"上,这本身就是一种负性文化生态,缺乏文化生态的系统性、适宜性、多样性、民主性、交互

---

① 迈克·富兰: 变革的力量,教育科学出版社,2000.
② 转引自谢翌,马云鹏: 重建学校文化: 优质学校建构的主要任务,华东师范大学学报(教育科学版),2005 年第 3 期.

性、开放性等基本特征。学校文化建设不以文化生态建构为出发点和归宿点,会导致学校发展停留在表层上。学校文化生态的形成不是一蹴而就,但学校发展的开端必须立足于文化立场,努力构建健康的学校文化生态,保障学校文化建设的合理性。

　　教育,就其本质而言,是一个人文过程,把文化称之为"人化",教育则是"化人"过程。教育是在一定的文化生态中形成、发展的,带有文化的时代特色。教育是在一定的文化背景下进行的,文化状况、文化环境的优劣直接影响教育的效果。教育受到文化深刻影响主要是通过文化的价值取向来表征的。但是学校文化并不一定全部是生态化的,有非生态化的,例如,强制的文化、庸俗低级的文化。学校文化中也会存在非生态现象,例如不正确的学生观、不科学的教育质量观以及不利于学生成长的教育行为等。这些文化现象与问题都需要通过文化的生态化,提升文化的内容与形式,提高文化品位。文化生态本身也有一个需要发展的问题,健康的生态要保持,不足的生态要优化,受损害的生态需要修复。

第二节　学校文化生态与生态文化

一、学校文化生态与生态文化的不同

　　"生态"也是文化思想问题,文化生态概念由此而出。斯图尔德最早提出了文化生态学的概念,从人类生存的整个自然环境和社会环境中的各种因素交互作用研究文化产生、发展、变异规律。"文化生态既是世界观,又是方法论。"[①]现今学校教育存在的失衡、低效,一个重要原因是由于对文化生态的认同不够造成的。乔治·玻尔1995年在《寻求组织智能》中,认为"文化生态学是介于管理理论和实践领域内的文化概念,基本上属于管理学科的范畴"[②]。

　　文化生态指人类的文化与所处环境之间的关系与状态,即文化的生成、传承、存在的生态状况。文化生态是借用生态学的方法研究文化的一个概念,是关于文化性质、存在状态的一个概念,表征的是文化如同生命体一样也具有生态特征。文化生态强调人类文化的各个组成部分之间及其与其外部互动的结果使得人类文化不断演化发展。文化生态是动态的,是人在创造与运用文化的过程中的生成,也是文化形成、更新、积累与发展过程的生态化。文化生态的本质就是文化发

①　刘华景:文化生态视野下的德育生态化路向,保定学院学报第22卷第2期,2009.3.
②　李涛,李敏:知识、技术与人的互动:知识生态学的新视角[J].科学与科学技术管理,2001.9.

展的环境支持文化发展的总体。

生态文化与文化生态是不同的概念,生态文化是有关生态的一种文化,即人们在认识生态、适应生态的过程中所创造的一切成果。生态文化属于文化中的一部分,是指以生态价值观念、生态理论方法为指导形成的生态物质文化、生态精神文化、生态行为文化的总称。生态文化是一种人、自然、社会和谐一致、动态平衡的文化,是自然科学与社会科学的融合统一,是一种基于生态意识和生态思维为主体构成的文化体系,是解决人与自然关系问题的理论思考和实践经验。生态文化是文化的一个子系统,其强调的是关于生态方面的文化。除了生态文化外,还有关于经济文化、政治文化等。生态文化可以引导人们科学认识和正确运用自然规律,自觉地遵守自然规律,达到人类社会系统和自然生态系统的动态平衡与协调发展,从而促使人类尽快地迈入生态文明社会。生态文化作为人类新的生存方式,代表着人类文化发展的新方向。

生态文化与文化生态之间有着联系与区别,把握其区别与联系可以促进学校文化生态化,同时以生态文化培育具有生态价值观念与行为能力的师生,更好地营造学校文化生态。生态文化与文化生态有着双向建构的关系。文化生态是关于文化与其生存与发展环境的关系与状态的总称。学校文化生态是在特定的学校范围内的文化与学校师生生活、工作与学习环境的关系与状态集合,主要通过学校观念、制度与行为建构学校文化生存与发展环境。学校文化生态是一定范围内的文化生态要素及其结构,构成相对稳定的文化生态链与生态网络,发挥整体功能的关系与状态。良性的学校文化生态结构并不是超稳定结构,而是根据学校文化环境的发展变化,通过文化物质、信息与能量的交换、流动等,不断地对原来的结构进行重组和改变,形成新的结构系统,促进学校文化生态的自组织。学校文化自觉主要表现在两个方面:一是把握生态文化,确立生态价值观念与自觉的生态行为,培养具有生态素养的人;二是把握文化生态。文化自觉是作为文化主体的人,以生态科学理性地建构、更新、积累与创造学校文化,营造健康的学校文化生态,为学校文化健康发展提供"土壤与阳光",促进学校办学的生态化。学校发展的复杂性要求我们必须具有生态整体论的视野,能起到有效整合的学校文化生态是学校改革的发动机,对学校发展起着导向与驱动作用。

二、学校文化生态的特征

健康的学校文化生态有三个基本特征:

1. 合理性。这意味着学校文化生态应该具有适宜学校发展、符合师生发展规律的内涵。文化的合理性是指一定的文化的价值取向、活动目标或其内容、形式的恰当性、基础性、效果性或规范性。同时文化的合理性也必然表现出文化的性能价值。学校文化生态的文化合理强调价值合理性与技术合理性的统一、目的合理性与方法合理性的统一、理想层面的文化合理性与现实层面合理性的统一。学校中存在过于注重技术合理性的倾向,只注重教学方法与教学行为,而忽视这些方法与行为合理性。文化生态是文化各因素之间和谐、平衡、互生、互融的富有创造力的关系,是人类的生存智慧。多样性文化是文化生态系统生命力的体现,是文化生态平衡的保障。"既然是一种'谋略''方法',这就意味着文化生态是一种智慧,即文化生态智慧。"①一些学校文化缺乏文化的合理性,只是一种时髦话语的表述,必然缺乏促进学校发展的功能。

2. **共生性**。学校师生平等交互,学校成员享受民主,合作分享,呈现出一种促进学校、教师、学生共同发展的文化。学校文化生态具有凝练理念、凝聚人心的作用,在文化相互排斥、冲突的过程中实现文化的开放、更新、交融,实现文化生态的和谐。学校多元文化之间的融合,学校成员共同广泛参与学校办学,所有人都是学校的主人,呈现出合作性、参与性和民主性的学校文化生态。

3. **多样性**。多样性文化是文化生态系统生命力的体现,是文化生态平衡的保障。学校文化具有多层次结构,有着物器文化、规范文化(精神文化)、行为文化,也有着多系统建构,教师文化、学生文化或者课程文化、课堂文化等,这种多样性以尊重、民主为价值取向,通过文化生态中的物质循环、能量流动与信息交换实现功能。学校文化的丰富性使得学校文化生态呈现多样性。文化的多样性也表现在校本化的文化生态,这是文化选择的结果,使学校文化更具适宜性。学校应该具有基于学校文化的合理性,对不同学校发展模式的认知、欣赏和尊重,以及对自己学校文化的相应判断、选择和认同能力。

三、学校文化生态的结构

每一个相对独立的文化单元都是一个文化生态系统。文化生态包含若干生态要素,这些文化生态要素相互连结、相互影响,共同形成了相对稳定的关系网络,这就是文化生态结构。明确学校文化的基本结构对于建构学校文化有着导向意义。学校文化有两个基本维度:一是组织结构,表明学校文化的主体;二是内容结构,表明学校文化的本体。把握这两结构有利于我们去把握好建构什么样的学校文化。

_____

① 黄正泉:校园的文化生态学研究,现代大学教育,2013年第4期.

学校文化生态的三个层次：

1. 学校整体文化层次

这是学校组织文化的最高层次。学校组织文化对于学校是整体性的,而且应该具有校本的文化特征,成为学校主流文化。这个层面的学校文化有着全校师生认同的办学理念与教育理念,并有着付之践行的学校价值追求,全校师生处处、时时能感受到这种具有特征性的学校文化,成为师生共同的行为准则。

2. 学校群体文化层次

学校文化生态系统有着纵向层次与横向平行的群体或组织,这些多元化组织也有着组织文化——群体文化问题,会呈现不同的生态斑块或者生态景观,又以文化生态样貌为其基本特征。学校群体文化可以分为学生文化、教师文化、管理者文化等。如果这些群体文化成为学校主流文化的一部分,学校文化一致,那么学校必然具有很强的组织文化的校本特点。这种群体文化通常以文化氛围呈现。通过学校内的各类组织培育其群体文化,促进学校整体文化的建构。

3. 学校内个体文化层次

学校从其个体角度考量,主要由师生个体组成。当学校的个体成员认同学校主流文化,并表现出积极的行为,学校的组织文化就基本形成。关注师生的日常行为中的文化"含量"。学校中存在个体文化的差异性以及多元性,对这些不同文化本着生态理性的共生,要尊重、包容,同时在尊重人格的基础上积极引导,使师生文化适应人的健康生存与可持续发展。

学校文化生态的这三个层次不是孤立的,是互相依存。学校文化生态培育的关键在于这三个层次如何融洽。它们的融洽机制关系到以学校主流文化为内核的学校文化生态的形成。这三个层面整体有序交互运行,可以避免或者消解组织文化与非主流文化的冲突。学校内群体文化摩擦会导致难以有效形成学校主流文化。关注学校文化生态的共存共生机制,可以提高学校组织文化的健康与富有活力。

四、学校文化生态的功能

学校文化生态的功能与学校文化的一般功能有所不同,有其独特的功能特征。

1. 滋养功能。 滋养的功能是文化生态的支持文化生存与发展的基本属性体现。学校文化生态是生命主体与文化环境交互的产物,也是支持生命主体发展的基础条件。学校文化生态以文化能量、文化信息与文化物质的传递与交换,滋养着学校文化。学校文化生态是通过文化营养,创造了一个滋养师生心灵的场所。以校风、文化传统、价值观念、人际关系等方式表现出一种观念形态,对学校各方面起指导作用。与观念体系相适应的优美、整洁、有秩序的学习、工作和生活环境,对生活于其中的每个成员起着陶冶情操、滋养精神的作用。这就是"橘生淮南则为橘,生于淮北则为枳"的道理。

2. **过滤功能**。学校文化生态是学校文化与历史的沉淀,是学校成员的思想、行为和价值取向共识形成的文化营养链网。学校丰富的文化营养链会吸收异质文化中的优秀部分,排斥消极部分,以优秀丰富的学校文化充实满足学校成员对不同文化的需求,可以防止师生思想、行为上的偏差,过滤消极文化的影响与侵蚀。

3. **激励功能**。健全的学校文化生态,发挥着基于组织的"精神动力学效应",透过文化生态的能量与信息传递与交换,使师生从内心深处自觉地产生一种高昂的情绪和积极进取的精神,激励主体精神。这种激励功能是在师生个体内生态与学校文化环境交互中增强了文化生态功能的正能量,积极地满足师生对实现自身价值的心理需求。

4. **引领功能**。学校文化生态中有着优势群体,对学校师生群落的结构和环境形成有明显控制作用。学校中先进人物与优秀事绩对其他成员起着引领作用,甚至出现建群种(constructive species),在办学中起着创造性作用。教师更是对学生有着"人师"作用。学校文化生态对学校文化健康发展起引领作用,也对学校其他子生态系统起着先导作用。

5. **规范功能**。学校文化生态对学校每个成员的思想、心理和行为具有规范和自律的作用。这种规范不是制度式的硬约束,而是一种软约束。学校成员所营造的学校文化氛围,包括校风校训、舆论等弥漫在校园里,形成一种公序良俗制约与规范成员的行为。

第三节 学校文化生态的生态化

一、学校文化生态的双向建构

"文化生态"与"文化"是不同的概念。在怎样的文化生态中就会生长出怎样的文化。文化生态不支持的文化会消亡,或者引发文化冲突,乃至变革。因此对不健康的文化、不适宜的文化要生态化,非生态的文化现象要消解,提高生态化水平。学校文化生态的生态化是指对现实的学校文化生态进行优化,或者修复,使学校文化生态的功能得以增强或恢复的过程。

学校文化生态与学校文化是双向建构的,互为依托促进。在生态型学校文化建构中促进学校文化生态培育,在学校文化生态培育过程中推进学校文化的建构,这意味着学校文化生态支持学校文化的健康发展;学校文化的丰富、更新、积累,优化学校文化生态。这就是学校文化与学校文化生态的"双向建构",两者共存共生发展。学校文化生态是学校文化发展的基础与集聚;学校文化丰富与滋养学校文化生态,呈现文化生态的多样性。学校文化生态对学校中各种不同的文化起着整合作用。同时学校中存在的不同文化从个别来讲即使十分强,但是如果缺乏文化生态的凝聚,相应的个别文化反而会削弱。

健康的学校文化生态的形成与运作机制的特点是交互,首先表现在学校整体组织文化与校内各组织文化的互动、与学校成员间的互动,其次表现在学校主流文化与师生文化之间的互动。这些互动的载体是学校观念文化与师生行为方式、包括学校办学方式、师生生活方式、工作方式与学习方式。

促进这些交融的机制是"引领"与"营造"。"引领"意味着以学校文化核心价值引领学校师生的行为。"营造"意味着通过师生的生活、工作与学习方式作用于学校文化的营造。在"引领"与"营造"之间有着一个"中介","一切都在中间环节融合,通过中介过渡到对方"。学校文化观念与师生行为方式、是这个机制的中介,通过这个中介使学校文化与学校文化生态"双向建构"。

学校文化生态化的双向建构还表现在学校主流文化与亚文化之间的双向建构。表征为大多数组织成员所共同抱持的核心价值的学校主流文化与为一部分成员所拥有的亚文化之间的互动。这样学校主流文化与亚文化的互动存在着一个价值判断问题,即文化的正向与负向性。正向文化是指在学校变革与发展过程中发挥积极的促进作用的文化,而负向文化则是对学校起相反作用的文化。正向的学校文化起到引导学校中的亚文化健康发展。当学校主流文化具有消极成分时,文化生态化的主要任务就是通过文化生态化让学校主流文化更新为正向文化。

学校文化生态化有一个产生、发展的过程,具体表现在两个方面:从文化生态的低水平层次和形态向高水平层次和形态的发展过程,更有从非生态文化向生态型文化转变与发展的过程。学校文化也经历着对文化的选择、更新与积累的过程,这就是学校文化的生态化。我们应该不断地对学校文化生态化,逐步优化、修复和发展文化生态。

通过个体—群体的双向建构的方式促进学校文化与学校文化生态化之间的双向建构。例如,学生的自主学习(文化的行为层面),在学生"自主—交互"学习中教师起了支持作用,形成了一种支持学生学习的环境,学生在这样的环境下自主学习,并且逐步提高自主学习水平。这是学生学习方式所蕴含的文化表现,是教师—学生方向上学习文化的生态化。又可以观察到学生在交互中影响群体或者其他人,包括教师,群体学习环境更宽松、更民主,学习讨论更充分等,学生的个性得以张扬,学生学习文化生态得到进一步发展。这是另一个学生—教师方向上学习生态的生态化。

二、学校文化生态化图式

学校文化生态化一般经历两个过程,一是学校文化生态具体方面的生态化,二是学校文化生态系统的生态化。同时也伴随这个双向建构,推进学校文化生态营造。学校文化生态化有着基本的进程,用三个递进路线图表示如下:

- **学校文化生态化的第一路线图**

通过对原学校文化的选择、更新与积累,实现学校文化生态化,营造学校文化;并从学校文化的组织结构与内容结构上展开,通过学校文化的主体与环境的互动,逐步形成学校文化,表现在教育方式、学习方式与生活方式上的观念文化、制度文化与行为文化上。

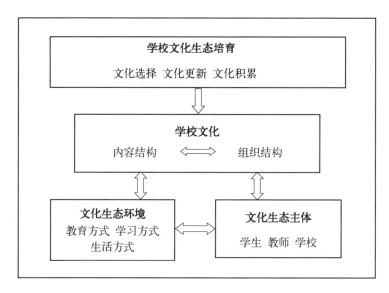

- **学校文化生态化的第二路线图**

在第一路线图的行进过程中,学校文化与学校文化生态的互动表现在各项文化与教育活动中,出现的不平衡与不适应,导致对文化生态的反作用,要求以新的学校文化生态来支持学校文化建设,学校文化的新选择、新更新与新积累。在生态化过程中,再进一步推进学校文化的培育,同时推进学校文化生态的新发展。

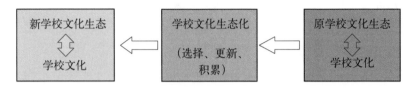

- **● 学校文化生态化的第三路线图**

学校文化的形成与发展是一个长期的不断提升的过程,不可能一蹴而就。在完成第一路线图的过程中必然要进行反馈与调整,在走完路线图的这些程序之后必然开始回馈互动,直至对学校文化生态进行再选择、更新与积累,并通过学校文化生态化提升学校文化,走向更高层次,并带动再一轮的学校文化与学校文化生态的新发展。

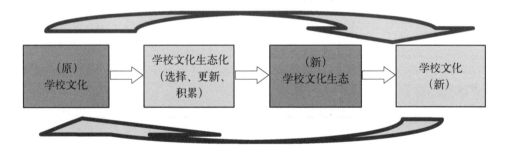

三、学校文化层面的生态化

学校文化生态可以从其子系统——课程文化、德育文化、管理文化等方面进行生态化,也可以从生态主体上,学生文化、教师文化等方面进行,也就是从学校文化结构层面讨论学校文化生态化问题。

(一)学校文化观念层面的生态化

学校观念文化层面的生态化是学校文化生态的基础,主要表现为文化关系与状态呈现民主、适宜、丰富等生态特征。观念文化层面的生态化首先是学校与师生应该具有生态文明的观念,并以生态思维来思考学校的办学。生态的思维方式就是运用生态学的观点与原理,分析与解决办学问题的一种思维方式,强调教育与生活中彼此事物间相互作用的整体思维,它所追求的目标是建设一个"个体—学校—社会"和谐发展的"生态共同体"。生态思维方式不仅是生态环境保护的观念,而且能以生态文明思想与生态学原理思考学校的教育。

观念层面的生态化要着力关注生态中的民主关系与状态,这是教育生态的基本特性。学校文化观念层面只有树立民主观念,才可能形成学生、教师、管理者之间的民主关系,形成和谐的教与学状态。观念层面文化生态化还要强调尊重,尊重生命、尊重差异、尊重选择、尊重创新。学校文化观念层面中十分突出的是教育观念的转变,创新文化在学校里还缺少应有的推崇。教育观念、学校精神应该成为学校师生共同行动的精神力量,正确的教育理念必须转化为教师的教育行为,转化为学生的学习行动。但这恰恰是一个办学难点,如何把正确的教育观念转化为教育行为,这需要学校文化生态的支持与孕育。

学校生态化的发展理念是超越环境保护而贯穿于学校教育整体的核心理念。从生态视角来解读学校发展,学校理念具有整体性、系统性、开放性和动态性。学校观念文化更强调生态型学校进一步升华绿色学校,超越规模与树木,更加注重学校发展方式的生态化,学校教育民主与开放、适宜与共生等生态特征更凸显。生态型学校发展更加注重整体性、系统性地运用可持续发展原则,更加注重内涵发展、质量发展、和谐发展,整体构建生态型德育、生态型课程、生态型课堂及生态型校园等。以生态化的理念指导学校教育的发展,依据生态学的原理和教育规律,合理利用教育资源,优化学校教育结构,使学校教育的发展与自然和社会的发展协调,建立一种以学生为本而又自然、和谐、多元、开放的新型学生发展模式。

(二)学校文化制度层面的生态化

学校制度是学校管理的重要形式与手段,受制于一定的学校文化。有怎样的学校文化就有怎样的制度,也就是学校制度产生于一定的学校文化生态,受制于一定的学校制度文化。不少学校制度的形成与施行,在过程公平、结果公平上存在问题。学校制度制定的过程缺乏民主,强制有利于制定者,缺乏充分考虑各利益攸关方的平衡。学校制度管理的非生态性,表现为制度的确立、实施缺乏建立在共生性与民主性的制度文化生态之上。

学校在制度管理上首先要确立生态化的制度观念,突出学校制度管理的系统性、有序性、动态性基础上,特别强化以民主性、科学性、共生性为管理理念与行动特征的生态化管理。在这样的制度文化基础上,对学校制度进行生态文明审视,建立促进管理制度生态化的制度(即制度的制度),以此调节与优化制度决策、施行与监督的环境,以保障学校制度制定与实施的合生态性,从而推进学校制度生态化。学校管理制度科学性、合理性需要建立保障机制,建立对学校制度确立与实施的评估的制度。例如建立师生的申诉制度。师生受到不公的对待,或影响工作学习的制度规定需要制度改进,有畅通的申诉渠道,这样的权利有保障的机制。建立教育事件复议制度。对于在教育过程中,出现的重要事件或争议问题不能只是依据管理者意愿而裁决,应该把这些事项依法依规进行复议。制定学校重大事务的听证制度,广开言路,尊重不同的意见,保障信息的畅通。学校制定新规定时,应该听取相关人员的意见。广泛采纳师生的建议,落实依法办事、民主管理的原则,把每一位师生作为学校的主体对待。

学校制度层面的生态化是生态型管理的要点。学校制度文化在一定程度上表明其学校生态的健康程度。我们不能一味地为了推行不确定的管理模式,而忽略了适宜学校的管理理念。管理生态化是依据校本管理资源,在推行各项制度的过程中应遵循以人为本,促进可持续发展,有步骤有计划地实施,注重制度文化层面对学校每一个层面、每一个群体上人的利益与发展最优化。

(三) 学校文化行为层面的生态化

学校文化行为层面主要有三个方面,一是生活方式的行为,二是学校师生学习方式行为与教育教学行为,三是办学行为。学校文化的行为层面是通过学校成员的日常行为体现出来的有形文化,也是无形的观念文化的外显。这三种行为可以在一所学校或者个体身上聚合为个体或者组织的文化行为模式。这种行为模式可以呈现为积极的、消极的或者兼有之。形成、制约学校组织或者个体的行为模式的是其文化生态。我们要注重培养师生生态化的行为方式。生态化的行为方式是指行为的主体教师和学生在生态意识和生态思维的支配下有利于生活、学习与工作的积极主动行动,例如减轻学生过重学业负担就是生态化行为。

行为文化层面生态化注重以积极的行为生态以引导、熏陶、滋养学校办学行为与师生良好的行为方式,而不是简单的行为控制方式。行为文化的生态化重要的是从关怀人、尊重人、促进人发展的关系出发,关注如何对待办学行为、关注师生行为以及行为文化冲突。学校行为文化生态以人为本,表现在是否勇于承担应负的社会责任,将师生与公众利益放在首位? 是否具有开放的态度,有远见地适应环境变化,不断对自己进行革新?

学校行为文化生态化应着力于校风、教风与学风,这"三风"是学校观念文化引导下的行为文化的表征。校风集中表达了学校文化,蕴含着巨大的精神力量,依托校风的激励形成人人讲真善美的道德行为生态。校风的培育应该从学校生态主体中的管理者与教师入手。领导的行为对行为文化生态营造起到很强的表率和示范作用,教师行为文化对学生的行为文化影响重大。教师高尚的职业道德是基础,高超的业务能力是关键,二者融合是教师行为文化营造的落脚点和追求目标。学生的行为不能仅从行为本身考量,应该从学生的行为文化上给予行为支持,给予积极的鼓励,提供滋养良好行为的文化生态滋养,给予真善美的道德环境熏陶,让学生在潜移默化中规范行为。

同时,行为文化生态化要以教风与学风为抓手推进这个过程。作为生态主体的教师与教育环境相互作用相互依赖组成的教师生态系统。教师群体主体和教育环境通过能量流动、物质循环和信息交换的过程形成彼此关联、相互作用的教育有机体。在健康的生态文化氛围中,教师间彼此信任,以开放的心态相互共事,在真诚的交流合作中共成长。学风是学生行为的集中表现,应该养成生态化的学习方式。这种生态化学习的特征:一是主动性,基于兴趣,充分感受学习过程及其获得的发展;二是独立性,独立学习、独立思考;三是独特性,凸显学习个性和差异性学习;四是体验性,注重直接经验,强调对生活的回归;五是能力性,学会学习,把知识转化为能力,在学习中获得形成问题与解决问题的能力,提高创新能力。生态化学习方式需要学生找准自己学习的"生态位",选择适宜的学习内容与学习方式。

在学校行为文化生态化中要关注师生行为的心理环境。学校是学生和教师的心理生活空间(Psychological life space),也称为"心理场"。德国心理学家勒温指出人总是处在一定的"心理生活空间"之中。心理生活空间是个体心理及其行为产生的生活空间,心理生活空间(L)=P(人)+E(心理环境)。勒温认为在心理场中存在着一种平衡状态,但是每当他感到某种心理需要时,就会引起一种紧张状态,导致平衡破坏,个体为了保持平衡、解除紧张,就要做出一系列反应来保持心理场的平衡。在学校文化生态环境中,心理场对学生的成长具有非常重要的影响。因为心理场为学生提供了构建良好的知情意行心理过程和培养健康的个性心理的心理生活空间,一个人的动机行为是由其心理生活空间决定的。学校行为文化生态化要重视心理生活环境的营造与公共关系的优化。公共关系是现实的关系,公共关系状态作为学校的现实环境,容易被师生所感受与认识,并直接制约着师生的行为表现。学校公共关系心理是师生在与内外环境的相互作用下产生的多层次和多方面的心理现象,尤其是社会公众的心理状态,表现为学校内外成员对学校与人际关系的看法、评价、期望与共同意见。学校行为文化生态化过程中运用公共关系心理,关注学校文化生态的同时更要关注班级文化生态环境,这样会有利于提高学校行为文化的营造,有利于学校师生关系的调适,也有利于师生对学校文化的认同。学校文化生态化要优化学校人文环境,"一方水土养一方人,一个环境养一群人",强调润物无声。让师生成为学校环境建设的主人,大到校园环境绿化,小到标语的拟定都应征求意见,处处体现人文关爱,让人文荡漾校园,在潜移默化中形成正确的价值取向,陶冶心智,塑造人格。

(四) 物质文化的生态化

学校物质文化是学校文化的有形部分和物质基础,是学校精神文化的物质载体。自然状态下存在的物质,不属于物质文化的范畴。学校的物质文化不仅承载着教育教学活动,还体现着学校的精神,是学校文化外显的部分。学校物质文化包括校园建筑、设备设施、绿树花墙等学校硬件,以及表现学校精神文化的雕塑、标语、校刊、校报、橱窗、板报等。它是学校成员共同努力所创造的一种体现着精神价值的物质文化。这些物质文化虽是静态的校园文化,但应以内涵的丰富性与适合学生身心特点的适切性,赋予物质文化生态的教育生命性。

学校物质文化主要由两部分构成:一是学校的物质形态所蕴含的,包括学校的自然环境、校园建筑、教育设施、校园布置等。例如上海一所学校处在崇明岛的东滩湿地旁,开辟了学校的"小东滩湿地",培养学生的生态素养,做一个小小生态人。二是学校成员对待物质环境的态度。学校物质文化关键因素是物质构成要素中所蕴含的人们的价值与理想,是人们对这些物质构成要素的态度。两个部分有机地融合在一起才是真正意义上的学校物质文化。学校物质文化的要义,不是以校舍、设施等档次来决定的,而是要给那些物质要件赋予"灵魂",赋予其文化的故事和意义,并让师生认同它,发展它。学校物质文化建设要让物质要件和环境承载起"经典永流传"的功能。

物质文化生态化要关注适宜性与丰富性。物质文化的适宜性强调校园的整体规划,从生态功能来区划与设计学校教育生态功能区域,使校园布局更能适宜于学校教育、教学与管理的功能需要与师生主体需要的融合,从行政美学走向生态视角来布局校园。良好的校园环境是一部立体的、多彩的、富有吸引力的教科书。走进一所布局合理、环境优美学校使人感到身心愉快、精神振奋。这种心理效应能使人产生一种无形的约束力,虽不具有强制性,却能引起师生情感上的陶冶。物质文化生态化中的适宜性强调安全性。安全理念是生态生命性的集中体现,安全性要求校园里的一切建筑、设施与活动都要把学生的安全放在突出的位置,健全保护学生安全的一切制度与物技手段。

学校物质文化生态化强调精神文化的物化。学校物质文化是学校精神文化建设的外显层面之一。通过物质文化的生态化将精神文化价值融于物质形态与环境氛围之中,打造出承载学校精神价值的物质表征,即学校文化的物化。学校精神可以通过物化表征。物化是人的观念通过实践转化为具有物质形态的现实存在,即人的主体活动凝结为某一物品或对象。学校精神的物化是学校精神孕育的重要条件。学校精神是学校师生价值观念的集中体现。在孕育和发展过程中,它必须有一种外显的形象来表征,用来表征观念性事物的应该是文化符号,作为其观念的显露在外的象征。学校物质文化生态化可以通过物质要素中的文化因素有意识或无意识的熏陶,实现学校文化传统的传承,如校园中的塑像、纪念碑等,就在"润物细无声"传播着学校优秀传统。学校建筑、景观与设施作为学校物质文化的主要组成部分,要关注它们的使用价值、教育价值与审美价值的统一。学校的静态文化要赋予文化意蕴,例如校舍等,不要简单地以数字编号教学楼、办公楼,可以给这些大楼一些富有教育意义的名字。学校在物质文化设计中,既要重视学校硬件本身的形象语言和景观的心理暗示,又要重视制度建设中的人本思想和校风的精神色彩,使校园成为"一部立体的多彩的富有吸引力的教科书"。

学校物质文化生态化过程中要关注物态文化。物态文化是具有物质形态的文化,固化与可感知是其主要特征。在学校中有着不少有价值的物态文化,例如校史中历史遗存中的文物,都是物态文化的具体形态。例如上海市市南中学(原名清心中学)建校于清咸丰十年,至今160余年,校园内有着不少校史中的物质遗存、精神财富与精神的物化,也是学校历经沧桑、岁月峥嵘所秉持的教育价值的承载体。正如《人才从市南中学走出——市南(清心)中学建校150周年部分校友录》的"编者的话"中所述:"于学校:是历史,是财富,是……"物态文化有着强大的教育生命力量。高雅的物质文化将学校形象充盈得鲜活饱满,让每位师生带着景仰走进校园,增强师生对校园文化环境的认同感。在培育学校文化的过程中,要重视把学校理念、学校精神转化为某种具体存在的物质形态,来表征其所蕴含的教育意义,使师生通过这些物化的学校精神表征更好地认同学校精神。

良好的物质环境不仅为师生教育活动的顺利开展提供保障,而且对学生身心健康的发展都会产生直接或间接的影响。以学校物质文化打基础,制度文化添内力,精神文化铸人格,行为文化育品行,从而提升学校文化生态的水平。

四、学校文化生态化的"文化浸润"

"文化浸润"是学校文化功能重要的实现方式,也是文化生态化的主要方式。"浸润"(Infiltration)原义指液体渐渐渗入的意思,常取其"浸染熏陶"之义,引申为积久而发生作用。文化的浸润法(Invasive method)就是以周围的文化持续长久地影响公众心理的方法。浸润法的特点是作用缓和而持久,不易形成表面抗阻,在潜移默化中对公众心理产生影响,就像"滴水穿石""毛毛雨也能打湿衣衫"的道理一样,发生作用的关键是周围文化的一致性。

建构主义学习观的一个重要观点认为学习是浸润式的。"文化浸润"是指文化特别是精神文化对工作和生活在其中的人们的思想和行为潜移默化的影响过程。[①] 文化浸润是在一定场域通过文化营造一种氛围,让目标主体处在一定的环境或情境中,感受文化的滋润,从而自然地提升其品质的过程。组织文化的孕育是一个构建、维系和变革的"浸润式"渐进动态过程。其机制主要是通过对浸润其中的公众心理影响,解决"从"和"同"的问题。"从"就是"从众","同"就是"同化"。就是要通过形成周围的舆论一致,使人们产生一种从众心理,并在这种舆论的影响下得到同化。社会心理学家谢里夫1935年进行了一项经典实验。实验表明,当周围舆论一致时,或至少是表面一致的时候,对公众个体就会产生浸润式的作

---

① 吴业春等,现代大学管理:从制度规范到文化浸润,国家教育行政学院学报,2010.4.

用,使他们放弃或隐藏自己的不同意见,达到与其群体意见的一致;当周围舆论的一致性被打破时,从众的概率就会大大降低。在公共关系活动中,运用浸润法去影响公众心理时,应当以正确的舆论引导公众放弃错误的意见,认同正确的意见。"为了实现文化浸润,首先要确立一个正确的办学思想和先进的办学理念。其次是要传承和发扬学校的传统特色,良好的文化传统是文化浸润的有利资源。再次,就是学校精神的塑造,学校精神是学校文化的内核,也是学校发展的灵魂。"①

"文化浸润"是学校文化生态育人的重要方式。育人更是浸润式的,教育需要有浸润功能,"德润人和,文化人贤"。文化育人是我国教育的优良传统,我国早就有"随风潜入夜,润物细无声"的说法。于有形的制度规范入手,达到无形的文化浸润之境界。规矩的人可以是制度管出来的,但一个优秀的人才必定是文化浸润出来的。

第四节 学校文化生态营造的要点

一、明晰学校文化生态发展方向

一所学校的文化生态反映出特定学校存在的关系与状态,表现出一定的文化发展倾向与文化特征。学校文化生态培育必须把握学校价值观这个学校文化生态的核心。无论学校怎么发展,无论是哪方面的发展,无论发展到什么程度,都与学校价值取向有关。因此树立学校价值观是学校文化生态营造的一个关键。

学校发展的过程就是学校文化生态建构的过程。在学校发展的过程中,必须自始至终站在文化的高度去谋划全过程,而不能将这两者变成"两张皮"。每所学校都有自己独特的历史传统和与众不同的内外环境,学校发展必然走适合自己的路。影响学校符合校情发展的是学校的文化,办学历史悠久的学校文化积淀深厚,或者新办学校的学校文化尚在形成,但是无论学校文化现状怎样,都是学校文化生态的表现。这使得学校文化表现出强烈的独特个性,有的学校文化进取特征很强,有的呈现一片消沉。营造学校文化生态时我们必须研究学校文化传统与现状,将学校文化生态营造纳入学校发展战略框架之中,确定学校发展路向。

学校文化生态反映以价值为核心的文化要素间的关系,因此学校文化生态营造中必须关注价值系统的自觉建构。学校文化价值体系建构需要通过不断的价值选择、更新、聚焦、积累。文化的价值导向在于实现"最大价值率法则",即人类

---

① 葛玉华,以文化浸润的方式提升学校内涵,上海教育,2004.05A.

与自然的可持续发展。这是人类一切行为和思想必须遵循的基本原则。学校文化生态的"最大价值率"应该追求长远的而不是眼前的,是整体的而不是局部的,是全面价值层次的而不是单一价值层次的,是客观意义的而不是主观意义的,是综合性的而不是片面性的。我们应该摒弃狭义的、片面的、机械地追求文化生态的价值最大化,或负价值,应该把追求可持续发展的价值最大化与正价值确定为文化价值导向的基本理念。

明晰学校文化发展的生态导向,首先需要对学校及所属部门进行文化生态诊断,作系统的解析,从职能部门到班级层层分析,分析学校文化生态是属于积极进取的还是消极散漫的,诊断学校文化生态在理念层面、制度层面与行为层面上的各种关系是否和谐,学生文化、教师文化等各类文化现状,从而制定修复或优化学校文化生态的切实有效的方式。文化生态营造首先要对学校的观念文化、制度文化、行为文化、物质文化以及这些文化的整合进行评估。学校文化生态营造不只是弥补管理出现的漏洞,而是建立一套完善的文化管理体系,使学校价值链健全、文化生态更健康,更有效地为学校发展提供保障。

二、确立文化生态滋养融合的原则

文化生态的滋润功能是文化的引领、认同、内化、固化、传承、教化功能以及文化的感动、熏陶、体验、浸润、示范、体悟等文化滋润作用的合称。在文化活动中寻找精神家园,体验与感悟人是世界上最可宝贵的,尊重人文精神的终极意义,关注人的价值实现对人的终极关怀。学校文化生态的"文化滋润"是指学校文化生态以其所具有的文化资源,借助文化独特的浸润作用,通过师生对文化教育资源的有效吸收和文化教育活动的有效体验,引领学生健康成长,熏陶学生的精神世界,增强学生主体成长的内驱力,使学生获得心灵的滋养,发挥学校文化生态的"文化育人"功能。学校文化生态强调其特有的熏陶作用:感知、感染、感动与感悟。"文化滋润"强调"文化化人":熏陶中感知,强化情感认同;体验中感染,注重自我内化;思考中感悟,升华理想追求。

环境的文化滋养作用表现在环境对师生人格与知性的滋润作用,积极挖掘利用自然界富含审美价值的教育资源,使教育内容极大地丰富起来,使学生滋生保护自然生态意识的同时,获得大自然丰厚的道德滋润。树立良好的校风、学风和教风,营造蕴含丰富教育内涵的人文环境与关爱生命、关爱自然的文化氛围,为师生提供充足的文化养料,滋养其内在人文精神,潜移默化影响师生心理,使他们在真、善、美的熏陶中不断摒弃假、恶、丑,塑造美好心灵。文化滋养强调实践体验,当师生对外部世界保持开放交流状态时,其心灵世界更容易吸收外界的真美善的能量,形成良性循环的内生态。当师生感受到人际关系的友善和谐时,会反思和放弃内心的某些冲突和争斗的念头;当师生感受到爱之理解时,会体会到自己对爱的理解的贫乏,从而受到真心感动。师生的精神生活与外部世界之间存在着内在的生态关系。以文化滋养学生,提升师生的道德境界。

三、把握学校制度文化的生态化导向

学校制度具有两重性,符合生态学原理、具有制度合理性与适宜性等人本要求的制度具有积极意义;有悖生态学的基本原理、违背师生的可持续发展的基本利益而强制推行的不合理与不适宜的制度属于负性的。合理的学校制度形成与发展需要学校健康的文化生态。学校文化生态通过调节学校内各类利益主体的利益关系,确立一定的学校制度,约束学校成员的行为,达到规范其成员行为的目的。

学校制度文化的生态化是一个逐步递进与发展的过程。这种制度文化表现在学校的初创时期,为了规范学校工作,很可能会在他律管理与自律管理中失衡,发生非生态管理现象。在缺乏合理的管理文化情况下,制度是少数人制定的,即使让群众讨论,也是形式主义。不少学校的制度越定越多,常常还以有厚厚一大本制度自豪。在这样的制度如山的学校里,师生不知如何学习、工作和生活。在大多情况下,这些制度必然流于形式,或乱用制度处罚压服。管理从最初的他律的规章、守则发展到成员的自律规范,其中起主导作用的是一种文化认同。这种观念上的转变,文化力量的潜移默化至关重要。出色的学校能做到这一点,实际上靠的是理念,靠的是价值体系。他们把执行制度和自主这对矛盾获得动态平衡:制度是自主的产物,而自主是和谐的结果,制度同信奉的价值观一致,使师生产生信心,这种信心是根植于师生对确认的价值所抱的坚定期望。出色学校的规章都带有积极的色彩,这些规章涉及的是质量、服务、革新等问题,它们的重点在于发展,而不是抑制。在学校制度设计与实施中,学校发展规划属于战略管理的顶层设计与实施。从文化的角度考虑,战略管理就是追求学校长期发展、师生可持续的心灵发展。学校文化生态战略起着先导与支持作用。学校必须在其办学理念指引下,做好顶层设计,规划好学校文化生态的营造。

四、实施"以人为本"的文化管理

学校文化生态的营造需要以符合生态特征的文化管理来支持。文化管理是一种"以人为本"的管理模式,通过共同价值观的培育,在系统内部营造一种健康和谐的文化氛围,使全体成员的身心能够融入系统中,变被动管理为自我约束,在实现社会价值最大化的同时,实现个人价值的最大化,其本质是以人为本,体现了生态文明的基本要求。文化管理对人治的经验管理超越,也是对工具理性的科学管理的超越,是管理适应现代社会生态文明发展大趋势的必然选择。文化管理是

人本管理的最高层次,它通过组织文化的培育,使组织成员形成共同的价值观和共同的行为规范,进而成为自律的人。文化管理是以文化为基础,强调人的导向与人化作用,管理的重点在于人的思想和观念。

学校的管理是一种文化。著名管理学家德鲁克在其代表作《管理学》中指出:管理不只是一门科学,还是一种文化,有它自己的价值观、信仰、工具和语言。管理是受文化制约的,管理就是文化,文化与管理具有共生性。文化管理是一种管理模式,学校管理文化是学校管理思想、管理制度和管理行为的集合,其核心是学校管理的价值观念。文化管理的首要任务是培育先进的学校文化。学校文化作为一种组织文化,它与组织联系在一起的时候,成员所共有的总的行为方式、共同的信仰及价值观,表现在学生、教师和领导言行与思想之中,也表现在学校文化的认同与传播之中。学校文化是相当稳定的,它往往为学校确定了风气并奠定了人们的行为准则,它也反映了学校的理念。在学校管理过程中,为"学校文化"不断提供生命力的文化生态更是一种管理至关重要的基础,为学生培养、教师提升、学校发展、凝聚力增强营造良好环境,文化生态的这种软管理的作用正在使学校管理发生新的变革。

学校必须培育以人为本的管理文化,通过文化管理,优化学校文化生态,发挥学校的文化力,关心人、理解人、尊重人、培养人,促进师生发展。通过文化管理充分发挥文化吸引人、凝聚人的精神支柱作用,发挥文化转变人、塑造人的根本因素作用,发挥文化容纳人、融合人的精神力量。学校以文化管理营造文化生态,要坚持文化管理的核心是人的价值高于一切,应该遵循以下三条原则:

1. 人的价值高于物的价值。应该把师生的价值放在首位,物是第二位,也就是必须十分重视师生的价值,重视师生的自主发展。

2. 共同价值高于个人价值。应该倡导团体精神、团队文化,倡导一种共同价值高于个人价值的学校价值观。学校的基础是个人,没有师生个人的发挥,学校就不能成为一个有机的生命体,也就不可能形成学校活力。

3. 教育价值高于非教育价值。应该把学校的发展建立在学生和教师的人的全面发展上,而不是单纯追求升学率和分数,或者个人私利。卓越的学校总是把师生的发展作为学校价值观不可或缺的内容。

学校发展必须在学校内凝聚力量,而其前提就是健康的学校文化生态。只有在这一前提下,学校的发展才会得到强有力的支撑,师生在价值上予以认同,避免貌合神离的现象,避免流于形式的改变。

五、营造民主和谐的学校人文环境

学校文化生态平衡不是局部的、绝对的、静态的和封闭的平衡,而是整体的、相对的、发展的、开放的平衡。人文环境是文化生态的重要组成部分,是一种复合环境,由具有人文精神的自然环境、社会环境和规范环境融合而成的环境系统。优秀的人文环境不仅是实然状态,而且是应然状态,其营造过程是一个长期的价值观相互冲突与建构的过程,是全校师生共同努力的结果。

学校人文环境营造要关注共同愿景——学校成员的共同的发展目标,这是学校发展的思想与心理基础,具有强烈的激励作用;要关注学校持续动力——持续学习是师生发展不可缺少的条件,形成组织学习能力;要关注培育学校探讨精神——以推动学校持续发展的教育创新为目的,促进探讨和对话;要关注组织交流能力——通过团队与成员、群体与群体间互动与交流,提高完成共同目标的组织能力;关注学校生态共生品质——实现学校发展过程中的共享共生发展。

学校生活民主是优化学校人文环境的重要途径。学校工作要充分发扬民主,广开言路,集思广益,形成师生和谐发展的良好局面。正确的集体舆论是优化学校人文环境不可忽视的要素。舆论的功能发挥需要舆论的正确和舆论的民主,学校要形成敢于发展、勇于进取、善于合作的舆论氛围。把各具专长的人才组织成结构合理的"工作群体",从而形成整体优势,提高学校整体效能。营造人文环境中我们确立了"三多三少"的信条:少一点强制,多一点尊重;少一点疑虑,多一点信任;少一点"不准",多一点自主。为每个师生营造不断发展的成功氛围,最大限度地包容团结全员,共享决策,激发工作热情。

高尚的文化活动可以营造积极的人文环境。结合学校特点开展各类文学活动、艺术活动、体育活动丰富师生文化活动,丰富师生精神生活,增强师生精神健康,促进师生的全面发展。通过人文环境潜移默化的影响,改变师生交往行为、生活方式与思维方式。师生文化活动中实现正确价值导向。健全的审美情趣也是师生人文精神的重要内容。在文化活动中群体的审美情趣往往会影响成员的自我评价。

六、建立公平与合作的激励机制

学校文化生态营造的一个重要条件是建立促进公平与合作的激励机制。激励是激发人的动机、诱导人的行为,使其发挥内在潜力,为实现所追求目标而努力的过程。师生学习与工作的自我实现的需要特别强,在个体能力不变的条件下,师生的学习与工作成效与个人激励水平呈正相关。因此激励机制成为师生发展的人文环境营造的必然。

健康的学校文化生态的重要标志是公平与合作的关系与状态。公平是现代人文精神的要义,合作是公平的结果。学校成员总是把自己的努力和所得到的对待加以比较,如果这两者之间的比值相当,他们会感到得到了公平对待,否则就会打击学习与工作积极性,产生致弱作用。学校人文环境中必须构建公平的制度、公平的评价、公正的人际关系,并在操作层面上得以落实。激励、竞争必然与公正有关,竞争会导致对评价与激励的公正关注。竞争是生态中基本现象,竞争导致生态系统不断动态平衡,可以提升学校文化的合作品质。教师发展不可替代性是相对的,工作中的竞争对于个体会出现"替代危机",即其他成员后来居上,超越原有的发展水平。替代危机是双刃剑,可以成为教师发展的动力,也可成为有的个体认为的不可忍受的负担。学校要重视"替代危机",形成合理的竞争机制,促进教师在发展上的良性竞争,但是也要关注"不可替代性",尊重人才,防止人才不当流失。在激励的操作上要把握群体激励和个体激励的结合。个体激励是基础,是激励公正的具体显现。没有个体激励,必然陷入平均主义的泥潭,无法营造一个鼓励冒尖的环境。群体激励是必不可少的,这是培育团队精神必需的。但是要充分注意不当竞争会对学校生态带来严重损害,因而处理好激励中公平与竞争相统一的关系,是个体激励与群体激励的关键。

第五节 教师发展文化的生态化

一、教师文化生态化的凸显

(一)教师文化与教师文化生态

教师文化一般指教师群体在共同的教育环境里,在教育教学过程中创造出来的物质成果和精神成果的总和与表现,是教师所具有的区别于其他职业群体的价值观念、行为习惯、知识技能以及语言符号等。教师文化是人类文化的组成部分,教师文化既有与人类文化共性,也有其自身特殊性。教师精神文化是教师文化的深层,它是教师文化的核心和灵魂所在,它反映的是教师行为中蕴含的深层次的价值观念、教育观念、思维方式、道德风尚等,体现教师整体精神面貌和教育态度。教师文化的形成与发展不仅受到教师个体经历、社会背景及社会化过程不同的影响,而且也受教师群体价值观念及行为方式、教育工作的影响。

教师文化生态是指教师与作为其环境的精神文化、制度文化、行为文化和物质文化的生成、传承与发展关系和状态的总体。这是以整体、适应、多元、动态的生态视角来审视教师的文化现象。这是教师参与教育活动的文化生态样式,是以教师为主体、以教育活动为场景、以教育行为呈显而形成的教师文化生态。教师文化的不同层面存在着有机的整体联系,相互制约、相互影响而获得一种文化生态系统。教师文化生态系统的结构按照构成形态层次,各子系统之间排列、组合、相互联系和相互作用有着一定的序列和层次动态开放结构,具有整体周流、互动共生、信息传递和新陈代谢的功能。在贫瘠的教师文化生态中,高度统一的教师管理使教师被束缚在相同的规则和标准场域之中,他们思维方式、知识结构雷同,甚至连教学步骤、教学话语也类似,表现出高度的重合性,导致千人一面的格局,使整个学校的教师文化缺乏张力和活力。这样的生态格局一方面容易造成教师间因生态位重叠而出现恶性竞争的现象,另一方面贫瘠的学校教师生态不可能成长出具有教育生命意义丰硕的教师群体,也难以涌现出具有教育价值的个体独特的教育机智、教学风格。

教师文化生态系统的主体教师不是消极地受制于环境中的刺激,而是积极地与其所处的环境交互作用,教师个体与群体在教育过程中的相互作用,孕育着教师文化。以生态学的眼光发现和思考教师文化中存在非生态现象,通过优化生态环境促进教师文化生态系统的平衡,支持教师文化生态可持续发展。

(二)教师文化生态中非生态现象

教师文化生态对教师的发展有着导向功能与支持功能。教师发展需要健康的教师文化生态支持,教师发展首要的是正确的教师观引领。生态的教师观对教师文化的培育以及教师发展有着基础性作用。教师发展的生态观秉持一种有机整体、多元平等、互动和谐、共荣共生以及可持续发展价值取向。教师在学校中的地位应该以生态哲学思想考量:一是有机整体观,教师的发展不是孤立的,而是与学校管理环境、学校教育状态与学生关系有着密切关联;二是平等民主观,教师与管理者不是对立的、控制的关系,而是民主平等的关系,各自都有其独特价值;三是互利共生观,教师与学生教学相长,教与学共存依赖;四是持续发展观,教师文化生态要支持教师的自主、全面、和谐的发展,教师的人文精神决定其发展的高度。同时,教师的发展需要学校教师文化生态的支持,为教师发展提供物质、能量、信息的支持。教师文化生态中的非生态现象对教师发展也会起着制约作用。

教师文化生态中的非生态现象普遍存在:

一是教师观念的严重偏差。曾广泛流行"校长是领导力,教师是执行力"的观念,教师被视为被动的、缺乏创造力的被管理者,管理成为管理者单向度的行为,想当然地认为教师严格执行其决策,布置的事情会按照设想的逻辑顺利地执行,这是一种典型的直线逻辑推理方式。这种把课程领导力与身份、职位画等号的传统观念占据着主导地位,把课程领导力的主体局限于具有课程管理职务人员。教师的课程领导力长期被忽视,把教师定位"校长课程领导力"的对应面——教师执行力,把教师看作执行工具,是落后的教师文化观的反映。教师科层管理严重阻碍了教师的主体性发展与专业自觉发展。教师生态观强调教师领导力主体地位,关注分布式领导力,增强教师赋权精神,实现学校领导范式转变。

二是教师管理方式非生态性。有的学校对教师管理多采取强制的行政方式，以统一、可量化的标准来要求教师的工作，让教师服务于标准、制度等。教师成为制度的工具，被动执行"严格"的规章制度，但内心却有诸多的不认同不满甚至怨愤，久而久之产生"组织沉默"现象。

三是教师教育工作中非生态现象销蚀教师专业精神。教育教学仅作为经验型工作，缺乏专业精神与职业精神的文化由此盛行。教师的教学观念文化得不到正确引导，重知识考试轻能力培养，一些教师无论是教学设计、教学实施与教学评价眼睛紧盯着教材中的知识点，为知识而教，不是为能力而教、为思维而教。重教师讲解传授轻学生学习过程，忽视学生有意义学习经历的获得与转化为经验，让学生学会学习，培养创新精神与能力。缺乏教育规律依据的硬性规定，把教师看成机械的"操作工"，经常出现为了迎合有权评定教师教学者的口味，不得不做出违心的教学"改进"，教师难以坚持合理的教学。不健康的教师文化促使教师教学功利色彩浓重，教师的成就感应该以学生的健康成长为表征，但是现实中，评价教师往往以一节课定终身，公开课反反复复排练数遍乃至十余遍，为了追求教师教学表现的出彩，课堂教学演变为演艺。主题班会也是一次一次排练，朗诵、唱歌、跳舞热闹非凡，就是缺乏来自学生生活实际的素材，脱离学生道德生活，美丽动听辞藻一大篇的主题教育活动，难以培养出言行一致、践行人性的人。

四是教师的关系非生态化。不少学校事实上信奉并实践"泰勒管理哲学"，并在管理技术加持下，过分强调量化数据，教师管理更趋于异化，产生了不少负面的效果。狭隘竞争常出现在非生态的学校文化之中，以学生成绩作为评价教师优劣的唯一指标（当然相当多的是潜规则）。由于不当的评价导向，教师之间形成了不健康的竞争，使教师难以体验彼此间相互激励而产生的乐趣。非生态文化环境下，教师群体容易存在着平庸文化，通常"以不变应万变"。这种学校文化一旦成型，学校就不再是一潭活水，教师一定程度上出现了厌教情绪，滋生职业倦怠，职业精神失落等。落后陈旧教师观念使教师自主发展受阻。教师经常被动地接受各种无实效的评比和检查，教师时间被大量烦琐的常规、额外工作消耗，加上层出不穷的各项流行活动使得教师疲于被动应对，缺乏时间和精力思考自身的发展和进行深入的研究工作。非生态化的教师文化容易滋生教师与教师间的隔阂各自为营。对教师实行过度的或者欠妥当的量化考核，容易造成教师间隐性竞争激烈、教师间人际关系紧张、心理压力重，对教师的发展造成了不同程度的负面影响。

五是教师缺乏学习型学校文化滋养。教师文化生态中作为主体的教师缺乏终身学习的精神、缺乏人文思想的树立是一个值得关注的问题。教育是人类的事业，我们要敬畏教育规律；教育是灵魂的事业，只能用思想来培育教育。"一个民族要想站在科学的最高峰，就一刻也不能没有理论思维。"我国的孔子、朱熹，外国的苏格拉底、卢梭、康德、杜威之所以成为世代公认的教育家,因为他们有自己独特的教育思想。教育不应该缺失什么?不应该忽视规律、缺失思考。我们的学校需要什么?需要坚守教育信念。教学中的不少错误现象为什么会得以流行值得思考,教学目标上的割裂空泛与整合明确、教学内容上的别出心裁与基础素养、教学形式上的热闹作秀与内在匹配、教学过程上的复制灌输与情境交互、教学专业上的望文生义与本质把握,这些充满着谬论与正论。这需要教师们的思考、讨论与批评。教学中出现的误识都与"教师不需要研究理论"的谬论有关。那么理论研究是谁的专利品?哪一个真正的教育家不是教师?教师应该具有自觉的教育教学理论素养。在实践与理论结合上,提升发现问题、解释现象、揭示本质、运用规律的能力。教师也应该走出"教师是执行者"的误区,教师是教育工作的主体。但是为什么会把误论以为正确?因为缺少学习教育理论。其实有些错误观点在理论上早就解决,例如分布式领导理论充分肯定教师领导力的重要性。教师只有不断提升自己的理论素养,发挥教育理论与教育实践结合的优势,提升科学研究的能力,摆脱脱离课堂、学生真实情境的空谈清谈陋习的影响,回归专业人员的自我,真正提升专业精神,在课堂中、在学生中的教师才可能成为真正的教育专家。在书房里、在会议桌旁产生不了真正的教育专家,就如不会看病的专家不是医疗专家。绝对不能在教育科学上充当南郭先生,一定要参与实践与研究,获得教育与科研经历与经验。教育科学涉及许多教育领域与范畴,我们应该知不知而学习,知不足而研究,教师一定要树立终身学习的观念与终身学习的生活方式。当前教师一定要克服碎片化学习,坚持学习教育专业基础理论,补上教育方面的哲学、心理学、生态学、脑科学方面的理论素养。

良好的教师发展生态促进形成健康的教师文化生态。而非生态性教师管理,不仅不利于教师的健康成长,而且也损害了学校可持续发展的可能。这就要求学校管理者转变教师管理理念和行为,积极营造教师发展的文化生态。

(三)教师文化生态的更新

教师文化生态有着不断发展的过程,更新是其生命力的表征。教师发展生态观强调以教师作为学校生态系统中的生命主体,确立和谐共生、平等自由、协同可持续发展的教师文化,建构民主平等的学校成员间的关系,为教师创造性地从事教育创设支持性环境。教师发展生态观摒弃管理者"以'工作'或'组织'为中心",采用标准化的量化管理,注重提高管理的人文含量;摒弃对教师的所谓刚性管理,管理以工具理性为价值取向,将教师看作受动的客体而采用强制性的管理方法。教师发展生态具有三个方面的特征,即为了教师、服务教师和发展教师。这样的教师文化生态孕育与秉承"尊重教师发展"理念,以教师的职业心理和行为特征为依据,以尊重、关心、信任和发展教师为管理方式,通过非强制性的管理方式,在学校的价值观、目标和信念的自主认同、内化的基础上,引导与转变为教师个体自觉行为,实现学校与教师的协调发展。尽管人本管理是作为科学管理的超越,其重视教师的情感等非理性因素,将教师视为能动的个体,关注教师价值的实现。然而,正如合成谬误原理所指出,"个体的理性可能导致群体的非理性,个体的最优选择可能会带来群体的最差结局"。合成谬误认为对局部来说是对的东西,仅仅由于它对局部而言是对的,便说它对总体而言也必然是对的。微观上是对的东西,在宏观上并不总是对的。反之,在宏观上是对的东西,在微观上可能是错误的。反映在教师文化生态要关注教师与管理之间的平衡和谐与共生。

教师文化生态强调教师管理关系走向融通,管理范式的现代转向。教师发展生态的营造以生态思想为原则,表现出生态价值理性,以教师可持续发展与教育共生为行动取向。这样的教师文化生态有利于提升教师管理水平。教师生态的管理是在深刻反思传统管理理论和实践的基础上提出来的,以解决现存教师管理的问题、促进学校和教师共同发展为基准和价值旨归。它建立在学校特定情境条件下,以管理者与教师以及教师之间、师生之间的相互理解、对话、认同、协作为基础,是彼此在共同愿景之下的分享、合作与协同发展,在学校和教师之间形成牢固的社会心理认同,既有利于教师的健康、持续发展,也促进学校目标的实现。

教师文化生态倡导向基于生态思想的教师文化超越。生态的教师文化主张确立正确的教师观与教师管理概念,创建有利于增强教师领导力的组织结构以及营造有利于教师发展的文化环境。生态的教师文化强调"尊重教师的主体地位"的理念,提倡"参与、合作和共生"的教师行为方式。教师文化的更新、优化要实现七个转变:管理者与教师科层关系应该转变为共同体成员关系,严格控制转变为参与、对话,同质性要求与评价转变为异质性自主与激励,教师个体独进转变为整体协同进步,对立竞争转变为和谐共生,对工作场域的关注转变为教师整个生命成长服务,转变单纯追求学校目标的实现为学校与教师、学生共赢。

教师文化生态强调生命主体的思想建构。思想是教师的灵魂,教师最需要的是思想。我们教育工作者需要什么?独立思考。子曰:"学而不思则罔,思而不学则殆。"子曰:"好仁不好学,其蔽也愚;好知不好学,其蔽也荡;好信不好学,其蔽也贼;好直不好学,其蔽也绞;好勇不好学,其蔽也乱;好刚不好学,其蔽也狂。"教师应该成为一个思想者,让三尺讲台光芒闪耀。哈佛大学校训:真理与我同行,其意为:以柏拉图为友,以亚里士多德为友,更要以真理为友。

罗丹的不朽雕塑作品"思想者"所传递的是:凝重而深刻的思考是整个身体的力量使然。深刻的思想是靠富有生命活力的人的表现,蕴蓄着深刻与永恒的精神。

笛卡儿的名言:I think before I am.(我思故我在)

生态的教师文化强调教师自身的文化观念与教育行为也要更新与优化。转变教师文化中重术轻道、重技能轻文化，缺乏独立的职业精神，教育教学观念陈旧这些非生态化现象。培育健康的教师发展文化，首要让教师成思想者，应该坚持学习，开阔眼界；应该学会思考，遵循规律；应该充分对话，坚持真理；应该认真实践，发现自我；更应该坚持不断研究学生，学生的每一天都是新的，教育的每一天也是新的、精彩的。教师要在研究与实践中学习，学会"学习、判断、聚焦、坚持"，不断提高自己的专业水平，成为一名真正的教师。教师要善于识别伪劣的教育产品，例如"英语十六字教学法"，一个没有英语教育背景的人以汉语扫盲的办法自创伪劣的英语教学法，表现了德性尽丧。健康的教师文化表征着坚持师德，坚持真理，做到名副其实，对得起作为教师的良心，对得起学生。仰望天空就是要思索，成为一个有思想的教师；俯视学生就是要为了学生，成为一个有良心的专业工作者。

二、教师发展生态化的基本要求

教师的发展离不开健康的教师发展文化生态，正是这种关于教师文化生态的十分重要内容，有着基本的规定性。

（一）公正求真的人文环境

教师发展文化生态最基本的是滋养教师为人师表。教师的崇高在于"为人师表"，正如被我国民众尊为"万世师表"的孔子一样，德配天地、道冠古今，以其伟大教师人格、深邃的哲理思想与丰富的教育经验，体现着一位"经世"和"人师"完美结合的高尚形象。孔子，作为我国古代大思想家儒家学派创始人，又是一位伟大的教育家，其教育思想至今值得我们重视和学习。法国的伏尔泰称孔子是"真理的阐释者"，德国的毛来福认为"孔子不仅属于中国，而且属于全世界"，美国的艾默生认为"孔子是全世界各民族的光荣"。在追求名利、以名利诱惑的教师生态中难以培养出"为人师表"的教师。孔子曰："毋意，毋必，毋固，毋我。"（《论语·子罕》）教师要有人格，要有真才实学，不要任意揣测，不要盲目肯定，不要拘泥固执，不要自以为是。孔子一生提倡营造一种"士志于道，而耻恶衣恶食者，未足与议也""知之为知之，不知为不知，是知也"的环境，孕育人格高尚、崇尚真理、追求真知的教师。这对于教师无论是为学、为人与为教，都有着深刻的反思价值。历史上有影响的教育家都是有思想的，都对后世产生了深远影响。

教师成长要有适宜的生态，具有公平民主的氛围，承认每位教师都具有优秀教师的潜能，并为教师提供百家齐放、不拘一格降人才的文化环境。不能在教师群体中人为制造三六九等，挫伤大部分教师的尊严，剥夺教师的发展机会。我们应该更多提倡品格上贤明、学问上明达的"明师"，学问渊博、才气过人的"硕师"，而不是制造"一般只是强调其'名',至于是否有真才实学,那是另外一回事"的名师。① 名师不是炒作出来的,也不是制造出来的,而应该是自然涌现出来的。陶行知,在世时谁封过他"名师"的称号?哪个给过他"名师"的头衔?可人们,尤其是后人在心里实实在在崇敬、爱戴、怀念他。

良好的教师发展生态必定具有健康的人文环境,公正的、民主的,不是管理者和教师二者之间"控制—执行"的单向度不对等关系。生态失衡的教师发展生态教师与学校的组织之间是离散、隔阂的,教师的发展期待和学校的组织愿景契合度低,由教师形成的群体变成一个集合体而并非共同体。教师的真正发展需要能得到公平的发展机会的教师发展生态,以激励教师自主发展、热爱教育、富有社会责任感,不断培养出人才,并以学生成才来表征自己而不是追逐名利的教师文化提供教师发展的支持。

(二)教师结构链合理均衡

教师发展生态完善的重要标志是师资队伍结构的合理性。教师结构的合理性表现在学校师资整体的适切性,适合学校类型、适应学校办学目标。有的学校虽校名是外国语学校,却出现两种偏差,一是学校只注重外国语语言教师的建设,而忽视其他学科教师队伍的建设。在当今外语越来越可用人工智能替代的社会发展的条件下,只注重培养外语能力显然学校与学生缺乏可持续发展。二是有的学校挂名外国语学校,其实只是徒有虚名,外语学科建设与师资根本与之不相称。

教师年龄结构、教龄结构与学科结构要具有适宜性。有的学校教师平均年龄较大,尤其女性教师接近退休年龄者比例较高。也有的学校,特别是人口导入区域的新办学校,教师平均年龄较低,有的学校教师平均年龄30岁不到,这两类学校师资结构均失衡,表明教师发展生态受损。

教师队伍专业上结构性均衡性是教师发展生态的表征。一是学科教师结构要均衡,以适应教育教学正常开展的需要,适应五育并举培养全面发展学生的需要。有的学校语数外以及中学物理化学的师资队伍建设比较关注,而音体美等学科教师队伍相对薄弱,有的学校这些学科专任教师缺少到难以规范开课。二是在教师职称上各类教师比例要合适。初级、中级与高级职称的教师数要保持一定的比例,这样教师发展生态中的营养就充足,支持教师发展的能量、信息与物质得以充分传递与交换。教师队伍的职称在一定程度上反映了教师队伍专业发展的总体状况,高级职称教师比例偏离正态分布或者区域平均值,一般来说表明学校教师专业活力不强,激发教师专业发展的文化不足,支持教师发展的生态力不强。

① 吴圣苓:师典,上海人民出版社,2004.8.

学校在教师结构链上要充分关注优势群体。在教师群落中常有一个或者几个群体能量较大,具有相当的话语权与影响力,其数量、质量及其在生态位中的地位,强烈影响着其他群体的工作与发展。还有一个关键群体需要关注,这在生态学上称为关键种(key species),关键教师群体在教师群落中生态位不同,在维护学校特定发展和学校生态系统稳定方面起着重要的作用。如果他们流失或削弱,整个学校生态系统就可能发生重大的变化。例如以某学科著称的学校,该学校的这学科的掌门人及其伙伴一起流失,就可能导致学校的品牌遭受重大打击。如何处理好优势教师群体与关键教师群体,包括个体,是教师生态中必须关注的问题,不能过分突出,或者削弱,否则都会导致教师生态结构失衡。

师资队伍的整体适切性、结构的合理性与专业结构的均衡性是学校教师发展生态的重要标志。这三方面的教师结构链的生态失衡,必然导致教师与教师群体难以获得必要的教育生态系统中能量与信息支持,通过学校教师生态服务得以共生与共赢。学校需要以生态观念看待教师队伍建设,积极提升教师文化的引领功能,优化教师发展的支持性环境,及时自我修复教师生态中教师结构链失衡问题,营造良好的教师发展生态。

(三)资源营养网丰富适宜

教师发展必须有充分的营养链网组成的教师生态,为教师进行充分的能量、信息与物质的传递与交换提供支持,提供必要的教师发展资源。这项资源极为复杂与丰富,是教师作为主体发展自身所需的一切现实的和可能的外部条件的集合,它是作为主体的教师在发展自身的过程中可以积极能动地加以利用的资源。教师及其群体的发展都离不开资源的保障,用生态的观点审视整个教师队伍的发展生态,将教师发展置于物质、能量、信息三要素构成的环境系统中加以考量,以便能够对教师发展的资源进行综合有效的统筹、规划。同时,通过教师发展生态的管理过程的开放性、创造性不断生成教师发展资源链与网,有力地促进资源的整体周流,提高学校教师发展生态的"新陈代谢"能力,提升教师发展生态的丰富性。

学校的教师发展资源丰富性与适宜性不仅仅是外部的提供,也由学校自己的生态决定了教师资源可能达到的状态。教师工作场所的版块结构、教师的工作单独性、封闭性管理制度、可自由支配时间不足等因素加剧教师的封闭性,导致教师利用资源效率与主动性不强。因此,校本性的教师发展资源充分利用与开发显得特别重要。学校要重视信息资源的建设,很多学校没有或者实质性没有可供教师专业阅读学习的资料,例如学校图书馆中为教师学习的专业书刊很少,而且教师也很少有到学校图书馆借阅的需求形成了悖论,这也表明教师缺乏专业学习的现象值得关注。据访谈,上网到规范教育专业信息库上获得专业学术资料者很少,例如运用"知网"的教师更少,一部分教师仅是为了获取现成的教案上网,谬误信息误导教师。因此,学校要加强教师专业信息的资源建设,畅通专业资料获得的渠道,彻底改变教师不看有价值专业书刊的陋习。优化教师资源共享的活动,增强教师获得有意义专业发展的信息,提升教研组活动质量,举办经验讨论会学习交流会等、观摩讨论活动不要流于形式,要精心准备,有主题,有内容,让教师改变缺乏实质性的沟通和共同探索的状态,讨论有依据,有独立思考,有实质性内容,转变讨论交流空泛化、非学术性的套话。学校要引导教师学会阅读专业文献,转变教师的浅阅读习惯。重视教师发展资源开发,促使教师专业信息充分流通与运用。

教师发展资源的建设中关注教师个体与群体的资源开发与利用。每一位教师都具有一定的专业资源。每一位教师由于专业教育背景,工作阅历与资历不同,个性、特长与气质不同,会形成教师个体专业能力、品格与思维方式上的差异,教师个体间价值取向、教育思维、教学风格、教育行为、文化品质、专业能力结构、专业经验体系上都存在一定的,乃至相当大的差异。正是这些差异成为了学校宝贵的教师人力资源。教师的这种独特的差异性与丰富性会影响学校的生态面貌。目前在学校教师管理中,"有差异"的教师却被种种"无差异"的管理制度和评价标准所捆绑和形塑,不管是何种发展阶段和需求水平的教师都在同一种"标准场"中行动,最终导致教师整体多样性的流失,形成单一的生态格局。尊重教师个体差异性有利于孕育学校生态的多样性,促进教师在"百花齐放"中获得多样化、个性化发展。每一位教师都是一个鲜活的生命体,在教育教学工作中彰显生命力及其生命存在的价值,尊重他们的智慧、能力、经验与成就,让他们发挥智慧生命的力量,这是学校教师发展资源中最难能宝贵的资源,也是不可能用资金买得到的。一个好的教师成就一批学生,没有好的教师不可能成就一所好的学校。

学校教师发展生态通过教师群落交叉形成的边缘效应增强教师专业发展"营养"的提供。在两个不同群落交界的区域,称为群落交叉区(ecotone)。学校应该充分利用边缘效应(edge effect)在学校内或者学校间、区域中不同教师交互作用,通过教师发展的物质、能量、信息等生态要素或系统属性的差异和协同作用,以合作协变开始,以和谐共生结束,产生教师发展的更多作用。学校必须进行合理的人才流动,并且通过教育经验交流和知识更新形成一个动态的边缘,善于开展师资流动和工作竞优创设实在的"边缘",从而引发边缘效应,打破学校师资的封闭性,使"近亲繁殖"形成的"同质系统"受到冲击,不利于人才培养的环境有可能改变。学校要善于学校间的协调,组织不同水平、不同层次和不同教育教学风格的教师经常在教育观念、教学理论认识、教学风格等方面互相学习,相互观点碰撞、教育方法磋商,让教师充分发挥自己的专长,为完善自己的教育经验创造良好的生态环境,形成"异质系统"。封闭型的师资培养模式是无法利用边缘效应的,开放式的教师生态为教师提供在异质环境中发展的可能。教师发展的资源不能仅局限于校本的,而是要对外开放,鼓励教师走出校门,进行培训学习、经验交流。也要引导教师从家长、社区与社会中获得教师发展资源,学校要做好组织保障工作,也就是教师发展生态的优化工作。

教师发展生态的资源丰富性还表现在关注教师日常发展资源、专门化的发展资源和整体化的发展资源。学校不仅要关注日常发展资源,这些存在于教师日常工作中的发展资源,它是每个教师教育教学的基本的、直接的和必要的条件。学校也要关注专业化的发展资源,不断创设条件为教师提供专业修养提高的资源,把教师发展从工具论上的发展走向人本上的发展。鼓励与帮助教师申报科研项目,为教师创设专业发展的平台与机会。学校还要重视教师发展的整体化的资源,这是在学校整体条件下才能利用或者获得的发展资源。例如,学校确立全校性的统领性的教育科研课题或者项目,学校举办一些教育教学论坛等活动等。这些以学校行为实施的项目与研讨活动,是教师个人难以获得的,也只有这种以学校行为组织下才可能提供具有较高学术的资源,对于教师发展具有重要价值。学校要使这三类资源成为教师可资利用的发展资源。

(四)支持性功能良好

教师发展生态健康程度以其支持性功能为重要的标志。教师生态不能发挥或者丧失支持教师专业工作或者发展,表明这个生态已经遭受损伤,需要修复。教师生态的支持性具有整体性,教师发展生态的各个要素之间存在着实质性的相互联系,且都有其独特的价值。发展主体间是平等的、互为主体的关系,目标的有效实现有赖于彼此间的良性互动和协同共济。贝尔和吉厄沃提的生态学取向研究发现,教师的发展包括相互依赖、相互作用的三个方面:专业的(professional)、个人的(personal)和社会的(social)发展[①]。教师的发展是系统性发展,专注于某一方面的发展都是有缺失甚至是有害的。教师发展生态的管理应该以整体、均衡、开放的生态视角来审视教师的成长,提供多元的支持促进教师各个层面的协调发展。

教师发展生态的支持功能首先表现在教师的生态位的确认。教师是生命发展的主体,也是学校的生命主体。在健康的教师生态中使教师获得充分的发展。片面强调"一切为了学校目标"或"一切为了教师"都是管理价值取向上的偏差,机

---

① Bell, B. & Gilbert, J. Teacher development as professional, personal and social development. Teaching and Teacher education, 1994(10).

械地把管理者和教师对立起来,只能导致整个管理生态系统的平衡与和谐遭到破坏。教师发展生态中教师和管理者都是关键的行为人,他们在人格、权利等方面都是平等的主体,互相依存。教师与学校生态中其他所有的成员共存、共生与共享是学校教师发展生态健康的表征。

健康的教师发展生态在教师的发展上提供了价值导向上的支持。学校以良好的教师职业精神弘扬的教风,形成生态化的教师文化。以这样的教师生态滋养教师的职业精神与教师品格,增强自律、自强的教师发展氛围。

学校教师发展生态为教师专业发展提供有力的支持。具有强烈生态力的教师生态在教师发展上应该提供适切的、开放的、丰富的学术性实践与实践性学术活动。一是这种支持具有丰富性,可以让教师获得多种专业发展资源,提供多种进修机会、锤炼岗位、挑战性任务或者项目,以此激发教师生命活力。二是这种支持是开放性的,可以让教师不仅参与校内的专业活动,还要倡导并给予机会让教师多参加校外的各种教研活动、学术活动,开阔教师专业视野,提升教师发展高度。在校内外专业活动中促进教师在专业信息、能量上的交换与流动。三是这种支持必须具有适切性。良好的学校教师生态关注教师发展的差异性,无论是教师主观上的发展需求的差异,还是不同教师所面临的发展环境也有着差异,获得资源的可能性也不同。良好的教师发展生态所提供的支持,尊重教师的自主发展,给予教师选择的可能,而不是一刀切的发展要求、一律化的发展方式。

支持性功能的增强关键在于不断优化、修复教师发展生态,提高教师发展生态的自组织性。钱学森指出:"系统自己走向有序结构就可以称为系统自组织。"[1]教师发展生态具有自组织性。系统的自组织性是系统维持自我稳定和自我发展的前提和基础,"系统的自组织原理指的是,开放系统在系统内外两方面因素的复杂非线性相互作用下,内部要素的某些偏离系统稳定状态的涨落可能得以放大,从而在系统中产生更大范围的更强烈的长程相关,自发组织起来,使系统从无序到有序,从低级有序到高级有序。"[2]教师发展生态系统内部具有自我调节能力,其结构越复杂,不同群体数越多,自我调节能力越强。在一定的环境下,教师发展生态系统在人为因素等干扰下,其生态功能削弱、受损或退化。这样的教师生态不及时修复,则学校的师资链会发生断裂。

教师发展生态自组织过程是一个动态的过程,也就是系统内的有序结构或这种有序结构的形成过程,即组织的过程。在这个过程中,它不仅表现在自组织过

① 钱学森:论系统工程,湖南科学技术出版社,1982.
② 魏宏森,曾国屏:系统论——系统科学哲学,清华大学出版社,1995.

程前后教师生态系统状态的变化,也是系统从一个均匀、简单平衡的状态,转变成一个有序、复杂、非平衡的稳定状态,形成耗散结构的过程。教师发展生态系统自组织功能愈强,其保持和产生新功能的能力也就愈强。教师发展生态如果靠外部指令而加以组织,就是他组织;如果系统按照相互默契的某种规则,各尽其责而又协调地自动地形成有序结构,就是自组织。任何一个组织都有自组织属性,否则就失去其存在的基础和发展的动力。教师发展生态系统的开放性是保证其系统自组织的前提,非线性相互作用是使其系统自组织得以实现的条件,同时也是其系统不断从无序到有序、不断发展和演化的基础。

开放性、非平衡态是教师生态系统自组织的必要条件。系统的开放性决定了其必然与外界环境发生联系,而且每个系统的演化也都是在一定的环境中进行的。自组织就是减少系统的混乱程度,以"熵"这个概念作为衡量事物混乱程度的一个指标。热力学第二定律中认为孤立系统总是存在从高有序度转变成低有序度的趋势,这就是熵增的原理。按照普里戈金方程:ds=dis+des, ds 是系统总熵的变化;dis 是系统内部不可逆过程中产生的熵的变化;而 des 是系统外界环境输入的熵的变化。但是对于一个开放系统来说,由于系统时刻与外界环境之间进行物质、能量、信息的交换,系统从外界输入进来的负熵 des(负熵是物质系统有序化、组织化、复杂化的一种度量)就可能抵消系统内部的正熵 dis,最终将会出现 ds=dis+des<0 的情况,即系统有可能通过外界的负熵克服内部的熵增达到系统内部的有序。教师发展生态应注重其系统远离平衡,通过系统充分开放,使外界输入的负熵足以抵消内部的熵增成为可能,使系统远离平衡达到有序成为可能。教师发展生态的开放性和非平衡是密不可分、相互作用的,增加负熵,使系统趋向于内部逐渐有序化,避免出现系统的平衡"死寂"。

非线性相互作用是教师发展生态系统演化的内在机制,具有非线性、不确定性,不是简单机械因果性。非线性的发展或演化过程的不可预测,以及内在的、固有的,而不是外加的、外生的混沌特性,决定了管理过程与结果之间无决定的直接的关系,教师发展生态管理不追求由稳定的管理价值观所决定的最优化和最高效率。对于一个内部通过非线性作用机制组织起来的教师发展生态系统来说,一个微小的扰动就能够通过自身反馈调节机制的相互作用得到增强,从而得到整个系统要素的放大或共振,出现新的应对各种扰动的结构,实现其生态系统的不断的进化。教师发展生态系统作为一个自组织系统,它的内部都是通过各个要素之间非线性相互作用组成的复杂因果反馈调节机制。它能够在相当大的范围内造成环境向系统进行不同的输入时,能够通过自身反馈调节机制去应对不同的环境影响,表现出自主性、自稳定、自协调,从而产生出相同的或不同的输入都能够保持不变的输出,即保持不变的发展方向或自组织性。

三、教师文化的生态化实现路径

(一) 共识：建构尊重教师价值理念体系

　　教师发展生态的主体生态化首先要建构尊重教师的价值体系,不仅在学校内部,而且在校外社会上也要确立尊重教师的价值观念体系。自古以来推崇贵师重傅之风。"尊师重道"是中华传统文化的重要内涵之一,作为神州民众的智慧和美德,从古至今代代相传。早在七千多年前,从黄帝尊拜广成子为师开始,神州打开了尊师重道的大门,为华夏文明奠下了厚厚的沃土。后有周文王为拜子牙为师,同群臣斋戒三日,选了吉日前去迎聘,文王的尊师重道,为西岐的兴盛奠下八百年的厚厚基土。"尊师重道"作为成语,最早出现在南朝·宋·范晔《后汉书·孔僖传》的"臣闻明王圣主,莫不尊师贵道"。古人云:"国将兴,必贵师而重傅;贵师而重傅则法度存。国将衰,必贱师而轻傅;贱师而轻傅则人有快,人有快则法度坏。"(《荀子·大略》)古人云:"三教圣人,莫不有师;千古帝王,莫不有师。"因为有师在,才能助人成就大器。《周易》云:"器有大焉,高天厚地。唯其能容,容而不盈,故见其大。"所谓大道之行无尽,大器之用无穷。故大器者,厚载万物,有所用也;兼纳百川,有所容也;为绳墨校,有所正也。在助成大器的众多因素中,其首要是尊师重道。韩愈《师说》:"古之学者必有师。师者,所以传道受业解惑也。""是故无贵无贱,无长无少,道之所存,师之所存也",晋代医药学家葛洪《勤求》曰"明师之恩,诚为过于天地,重于父母多矣",关汉卿亦曰:"一日之师,终身为父。"近代康有为《政论集·在浙之演说》:"师道既尊,学风自善。"《吕氏春秋·劝学》中指出:"疾学在于尊师。"人的成长成才离不开教师。一个不尊重教师、不尊重知识的社会,不过是一片贫瘠的荒漠。在中国历史上,凡有作为的政治家、思想家、教育家无不重视教育,尊重教师。"不敬三师,是为忘恩,何能成道?"回顾从古到今先哲贤圣对尊师重教的精辟论述,应对我们有深刻启示。

　　同时,尊师重道作为我国良好的社会风尚,注重的是"师者,人之模范也"(汉代学者扬雄《法言·学行》),是教师的风骨气节。"尊师则不论其贵贱贫富矣"(《吕氏春秋·劝学》),知识为人类开辟了认识世界、通往宇宙之路,而教师则带领我们打开了知识的大门。教师的工作没有轰轰烈烈的场面,只是在一方小小的讲台上默默无闻地耕耘、浇灌,平凡而艰辛,却蕴含着伟大,创造着神奇。全世界都尊重教师这个职业。英国哲学家弗兰西斯·培根:"教师是知识种子的传播者、文明之树的培育者、人类灵魂的设计者。"夸美纽斯在著名的《大教育学》中称颂"教师是太阳底下最光辉的职业"。《礼记》有云:"师严然后道尊,道尊然后民之敬学。"教师受到尊重意味着人们重视教育,人们接受教育就会认识到学习的重要性,为懂得更多的道理就会重视学习,尊师重道。营造教师发展生态的核心问题是尊师重道。学校必须建构尊师重道的学校文化,而且也必须建构起健康的尊师重道的社会氛围。我国自古以来对尊师重道有着相当深刻的认同,现今我们更应该发扬中华美德,营造良好的教师文化生态,促进教育事业的发展。

在建构尊重教师价值理念体系中,应该以教师主体的可持续发展为价值取向,以尊重教师为生态环境的价值理念。教师的可持续发展不仅表现在发展的内容上全面协调发展,关注教师的专业发展,促进教师教育教学学术、专业能力技能、专业精神态度等方面的发展,更应该关注教师的人品、师德的精神层面的成长。但在具体实践中,教师发展中甚为关键的专业精神与人文精神沦为考核评价时看似重要实则可有可无的点缀。这种畸形的培养方式,或许能够在短时间内为学校和教师带来"成就感"和荣誉,但长此以往却不得不让人忧虑:这种只有血肉没有骨架、只有躯干没有心灵支持与滋养的发展,教师的道在哪里?即使专业发展也应该是适时、合规律发展,应该避免过度开发、避免拔苗助长,犹如用激素催熟并不一定合理,"骨干"的"催生"风行一时成为风景;也应该避免过迟开发,一味地把重心集中在骨干教师身上,对未列入培养计划的教师缺乏有计划、有组织、有系统的优质培养,采取任其自由发展的态度,使得教师错过了发展的重要时期。要营造一个公平、公正的教师发展生态,采取符合教师发展规律的举措,支持教师自主发展。建构尊重教师价值理念体系要形成一个"可持续发展"的教师发展价值取向的共识。教师生态管理应该走出传统的主控型的教师管理方式,转变二元对立思维下缺乏和谐、合规律的管理思维,转变有效管理执着于组织目标的高效率实现,忽视教师的内在需要的管理模式。教师发展生态管理要超越所谓的"有效",更追求可持续发展的价值理念。

(二)共生:建构教师发展的多组织结构

教师发展生态的生态化的重要的举措是实施共生型管理。教师文化生态的"共生"既是一种理念指引,同时又是一种实践形态。教师生态的管理是教师文化的生态化实现主要路径。"共生"是教师管理生态化的有效途径,也是主要目标。教师共生包含共存、共为和共赢三个相互依存的方面,教师共生以共存为基础,以共为为途径,以共赢为目标。共存意味着对不同教师的包容、尊重,对异质者的开放、接受。管理者承认教师个体差异,并在共存的理念下,教师间以及教师与管理者之间的差异性不再是冲突、矛盾的根源,更是一种宝贵的、蕴藏无限价值的资源,也正是源于这种异质的存在才使得整个学校教育生态系统拥有无尽的"源头活水"。共为是一种建设教师生态与教师共同体的过程体现,管理者和教师同属学校生态系统中重要因子,学校生态系统的和谐发展是教师管理者与师生共同为把学校建设成为一个共同体努力的结果。师生共识的学校发展愿景是共为的基础,教师与管理者在教师文化生态营造中民主参与决策、共同制订方案,任何决策都是在利益相关主体"在场"

的前提下产生,这不仅是形式上的在场,更重要的是话语权充分的在场,并对决策具有实质性的影响力。在教师文化生态营造过程中主体共同体行动,彼此通过理解、对话、协商,形成积极的互依关系,共享资源,以合作自主的方式工作。在整个过程中教师与管理者开展合作性反思,目的在于通过总结、交流和评估,经验的提炼,实现经验与成果共享。共赢是对教师文化生态管理成效的要求,即教师与管理者不以单向受益关系为成效的标志,也不以功利主义目的为成果的评价标准,而是学校教育生态主体都受益的过程,是办学成果全面获得的发展成果,更是学校道德性的有力彰显。这才是教师文化生态营造的"多赢"格局。

学校教师文化生态的特征之一是丰富性、适宜性与开放性的要求,因此学校教师的组织形式要与之相匹配。通过建构教师发展的多元组织,以适应教师发展的多元化与教师个体差异性,避免单一的行政性教师组织的生态力不足。传统学校教师组织以行政性的教研组、备课组与年级组为主,单一、单向,不少学校备课组与年级组形同虚设。学校教师缺少应有的专业关系、工作的联系,在生态本质意义上,教师发展生态十分脆弱。因此从生态学角度思考,应该建构具有丰富性、适宜性与开放性要求的教师发展生态的组织结构,形成教师生态的共生状态。

学校以教师的组织制度创新来保证教师组织形态的丰富性与开放性,促进教师群体间、教师间的互动增强,优化教师发展共生的生态。这种多组织形态主要以非行政性组织补充行政性组织,从而改变单一的组织形式,建构起多性能、多层次、多范围、多形式的校本多组织体系。

校本教师多组织系统由两大组织板块组成:行政性组织与非行政性组织。

● 行政性教师组织是由学校依规建立的常规性组织,例如教研组、年级组等,其存在与其组织质量及功能强弱关系不大。这些组织管理层级清楚,稳定性强,主要依靠行政方式实施管理。随着教师管理生态的建设,校本行政性教师组织也在改革之中,教研组的设置、组织管理方式进行功能性重构。

● 非行政性教师组织不具有学校正式编制,是基于任务、项目,由学校倡导,教师自愿组成的,一般采用协调式管理。非行政性教师组织具有较强的专业性。非行政性教师组织基于需要而存在,以其功能强弱得以发展。随着需要而改变,其组织形式和功能可以迅速改变,或者随着任务或项目的完成而消亡。这类教师组织成员间关系平等,一般较为融洽,容易产生较高水平的专业交流。

教师发展生态有着适切的多元化组织形态,有以下四种不同类型的教师组织:

1. 多性能的教师组织,起着教研、进修、学习等不同作用,如跨学科教研组织、项目组等,也有以提高教师文化素养为主的组织,如教师社团文化组织等。

2. 多形式的教师组织,在空间与时间上拓展,如,教育科研课题组,利用远程技术等信息技术组织的教研、学术研讨的组织形式。

3. 多层次的教师组织,如专家指导带教组织、优秀教师工作室。

4. 多范围的教师组织,向不同的范围延伸,以增强教研的边缘效应,如校际联动教师组织,跨学科校内组合。

在优化教师发展的多组织结构时,应该从两个维度着手修复或者提升教师生态。一是纵向校本教师组织形式的再构。校内教师组织可以不断优化,进行再构,即在原有组织的框架下,从制度上对教师组织的组织关系、活动形式上再构,增加新元素,实现功能提升。从教导处、教研组、备课组到学科教师与德育处、年级组到班主任这两个教师链是一个整体,有着各自的作用,各层次的专业活动都需要制度性安排,精心组织实施。行政性教师组织的组织架构要不断优化。有的学校规模较小,同一年级备课组教师人数不多,有的甚至只有一人。学校可以通过教研制度安排和教师任课制度的整合来优化教师教研结构。学科任课可以跨年级,或者跨学校组建校际备课组,这样使备课组的教研功能得到强化。有的学校规模较大,教研组教师人数多,而且专业能力与职业态度不同,可以在教研组内建立学科中心组,组织起先行实践与研究的教师群体,发挥榜样、示范、专业引领作用。这基于原学科的教研组,但又是对原先的要素新的排列和组合,增强了组织活力。二是横向校本教师组织形式的新构。横向教师组织相对于传统而言多为新构性的,即突破原有的教师的纵向隶属关系,通过制度性安排,建构教师能以不同的角色身份出现于其他教师组织。这类横向教师组织大多是非行政性组织。开放式的学校教科研网络的平台的构建,在延展研修空间的基础上,为全校教师建立了一种新型的互动关系,营造广泛参与、互相支持的环境,打造了一个专业引领、资源共享的空间。专家指导带教组织上,学校根据发展的需要充分运用专家资源,依据专家的专业特长,结合学校教育教学的需要,有效地发挥专家对课堂和班级教育教学第一线的指导作用。现代社会呼唤教师的素养要有综合性,教师不再是教书匠,教师应是懂艺术、有修养、会生活的社会的文明人。荒漠化的教师只能是荒漠的教育,教育的绿洲需要肥沃的教育生态。教师的文化生活丰富了,身心健康发展了,才能促进其专业化的健康发展。也只有这样的教师才会培养全面发展的学生,才会充分理解学生的个性发展,才会挖掘学生的个性特点。学校应该建立教师课余文化活动组织,例如管乐队、合唱队、体育运动队等,丰富教师的精神生活,从而丰富他们的精神世界。

多组织形态是优化教师发展生态重要途径。任何组织都要以一定结构来维持其生存和发展,结构失序就会弱化组织结构与组织功能。要通过多组织增强教师生态系统中的信息与能量的流动与传递,形成一个具有功能丰富、资源开放的教师发展生态系统。校本教师发展的多组织体系应遵循下列原则:

1. 组织的成长性：通过多组织促进教师的持续成长与业绩提升。教师组织应该具有明确的目标和具体的任务，以减少由于任务不确定而消磨时间。

2. 组织的简约性：多组织并不意味着组织结构复杂化，简约有助于任务协调与人力分配。组织目标明确、架构合理、职责清晰，成员责权利有明确的规定。

3. 组织的稳定性：在一定的时间内，组织的目标、结构、职责、运行需要相对稳定，变更过多将使成员无法正常参与，组织容易涣散，成员难以适应。

4. 组织的弹性：能够依据任务，适应环境条件的变化，积极发挥自组织功能。

5. 组织的开放性：多组织的核心是开放，充分利用校内外资源，不同层次教师专业上沟通顺畅，获得更多的专业信息。

6. 组织的整体性：教师发展组织的要素、结构与功能上保持整体性，增强成员与组织、成员间的互动，分工协作。

校本教师组织的生态化应该以生态学视角对组织的机构制度和结构制度进行审视。机构制度是在分解目标活动的基础上，对设置教师发展组织、组织功能、岗位的职责等方面的制度。结构制度是根据教师发展组织的专业活动及其环境特点，规定不同组织以及组织内部成员在活动过程中的相互关系方面的制度。通过制度性安排，促进教师发展组织的多元健康发展。

（三）共享：建构教师管理的多维度机制

教师发展生态的管理是在生态思想指导下，以管理者和教师作为管理活动的主体，建构多元共享的管理机制，在校本环境中促进教师发展生态系统的形成、更新、优化的过程。这是管理者、教师、管理活动、管理环境以及管理目标等要素共同构成的教师发展生态系统。

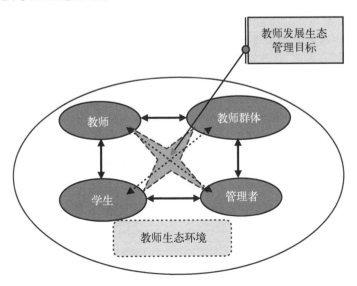

这个生态系统中的群体要素与环境,包括教师发展生态管理情境与管理机制之间存在深刻的联系与广泛的交互,互相作用。管理情境是指整个管理活动所沉浸的环境条件。教师发展生态观念是学校管理者、教师、学生间所有活动与交往互动的原则、策略以及方法等方面的集中反映,也决定了教师生态管理活动所想要实现的目标,会衍生出不同的管理关系,呈现出学校教师发展的生态景观。

教师发展生态管理必须有相应的机制来滋养与支持,通过这些生态化的机制修复、优化教师发展生态。教师发展管理机制的生态化是指基于教师发展和组织运行的内在特性,在生态系统与生态平衡原理指导下,建构以教师与其他管理活动相关群体之间的开放性交互关系,形成共生共享的发展机制,促进教师发展状态生态特征日益明显,进而实现教师和学校的协同可持续发展的过程。教师发展生态管理要建立一种适切性机制。每个教师个体都处在特定的环境生态之中,形成由自己观念体系、个性品行、专业技能、个人工作经历构成的个体内生态;还有其所处的家庭、社区、社会环境等因素构成了其生活生态。教师个体的这些生态环境因子构成了每一个教师的生态系统。正是教师个体生态的差异才形成了具有个体特征的教师。一个个具有个性与不同才能的教师个体交融于学校,并与学校的文化、心理、规范环境等构成的教师生态。这样的教师生态既具有教师个体融合的特征,又具有教师群体、学校教师整体特征。在学校教师生态中教师与教师群体之间并不是孤立存在的,而是彼此互动、相互影响,共同决定着教师发展。适切性机制强调充分承认教师差异性的价值,并在管理过程中体现和实现这种差异性,对不同发展水平、不同关系环境中的教师在考核评价标准、激励方式、培训形式等方面不宜采用完全统一的方式、方法,而应贴切不同教师实际的方式,将差异性、选择性、灵活性和权变性的思想融合于管理之中。

1. 建立教师发展生态管理的对话机制

由于教师价值观念、认知水平、需求指向和理想信念等差异,在面对一些教育、教学问题的时候,会存在不同的理解和工作方式,这需要教师间、管理者与教师、教师与学生间等各主体之间通过真诚、平等、开放的对话。这样的对话,才能形成信息、能量充分传递与交换,教师的思想、情感、经验智慧等都能够得到很好的传递、碰撞、升华和共享,充分地交互,促进教师与群体、教师与学校在教育工作上的和谐协同。同时对话的过程也是不断涌现新实践、创造新事物、生成新思想的过程,促进教师以及教师群体之间共同发展。

"对话"不能简单地理解为一种言语或思想交流的言语交际行为,更应该突出"对话"的生态意义,对话意味着双方的平等,体现生态特征的文化理念,在学校办学过程中,建立在民主、平等基础上的人、制度和环境激荡起的心灵的共振和呼应。"对话"意味着双向互动,平等交流,是心理的沟通,心灵的共鸣和感应,思想的碰撞和默契。真正的对话以有效的沟通为前提,对话者一方面敢于表达,并且善于表达,使对方明白自己的思想和情感;另一方面乐于倾听和观察,透过言语信号和非言语信号,感知和理解对方的思想和感情。缺乏这种人际意识和人际技能,不会有真正的对话。

教师发展生态需要建立的对话机制至少有三个层面:一是理念层面,即把对话作为一种理念。对话机制具有导向性、前瞻性等特点。作为以人为本的民主平等的对话是对教师管理实质上的阐述。二是技术操作层面,即把对话作为一种管理方法。在这个层面上,对话机制首先是一种方法论,对于具体的管理做出了原则的规定,对于管理实践具有指导价值,显示了对话是创造的、生成的教师管理;其次,对话机制是一种操作模式,提供了教师管理过程中各种要素的整合、管理活动的交互方式。三是制度层面,通过对话规则与制度确立,保证教师与学校、教师群体间的深度对话,增强教师群体间的信息与能量的交流传递。

2. 建立教师发展生态管理的服务机制

服务机制体现了教师发展生态的服务功能,首先要确立"为教师发展服务"的管理服务理念。教师人本管理摒弃教师管理中对"人"的漠视和压抑,强调每个教师都是有价值的,重视教师的个性、需要、情感等因素,关注教师在专业上自我价值的实现。学校的教师管理方式必须崇尚人性化、个性化,以适宜教师发展的规章制度、管理手段,为教师提供贴切个体实际服务。服务机制的适宜性还应该体现在差异性上,充分关注教师个体的不同发展需求,提供适应差异性发展需求的支持。

教师生态管理是一种"为了教师"的管理。教师是鲜活的生命体,是有思想、自觉性、能动性和创造性的个体。学校在对教师进行管理的时候,不应把教师当作会说话的工具一样粗暴地去支配,管理者应该是有强烈生命感的人,具有敬畏生命、呵护生命的意识、责任和能力。管理应该顺应教师成长的内在规律,保护教师生理和心理健康,提供多种条件支持以保证教师获得自身可持续发展所需要的知识、能力、时间以及情感等全方位的准备。管理者在设计管理制度、实施管理行为的时候应保持"教师立场",想教师所想、急教师所急,自觉地将教师的期待、诉求和福祉作为管理决策的重要参考依据。简言之,教师生态管理就是协调、优化管理客体(管理方式、管理制度、管理过程等),尊重、支持生态主体的教师发展。

3. 建构教师发展生态管理的创新机制

要建立必要的创新机制,特别是要通过营造"生态化的教师文化"助力教师再发展。创新从一定意义上讲是摒弃固有的、过时的传统观念,换一种角度思考和解决问题。学校要在教师管理机制上创新,为教师发展提供更适宜的环境。建立和完善有效的教师培训机制,在教师培训的内容上、形式上创新,切实丰富教师进修资源,制订中短期教师发展规划,并与学校发展规划相匹配,同时组织各教研组制订和实施教研组发展规划,鼓励教师个人制订教师发展计划。依据终身学习理念,按照学用结合、按需施教和注重实效的原则,通过不同层次、不同类别的岗位培训和继续教育,促进教师人文素养和专业素养与教育发展需要相适应。

学校要通过教师发展机制的创新,增强教师主体地位,转变单纯的效率型管理,改变把教师仅仅视为执行一个个任务指标的工具,避免管理方式的简单粗暴、机械的标准化、充斥着控制。受传统教育观念与工作制度束缚,学校创新文化很薄弱,教师创新能力不强,教师创新活动的外部环境干扰严重,从众心理造就的平庸弥漫,难以激发起教师的创新精神。通过教师管理机制创新,健全健康的教师发展生态,培养教师具有主体意识、独立人格、自由思想境界,具有进取精神,乐于接受新事物;崇尚科学、实事求是,不迷信书本、不慑服权威,眼界开阔、心灵开放;具有积极的心理品质,自我批判、自我超越,敢于面对挫折、困难。学校要建构引导鼓励教师创新的机制,把强制教师执行的意图转变为导向性的制度,把约束性的制度转变为提供多种服务的制度性安排。

"教育即创新",教育的每一天都是新的。要培养创新人才,教师必须具有创新人格、创新思维与创新能力。在现实的教育活动中,教育对象千变万化,学生个性千差万别,教师要把一个个活生生的独特个体从启蒙状态培养成人才,绝不是依照某种程式可以做到的,而是靠高度的创造性的教育。教师的专业工作,不允许教师墨守成规,也不允许教师一味地囿于个人经验,而要求教师敢于借鉴,勇于开拓,独立创新,依据变化的情境,不断寻求适合教育对象的教育方案、方法和手段,使自己的教育教学活动更科学、更完善,建立起自己独特的教育风格。

教师管理机制创新植根于学校创新文化,这个管理创新机制有三个层面:

(1)学校整体创新文化层面。这是学校创新文化的最高层面,具有学校整体性与校本文化特征。全校师生认同,并在学校的处处、时时能够感受到这种创新文化,成为师生共同的行为准则。正如 Lan Macdonald 等所指出:"领导的工作在于创造文化。"学校必须建构一种积极的、明确的文化。

(2)校内组织创新文化层面。学校系统的多元组织的开发性,积极营造一种鼓励教师的创新文化,可有力地落实教师发展管理机制的创新。

(3)教师创新文化层面。这是教师管理机制创新的基础,教师个体的创新与学校的组织创新文化双向建构。学校教师个体成员认同学校主流文化,并表现出积极教育创新,提高教师日常行为中的创新"含量"。

教师发展创新机制的形成与优化需要这三个层面整体有序地交互运作,运行机制直接关系到学校教师主流文化的形成,可以避免或消解教师发展的主流文化与非主流文化的冲突。学校教师发展的创新机制的交互,首先表现在学校教师文化与校内教师组织文化的互动、与学校教师间的互动,其次表现在学校教师创新文化与教师创新行为之间的互动。

学校的教育、教学以及管理活动就是这个机制中的中介,通过这个中介使学校创新文化与教师创新行为交互。

可以用以下的图示表示:

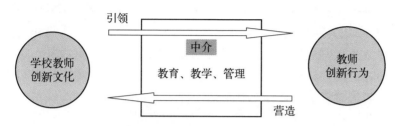

促进这些交互的机制是"引领"与"营造"。"引领"意味着以"创新"作为学校文化核心价值引领学校教师的行为,"营造"意味着通过教师行为作用于学校文化的营造。

4. 建构教师生态管理的发展性评价机制

教师发展生态评价是对学校教师工作的一种综合性评价,不是对教师的评价。教师发展生态评价是一种形成性评价,凸显"发展"核心价值,是对教师成长环境的评价。教师发展生态评价机制是"学校管理理念——管理目标——教师管理制度"这一生态链中的一部分,并依托相互动态制约关系建构教师发展生态评价。只有当学校的教师发展文化真正得以重视,才有建构教师发展性评价的适宜土壤和坚实基础。

学校管理目标应该从原来的只注重造就学生和学校自身发展的两个维度转变为注重造就学生、学校和教师发展的三个维度。传统的学校管理中教师专业发展也被关注,但更大程度上是作为学校实现造就学生和学校发展这两个目标的手段。在生态型学校中,教师作为生命主体,教师专业发展不能仅作为手段,而且应该作为学校发展的终极目标之一受到关注。学校在对教师专业发展管理上不仅应该提高教师职业素质,还必须提升教师生活质量,关注教师成长及人生幸福,以最终实现教师专业发展的可持续。教师的评价机制生态化建立在以生态系统主体视角理解教师专业发展,才能真正实现对教师的关注从手段人转变到目的人的超越。教师评价机制的生态化将使教师评价成为教师可持续发展成为可能,也使教师发展性评价成为"有源之水",成为学校与教师双方的内在需求,成为学校和教师双方自觉的、主动的行为。

发展性评价是一种关怀教师整体素养与生命性健康成长的评价,是对教师发展的全方位的,也是深刻的价值判断。教师评价生态化可以凸显教师自身的主体性价值,充实与发展自我,不仅有利于关注教师专业与师德的现实表现,也关注教师内隐的价值、潜在能力的挖掘和评估,这也是教师发展性评价的任务。教师评价生态化有利于教师从被他人"预成性"目标束缚中走出来,激发教师创造性的教育劳动,转变为了评价的结果而按部就班或者功利性迎合执行的局面。教师发展性评价应该从关注少数教师发展到关注全体教师发展。

教师发展的生态化强调全体教师发展的整体性,从关注教师教学成绩到关注教师素养整体,从关注少数骨干教师到全体教师的专业发展。生态化的教师评价关注教师个人发展的逻辑起点,以及评价的最终目的——发展教师。这就需要教师发展评价有针对性,以教师自身发展为基点,使之成为真实情况下的一种成长性的元素。发展性评价从目标的制定到评价的完成,无时无刻不在关注于教师的发展。同时也要避免无视教师自我存在,导致"发展"成了形式化的口头禅,真实的自我价值将沉寂于教师内心的最深处,无法发挥,也无法拓展。

教师评价生态化基于评价的适宜性与差异性,在具体评价过程中,难以找到一种现成的、固定的评价模式和方法,应该根据教师的不同特点及其所处的内外环境因素,因人、因地、因时地设计不同的评价方案,采用不同的评价方法;同时随时依照评价对象及环境的变化,及时调整评价方案,才能达到预期效果。教师评价制度不能成为束缚教师从事教育教学工作的绳索。要淡化评价的鉴定功能,强化评价的诊断作用,善于发现教师所蕴藏的专业能力与经验,建立提升教师自我反思、自主发展的评价制度与方式。

第十一章 区域教育生态圈的建构

第一节 区域教育生态圈的基本认识

学校教育生态系统属于微观教育生态系统,是宏观教育生态系统的组成部分。营造健康的学校教育生态系统离不开区域教育生态系统。区域教育生态系统是一定范围的教育生态圈,可以教育生态圈来指称区域教育生态系统。

一、区域教育生态圈的概念与内涵

(一) 教育生态圈的概念

1. 生态圈(ecosphere)

地质学家休斯于 1875 年最早使用生物圈(biosphere),指地球上有生命活动的领域及其居住环境的整体。1935 年沃纳德斯基将生态学定义为研究生物圈的科学。生物圈这个概念今天集合了天文学、地质物理学、气象学、生物地理学、演化论、地质学、地质化学、水文学等多项科学,可以说它集合了所有与地球和生命有关的科学。"生物圈也叫生态圈"[1],这是指地球上凡是出现并感受到生命活动影响的地区,是地表有机体包括微生物及其自下而上环境的总称,是行星地球特有的圈层。它也是人类诞生和生存的空间。生物圈是指地球上所有生态系统的统合整体,从地质学的广义角度上来看生物圈是结合所有生物以及它们之间的关系的全球性的生态系统,包括生物与岩石圈、水圈和空气的相互作用。生物圈是一个封闭且能自我调控的系统。地球上所有的生物与其环境的总和就叫生物圈。生物圈是所有生物链的一个统称,它包含了生物链和所有细微的生物和生态环境、生态系统等。生物圈是地球上最大的生态系统,也是最大的生命系统。教育生态圈是整个相应区域生态系统中的一个重要组成部分。

2. 教育生态圈(education ecosphere)

教育生态圈是指一定空间范围内,教育主体与其环境相互作用具有能量转换、物质环境代谢和信息传递功能的生态系统。教育生态圈是一种教育生态系统,其基本点在于强调教育系统中各因子支持生命体学习与成长。教育生态圈由一定范围内的教育布局、教育结构、教育资源与教育发展水平形成的一定区域的教育生态面貌与格局的反映。教育生态圈涉及一定范围内的教育机构、家庭与社区等。

---

[1] 曹凑贵,展著:生态学概论第三版,高等教育出版社,2015.7.

教育生态圈是由其生命主体的教育属性——学生与教师以及环境之间的具有教育意义的物质、信息、能量的交互所决定的,这区别于经济生态圈、文化生态圈。教育生态圈具有空间范围的层次,是以一个区域为单元的教育生态圈,可以有范围不同的教育生态圈,例如某区教育生态圈、某市教育生态圈。教育生态圈中有着不同群落,例如学校群落、校外教育机构群落、社区教育机构群落等。而学校生态系统中又会有班级、年级、其他的教育共同体为种群。关注教育生态圈中不同群落与种群就是关注生态系统中不同的生命主体与类生命主体(例如学校、教育机构等)所组成的群落及其生态位。

(二)区域教育生态圈

教育生态圈是一个区域内的教育单元基于区位结构以及区域教育发展定位所形成的教育关系与状态,构成的一个特定区域的生态系统。区域教育生态圈是在一个具体的空间范围内,在一定时间中由教育群落与其环境组成的一个整体,各组成要素间借助人员流动、能量交换、物质循环、信息传递,而互相制约,并形成具有自调节功能的系统。区域教育生态圈是一个多层级的动态系统,其不同层级中的主体和环境是不一样的。其基本点在于强调教育生态内各因子支持学生学习与成长,即学生成长上的繁荣。

地缘性是区域教育生态圈的基本特点。区域教育生态圈占有一定的空间,区域范围有一定的地域限定,但又是相对的。一定区域的教育生态圈是相对稳定的,由区域内基础教育、高等教育、职业教育、校外教育等组成的区域教育系统,呈现教育的多样性。区域教育生态圈影响着圈内各个教育单元的生存与发展,从而使不同地域的教育生态呈现出不同面貌和生态特点。

一个区域教育生态圈常受到这个生态圈的生态位影响。生态位(ecological niche)是个体或种群在生态系统中,在时间空间上所占据的位置及其与相关种群之间的功能关系与作用。"生态位宽度指物种对资源利用的程度"[①],不同区域教育生态圈在其更大生态体系中有不同"生态位宽度"(nichebreadth),也就是区域间的教育不平衡,它们各自获取的不同资源总和也不同,表现出生态位宽度不同。区域教育生态圈的空间生态位与功能生态位不同,会影响这圈内教育的发展。处在不同区域的教育单元,即不同空间生态位的区域教育生态圈,受区域的人口素质、经济水平和文化形态等因素的影响,这些生态要素影响着这个区域的教育发展,呈现出特定的教育生态面貌。有的地区随着区位结构不断优化,其教育生态圈发展占着明显发展优势,圈内学校可以得到更多的教育资源,可以进行更多的物质、信息与能量的交换。顺应区位结构的变化,优化教育生态圈的生态位,充分

---

① 戈峰:现代生态学第二版,科学出版社,2008.

发挥不同生态位差异的积极功能,推进区域教育均衡发展。

在一个教育生态圈中,不同的教育单元也会有不同的生态位,例如有的学校可能获得较多的教育资源,其教育生态位宽度就较宽,可称之为泛化获取者;也可能很窄,称之为特化获取者,但大多数情况介于两者之间。当学校的主要教育资源缺乏时,学校会扩大获取种类,趋向泛化,生态位加宽;当学校教育资源丰富时,获取种类有可能缩小,趋向特化,生态位变窄。重视区域教育生态圈的学校出于学校发展的需要而寻求良好的生态位,这种趋适行为的结果导致学校所需资源流动。教育生态圈作为一个开放的生态系统,总是向着尽力减小生态位势竞争所导致的理想生态位与现实生态位之间的差距的方向演替,因为一个生态位势过大的系统是一种不稳定的系统。

区域教育生态圈是具有层次性的,也有着许多子系统组成。区域教育生态圈是由区域内以及与教育相关的要素构成,例如区域高等教育生态系统、职业教育生态系统、校外教育生态系统,还有家庭教育生态系统、社会教育生态系统、社区教育生态系统等,中小学校与幼儿园只是区域教育生态圈中的子系统。本专著主要讨论学校的教育生态系统,因此涉及的区域教育生态圈主要以学校系统为相对的单元,并以此适当关联其他为讨论范围。区域教育生态圈作为一个生态系统有着基本的结构,即教育的主体与环境交互所形成的结构。区域教育生态圈的建构,有利于各教育单元通过物质交换、能量流动与信息传递,促进区域教育资源开发与整合,促进学校办学质量的提升。

(三) 区域教育生态圈的内涵

教育生态圈是客观存在的实体,由生命与非生命成分各要素组成,具有时空概念的功能单元,是学校生存和发展的基础。区域教育生态圈有着丰富的内涵:

1. 具有时空概念的复杂大系统

区域教育生态系统通常是与一定的空间相联系,以学校与师生为主体,呈网络式的多维空间结构的复杂系统,是一个由多要素、多变量构成的系统,而且不同变量及其不同的组合,以及这种不同组合在一定变量动态之中,又构成了很多亚系统。区域教育生态是基于一定区域的区位结构,这表现为一定区域特性的历史积淀和社会现实的凝聚。社区的人口结构、经济水平和文化形态等因素都影响该区域学校办学需求与政策。因此区域的教育生态不仅反映了该区域的教育发展,也反映了该区域的经济与社会发展。区域教育生态圈以教育层次的纵向结构(区域教育行政部门、大学、中学、小学、幼儿园等)和教育层次的横向结构(各类学校间、家长、社区等)构成一个区域教育生态圈。

2. 具有教育服务功能的结构系统

区域教育生态圈不是生物分类学单元,而是功能单元,具有能量流动、物质循环、信息传递等功能,在多种教育生态活动中提供对教育生存与发展支持的环境,形成教育生态系统服务(ecosystem service)。区域教育生态是一种具有教育向度的特定生态,不同于区域里的其他生态子系统。区域内的教育单元是区域教育生态的基础,忽视学校赖以生存与发展的区域教育生态圈不可能带来学校效能和学生成长环境的优化。区域教育生态营造强调向管理生态化的转变,解决好教育单元所涉及的各种关系,为学校建构各种健康的生态链提供服务。为学校的发展提供支持是区域教育生态营造的意义所在。

区域教育生态圈具有独立的教育价值,以其生态系统服务功能实现,具有不可替代性。区域教育生态是以区域为功能定义域的生态,其独特的功能是任何学校或其他教育单元所不具有的。区域教育生态直接影响学校的办学作为,对学校的教育起着支持或者不利作用,其中最明显的是地区的人口素养对学校办学的影响。地区的教育传统与教育文化对区域教育发展潜移默化地影响教育的决策,最明显的例证就是城乡教育的均衡发展,不是能靠简单的经费投入所能解决的,必须从根本上营造健康的区域教育生态来支撑教育的改革与发展。区域教育生态以其功能效益的系统服务来支持学校的办学。区域教育生态越健康,其对学校生态化办学的支持力度必然越大。如果区域教育生态存在非生态化现象越多,其负性作用也越大,对学校健康办学的不利越大,学校办学风险与成本也越大。

3. 具有教育资源集聚功能的复合系统

区域教育生态圈的集聚功能表现在"资源集约、资源共享"上,发挥为学校提供教育资源、开发教育资源、协调教育资源的功能。区域教育生态的集聚作用使蕴藏在区域内的丰富的教育资源,获得积极的开发和充分的利用,形成区域内外的教育资源共享,整体的教育资源发挥大于分散的教育资源之效能。区域教育生态圈促进学校办学从粗放型向集约型转变,改变学校资源独占、己有、分散的格局,提高教育资源利用率。在微观上学校的教育资源有不平衡现象,有些学校教育资源相对多些,有些相对贫乏一些。同时,教育资源的配置搞一刀切,平均分配,显然不符合生态适宜性原则。区域教育生态圈可以发挥改变办学资源配置不当,改变不需要的重复配置、使用效率低资源浪费的现象。教育生态圈的集聚功能着力提升区域的教育资源利用效率、办学投资利用效率,防止教育资源配置上的盲目性、随意性,提高办学的效益。

4. 具有一定负荷力、自调控的功能系统

区域教育生态系统负荷力(carring capacity)是涉及教育单元数量和每个使用者强度的二维概念。在实践中可将学校与学生数设定在环境条件所允许的最大教育单元数量,要与系统容量(ental capacity)相匹配。对教育功能保护而言,学校生态系统的容量是有限的,并不是学校规模越大、接纳的学生多就好。因为在生

态系统不变的条件下,生态中的种群绝对密度(absolute density)与其生存质量不成正相关。学校规模大小需要从生态学视角谨慎考量,规模过大学校的教育质量问题可能要在一个很长期间后才能感受到。

区域教育生态圈中的学校与其环境条件是经过长期进化适应,逐渐建立相互协调的关系。生态系统自调控(self regulator)机能主要表现在三方面:第一是学校与学生密度的调控;其次是不同学校类型与水平之间的数量调控,常有生源链关系;第三是学校与环境之间的相互适应调控。区域教育生态系统调控功能主要靠反馈(feedback)来完成。反馈可分为正反馈(positive feedback)和负反馈(negative feedback)。正反馈是系统中的部分输出,通过一定路径又变成输入,起促进和加强的作用;负反馈则倾向于削弱和减低其作用。正、负反馈相互作用和转化,从而保证了区域教育生态系统达到一定的稳态。

5. 具有可持续发展特性的动态系统

区域教育生态圈具有生命性,有一个形成和发展的过程。区域教育生态系统一般分初幼期、成长期和成熟期,具有生态系统自身特有的整体演变规律。区域教育生态圈是经过长期历史发展形成的,同时其现状可以为预测未来提供重要的科学依据。区域教育生态圈也容易受到干扰或者损害,例如不合理的学校设置与并校、不科学的运动式教育举措等都会导致教育急功近利,破坏教育生态的可持续特征。促进生态系统健康和可持续发展是教育生态系统管理的基本职责。

(四) 区域教育生态圈的特征

1. 聚落性。区域教育生态圈是人类教育活动聚集的地域空间,它以聚落作为自己的依托或物质载体。区域教育生态圈的基本构成要素都是聚集在聚落之中,人们教育的大部分活动也是在聚落这一地域空间内进行的。这一特征是区分区域教育生态圈与行政区划中的行政单位、生活区域的关键。一般来说,一个地域行政单位除了教育之外,还有其他社会活动高度集中的聚落,包括区域的经济开发区、商业服务区等,也包括自然环境的耕地、山水河面等,行政区划的外延要比区域教育生态圈大。

2. 独特性。区域教育生态圈是具有相对完整意义和相对独立意义的社会单位。区域教育生态圈内部有相对完备的教育服务设施、配套的教育制度、规范和管理体系;人们共同营造的教育及其发展的基本需要都能在区域教育生态圈内得以满足;区域教育生态圈教育的多类型,其成员关系具有多元性。这一特征使区域教育生态圈和社会组织有所区别。组织这一概念更多地强调人们基于社会生活中的某一种关系形成的人群组合;而区域教育生态圈这一概念则强调人们为了共同开展教育活动在某一特定区域内形成的人群组合,区域教育生态圈是建立在多种社会关系基础之上执行培养人类下一代的教育特定任务的系统。不能把区域教育生态圈等同于社区,否则就会使区域教育生态圈这个概念失去自身特有的含义。

3. 中介性。区域教育生态圈是社会成员参与教育活动的基本场所。区域教育生态圈处于社会与家庭、小群体、学校等微系统之间的中介系统。人们之所以能够产生区域教育生态圈归属感和区域教育生态圈意识,在很大程度上就是因为其个人生活,特别是其涉及的教育活动,是同区域教育生态圈生活联系在一起的,其主要活动范围同区域教育生态圈的空间范围基本上是一致的。社会成员受区域教育生态圈的影响很大,人们接受的教育也是以所在区域教育生态圈为中心而向外扩展的。

二、区域教育生态圈的理论视角

(一) 生态系统生态学的借鉴

生态系统生态学(ecosystem ecology)是研究生态系统的组成要素、结构与功能、发展与演替、系统内和系统间的能流和物质循环以及人为影响与调控机制的学科。人类赖以生存的地球生态系统包含着大大小小各类生态系统。生态系统是自然界的基本功能单元,社会科学和自然科学学科都可以它为舞台。[①] 健康的生态系统具有多样性、开放性、自组织性与可持续性。生态系统生态学主要研究生态系统组分—结构—过程—功能格局及形成机制、自然环境变化和人类活动对生态系统的影响与反馈关系、生态系统管理与生态安全保障。生态系统生态学关注"把系统分析的方法应用于生态学"[②],研究生态系统科学管理的原理和方法,强调生态系统的发育、演替、进化,把生态设计和生态规划结合起来,加强生态系统管理(ecosystem management)、保持生态系统健康(ecosystem health)和维持生态系统服务功能(ecosystem service)。

英国植物生态学家坦斯利 1935 年首先提出生态系统概念,指出:"我们不能把生物与其特定的自然环境分开,生物与环境形成一个自然系统。正是这种系统构成了地球表面上具有大小和类型的基本单位,这就是生态系统。"并强调了生物和环境是不可分割的整体,强调了生态系统内生物成分和非生物成分在功能上的统一,把生物成分和非生物成分当作一个统一的自然实体,这个自然实体——生态系统就是生态学上的功能单位。[③] 生态系统生态学提示创建生态型学校与营造区域教育生态圈是密切关联的,关注生态系统群落流动、能量交换、物质循环、信息传递与生态系统中的价值流的生态功能,从教育生态系统上把握。

---

① 蔡晓明:生态系统生态学,科学出版社,2000.9.
② Odum,生态学基础,高等教育出版社,2009.
③ 蔡晓明:生态系统生态学,科学出版社,2000.9.

（二）社会生态学的借鉴

区域教育生态圈属于社会的生态，也应该运用社会生态学加以研究。社会生态系统是人类社会群体与生存环境的有机结合，是自然生态系统进化的必然产物和最高形态。社会生态系统是人类智慧圈的基本功能单元。只要各种环境条件具备，社会生态系统便能正常运转，将无机的和有机的原料加工制造成无数的社会生产品，以维持人类社会的生存与发展。社会生态学以生态学原理，把人类看作是最活跃的生态因子，认为任何社会体系应当与自然环境相适应，而自己利用自然的手段和方式、自己的生产要适应自然的条件，社会体系应当适应自然条件、自己的群体以及自己的生活方式。教育综合改革其重要意义在于修复与优化教育生态，实现教育公平与均衡，是教育综合改革的动因之一。教育生态破坏屡见报道：

在此之前，已有学者开展过关于"超级中学"的专项研究。这项由北京大学中国教育财政科学研究所研究员黄晓婷、卢晓东等人进行的研究表明：从2005年至2009年，北大录取的生源中，来自84所"超级中学"的比例约由35％提高到44％；但在这些"超级中学"的北大录取者中，农村学生的占比，仅为一般中学的1/8。"假设在河北省没有'超级中学'的情况下，（北大的）80人生源，可能会比较均衡地来自各个地方，如邢台、秦皇岛等县城中学，都会有学生考入。"以下为研究结论和分析：

■ 超级中学数量越少，且超级中学占有名额比例高的省份，集中度最高，教育生态失衡也越严重。

■ 超级中学不断扩大的名额优势，确实带来了城乡间更大的不公平，对高中教育的均衡有很大影响。

■ 高等学校在竞争优秀生源的同时，也对超级中学的出现、发展和各省高中教育生态的逐步恶化承担了一定的责任。

（《现代校长》杂志校长会，2017 - 06 - 21，http://www.yidianzixun.com/article/0GewJVV3）

从社会生态学的角度，深刻认识教育自身，才能从根本上消除教育中存在的非生态问题，从而强化教育沿着生态路线建构。

（三）生态社会学的借鉴

生态社会学认为，"不改变社会环境，就不可能解决生态环境问题。"①这就是创建生态型学校的同时必须营造区域教育生态圈的基本缘由。社会变迁是一切社会现象发生变化的动态过程及其结果，是社会的发展、进步、停滞、倒退等一切现象和过程的总和，既包含社会的进步和退步，又包括社会的整合和解体。这一概念比社会发展、

---

① 秦谱德等：生态社会学，社会科学文献出版社，2013.7.

社会进化具有更广泛含义,包括一切方面和各种意义上的变化。生态社会学在研究整个社会变迁时,不仅着重于某一特定的社会整体结构的变化、特定社会结构或社会局部的变化,而且把社会系统纳入整个生态系统的变迁中进行考察,赋传统社会变迁理论以生态社会变迁的意义和内容。2021 年,旨在减轻学生学习负担过重,对社会教育培训机构的整治就是一种基于生态社会学思考的合理干预措施。

区域教育生态圈是需要营造的,不断地生态化。教育生态圈不仅是区域教育自组织过程的产物,也是人们按照一定目的创造出来的。如果没有社区的有意识的参与,任何教育生态圈都不可能健全。教育生态圈比区域自然生态系统更为有序,但是社会生态系统不能像天然生态系统那样自发地参与自组织演化过程。为了使区域教育生态圈持续发挥生态系统效能,就必须对其进行一定的维护。这个营造与维护是一个保持生态系统有序性或是向更高的有序性进化的过程,以维持区域教育生态圈发展。

生态社会学理论告诉我们,人类是生态系统的组成部分,又是生态系统的驱动力。人类生态系统的平衡,走可持续发展道路成为人们的共识。改变以往的发展思路和发展模式,走生态文明建设之路。生态系统是不断发展和演化的动态生态平衡过程,是稳定性与变化性相统一的平衡。维护生态平衡不只是保持其原来的稳定状态,不是单纯地消极适应和回归自然;而是遵循生态规律自觉地积极保护生态系统。教育生态圈应该在人为的有益影响下,使之具有更合理的结构、更高的效能和更好的生态效益。教育生态圈的生态发展是我们定向地、强化地、集约地应用生态规律的结果,是人工自然与社会相互作用而引起的增益效应,特别是与科学技术的积累递增分不开。

（四）社区发展理论的借鉴

区域教育生态圈具有区域性,并基于社区发展。最早提出社区发展这一概念的是社会学家 F.法林顿在《社区发展：将小城镇建成更加适宜生活和经营的地方》中首先使用。社区发展是在第二次世界大战后由联合国倡导的一项世界性运动,其宗旨是加强政府同社区的联系,充分发挥社区成员的积极性,利用社区自身的力量提高社会经济、社会发展水平,改善社区居民生活,解决社区存在的社会问题。1955 年联合国发表了《通过社区发展促进社会进步》的文件。这项运动受到许多国家的政府与民众的欢迎,在许多国家和地区得到迅速的发展。随着社区发展运动开展,社区发展被认为是：社区居民在政府机构的支持下,依靠自己的力量,改善社区经济、社会、文化状态的一个过程。我们应该认识到区域教育生态圈的建设和发展是离不开社区发展这个基础的。中国社会正向现代社会转型,社区建设和管理的发展,教育体制必须适应这种改革,尤其是基础教育的教育管理重心必然下降,区域教育均衡发展越来越凸显,从 20 多年前的教育小区建设,到当今的教育社区化都是旨在推进教育公平与均衡。随着社会发展,教育管理体制也正向区域生态化方向发展,区域教育生态圈的建设必然凸显。

由于人群和社会组织分布不同,形成物态外貌、社会群体、人文生态环境、社会功能各不相同的区域。这些不同区域在地域中的分布及其相互关系,构成一定地域的区位结构。国际上在区位结构研究方面,早期曾先后出现过同心圆理论、扇形理论和多核心理论,它们各倚重某些因素分析区位结构和区位变迁。运用这些区位结构理论分析上海几百年城市区位变迁过程,可以发现不同区位结构对该地区的社区发展有着重要的影响,不同的区域的区位差异对区域教育生态有着重大影响。同时,教育是优化区位的重要手段,优化区域教育生态圈,有利于发挥区位结构优势。由于不同区域的社会文化背景不一样,应该采取区域性发展教育事业的策略适应区位发展,优化区域教育生态圈建设成为了合理的选择。

(五)中介结构理论的借鉴

区域教育生态也是区域性教育的一种中介结构。现代教育社会学的奠基者涂尔干曾指出:"同一个社会中的教育制度是多样的。因为,在某种意义上可以说,这个社会中越是有不同的环境,也就越是有不同种类的教育。"由于地区的自然的和文化的历史作用,不同地区的社会有不同的特点。教育差异性的客观存在是教育活动在生态中通过历史的沉积在时空上的凝聚的体现。

世界上一切事物都通过中介,"中介"联系,是"整个世界(过程)的有规律的联系"。不论在自然界,在精神中,不论在哪个地方,没有什么东西不是同时包含着直接性和间接性的。一切都通过中介,联成一体,通过转化而联系的。教育是经济基础和上层建筑的中介,是社会和个人的中介。在人类社会历史上,个人永远隶属于一定的社会关系之中,也就是生活在定居的生态系统中,不存在离一定范围的生态系统索居孤立的人。个体从诞生起生活于中的生态系统与其发生互相作用,直至生命的结束。在整个个体发展过程中,生态系统一直起着终身社会化的作用,也就是说教育所指向的人的发展离不开生态。

教育中介结构理论认为社会—教育体系有四个基本系统:微系统、中介系统、外系统和巨系统。这些系统相互联系和相互作用,发生着交互运动,形成影响教育与人的发展机制。微系统是教育主体在一定时间里从事活动的直接环境,如家庭、学校、街坊等,微系统的单个因子对个体发展影响是有限的,不可能单独完成人的发展任务;中介系统是由两个或两个以上的微系统因子间相互联结所组成的中介结构体系,如家庭—学校中介结构、家庭—街区中介结构等,是社区与个人的运动中的主要链接,中介结构的数量和质量对个体的发展起着关键的作用;外系统是不作为直接参与者,主要通过微系统产生作用,对个体的发展起着间接作用,如父母的工作、传媒机构、社会公共设施等;巨系统包括社会经济状态、文化结构、意识形态等,从宏观上制约着微系统、中介系统和外系统。巨系统、外系统通过微系统整合成中介系统才能强有力地影响个体的发展。中介结构理论的意义在于它把教育不是作为一个封闭的系统,社会的政治、经济、文化及社会结构都对教育产生强有力的影响。区域教育生态圈在其本质上是一种教育—社会的中介结构,是学校—家庭—社区的互动结构。

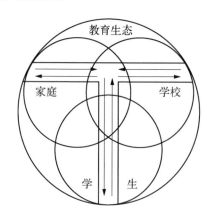

从上图中,我们可以看出大圆圈 O 表示区域教育生态系统,在圆圈 O 中的 T 字和圆圈有三个交点,分别表示学校、家庭、学生。区域教育生态系统作为一个社会巨系统的缩影从中观上制约着学校、家庭、学生这些微系统。家庭和学校可以单独对学生发生正或负,家庭和学校是不可能单独完成学生的发展任务。家庭和学校两个微系统组合成的中介结构——T 字结构对学生的发展起着重要的作用。学校、家庭、学生的这种 T 字结构中,既有同层次的平面联结——家庭、学校的联结;又有不同层次的垂直联结——学校和学生的联结、学生和家庭的联结。从因子的性质上来看,这种结构中的联结是异质的,家庭、学校是性质与概念不同的社会组织,它们是通过学生这一因子相互依赖连接在一起。由此可见,O—T 结构是一种层次不同的异质结构,是复杂的联结。系统科学认为,结构并非诸要素的简单相加,结构的诸要素有序整合所产生的效应大于诸要素简单相加之效应。因此在区域教育生态圈的系统作用下,家庭、学校联结的质量越高,家庭与学校在互动中所产生的教育合力就越大,对学生教育作用也就越大。区域教育生态圈作为一种中介结构,为学生具体生存的家庭、学校、社区的联结提供了形成教育环境的可能。中介结构理论以宏观与微观、动态与静态、特殊与一般、部分与整体相结合为特征,从不同的社会角色全方位地透视区域教育生态圈生态的四个系统的各种不同因子的互动,揭示和解释区域教育生态圈对学校教育生态系统的主体——学生的影响的外部社会机制。

区域教育的发展必须有良好的教育生态环境,区域教育生态圈正是优化教育生态环境的产物。区域教育生态圈是中观的教育生态系统,以生命体为主体,以教育单元关系作为结构,以培育人为中心,围绕着生态环境的圈层,形成多因子综合影响和相互作用。区域教育生态圈组成多维的复合网络。使区域教育生态圈协同发展的系统动力是由生态圈系统的结构、功能与系统内、外综合因素决定的。优化区域教育生态圈,优化学校教育生态系统是发展区域教育的重要策略。

三、依托教育生态圈创新区域教育均衡化

世界主要国家在历史上社会发展的重要时期,为提高民众的教育水准适应社会发展,大都以区域性推进教育作为发展教育的策略。

20 世纪初我国一些教育家着眼于"地域加教育",对区域教育发展做出了探索与实践。蔡元培先生于 1922 年提出大学区制,全国分为若干大学区,每区设办一所大学,以大学统管全学区的中小学及社会教育。在同年召开的全国学制会议上,蔡元培等联合提出实行大学院和大学区制。应该说大学区制是我国实施区域性教育发展的思想雏形。20 世纪二三十年代,我国兴起了平民教育和乡村教育运动。一些教育家怀着"强国富民"理想,力图从教育农民着手以改进农村生活和推进乡村建设。他们提出"到乡村去""建设农村",并制订实施方案,付诸行动。他们以教育为中心着眼于农民素质的提高,把政治、经济和教育事业综合进行,推行农村社区发展。1926 年晏阳初先生在河北省定县以开展平民教育进行县的乡村改造实验。1939 年教育家梁漱溟在山东邹平县开展乡村建设实验区,强调"教育即乡村建设",实验区的所有设施均以教育为中心,用教育力量引导乡村自治。以黄炎培先生为首的中华职业教育社于 1925 年提出"划区施教"的主张,并在江浙沪一带建立了一些农村改进实验区,主张"把农村经济和农村教育联合起来,打成一片",推行社会教育,改进小学教育,试图以提高文化培养新农民。1927 年陶行知先生在南京创办晓庄学校推行乡村教育运动,提出了"社会即学校"的思想,认为"不运用社会的力量,便是无能的教育;不了解社会的需要,便是盲目的教育",要冲破横在教育与生活之间的那堵"高墙",把学校延伸到整个社会。上述的实验都有着明显的"区域教育"的特征。

在国外近代教育史上也出现过以"区域教育"作为发展教育的路径。18 世纪后期法国出现"学区思想",一些教育家纷纷提出了教育改革方案。康多塞方案建议实行统一的学校管理体制,规定中等学校负责领导本区的小学,专门学校负责领导本区的中等学校。这是划块(区)进行教育管理的思想,试图以此来推进普及教育。雷佩尔提方案中提出了实施普及初等教育的具体措施,并建议组织家长会议,吸收家长来参加"国民教育之家"的管理工作,组织家长参与学校管理,是吸引当地居民关心学校、参与学校管理的一种形式,也是社区参与教育的途径。1808 年拿破仑创立帝国大学,并在帝国大学之下和全国司法区平行设置若干大学区,学区总长由帝国

大学总监任命,统一领导大中学校。1886 年法国分成 17 个不同于普通行政区的大学区,每一个大学区设总长一人,统一管理和领导本学区内的所有学校。在总长下,设立评议会,作为教育审议和咨询机构,并由学区视导员向总长报告学校教育的实际情况。教育管理体制在适应社会变革中逐步形成了"学区"思想,并开始实施。

19 世纪中期,日本"教育管理重心下移"思想确立。1872 年 8 月日本文部省颁布了《学制令》实施教育普及,规定全国设立 8 大学区,各设一所大学,每个大学区分为 32 个中学区,各设一所中学,每个中学区又分为 210 个小学区,各设一所小学。这种学区基本上是不同教育层次的梯形体系,为了克服《学制令》中所存在的学区划分过于理想化、学制过于单一化和对各地办教育的积极性的限制等缺点,1879 年,明治政府又颁布《教育令》,规定把教育管理权下放给地方,在社会变动之时区域性推进教育适应社会需要。

美国在独立战争前已存在地方学区制,在南北战争后得以推进。美国的教育管理体制分为三级:联邦、州、学区。在美国,这样的学区约有 1.8 万个,具有一定的区域范围。学区是直接经营和管理学校的地方公共团体,但具有一定的行政性,是州对教育实现管理的方式,是美国地方教育行政机构。美国的学区有相对的自主权。它有权民选教育委员会,制定不违背州法律的本地区教育政策和规划,全权负责学区教育事务的管理。学区还有财政独立性,有权征收学区内居民的财产税,为学校筹集教育经费,拟定学校预算,决定课程设置,聘请教职员等,推行"教育行政-公共团体"的教育学区模式。

上海在 20 世纪 90 年代中期出现了教育小区,这是现代意义上的教育小区。现代教育小区的兴起和发展绝不是偶然的社会现象或教育现象,它是社会发展和教育改革深化的必然产物。上海虹口区的教育小区发展迅速,全区十个街道全面展开教育小区建设,以街道—学校结构为特征,以资源共享、优势互补为基础,重在推进区域性教育发展。虹口区教育小区的发生可以追溯到 1994 年。虹口区作为一个老的文教区,基于人口导入地区的新办学校与老城区成熟学校之间的办学差异,努力寻求实现教育均衡的途径。由区教育局主持的"虹口区教育资源规划组"提出了"校际沟通,区域联手"的发展思路,以建设"教育小区"为抓手,区域教育联动开始推进,至 1999 年已基本上完善教育小区的建设。同时该区的"'街道—学校'教育小区模式的发展研究",被批准为上海市教育科学研究规划课题。该课题主要通过对当前社会和教育发展的特点研究,探索教育小区的发展规律和教育小区在现代教育发展中的作用和地位,构建具有中国特色的教育小区建设的理论框架,为发展教育小区提供科学的决策依据和对策,推进区域性教育的发展。在 20 世纪 90 年代后期,上海先后出现了不同模式的教育小区。长宁区江苏路街道开展了"教育园区"的建设,由长宁区教育局、江苏路街道社区教育委员会和市三女中、延安中学等学校联合创建长宁区江苏路教育园区。卢湾区的教育小区工作主要表现为合理调整布局、整体优化、各类教育衔接。闸北区临汾街道开展了以学生校外教育单位为中心的教育小区建设。20世纪90年代上海出现的现代教育小区建设是区域教育生态营造的一种实践创新与理论探索。

　　当前我国推进教育均衡,更明确提出营造良好的教育生态。开展农村学校委托管理、城乡携手共进项目、新优质学校创建、公办初中强校工程等项目推进区域教育均衡、城乡教育均衡。紧接着有组织开展了集团化、社区化办学,旨在将优质教育资源进行流动与共享,从而带动参与集团化学校共时发展。上海在率先实现区域内义务教育整体基本均衡后,推进社区化集团化办学新格局建构,以高品质教育均衡优化深化综合改革,努力实现"让每一所家门口的学校都优质"的目标。这些教育举措从理论上考量,符合生态文明思想,建立教育公平的社会制度,符合教育生态学原理。根据教育生态圈的理论,以办好家门口学校的战略行动,使学校教育生态化,创建生态型学校,使学校教育更具适宜性、丰富性、开放性,更具有可持续发展能力。

　　区域教育生态圈是区域教育与区域社会所建构的,孕育教育社会化、社会教育化的教育生态系统。教育在时间上的延展和对象上的扩大,必然要求在空间上不断扩展,过去的封闭式学校教育很难建立与现代社会发展相适应的教育新体制。首先改变教育系统内部的隔离状态,转变幼儿教育、中小学教育、高等教育、成人教育、校外教育、家庭教育、社区教育各成体系,彼此之间缺乏联系协调导致教育与社会的脱离和各类教育之间的分割,出现教育不能主动适应社会发展要求的状况。所以必须改革各类教育体制,形成区域教育生态系统,发挥教育的整体功能。从一定意义上说,区域教育生态圈是横向协调管理方式,具有专业化和地区性的特点,适应基础教育、成教、职教地属化,使教育经费投入真正成为全社会的事,成为民众真正参与的教育,区域教育生态圈建设是教育发展趋势,也是发展教育重要策略。

　　通过旨在实现教育均衡的区域良好生态圈的营造,将学校看作一个具有生命力的生态系统,通过全面整合教育资源,增进学校内部以及学校与外部间的协调,维护系统内诸要素的良性互动,使学校各育融合,创建学校教育生态健康的儿童友好学校。通过全面开展促进教育均衡的战略行动,使学校从服务学生出发,寻找适合学生的教育,从而促进一大批不挑生源、没有特别资源的学校整体提高育人质量,使教育均衡更加落到实处,筑高区域教育的底部,切实办好老百姓家门口学校。通过区域教育生态建构,对教育结构进行调整优化,优化教育资源配置与辐射,促进教育生态的优化,建立生态化的师生关系,建构生态化的教育。在区域层面上建构良好的教育社会生态,推进以教育片区为主的教育生态圈建设,营造生态型学校,形成可持续发展的生态型学校群,形成具有现代特征、区域特点的区域教育生态圈建设的模式,这是教育发展的必然要求。

第二节 区域教育生态圈发展的建模

一、区域教育生态圈发展的模式

(一)区域教育生态圈发展的模式研究

区域教育生态圈是区域教育生态系统的集合,不同的区域教育生态有着特定模式表达。区域教育生态模式是区域教育生存与发展的关键因素。不同的区域经济、社会发展的历史与现状,会对区域教育生态圈的现实产生影响,表现出区域特点。区域教育生态圈发展模式的发生与发展有其必然性。特定区域教育生态圈发展模式是区别这个区域与那个区域教育生态发展的重要特征,是一种识别性标志。

区域教育生态圈发展模式是指在区域教育生态发展的理论指导下,以区域生态圈为范围,为完成区域教育生态发展的目标和工作内容,对构成区域教育生态发展的诸要素,建构比较稳定的简化组合方式及其活动程序的架构。区域教育生态圈发展模式以教育生态学理论视角,抓住区域教育生态特点,对区域教育生态发展活动过程和组织方式做简要概括,以提供简明的实践选择;另一方面,对区域教育生态圈发展实践的经验做概括,抓住本质,提炼出某种模式,以指导实践。区域教育生态圈发展模式研究作为理论和实践之间的中介研究,为我们将理论与实践结合提供了重要的方法启示。区域教育生态圈发展模式作为区域教育生态发展规律的具体体现,反映了区域教育生态圈发展运行过程的基本理论框架,具有指导区域教育生态发展实践的功能。

区域教育生态圈发展模式在生态学理论指导下,特别是教育生态发展理论的指引下,对区域教育生态圈发展的主体、教育生态因子、教育生态要素之间的关系所构成的区域教育生态发展系统,运用系统设计的思想和技术将区域教育生态发展目标、结构、发展方式、作用过程等整合于教育生态建设活动之中,并以此促进区域教育生态功能的提升。区域教育生态圈发展模式有助于更好地实现与落实区域与学校的教育生态发展目标,推进区域教育生态建设体制与机制的确立与优化;有助于增强对区域教育生态的领导,形成与提升适应区域特点的教育生态建设团队;有助于各层面的领导、教师、学生,包括家长,履行自己的教育生态方面的职责,促进学校教育生态建设质量的提高,提升各层次教育生态的发展水平。区域教育生态发展模式的建模已经成为区域教育发展核心竞争力的要点,成为区域教育改革推动力的重要来源。区域教育生态圈发展模式是客观存在的,只是自觉或者不自觉意识的问题。在区域教育生态发展还缺少系统规范的研究下,更需要通过理论研究与系统的实践,提升区域教育生态圈建设的认识与能力。

区域教育生态的发展应根据区域不同情况采取不同模式发展。"生态模型主要集中在对兴趣的目标所考虑的问题上——很多不相关的细节可能阻碍模型的主要目标。因此,对于同一个生态系统可能建立许多不同的生态模型,应该根据目标,选择一个最为适合的模型。"[①]不同区域有着多种不同的社区,如城区的、农村的、城镇的等。社区经济发展不同,文化背景不同,教育发达程度也不同,必然有着不同的区域教育生态,有着不同的教育生态模式。因此一个地区用一刀切的方法来推进教育改革,或者一个区域教育改革用同一方式发展,难以达到适宜性,低效益是难免的。要促进高效益的教育生态发展,必须走区域性发展之路,这就意味着区域教育生态圈的建设应该针对地区的不同实情,采取不同模式发展。

(二) 区域教育生态圈发展的建模方法

在现代科学方法论中,模式方法是一种重要的研究方法。"人们总是使用模型作为解决问题的工具,因为它能使实际问题简单化。模型当然不可能包括真实系统的所有特性,否则,它将是真实系统本身了。然而,使模型包括所需求解或描述问题的基本特征是极为重要的。"[②]当我们试图了解或说明某一复杂的社会过程或情况时,可以用简化的方式描绘它。模式研究就是一种常用的研究方法。用模式方法分析问题、简化问题,便于解决问题。这在自然科学中常称为模型研究方法,在社会科学中常称为模式研究方法。

生态系统模式是生态系统结构形态或运动状态的一种易于考察的形式,是抓住反映系统本质的属性的一种简易的描述的方式。生态系统模式在对生态系统全面分析的基础上,对生态关系和状态进行抽象描述,由有关的重要因素构成,能表明有关因素之间关系。模式方法的主要特点是排除事物次要的、非本质的部分,抽出事物主要的、有特征的部分进行研究。模式方法将事物的重要因素、关系、状态、过程凸显出来,分析主要矛盾,认识基本特征,进行合理分类,便于进行理论分析和实践操作。生态系统模式是客观生态系统的抽象和简化,能使一个十分复杂的系统简化地被了解,并能预测它的未来。生态模式并不要求成为真实生态系统的精确复制,而是要使之简化,以便于揭示关键性的生态过程。模式方法的重要程序是:按照研究目的,将客观事物的原型抽象为认识论上的模式;通过模式的研究,获得客观事物原型的更本质的认识。我们可以把模式方法表述为:

原型→模式→原型 *

---

① S. E. Jorgensen; G. Bendoricchio, Fundamentalsof Ecological Modelling, third edition, 2001 Elsevier B. V.

② ibid.

模式是原系统的一种简化、抽象和类比表示,不包括原系统的全部特征,但能集中表现出它的本质特征。它在结构上比原系统简明,而且更易于操作或处理。原型是提供抽象为模式的客观基础,而原型*则是经过模式研究之后,更加深入认识了的原型。我们研究区域教育生态圈发展模式时,首先观察到的是一个个区域的学校群体等形成的教育生态,然后作理论上的提炼、概括,形成模式,在这些具体的区域教育生态本质特征上加以发展,使区域教育生态的特点凸显出来,形成比原来区域教育生态更发展的区域教育生态。新的区域教育生态是原区域教育生态基础上的发展,更本质化,即模式化。

我们主要采用"理论模型"(theoretic model)进行区域教育生态研究。"理论模型又称机理模型,是从生态系统的基本结构、运行出发,揭示其系统本质特性,反映真实系统的生态特性和变化机理,描绘生态系统最本质的特性和运作。其主要优点是从生态系统实际出发,能模拟出新样态,它们所揭示的系统运行是动态的,往往对系统的优化调控提出新依据。生态系统理论模型的共性:有多个亚系统,多个复杂的要素;结构与功能常紧密相连;是某个具体的生态系统。对使用者来说,并不需要高度复杂的数学。系统越复杂,其优越性越是突出。"[①]

区域教育生态圈发展模式的确立是建立在教育生态学的理论基础上,并对具体的运作程序做出规定。区域教育生态圈发展模式处于理论和实践的中介地位,能够承上启下引导实践。我们可以把这类模式表述为:

教育生态系统理论 ⟷ 教育生态圈发展模式 ⟷ 教育生态圈的建构实践

从中可以看出,理论到模式再到实践的双向程序。研究区域教育生态圈的模式有利于整体观照下的具体生态样态,最终形成区域教育生态圈发展模式较为完整的整体结构,也就是整体观照的结构分析。

区域教育生态圈发展模式建构过程称为区域教育生态发展建模。自国际著名的生态模型专家 Jorgensen 于 1975 年创办《国际生态模型学报》(*International Journal of Ecological Modelling*)以来,生态模型是生态学中发展最迅速的领域之一,生态模型得到了极大的丰富。

我们着重讨论区域教育生态圈发展的三种建模方法。

1. **目标导向法**。这是以区域教育生态发展目标为中心,确立区域教育生态要素间关系,并以此形成区域教育生态圈结构,分解区域教育生态圈发展目标,明确各个层次、各基层学校的教育生态发展任务的建构方法。其优点是能体现区域教育生态圈发展目标的要求,发挥其导向作用,也可以使各层次、各基层学校教育

---

① 蔡晓明:生态系统生态学[M].科学出版社,2000.9.

生态建设任务与目标清晰,可以主动地规划其实现目标的措施。这个方法的要点是以总体的与分解的目标确定合理的绩效,作为区域教育生态建设的评价依据。

2. **关键突破法**。这是通过分析确认区域教育生态圈发展要素中关键要素或关键结构为重点,清晰其与全局的关系,设计重点突破举措,以促进区域教育生态圈整体发展的建构方法。这个方法要求对区域教育生态及其现状有非常清晰的分析、合理的解释,否则会失误。这个建模方法的优点是只要区域教育生态的关键要素或者结构抓准,就可以破解难题,取得区域教育生态建设的全局性推动。

3. **案例调研法**。这是以区域教育生态圈建设过程中发生的事件和现象为剖析对象,以反思的方法对区域教育生态建设中的经验进行分析、总结,把握其一般规律的建构方法。其优点是在建模过程中重经验、重总结,有充分的实例支撑模式的有效性预设,客观具体,容易为组织成员接受、熟悉,操作性强。运用案例调研来建模首先要选择有效值的案例,这样才能提供正确分析与确立区域教育生态圈模式的基础。这种案例调研法不局限于本区域现在的案例,也可以运用与区域教育生态建设相关的数据、文献、可借鉴的案例等。

区域教育生态圈发展模式建构的一般程序:确定目标、选择建模方法、分析信息、确立模式、验证模式、应用模式。

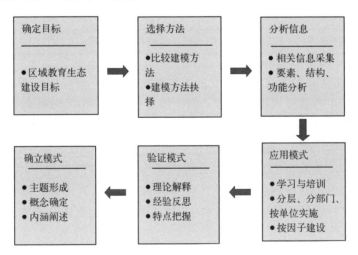

区域教育生态圈建设是系统工程,需要运用系统思想和方法对参与教育生态建设过程的各要素和相关因子及其相互关系与状态做出分析、判断和规划、运作。在区域教育生态圈建设中关注目标导向法的运用,首先确定区域生态型学校创建的指标体系,明确教育生态的基本要求,以此来引导学校教育生态的营造。同时,运用关键法从学校自身的条件出发,确定重点突破口,抓住关键领域的教育生态建设,确定核心项目,带动一般项目,从而推动学校创建生态型学校。以下介绍笔者负责的"建构区域教育生态圈营造生态型学校群的理论与实践研究"课题的实验学校创建生态型学校的基本框架与分布。

项目实验学校 GP & CP 一览表

学校名称	核心项目(CP)		一般项目(GP)
	领 域	项 目 主 题	项 目 方 向
CD中学	文化生态	学校"春雨"文化生态营造	生态型课程体系
QS学校	管理生态	打造富有湿地特征的生态型学校	教师生态链的完善
YA幼儿园	幼儿发展生态	"亲青家园"幼儿发展生态营造	教师教育生态能力的提升、生态素养序列
CJZ小学	德育生态	学校"放飞"教育生态营造	教育生态背景下生态教育课程的建构
YA小学	课程生态	"田园"课程体系生态化建设	教师课程生态能力的提升
CJZ幼儿园	课程生态	"绿色伴我成长"——基于课程生态化的幼儿园课程生态营造	幼儿园教育生态功能区规划、建设与运作
PA小学	课堂生态	以"支持、关心"为特征的课堂生态建构	德育生态、教师发展生态
YA中学	课堂生态	"开放、交互"的课堂生态建构	不同生态位学生差异性教育

(三) 区域教育生态圈发展模式的二维建构

区域教育生态圈发展模式主要从两个维度建构:一是区域教育生态圈的系统要素结构建构,从区域教育生态圈的微系统、巨系统、外系统、中介系统这些要素优化与结构的强化着手,通过教育—社会的中介结构,形成影响生态系统中主体的发展机制。二是教育生态圈的层次结构建构。区域教育生态圈发展模式应该依据区域教育生态发展的状况以及社会对教育的需求,对不同层次教育、不同办学质量学校进行整体优化。区域教育生态圈发展模式层次内在结构示意图:

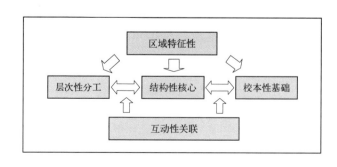

1．区域性特性——体现区域的区位对教育发展的要求。

2．结构性核心——以区域教育生态建构力为核心，实现区域教育生态战略管理。

3．层次性分工——要有各部门、各基层单位的教育生态建构力。

4．校本性基础——学生发展是教育生态目的，学校是区域教育生态发展的落脚点。

5．互动性关联——教育生态系统以互动产生的功效为表征。

基于这样的区域教育生态发展模式层次内在结构，表现出来外在结构可以分为三个层次：区域教育生态系统（例如市辖区）、教育片区共同体（例如区下属的乡镇）、生态型学校。

教育生态圈的系统要素结构与教育生态圈的层次结构的纵向与横向的整合，形成了崇明教育生态发展的二维模式。

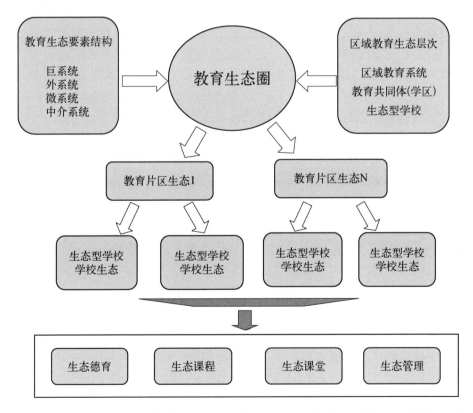

区域教育生态二维建模清晰地表述模式要素与结构。系统理论的基本原理是"要素—结构—功能"，要素本身的质与量对结构会产生影响，而结构的排列次序进一步影响系统的功能。因此分析区域教育生态发展模式必须从构成特定模式的要素开始,并依据结构的构架对模式的功能作出判断。

区域教育生态圈二维建模首先涉及其主流文化,即区域内与教育生态有关的成员对教育的价值认同与目标愿景的认同。同时模式结构要正确反映区域教育生态的关系,特别是关键要素与关键结构,把握那些与主要功能有直接互相依赖交互影响关系的敏感因素(Sensitive Vaniable)。在区域教育生态系统建设中,区域教育行政在领导决策中起着关键作用,有着与系统各种连接的导向功能。学校的生态建设对区域教育生态起着基础作用。这两个关键要素及其关键结构的地位与作用,涉及可以形成不同的区域教育生态圈发展模式。

二、区域教育生态圈的发展定位

(一)生态圈发展的生态适宜度分析

区域教育生态圈的建构是基于该生态圈特定的态势与基础。区域教育生态圈的范围是相对的,这是一个由历史演变与行政部门根据教育发展需要确定的,具有地域性、历史性、社区性。这些因素最终形成了该区域在其更大的生态系统中的生态位。区域教育生态圈的生态位必然影响其发展方向与发展水平。

对区域教育生态圈发展定位,我们应该运用生态学的生态适宜性来考量。生态适宜性分析是生态规划与建设的重要工具,是运用生态学原理方法,分析区域教育发展所涉及的生态系统要素、结构及其功能的状态、教育资源的生态潜力和对区域教育发展可能产生制约,从而形成规划与建设的教育生态合理发展的方法。教育生态适宜度是指特定生态系统的现实生态与其最佳生态的贴近程度,反映了其生态系统的和谐性、师生发展的适宜性、教育活动的丰富性和学校可持续发展的能力。区域教育生态适宜分析是为区域教育生态发展提供事实依据与价值判断依据的一种分析方法。同时,研究区域教育生态适宜度也能够揭示学校提供给师生的发展环境的优劣,也在一定程度上反映学校核心能力及可持续发展能力,从而为学校改善教育环境,提高生态适宜度,提供理论模式与定性、定量辅助决策。

区域教育生态圈发展定位首先需要对分析的生态因子选择原则作综合考虑,遵循综合性、主导性、差异性、不相容性、限制性、定量性等原则。

1. 综合性原则。所选指标体系能够尽量反映出教育生态的全部属性。

2. 主导性原则。确认因子对教育生态的影响有主次之分,应尽量选择关键因子。

3. 限制性原则。关注影响教育生态适宜性的一些具有限制性作用因素,如果不加以考虑,会主观上扩大生态利用的范围,造成不良影响。

4. 差异性与不兼容性原则。分析因子应尽量选择区域范围内差异显著的因子以避免相关性影响分析结果,指标间不能出现因果关系,应选择相对独立的因子。

5. 稳定性原则。评价因子在作用时间上应该是稳定的,在时间尺度上短暂作用的因子不能作为适宜性分析的依据,只有稳定的因子才能体现特定的属性,真正分析出教育生态适宜性。

6. 定量与定性相结合的原则。尽量把定性的、经验性的分析进行量化,以定量为主,减少主观成分对评价结果的影响,提高精度。

对本区域的教育生态做出适宜度分析的基础上,进行学校合理规划与建设。

(二) 教育生态圈与学校发展的共生关系

区域教育生态圈发展基于学校,为了学校,是学校外部生态环境。学校发展与区域教育生态圈有着共生关系。

1. **结构关系**。这是指学校发展与区域教育生态圈的层级关系,即上位与下位的结构关系。教育生态圈的层次结构丰富(大中小学、职校、开放大学等)与水平结构合理,直接决定区域教育发展状况。首先是学校与区位关系。例如上海C区在未建成长江隧桥之前,CJ镇区位上远离交通枢纽,偏离区中心,很是封闭,这样原先该镇学校的区位结构弱于区中心地区学校。随着隧桥建成该镇区位结构优势凸显,教育生态优势明显转变。其次,区域学校群的结构与学校发展水平结构也直接决定了区域教育发展状况,并制约着学校的发展。某地区一所中心校与其分校是同质,后来分校独立建制获得了学校发展的适宜性与丰富性,异质竞争使学校(原先分校)办学有了明显的高成长性。

2. **支持关系**。教育生态圈为生存其间的学校提供多元支持。教育生态圈间的学校有着互相支持关系,这首先建立在生源上,区域内的幼儿园、小学、初中分别为上层级学校提供生源。毕业生质量会很大程度影响高一级学校的办学。区域内各类学校的教育、教学活动也对其他学校产生影响。同时社区的教育资源与家长资源也影响着学校教育生态的发展。不同社区的家长层次、背景不同,会影响学校的生源制约教育发展。这就表现出区域生态圈对学校的支持关系。

3. **反哺关系**。反哺是一个仿生概念,这里借用反哺概念,是为了表明在教育接受社会"哺育"后,教育已"长成",应该回报社会。学校教育反哺社区(社会),是对生态型社会与教育关系的一种概括,是对"社会哺育教育"的升华转化。学校发展与区域教育生态圈的反哺关系是学校发展对其所在的教育生态圈产生影响,也就是反作用。学校发展对其所在的教育生态圈产生的影响大小与其生态位有关,也与其作用力有关。学校发展与区域教育生态圈的关系是互相依存,学校发展依赖良好的教育生态圈,区域教育生态圈的功能取决于区域内各学校的整体作用。

(三) 不同生态位学校均衡化与个性化发展

学校在区域教育生态圈中的不同生态位既是学校长期发展的结果,也是学校发展的生态环境条件。学校的发展,特别是学校个性化发展取决于学校所处生态位,也就是学校生态适宜性制约学校的发展。不同学校的学校教育生态中的主体生态因子与环境生态因子这两大部分的构成与互动有着差异。同时学校教育生态系统中的课程生态、课堂生态、德育生态、管理生态等因子结构与发展水平也影响了学校的生态位。这些生态因子可以表现在量本身产生的作用上,更表现在质上所产生的影响,以及持续时间上的作用。特别是这些因子的性质更是对学校发展起着决定性作用,如果这些因子是消极的,则学校的发展必然遭到损害;如果这些因子是积极的,有明显优势的,则学校个性化发展就有了基础。学校生态位适宜性还包括学校教育生态链的状态。学校教育生态链是很多的,而且复杂,信息上的生态链、生态主体链等,这些链并不是线性的、单向的,而是呈现多元的,例如可能是回路的、网状的。"班级—学校—家庭—社区—社会"这个层次结构有着"链—链"所构成的生态网络。综合这些生态因子与结构,不同生态位学校的现实生态以及与合理生态之间的距离,制约了学校的发展。改变与优化学校在区域教育生态圈中的生态位,才能促进区域教育均衡化。不同学校生态位之间的差异是客观存在的,而且只要是合理的生态位,对学校而言并不一定是消极的。学校占据合理的生态位,也才能促进教育生态系统中教育物质、信息、能量传递中增强、消减、转化所形成的共生关系。

学校在长期办学过程中内生态与外生态共同作用下形成特定的生态位。这样的教育生态位具有特定区域教育生态共性,也具有差异性。这就提出了区域教育生态圈发展的基本思路:不同生态位的学校均衡化发展与个性化发展的统一。

区域教育生态发展的目的是促进生态圈中的学校均衡发展,也就是办好每一所学校,让每一个学生的发展都得到满足,让我们的教育适应学生的健康成长。生态中的生命体获得适宜的支持得到健康发展,是教育生态的要义。区域教育生态圈的建设服务于此,推进区域内学校教育的均衡发展。

每一所学校所处的原始生态位与功能生态位不同,并在办学过程中导致"生态位宽度"(niche breadth)的不同。"生态位宽度"原指物种对资源开发利用的程度的差异,逐步形成实际教育生态位不同。在现有教育资源谱中(resource spectrum),仅能利用其中一小部分的学校,可以称之为狭生态位学校,而能利用较大部分的,可以称之为广生态位学校。因此区域教育生态圈的建构必须充分考量学校群落的实际生态位来确定其发展思路。根据不同生态位学校的教育生态发展水平,针对学校实际生态位的差异,实现学校错位发展。这样也能够提高区域教育生态的适宜性、学校群落的丰富性以及共生性。

三、区域教育生态圈的 3S 模型

区域教育生态圈有着其特定的结构,正是这样的结构决定了其教育生态圈功能。依据特定区域的教育生态圈的特征进行研究,并作结构性描述。从"层次 Stratum、结构 Structure、支持 Support"对区域教育生态圈作简要表述的模式,可以称之为 3S 模式。

(一) 区域教育生态圈的三层级

区域教育生态的三个层次是地域教育生态体系、教育学区生态系统与学校教育生态系统。这三个层次形成纵向互动的一个区域生态圈(系统)。

1. 地域教育生态系统

地域教育生态系统这个层次是区域教育生态最大的整体层次,受地域的政治、社会、经济与文化的影响,同时对整个区域的教育生态起着办学导向、教育资源配置、教育决策的影响。地域的教育生态系统一般指区、县为地域的,包括区域教育行政管理部门、区级教育指导服务机构、区域内中小学等各类教育单位以及社会教育资源等。教育学区生态系统有两种情况:一是以市区的街道、乡村的镇为范围的教育生态系统,例如学区、教育片区等。二是集团化办学所形成的学校群所形成的教育生态圈,这种形式集群学校如果各方面关联程度较好(自主与合作平衡),会形成良好的教育生态系统。地域教育生态系统是教育学区教育生态系统的外生态,而更大的地域(省市)则是区、县教育生态系统的外生态。这类区域教育生态圈的特征是同属教育系统,有着纵向的关联。

区域教育生态圈外生态涵盖与其教育生态圈关联的政治、经济、文化与社会这些要素,也可以包括区域教育生态圈外的并行区域教育生态圈或者其所属的更大区域的教育生态圈,并对相应生态圈教育产生影响的生态系统。外生态的政治生态环境、经济文化环境,尤其是外生态的教育政策、教育管理与教育资源等教育环境等要素,对区域教育生态圈产生直接影响。区域教育生态圈的建设和发展需要建立教育内外部的广泛联系,区域教育才可能有效发展。

2. 学区教育生态系统

学区教育生态系统,也可称之为学区教育共同体,一般指称按照更小行政区划、学区或者教育集团所形成的教育生态系统(生态圈),一般以街道、乡镇为主形

成学校群落,具有区域教育的历史性、社会性与生态性所形成的特征,不同的学区教育生态,系统水平结构和垂直结构的数量和质量都不一样,所构成的学区教育生态系统的网络结构必然不相同,就显现出不同学区教育生态系统各异的面貌和特征。国际著名社会学家韦伯将"归属感"和"认同度"作为共同体的主要参照系。真正的共同体中,构成主体之间是理性、共享与平衡的利益关系。学校共同体是集教育性、关联性为一体的教育实体。由于其构成主体的特殊性,学校共同体更强调凝结着"教育关系"的关系共同体,教师引导学生健康成长。学校共同体具有规则性,需要合乎人的成长的特定制度指引作用。

学区教育生态系统作为一个共同体是以生态化发展为导向。某个特定的学校、相同学段的学校、处于相同区域的学校之间一个个的"微型"生态系统,从整体上彼此之间具有关联性的共同体。可持续发展是生态共同体的发展目标。区域教育的生态化发展也就是建构生态共同体,在区域自身生态化发展的基础上,优化区域学校共同体的生态环境。

3. 各类学校群

区域教育生态圈是一个大系统,学校是它的子系统。社会是一个大的生态系统,学校只是其中的一个小生态系统,也是区域教育生态中的一个个教育生态群落,有幼儿园、小学、中学以及其他类型学校生命主体构成的群落。学校不是孤立地存在,它有各种生态背景。杜威指出:"学校是一种特别的社会环境,它用专门的设备来教育孩子。"它还受社会中各种生态因素的影响,学校的目的、功能、形态以及教育,无一不受生态环境的作用和影响。在区域教育生态圈里,学校也存在着纵向和横向的开放。学校向社区、家庭开放,吸引社会参与;向上下层级学校开放,得以沟通与衔接;向平行学校开放,教学教育内容方式交流、资源流动。区域教育生态圈正是优化学校教育生态环境上凸显价值。

(二)区域教育生态圈的三结构

区域教育生态的三个结构:一是学校群落互动结构,二是三位一体的交融结构,三是生态三要素中介结构。正是通过这三个结构建构起和谐的生态系统。

1. 学校群落互动结构

区域教育生态圈中学校群落结构是由区域内各类学校与生命主体组成,也就是这生态圈中具生命的部分——由师生组成的学校部分,我们把学校生命化、人格化,视作教育生态中的群落的主要部分。这些群落相互交互,形成一定关系与结构,包括形态结构与"营养"结构,形成具有特定功能的学校集合体。这是关键结构,对其他相关结构有着重要的影响。例如 CD 学区作为一个区域教育生态圈,有着若干教育"群落",这些群落又由若干的"物种"——幼儿园、小学、初中中的生命体组成。区域教育生态群落中不同类型学校"种群"之间的相互影响(interaction),学校"种群"有规律地共处,在有序状态下生存。由于学校"种群"组成的数量与质量特征的不同,例如学校的丰富度、密度、教育质量以及优势学校等差异,所形成的教育生态圈会呈现不同面貌。

下图就是以一个学区为例说明学校群落结构:

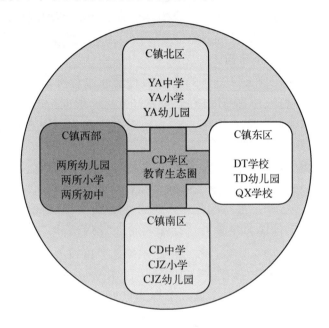

上述 CD 教育生态圈有四个生态系统(片区),每个片区的群落中的"物种"教师群体、学生群体不同与人格化的学校类型不同,形成了片区学校群落的不同生态格局。学校群落互动结构是区域教育生态圈中的生命主体结构,通过垂直结构和分布结构反映出该生态圈的发展状态。区域教育生态圈内的托儿所、幼儿园、小学、中学(职校)、高等院校等构成学段垂直结构;生态圈内的普通中学、职业中学、特殊学校又构成类型分布结构。这些不同的分布结构也处在不同层面上,有着垂直连续性的序列。

2. 三位一体的交融结构

三位一体的交融结构是区域教育生态圈的生命主体之外的环境结构。这是在特定的教育区域空间或生境下,学校与家庭、社区成员及其环境之间彼此影响的结构,是区域教育生态的基本结构。

区域教育生态圈中社会环境结构随着社会的发展和科学技术的发展,社会教育的作用越凸显。社会信息量剧增,信息传播渠道繁多,使得一些社会机构的教育功能和作用更加突出。在区域教育生态圈里不仅有图书馆、电影院等文化教育设施,电视与移动网络对教育生态圈的影响已成为社会教育中不可轻视的力量,区域教育生态圈中的社区有着很多企事业单位,这些单位对学校教育也会提供丰富的教育资源产生很大影响。区域教育生态圈的生态在一定程度上受到家庭环境结构的影响。随着社会的发展和经济的发展家庭结构也出现很多变化,人口导出入地区的生源变化也较大。区域教育生态圈营造要充分考虑社会教育结构和家庭教育结构,引导社会各界和家长参加区域教育生态圈的营造。

3. 生态三要素的中介结构

学校群落互动结构与三位一体的交融结构是通过各种不同的微结构联系起来的中介结构进行物质、信息与能量(三要素)的运动,形成生态功能的实现机制。依靠生态中三要素不断的输入和输出过程中的涨落、自组织促进教育生态圈的有序和稳定,最终实现它基本的功能。

生态系统中物质是提供营养物,学校的各种专用教室、教学设施不仅是物质,也是信息的载体,它提供了教育生态中师生成长发展的"营养"。教育生态系统中的心理能量、文化能量都是很强的能量。学校主要以课程信息实施教育,学校教育生态通过各类信息传递实现其教育功能。通过"营养结构"来实现集聚作用于师生,实现教育生态的动态平衡。教育生态系统还有价值流、知识流、能力流的富集递增,从而使教育生态系统在整体上实现"育才"的目的。作为一个教育生态圈,必须要有使生态育才功能得以良好发挥的良好环境条件,以及驱使内部运行机制起动的物质流、能量流、信息流长流不息。

区域教育生态圈生态三要素的中介结构主要的微结构:

● 形态结构:各级各类学校所提供的不同层级的教育,包括学前教育、初等教育、中等教育、高等教育等,反映区域教育生态的结构性均衡程度。

● 地理结构:生态圈内教育机构与人口分布和配置。这个结构显示教育布局的合理性、教育与人口分布和经济发展的适应性。

● 组织结构:区域教育生态圈的组织管理机制,是否能适应区域教育发展的领导管理。

● 资源结构:区域内学校的教育资源配置合理性,以及教育资源是否流动,能否共享。

● 人员结构:学生结构合理性;学校管理人员、教师结构的合理性,年龄结构、职称结构、性别结构等,是否形成教师、管理人员流动机制、培养机制。

● 文化结构:区域教育文化发展状态、学校主流文化的同质性与学校文化个性化发展的协同结构完善程度。

上述微结构的联系形成了区域教育生态基本形态,如图所示:

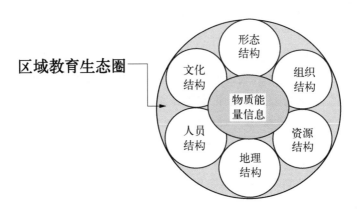

区域教育的生态功能是建立在稳定的合理的教育生态结构基础上,区域教育生态圈的各种生态要素是其功能正常发挥的基础和条件。其核心功能是育人功能。在生态三要素的中介结构影响和作用下,生态圈内部的三位一体的交融结构、学校群落互动结构从不同角度进行运转,使物质流、能量流和信息流源源不断,价值流、知识流、能力流富集递增,从而在整体上使区域教育生态圈产生巨大的生态功能和效应。

(三)区域教育生态圈的三支持

1. 政策性支持

区域教育生态圈中的关键层面——区域教育行政部门、区级教育指导服务机构依法管理与领导区域教育生态的营造与修复。从领导力的生态学思考,我们试图通过在纯粹理论和生态观点可能产生的桥梁之间建立一个新的范式来指导领导理论的需要,以改善学校。区教育生态系统中教育行政部门主要通过政策性支持,对区域教育生态建设起着导向与引领,从公共管理走向公共治理。依托区域教育发展破解区域内薄弱学校、小规模学校发展困境,缩小校际差距,激活人力资源,实行学校间教师的柔性流动,激发学校自身发展的内驱力,从而实现全面构建人本、和谐、开放和可持续发展的教育生态圈的目标。其次,区域教育行政部门制定相应政策,引领教育生态建设从支持基本均衡提升到支持优质均衡的发展,提供教育经费支持,充分发挥并整合各校的优质资源,坚持均衡优质的价值取向,促进学校之间"共性"与"个性"并存,提高每一所学校的办学水平。

2. 专业性支持

区域教育生态的支持性还表现在专业上。美国堪萨斯大学 Bruce D. Baker 指出,"把学校转变成孩子们茁壮成长的育人环境,意味着我们已经设想了创造他们所需要的能力、行为和领导力。"在区域教育生态发展中,专业支持主要表现在办学上的专业支持,发挥教育指导部门专业引领作用。在课程建设上督导与指导学校制定符合课程标准的课程计划,推进学校课程教学改革。加强区域的教研、科研的专业引领与交流共享,形成区域专业支持的机制,建立教育区域协同发展机制与资源共享机制。同时,区域教育生态圈的学校群内生性支持也是一种重要的专业支持,主要以师资流动、合作教研、教学观摩等形式进行专业上的互动。

3. 协调性支持

区域教育生态中的非生态现象往往与教育失衡有关,学校之间的发展不平衡是常见的。区域教育生态需要提供协调性支持。不谋全局者,不足谋一域。可以说,区域协调发展不仅是局部问题,而且也是关系全局的问题。协调性支持要解决区域协作的"浅表合作",避免被动协调和不均衡协调,建立学校群体共生共赢机制是必然的需要。例如,建立区域学科教师联合体、区域心理辅导协作中心等专业平台。要解决区域协作所面临的资源瓶颈,以发展任务或解决问题为导向实施精准协调,建立各类教育协调发展长效机制,完善资源配置与利用的协调性。区域教育类型多样性,空间布局、运行方式不同,要关注区域整体协调性,优化教育资源区域布局,提高区域各级学校的有效衔接和结构平衡。区域教育生态圈的协调要关注区域整体利益与学校自主发展的利益平衡,使协调各方的利益一致和共识,着眼于各类学校合理布局、优化结构,城乡之间、区域之间教育均衡发展。

四、3S区域教育生态圈的环境系统

区域教育生态环境由自然环境、社会环境和规范环境三种环境融合而组成一个统一体,并相互作用,从而在由它们构成的更大的教育生态系统中保持平衡关系。我们应该以生态理论的观点和方法,来研究教育生态圈的现象、特点和规律。

区域教育的发展离不开教育的生态环境,两者之间存在着协调发展的关系。我们可以从外部环境因素,以及个体的内在环境因素,对3S区域教育生态圈的生态环境因子进行分析,研究与把握各种生态环境与教育发展的相互关系和其作用机制。

(一) 教育生态圈的自然环境

区域教育生态圈中的自然环境包括非生物环境(如大山河流、学校硬件、校园绿化等)、生物环境,如湿地。自然环境不仅是师生学习和工作的条件,也是丰富的教育资源,例如滨海的学校可以开展"走向海洋的教育"。区域教育与自然生态之间的关系是动态平衡关系,自然生态系统的发展会影响教育布局、教育内容、教育结构和教育方式的变化,这种变化反过来又会使自然环境不断发展。

（二）教育生态圈的社会环境

社会环境是区域教育生态圈的一个重要环境。区域社会风气直接影响该区域儿童的成长。加强区域教育生态圈对学校、家庭与社区的教育合力，让学生浸润在区域尊师重教的社会环境之中。社会要多创设儿童成长所需要的校外活动场所与机构，改变成人会所繁多、儿童活动中心稀缺的状况。发挥区域教育生态圈的整体优势，实施家庭教育指导工作，对区域教育中的家长分阶段实施指导，提高家庭教育指导一体化的程度。区域人口结构影响区域教育事业的发展规模与结构，要根据人口分布的态势，规划区域各类学校、幼儿园的数量和分布、学校的招生数等。

（三）教育生态圈的规范环境

区域规范环境对民众在精神上起着重大影响，同一定地域里的文化密切相关。区域的社区次级文化通常是社区成员由于社区地理环境、传统的风俗习惯、宗教、民族、职业等因素而形成的被社区成员普遍接受的思想意识、道德观念、价值取向、行为模式以及生活方式等。在文化的普遍化过程和地方化过程中起到了独特的作用，弥漫在整个社区，不是一所学校所能代替的。教育生态圈不仅要积极关注其规范环境对教育的影响，也要积极通过学校办学活动主动服务于社区建设。区域教育生态圈在创设尽可能多的学生社会实践条件同时也丰富了精神文明活动与社区文化生活。

（四）教育生态圈的心理环境

区域教育生态圈是学生、教师与教育管理者的心理生活空间。社区公众心理对区域教育生态的建设有着很大影响，尤其是社区成员对教育的要求以及子女成才的期望，对社区里的学校教育质量表现出强烈关心，学校在树立公众形象过程中提高教育质量的同时，引导他们从学生健康成长角度对学校作出社会性评价。这种价值舆论更是直接影响学校的办学，对学校的生存与发展起着制约作用。区域教育生态中的学校对其周围学校的办学方式等是很敏感的，容易产生仿效，这种非控制性的模仿方式具有自主选择性，适合区域教育系统的自组织，即协调型工作。

区域教育生态圈是中观的教育的生态系统，以教育机构作为主体，围绕着生态的圈层，形成多因子综合影响和相互作用系统。区域教育生态圈不仅有层次结构，而且有其纵向索道和横向渠道，从自然的、社会的、规范的环境中获得能量、物质和信息，然后通过教育活动，使教育对生态环境作出反应，产生积极的影响。区域教育生态系统以自然界和人类社会作为自己存在的环境，优化教育生态系统必须按照一定的教育生态目标稳定有序地发展，从无序到有序实现可持续发展是推进区域教育的决策思想。

第二节　区域教育生态圈的建设方略

一、区域教育生态圈的体制、机制与制度建设

区域教育生态圈有着基本的生态属性,也是一个人工生态,有着与自然生态不同的社会属性。在区域教育生态圈的建构中,我们必须以生态的基本规律与教育规律来指导区域教育生态圈的建设,使区域教育共同体的体制、机制与制度更生态化,从而更好地发挥区域教育生态圈的功能。

(一) 共同体的领导体制

优化区域教育生态,采取多种方式建构学校共同体。学校教育共同体是聚居于一定地域范围内的学校群落在共同目标下对发展教育有着文化认同上的自觉,有着一致和谐的办学行动的共同体。共同体的领导体制应适应区域教育圈与学校群落的营造,能使各参与的机构民主平等地参与共同体,积极自主与合作地营造和谐的区域教育生态。

教育共同体的领导方式是多元化的,具有更大的适应性。有的以一所公认的学校主导,参与联动的小规模学校抱团发展;有的依据地理位置的特点,实施中小学跨学段教育联盟;有的以特色项目学校为龙头的特色教育联合体。不管采用哪一种体制,都是以共同体的领导为体制(这里强调的是"领导"),这有利于学校群落的教育生态圈整体性共生发展。这种共同体的体制以学校为主体,教育行政部门与社区参与。教育共同体是一种中介结构。其特点之一是要素决定结构,要素表明这种共同体是教育生态系统内外的关联性质。这种共同体的结构决定了其必然是开放的。第二个特点是这种共同体的运行主要是协调性的,这是因为区域教育生态圈的性质决定了其管理行为的性质。教育共同体不是一级政府或者教育行政部门,而是中介结构。因此,教育共同体的领导体制一般成立共同体委员会这样的中介性质的机构。这是在区域教育行政部门领导和共同体所在行政部门协调下的以学校为主体自主发展的一种协调管理机构。

(二) 共同体协调发展机制

区域教育生态圈的共同体机制建设中,首先要加强运行机制建设,社会参与共建生态,促进教育与社会协调发展。

1. 健全教育生态圈的运行机制

区域教育生态圈发挥区域自身的积极性,在运行中增强共同体的凝聚力,这

种运行应该做到三性:

(1)教育的针对性。针对当前学校教育改革和素质教育的实际情况组织教育活动,使共同体成员认识到共同体的活动必要性、贴切性,增强主动性。

(2)教育的实效性。能紧密结合共同体工作特点开展教育活动,这类活动应减少烦琐与重复,使活动具有吸引力而且行之有效。

(3)教育的启示性。共同体等各类型学校组织的开放性活动必须对共同体成员有所启示与帮助,甚至有示范性,能推动整个区域教育。

2.完善教育生态圈的保障机制

区域中教育共同体的生态维护与发展需要良好的保障机制。要通过一定的参与机制激发各学校积极参与共同体活动。学校领导与教师要不断提高认识,更新观念,打破传统教育的思维定势,从各个层面关心、支持教师参与共同体活动。

建立共同体教育生态营造的激励机制。共同体教育生态营造是一项新的工作,对在共同体教育生态营造中作出积极贡献,开展教学、教育展示与组织学生活动的教师,以及对共同体工作有所开拓、创新作出成绩的人员应给予表彰与奖励,激发教师的成就感,使各校师生更积极地投入到共同体的活动中去。

(三)共同体的协调制度

区域教育生态圈中的共同体工作必须要有一定的制度来规范,建立和健全有关共同体的制度,包括制定共同体章程与办事条例。在相关章程与条例中明确共同体的宗旨、组织机构、任务,成员单位的权利与义务以及经费等问题。通过这些制度明确共同体领导机构的职责,确定其主要工作:(1)审议和通过共同体教育发展规划;(2)制订学期共同体工作计划;(3)对共同体工作与各种教育活动进行组织、协调和指导;(4)对共同体内优秀教职工、学生以及积极参与学区工作的成员给予表彰;(5)定期研究与总结共同体的工作;(6)推举教育共同体领导人员,定期换届;(7)共同体学校专项或者专题交流、展示;(8)其他。但是这些工作的重点是调节各参与学校关注学校与学校间、学校与教育共同体间的关系与状态,即教育生态问题,而不是只关注技术性问题。要抓住教育生态的本质,促进区域教育生态化,使区域教育的生态特征越来越凸显。

二、区域教育生态圈的建设策略

区域教育生态圈营造作为推进区域教育均衡、实施教育生态化、实现教育可持续发展的重要路径,已经引起广泛重视与研究实践。我们必须对区域教育生态圈建构的思想观念、方法进行行之有效的探索,确立区域教育生态圈发展的策略。当我们把区域教育生态圈看作学校办学的拓展,看作我们教育共同体的一种组织形式时,我们必须提供各种可选择的策略。区域教育生态圈的发展策略以生态思想观念的确立为关键,以区域教育生态圈的可持续发展为目的,提出了与"层次、结构、支持"的3S模式相适应的"意识领先、全面协同、多元发展、项目推进"的整体策略。

(一)强化意识策略

区域教育生态建设的主体是师生等,其每一成员(个体与学校)都应具有区域教育生态圈(系统)意识。这表现为两方面:一是区域教育生态圈的归属意识。增强生态圈中学校与个体成员的生态共同体意识,具有把自己归入这一共同体的归属心理。这种心理既有对共同体身份的确认,也带有个体的感情色彩,包括对区域教育生态圈工作的投入。这种归属感是区域教育生态圈形成和发展的重要因素。一般来说,区域教育生态圈内的成员间关系越好,对区域教育生态圈环境的满意程度越高,归属于该区域教育生态圈的时间越长,参与区域教育生态圈的活动越多,对其归属感就越强。在区域教育生态圈的建设中,要突出教育内部的功能,加强共同体的平台与组织多样活动,促进成员间的联系与交流,使他们在共同体中获得发展,享受到实惠,提高成员对区域教育生态圈的满意程度。二是区域教育生态圈的参与感。增强区域教育生态圈成员的责任意识,让成员主动地参加共同体活动或事务。区域教育生态圈建设的参与是一种非行政指令下的参与,意味着其成员对区域教育生态圈责任的分担和成果的共享,它使每一个成员都有机会为获得共同利益而施展和贡献自己的才能。区域教育生态圈的参与是对各种决策及其贯彻执行的参与,是区域教育生态圈的民主管理的结果,要让每一个成员都有机会表达意见,维护自己的利益。

为教育生态圈成员提供参与机会是发展区域教育生态圈的重要方法之一。参与本身是一种新的价值和目的,参与的根本原因是共同体成员与区域教育生态圈的利益相关。端正参与的动机与给予选择权利不可偏废,共同体成员的选择必须承担选择后的权利与义务。有效的区域教育生态圈的参与,取决于信息的畅通、付出精力和时间的志愿,以及对成员自我发展的需求等。在共同体信息传播的过程中,对其成员会产生新的影响,或是形成一种协力,推动区域教育生态圈的进步,取得良好的社会效应。

(二)引导支持策略

引导支持策略是指在区域教育生态圈范围内通过政策导向,采取多种支持性举措促进区域生态各要素集约形成合理结构,取得最大教育功能。引导和激发区域教育生态圈成员的支持行为,使其与区域教育生态圈的发展相一致,是区域教育生态圈发展的有效保障。引导支持策略的主要原则与内容有:

引导性原则。在区域教育生态圈中基于生态原理,建立相应的规范和规则,包括创造一种支持性的政策、制度环境。区域教育生态圈的横向格局关系,彼此之间相互协作,但不是隶属关系。共同体管理层要及时了解各成员校问题与困难,通过协调,相互支援,共享资源。这种横向格局的功能关系主要表现为各成员从不同方面承担义务。发挥教育生态圈这一共同体的中介作用,通过区域教育生态圈内成员之间的共存关系和协调方法来维持与增强共同体的功能。

激励性原则。在共享区域教育生态圈有形资源的同时,开发无形资源,激发成员参与生态圈活动的积极性和创造性。通过民主激励,有助于集中学校群体智慧,形成最佳决策;参与决策,有助于产生共同体心理认同;发挥成员的聪明才智,有助于成员成长;促进心理相容,有助于共同体良好心理气氛的形成。

协变性原则。心理学的研究表明,协变竞争能增强动机,释放平时没有发挥出的潜在能量,激发出积极的心理状态,具有激发主动性的功能。共同体可以组织学校与师生不同层面的内容丰富的竞赛活动与自我比照,以此更好地激活与增强学校办学能量。共同体管理层应该运用多种形式肯定成员学校的工作,对符合学区价值的成员予以鼓励,并激励其他成员效法,强化共同体的正面价值观念。

在区域教育生态圈的建设中,支持策略运用表现在通过学校、教师、学生、家长、社会人士形成多层次的民主管理网络,区域教育共同体可协同该区域的中小幼校园长联席会议、教师教研中心、家庭教育指导服务中心、志愿者服务中心等开展活动。不同层面上的民主管理形式对共同体的可持续发展有很大的作用。

(三)多元发展策略

不同的区域教育生态圈存在着差异,因此区域教育生态的建构不能一刀切,应该采取符合多样性、适宜性生态原则的方式推进。在区域教育生态圈营造上大力推进教育均衡、城乡兼顾,合理配置资源;以管理模式创新教育共同体管理;增强教师流动,优质资源校际共建共享;聚焦内涵发展,尊重差异,实现共性与个性的有机结合,以多元化方式推进共同体共建。区域教育生态圈是一个开放的系统,需要不断地进行校际交流,与社区保持互动,发挥学区的教育功能。

1. 生态圈的教育功能多元化。区域教育生态圈所处的社区背景不同,它们的教育结构、层次和发展态势也各有侧重,依靠各自区域丰富的教育资源,特别是独特的教育资源,可以多方位、多角度地营造区域教育生态,形成自己的发展模式。

2. 生态圈的发展路径多元化。区域教育生态圈内各校、园都有自己的特定资源,校园之间的联合也趋于多元化。学校的发展各有自己的指向,生态型学校创建的突破口与抓手也不同,可以从课程生态、文化生态、德育生态、课堂生态、管理生态等不同方面着手。由此形成共同体中学校的多元发展路径,可以互相学习、互相共享,实现共生。

3. 生态圈的合作方式多元化。区域教育生态圈里的学校之间以一定的合作方式联合,有"参与式""中柱式""志愿式""互惠式"等。参与式即将自己置身于区域教育生态圈的环境与活动中,把自己作为区域教育生态圈的一员,参加区域教育生态圈的各项管理与教育活动。中柱式指某学校在生态圈中作为"优势种"(dominant species),即通常说的名牌学校、示范性学校等,对学校群落结构和学校群落环境的形成有明显影响作用。这种学校有良好的办学经验与办学能量。同时通过教育生态圈促进部分学校尽力向减小生态位势方向演替。志愿式即由共同体牵头组织共同体内成员,尤其是教育骨干,志愿对共同体内的教育活动进行组织、辅导等。互惠式即本着共同体内学校间、学校与社区间互惠互利的原则,构成区域教育生态圈的支持与共享机制。

(四) 资源共享策略

资源共享是区域教育生态圈的优势,也正是通过资源参加了生态圈中的物质、能量与信息的流动与交换,实现教育生态的多样性、适宜性与共生性。

区域教育生态圈比单个学校无论从硬件上还是软件上都有着丰富的教育资源可共享。教育生态圈有着超越学校内部的教育资源,例如电影院、影剧院、音乐厅等文化场所,对青少年进行教育的各类教育基地、学生社会实践基地,如敬老院等。这些教育场所的教育资源正是学校所缺少而又必需的,这是实现教育资源共享的基础。通过共同体协调使教育系统内部与外部资源共享。资源共享有五种基本形式:学校开放型、规划共享型、服务联合型、共建联组型和社会组织型。

学校以及各教育领域子系统有自己的工作范围和专业,具有各自的特点,从而形成各自的优势。通过共同体的交互,强化横向上资源沟通发挥作用。优势互补在软件上表现为师资、信息、科研等方面。优势互补、互联互动有两大类:第一类是教育系统内部学校之间开展优势互补。这种互补可以是同类学校之间的,如中学之间,因为这类互补有一个共同的基础,即学校需求的相似性;也可以发生在不同类别的学校之间,如中小学之间、幼儿园和小学之间等,这类互补有一个特点,就是互补建立在学校的衔接性上。第二类是教育系统内外的互补,主要是学校和社区内的企事业单位、机关等互联互补。这种互补的意义在于它是异质互补。这种异质互补是改变教育封闭的必然。区域教育生态圈优势互补、互联互动主要有两种组织形态:第一种是"机构型",即依托优势学校组建某一方面的联合体,通过这些联合体发挥合作优势,例如某学区的心理健康教师联合体。这种"联合体"的优势互补有一定的组织机构支撑,有固定的场所作为活动的保证,有专门的人员开展工作,因此有人、财、物保障。第二种是"活动型",即区域内的学校根据需要,组织某种形式的活动,实现优势互补。

师资、信息、科研方面的优势互补、示范辐射。在区域内这三方面学校发展不平衡,同时区域内的科研单位、大学具有人才方面的优势,它们与学校关系紧密程度不同,这在客观上要求优势互补。区域教育资源共享,教师跨校兼课、流动常态化,校际教育教学观摩活动,交流教育教学经验,研讨学生教育等普遍化,例如一校邀请专家作讲座就可以通知其他学校来参加,教育信息共享。区域教育生态圈的建设使教育资源共享越来越深化。

（五）项目凝聚策略

区域教育生态圈作为一个社会生态系统需要目标愿景引领发展,以共同的价值观念与和谐坚定的行动推进其建设。目标引领下的价值认同与坚定行动需要中介才能实现。在实践中以项目凝聚成员学校,以项目协调行动,推进区域教育生态圈的共同体建设是行之有效的策略。

通过项目推进共同体建设的最大特点是任务明确,对成员学校共同关注的又需要解决的问题形成项目,有较为稳定的操作内容与共同实践,能很好地提高成员学校的参与度与主动性。通过共同项目使教育教学实践与研究主题化,有利于教学实践与研究的内容深化,改变过去浅尝辄止缺乏深度,也不易受短期任务冲击或诱惑,以一定时限内完成项目为共同目标。各学校在共同项目驱动下分工合作共同努力,成员学校容易有获得感、成功感,借助项目推进学校改革与发展。共同体项目的第二特点是推进项目的项目组是非行政性组织,是专业团队,根据需要组织人员,以增强项目实施的资源。这样的项目管理有利于共同体成员主动合作,适应共同体的教育活动工作。但如果没有明确稳定的载体,共同体缺乏纽带,就容易松散。运用项目推动策略时,选择好共同的项目有利于通过明确、有价值具体载体,在共同追求下凝聚起来。

第四节 家庭教育指导生态的营造

一、家庭教育指导生态有关概念的厘清

著名的"曼彻斯特调查报告"指出:"教育成功的至要因素在于家庭环境内,家庭因素的重要性几乎两倍于社区与学校两项因素之和。"青少年、儿童是在学校、社会和家庭三种环境下成长的。家庭教育生态是指以家庭作为范围,其家庭主体要素与家庭教育环境要素所构成的结构关系与所呈现的状态的总和。家庭教育生态对于孩子的成长和发展有着至关重要的作用,是家庭教育的基础,是家庭生态的一个组成部分。家庭教育生态包括家庭教育的各种因素,如家庭成员、家庭

结构、家庭文化、家庭教育等。"家庭教育与家庭教育生态互为双向作用,家庭生态在很大程度上决定了家庭教育质量。"(王钰城,1996)从家庭教育生态出发,可以比较全面地把握家庭教育的系统要素,把握要素影响的内在机理。家庭教育指导生态是以家庭教育指导系统的各种要素结构所形成的关系、所呈现出的功能、所产生的状态集合体系。家庭教育指导生态支持和服务于家庭教育指导,最终促进家庭教育健康发展。

20 世纪 90 年代初"家庭教育指导"这个概念正式使用,上海市教育局以规范性文件颁布了《上海市中小学、幼儿园家庭教育指导大纲》,标志着家庭教育工作进入了一个新时期,以学校为主的家庭教育指导工作蓬勃开展。家庭教育以及家庭教育指导还存在着不少误区。在谈论家庭教育指导时,往往会和家庭教育、家庭教育工作等混用。为了使家庭教育工作更规范化,应该对一些与家庭教育有关的概念进行厘清。

我们常常可以发现这样的说法:"家庭教育是学校德育的重要组成部分""家庭教育是学校教育的延伸",等等,这都反映了对家庭教育概念把握上的错误。家庭教育是指以家庭生活为基础,以亲子关系为纽带,家庭中的父母或其他长者对子女或其他下辈进行的教育。家庭教育指向对象主要是家庭里的下一代。家庭教育具有学校教育、社会教育所不具有的特点,它具有关系上的血缘性(非血缘家庭为亲子性)、生活上的依存性、感情上的私密性、交往上的紧密性、影响上的权威性、时间上的早期性、过程上的连续性等。家庭教育与学校教育是两种不同的教育,它所具有的特殊功能是学校教育不能替代的。家庭教育指导是指教师、社会工作者等对父母或其他家庭成员的家庭教育进行指导,提高他们的家庭教育能力的作用过程。家庭教育指导指向对象是家庭中父母与其他长者。这两者的最终目的都是为了培养出社会所需要的人才。在任务上,家庭教育的任务是促进下一代的社会化,使他们健康成长;家庭教育指导的任务是帮助家庭中的父母等长辈树立正确的教育观念,掌握科学的育人方法,提高家长的素养。在作用点上也不同,家庭教育作用于其子女的成长过程中,而家庭教育指导作用于家长等对下一辈的家庭教育。家庭教育工作是指涉及家庭教育的各项工作,包括对家庭教育的宣传、指导、管理、研究等和家庭教育指导工作的宣传、组织、管理、研究、评估等。这个概念指向的对象是从事家庭教育工作的成员。家庭教育指导是家庭教育工作中的一部分,但在实际工作中,不少人把家庭教育工作和家庭教育指导工作当作一回事,这样的认识在实际工作中使家庭教育工作窄化。

家庭教育指导生态是指家庭教育指导系统中主体要素与环境要素的互动关系与功能状态的集合。它不同于家庭教育生态,也不同于家庭教育指导。

我们可以用下图来表示家庭教育指导生态基本框架:

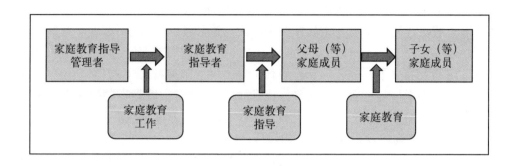

二、家庭教育指导的生态学认识

家庭教育指导离不开其生态,有的地区或学校家庭教育指导工作开展得不理想,究其原因大多是注重一些举措,例如家长讲座、成立家委会等,却脱离家庭教育指导生存与发展的生态,脱离家庭教育生态指导家庭教育。儿童的发展必须有良好的教育生态环境,著名教育家、人类学家布尔诺(O. F. Bollnow)教授认为"教育并非建立在一无所有的空间里,或只为某一个人,而是建立在生活的体系之中,教育并非抽象的命题,而必须是相互关联的把握。"

社会生态观认为家庭教育是人与社会环境相互作用的结果。个体的人生发展轨迹从家庭出发,交织在家庭与社区,与社会物质环境、文化环境等诸方面、诸因素构成的复杂关系网络中。这些因素间的相互作用,促成个体—家庭—社会整个多层次系统的生态运动。父母和子女生活在邻里、社区、同龄伙伴、学校等微系统中以及受工作单位、政府、媒体机构、社会公共设施等外系统的影响,更为社会经济、文化结构、宗教、意识形态等巨系统的调控。受巨系统和外系统影响和调控的微系统的因子相互关联组成中介系统。正是这个中介系统的质量和数量对父母和孩子的社会化发展产生关键的作用。中介系统为家庭教育提供一定的政治观点、经济价值、道德价值、审美价值等,形成父母和孩子人格结构中的基本成分。家庭教育指导对家庭教育影响的机制是由社会发展的需要和接受指导者的发展需要之间的矛盾运动决定的。家庭教育指导促进家庭教育必然体现了家庭教育是在社会制约下实现的,不可能脱离社会的制约而实现。只关注个别家庭成员,如父母或孩子在家庭中教育或受教育的情况是片面的,必须用社会生态观点把家庭中父母和孩子的双向互动放在社会生态系统的环境中来认识,才能使家庭教育指导工作有实效。

O—T互动理论认为学校、家庭和学生的这种"T"字结构是在社会—社区环境的互动条件下发挥功能的。这样的结构是一种层次不同的异质结构和复杂的联结,社区、家庭与学校连结的质量越高,对学生产生的教育作用就越大,并认为家长在社区中以家庭生活为中介,在家长和孩子的双边的互动中,对孩子的社会化起着正或负作用。生活在定居社会中的人总是和社区相关,不存在离社区索居的、孤立的人。在整个个体的发展过程中,社区一直起着终身社会化的作用,也就是说儿童的发展离不开社区。家庭教育指导不可能脱离社会生态,必须由一元化的封闭式变为学校与社会参与的多元化开放式,以提升家庭教指导生态化水平。

家庭教育指导生态的认识与实践上存在着以下四方面误区。①

误区一:家庭教育指导主体上的误区

1. **家庭教育主体的误区。**对家庭教育的概念和地位的错误理解,导致了实践上的偏差。相当一部分教师把家长叫到学校,要求家长配合学校抓好孩子的成绩,教师抓智育第一,家长奉命办事,家庭成为第二学校。学校教育和家庭教育在教学目标上是一致的,应该形成合力,互相配合,但并不是意味着家庭处在被学校支配的地位,家庭环绕着学校转,这就导致家庭教育本身的任务和要求被忽略,家庭教育特有的教育规律被忽略,这是家庭教育指导工作中"学校中心论"的反映。目前存在的家庭教育和学校教育功能的异化,是家长、教师角色的错位。学校教育与家庭教育应各司其职,各尽其能。

2. **家庭教育指导主体的误区。**家庭教育指导的主体关系是指导者与家长的主体间性关系。有的只认为班主任是家庭教育指导的主体。在实践中就发生教师和家长地位的不平等,教师居高临下,常常出现训斥家长的情况。家长尽管是指导的对象,但具有主体性。在指导过程中家长并不是消极地接受指导,他们有自己的观念、价值取向、经历等,他们总是要主动地通过自己能动的实践活动参与指导过程,这就决定了在指导过程中家长不仅是指导的对象也是指导的主体。不同于一般的实践对象,家长有强烈的自主意识,有独立的人格尊严,家长在指导过程中的一切行为(是否愿意接受指导、愿意接受何种程度的指导)都受家长自主意识和人格的支配,对指导的反应会根据自己的观念作出选择。因而指导过程中必须以家长自身活动的参与为中介,才能使指导的影响转化为家长的意识,纳入其主观世界中。家长接受指导的过程不单纯是一个由外向内的传导过程,也是一个由内向外的主动作用过程。在这过程中家长有关家庭教育的知识、经验、能力的获得需要家长自己的主体思考和自觉能动的实践活动,所以外部的指导活动与家长的主体活动联系起来才能实现指导的作用。指导的主体性包含着密不可分的两层含义:① 指导活动者的主体性表明人在活动中的地位和作用。② 活动形式呈现的主体性表明指导活动的实践关系和特征。主体是活动的主体,活动是主体的活动。对指导主体性可以这样理解:它是指导的主体通过指导活动展示的自

---

① 王钰城:家庭教育指导误区的理论认识,家庭教育指导,1995 年第 6 期.

主性、自觉性和创造性。这就是要从生态的本质上把握主体与环境的互动关系，从而确立家庭教育与家庭教育指导的主体关系。家庭教育指导工作应该建立在确认家长是指导的主体这一思想上，谋求和许多家长建立教育伙伴关系，是一种提供丰富的服务、传播许多信息和关心家庭的支持关系。

误区二：家庭教育指导的价值取向上的误区

家庭教育指导的学校化取向突出表现在配合学校，以学校教育评价家庭教育，以学生成绩评价家长，忽视家庭教育特质，客观上家庭教育成了学校教育的延伸。在指导工作中，以学生学校里的成绩作为其在家里是否好孩子的标准，忽视学生在家庭生活中的道德表现。家庭教育指导的取向应以家庭教育的特质为基础，以家庭教育的价值为标准。例如：亲子关系良好与否是评价家庭教育的指标之一。有实验表明家庭共同反应少的，子女异常程度高。不健全的家庭结构、不正确的家庭教育态度和方法以及内容是学生中存在心理异常表现的重要原因。因此忽略家庭自身质量与亲子关系的家庭教育指导是有着明显缺陷的。

误区三：家庭教育指导学校教育化倾向

这种家庭教育指导的内容、方式、语言和思维等都是学校教育模式的翻版，在具体的指导中注重家长配合学校教育，就事论事，重点在一事一指导的教育方法上，因此指导的实效性不理想。这种学校家庭教育指导内容大多是关于学习方面的，例如，如何指导学生学习，甚至要求家长出试卷、给孩子布置作业、批改孩子的学校作业等。而对基于家庭问题导致学生发展的困难缺乏应有的觉察与指导。家庭教育指导的话语体系完全是学校教育学的，这样的指导缺乏家庭情境，显得苍白无力，隔靴抓痒，无专业性可言。家长与教师、学生是不同的社会角色，家庭教育应跳出学校教育的圈子，应多注意家庭教育失误的家庭质量方面的问题。

误区四：家庭教育指导的理论基础上的窄化

以学校教育学的一套作为家庭教育指导工作的理论基础，导致实践偏差，值得引起我们关注。家庭教育指导的学科性质是综合性的、广域性的。家庭教育指导的理论基础应该是社会学、生态学、心理学与教育学等，并将这些基础理论运用于家庭教育工作上，具体学科为家庭学、家庭社会学、家庭生态学、家庭心理学、家庭教育学、家庭伦理学、家庭管理学与其他与家庭教育相关的学科。通过运用这些学科理论，分析家庭及家庭生态环境中各种因素的作用特点、作用形式、作用大小，认识家庭教育中的现象、问题的形式和变化的规律，使家庭教育指导工作建立在更坚实、更科学的基础上。家庭教育指导学、家庭生态学都应该得到重视。社会学也是家庭教育指导的理论基础之一。家庭是社会群体，是以婚姻为基础、以血缘或法律为纽带而形成的社会生活的基本单位，是社会最微小的细胞。家庭教育同样受社会制约。教育是家庭的重要的职能之一。从社会学的角度出发，家庭教育指导有两个基本的观念：终身社会化发展观和社会生态观。

在心理学中对家庭教育指导影响较大的是社会心理学、家庭心理学等。从社会心理学的社会与个体相互作用的观点出发，从整体上把握家庭是一种社会群体，从家庭组成上把握父母和子女又是两类群体——父母群体和子女群体，在实施家庭教育时父母和子女之间形成了特定的家庭教育心理。例如，社会心理学的人际沟通分析（Transactional Analysis，即 TA 理论）在家庭教育指导中具有很大的实用意义。TA 理论认为人有三种自我心态，以权威和优越感为标志的父母自我心态，以服从和感情为标志的儿童自我心态，以客观性和理智感为标志的成人心态。在家庭教育指导中，我们往往可以看到有些指导者以父母自我心态出现，他们的批评性最强，在指导时盛气凌人，指手画脚，是一种命令式的指导者，这使被指导者对他们敬而远之，惧而远之。还有些被指导者，他们的儿童自我心态很强，在指导交往过程中，听从指导，显得毫无主见，是一种服从型的被指导者。总之，社会心理学为家庭教育指导提供了理论支持。

人生发展心理学的理论对家庭教育指导学的影响也是很大的。人生发展心理学认为人有着人生发展周期（Life span development），人的一生都在不断发展。家庭教育指导的主要对象是成年人，过去我们主要把他们看作是孩子的教育者，而忽视了他们同样也有人生的发展任务，这些任务对其子女的教育有着十分重要的意义。因此从这个意义上来讲，父母也必定是一个受教育者。再加上由于当前独生子女家长的普遍性，在家庭教育上存在着"一过性"，缺乏家庭教育经验现象严重。同时作为家庭教育指导者同样存在着这个问题。当前中小学、幼儿园中家庭教育指导主要由班主任承担，其中年轻班主任约占 65％以上，他们还没有婚姻或生育孩子的经历，对于家庭生活和家庭教育缺乏心理体验与实践经验，他们的人生发展任务还没有完成，在家庭教育指导中往往对一些由于婚姻和家庭矛盾引起的家庭教育问题不能觉察或给予指导。20 世纪 80 年代的晚婚以来，使相当一部分母亲在进入更年期时，她的孩子也进入了青春期。更年期的母亲容易激动，而处在心理学上称为心理危险期的青春期的孩子，更是情绪容易激动，激动的母亲和激动的孩子不是会使家庭容易处在动荡不安之中吗？因此家庭教育指导工作者必须掌握人生发展心理学的理论才能更好地开展工作。

三、家庭教育指导的生态化

健康的家庭教育需要家庭教育指导的生态化。从 20 世纪 90 年代起笔者探索家庭教育指导工作生态化的路径，以求突破囿于学校教育的困境，提出了家庭教育指导社会化这个问题。家庭教育指导工作要符合社会、家庭和学校多边互动的规律。学生家庭内部成员之间的影响是多边互动的，外部的社会因素对家庭的影响也是多边互动的。在学校、家庭和社会三者中任何单边影响都是有限的，因而必须教育社会化。同时还认为家庭教育指导工作要符合家长的年龄特征和终身教育的规律，根据家长不同的生理心理特征在内容上方法上有区别地进行指导，提高家长的素质，不断提高其科学育儿的能力，实现社会教育化。使家庭教育指导更具适切性、多样性、开放性、系统性，全面提升生态性水平。家庭教育指导实质上是教育社会化、社会教育化，这"两个化"是建立在大教育生态之上的，家庭教育指导生态化是必然的，而其社会化是实现家庭教育指导生态化的必由之路。

传统的家庭教育在观念上存在着冲突。当前相当一部分的家庭教育由于封建主义的影响，被看作为家庭私事，家庭教育中存在着严重的功利化倾向。在家庭教育各自为政的封闭式的情况下，一旦人们发现家庭教育的社会价值时，往往会感到无所适从，家长的教育观念和行为常常陷于正确和错误的冲突中。从社会角度来思考家庭教育指导，随着父母离异家庭的增加、随迁子女学生的增多，社会性问题在家庭教育中反映明显。家庭教育指导的理论和实践滞后于社会发展的需要。学校指导家庭教育的模式有其薄弱的一面，不应是唯一的模式，应该积极探索多种指导模式互补。这是一种生态思想的思考，目的是突破家庭教育指导的单一性、封闭性，以现代生态观建构符合生态规律的，具有开放、适宜、多样、民主、共赢的生态特征的社会指导模式，是一种基于生态学的思考和新的探索。

家庭教育指导社会化是国际趋势。第 44 届联合国大会一致通过了《儿童权利公约》，规定了缔约国应采取适当的立法、行政、社会和教育措施，保护儿童在法定监护人或其他任何负责照管儿童的人照料时，不受到任何形式的身心摧残、伤害或凌辱，忽视或照料不周。1990 年 9 月，纽约联合国世界儿童问题首脑会议通过的《儿童生存、保护和发展世界宣言》中规定："我们将努力做好工作，从而尊重家庭在抚养儿童方面的作用，并支持父母、其他保育人员对儿童从早期童年至青春期的养育照料。"《执行 20 世纪 90 年代儿童生存、保护和发展世界宣言行动计划》中也明确规定："社会的所有部分都应尊重和支持父母和其他监护人在家庭环境中养育和关怀儿童的种种努力。"这些国际文件明确指出家庭教育指导的社会化问题。1992 年颁发了《90 年代中国儿童发展规划纲要》，明确规定了"发展社区，建立起学校教育、社会教育、家庭教育相结合的育人机制"，《纲要》指出在城市可以以社区为依托，向儿童的家长提供较全面的家庭教育知识和方法。

家庭教育指导社会化是在家庭教育生态环境中，通过主体确认和动态指导结合的主体—环境互动使社会化的家庭教育指导更符合生态特征：

第一，家庭教育指导工作的社会化是多向影响过程，有利于打破单向影响。

指导工作建立在指导者与家长、家长与孩子、指导者与孩子、家长与社区等多因子多向互动的生态关系上。家长接受家庭教育指导是在与社会双向互动中,经过自己的思考和主动的实践活动,以获得家庭教育的知识、经验和能力。加强家庭教育指导的社会化,即形式上和内容上的社会性联系,才能促进家庭教育指导的生态化。

第二,家庭教育指导模式是多元化的,不只是学校指导模式。除了学校的家庭教育指导外,家庭教育指导社会化是依靠社区或者社会,实施社会教育化,这表明了家庭教育指导的丰富性与开放性。

家庭教育指导力量社会化,可以由学校教师、社区的干部、退休人员、在职职工和有关工厂的工会干部等组成指导队伍。社区的人员具有丰富的社会经验和社会交往能力,他们又居住在本地区,对居民的家庭情况熟悉,他们本身大多数出身于多子女家长,家庭教育经历丰富,他们在家庭教育指导工作上具有优势。这些人员的组合可以使他们在家庭教育指导工作中两个层面上互补,发挥各自的优势。家庭教育指导工作社会化能充分动员和调动社会上的家庭教育指导的资源,让全社会参与,家庭教育指导工作的生态化局面就会形成。

第三,正确认识家庭教育指导的主体生态位。家长是家庭教育指导的主体,在家庭教育指导生态中有着一定的生态位。他们生态位的削弱或者消失必然导致指导工作的消亡。家庭教育指导者要摆正自己与家长的位置,平等地互相沟通,探讨家庭教育的问题,而家长作为家庭教育主体,他们的价值观念、行为,包括家庭教育的观念、态度和教育的方法都受社会制约。他们总是基于自己的观念、价值取向、经历等,通过自己能动的实践活动参与指导过程,家长并不是消极地接受指导。家长的家庭教育观念、态度和方法的改变必然牵涉到一个人的整个观念系统的结构改变,而观念系统的生成、发展和改变不可能脱离一个人的整个社会生活。认识指导主体与社会的关联,有利于我们在指导的实践过程中使外部的指导活动与家长的主体活动联系起来。

第四,家庭教育指导社会化建立在生态的系统思想上。家庭教育指导生态是其主体与环境的互动系统。生态系统观强调要素—结构—功能,为此家长、指导者这些主体要素以及环境要素的作用与功能,不能忽视其他作用于家长家庭教育行为、态度和观念的影响,不能忽视社区环境中的各种因素对家长的影响,也就是重视指导的生态环境对指导效果的影响,表征指导生态的系统性与互动性。

第五,家庭教育指导社会化是指路径上与社区、社会结合,指导内容上社会化更是要关注,从指导内容的教育视角走向更为开阔与深刻的家庭社会性与生态性上整合指导内容。

四、家庭教育生态营造的基本架构

家庭教育生态营造从内容、形式之间的交互形成的结构上表现出其生态系统功能。

(一)家庭教育指导的基本内容

1. **指导家庭调适**。这是家庭教育指导的基础内容,也是家庭教育生态的关键要素。家庭教育质量在很大程度上取决于家庭的质量,即家庭的结构、家庭人际关系、家庭的风气等。家庭中父母关系与沟通方式、思维方式等直接影响家庭教育,直接影响孩子个性品德发展。

2. **指导家庭教育**。这是家庭教育指导的重要内容。家庭教育由观念、态度与方法三个维度组成,家长的家庭观念决定其家庭教育观念与态度,家庭教育态度涉及的亲子关系传递家庭教育生态中的爱的能量、智慧的信息。亲子关系的指导是重中之重,家庭教育方法应该依据不同家庭进行选择,没有最好的,只有适宜的方法。

3. **指导家校合作**。家校合作重点在教育理念的一致上,当学校与家庭的价值观念与行为表现不一致时,学生往往感到迷茫困惑,引发价值冲突与行为冲突。学校要拓宽家校沟通渠道。引导家长积极参与家长会,讨论和研究共同教育学生。引导家长参与家长委员会工作,作为志愿者加入学校管理与育人工作中。

上述家庭教育指导内容可以构成家长教育的主要内容框架。家长教育是指对学生家庭中父母或其他监护人进行有目的、有计划的,培养社会所需要的家长的教育活动。家长教育可以分为广义的和狭义的。广义的家长教育内容包括有关家长、家庭教育、家政等,狭义的家长教育的内容仅指有关家庭教育的。一般的家长教育主要从狭义的角度实施。

(二)家庭教育指导的基本方式

家庭教育指导的方式应该是适切的、多样的、开放的,体现家庭教育指导的生态性。

1. **家庭生态营建**。家庭生态营建一般有两大类型,一是进行优化,这是对家庭结构健全、家庭质量良好的家庭生态不断优化。二是进行修复,首先是对受损的家庭生态进行修复,关注家长婚姻质量、家庭关系的调适,注重家庭沟通模式的重构,着力于家庭风气的树立,促进家庭生态健康。主要通过访谈,必要时进行家庭婚姻咨询。

2. **家庭心理咨询与治疗**。"家庭心理辅导是指以心理学和家庭教育指导学等为理论基础的,以家庭成员作为对象的心理辅导。它不仅是一种技术,把心理治疗在家庭中运用,而且更重要的它是有关儿童社会化和家庭教育指导的思

想观念。"①有些心理辅导工作者从事的家庭心理治疗,也称家庭治疗。家庭心理辅导和家庭心理治疗在本质上是一致的,但也有所不同,西方的家庭心理治疗比较侧重于对精神疾患者家庭和问题家庭的矫治,而我们的家庭心理辅导在范围上更宽一点,对所有的家庭给予积极的心理辅导,有利于提高家长的心理素质。

传统的家庭教育观念是,看到孩子的行为问题,一切都责怪孩子,总是认为孩子不好,而这些问题与家庭的特殊性有着密切关系,要教育好这些孩子不应仅仅针对儿童个人,应针对整个家庭。家庭系统中的一个成员的心理问题或问题行为都会削弱家庭的人际关系和功能的发挥,会导致家庭质量的降低和家庭教育作用的破坏。家庭个体的问题反映了家庭的问题,个体的症状是功能失调的家庭系统的症状,因此要改变家庭中的问题现象和问题行为不能单从改变一个成员入手,而应该以提高整个家庭功能作为辅导的目标。在家庭教育指导工作中家庭心理治疗的适应对象不仅仅是单个家庭成员,应该是家庭整体;不仅仅是问题家庭,而且还应该包括问题性家庭。对于家庭成员中有精神疾患者,家庭教育指导工作者一般不宜对这样的家庭进行家庭心理治疗,应该转介给专业的心理治疗单位进行治疗。

家庭心理治疗的方法选用,应该根据被治疗的家庭具体情况以及家庭心理治疗具体方法的适应"指症"来决定。认知疗法、结构疗法、心理动力学疗法、行为疗法、分析交流疗法。在家庭教育指导工作中家庭心理治疗的目的不仅仅是改善家庭结构和家庭功能,更主要的是为使孩子有健康成长的环境以及心理健康的家庭教育者——父母。在家庭教育指导工作中的家庭心理治疗应该注意父母的人格和这一人格对孩子的影响。要注意医学心理学原理和家庭教育指导学原则的整合。(王钰城,1997)

3. 家长教育

家长教育也称亲职教育,是非学历的教育,主要通过有关家庭教育的课程讲座以及指导活动开展,通过"以家庭教育为着眼点,以家长为切入口,以孩子为落脚点"组织展开。家长教育主要有以下形式:

(1)群体教育形式。最普遍的是通过家长学校组织的讲座与活动。家长学校是对在家庭里承担抚养教育子女责任的父母和其他长者进行系统的家庭教育指导的学校。较多学校的家长学校都有家长教育课程,按照学生年段安排家长教育内容,例如"初中生青春期家庭教育"等。亲子教育活动,家长和孩子一起参加的促进亲子关系发展的活动,促进家长对子女更全面、深刻理解,形成良好的亲子

① 王钰城:家庭心理辅导实施的研究,1998,载于《学校心理辅导研究》,上海科学技术文献出版社,2000.8.

关系。经验交流会,组织有一定家庭教育经验的家长交流,推广家庭教育中父母的好经验和好方法,促进家长间互相探讨。案例分析会,通过身边的成功的或者受挫的家庭教育案例,组织家长分析讨论,引发家长的教育思维。辨析讨论会,通过家长间共同讨论其关注的家庭教育问题,从认知上把握家庭教育的价值取向。团体心理训练,通过心理训练方法改变家长的教育观念和教育行为。

(2) 个别化指导形式。最为普遍的是教师的家访。这是十分重要而又应普遍采用的一种指导家庭教育的有效方法。这种家访指导富于情境性,便于指导者与家长在具体境遇下把握学生具体事实的教育意义与建构教育方式。家庭教育咨询,这是帮助家长释疑解难的有效途径,其形式有个别咨询、电话咨询、宣传咨询、现场咨询等,具有强烈的针对性。家庭教育巡访制,这是依托社区力量进行入户指导,对有家庭教育指导需求的家庭给予教育支持。网上指导,这是通过电子信件、微信等讨论和交换家庭教育的问题,具有及时性的优点。

(3) 媒体指导形式。这是当今发展较快的家长教育形式。除了社会上的家庭教育指导刊物以外,不少学校也有校本的家庭教育指导材料或者课程教材,这种方式的长处在于内容的系统性,家长可以自主把握学习的时间。不少学校利用信息技术的特点开展指导工作,学校在网站或者平台上专门设置学校家庭教育指导网页。

(4) 学习化家庭建设。这是通过营造家庭良好的文化氛围,促进家庭学习化,提升家庭教育的路径。学习化家庭是把学习作为家庭成员的基本需要,处于不断学习状态的家庭。学习化家庭应该是家庭成员具有尊重学习的价值取向;家庭成员树立终身学习的观念;家庭成员具有热爱学习的生活态度;家庭成员养成良好的学习习惯;家庭具有浓厚的学习氛围,重视学习交流;家庭重视文化学习的基本建设;家庭重视文化教育活动和消费。学习化家庭建设应该通过具体的要求来推进。学习化家庭的基本标准:a. 家庭成员都有明确的学习目标和计划;b. 家庭有丰富的文化学习活动;c. 家庭成员基本上有固定的学习时间(每天不少于一小时);d. 家庭中有父母和孩子的学习场所;e. 家庭至少有固定的阅读材料、报刊(不含手机中的浅阅读);f. 家庭每月至少有一次外出文化教育活动;g. 家庭每月购买书刊等学习消费占家庭总收入的1％以上;h. 家庭每月有一次学习交流,平时经常交流学习感受;i. 家庭的文化休闲活动丰富健康。[①]

(三) 家庭教育指导的主要模式

家庭教育指导模式是在一定的理论指导下,为完成家庭教育指导的目标和内容,对构成指导的诸要素,设计比较稳定的简化组合方式及活动程序。家庭教育

---

① 王钰城:学习型家庭的推进与指导,2000,载于《学习型家庭》,文汇出版社,2002.5.

指导模式作为家庭教育指导规律的具体体现,反映了家庭教育指导过程的基本理论框架,具有指导指导者与被指导者双向互动的功能。家庭教育指导的生态化的基本特征是多样性、开放性、民主性、共生性,其主要路径是家庭、学校、社区协同。其主要原则是家庭教育指导社会化,家庭教育指导工作不仅是全社会参与,包括学校、社区、媒体、相关组织和个人等,而且应以学生(孩子)社会化与个性化协调发展为目标。

1. 家庭教育指导社会模式

这是以社会为主对家长进行家庭教育指导,例如妇联,或者社区实施的,这个模式加强了学校、家庭、社会三结合教育中最薄弱的一环,即家庭—社会的联结,形成了社区教育、家庭教育与学校教育有效结合,具有空间上的广袤性、时间上的连续性、教育者全员性的时空人三维度的教育网络特征。依托社区是家庭教育指导社会化的一种形式,"家庭教育巡访员制"是一个实例。家庭教育巡访员由热心家庭教育指导工作并能胜任的退休人员、里委干部和在职人员担任。巡访员对居住小区内家庭的教育有监察、指导、协调和反馈四项基本职责。指导必须合法与家庭自愿,注意保护家庭隐私。家庭巡访员制依托基层社区具有坚实的社会基础,是提高家庭教育指导质量的有效途径,试验证明这个模式是有效的。家庭教育巡访制对家庭早期接受指导提供了一个途径,是一种很有针对性的分层分类指导的对策,也是一种对存在着差异的家庭教育进行面对面的个别指导的方法。

社会指导模式有利于社会参与家庭教育指导工作,学校也应当参与社区家庭教育指导工作,教师同家庭教育指导志愿者一起开展指导,互相取长补短,并发挥骨干作用。

2. 家庭教育指导学校模式

这种模式是以学校为主对家长进行家庭教育指导。它具有权威性、稳定性、长期性。这种模式主要依据不同年龄段儿童发展身心特征与家庭教育的特点,确定指导的重点内容。对学前期儿童的家长,应以"保教结合"为原则,着重于亲子关系的建立和幼儿第一反抗期教育指导,关注幼儿良好品德、生活卫生习惯的培养。对小学生的家长以道德教育和行为规范养成教育为主要内容进行指导。对初中学生的家长以青春期教育和公民教育为主要内容进行指导。对高中阶段学生的家长以人生观、世界观、价值观为基础的理想教育和择业教育为主要内容进行指导。同时针对家庭不同的发展阶段和不同的家庭类型确定指导的适当内容。针对家庭的不同发展周期和家长的不同年龄段所表现出来的不同家庭教育状况,运用社会学、心理学等开展家庭、婚姻和亲子关系的指导。针对不同类型家庭的特质和家长职业特点所制约的家庭教育,运用社会心理学等进行提升家长素质和教育能力的指导。针对不同类型的学生,可以有针对性地开展家庭心理辅导。

学校指导模式在指导形式上多样化有很大优势。学校根据不同的指导对象、指导内容,选择适当的指导途径和方法,对家长进行分类型、分层次指导。通过多种途径、多种形式,实施家长参与的开放式指导,依托社区,充分利用社区教育资源,运用现代科学技术手段,尤其要重视现代信息技术,来提高指导效益。开展指导时要注意一般与重点结合,提高指导工作的针对性;系统和专题结合,除系统授课外,要随着学生年龄增长进行专题辅导,并对学生的发展进行跟踪指导;点面结合,通过点上指导形式的试验,将取得的经验在面上推广。

学校家庭指导中以班级为主的指导模式也是十分有价值的。这是以学生班级为单位,在班主任和家长代表组织下,对本班家长开展家庭教育指导的形式。不少学校的家庭教育指导还停留在以学校为主的运作状态,多数家庭教育指导由学校出面组织,班级主要是开家长会,汇报学生学业、沟通要求家长配合的工作,缺乏真正意义上的家庭教育指导。在学校里直接面对家长的是班级,是班主任,不以班级为单位开展的家庭教育指导,就没有扎实的基础。班级是一个以学生亚文化为特征的社会群体,学生群体与相关联的教师群体和家长群体构成了班级系统,在多边的互动中促进学生的社会化。教师与家长的群体在对学生教育上的一致性,会增强教育效果。从系统论的角度来看,学生生存与学习之中的班级生态系统具有系统的"关联性",并与环境不断地进行物质、能量和信息的交换,具有系统的"环境适应性"。孤立地进行班级学生教育,而忽视家长群体只会事倍功半。从生态论出发,加强以班级为主的家庭教育指导,是提高学生教育效益的重要途径。

以班级为主的家长教育模式的组织结构是以 O - T 结构理论为基础,在加强班级学生群体教育的同时,加强家长群体建设。首先加强班级家长委员会的建设,尊重家长委员的工作与意见,形成以班级家委会为核心的家长群体。同时,搞好面向班级全体家长的工作。班主任一定要树立家长是家庭教育指导的主体以及家校合作的思想。以班级为单位举行家庭教育讲座、个别咨询指导、家访。可以组织家长沙龙,讨论家庭教育的热点问题和家长在教育子女方面感到困惑的问题,促进家长反思自己的家庭教育。支持在家庭教育上有困难的家长以身边成功的家庭教育为榜样,进行社会性学习。建立以居住地为组建原则的社区小队,便于家长的参与,也便于得到社区的支持和关心。这种指导模式容易使家庭、社区和学校做到对学生进行同步教育,形成教育合力。

3. 学校—社区指导模式

学校指导模式与社会指导指导模式各有各的优势和薄弱的环节。如果学校、社会各尽其责,互相取长补短,在指导工作中互相融合,那么家庭教育指导工作就会蓬勃发展。学校—社区指导模式是学校与社区整合开展家庭教育指导的复合模式。这种指导模式上由单一学校模式转变为"学校—社区—家庭"三结合的指导模式,形成"依托社区、学校指导、家庭为主体"网络系统,使家庭教育工作在时间和空间上都有了充分的拓展。实践已证明,家庭教育指导的"学校—社区"综合模式是非常有生命力的。

上海市虹口区一所幼儿园曾开展一项"实施 KCF 模式家庭心理辅导,构建学习化家庭实践研究"(上海市教育研究规划课题)。这项研究通过幼儿园(kindergarten)、社区(community)和家庭(family)的整合模式,开展家庭心理辅导推进学习化家庭建设,提高家庭成员素质,优化幼儿成长的家庭环境,增强三方的综合教育能力,提高幼儿教育质量。同时该项目强调家庭教育指导,仅靠道理灌输是苍白无力的,家长和孩子、家庭教育指导者与家长的相互作用,是依靠他们的心理活动及其交互,应该对家庭成员心理上的认知、情绪、行为以及个性心理倾向性、个性心理特征等方面加以干预和促进,才有可能有效发挥指导作用。该项目体现了家庭教育指导的融合共生的生态化趋势。

参 考 文 献

一、主要参考书目

1. 蕾切尔·卡逊：寂静的春天,上海译文出版社,2011
2. 约翰·杜威：民主主义与教育,人民教育出版社,2001.5
3. 约翰·杜威：我们怎样思维·经验和教育,人民教育出版社,1991.11
4. 钟启泉等：多维视角下的教育理论与思潮,教育科学出版社,2004.11
5. 钟启泉：现代课程范式及比较课程论研究报告——立足本土课程实践的一种尝试,现代课程论(新版),台湾高等教育出版社,2005
6. 叶澜：“新基础教育”论——关于当代中国学校变革的探索与认识,教育科学出版社,2006.9
7. 戈峰：现代生态学(第二版),科学出版社,2008.3
8. 曹凑贵、展茗：生态学概论第三版,高等教育出版社,2015.7
9. 大卫.杰弗里.斯密斯：全球化与后现代教育学,教育科学出版社,2000.9
10. 威廉姆.多尔：后现代课程观,教育科学出版社,2000.4
11. 任凯、白育燕：教育生态学,辽宁教育出版社 1992.6
12. 吴鼎福、诸文蔚：教育生态学(新世纪版),江苏教育出版社,2000
13. 范国睿：教育生态学,人民教育出版社 2000.6
14. Robert May,etc：理论生态学——原理与应用,高等教育出版社,2010.1
15. 蔡晓明：生态系统生态学,科学出版社,2000.9
16. 秦谱德等：生态社会学,社会科学文献出版社,2013.7
17. 郑昭佩：恢复生态学概论,科学出版社,2011
18. 彭少麟：恢复生态学,气象出版社,2007.10
19. Michael T.Hannan,etc：组织生态学,科学出版社,2014.10
20. 黄正泉：文化生态学,中国社会科学出版社,2015
21. 胡安水：生态价值概论,人民出版社,2013.10
22. 汉斯·萨克塞：生态哲学,东方出版社,1991.
23. 唐代兴：生态理性哲学导论,北京大学出版社,2005.6

24. 彭壁玉、李熙：组织生态学,科学出版社,2014.10

25. 唐纳德.L.哈迪斯蒂：生态人类学.郭凡、邹和译.北京：文物出版社,2002.13

26. 田慧生：教学环境论,江西教育出版社,1996.12

27. 秦晓利：生态心理学,上海教育出版社,2006

28. 王让会：生态规划导论,气象出版社,2012

29. 吴林富：教育生态管理,天津教育出版社,2009.7

30. 范国睿：共生与和谐：生态学视野下的学校发展,教育科学出版社,2011.9

31. 欧阳志远：生态化——第三次产业革命的实质与方向,中国人民大学出版社,1994

32. 王钰城：教育小区简论,上海三联书店出版社,2000.1

33. 劳丹：进步及其问题,华夏出版社,1990

34. 玛莎·努斯鲍姆：告别功利：人文教育忧思录,新华出版社,2010.6

35. 罗康隆：文化适应与文化制衡：基于人类文化生态的思考,民族出版社,2007

36. 卡洛琳·麦茜特：自然之死,吉林人民出版社,1999

37. UNESCO：教育——财富蕴藏其中,教育科学出版社,1996

38. 徐梓淇：生态公民,江苏人民出版社,2014.5

39. 吕建国：家庭生态与教育,山西教育出版社,1992.7

40. 皮亚杰：教育科学与儿童心理学,教育科学出版社,2018

41. 罗伯特梅逊：西方当代教育理论,文化教育出版社,1984.226.

42. 费孝通：乡土中国,生育制度,北京大学出版社,1998

43. 徐嵩龄：环境伦理学新进展：评论与阐释,社会科学文献出版社,1999

44. 王加强：学校变革的生态分析,南京师范大学出版社 2011

45. 邓小泉：中国传统学校教育生态系统的历史演化,苏州大学出版社 2014

46. 李军：中国高等学校软实力：生态竞争力研究,天津大学出版社 2010

47. 汪霞：课程研究：现代与后现代,上海科技教育出版社,2003.10,

48. 汪霞：一种后现代课堂观：关注课堂生态,多维视角下的教育理论与思潮,教育科学出版社,2004.11

49. P.斯莱特里：后现代时期的课程发展,广西师范大学出版社,2007.12

50. 郝德永：课程研制方法论,教育科学出版社,2001

51. Raymond.M：健康课堂管理：激发、交流和纪律,中国轻工业出版社,2002.8

52. B. S.布卢姆：教育评价,华东师范大学,1987.3

53. 孙芙蓉：课堂生态研究,浙江大学出版社,2013.6

54. 李森、王牧华：课堂生态论：和谐与创造,人民教育出版社,2011.5

55. 李森、王牧华、张家军：课堂生态论,人民教育出版,2010

56. 莫里茨·石里克：伦理学问题,华夏出版社,2001.9

57. 周辅成：西方著名伦理学家评传,上海人民出版社,1987

58. 威廉·弗兰克纳：善的求索——道德哲学导论,辽宁人民出版社,1987

59. 大卫·格里芬：后现代科学—科学魅力的再现,中央编译出版社,1998

60. 樊浩.伦理精神的价值生态.北京：中国社会科学出版社,2001.19

61. 马丁·布伯,陈维刚译.我与你,北京：三联书店,2002

62. 于永昌：生态化教学,辽宁科学技术出版社,2012

63. 诺丁斯：学会关心——教育的另一种模式,教育科学出版社,2003.10

64. 项贤明：泛教育论——广义教育学的初步探索,太原,山西教育出版社,2000

65. 苏国勋：理性化及其限制——韦伯思想研究,上海人民出版社,1988

66. A.J.赫舍尔：人是谁,贵州人民出版社,1994

67. 大卫·雷·格里芬：后现代精神,中央编译出版社,1998

68. 汉斯·萨克塞：生态哲学,东方出版社,1991.3

69. 吴林富：教育生态管理,广西师范大学出版社,2005

70. 汉斯·萨克塞：生态哲学,东方出版社,1991.3

71. 滕守尧：艺术与创生,陕西师范大学出版社,2002

72. 齐格蒙·鲍曼：立法者与阐释者——论现代性、后现代性与知识分子,上海人民出版社,2000

73. 向阳：学校隐性管理,南宁：广西教育出版社,2006.11

74. 继华：校长职业化释要,北京：北京大学出版社,2003.11

75. 尔玛·哈里斯、丹尼尔·缪伊斯：教师领导力与学校发展,北京师范大学出版社,2001.11

76. 迈克·富兰：变革的力量.北京：教育科学出版社,2000

77. 王旭峰：生态文化辞典,江西人民出版社,2012

78. 江泽慧：生态文明时代的主流文化(中国生态文化体系研究总论),人民出版社,2013

79. 李晓文：青少年发展研究与学校文化生态建设,教育科学出版社,2010

80. 郑葳：学习共同体：文化生态学习环境的理想架构,教育科学出版社,2007

81. 冯如希：生态学校文化的构建,上海教育出版社,2010

82. 易丽：文化生成：营造学校发展"新生态",江苏教育出版社,2011

83. 徐书业：学校文化建设研究：基于生态的视角,广西师范大学出版社,2008

84. 王培颖：共生文化的理想,香港文汇出版社,2010.11

85. 邵凤鸣：生态型教育实践研究,天津教育出版社,2011

86. 刘金花：儿童发展心理学,华东师范大学出版社,2013

87. 张文新：儿童社会性发展,北京师范大学出版社,1999

88. 姜广勇：学前儿童发展心理学,哈尔滨工程大学出版社,2012

89. 贝蒂、郑福明、费广洪：幼儿发展的观察与评价,高等教育出版社,2011

90. 秦元东、王春燕：生态式幼儿园区域活动指导,北京师范大学出版社,2012

91. 蔺菡：生态变迁与幼儿教育,安徽少儿出版社,2010

92. 赵忠心：家庭教育学,人民教育出版社,1994

93. 吕建国：家庭生态与教育,山西教育出版社,1992

94. 徐俊冕等：医学心理学,上海医科大学出版社,1990

95. 王钰城等：每个学生都能表现好——基于职业教育创新的表现性教育的理论与实践,西南交通大学出版社,2015

96. 王克坚：教学的走向与改革,中国时代出版社,2010.12

97. 周梅：表现性学习理论与实践,文汇出版社,2016.10

二、主要参考文献

1. 刘贵华：论教育在生态文明建设中的基础作用,教育研究,2013 年第 12 期

2. 张云飞：试论生态文明在文明系统中的地位和作用,教学与研究 2006 年第 5 期

3. 杜明娥等：生态文明:人类社会文明范式的生态转型,马克思主义研究,2012 年第 9 期

4. 罗玉莲等：教育发展合生态性思想探源,教育探索,2007 年第 7 期

5. 翟金德等：现代公民生态素养研究综述,山东省农业管理干部学院学报,2010 年第 27 卷第 6 期

6. 蔡文："生态人":人的发展的生态向度,理论界,2010 第 8 期

7. 侯桂秀：生态伦理学:传统教育思想的唤醒,高教前沿,2010.3

8. 刘思华：生态文明与可持续发展问题的再探讨,东南学术,2002 年第 6 期

9. 张香兰：现代教育的还原论及其批判——兼论现代教育的秩序法则,高等教育研究,2008.9

10. 黄振宣：生态文明视野下"生态人"的要素构成,学术论坛,2015.10

11. 吴晓蓉：共生理论观照下的教育范式,教育研究,2011 年第 1 期

12. 王庆华：青少年生态伦理素养教育体系研究[D],中原工学院,2012.3

13. 孙莹：伦理视阈下的公民生态素养探析,教育现代化,2015 年.16 期

14. 佘正荣：生态世界观与现代科学的发展,科学技术与辩证法,1996.12

15. 胡金木：生态伦理学思想及其教育意蕴,教育导刊,2010.8(上半月)

16. 郭丽丽：教育生态性解析——基于教育起源和发展维度的研究[D],沈阳工

業大學,2010.5

17. 孫長虹：當前我國教育倫理生態問題之探討,教育導刊,2016.9(上半月)

18. 鄔建國：生態學範式變遷綜述,生態學報,1996.9

19. 夏漢平等：論可持續發展的歷史觀與生態觀,生態學雜志 1999,18(6)

20. 劉麗軍：基於生態哲學的後現代主義教育觀研究,考試周刊,2016.10

21. 王菲：教育本質的生態哲學研究[D],沈陽工業大學,2015.12

22. 白翠紅：論杜威教育哲學的核心：連續性,韶關學院學報·社會科學,2010年4月

23. 楊孝志：生態哲學視野下的道德教育,思想教育研究,2006年1月

24. 張婷婷：布克欽社會生態學的基本思想論述,管理觀察,2017.12

25. 劉志成：文化生態學：背景、構建與價值,求索,2016.3

26. 黃正泉：教育生態學的哲學圖景——文化生態學的新論域,現代大學教育,2016.4

27. 劉釗：生態問題語境下的發展倫理：轉換與構架,東嶽論叢,2011年10月

28. 魏道江等：自組織與他組織的關係及其對管理學的啟示,系統科學學報2014年5月

29. 徐建：國內外文化生態理論研究綜述,山東省青年管理幹部學院學報,2010年9月

30. 石群勇：斯圖爾德文化生態學理論述略,社科縱橫,2008.10

31. 吳柏安：論諾丁斯教育信仰的價值取向與價值主題,經濟研究導刊,2009年第23期

32. 曹盛華：論教育生態學理論及其實踐意義,華北水利水電大學學報(社會科學版),2014.6

33. 薄景昕等：複雜性理論對生態課堂的理論建構,首都師範大學學報(社會科學版),2015. 3

34. 趙海峰：文化合理性：文化進步主義的內在根據,學術交流,2015.11

35. 何靜：一種溫和的具身認知研究進路,哲學分析,2013.8

36. 王雲霞：深層生態學與社會生態學思想異同之比較,南開學報(哲學社會科學版),2010年6期,

37. 張震：生態型教育決策系統模型的構建,繼續教育,2011年第9期

38. 劉貴華、朱小蔓：試論生態學對於教育研究的適切性,2007年第7期

39. 葉魏麗：老子教育思想對當代教育生態的借鑒意義,科技信息(科學教研),2008年15期

40. 紀秋穎等：高校生態位適宜度的數學模型及其應用,遼寧工程技術大學學報,

2006.6

41. 朱春全：生态位态势理论与扩充假说,生态学报,1997.5

42. 席居哲：儿童心理健康发展的家庭生态系统研究[D],华东师范大学,2003.5

43. 白新杰：家庭生态系统对青少年社会适应性的影响机制研究[D],云南大学,2011.5

44. 付婷：区域课程改革的教育生态模型建构研究[D],西南大学,2017.5

45. 胡守钧：社会共生论,社会科学论坛,2001.1

46. 赵丽娜：课程的生态学基础研究[D],天津师范大学,2012.3

47. 胡炳仙：试论课程发展的生态化,宁波大学学报(教育科学版),2006 年 12 月

48. 王牧华：课程研究的生态主义向度[D],西南师范大学,2004.5

49. 王永胜：可持续发展教育理念下的学校课程发展研究,东北师范大学,2015.5

50. 马聪：西方生态主义课程思想发展研究[D],西南大学,2014.5

51. 汪霞：从生态后现代主义的视角理解课程,教育理论与实践,2004 年第 24 卷第 10 期

52. 孙芙蓉：国外课堂生态研究及启示,比较教育研究,2006 年第 10 期

53. 张红：论教学生态性的本质、特征及功能,教育学术月刊,2008.2

54. 徐龙：基于后喻文化时代的生态课堂构建思考怀化学院学报,2012.3

55. 韩雪：学校德育生态研究[D],河南大学,2008

56. 胡守敏：生态课堂建设的哲学基础：一种后现代主义的视角,四川文理学院学报(社会科学)2009.5

57. 樊浩：中国伦理理念的价值生态及其在文明互动中的意义,中国人民大学学报,2003.11

58. 朱家安：德育生态论[D],华中师范大学,2008.11

59. 刘华景：文化生态视野下的德育生态化路向,保定学院学报,2009.3

60. 张等菊：道德教育：生态学视界的研究及其合理性论证[D],华南师范大学,2003.6

61. 张等菊：生态性道德教育论纲,教育理论与实践,2005 年第 25 卷第 1 期

62. 李峰：论后现代主义的德育观,河南社会科学 2007.7

63. 季海菊：生态德育理论基础的追溯及探讨,福建论坛·人文社会科学版,2010.6

64. 戴岳,生态视角下学校德育管理观的变革,当代教育科学 2008 年第 17 期

65. 张馨月：生态型师生关系研究[D],山西大学,2015.6

66. 张建：论人的现代化视野下的生态人格教育,现代管理,2012 第 2 期,

67. 徐莹：生态道德教育实现方法研究[D],山东大学,2013.6

68. 郭凤志：德育文化论[D],东北师范大学,2005.6

69. 窦福良：课堂生态及其管理策略研究,山东师范大学,2003.4

70. 周涛等：战略生态管理方法研究,生态经济,2008.6

71. 胡芳：论教师生态管理[D],华东师范大学,2013.5

72. 丁瑞莲：传统文化与生态型管理模式,科学·经济·社会,2005 年第 1 期

73. 罗美云等：论《周易》的生态管理哲学,广西社会科学,2015.8

74. 祝秀垄：文化生态失衡背景下精神家园的当代建构[D],西北大学,2011.6

75. 刘莹：迷失与重构：教师专业发展的文化生态向度,教育探索,

76. 黄正泉：校园的文化生态学研究,现代大学教育,2013 年第 4 期

77. 黄正泉：教育生态学的哲学图景——文化生态学的新论域,现代大学教育,2016.4

78. 杨素梅：利哈乔夫的文化生态观浅说,新学术,2007 年第 4 期

79. 李兆前：论 T.S.艾略特的文化本体生态观,外语与外语教学,2011 年第 6 期

80. 曹燕：生态人类学及其对教育的启示,湖北民族学院学报(哲学社会科学版),2007.1

81. 柴毅龙：生态文化与文化生态昆明师范高等专科学校学报,2003 年 6 月

82. 伍麟：心理学的"科学性"与方法论的文化生态学转向,吉林大学社会科学学报,2009.9

83. 雷毅：生态学思维与生存方式,河南大学学报(社会科学版),2004 年第 4 期

84. 肖川：文化生态视域中的师生关系,高等师范教育研究,1999 年第 4 期

85. 李锋瑞：现代生态学思维形态演化规律初探——兼论系统科学理论在现代生态学发展中的作用,《兰州大学学报》,1993 年第 3 期

86. 李家黎：适应平衡和谐——文化生态学视野下的教师专业发展策略探寻,教学研究,2007.1

87. 覃泽宇：信息社会的教育文化生态与教师教育,教育探索,2009.5

88. 于瑞强：文化生态略论——高校校园景观设计中的地域文化符号建构,沈阳大学学报(社会科学版),2015.6

89. 彭茜：文化生态学及其对儿童研究的影响,西北师大学报(社会科学版),2002.7

90. 孙和平：中国古代传统教育文化生态分析,人民论坛,2013.8.

91. 李英翠：教育生态环境中的文化生境[D],广西师范大学,2000.4

92. 陈寿朋等：论生态文化及其价值观基础,道德与文明,2005 年第 2 期

93. 孟小红：基于生态观的学校组织文化管理策略,南阳师范学院学报(社会科学版),2011.2

95. 曾德慧：生态系统健康与人类可持续发展,应用生态学报,1999 年第 10 卷第 6 期

96. 宋轩：生态系统健康的概念、影响因素及其评价的研究进展,河南农业大学学报,2003.12

97. 徐怀科：生态力探究,南京林业大学学报(人文社会科学版),2009 年 6 月

98. 谈晓奇：克雷明教育生态学理论述评[D],华东师范大学,2006.5

99. 陈德良：景观生态学原理在高等教育应用的若干问题探析,中国成人教育,2011.8

100. 麻勇恒：文化能量学说视域中的"原生态文化",贵州师范大学学报(社会科学版),2010 年第 2 期

101. 孙振领：国内外知识生态学研究综述,情报科学,2011.3

102. 唐艺：知识生态位理论探析,知识经济,2008.9

103. 田庆锋：基于生态范式的知识管理架构研究,科学管理研究,2006.12

104. 余维新：知识生态系统稳定性及其关系治理机制研究——共生理论视角,技术经济与管理研究,2020 年第 6 期

105. 梁永霞等：知识生态学研究的几种进路,情报理论与实践,2011.6

106. 吴建平：新生态范式的测量：NEP 量表在中国的修订及应用,北京林业大学学报(社会科学版),2012 年第 11 卷第 4 期

107. 陈雪梅、蔡立彬：论高校德育应由"人际德育"向"生态德育"拓展,社科纵横,2009 年第 3 期

108. 徐金海：学校教育中的规训与惩罚——基于福柯规训权力理论的视角,教育导刊,2010.7(上)

三、主要外文参考文献

1. Roy Morrison. Ecological Democracy. Boston: South End Press, 1995

2. David W. Orr. Ecological Literacy: Education and the Transition to a Postmodern World[M]. Albany: State University of New York Press, 1992

3. Fritiof Capra. The web of life, a new scientific understanding of living systems [M]. New York: Anchor Books Doubleday, 1996

4. Mark Smith. Ecologism. Towards Ecological Citizenship[M]. Milton Keynes: Open University Press, 1998

5. MacGregor S. Beyond Mothering Earth: Ecological Citizenship and the politics of Care[M]. Vancouver University of British Columbia, Press, 2006

6. Tim Hayward. Political Theory and Ecological Values[M] Cambridge: Polity

Press: 1998

7. Carme Melo-Escrihuela. Promoting Ecological Citizenship: Rights, Dudies and Political Agency[J]. ACME: An International E-Journal for Critical Geographies, 2008(2)

8. S. E. Jorgensen; G. Bendoricchio, Fundamentals of Ecological Modelling, third edition, Elsevier B. V. 2001

9. John Dewey: Democracy And Education, A Penn State Electronic Classics Series Publication Copyright: 2001 The Pennsylvania State University

10. Blatchford, Peter: Class size debate: is small better? Open University, Maidenhead, England;Philadelphia, 2003.

11. Spretnak C: The Recovery of Meaningin the Postmodern Age, Collins Publishers, 1991

12. Pretnak C: The Recovery of Meaning in the Postmodern Age, Collins Publishers, 1991

13. SlatteyP: Curriculum Development in the Postmodern Era, [M]New York & London: Garland Publishing, Inc., 1995

14. Didsbury H ed. Challenges and Opportunities: From Now to 2001. Washington: World Future Society, 1986

15. Cough N. From epistemology to ecopolitics: renewing a paradigm for curriculum. Journal of Curriculum Studies, 1989

16. Miller J P. The Holistic Curriculum, revised and expanded edition, OISE Press. 2001

17. David W. Orr. Ecological Literacy: Education and the Transition to a Postmodern World[M]. Albany: State University ofNew York Press, 1992

18. Fritiof Capra. The web of life, a new scientific understanding of living systems [M]. New York: Anchor Books Doubleday, 1996

19. Slattey P: Curriculum Development in the Postmodern Era, [M]New York & London: Garland Publishing, Inc., 1995

20. DidsburyHed. Challenges and Opportunities: From Now to 2001. Washington: World Future Society, 1986

21. Deway, J: The school and society, The child and the curriculum and theschool in society, University of Chicago Press

22. Spretnak C: The Recovery of Meaning in the Postmodern Age, Collins Publishers, 1991

23. Levine, O. U. andezotla, L. W. Unusually Effective Schools: AReviewand Analysis of Research And Practice [M]. Madison, WI: National Centre for Research Development

24. Cough N: From Epistemology to Ecopolitics: Renewing a paradigm for Curriculum, Journalof Curriculum Studies, 1989, 21(3)

25. Doyle, W. &Ponder, G. . Classroom Ecology: Some Concerns About a Neglected Dimension of Researchon Teaching. Contemporary Education, 46, 183 - 190. (Cited in Ashman & Conway 1997)

26. Isaac Cheah, IanPhau. Attitudes towards environmentally friendly products: The influence of ecoliteracy, interpersonal influence and value orientation[J]. Marketing Intelligence & Planning, 2011

28. Clayton Pierce. Against neoliberal pedagogies of plants and people: mapping actor networks of biocapital in learning gardens[J]. Environmental Education Research, 2015

29. Inna Semetsky. Ecoliteracy and Dewey's educational philosophy: implications for future leaders[J]. foresight, 2010

30. Fritjof Capra. The New Facts of Life: Connecting the Dots on Food, Health, and the Environment[J]. Public Library Quarterly, 2009

31. Alan Mandell, Xenia Coulter. Critical pedagogy, ecoliteracy, and planetary crisis: the ecopedagogy movement, by Richard Kahn [J]. Critical Policy Studies, 2011

32. Sarah Wheeless Hammond, Sherry S. Herron. The natural provenance: ecoliteracy in higher education in Mississippi [J]. Environmental Education Research, 2012

33. Chris Francis. Book Review: Critical pedagogy, ecoliteracy& planetary crisis: the ecopedagogy movement[J]. Environmental Education Research, 2011

34. Chris Francis. Critical pedagogy, ecoliteracy& planetary crisis: the ecopedagogy movement[J]. Environmental EducationResearch, 2011

35. John Huckle. Eco-schooling and sustainability citizenship: exploring issues raised by corporate sponsorship[J]. Curriculum Journal, 2013

36. Rita Turner, Ryan Donnelly. Case Studies in Critical Ecoliteracy: A Curriculum for Analyzing the Social Foundations of Environmental Problems [J]. Educational Studies, 2013

37. George Middendorf, Bob R Pohlad. Ecoliteracy for ecology and ecologists:

eroded underpinnings[J]. Frontiers in Ecology and the Environment, 2014

38. Julie A Reynolds, Margaret D Lowman. Promoting ecoliteracy through research service-learning and citizen science[J]. Frontiers in Ecology and the Environment, 2013

39. Tammy M Long, Joseph T Dauer, Kristen M Kostelnik, Jennifer L Momsen, Sara A Wyse, Elena Bray Speth, Diane Ebert-May. Fostering ecoliteracy through model-based instruction[J]. Frontiers in Ecology and the Environment, 2014

40. Meg Lowman. Ecoliteracy in informal science education settings[J]. Frontiers in Ecology and the Environment, 2014

41. Mimi E Lam. Building ecoliteracy with traditional ecological knowledge: do, listen, and learn[J]. Frontiers in Ecology and the Environment, 2014

42. Anonymous. Participant Media; Participant Media Teams with Center for Ecoliteracy to Bring Food, Inc. -Inspired Discussion Guide to 3000 U. S. Schools[J]. Veterinary Week, 2011

43. Marek Oziewicz. "We Cooperate, or We Die": Sustainable Coexistence in Terry Pratchett's The Amazing Maurice and His Educated Rodents [J]. Children's Literature in Education, 2009

44. Martin Haigh. Greening the University Curriculum: Appraising an International Movement[J]. Journal of Geography in Higher Education, 2005

45. Jules Pretty. Interdisciplinary progress in approaches to address social-ecological and ecocultural systems[J]. Environmental Conservation, 2011

46. Wallace, M: Modeling distributed leadership and management effectiveness: primary school senior management teams in England andWales, SchoolEffetivenessandSchoolImprovement: AnInternatioanal Journal on Resear, Policy and Practive, 2002, 13(2)

47. Hopkins, D. "Think Tank"Report to GoverningCouncil: M j. Nottingham: National College for School Leader—ship, Journal of Jiangsu Institute of Education (Social Science) 2001. 11

48. JohnL. Goodlad: Educational Renewal and the Ait. Arts Education Policy Review. VoL lO1, No. 4. 2000

49. Cranin, L. A. . Public Education. BasicBooks, Inc. Publishers, New York, 1976

50. The ecology of leadership: Adapting to the challenges of a changing world. K.

E Allen, S. P Stelzner, R. M Wielkiewicz. Journal of leadership studies, 1999

51. Mark W. ANDERSON: New Ecological Paradigm (NEP) Scale, University of Maine, Orono. Berkshire Publishing Group, 2012

52. Riley E. Dunlapetc. Measuing Endorsement of the New Ecological Paradigm: A Revised NEP scale. Journal of social issues, vol. 56, no. 3, 2000

53. Salvador Minuchin, Wai-yung lee, George M. Simon: Mastering Fanily Therapy, John Wiley & Sons, Inc, 1996

54. Arthur M. horne and Merle M. Ohlsen, Family Counseling AndTherapy, Itasca, Illinois, 1982

55. Beck AT: Cognitive Therapy and the Emotional Disorders, International UniversitiesPress, New York, 1976

56. Улан-Удэ: Экология, образование, общество: проблемы и перспективы эффективного сотрудничества, материалы международной научно-практической конференции сентября 2013 г.

57. Никаноров А. М.; Хоружая Т. А: Глобальная экология: учебное пособие, ПРИОД, 2001